AF564744

श्रीभरत विजय

श्रीभरत विजय

आचार्य सोहनलाल रामरंग

प्रभात प्रकाशन, दिल्ली
ISO 9001:2008 प्रकाशक

प्रकाशक • **प्रभात प्रकाशन**
4/19 आसफ अली रोड,
नई दिल्ली–110002

संस्करण • प्रथम, 2018
मूल्य • सात सौ रुपए
मुद्रक • आर–टेक ऑफसेट प्रिंटर्स, दिल्ली

SHRIBHARAT VIJAYA *by* Acharya Sohanlal Ramrang ₹ 700.00
Published by Prabhat Prakashan, 4/19 Asaf Ali Road, New Delhi-2
e-mail: prabhatbooks@gmail.com ISBN 978-93-5266-518-1

समर्पण

त्रिभुवन को मर्यादा पुरुषोत्तम श्रीरामचंद्र द्वारा भार-कलंक से मुक्ति प्रदानार्थ कलंक को कनकालंकार की भाँति धारण करते हुए एक घूँट में कालकूट का ससम्मान पान करनेवाले भगवान् शंकर की अपेक्षा जीवनपर्यंत स्वनिर्मित कंटकाकीर्ण मार्ग पर निर्द्वंद्व भाव से चलते हुए स्वाँस-स्वाँस में अपमान विष की बूँद-बूँद को काष्ठसमाधि अवस्था में पान करनेवाली कल्याणी अंबा कैकेयी के कुक्षि रत्न—विनम्रता-निस्पृहता-सुदृढता के निश्छल त्रिवेणी तट-स्थित अक्षयवट की द्रोणि में त्रिविक्रम की वामन वेषी श्रीरामस्नेह-छवि का दर्शन विश्व को सुलभ करानेवाले, नंदिग्राम के तरुण तपस्वी-सुधार-संहार शास्त्र के परमाचार्य, श्रीराम-युग के सीमातीत अंतिम महासमर के यशस्वी चमूपति श्रीभरतलाल की कीर्ति गाथा विश्व के श्रीरामोपासक जन-जन को सादर-सस्नेह समर्पित।

—रामरंग

कृति के नायक महावीर रण रंग धीर श्रीभरत के प्रति

प्रणामांजलि

पितु प्रदत्त राज्यासन कर अग्रज प्रति सहज समर्पित।
नंदिग्राम में जटाजूट धर, बैठ गए प्रमुदित चित्त॥
पृष्ठ छत्र धर रामासन के, शांत-दांत प्रतिहारी।
अंब केकई उदर-विभूषण, धर्म-वर्म व्रत धारी॥
नृपति-शून्य राज्यासन पल भर रहने दिया न सूना।
नृपति-पादुका बना नृपति, बन सचिव रमाया धूना॥
घोर निशा में अवध गगन से निकल न कोई पाया।
एक अफर शर मारुति तक को धरती पर ले आया॥
लंका-रण परिशिष्ट रचियता व्यास-विकट त्रेता के।
इष्ट-इष्ट के, अंतर-जेता अंतर परिचेता के॥
प्राची प्रभा प्रभास, प्रतीची का हरने अँधियारा।
चले प्राणनिधि युगल पुत्र ले करने रण रत्नारा॥
रक्ष-व्यूह गंधर्व-गर्व सरि अंतक-सिंधु समाई।
रामानुज कृति कीर्ति ध्वजा ध्रुव मस्तक पर लहराई॥
जयति मांडवी सुशिर श्री, लक्ष्यबेध निष्णात।
करें धन्य स्वाशीश से, 'रामरंग' प्रणिपात॥

श्रीरामकालीन भूगोल

समयावधि अनुमानतः त्रेता युग का चतुर्थ चरण
विक्रम एवं ईसा से १५ से १८ लाख वर्ष पूर्व

जंबू द्वीप (एशिया)

इसमें नौ वर्ष हैं, जो विष्णु पुराण के अनुसार—

१. भारतवर्ष—

उत्तरं यत्समुद्रस्य हिमाद्रेश्चैव दक्षिणम्।
वर्षं तद् भारतं नाम भारती यत्र संततिः॥

समुद्र (हिंद महासागर) के उत्तर में एवं हिमालय के दक्षिण में भारतवर्ष है। उसके निवासियों की संस्कृति भारतीय है।

२. किम्पुरुषवर्ष—भारत के सुदूर पूर्वोत्तर प्रदेश—अरुणाचल (जयंतिया-गारो-खासी, की पर्वत श्रृंखला—नेपाल, भूटान, तिब्बत, मानसरोवर, कैलास आदि से हिंदुकुश तक की विशाल पर्वतीय श्रृंखलाओं से कश्यप सागर (कैस्पियन सागर) पर्वत पर्यंत जिसमें संभवतः उत्तरी अफगानिस्तान भी सम्मिलित है, वही किम्पुरुष वर्ष मान्य किया गया है।

३. भद्राश्ववर्ष—दक्षिण-पूर्वी चीन, ताइवान, कोरिया आदि। चीन की सीक्यांग नदी ही पौराणिक भूगोल की सीता नदी है।

४. इलावर्तवर्ष—मध्य एशिया का मध्य भाग जिसमें जापान, मंगोलिया, किरगिस्तान, तजाकिस्तान, ताशकंद आदि हैं।

५. केतुमालवर्ष—केस्पियन और अफागानिस्तान के मध्य की भूमि जिसमें कुभा (काबुल-पामीर का पठार, शिकाई की पहाड़ियाँ, तुर्कमेनिस्तान आदि हैं।)

६. हरिवर्ष—काश्मीर का उत्तरी-चीन का पश्चिमी तजाकिस्तान तक का क्षेत्र हरिवर्ष प्रतीत होता है।

७. रम्यकवर्ष—चीन, मंगोलिया तथा कैस्पियन के उत्तरी क्षेत्र से वोल्गा नदी

पूर्वी यूरोप एवं रूस के दक्षिणी-पश्चिमी क्षेत्र, जिसके उत्तर में दक्षिणी साइबेरिया, कमांडर द्वीपसमूह ही ८ हिरण्यमयवर्ष कहा जा सकता है।

६. उत्तर कुरुवर्ष—मध्योत्तर साइबेरिया का संपूर्ण प्रदेश उत्तरी ध्रुव सागर पर्यंत उत्तर कुरु प्रदेश है। आजकल इस क्षेत्र को टुंड्र का मैदान कहा जाता है। इसमें सब ओर बर्फ है। रेंडियर नामक पशु अपने दुध-चर्बी ही नहीं, बल्कि माँस-हड्डियाँ तथा अपनी खाल देकर भी यहाँ की नित्य की समस्याओं का समाधान करता है। स्लेज एविना पहियों की गाड़ी भी रेंडियर ही खींचते हैं, जो यहाँ के यातायात का एकमात्र साधन है।

वर्तमान में जंबूद्वीप के रूप में वर्णित एशिया महाद्वीप का क्षेत्रफल ४.४५ करोड़ वर्ग कि.मी. है, जो संपूर्ण भूमंडल का २८.६ प्रतिशत है। संसार का सबसे ऊँचा पर्वत शिखर माउंट एवरेस्ट गौरी शंकर ८.८४८ कि.मी., सबसे बड़ी झील कश्यप सागर (कैस्पियन) यहीं है। संसार की सर्वाधिक वर्षा एवं विस्तृत मरुस्थल भी यहीं है। श्रीरामकालीन नव वर्षों में केवल भारतवर्ष ही अपने नाम से आज भी जाना जाता है। अनेक नृशंस-आततायी, विधर्मी-विदेशी शासकों के भयंकर अत्याचार झेलते लाखों हस्तलिखित ग्रंथों की मूल प्रतियों के भस्म हो जाने, कला की जीवंत प्रतिमा जैसे मंदिरों में भूमिगत हो जाने पर भी अनेक धार्मिक-सामाजिक-नैतिक विचारधाराओं, भाषाओं, प्रथा-पद्धतियों के रहते हुए भी, अनेकता में एकता के प्रतिपादक अनेक शत्रुओं से घिरे रहने पर भी हम भारतीय, भारतीयों के रूप में केवल जीवित ही नहीं, पूर्णतः जागृत भी हैं। जहाँ अनेक देशों की प्राचीन संस्कृति, कुछ पुस्तकों के पृष्ठों में अंतिम स्वांस ले चुकी हैं—वहाँ हमारा विराट् वांङ्मय वनराज की भाँति आज भी गरज-गरजकर सार्थक चुनौतियाँ दे रहे हैं।

श्रीराम कथा का
एक विलुप्तप्राय अध्याय : श्रीभरत विजय

श्रीभरत विजय का मूलाधार विश्व साहित्य जगत् की आदिकृति महर्षि वाल्मीकि-कृत रामायण है। उत्तर कांड के सौवें एवं एक सौ एकवें केवल दो अध्याय हैं, जिनमें क्रमशः २५ एवं १८, मात्र ४३ श्लोक हैं। केकय नरेश अश्वजित अपने कुलपुरोहित अंगिरा—पुत्र ब्रह्मर्षि गार्ग्य को अयोध्या भेजते हैं। श्रीराम राजेंद्र से कहलाते हैं कि 'गंधर्व राज्य, जो सिंधु नद के दोनों ओर स्थित है, उसका अधिपति शैलूष गंधर्व है। युद्ध कला कुशल, विध्वंसक शस्त्रास्त्रधारी आततायी तीन करोड़ गंधर्वगण की उसकी विशाल सेना है। आप उन्हें परास्त कर राज्य का विस्तार करें।'

प्रत्युत्तर में श्रीराम राजेंद्र अपने अनुज श्रीभरत की अधीनता में एक विशाल चतुरंगिणी सेना भेजते हैं। इस सैन्याभियान में उनके दोनों पुत्र तक्षक-पुष्कल भी जाते हैं। निरंतर सात दिनों तक अहर्निशि (दिन-रात) भयंकर युद्ध होता है, किंतु निर्णायक विजय मिलती न देखकर श्रीभरत यमराज के प्रलयंकारी संवर्तास्त्र का प्रयोगकर 'निमेषांतर मात्रेण' (पलक झपकते) उन तीन करोड़ गंधर्वों का अंत कर डालते हैं। 'ऐसा भीषण युद्ध पहले कभी नहीं हुआ' युद्ध दर्शक आकाश-स्थित देवगणों के साथ अन्य अनेक ने भी एक स्वर से यही कहा। उनके पुत्र तक्षक-पुष्कल दो नगर पुष्कलावती (पेशावर) एवं तक्षशिला की स्थापना करते हैं। इसके पाँच वर्ष पश्चात् श्रीभरत अयोध्या लौट आते हैं।

मजहबी उन्माद के कारण भारतवर्ष का, जो अवैज्ञानिक-कायरतापूर्ण-कुटिल विभाजन सन् १९४७ में हुआ, उसमें ये दोनों ऐतिहासिक नगर आजकल पाकिस्तान में हैं। पुष्कलावती तो पेशावर बनकर पाक का एक प्रसिद्ध नगर बना हुआ है, किंतु आचार्य चाणक्य-महर्षि पाणिनी-जैन समाज का १०५ तीर्थों से अलंकृत धर्मचक्र

चैत्यवंदन-बौद्ध विहारों-अशोक स्तंभों से सज्जित रहनेवाली तक्षशिला भी रावलपिंडी के पास खंडहरों का ढेर बनकर रह गई है। विभिन्न विषयों पर एक लाख से अधिक हस्तलिखित ग्रंथों का विशाल ग्रंथागार, जिसकी पूँजी थी, वह विधर्मी आक्रांताओं के कारण एक ऐसी स्मृति बनकर रह गया है कि जिसके स्मरण और विस्मरण दोनों ही आज कठिन व्यूहों में घिरकर रह गए हैं।

अस्तु, इस मूल-प्रसंग के रूप में महर्षि वाल्मीकि ने इतना ही कहा है।

पुनः द्वापर के अंत में साठ लाख श्लोकों में बृहत् महाभारत के निर्माण के उपरांत, अन्मने से बैठे हुए महामुनि कृष्ण द्वैपायन वेदव्यासजी ने देवर्षि नारद के निर्देशानुसार भगवद् लीलाओं के गायन के लिए श्रीमद्भागवत महापुराण की, जो रचना की, उसमें श्रीरामावतार कथा के अंतर्गत श्रीभरत के द्वारा करोड़ों गंधर्वों का जो संहार किया गया, वह संकेत में—गंधर्वान् कोटिशो जघ्ने भरतो विजये दिशाम् (९-११-१३) इससे पूर्व मांधाता के पुत्र पुरुकुत्स से भी इनके संघर्ष हुए (४-३, ४-९), इसके अतिरिक्त अन्यान्य ग्रंथों में भी यत्र-तत्र गंधर्व वर्णन उपलब्ध हैं।

उनसे एक युग के पश्चात् महाकवि कालिदास ने अपनी अमर कृति रघुवंश में कहा—

युधाजितश्च संदेशात्सदेशं सिंधुनामकम्।
ददौ दत्त प्रभावाय भरताय भृतप्रजः॥
भरतस्तत्र गन्धर्वान्युधि निर्जित्य केवलम्।
आतोद्यं ग्राह्यामास समत्याजयदायुधम्॥
स तक्षपुष्कलौ पुत्रौ राजधान्यास्तदाख्ययोः।
अभिषिच्याभिषेकार्हौ रामान्तिकमगात्पुनः॥ १५/८७-८८-८९

और इनसे भी डेढ़ हजार वर्ष पश्चात् गो. तुलसीदास ने विनयपत्रिका में श्रीभरत की स्तुति में—'रण अजिर गंधर्व गण गर्वहर' कहा।

इन उद्धहरणों से इतना तो स्पष्ट है कि श्रीभरत-गंधर्व युद्ध का प्रसंग काल्पनिक नहीं, ऐतिहासिक है। श्रीराम-कालीन इतिहास की अंतिम उल्लेखनीय घटना है। अमेरिकी संस्था नासा के अनुसार श्रीराम सेतु (नलसेतु) निर्माण का समय ई.पू. १२-१३ लाख वर्ष निश्चित किया गया है। इसे अन्यान्य देशों के वैज्ञानिकों ने भी मान्यता दी है। उसके अनुसार इस गंधर्व-विजय का समय भी भारतीय पंचागानुसार त्रेता युग का चतुर्थ चरण (श्रीराम संवत् १२+७४+१७७ (बारह लाख, चौहत्तर हजार, एक सौ सतहत्तर वर्ष) वर्तमान वि.सं. २०७३ एवं २०१६ ई.) है।

समय स्पष्ट—द्वापर युग ८+६४+०००+५.११७ वर्तमान कलियुग के वर्ष योग हुआ ८+६९+११७ (आठ लाख-उनहत्तर हजार-एक सौ सत्रह वर्ष)

वर्तमान श्रीराम संवत्—१२+७४+११७-८+६९+११७=४+०५+००० ४ लाख ५ हजार वर्ष त्रेता के शेष रहने पर श्रीराम का लीला प्रवेश का समय अनुमानतः आता है।

इस गणना के अनुसार इससे कुछ वर्ष पूर्व का समय श्रीभरत विजय का मानना चाहिए।

इस प्राचीन कथा प्रसंग की समीक्षा करने पर कई मौलिक प्रश्न उभरकर सामने आते हैं, जिनका महर्षि वाल्मीकि ने कोई स्पष्ट उत्तर नहीं दिया और न ही किसी अन्य ने भी। अतः इन पर सांगोपांग रीति से विचार किए बिना इस प्रसंग का कोई महत्त्व नहीं रहता। प्रश्न इस प्रकार हैं—

१. सिंधु नद के दोनों तटों पर गंधर्व साम्राज्य फैला हुआ, कहा गया है। यदि यह पूर्व से ही गंधर्व साम्राज्य का क्षेत्र था तो उस पर आक्रमण कर, उसे विजय कर अपने साम्राज्य का अंग बनाना, राज्य क्षेत्र को विस्तृत करना, यह श्रीराम के स्वभाव के प्रतिकूल है। स्वर्ग से भी वैभवशाली लंका पर निर्णायक विजय प्राप्ति के पश्चात् उसे अपने राज्य का अंग न बनाकर, वे विभीषण को बिना किसी शर्त के सौंपकर लौट आए। यही स्थिति किष्किंधा की भी रही। बालि-वध के पश्चात् सुग्रीव को शासक तो बना दिया, किंतु साथ ही उसे यह भी बता दिया कि वह अपने जीवनकाल तक ही किष्किंधापति रहेगा, किंतु उसके पश्चात् बालिपुत्र अंगद—फिर क्रमशः उसका पुत्र ध्रुव (ब्रह्मांड पुराण) और उसके वंशज ही इस वानर साम्राज्य के परंपरानुसार अधिपति होते रहेंगे। (इसी कारण श्रीराम नित्य साकेतधाम पधारते समय अंगद को तिलक प्रदान कर सुग्रीव को साथ ले गए।)

अतः श्रीभरत द्वारा गंधर्वों का विध्वंस राज्य लिप्सा न होते हुए भी उनके अत्याचार हैं। गंधर्व विध्वंस के पश्चात् उस रिक्त प्रदेश में श्रीभरत के पुत्रों तक्षक एवं पुष्कल ने तक्षशिला एवं पुष्कलावती दो नगर बसाए। श्रीराम की रीति-नीति के विरुद्ध ये अयोध्या साम्राज्य के अंग कैसे बन गए?

२. यदि सिंधु तट के क्षेत्रों पर गंधर्वों ने अनधिकृत रूप से अधिकार जमाया तो उनका पैतृक क्षेत्र कौन सा था, वे वहाँ से किन कारणों से, कैसे यहाँ आए, यहाँ के वे अधिपति कौन थे कि जिन्हें परास्त करके आक्रांता गंधर्व शासक बने? जिन गंधर्वों की गणना देवकोटि में सदैव से होती रही। जो विभिन्न देवसभाओं के अलंकार माने जाते रहे, वे संस्कार-भ्रष्ट होकर राक्षसों के पर्याय कैसे बन गए?

३. मात्र सात दिन युद्ध हुआ, निरंतर हुआ, घोर संग्राम होने का उल्लेख है। अंत में परम शांत प्रकृति के स्वामी श्रीभरत को यमराज के प्रलयंकारी अमोघ

संवर्तास्त्र का प्रयोग किन परिस्थितियों में बाध्य होकर करना पड़ा?

४. पश्चिमोत्तर भारत के इस क्षेत्र से, बाधामुक्त होने पर भी श्रीरामप्रिय श्रीभरत पाँच वर्ष पश्चात् ही निकल पाए, किन करणों से?

५. केकय से गंधर्वों की शत्रुता का क्या कारण था?

६. इस संघर्ष में दोनों पक्षों की ओर से कोई इनके सहायक बनकर रणक्षेत्र में उतरे क्या? यदि 'हाँ' तो क्यों और कौन-कौन?

इन प्रश्नों के उत्तर के लिए अन्यान्य ग्रंथों को खँगाला गया। सूक्ष्म सूत्र यत्र-तत्र से हाथ लगे। जानकी उद्धार के लिए जो लंका में संग्राम हुआ, उसमें एक-एक घर से एक-एक युवक और अंत में तो अवयस्क बालकों तक को युद्धानल की ज्वालाओं में झोंकने की स्थिति आई। उसमें प्राणव्यामोही, निशाचर प्राण बचाकर वानरों की अनुमति से यथासंभव संपदा सकेरकर लंका से निकल चले, क्योंकि श्रीराम-सेना के वे ऋक्ष-वानर सैनिक सम्मुख समर में शत्रु से लोहा लेनेवाले तो थे, किंतु युद्ध-विमुख जनों का वध करनेवाले हत्यारे तो नहीं थे। उनका लक्ष्य तो जानकी उद्धार था। जानकी उद्धार के मार्ग में जो विघ्नकारक बनकर इच्छित-अनिच्छित किसी भी प्रकार से रणक्षेत्र में उतरे, केवल उनकी समाप्ति की। लंका में न तो किसी नारी का अपमान हुआ और न लूटमार हुई। लंका दहन में जो कुछ दग्ध हुआ, नष्ट हुआ, वही हुआ। अन्य किसी संपदा को वानर वीरों ने क्षति नहीं पहुँचाई, यहाँ तक कि लंकेश्वर विभीषण के आग्रह-विनम्र निवेदन पर भी उन्होंने विश्व की अलौकिक संपदा में से एक कौड़ी भी ग्रहण नहीं की। लौटते समय पैरों में लगी हुई लंका की धूल भी समुद्र जल में धोकर उन्होंने भारतभूमि में प्रवेश किया, किंतु यह भी वर्णन मिलता है कि जो निशाचर युद्ध विमुख होने के कारण लंका में रह गए, उनकी रावण-भक्ति का सर्वथा लोप नहीं हुआ। उनके मौन आक्रोश को, कहीं कुंभकर्ण के पुत्र मूलक तो कहीं खर पुत्र मकराक्ष के पुत्र मूलक ने विद्रोही स्वर दिए। सौम्य विभीषण के अनुशासन से जब वे पार नहीं पा सके तो रातोंरात पर्याप्त मात्रा में संपदा समेटकर लंका से पलायन कर गए।

(कृति का खलनायक मूलक कुंभकर्ण-पुत्र तो नहीं हो सकता, क्योंकि उसकी (माताएँ) वज्रज्वाला एवं वृकदंत-पुत्री सानंदिनी तो देवी मंदोदरी की विनम्र अनुगामिनी बनी रहीं। इस स्थिति में मूलक खर-पुत्र मकराक्ष का पुत्र ही हो सकता है, क्योंकि यही मकराक्ष तो लंका युद्ध के समय श्रीराम से आकर कहता है, 'मेरी माता ने अभी सौभाग्य चिह्न नहीं त्यागे हैं। उसकी प्रतिज्ञा है कि उसके पति के वधिक राम के कटे हुए कपाल में जल भरकर जब तक वह अपने पति को जलांजलि नहीं दे देती, तब तक वह ये चिह्न विसर्जित नहीं करेगी।' कृति में इसकी दारुण प्रकृति के कारण,

इसका नाम उग्रा रखा गया है। इस मूलक के अंत पर प्रतिशोध लेने के लिए जो दूसरा राक्षस आता है, उसका नाम 'खरमुख' खर से संबंधित होने के कारण ही है। भरत के द्वारा पराजित होकर यह भी अंत को प्राप्त हुआ।)

इसी प्रकार श्रीहनुमान के पुत्र कहलानेवाले मकरध्वज के अनुशासन को अपने अनुकूल न पाकर पाताल से, शतकंधर-वध के पश्चात् विभीषण के पुत्र कुलभूषण के वैदिक अनुशासन से त्रस्त पुष्कर द्वीप (ऑस्ट्रेलिया) से राक्षस निकले। इतना ही नहीं; श्रीशत्रुघ्न द्वारा लवणासुर के विनाश के पश्चात् मधुरा से भी राक्षस निकले। इनसे भी पूर्व महाराज सगर ने अपनी विमाता, जिसने उन्हें गर्भ में ही समाप्त करने के लिए विष दिया था, उसके सहायकों-समर्थकों के परिवारों के साथ ही अपने उद्दंड पुत्र असमंजस को भी देश से निष्कासित किया था। वसिष्ठ-विश्वामित्र संघर्ष में नंदिनी से उत्पन्न, जिन्हें यवन-म्लेच्छ-शक-हूण-पल्हव आदि की संज्ञा देकर, मूँछविहीन कटी-छटी दाढ़ी रखने का निर्देश देकर वेद-वंचित अवस्था में देश से निकाला। कहीं-कहीं किन्हीं को मुंडित शिरों पर पंच शिखा रखने का आदेश देकर निष्कासित किया, ताकि उन्हें देखकर साधारण जन उनके संपर्क से बचें।

रावण-कुंभकर्ण-विभीषण-शूर्पणखा आदि की जन्मभूमि विश्रवाश्रम (बिसरख ग्राम-गाजियाबाद, जनपद-उत्तर प्रदेश) है। यहाँ भगवान् परशुराम द्वारा परशुरामेश्वर महादेव का देवालय इसकी प्राचीनता का द्योतक है। मयराष्ट्र (मेरठ) नरेश मय की पुत्री मंदोदरी का विवाह रावण से हुआ। विवाह के समय उसने अपने दोनों उद्दंड पुत्र मायावी और दुंदभी भी रावण को सौंप दिए। उनसे तंग होकर रावण ने भी उन्हें युक्तिपूर्वक वानरराज बालि के द्वारा समाप्त करा दिया। मयराष्ट्र के बचे हुए राक्षस भी, जहाँ सींग समाया, समा गए। मय शांतिपूर्वक यत्र-तत्र भ्रमण करता हुआ, अंत में भरत विजय प्रसंग में जिनकी चर्चा है, उन कुटिल शुक्राचार्य को लेकर पाताल (अमेरिका) चला गया। इसी के नाम पर अमेरिका की प्राचीन संस्कृति मय के नाम पर MAYA (अंग्रेजी भाषा के संस्कार के कारण) हो गई।

इस क्रम में हमें इतिहास के घोर विषयी-परम निर्लज्ज महाराजा ययाति को भी नहीं भूलना चाहिए। यद्यपि इस महाराजा का इस प्रसंग से कोई सीधा संबंध नहीं है, परंतु इनके वंशजों के कार्यकलाप, जो इस घटना से एक युग पूर्व के हैं, वे कदम-कदम पर इस विषय को प्रभावी रूप से प्रभावित करते हैं। यहाँ इनका संक्षिप्त परिचय देना विषयांतर नहीं मानना चाहिए।

ये महाराजा महर्षि अत्रि-कुलोत्पन्न चंद्रवंशी हैं। उर्वशी प्रिय पुरुरवा के पुत्र आयु के पुत्र नहुष इनके पिता हैं। महाराजा नहुष को देवगणों ने महर्षि दुर्वासा के शाप के कारण इंद्र के रिक्त आसन पर देवराज के रूप में आसीन किया, किंतु ये उस पद की

मर्यादा की रक्षा नहीं कर पाए। राजमद में इन्होंने देवराज्ञी शची को समागम का आदेश दिया। शची तो पतिव्रता थी। उसने देवगुरु बृहस्पति से परामर्श करके कहलाया कि महाराजा नहुष ही सप्तर्षियों के कंधों पर सजी हुई पालकी में बैठकर उसके भवन में पधारें। देवराज बने लंपट नहुष के आदेश का पालन करते हुए सप्तर्षि पालकी ले चले। कामज्वर से पीड़ित नहुष 'सर्प-सर्प' (शीघ्र चलो) कहते हुए उन पर कषा का प्रहार करने लगा। क्रोधित ऋषियों के शाप के कारण नहुष सर्प (अजगर) की योनि में गंगा-तट गढ़मुक्तेश्वर के अंधकूप (नक्का कुआँ) में जा गिरा। युगों पश्चात् भगवान् श्रीकृष्ण ने उसका उद्धार किया।

नहुष के पश्चात् उसके पुत्र ययाति देवराज बने, किंतु वे भी उस आसन की मर्यादा की रक्षा न कर पाने के कारण स्वर्ग से पतित होकर त्रिवेणी तट के प्रतिष्ठानपुर (प्रयाग के निकट वर्तमान झूँसी) के राजा बने। एक दिन जब वे आखेट से लौट रहे थे तो उन्होंने स्त्री स्वर 'निकालो-निकालो' की करुण पुकार सुनकर कुएँ से उसे निकाला। उस विवस्त्रा को ययाति ने अपना उत्तरीय दिया। परिचय के रूप में उसने बताया कि वह दैत्याचार्य शुक्र की पुत्री देवयानी है। उसे दानवराज वृषपर्वा की कन्यां शर्मिष्ठा अंधकूप में धक्का देकर चली गई है। ययाति ने उसे ले जाकर शुक्राचार्य को सौंप दिया। क्रोधित शुक्राचार्य दानवेंद्र वृषपर्वा के पास जा पहुँचे। शाप के भय से त्रसित वृषपर्वा ने अत्यंत अनुनय-विनय के पश्चात् देवयानी को मनाकर, मान लिया कि वह विवाहित होकर, जहाँ भी जाएगी, वहीं उसकी दासी बनकर शर्मिष्ठा भी जाएगी।

अस्तु, देवयानी ने यह कहते हुए कि 'जिस अवस्था में ययाति ने उसे देखा है, उस स्थिति में पति ही स्त्री को देख सकता है,' ययाति का वरण किया। ययाति ने क्षत्रिय होने के कारण उस ब्राह्मण-कन्या को स्वीकार करना उचित नहीं माना, परंतु पुनः शाप के भय से बाध्य होकर ययाति ने उसे पत्नी रूप में ग्रहण किया। (वैसे देवयानी को देवगुरु बृहस्पति के पुत्र कच का श्राप भी था कि उसे ब्राह्मण पति कदापि प्राप्त नहीं होगा)

अस्तु, शर्मिष्ठा दासी होकर उसके साथ गई। कालांतर में देवयानी यदु और तुर्वसु—दो पुत्रों की माता बनी। कामातुरा शर्मिष्ठा ने भी ययाति के संपर्क में आकर द्रुह्यु-अनु-पुरु—तीन पुत्र उत्पन्न किए। वचन भंग के कारण शुक्र ने ययाति को शाप दे डाला कि 'जिस काम के वशीभूत होकर उसने यह दुष्कृत्य किया है, वह तुरंत शिथिल इंद्रिय वृद्ध हो जाए।' ययाति ने शुक्राचार्य के चरण-शरण होकर कहा कि 'अभी भवभोगों से मेरा मन नहीं भरा है। अतः वे कृपापूर्वक शाप लौटा लें।' शुक्राचार्य ने ययाति की दीनता देखकर कहा, 'यदि कोई उसे अपना यौवन कुछ समय के लिए देकर, उसका वार्धक्य ग्रहण कर सके तो यह शाप टल सकता है।'

अब प्रश्न उत्पन्न हुआ कि इस प्रौढ़ावस्था पार करते, असंयमी स्त्रैण राजा का वार्धक्य लेकर, अपने सांसारिक सुखों की बलि देकर, इन्हें अपना यौवन कौन प्रदान करे? हताश ययाति ने अपने पुत्रों को बुलाया। देवयानी के पुत्रों यदु और तुर्वसु के साथ शर्मिष्ठा के दोनों ज्येष्ठ पुत्रों अनु और द्रुह्यु ने भी इन्हें फटकार दिया। अंत में कनिष्ठ पुत्र पुरु ने राज-सिंहासन पाने के लोभ से ग्रसित होकर इन्हें अपना यौवन प्रदान कर दिया। ये महान् महाराजा भोगों की याचिका घृताची नाम्नी अप्सरा को लेकर प्राकृतिक दृष्टि से मनोरम स्थलों के पर्यटक बनकर, अपनी कामाग्नि में भोगों का घृत डालते हुए, उसे बुझाने के लिए निकल पड़े। हाँ, निकलने से पूर्व अपने उन पुत्रों को शाप देना नहीं भूले, जिन्होंने इनके आग्रहों को ठुकरा दिया था।

ज्येष्ठ पुत्र यदु को यौवन न देने के कारण उसकी संतान तक को राजा न कहलाने का शाप दिया। इसी कारण युग बीतने पर भी प्रतापी शूरसेन-वसुदेव क्या स्वयं श्रीकृष्ण भी सब प्रकार से योग्य होते हुए भी नरेश न कहलाए।

द्वितीय पुत्र तुर्वसु को म्लेच्छ बना दिया। तुरुष्क (तुर्क) उन्हीं की संतान हैं। द्रुह्यु को दुर्गम स्थान पर निवास, कभी भी मनोरथ सिद्ध न होने का शाप दे डाला। अरुणाचल प्रदेश की पर्वत शृंखला से लेकर संयुक्त भद्राश्ववर्ष (चीन) तक में इसी के वंशज हैं। अनु को शाप दिया, 'उसकी संतान यौवनावस्था में ही कालकवलित हो जाया करेगी।' विचारपूर्वक देखा जाए तो आज की चीन और यवन समस्या एक प्रकार से इन्हीं महाराज की दी हुई है। अग्निहोत्रादि से सभी को (यदु के अतिरिक्त) वंचित कर दिया। परिणाम युगों के व्यतीत हो जाने पर भी सामने है।

इन दुर्बुद्धि ययाति महाराज के चरित्र को समझने के लिए एक कथा और भी है—

महर्षि विश्वामित्र के हठीले शिष्य गालव एक बार याचक बनकर गुरु दक्षिणा देने के लिए आठ सौ श्यामकर्ण अश्व माँगने इनके द्वार पर आए, परंतु इनके यहाँ तो एक भी नहीं था। इन धर्मभीरु ने अपनी 'सद्गुण विकृत' मनस्थिति के कारण कहा कि एक सूचना के आधार पर मैं जानता हूँ कि अयोध्या नरेश हर्यश्व-काशिराज दिवोदास एवं उशीनर नरेश भोजराज के पास दो-दो सौ श्यामकर्ण अश्व हैं। अत: आप लोकविख्यात मेरी परम सुंदरी कन्या माधवी को ले जाइए। तीनों नरेश इसके गर्भ से एक-एक पुत्र उत्पन्न करके इसे लौटा दें। शुल्क रूप में दो-दो सौ श्याम कर्ण अश्व दे दें। आठ सौ में से शेष दो सौ के लिए विश्वामित्र भी इससे एक पुत्र उत्पन्न कर लें। प्रत्येक प्रसव के पश्चात् विशेष निदान से इसकी स्थिति शारीरिक दृष्टि से अक्षतयोनि कन्या की हो जाया करेगी। विश्वामित्र सहित तीनों राजाओं को एक-एक पुत्र प्रदान कर वह अपने पिता ययाति के पास गालव के साथ आ गई। ययाति ने उसका स्वयंवर रचाना चाहा, किंतु ग्लानिमना माधवी तपस्या करने चली गई।

लोक में सुयश और परलोक में सद्‌गति का निषेधकारक मानकर, जिन चार पुत्रों ने ययाति को अपना यौवन नहीं दिया, उन्हें अपना विरोधी मानकर भाँति-भाँति के शाप दे डाले। ऐसे धृष्ट-निकृष्ट राजा को दंडित करने का अधिकार प्रजा को ही भारत के आदि नृपति महाराज मनु ने मनुस्मृति, जिसे भारत का प्रथम संविधान ही कहना चाहिए, उसमें स्पष्ट रूप में दिए हैं, कि 'चरित्रहीन राजा को सिंहासन से खींचकर जैसे धोबी वस्त्रों को पटक-पटक कर धोता है, उसी प्रकार उस राजा को प्रजा पटक-पटक कर समाप्त कर दे। वह दोषी नहीं मानी जाएगी।' किंतु ययाति के विरुद्ध प्रजा की कोई प्रतिक्रिया न देखकर ययाति-पुत्रों का दुखित-क्रोधित होना स्वाभाविक था। इसी का परिणाम मानसिक ग्लानि समय बीतते-बीतते ययाति-संतति जन्मजात भारत-वैरि बनती गईं। सिंधु के पार आज के ईरान-इराक-अरब-अफगानिस्तान के वे सभी देशों से लेकर मध्येशिया तक भारतीय संस्कृतिविहीन जातियों के संपर्क में आकर परिवारों का विस्तार करते हुए, सुविधानुसार निरंतर अपनी बस्तियाँ बसा-बसाकर बसते गए। वे ही कालांतर में इन आततायी गंधर्वों के संबल बने। श्रीभरत-गंधर्व युद्ध के समय ये समस्त वर्ग-समूह कोई पक्ष बनकर प्रत्यक्ष रूप से सम्मिलित नहीं हुए।

लगता है—उनका यही मंतव्य रहा होगा कि भरत का शक्तिशाली गंधर्वों पर विजय पाना कठिन है। यदि विजयी हो भी गए तो वे इतने अशक्त हो जाएँगे कि वे यहाँ ठहर नहीं पाएँगे। उन्हें अयोध्या लौटना ही होगा। अत: दोनों ही स्थितियों में वे यहाँ निर्द्वंद्व होकर रहेंगे, परंतु श्रीभरत को लौटता न देखकर उन्होंने अपनी नीति परिवर्तित की। साधारण झड़पें धीरे-धीरे युद्धों की एक शृंखला बनती गईं। श्रीभरत ने केकय-उद्धार एवं शैलूष संहार के पश्चात् उनका निराकरण करने के लिए केतुमाल क्षेत्र (अफगानिस्तान से महर्षि कश्यप की साधना भूमि कैस्पियन सागर तक) जाकर मध्य इलावर्त क्षेत्र (मध्येशिया) के हरि-हिरण्य-रम्यक-भद्राश्व वर्तमान मंगोलिया-एकजाकिस्तान-उज्बेकिस्तान-तुर्कमेनिस्तान-किरगिजिस्तान-चीन-जापान सहित रूस के उत्तरी (साइबेरिया) क्षेत्रों से दक्षिणी क्षेत्र त्रिविष्टप (तिब्बत) तक के क्षेत्रों पर विजय प्राप्ति पर्यंत संग्राम किए। उसी में यह पाँच वर्ष का समय व्यतीत हुआ।

युद्ध शृंखला के मध्य इन क्षेत्रों में निवास करनेवाले, जो भारतीयों के वंशज थे, जिनकी स्मृति में भारतीय सम्मान पूर्णत: लुप्त नहीं हुआ था, उनमें स्नेहमयी सुधार की संभावना देखकर श्रीभरत ने उन्हें सहर्ष गले लगाया। अयोध्या लौटते समय वे उन्हें उनकी इच्छानुसार भारत में ले आए। भारत को खंडित एवं भारतीयता को भ्रमित-लांछित करने का दु:स्वप्न संजोते हुए धूर्तों ने कहा कि आर्य विदेशों से आए। शिक्षा के अभाव में मूर्खों ने वास्तविकता जाने बिना उनका समर्थन किया।

संसार की कोई भी समस्या, चाहे वह परिस्थितिवश स्वत: उत्पन्न हुई हो अथवा

किसी कार्य को साधने या षड्यंत्रबद्ध योजना के रूप में उत्पन्न की गई हो, उसका एक समय होता है, कारण होता है, कोई कर्ता-प्रेरक होता है। अतः आर्य-अनार्य समस्या, जो हमारे राष्ट्र के लिए दिनोदिन उग्र से उग्रतर होती जा रही है, पुराणों में उल्लिखित प्राचीन भारतीय इतिहास की प्रामाणिकता को प्रश्न-चिह्नों में घेरती हुई उसे बी.सी. और ए.डी., ईसा पूर्व और ईसा पश्चात् वर्गों में विभाजित कर रही है। यह क्या है, उसके एक-एक बिंदु पर सांगोपांग रीति से विचार किए बिना, उसे विधिवत् समझा नहीं जा सकेगा। यदि समझा ही नहीं गया तो उसका निराकरण भी नहीं हो सकेगा। यदि आज निराकरण नहीं होगा तो भविष्य में यह क्या रूप लेगी, क्या कहें? निश्चित ही इस बचे-खुचे भारत को खंड-खंड करने की भूमिका की रचना करेगी।

मूलविहीन आर्य-अनार्य समस्या अमरबेल की भाँति जिस प्रकार देश की एकता-अखंडता की हरियाली पर अधिकार करती जा रही है, हम उसकी भयावहता का अभी अनुमान नहीं कर पा रहे हैं। इस भ्रामक समस्या के मूल से परिचित होने के लिए हमें कुछ शताब्दी पीछे जाना होगा।

महाभारत का घोर युद्ध श्रीराम-रावण युद्ध की भाँति सिद्धांतों पर आधारित न होकर व्यक्तिगत अहं-ओछी मानसिकता-सत्य सनातन वैदिक धर्म के भ्रामक व्याख्याकर्ता कुटिलों के मध्य हुआ। इसे मर्यादा विरहित पारिवारिक घोर रक्तपात ही कहना चाहिए था। इस प्रलयंकर महाभारत युद्ध में अठारह अक्षौहिणी रथी-महारथी-अतिरथियों-पदाति सैनिकों के अतिरिक्त सारथी-महावतों-सेवकों-हाथियों-अश्वों सहित साठ लाख प्राणियों का अंत हुआ। इसके छत्तीस वर्ष पश्चात् प्रभास क्षेत्र में यादवों के पारस्परिक कलह में अनेक दुर्धर्ष वीर पृथ्वी को रिक्त करके चले गए। बलरामजी समाधिस्थ अवस्था में एवं स्वयं भगवान् श्रीकृष्ण भी जरा (पूर्व जन्म के बालि) के बाण व्याज से आहत होकर धराधाम से विदा हो गए। परीक्षित-वंश की अनेकानेक पीढ़ियाँ शांतिपूर्वक लगभग साढ़े तीन हजार वर्ष शासन करती रहीं। उसके पश्चात् ईसा से साढ़े तीन सौ वर्ष पूर्व यवन सिकंदर का प्रथम आक्रमण भारतवर्ष पर हुआ। वह भी एक प्रकार से बहुत सफल नहीं हुआ। उसके प्रतिनिधि सेल्यूकस एवं अन्य यवनों का भी चाणक्य ने चंद्रगुप्त द्वारा पराभव करा दिया। फिर तो युद्धों की शृंखला का सूत्रपात हो गया। अशोक का कलिंग युद्ध-दक्षिण विजय, खारवेल द्वारा हूण-शकों पर विजय। महाराज हर्षवर्धन के समय इस्लाम का सन् ६३६ में प्रथम आक्रमण हुआ। निर्णायक पराजय पाकर साढ़े तीन सौ वर्ष पश्चात् स्पेन-पुर्तगाल-मिस्र आदि को विजय करके सुबुक्तगीन ने सीमांत क्षेत्र पर आक्रमण किया। तत्पश्चात् महमूद गजनवी के आक्रमणों की बाढ़ आ गई। मुहम्मद गौरी ने कई बार परास्त होकर कन्नौज नरेश का सहयोग पाकर महाराजा पृथ्वीराज चौहान को सन् ११९२ में बंदी बनाया।

गुलाम-खिलजी-तुगलक-लोदियों के पश्चात् मुगल शासन का आरंभ हुआ। तृतीय मुगल अकबर के समय इंग्लैंड के कुछ ईसाई अकबर से आकर मिले। उत्तर भारत के आगरा में पहला चर्च बना। अकबर को उन्होंने क्या-क्या भेंट किया, इसका उसके चरित्र को देखते हुए अनुमान ही लगाया जा सकता है। उसके नौरोजा-मीनाबाजार में खुली टाँगों में फिरनेवाली गौरांग महिलाओं का उल्लेख मिलता है। उसके पश्चात् सलीम जहाँगीर के नाम से गद्दी पर बैठा।

'एक सेर कबाब और दो सेर शराब, मुल्क हिंदोस्ताँ को बेगम नूरजहाँ की हुकूमत मुबारकवाद' का नारा लगाने वाला शासक कैसा होगा, इसका अनुमान लगाने में क्या कठिनाई? इसी मुगल शहंशाह के सिक्कों पर पहली बार किसी परदानशीन बेगम का बेपर्द चित्र प्रकाशित हुआ।

छोड़िए, विषय पर आइए। इसी के दरबार में इंग्लैंड नरेश जेम्ज प्रथम का पत्र लेकर कैप्टन हॉकिंस और सर टामसरो आए। इसकी मनपसंद शराब-शबाब इसे खुले हाथों भेंट कर, खुलकर सुविधाएँ व्यापारिक और सैन्य आदि क्षेत्रों में प्रचुर मात्रा में प्राप्त कीं।

यही क्रम बाद में मुगल शहंशाहों के समय भी चालू रहा। शाहजहाँ की बेटी शहजादी जहाँआरा किसी कारण कुछ जल गई थी। उसका इलाज डॉ. वर्नियर ने किया। इलाज क्या किया, उस पर तो मुग्धा शहजादी की बदौलत शाही मेहरबानियों की बेइंतिहा बारिशें होने लगीं। उनकी चर्चा सभ्य समाज में करना सभ्यता का चीरहरण ही होगा। तत्पश्चात् तथाकथित जिंदा पीर जनाब औरंगजेब अपने भाई-भतीजों को ठिकाने लगाकर गद्दीनशीन हुए। इन्होंने तो सूरत में ब्रिटिशों को कोठी बनाने की इजाजत ही दे डाली। कोठी किला बन गई। जनता पर निर्मम अत्याचारों की बाढ़ आ गई। यह देखकर शिवाजी ने निरंतर तीन बार चढ़ाई कर-करके सूरत के साथ-साथ अजीमुश्शान मुगलिया सल्तनत की सूरत को आईना दिखा डाला। लाठी के बल पर तोपखानों पर तोपचियों की कब्र बनानेवाले, महान् मुगल शहंशाह अकबर की कब्र खोदकर उसके कंकाल को आग के हवाले करनेवाले गोकुला-चूडामन-वदनसिंह जैसे जाट वीरवरों ने दिल्ली से लेकर आगरे तक सल्तनत की चूलें ढीली कर दीं।

अपने पिता नवम् गुरु तेगबहादुरजी—चारों पुत्रों के साथ भाई मतिदास-सतीदास-दयाला के साथ सैकड़ों शिष्यों की अमानुषिक हत्या के पश्चात् दशम गुरु गोविंद सिंह पंजाब छोड़कर महाराष्ट्र नांदेड़ चले गए। उनका स्थान लेने के लिए बंदा वीर बहादुर उनकी आज्ञा से पंजाब आ गया। मध्यक्षेत्र में चंपतराय बुंदेला-छत्रसाल-राजस्थान में महाराणा राजसिंह, छत्रपति शिवाजी के पश्चात् संभाजी और रानी तारा ने औरंगजेब का जीना दूभर कर दिया। हारकर वह दिल्ली चला, किंतु मार्ग में ही वह औरंगाबाद में

काल के गाल में समा गया। उसके उत्तराधिकारी मुगलिया परंपरा के अनुसार एक-दूसरे का गला रेतने लगे। शहजादों और तथाकथित शहंशाओं की हत्या होने लगी। सल्तनत सिमटते-सिमटते लालकिले के खुदे-पिटे आँगन में धीरे-धीरे समाने लगी।

अस्तु, अंग्रेजों ने देख लिया कि जिस मुगलिया सल्तनत को परम शक्तिशाली मानकर, अपने नरेश जेम्ज के पत्र ले-लेकर वे भारत में आए थे, वह सल्तनत फूट के आधार पर हिंदू नरेशों की बैसाखी पर जैसे-तैसे खड़ी रह गई है। आम जनता में ये शहंशाह क्रूर लुटेरे विधर्मी-विदेशी ही माने जाते हैं, यहाँ तक कि मुगल दरबार में बैठने वाले देशीय राजा अपना पानी तक साथ लेकर जाते हैं। दरबार से आकर स्नान करके ही अपने महल में प्रवेश पाते हैं। अत: उन्होंने विचार किया कि यदि उन्हें इस देश पर राज्य करना है तो यहाँ के बहुसंख्यक हिंदुओं के मन से आर्यवर्तीय होने की श्रेष्ठता के गर्व-गौरव की भावना को निकालना होगा। यह तभी होगा, जब कि उन्हें भी यहाँ का मूल निवासी न होकर पूर्व का एक आक्रांता ही सिद्ध कर दिया जाए।

इसे उपहास का विषय नहीं तो क्या कहा जाए कि उत्तर तो है, परंतु यह किस प्रश्न का है, उसका अता-पता नहीं। इस स्थिति में अंधे के हाथ अँधेरे में बटेर के रूप में वेद वाक्य 'कृण्वंतो विश्वमार्यम्' (विश्व को आर्य बनाने का संकल्प) लग गया। जो 'आर्य' शब्द सच्चरित्र-सुसंस्कृत-श्रेष्ठ-सम्मान्य जन के लिए विशेषण के रूप में आदिकाल से प्रयुक्त होता चला आया, उसे जातिसूचक बना दिया। एक असत्य को सत्य सिद्ध करने के लिए विचित्र-विचित्र अनर्गल तथ्य गढ़-गढ़कर प्रस्तुत किए जाने लगे। आक्रांता आर्यों ने यहाँ के मूल निवासियों पर अपने अमानुषिक व्यवहार से उन्हें दक्षिण में पलायन करने को बाध्य कर दिया। राम-रावण का युद्ध उसी का प्रमाण है। अपने गौरवर्ण के दंभ में दाक्षिणात्यों को निशाचर (रात्रि के भाँति काले) की संज्ञा दे डाली। वेद-उपनिषदों के मंत्रों-सूत्रों की व्याख्या वाममार्गियों की भाँति की जाने लगी। 'जीव जीवस्य जीवनम्' जीव जीव का जीवन है, यह शाब्दिक सीधा-सादा अर्थ है। वैचारिक धरातल पर कृषक कपास उगाता है। उसे कातकर बुनकर वस्त्र बनाने का कार्य जुलाहों के अधीन है। उस वस्त्र को परिधान का रूप सूचिक (दरजी) देता है। फिर तो उसे धारण करनेवाला चाहिए। वह न हो तो विविध परिश्रमों का क्या मूल्य? यह सात्त्विक व्याख्या है तो दूसरी तामसी व्याख्या भी है कि जीव को यदि जीवित रहना है तो अन्य जीव के भक्षण द्वारा स्वयं को पुष्ट करे। मूल सूत्र का कोई शब्द बदले बिना अर्थ कैसे बदल गए। आर्य शब्द गुणवाचक संज्ञा है, वह जाति-वाचक बना दी गई। वर्ण का गौर अथवा कृष्ण होना जलवायु पर आधारित है। दक्षिण प्रदेश कर्क और भू-मध्य रेखा के दक्षिण में मकर रेखा के मध्य के क्षेत्र हैं। अफ्रीका-अमेरिका-ऑस्ट्रेलिया आदि देशों की सीमाएँ हैं तो प्रकृति क्या सीमाविहीन

है? नहीं, किंतु कुटिल व्याख्या ने प्रकृति की प्रकृति ही परिवर्तित कर उसे अपने अनुकूल बनाकर प्रस्तुत कर डाला। अमेरिका आदि में तो काले-गोरे का भेद आज भी प्रचंड रूप से देखा जा सकता है।

'राम-रावण युद्ध आर्य-अनार्य संघर्ष था'—लाक्षणिक अर्थ में तो श्रेष्ठ और निकृष्ट का संघर्ष था, किंतु व्यवहार जगत् में व्यक्तिवाचक अथवा जातिवाचक रंचमात्र भी नहीं था। रावण ऋषि विश्रवा का पुत्र, जिनकी यत्र-तत्र सप्तर्षियों में गणना होती है, उन महर्षि पुलस्त्य का पौत्र था। उसका जन्म हरनंदी (हिंडन) के तट पर स्थित विश्रवाश्रम (बिसरख) ग्राम में हुआ। विवाह मयराष्ट्र (मेरठ) के नरेश मय की पुत्री मंदोदरी से हुआ। उसने लंका कुबेर से ली और लंकेश्वर बन बैठा।

अन्य प्रमाण देखिए—रावण युद्ध में वीरगति प्राप्त कर धरती पर गिर गया। उसकी मंदोदरी-धान्यमालिनी आदि रानियाँ विलाप करती हुई लंका से निकलीं और—

आर्यपुत्रेति वादिन्यो हा नाथेति च सर्वशः।
परिपेतु कबंधाकां महीं शोणित कर्दमाम्॥

बा.रा. युद्धकांड ४/११०

('हा आर्य पुत्र—हा नाथ' पुकारती हुईं वे शीशहीन शवों से ढकी हुईं, जहाँ रक्त की कीच जमी हुई थी, उस धरती पर कबंधों (धड़ों) पर गिरती-पड़ती हुई भटकने लगीं।)

वानरराज बालि भी तो दक्षिण का ही था। श्रीराम ने उसका भी वध किया था। वह श्रीराम के बाण से घायल होकर धरती पर पड़ा-पड़ा मृत्यु की प्रतीक्षा कर रहा है। उसकी रानी तारा भी मंदोदरी की भाँति बिलखते हुए—

सुप्तेव पुनरुत्थाय आर्यपुत्रेति वादिनी।
रुदोद् सा पतिं दृष्टवा संवीतं मृत्युदामनीः॥

किष्किंधाकांड ७४/२७

—विलाप करते हुए 'हा आर्यपुत्र' कह रही है।

कैकेयी द्वारा श्रीराम को वनवास माँगने पर महाराजा दशरथ उसे 'अनार्या' कह रहे हैं। रावण के प्रति समर्पित न होने के कारण अशोक वाटिका में राक्षसियाँ जानकी को अनार्या कह रही हैं। मेघनाद के नागपाश में मूर्च्छित पड़े हुए वानर योद्धाओं के मध्य हनुमान को खोजते हुए ऋक्षराज जांबवंत पुकार रहे हैं, 'आर्य हनुमान! तुम कहाँ हो? यदि तुम भी मारे गए तो आर्य सुग्रीव तो अपनी सेना सहित निर्जीव ही हो गए।' ये कुछ उदाहरण तो श्रीमद्वाल्मीकि रामायण के हैं। यदि अन्य ग्रंथों से भी दिए जाएँ तो एक पृथक् ग्रंथ ही बन जाएगा। संक्षेप में 'आर्य' विशेषण को संज्ञा बना दिया गया। कैसे-क्यों-कब और उसे कैसे-कैसे परिपुष्ट किया गया, यह विचारना

भी विषयांतर नहीं होगा।

'भारत के मूल निवासी हिंदू आक्रांता आर्यों की संतान हैं' यह सार्वजनिक रूप से सर्वप्रथम इंग्लैंड के ही एक अंग्रेज पॉल एंडरसन ने सोलहवीं शताब्दी के अंत में कहा। योरोपीय जातियों (अंग्रेज-फ्रेंच-डच-पोर्तगीजों आदि) ने पारस्परिक भेदभाव भुलाकर इसे हाथोंहाथ तुरंत लिया। मुगल-तुर्क-पठान भी क्यों विरोध करते? इसके विरोध में हिंदुओं की, जो प्रतिक्रिया होनी चाहिए थी, वह नहीं हुई, क्योंकि इस प्रकार के लेख यूरोपीय भाषाओं में होने के कारण वे उससे अनजान रहे, किंतु जैसे ही इतिहास विरुद्ध यह मिथ्या जल्पना प्रबुद्ध भारतीयों के ध्यान में आई, वैसे ही श्री श्यामजीकृष्ण वर्मा, जो उन दिनों इंग्लैंड के अतिरिक्त अन्य यूरोपीय देशों में भ्रमण कर रहे थे, उन्होंने इसका खंडन अत्यंत उग्रता से किया। फिर तो लोकमान्य तिलक, जो पहले कह गए थे कि आर्य उत्तरी ध्रुव से आए, उन्होंने भी अपना कथन वापस ले लिया। महर्षि स्वामी दयानंदजी सरस्वती ने तो आर्य समाज की स्थापना ही कर डाली, परंतु इससे पूर्व इस कुत्सित षड्यंत्र को सफल बनाने के लिए विदेशी-विधर्मी बहुत कुछ अनर्थ कर चुके थे। आज भी यह अनर्थ विधिवत् पाठ्य-पुस्तकों में ज्यों-का-त्यों प्रचारित-प्रसारित हो रहा है। देश स्वतंत्र कहला रहा है।

इस बकवास की संपुष्टि एवं ईस्ट इंडिया कंपनी की हुकूमत की परिपुष्टि के लिए सर्वप्रथम वीर भूमि राजस्थान में कर्नल टाड ने प्रवेश किया। उदयपुर, जोधपुर, कोटा, बूँदी, झालरापाटन सहित अनेक राज्यों में वह आने-जाने लगा। वहाँ के नरेशों की चाटुकारी करके उनसे अमूल्य उपहार प्राप्त करने लगा। लार्ड हेस्टिंग्स द्वारा प्रारंभ की गई सहायक संधि प्रथा के अंतर्गत इन राज्यों को लाने के लिए उसने सफल प्रयत्न किए। देशी सेना सीमित कर दी गईं और उनके सेनापति ईस्ट इंडिया कंपनी द्वारा मनोनीत कराए। इतिहास लेखन के नाम पर टाड ने राजस्थान का अप्रामाणिक इतिहास लिखा। उसका बाद में महामहोपाध्याय कविवर श्यामलदास ने वीर विनोद की रचना कर प्रामाणिक रूप से खंडन किया। अपना सकेरा हुआ धन एवं पुरातत्त्व महत्त्व की अपार सामग्री-हस्तलिखित दुर्लभ पुस्तकें लेकर वह धूर्त लौट गया। उसकी दुर्नीतियों से ग्रस्त देशी राज्य सन् १८५७ के प्रथम स्वतंत्रता संग्राम में तटस्थ होकर केवल बैठे ही नहीं रहे, बल्कि उसके विरुद्ध यत्र-तत्र विघ्न भी बने। यदि राजपूतों का इस समय सहयोग मिला होता तो भारत १५ अगस्त, १९४७ से नब्बे वर्ष पूर्व ही अविभाजित रूप में स्वतंत्र हो गया होता।

टाड के पश्चात् मैकाले आ गया। इसका पूरा नाम उपाधि सहित बैरन थामस बैकिंगटन मैकाले था। यह कवि-निबंधकार-इतिहासकार-दूरदर्शी राजनीतिज्ञ था। ब्रिटिश पार्लियामेंट का यह सदस्य सन् १८३४ में गवर्नर जनरल की सलाहकार परिषद् का

सदस्य बनकर भारत आया। निरंतर तीन-चार वर्षों तक भारत में रहा। उसने समस्त देश में भ्रमण करते हुए यहाँ की, विशेषकर हिंदुओं की प्रथा पद्धति-प्राचीन इतिहास-साहित्य की जानकारी विभिन्न स्रोतों से ली। अंग्रेजी माध्यम से शिक्षा देने वाले स्कूल-कॉलेजों का प्रारंभ कराया। शिक्षा प्रसार के नाम पर उन्हें प्रचुर मात्रा में कंपनी सरकार से धन प्राप्त होने लगा। हिंदी-संस्कृत की पाठशालाएँ सिमटकर रह गईं, जबकि मसजिदों में मदरसे चलते रहे। कंपनी सरकार के गुणगान के लिए समाचार पत्र प्रकाशित होने लगे। सरकारी कार्यालयों में देसी वेशभूषा निषिद्ध कर दी गई। मौज-मस्ती के लिए पहली बार साप्ताहिक अवकाश की प्रथा प्रचलित की। लोग चर्चों में आ सकें, इस कारण अवकाश का दिन Sunday (रविवार) रखा गया। भारत से लौटने पर इसका इंग्लैंड में भारी स्वागत हुआ।

ब्रिटिश पार्लियामेंट में उसका कई चरणों में अठारह घंटे का भाषण हुआ। उसे इतना महत्त्वपूर्ण माना गया कि स्वयं महारानी विक्टोरिया ने विशेष लॉबी में बैठकर सुना। मैकाले ने अत्यंत गर्व से कहा कि मैं भारत में वह बीज बो आया हूँ कि भविष्य में पैदा तो इंडियन होंगे, किंतु चाल-ढाल भूषा-भाषा सभी दृष्टियों से ब्रिटिश ही होंगे। मैंने छह सूत्र ऐसे गढ़कर दिए हैं, जिनके कारण नक्शे पर तो भारत ही रहेगा, किंतु उसके अंतर में भारतीयता का पूर्ण अभाव होगा। मंदिर बिना तोड़े जनता से टूट जाएँगे। साहित्य बिना पढ़े कल्पित कहानियों का पुलिंदा बनकर रह जाएगा। वेद गडरियों के गीत कहलाएँगे। पुराणों की ओर तो कोई फूटी आँखों से देखना भी पसंद नहीं करेगा। हमारी संस्कृति-प्रथा-पद्धति-परंपरा-तीर्थ-पर्व सभी को अविश्वसनीयता के घेरे में घेरकर, जिस प्रकार एक व्यूह का निर्माण करने का दुष्प्रयत्न किया गया, उस पर पाठक विचार करें। प्रबुद्ध पाठकों के ध्यानाकर्षण हेतु वे कुत्सित सूत्र प्रस्तुत हैं—

I UNCRITICAL (अनक्रिटिकल) तर्क विरुद्ध अर्थात् जिन पर विचार करना ही व्यर्थ है

II UNSCIENTIFIC (अनसाइंटिफक) अवैज्ञानिक, विज्ञान विरुद्ध मात्र कल्पना

III UNHISTORICAL (अनहिस्टोरीकल) इतिहासशून्य अर्थात् जिनका इतिहास नहीं है, अप्रामाणिक

IV IRRATIONAL (इरेशनल) बुद्धि विरुद्ध अर्थात् अंधविश्वास

V LEGENDARY (लिजेंडरी) प्रमाणशून्य कहानी अर्थात् मनगढ़ंत गप्प

VI MYTHOLOGY (माइथोलॉजी) मिथक, मिथ्या अर्थात् चमत्कारी वर्णन युक्त असंगत कथन

अब इन्हें विदेशों के महाप्रतिष्ठित मैकाले के भाषण का समापन अंश कौन सुनाए कि जो उसने सिंह की तरह दहाड़ते हुए, अंत में गीदड़ की भाँति मिमियाते हुए कहा कि—

'एक ही प्रश्न का उत्तर मेरे पास नहीं है कि काशी का एक अधनंगा ब्राह्मण पत्थर की पाटी पर कुछ आड़ी-तिरछी रेखाएँ खींचकर यह कह देता है कि 'अमुक तिथि पर इतने बजकर-इतने मिनट-इतने सेकेंड पर सूर्य ग्रहण पड़ेगा' तो उसकी बात पर काश्मीर से कन्याकुमारी तक के स्त्री-पुरुष विश्वास करते हुए बालक-वृद्धों के समुदाय-के -समुदाय महीनों की कठिन यात्रा आनंदपूर्वक करते हुए कैसे कुरुक्षेत्र पहुँच जाते हैं? जिस कीचड़ भरे गड्ढे में (Pigs) सुअर के बच्चे भी लोटना पसंद नहीं करेंगे, वे उसमें स्नान के नाम पर लोटते हैं, किंतु सर्वाधिक आश्चर्य तो तब होता है, जब उस जाहिल के शब्दों की गवाही देने के लिए स्वयं सूर्य आकाश में मुँह काला करके खड़ा हो जाता है।'

—कहना न होगा अपने उस महामनीषी के अंतिम शब्द सुनकर वह महारानी विक्टोरिया, जिसके राज्य में कभी सूर्य अस्त नहीं होता था, वह कैसे उठकर गई होगी? निश्चित रूप से अपने पाश्चात्य ज्ञान की महिमा का लुटता हुआ सौभाग्य सिंदूर देखकर उसके पैर लड़खड़ा कर रह गए होंगे, किंतु उखड़ने में समय लगा। देखा जाए तो अभी तक पूरी तरह से उखड़ा भी कहाँ हैं? भाषा-भूषा की क्या कहें? लोकसभा-राज्यसभा की बहसें, जो आजकल दूरदर्शन पर दिखाई जाती हैं उनके अधिकतर सदस्यों की भाषा सुनकर ऐसा प्रतीत होता है कि मानो भारतीय किसी अभारतीय सभा की दृश्यावली देख रहे हों।

अस्तु, भारतीयों में भ्रम समूहों के वितरक इस मिस्टर मैकाले के पश्चात् उसके स्थान पर निकुंभला में तामसी अनुष्ठान के विधिवत् रचनाकार मेघनाद के रूप में मैक्समूलर आ गया। महान् संस्कृतज्ञ के रूप में उसने वेदों-उपनिषदों के सहित कालिदास-माघ-भारवि-भवभूति आदि के ग्रंथों पर विस्तृत टीकाएँ लिखनी आरंभ कीं।

यद्यपि यह मूलत: जर्मन था। इसे महान् प्राच्यविद्या विशारद मानकर महारानी विक्टोरिया ने मैकाले के मंतव्य को गंतव्य देने के लिए ब्रिटेन बुला लिया। वहाँ की नागरिकता भी प्रदान कर दी। इसके लिखे हुए ऋग्वेद का संपादित अनुवाद का मुद्रण-प्रकाशन ऑक्सफोर्ड विश्वविद्यालय ने बड़ी धूमधाम से किया। सन् १८५९ में इसने संस्कृत साहित्य का इतिहास लिखा। Secred Books of the East के नाम से इक्यावन जिल्दों में उसे संपादित किया। उसकी अन्य रचनाओं में भाषा का विज्ञान (Science of Language) तथा धर्म की वैज्ञानिक भूमिका Introduction of the Science of Religion मुख्य हैं।

मैक्समूलर का स्वप्न—

The ancient religion of India is doomed and if Charistianity does not step in, whose fault will it be?

(भारत का प्राचीन धर्म नष्टप्राय है और यदि ईसाई धर्म उसका स्थान नहीं लेता तो यह किसका दोष होगा)

१६ दिसंबर, सन् १८६८ को भारत-सेक्रेटरी, ड्यूक ऑफ आर्गाइल के नाम पत्र से—

He (Dayanand) may possibly convince the Hindus that their modern Hinduism is altogether in opposition to the Vedas—if once they become thoroughly convinced of this radical error, they will no doubt abandon Hinduism at once—they can not go back to the vedic state; that is dead and gone, and will never revive. Something more or loss new must follow. We will hope it may be Christianity...A.F.R.H. Quoted in 'The Arya Samaj' by L. Lajpat Rai, 1932 p. 42.

"वह (महर्षि दयानंदजी सरस्वती) संभवत: हिंदुओं को यह विश्वास दिला सकता है कि उनका वर्तमान धर्म सर्वथा वेद-विरुद्ध है। यदि एक बार उन्हें इस मौलिक भूल का पूर्ण विश्वास हो जाए तो वे हिंदू-धर्म को निस्संदेह तत्काल त्याग देंगे। वे वैदिक परिस्थिति की ओर तो नहीं जा सकते, वह मृत है और जा चुकी है और कदापि पुनर्जीवित नहीं होगी। कुछ न्यूनाधिक नूतनता अवश्य आएगी। हम आशा करेंगे कि वह ईसाइयत हो।"

इसकी रचनाओं का जितना प्रचार-प्रसार होना चाहिए था, वह अनुपयोगी मानकर नहीं हुआ। सर्वप्रथम महर्षि स्वामी दयानंद के प्रमुख शिष्य-सहयोगी श्री श्यामजी कृष्ण वर्मा ने उसे उसी के घर में ललकारा। उसके पश्चात् स्वयं महर्षि ने उसे भारत में आमंत्रित किया, किंतु उसका साहस इनसे शास्त्रार्थ करने का कैसे होता? इस दंभी ने किसी वैदिक-विद्वान् के चरणों में शिष्य भाव से बैठकर अष्टाध्यायी-निरुक्त आदि का ज्ञान कहाँ प्राप्त किया था?

अस्तु, शिक्षा क्षेत्र में इसकी दुर्गति देखकर ब्रिटेन में ही इसे संस्कृत प्राध्यापक पद से विदेशी कहते हुए, वंचित कर दिया। इस अपमानजनक स्थिति में वह जर्मनी जाकर घुल-घुलकर मर गया, किंतु आश्चर्य तो यह है कि उसके नाम पर मैक्समूलर भवन दिल्ली में अभी भी है।

इसके पश्चात् भारत विरोधी षड्यंत्र का नायक बनकर एलन आक्टोविनय ह्यूम आया। इसने सन् १८४९ में बंगाल में इंडियन सिविल सर्विस में प्रवेश किया। शीघ्र ही पदोन्नति करते हुए पश्चिमोत्तर प्रांत में यह रेवेन्यू बोर्ड का सदस्य बन गया। सन् १८५७ के प्रथम स्वतंत्रता संग्राम (गदर) के समय यह इटावा में मजिस्ट्रेट था। चारों

ओर 'फिरंगी को मारो,' 'टोडी बच्चा हाय-हाय' के शोर के मध्य इसे इटावा के तहसीलदार लक्ष्मणसिंह स्त्री वेश में पालकी में बैठाकर आगरा ले गए।

इसकी इस यात्रा का वर्णन किसी ने बड़ी रोचकता से किया है, जिसका नाम इस समय स्मरण नहीं आ रहा है। आगे-आगे घोड़े पर तनकर बैठे हुए लक्ष्मण सिंह अपनी मूँछों पर बल देते हुए, जिनकी आयु उस समय इकतीस वर्ष के लगभग थी (जन्म 9 अक्तूबर, १८२६) वे लंबी नली का हुक्का गुड़गुड़ाते हुए चल रहे थे। पीछे परदे पड़ी हुई पालकी में उनकी विवाहिता बने लहँगा पहने, ओढ़नी ओढ़े चूड़ियों भरे हाथ से पालकी का डंडा थामे हिलते-काँपते अंग्रेज विरोधी उद्घोषों से दहलते ह्यूम साहब चल रहे थे। शांति होने पर उसने लक्ष्मण सिंह की राजभक्ति पर उन्हें राजा की उपाधि दिलाई। इनके द्वारा अनुवादित महाकवि कालिदास के आभिज्ञान शाकुंतलम् (शकुंतला नाटक) एवं मेघदूत आदि को पाठ्य-पुस्तकों में सम्मिलित कराया। इन कृतियों को फ्रेडरिक पिनकाट के द्वारा इंग्लैंड में प्रकाशित कराया, साथ ही कलकत्ता विश्वविद्यालय के 'फेलो' एवं रायल ऐशियाटिक सोसायटी की सदस्यता भी प्रदान कराई।

सन् १८५७ के संघर्ष के प्रत्यक्ष द्रष्टा इसी ह्यूम ने सन् १८८५ में इंडियन नेशनल कांग्रेस की स्थापना की, जिसका उद्देश्य ब्रिटेन की राजसत्ता के प्रति समर्पित भावना रखते हुए, जो अपने उद्गार (भड़ास) हों, उन्हें प्रकट करना। कांग्रेस का प्रथम अधिवेशन बंबई में प्रसिद्ध अंग्रेज भक्त ड्ब्ल्यू.सी. बनर्जी की अध्यक्षता में हुआ, जिसमें ८६-८७ प्रतिनिधि सम्मिलित हुए। इनमें कोई भी मुसलमान न होने के कारण किसी रईस की बग्घी के दाढ़ीवाले साइस को तुर्की टोपी-अचकन आदि पहनाकर मंच पर बिठाया, किंतु अत्यंत प्रतिष्ठित महानुभावों के मध्य उसकी असहजता अनुभव करते हुए 'नवाब साहब का नमाज का वक्त हो रहा है' कहते हुए थोड़े समय में विदा कर दिया।

'गॉड सेव द किंग—गॉड सेव दि क्वीन' के गान के साथ कांग्रेस के अधिवेशन २५ दिसंबर (ईसा मसीह के जन्मदिन पर) को होने आरंभ हो गए। सन् १९०६ सूरत अधिवेशन तक निरंतर २३ वर्ष यह क्रम चलता रहा। इसी अधिवेशन में लोकमान्य बाल गंगाधर तिलक ने घोषणा की 'स्वतंत्रता मेरा जन्मसिद्ध अधिकार है' उनके समर्थन में पंजाब के ला. लाजपतराय एवं बंगाल के श्री विपिनचंद्र पाल जैसे महानुभाव खड़े हो गए। ब्रिटिश भक्तों ने ह्यूम के संकेत पर हाथापाई आरंभ कर दी। फिर तो कुरसियों से लेकर जो जिसके हाथ लगा, वह चला। अधिवेशन भंग हो गया। कांग्रेस का राष्ट्रपिता ह्यूम सचिव पद से त्यागपत्र देकर इंग्लैंड भाग गया।

उसके पश्चात् चाफेकर बंधुओं-चंद्रशेखर आजाद-भगतसिंह-राजगुरु-सुखदेव-खुदीराम बोस-रामप्रसाद बिस्मिल-कन्हाईलाल दत्त-प्रफुल्लचाकी-बलवंत फड़के-

करतार सिंह सराबा आदि कितने ही तरुणों का बलिदान हुआ। तिलक-लाजपतराय-भाई परमानंद-स्वातंत्र्यवीर सावरकर की दारुण जेल यात्राएँ, श्री अरविंद घोष-स्वामी विवेकानंद-स्वामी रामतीर्थ-सुब्रह्मण्यम भारती आदि के क्रियाकलाप-जलियावाले बाग का नृशंस हत्याकांड-नेताजी सुभाषचंद्र बोस की आजादहिंद सेना की काररवाई, गांधीजी के बार-बार के सत्याग्रह और उन्हें वापस लेने के कार्यक्रमों के भयंकर रक्तपात के पश्चात् कैसे भारत तीन खंडों में विभाजित हुआ, यह तो प्राय: सभी जानते हैं। आज भी पं. नेहरू की दुराग्रहपूर्ण अदूरदर्शिता से उत्पन्न नीति के कारण कश्मीर समस्या-आतंकवाद-सांप्रदायिकता के रूप में चुनौती दे रही है।

जैसे-तैसे बँट-बँटाकर खंड-खंड होकर भारत स्वतंत्र हो गया। प्रश्न उत्पन्न हुआ, अब इसमें कर्नल टाड-मैकाले-मैक्समूलर-ह्यूम का स्थान कौन ग्रहण करेगा। भारतीय संस्कृति के प्रति विद्वेषात्मक यज्ञ में ब्रिटेन-फ्रांस-डच-पुर्तगाल अपनी-अपनी आहुति डालकर तिल-जौं बनकर चले गए। अत: अब बेल्जियम इस सूखी बेल को हरियाली देने उठा।

ईसाई मिशनरी कार्य को गति प्रदान करने के लिए फादर कामिल बुल्के रैम्सकैपल से भारत आ गए। प्रयाग विश्वविद्यालय से संबद्ध रहकर अपना शोध प्रबंध 'रामकथा उत्पत्ति और विकास' सन् १९५० में प्रस्तुत किया। केंद्र में भारत के शिक्षा मंत्री उस समय मौलाना अब्दुल कलाम आजाद थे। कुटिलता की दृष्टि से यह कृति अद्वितीय कही जाए तो अतिशयोक्ति नहीं होगी। इसमें फादर अपनी ओर से प्राय: कुछ नहीं बोलते। इनकी ओर से ए. वेबर-एच. याकोबी-एम. विंटरनित्स-एम.एस. विलियम्स बोलते है।' साथ ही बोलते हैं दिनेशचंद्र सेन-गुणभद्र आदि। एक स्थान पर ये फादर साहब लिखते हैं, 'वाल्मीकि रामायण की कल्पना हेलन के ट्रॉय पर की गई है, किंतु यदि वाल्मीकि वहाँ नौकाओं द्वारा भेजी गई सेनाओं का वर्णन ध्यान से पढ़ लेते तो सेतु न बनवाकर वानरों को नौकाओं में भिजवा देते हैं।' ऐसे निकृष्ट धर्मांध को हिंदी भक्त खच्चर बनकर ढो रहे हैं। इस धूर्त की वास्तविकता सामने आने पर भी कह रहे हैं कि 'यह सब तो ठीक है, किंतु उसने श्रीराम को केंद्र बनाकर जो कार्य किया है, वह तो स्तुत्य है।'

कितना स्तुत्य है तो इतना स्तुत्य है कि 'चलो, कोई हमें गाली दे रहा है, तो हमारा क्या बिगड़ता है। यह क्या कम आनंद की बात है कि वह गाली हमें हमारी भाषा में ही दे रहा है। हमारी माँ-बहनों से निकट के संबंध स्थापित करने की गर्वोन्नत घोषणा करते हुए हमारा मान ही तो बढ़ा रहा है।' अब इन महासम्मानितों से कहें तो क्या कहें? विशाल शब्दसागर गोखुर प्रमाण सिद्ध होकर रह गए हैं।

बुल्के आगे कहते हैं, 'जैन साहित्य में राम कथा का मूल स्रोत ढूँढ़ना व्यर्थ है'

कहकर भी जैन पद्म पुराण (पउम चरिय) के उदाहरण देते हैं। बौद्धों के दशरथ जातक-अनामकं जातकम् आदि के अतिरिक्त तिब्बत-लाओस-मलयेशिया-खोतानी की चर्चा करते हैं। हाँ, एक स्थान पर बोल गए—वाल्मीकि दक्षिण तथा मध्य भारत के भूगोल से अपरिचित थे, इसका प्रमाण रामायण को पढ़कर मिलता है। अतः इस विषय में जो साहित्य प्रकाशित हुआ और हो रहा है, वह अधिकांश अनुमान और कल्पना के आधार पर आधारित है' 'सिंहल द्वीप का सबसे प्राचीन नाम 'टप्रोवाने' है, जो यूनानियों में प्रचलित था। अधिकांश आधुनिक लेखक लंका तथा किष्किंधा को मध्य भारत में रखते हैं।' कौन रखते हैं, उनके नाम कहीं नहीं हैं। इस भारत विरोधी फादर के कथन पर विचार करना समय को नष्ट करना ही है। बुद्धि को विभ्रमित करना है। ईसाइयत के कुचक्र में फँसना है। महाराष्ट्र के नासिक-पंचवटी, कर्णाटक के पंपा सरोवर, तमिलनाडु के रामेश्वर-रामझरोखा-गणपति उप्पूर-नवग्रह पाषाणम्-नलसेतु किसी भारतीय के हृदय से विस्मृत नहीं हो सकते। भयंकर-से-भयंकर अंधड़, ग्रहणकाल का राहू कुछ समय सूर्य के प्रकाश को प्रभावित तो कर सकते हैं, किंतु लाखों प्रयत्न करके भी उसे अस्त तो कदापि नहीं कर सकते।

हाँ, अब एक और संकट है और वह है इसी देश में उत्पन्न होनेवाले तथाकथित प्रगतिशील कहलाने का पाखंड करनेवाले। कहलाने को तो वे हिंदू हैं, परंतु इनके लेख पढ़ने पर हृदय यही कहता है कि 'ये बिंदु कहीं और के हैं।' न चाहते हुए भी इनकी नीचता-निर्लज्जता के विषय में, इनके चहेतों की आँखें खोलने के लिए स्वल्पांश प्रस्तुत हैं—

- महाराज दशरथ घोर शराबी थे। उनके सैनिक राक्षसों से रिश्वत लेकर, उनके द्वारा ऋषि-मुनियों के आश्रमों पर आक्रमण कराते थे।
- अज्ञात कुलशीला सीता से कोई विवाह नहीं करना चाहता था। अतः राजा जनक ने चालाकी से शिव-धनुष उठाने की शर्त रखी। वे जानते थे कि इसे कोई नहीं उठा सकता। सीता कुँआरी रह जाएगी और उन पर कोई अँगुली भी नहीं उठा पाएगा।
- शृंगि ऋषि के आगमन पर ही राम आदि भ्राताओं का जन्म हुआ।
- राम ने गाँव-गाँव फिर करके जनता को जाग्रत् किया। उन्हीं की सहायता से राम ने सुबाहु को मारा और मारीच को भगा दिया।
- केकयी बालक राम को अपनी दासियों द्वारा पिटवाया करती थी।
- कौशल्या अवहेलना का पात्र बनी एक ओर पड़ी रहती थी। उसकी पुत्रवधू होने के कारण सीता भी सम्मान से प्रायः वंचित रही।
- तीनों रानियों की दासियाँ परस्पर डटकर झगड़ा करती हुई राजभवन को

कलह का केंद्र बनाए रखती थीं।

- जब लक्ष्मण राम के साथ वन में गए, तब वे कुँआरे थे।
- भरत राम से पंद्रह वर्ष और लक्ष्मण अठारह वर्ष छोटे थे।
- शूर्पणखा को राम ने लक्ष्मण के पास यही सोचते हुए भेजा कि मेरे साथ तो सीता है, किंतु लक्ष्मण भी उससे कुछ यौनानंद प्राप्त कर ले।
- हाँ, अहल्या घर्षण और सुग्रीव की महफिल की रंगीनी उदारतापूर्वक उभारने में कोई कोर-कसर इन बाल-ब्रह्मचारी ने नहीं रखी है।
- राम के साथ वनों में जनसेना के सैनिक चला करते थे। वे उन्हें सुग्रीव से मिलाने ले गए।
- नावों में पत्थर भर-भरकर पुल बनाया गया। वानर उसी पर चढ़कर लंका गए।
- रावण वध के पश्चात् राम को लंका में खड़ा छोड़कर इन्होंने अपनी कलमुँही लेखनी रख दी, क्योंकि पैदल भेज नहीं सकते थे। पुष्पक विमान पर चढ़ाते तो भारत को विमान कला ज्ञान था। यह सिद्ध हो जाता तो इनके आश्रयदाता क्रुद्ध हो जाते।

मैंने इनकी कृति में अनेक बिंदु चिह्नित किए हुए हैं। इनका रामायण का ज्ञान कितना है, उसका एक ही उदाहरण पर्याप्त है कि ये सर्वत्र मेघनाद को मेघनाथ लिखते हैं। कहते हैं कि 'मैं स्वान्तः सुखाय लिखता हूँ' किंतु गोस्वामीजी के चोरी किए हुए इस शब्द के विषय में यह नहीं बताते कि इनका 'स्वान्तः सुखाय' क्या है? गोस्वामीजी का तो 'नाना पुराण-निगमागम सम्मतं' है। इनके स्वांतः सुख के आधार-प्रेरक-जन्मदाता चार्वाक-होमर-लेनिन-चाऊ-माऊ-जिन्ना-चर्चिल-मैकाले-मैक्समूलर-ह्यूम आदि में कौन-कौन हैं? अंधों ने अँधेरे में जिन्हें पद्मश्री तक दे डाली है, वे परम धूर्त डॉ. नरेंद्र कोहली हैं।

ये कायर प्रायः मंचों पर न आकर केवल लिखते हैं और भारतीय पत्र-पत्रिकाओं के स्वधर्मी अथवा ऐतिहासिक ज्ञान से शून्य इनके संपादकों की चिरौरी कर अपनी बकवास प्रकाशित कराते हैं। इनसे इनके स्तर पर ही निबटना आवश्यक है।

—इन्हीं निराधार के आधार पर तथाकथित प्रगतिशीलता के नाम पर आज अधिकांश साहित्य की रचना उसी की छाया में की जा रही है। रावण के भाई कुंभकर्णी नींद से ग्रसित होकर प्रतिष्ठित पत्रों के संपादक बने बैठे हैं, वे उसे किश्तों के रूप में प्रकाशित कर रहे हैं, तो उन्हें क्या कहें? जितना कहें, वह कम-ही-कम होगा, किंतु एक बात है, इन तथाकथित साहित्यकारों की भाषा इतनी सम्मोहक होती है कि यदि स्वर्णमृग का शृंगार करनेवाला मारीच भी उसे देख ले तो इन्हें 'महागुरु' तस्लीम

करते हुए इनके चरणों में सिजदा करता रह जाए।

अस्तु कुछ महानुभाव सोचेंगे कि श्रीभरत विजय की चर्चा करते-करते यह रामरंग अनावश्यक रूप से क्या-क्या कह गया, तो विनम्रतापूर्वक मेरा यही निवेदन है, यह अनावश्यक नहीं, आवश्यक और परम आवश्यक है, जो आज के संदर्भ में करना पड़ रहा है। जब तक कार्य का कारण सामने नहीं आता, तब तक कार्य का महत्त्व भी प्रश्नचिह्नों से घिरा रहता है।

मर्यादा पुरुषोत्तम भगवान् श्रीराम भारतीय संस्कृति के प्राणपुरुष हैं। यदि इन्हें ही भ्रम के घेरे में घेर लिया जाए, इनके अस्तित्व को नकार दिया जाए अथवा उस पर प्रश्न चिह्न ही अंकित कर दिए जाएँ तो भारत का गौरव, उसकी प्राचीनता-सभ्यता आदि को एक झटके में समाप्त नहीं तो समाप्ति की दिशा में मोड़ा तो जा सकता है। अत: पहले तो कहा गया कि 'राम हुए ही नहीं'। वाल्मीकि डाकू-लुटेरे से तथाकथित ऋषि बने, रामायण किसी जन की गढ़ी हुई कल्पित कहानी है।' दूसरे बोले, 'ईसा से दो-तीन सौ वर्ष पूर्व हुए' तीसरे बोले, 'राम का समय महाभारत युद्ध के पश्चात् का है'। अंत में कई महामनीषियों ने इधर-उधर से जुगाड़ करके कहा कि दस हजार ईसा पूर्व हुए। एक महान् देवी ने तो १० जनवरी, ५११४ ईसा पूर्व श्रीराम की जन्मतिथि घोषित कर डाली।

अत: हमारा सर्वप्रथम कर्तव्य तो यही है कि उनकी प्रादुर्भाव तिथि को भारतीय पंचांग एवं अन्य शास्त्रों द्वारा निर्विवाद रूप से कहें। वह हम प्रारंभ में कह चुके हैं। कि ज्योतिष को वेदविद्या का नेत्र कहा गया है। उसके द्वारा अभिजित मुहूर्त पुनर्वसु नक्षत्र में चैत्र शुक्ल नवमी आज से बारह लाख-चौहत्तर हजार एक सौ बीस वर्ष पूर्व कर्क लग्न में उनका जन्म हुआ। उस समय देवगुरु बृहस्पति चंद्रमा के साथ लग्न में, कन्या के राहू पराक्रम में, सुख स्थान चतुर्थ में, तुला के शनि (उच्च) सप्तम पत्नी स्थान में मकर के मंगल (उच्च) दशम कर्म स्थान में मेष के सूर्य (उच्च) धर्म स्थान नवम मीन में शुक्र (उच्च) बुध एवं केतु हैं। इसका फलादेश करें तो वह उनके जीवनकाल की घटनाओं पर सटीक बैठता है।

अब जहाँ तक उनके समय के भूगोल की चर्चा है, उस पर विचार करना पड़ेगा। 'उत्तर दिसि बह सरजू पावनी' तो वह अयोध्या के उत्तर में आज भी है। तेरह लाख वर्षों में कुछ आगे-पीछे अवश्य हो गई है। श्रीरामकथा से संबंधित अन्य मिथिला-केकय-प्रयाग-चित्रकूट-नंदिग्राम-पंचवटी-पंपा सरोवर-किष्किंधा-अंजनगिरि-रामेश्वरम् आज भी हैं। नलसेतु की क्षीण रेखा भी समुद्र जल में झाँकती दिखती है। सौ योजन लंबे एवं दस योजन चौड़े नल सेतु को समुद्र के खारे जल की लहरों ने टकरा-टकराकर विराट् का वामन बना डाला है। जहाँ तक लंका का संबंध है तो यह

वर्तमान में निश्चित रूप से वह नहीं है, जो थी। लंका और द्वारका दोनों के डूबने की ग्रंथों में चर्चा है। पाँच हजार वर्ष पूर्व की द्वारका के अस्तित्व के परिचायक अंश तो पर्याप्त रूप से प्रकट हो चुके हैं, किंतु तेरह लाख वर्ष पुरानी लंका के तट से तो कुछ मीटर की दूरी पर पंद्रह सौ मीटर गहरा समुद्र मानचित्र में अंकित देखा जा सकता है। फिर तो हिंद महासागर साढ़े सात हजार मीटर से ग्यारह हजार मीटर तक गहरा होता चला जाता है। भूगर्भ वैज्ञानिकों के अनुसार भूकंप तथा धरती के गर्भ में होनेवाली हलचलों के कारण और कई बार अणु-परमाणु जैसे विस्फोटों-उल्कापातों-धूम्रकेतुओं-बड़वानल के कारण छोटी-बड़ी ऐसी सुनामी लहरें उठती हैं कि वे विभिन्न धाराओं के प्रभावाधीन होकर छोटे-मोटे द्वीपों का प्राकट्य अथवा उन्हें अस्त क्या कर डालती हैं, बल्कि महाद्वीपों तक की स्थिति को डाँवाँडोल कर डालती हैं। इसी को शास्त्रों में प्रलय-खंड प्रलय-महाप्रलय कहा गया है। संसार का सबसे ऊँचा शिखर गौरीशंकर (माउंट एवरेस्ट) कभी हजारों मीटर गहरे समुद्र में डूबा हुआ था। न्यूजीलैंड-न्यू आयरलैंड-ब्रिटेन-फिलिपींस-सिंगापुर-लाओस- वियतनाम-बाली-सुमात्रा-जावा-अंडमान निकोबार-वर्तमान श्रीलंका आदि परस्पर जुड़कर अरब सागर के मध्य बड़ी दूर तक चले गए थे। लगता है, यही विशाल भूखंड रावण की लंका थी। श्रीराम-रावण युद्ध में दोनों ओर से अनेक भयंकर शस्त्रास्त्र चले थे। कालांतर में भूगर्भ में धँसे उन्हीं का विस्फोट हुआ और ये छोटे-बड़े भूखंड बनकर समुद्र में बिखर गए। कुछ भूवैज्ञानिकों ने तो यहाँ तक कहा है कि कभी इंग्लैंड यूरोप से और जापान चीन से जुड़ा हुआ था। अमेरिका अफ्रीका से संयुक्त था। अब इनके मध्य विशाल अंधमहासागर है। इसका अर्थ विचारने पर इस तथ्य को नकारा नहीं जा सकता तो प्रामाणिकता से कुछ कहा भी नहीं जा सकता।

अब देखिए, सीता-हरण के लिए मारीच को सहयोगी बनाने के लिए रावण रथ पर बैठकर जाता है। थल भूमि में नारिकेल-आम्र-कदली के वृक्ष दिखते हैं। एला (इलायची-लवंग) आदि की लताएँ दिखती हैं। कुछ दूर समुद्र की साधारण लहरें अठखेली करती हुई दिखती हैं। प्रवाल भित्तियाँ (मूँगा) और तट के निकट पड़ी मुक्ता-शुक्ता दिखती हैं। चंदन के सुगंधित वृक्षों से छनकर आती हुई सुगंधित मलय पवन चित्त को आनंदित करती है और वह समुद्र तट पर निर्मित मारीच की कुटिया (वर्तमान मारीशस) पहुँच जाता है। दूसरी ओर पुष्कर द्वीप ऑस्ट्रेलिया वह स्थान है, जहाँ संध्या करते हुए बालि को काँख में हाथ डालकर रावण समुद्र में डालने चला था। उसकी बाँहें काँख में दबाए हुए बालि उसे घसीटते हुए किष्किंधा ले चला। इस वर्णन से लगता है कि वर्तमान हास्पेट, जिसे किष्किंधा कहा जाता है, वह विशाल वानर साम्राज्य का एक अंग ग्राम मात्र था।

आजकल दूरदर्शन-समाचार पत्रों एवं कुछ अन्यों द्वारा निरंतर श्रीलंका का प्रचार लंका के रूप में किया जा रहा है। अब तो अशोक वाटिका, जानकीजी की अग्नि परीक्षा का स्थान ही नहीं, रावण का अंत्येष्टि स्थान, क्या एक कोई गुफा का वह तथाकथित स्थान भी खोजा जा चुका है, जहाँ रावण का शव मिस्र की ममियों के समान रखा हुआ बताया जा रहा है। यह तो तब है, जबकि रावण के चिता-दहन आदि का विधिवत् विस्तृत वर्णन प्राप्त है।

'उसके रेशमी वस्त्रों से ढके हुए शव को कंधों पर उठाकर विचित्र पताकाओं एवं पुष्पों से सजी हुई पालकी में रखकर, दक्षिण दिशा में श्मशान की ओर ले चले। शवयात्रा के यात्रियों के हाथों में शुष्क काष्ठ था। यजुर्वेदी याजक अग्नि लेकर शव के आगे चल रहे थे। राक्षसों ने मलय चंदन-काष्ठ-पद्मक-उशीर (खस) तथा अन्य सामग्रियों से सजी हुई चिता पर रंकु नामक मृग का चर्म बिछाकर उस पर शव को शयन कराया। दधि मिश्रित घी से भरा हुआ श्रुवा उसके दाहिने कंधे पर, पैरों पर शकट तथा जाँघों पर ऊखल अरणि-उत्तरारणि-मूसल आदि रखे। मेध्य पशु का हनन कर चिता पर रखकर उसे घी से तर कर दिया। अनेक वस्त्र एवं लावा आदि चढ़ाकर अग्नि दे दी गई। ऐसे रावण को भी अनार्य कहने वालों की चिता को सजाने की रीति का महान् ज्ञान किस महाज्ञानी से प्राप्त करें?

अस्तु, रावण वेद-वेदांग का विद्वान् होने के अतिरिक्त ज्योतिष का भी प्रकांड पंडित था। उत्तरी ध्रुव और दक्षिणी ध्रुव क्षेत्रों की भाँति लंका नाम किसी व्यक्ति द्वारा निर्धारित न होकर पृथ्वी की भौगोलिक स्थिति के कारण है। लंका का अर्थ कटि (कमर) है। यह मनुष्य शरीर का मध्य भाग है। उसी प्रकार पृथ्वी के मध्य भाग से भू-मध्य रेखा पूर्व से पश्चिम की ओर गुजरती है। यह रेखा आज की लंका से कुछ ही अक्षांश की दूरी पर है। इसके उत्तर में २३½ अंश पर कर्क रेखा और दक्षिण में २३½ अंश पर मकर रेखा मानचित्रों में देखी जा सकती है। उत्तरी ध्रुव से दक्षिणी ध्रुव की ओर जाती हुई शून्य देशांतर रेखा, जहाँ कर्क रेखा का स्पर्श करती हुई बढ़ती है, वहीं उज्ज्यिनी का महाकालेश्वर ज्योतिर्लिंग है। काल शब्द समय का परिचायक है। भारतीय ज्योतिष की गणना का समारंभ यहीं से होता है। यहीं शून्य देशांतर रेखा, जहाँ भू-मध्य रेखा का स्पर्श करती हुई दक्षिण की ओर बढ़ती है, संभवतः वहीं इस गणितज्ञ ने अपना राज्यासन स्थापित किया। यही रेखा भू-मध्य रेखा से २३½ अंश दक्षिण में जहाँ मकर रेखा का स्पर्श करती है, वहीं शास्त्रीय वाक्य 'दक्षिणे हाटकेश्वरम्' भगवान् शिव का हाटकेश्वर लिंग होना चाहिए, किंतु आज ये दोनों स्थान विशाल लंका के परकोटों-उपवनों-प्रासादों-नगरों सहित समुद्र के गर्भ में चले गए हैं। कभी कोई प्रबुद्ध वैज्ञानिक इस ओर गंभीरता से ध्यान दें तो द्वापर की द्वारका की भाँति त्रेता की लंका का

भी चित्त को चमत्कृत करनेवाला कुछ-न-कुछ अंश अवश्य दृष्टि में आ सकता है।

भूगोल तो बहुत कुछ स्पष्ट है। राजनैतिक कारणों से उसकी सीमाएँ बदली हैं, वे बदलती रहती हैं, किंतु जहाँ तक खगोल का प्रश्न है, उसके विषय में निर्विवादरूपेण कुछ भी कहना सर्वथा असंभव नहीं तो सहज संभव भी नहीं है। वर्तमान में खगोल विद्या के परिचायक-उन्नायक, जो भी कहो, वे तो आर्यभट्ट हैं। उनका समय विक्रम संवत् प्रणेता महाराजा विक्रमादित्य का ही समय है। यद्यपि पाश्चात्य जन उनका समय पाँचवीं-छठी शताब्दी मानते हैं। उनके मानने का भी कारण है, क्योंकि ये मिथ्याभिमानी तो यदि स्वयं को अपने पितामह का प्रपितामह भी कह दें तो इन कृतघ्नियों के विषय में कोई आश्चर्य नहीं। संसार के समस्त आविष्कारों के जन्मदाता यूरोप और केवल यूरोप वाले ही हैं। ये यदि कुछ नहीं कह पाए तो केवल इतना कि गर्भाधान और प्रसव का भी अनुसंधान इन्हीं ने किया। माता के गर्भ में स्थित शिशु के अंग-प्रत्यंगों का विकास भी इन्हीं के निर्धारित किए सिद्धांतों के अनुसार ही होता है।

अस्तु, इस पचड़े में क्या पड़ना, किंतु रावण कथा के बिना श्रीराम कथा और कंस कथा की चर्चा किए बिना महर्षि वाल्मीकि रामायण की और महामुनि वेदव्यास श्रीमद्भागवत महापुराण की रचना करने में कहाँ समर्थ सिद्ध हो पाते हैं। पुनः 'अस्तु-अस्तु' कहते हुए, जो पहले कहा जा चुका है, वही कहा जा सकता है कि आर्यभट्ट खगोल विद्या के वर्तमान में परिचायक-उन्नायक तो हैं, किंतु आविष्कारक तो नहीं हैं। उनसे पूर्व पैतामह-वसिष्ठ-सौर-पौलिश एवं रोमक सिद्धांत थे। वाल्मीकि में तो ऋषि-महर्षियों से लेकर देव-दानव-गंधर्व-किन्नरों तक के लोक-लोक में आने-जाने के अनेक विवरण हैं। महाभारत में भी यत्र-तत्र हैं, परंतु उसके पश्चात् उड़न तश्तरियों और अब चंद्रलोक-मंगललोक तक के प्रसंग आने लगे हैं। चंद्रलोक जानेवाले वैज्ञानिकों ने चंद्रतल पर गड्ढों की चर्चा की। वे तो धरती से भी चंद्रमा में चिह्न जैसे दिखते हैं। इसी कारण हमारे कोशों में चंद्रमा के पर्याय मृगांक-शशांक-कलंकधर आदि हैं। अब नासा के एजेंडे में बृहस्पतिलोक भी आ गया है। हमारे यहाँ तो वह युगों पूर्व से है। महाराज दशरथ द्वारा शनि-रोहिणी भेदन की एक कथा पद्मपुराण में इस प्रकार है—

'उन दिनों ज्योतिषियों से यह जानकर कि शनैश्चर कृतिका नक्षत्र के अंत में जा पहुँचे हैं, अब वे रोहिणी का भेदन करके आगे बढ़ेंगे। वह अत्यंत उग्र शाकट भेद नामक योग है, जो देवताओं तथा असुरों के लिए भी भयंकर है। इससे बारह वर्षों तक संसार में भयानक दुर्भिक्ष फैलेगा। यह सुनकर वसिष्ठादि ऋषियों से परामर्श कर महान् साहस का संग्रह करके दिव्यास्त्रों सहित दिव्य धनुष लेकर, रथारूढ़ होकर महाराजा दशरथ बड़े वेग से नक्षत्र मंडल में जा पहुँचे। रोहिणी पृष्ठ सूर्य से सवा लाख योजन ऊपर है। वहाँ पहुँचकर राजा ने कान तक धनुष खींचकर संहारास्त्र का

संधान किया। उसे देखकर शनिदेव हँसते हुए बोले, ''राजेंद्र! तुम्हारा महान् पुरुषार्थ शत्रुओं को भय देने वाला है। मेरी दृष्टि में आकर देव-असुर-नाग-गंधर्व आदि सब भस्म हो जाते हैं, किंतु तुम बच गए। मैं तुम्हारे तेज-पौरुष से संतुष्ट हूँ। इच्छित वर माँगो। मैं तुम्हें अवश्य दूँगा।'' राजा बोले, ''जब तक सूर्य-चंद्रमा सहित पृथ्वी रहे, आप तब तक रोहिणी का भेदन करके आगे न बढ़ें।'' शनि देव ने 'एवम्स्तु' कहा।

यही स्थिति आज तक है। कथा पौराणिक है, किंतु इस पर प्रकार भेद से विचार करना ही पड़ेगा। आज भी कहा जा रहा है कि तीसरा विश्व युद्ध पानी को लेकर होगा। ध्रुवों की बर्फ निरंतर पिघल रही है। भीषण बाढ़ का खतरा मुँह बाए विश्व देख रहा है। कनाडा-ग्रीनलैंड-इंग्लैंड-जापान आदि जलमग्न हो जाएँगे। वाशिंगटन में घुटने-घुटने पानी होगा। ऐसी स्थिति में अफ्रीका-एशिया का क्या होगा, विचार करके भी सामान्य व्यक्ति क्या विचारे? उसके पश्चात् नहाने की कौन कहे, पीने को पानी भी नहीं मिलेगा। इसका कारण आकाशीय ऊर्जा (ग्रहों) का पथ-परिवर्तन है। धरती पहले की अपेक्षा गरम होने लगी है। ऋतुओं का समय अस्त-व्यस्त होने लगा है। अब यह तो जो कुछ होगा, होगा ही। इस संकट से कैसे निबटा जाएगा, वह तो भविष्य के गर्भ में है, किंतु पुराण के दर्शन-प्रसंग से इतना तो स्पष्ट है कि आकाशीय ग्रहों का पृथ्वी के जन-जीवन पर प्रभाव पड़ता है। लाखों वर्ष पूर्व महाराजा दशरथ ने समाधान निकाला। अब भी परमेश्वर की इच्छा हुई तो विज्ञान किसी-न-किसी दशरथ को खोज ही लेगा, अन्यथा तो क्या कहें?

मंगल-भौम, भूमि-पुत्र माना गया। विशाल ब्रह्मांड का यह खंड पृथ्वी से कब पृथक् हुआ, यह तो विश्वासपूर्वक नहीं कहा जा सकता, किंतु उसका सिंदूरी वर्ण-लाल हवाएँ तो ज्योतिष के सिद्धांत 'मंगल का रत्न मूँगा' और 'धरणी गर्भ सम्भूतं विद्युत्कांतिसमप्रभम्' के अतिरिक्त 'कुमारम्' अर्थात् मंगल तो ग्रह होते हुए भी भूमि का उपग्रह भी है, परंतु मंगल का कोई उपग्रह नहीं है, इसी कारण उसे कुमार कहा गया। नवग्रह मंडल में मंगल की स्थिति दक्षिण में कही गई है। यह भी भूमि से भौम के पृथक् होने के सिद्धांत की पुष्टि करता है। विश्व के मानचित्रों में देखा जा सकता है कि क्षीण होते प्राय: सभी महाद्वीपों के आकार उत्तर से दक्षिण की ओर जाते-जाते निरंतर (सिकुड़ते) चले जाते हैं। कहीं-कहीं तो वे एक लंबी सी पट्टी बनकर रह गए हैं। पहले अपने पूर्व के विशाल भारत को ही देख लें। वह दनु देश इराक से ब्रह्मदेश (म्याँमार) और उससे भी आगे पर्वत शृंखलाओं को लाँघते-फलाँगते शंघाई तक जितना विस्तृत है, वह दक्षिण में केरल-तमिलनाडु एवं यंगून से बैंकाक-सिंगापुर-जकार्ता तक आते-आते निरंतर कितना क्षीण (पतला) होता जाता है। यही स्थिति कनाडा में अलास्का से मैक्सिको तक आते-आते उत्तरी अमेरिका और गुयाना तथा ब्राजील से चिली और

अर्जेंटीना तक दक्षिण मुखी दक्षिणी अमेरिका की है। उत्तर में अल्जीरिया-लीबिया-मिस्र से आरंभ अफ्रीका महाद्वीप दक्षिण में केपटाउन तक बढ़कर कितना सिकुड़ गया है।

अपवाद अरब है। प्रायद्वीप है। अरब शब्द संस्कृत के 'अर्बु' से बना है। जिसका अर्थ सूजन-रसौली-शरीर का बढ़ा हुआ मांस खंड है। इसकी आकृति लाल सागर-ओमान खाड़ी से घिरे हुए अरब सागर के मध्य ऐसी ही तो है। दूसरा अपवाद ऑस्ट्रेलिया है। उसके उत्तरी तट के मध्य डार्विन एवं अन्हैम क्षेत्र है। यदि इसके उत्तर में फैले हुए द्वीप समूहों को एक पृथक् कागज पर काटकर चिपका दिया जाए तो स्पष्ट हो जाएगा कि यह अपने भार (उत्तरी हवाओं के दबाव) से टूटा हुआ एक भूखंड है। न्यूटन सिद्धांत के अनुसार भी पृथ्वी की आकर्षक शक्ति का द्योतक है।

अपने यहाँ परमेश्वर के अनेक नामों में 'अनंत कोटि ब्रह्मांडाधिपति' भी एक नाम है, परंतु वे अनंतकोटि ब्रह्मांड हैं कहाँ? तो आकाशमंडल में, जो बिंदु समान अनेक तारे दृष्टिगोचर होते हैं, वे ही अनंतकोटि ब्रह्मांड हैं। इनका ज्ञान मुझे मेरी वृद्धा दादी से मिला। कैसे, उसे स्पष्ट करने का लोभ संवरण नहीं कर पा रहा हूँ। जन-जन के लिए उपयोगी मानकर लिख रहा हूँ—

'गरमी के दिन थे। छत पर खाटें बिछाकर सोया करते थे। मेरी आयु उस समय दस-बारह वर्षों की रही होगी। अचानक एक तारा टूटकर गिरता हुआ दिखा। कुछ ही देर में एक और तारा टूटता हुआ दिखा। मैं बाल बुद्धिवश 'आहा-आहा' कह उठा। पास ही दूसरी खाट पर लेटी हुई दादी पूछ बैठी, "ऐसा क्या हो गया, जो 'आहा-आहा' मौज में आकर कहे जा रहा है।" मैं बोला, "अम्मा (मैं दादी को अम्मा कहा करता था) अभी आकाश से कई तारे टूट कर गिरते हुए दिखे।" वे कुछ डाँटती हुई सी बोलीं, "न बेटा! न-न, ऐसा नहीं कहते। एक-एक तारे में एक-एक पूरी-की-पूरी हमारी दुनिया की तरह अन्य दुनिया बसी हुई थी। वह उजड़ गई। वहाँ तो परलै (प्रलय) हो गई। ऐसा कोई तारा टूटता दिखे तो 'राम-राम' कहना चाहिए। भगवान् से प्रार्थना करनी चाहिए कि जैसे आपने महा-प्रलय के पश्चात् हमारा संसार बसाया, पहले की भाँति सूर्य-चंद्रमा बना दिए, तरह-तरह के फल-फूल, गेहूँ-चने उपजा दिए, वैसी ही वहाँ भी किरपा (कृपा) करना।"

ये शब्द बीज बने। फिर आयु बढ़ने पर संध्या के मंत्र सामने आए—

ॐ ऋतञ्चाभीद्धात्तपसोऽध्यजायत ततो
रात्र्यजायत ततः समुद्रोऽअर्णवः समुद्रादर्णवा—
दधि सँव्वत्सरोऽअजायत। अहोरात्राणि 'विदधद्वि—
श्वस्य मिषतो वशी सूर्याचंद्रमसौ धाता यथा पूर्व—
मकल्पयत्। दिवञ्च पृथिवीञ्चान्तरिक्षमथो स्वः।

(सृष्टि से पूर्व केवल ऋत सत्य नामक परब्रह्म थे। तत्पश्चात् प्रलय के समय प्रलयरूपा रात्रि उत्पन्न हुई। तद्नंतर जलपूर्ण समुद्र की उत्पत्ति हुई और फिर संसार के रचयिता भगवान् ब्रह्मा उत्पन्न हुए। इसके पश्चात् ब्रह्माजी ने पहले कल्प के अनुसार दिन एवं रात्रि के कर्ता सूर्य-चंद्र बनाए, पक्ष-मास वर्ष-युग मन्वंतर-कल्प के रूप में समय का विभाग किया। पुनः स्वर्ग-अंतरिक्ष-पृथ्वी आदि सब लोकों की रचना की)

—अनंतकोटि ब्रह्मांड के साथ नेति (न+इति) इतना ही नहीं, इसके अतिरिक्त अन्य भी बहुत-बहुत, अनंत-असीम-अपार-अपरंपार। इसी को संतों ने 'अविगत की गति अविगत जाने और न जाने कोय' कहा।

समझ में आ गया कि भारतीय संस्कृति की अजरता-अमरता का अर्थ है, जहाँ पाश्चात्यों के अनुसार गडरिए वैदिक ऋचाओं की मस्ती में भरकर गायन करते हुए भेड़-बकरी चराया करते थे, तो वहाँ के ऋषि-मुनि कैसे होंगे और देश का तत्कालीन वातावरण सांस्कृतिक दृष्टि से कैसा होगा और पुनः वहीं युगों के पश्चात् ब्रज भूमि को मुरली की धुनों से गुँजाते हुए कन्हैया और उनके संगी-साथी ग्वाल-बालों के वे स्वर स्मरण आ गए—

"आओ-आओ, धौरी-धूमरी-कारी-कजरारी-कर्बूरी गौमाता चलो-चलो' निधिवन लाँघती, मधुवन फलाँगती, तालवन-मधुवन-गहबरवन-बेलवन- खेलनवन-भांडीरवन-गिरिराज गोवर्धन म्हाराज की तराइन ते उछलती-कूदती। देखौ-देखौ सूरज म्हाराज को रथ मुड़ि रह्यौ है अस्ताचल की दिसि। मैया तुरत की बिलोई माखन की लौनी लिये बाट निहारती होगी।" और अब निरक्षर दादी कि 'बेटा, राम-राम कह' का वास्तविक अर्थ भी समझ में आ गया।

श्रीभरत विजय में वर्णित वर्षों (क्षेत्रों) की ओर बढ़ने से पूर्व यदि भारतीय वाङ्मय में खगोल की स्थिति क्या है, पर कुछ चर्चा कर लें तो उपयुक्त ही होगा। चार दिशाएँ-चार उपदिशाएँ-ऊर्ध्व तथा एक अधः इस प्रकार से हमारे यहाँ दस दिशाएँ मानी गई हैं। भूलोक से ऊपर सात लोक, जिनमें अंतिम स्वर्गलोक और नीचे भी सात लोक (तल-अतल-वितल-सुतल-तलातल-रसातल एवं पाताल) हैं। इनके विस्तृत वर्णन हमारे पुराणों में हैं, जो कि धर्मशास्त्र होते हुए भी इतिहास ही हैं, उनमें यत्र-तत्र प्राप्त होते हैं। फिर भी अपूर्ण है। रावण का स्वर्ग एवं पाताल दोनों लोकों में जाने के वर्णन ही नहीं, बल्कि इतिहास है। रावण संहिता, जिसकी रचना स्वयं रावण द्वारा की गई, मानी जाती है। वह भी अविश्वसनीय नहीं कही जा सकती, क्योंकि रावण परम विद्वान् था। इस पर भी आश्चर्य है कि उसकी संहिता में अनेकानेक विषयों के वर्णन होते हुए भी, उसकी स्वयं की, की गई यात्राओं के वर्णन नहीं हैं। इसका सीधा-सरल अर्थ यही है कि संहिता के नाम पर जो कृति आज प्राप्त है, वह अपूर्ण है।

कृतियों की यह अपूर्णता वेदों की संहिताओं से लेकर महाभारत तक है, जिसके साठ लाख श्लोक कहे गए हैं, उसके पूरे एक लाख श्लोक भी तो आज कहाँ मिल रहे हैं। इस कृति के साठ लाख श्लोकों का होना आश्चर्य भी नहीं माना जा सकता। वर्षा ऋतु की गंगा के समान जिनका वाणी प्रवाह है, जिनके अंतर में (चिंतन-मनन) कथा वर्षों पूर्व सुस्थिर स्थान ग्रहण कर चुकी, किंतु धृतराष्ट्र के जीवनकाल में उसे प्रकट करने के संकोच के कारण वे अनेक के आग्रह पर भी मौन साधे रहे। गांधारी-कुंती-विदुर के साथ उनके परलोकगामी होते ही आग्रहीजनों ने उन्हें लिपिबद्ध करने-कराने के लिए बाध्य किया तो उन्होंने स्वीकृति दी।

वह भी एक प्रावधान (शर्त) के साथ कि वे किसी एक ऐसे लिपिक को खोज लाएँ, जो उनके शब्दों को लिपिबद्ध करता जाए। ऐसा आशुलिपिक कौन हो, तो श्रीभवानी-शंकर के सुपुत्र विद्या-बुद्धि क्षेत्रों के अद्वितीय नायक श्रीगणेश ही एकमात्र दिखे। व्यास, व्यास तो गणेश भी गणेश। उन्होंने भी कह दिया कि 'यदि व्यास ने कहा कि 'कुछ ठहरो, विचारता हूँ' तो वे लेखनी वहीं रखकर, उठ जाएँगे यदि स्वीकार हो तो कहो।' यह तो व्यासजी को खुली चुनौती थी। उन्होंने स्वीकृति दी, किंतु साथ ही कह दिया कि 'गणेश मेरा अंधानुकरण न करें। अर्थ विचार कर ही लिखें। अपनी दुर्बलता का विचार करते हुए उन्होंने दस-बीस श्लोकों के पश्चात् एक-दो ऐसे कूट श्लोक भी बोलने प्रारंभ कर दिए कि गणेश को विचारना पड़ गया। इसी अंतराल में व्यासजी को विचारने का समय मिल जाता। फिर भी संपूर्ण महाभारत को लिपिबद्ध कराने में तीन वर्ष का समय लगा, जबकि लेखन स्थान अलकनंदा एवं सरस्वती का विजन तथा रमणीक स्थान और कोई सात्त्विक-राजसी अथवा तामसी विघ्नकारक नहीं। देवमंडल द्वारा परिवेष्ठित स्थान में किसी का प्रवेश नहीं। ऐसी स्थिति में इन दोनों महानुभावों द्वारा साठ लाख श्लोकों की महत्कृति का आना आश्चर्य भी नहीं, किंतु अब प्रश्न है कि उनसठ लाख से अधिक श्लोक कहाँ गए? तो लगता है कि आज की भाँति कहीं सांप्रदायिक बलवा न हो जाए, यह विचार कर जैसे समाचार छिपाए जाते हैं, उसी प्रकार कह गए कि—

'तीस लाख श्लोकों को नारदजी ने देवलोक में सुनाया और वे वहीं रह गए, असित-देवल ऋषियों ने पितरों को पंद्रह लाख श्लोक सुनाए एवं शुकदेवजी ने चौदह लाख श्लोक गंधर्व-यक्ष आदि को सुनाए। वे भी वहीं रह गए। यह क्या, इसका अर्थ देवता-पितर-यक्ष-गंधर्व सभी बेइमान-अन्यायी लापरवाह, विश्व-धरोहर दाबकर बैठ गए। इसके अतिरिक्त—

अश्वत्थामा बलिर्व्यासो हनुमानश्च विभीषणः।
कृपः परशुरामश्च सप्तैता चिरजीविनाः॥

—व्यास सात चिरंजीवियों में हैं। उनकी मृत्यु हुई नहीं। आज भी जीवित हैं तो वे अपनी यशस्वी कृति, जिसके विषय में साधिकार कहा गया 'यन्न भारते तन्न भारते' की इस दशा को देखकर मौन कैसे रह गए? तो सीधा-सरल उत्तर है कि कश्मीर से केरल और द्वारका से नीलांचल धाम (पुरी) तक जो सैकड़ों ग्रंथागार मजहबी-द्वेषानल में धधके, ये भी उन्हीं के अंश बनकर रह गए। यही हुआ अन्य पुराणों के साथ कि जितनी-जितनी श्लोक संख्या वायुपुराण-स्कंदपुराण-पद्मपुराण आदि में कही गई है, उतनी मिलती कहाँ है। मिलेगी भी कैसे, जब दनुदेश ईरान-इराक से लेकर ब्रह्मदेश (म्याँमार) तक का विशाल भारतवर्ष ही भारतवर्ष के रूप में नहीं रह गया है। जिसके प्रदेश परदेश बने दिख रहे हैं और हम देख क्या रहे हैं, बल्कि हममें से ही अनेक को तो वे दिख भी नहीं पा रहे हैं।

अस्तु, अब समझने-समझाने के लिए की गई इधर-उधर की चर्चा छोड़कर श्रीभरत विजय में वर्णित कथानक पर आते हैं। तीन कोटि अत्याचारी गंधर्वों का संवर्तास्त्र द्वारा अंत करने के पश्चात् उनके अधिपति शैलूष को भी सम्मुख समर में वीरगति प्रदान कर, देवकोटि में मान्य किए जानेवाले पूर्व के गंधर्व प्रदेश (ईरान-अफगानिस्तान आदि) को गंधर्व प्रदेश के रूप में सुव्यवस्थित करते हुए, श्रीभरत कैकेयाधिपति के रूप में कश्यप सागर (कैस्पियन सागर) की ओर बढ़ चले।

केतुमाल क्षेत्र (काबुल से अश्खाबाद-तुर्कमिनिस्तान आदि) में प्रवेश करते ही उनकी सेना का स्थान-स्थान पर भव्य स्वागत होने लगा। महाराजा अजमीढ़ के अनुज पुरुमीढ़देव के नेतृत्व में भारतीय सेना ने अराजक तत्त्वों का इस अंतराल में, जिस प्रकार दमन किया, वह उसी का चमत्कार था। कश्यप सागर के तट पर बैठकर आगत-विगत की समीक्षा की गई। इलावर्त (मध्य एशिया) के विशाल क्षेत्र के दूर-पास चारों ओर के विभिन्न वर्षों उत्तर कुरु (उत्तरी ध्रुव) हिरण्मय (साइबेरिया का दक्षिण क्षेत्र, उत्तरी मंगोलिया-कजाकिस्तान आदि) रम्यक वर्ष (उत्तरी चीन-जापान-कोरिया आदि) भद्राश्ववर्ष (चीन) हरिवर्ष (हिमालय का उत्तरी, मानसरोवर के उत्तर में राक्षसताल सिंचित (तिब्बत) आदि की स्थिति-परिस्थिति पर गंभीर विचार मंथन किया गया। पाया गया कि इन समस्त वर्षों के संस्थापक-शासक प्रायः भारतीय मूल के पुरुष ही रहे। चाहे वे महाराजा सगर द्वारा निष्कासित हों, वसिष्ठ-विश्वामित्र विग्रह के कारण बने यवन-म्लेच्छ-बर्बर-शक-हूण हों अथवा ययाति पुत्रों तुर्वसु-अनु-द्रुह्यु के वंशज हों, इन्हें प्रथम चरण में इनके मूल से परिचित कराया जाए। सुधार संभव न हो तो (बारंबार आक्रांता बनकर भारतवर्ष के लिए संकट बननेवाले इन लुटेरों के स्त्री-बालक-कृषि-पशु अपहर्ताओं के) संहार पर विचार किया जाए। इसी नीति के अनुसार, 'ये

यथा माम प्रपद्यन्ते तान् तथैव भजाम्यहम्' 'जैसे को तैसा' का कथा-पट बुना गया।

इन प्रसंगों को पूर्णतः काल्पनिक तो नहीं कहा जा सकता। जिस प्रसंग की चर्चा रामायण-महाभारत-विभिन्न पुराणों से लेकर महाकवि कालिदास-भक्त हृदय गो. तुलसीदास तक कर रहे हैं, उसे पूर्णतः कल्पना कहना ऐतिहासिक-सांस्कृतिक दृष्टि से प्रायश्चितविहीन आत्मघात का महापाप ही तो होगा। किसी वस्त्र के थान में से जैसे सूचिक (दरजी) अपने हिसाब से कतर-ब्योंत कर व्यक्ति की कद-काठी के अनुसार परिधान का निर्माण करता है, किंतु उसमें धागा तो थान देने वाले का नहीं, अपितु दरजी का ही होता है, यही स्थिति यहाँ भी मान्य करते हुए विद्वद्वृंद विचार करें। समीक्षक मैकाले-मैक्समूलर-बुल्के और तथाकथित प्रगतिशीलों के चक्रव्यूहों से निकलकर विचार करें। श्रीरामभक्त प्रभु परिकरी जनों के शौर्य-सामर्थ्य की लीलाएँ मानकर आनंद लें। पुरातत्त्ववेत्ता पृष्ठ-पर-पृष्ठ पलटते हुए तेरह-चौदह लाख वर्षों के पृष्ठों का पठन-अध्ययन-मनन करते हुए अपना मंतव्य निश्चित करें।

पुराणमित्येव न साधु सर्वं न चापि काव्यं नवमित्यवद्यम्।
संतः परीक्ष्यान्तरभिद्भजन्ते मूढ़ः परप्रत्ययनेय बुद्धिः॥

(मालविकाग्निमित्रम्—कालिदास)

(न तो पुराने होने से ही सब उत्तम हो जाते हैं और न नवीन सब बुरे ही होते हैं। विवेकशील तो दोनों को ही निरख-परखकर उसे स्वीकृति प्रदान करते हैं। अविवेकी को तो जैसा दूसरे समझा देते हैं, उसे वह उचित मान लेता है)

दूसरी ओर पुराणों को भी देख लीजिए कि वे क्या हैं—

सर्गश्च प्रतिसर्गश्च वंशो मन्वन्तराणि च।
वंशानुचरितं चैव पुराणं पंच लक्षणम्॥

(पुराणों के पाँच लक्षण हैं। उनमें सृष्टि-प्रलय-मन्वंतर (काल-निर्णय) वंश और वंशों में उत्पन्न हुए विशिष्ट जनों के चरित के वर्णन रहते हैं)

—अर्थात् अतिशयोक्तियाँ-काव्य के लिए काव्य केवल आनंद के लिए है। जैसे महाराजा सगर के साठ हजार पुत्र कहे गए, परंतु वे वास्तव में उनकी सेना के सैनिक हैं। सहस्रबाहु (हजार बाँहें)—दशानन (दश सिर)—कुंभकर्ण का वानर भक्षण आदि इसी के अंतर्गत मानने चाहिए।

इस प्राक्कथन की इति करते हुए विनम्रतापूर्वक इतना ही कहना चाहूँगा कि मैं न तो कोई दिग्गज विद्वान् हूँ, न डिग्रीधारी इतिहासकार अथवा कोई अन्वेषक हूँ। विषय-विषय के शास्त्र मर्मज्ञ मनीषियों के सानिध्य से प्राप्त मार्गदर्शन एवं अपनी तुच्छ बुद्धि के अनुसार, जो कुछ मान्य ग्रंथों से देख पाया हूँ, वही अपने अनुभव-शुद्ध

सनातन वैदिक परंपरा से प्राप्त संस्कारों के कारण, श्रीरामकृपा से 'कवि उर अजिर नचावहिं वाणी' माँ जानकीस्वरूपा सरस्वती भगवती गुरुजनों के आशीर्वाद से जो कुछ बन पड़ा, वही औपन्यासिक शैली में भारत-भक्तों के प्रति श्रीभरत विजय नामक कृति सादर समर्पित है।

साथ ही विश्वास है कि भविष्य में यदि यह विषय किन्हीं कुशाग्रमति विद्याव्यसनी ऋषि-महर्षि सदृश विदग्ध वैज्ञानिक महानुभावों की विचार-शक्ति का केंद्र बना, तो यह कृति श्रीभरत विजय एक सूक्ष्म बीज का स्थान अवश्यमेव ग्रहण करेगी। आज जो कहते हैं कि 'राम ने उत्तर-दक्षिण जोड़ा', वे ही इसके साथ कल से यह भी कहेंगे कि 'भरत ने पूर्व-पश्चिम भ्रम तोड़ा।'

प्रस्तुत कृति में विशेषरूपेण, जिनका सार्थक मार्गदर्शन-आशीर्वाद-सहयोग प्राप्त हुआ, उनमें श्रीमद्तुलसीपीठाधीश्वर अनंतश्री पद्मभूषण जगत्गुरु स्वामी रामभद्राचार्यजी महाराज जगद्गुरु स्वामी राघवाचार्यजी वेदांती रैवासाधाम (सीकर-राज.), श्रद्धेय डॉ. रामविलासजी वेदांती, न्यायमूर्ति समादरणीय रमेशचंद्रजी लाहोटी (नि. प्रमुख न्यायाधीश सर्वोच्च न्यायालय), वरिष्ठ साहित्यकार डॉ. मृदुला सिन्हाजी (महामहिम राज्यपाल, गोवा), मान. डॉ. रीता सिंहजी हिमाचल के अतिरिक्त अन्य महत्त्वपूर्ण कार्यों में श्री जगदीश प्रसादजी जौहरी रामगढ़ (राज.), डॉ. विट्ठलदास मूँदड़ा, श्रीमंत अरुण कुमारजी चूड़ीवाल, श्री अरुण, हरि बर्मन के अतिरिक्त चि. नरेंद्र मुद्गल का सहयोग उल्लेखनीय है।

जय श्रीराम—जय श्रीभरत

श्रीरामवल्लभार्भक

आषाढ़ कृ. षष्ठी, २०७३ वि. सं.

—रामरंग

२७ जून, २०१६ ख्रिष्टाब्द

११६७, कूचा पातीराम

दिल्ली-११०००६

दूरभाष : ०११-४५७८५८५५, ९३१२६६५८५५

श्रीराम कालीन ऐतिहासिक उपन्यास

श्रीभरत विजय के पात्र

अयोध्या

गुरुदेव (वृद्ध) वसिष्ठ
युवा वसिष्ठ-महर्षि पराशर
श्रीरामचंद्र (अयोध्या नरेश)
श्रीभरत-लक्ष्मण-श्रीशत्रुघ्न
(श्रीराम के अनुज)
लव-कुश (श्रीराम पुत्र)
तक्षक-पुष्कल (श्रीभरत के पुत्र)
अंगद-चित्रकेतु (श्रीलक्ष्मण के पुत्र)
सुबाहु-अरिघ्न (श्रीशत्रुघ्न के पुत्र)
श्री पवनपुत्र हनुमंत
चंद्रकेतु (सेनापति)
(सुमंत्र-राष्ट्रवर्धन-धृष्टि-विजय-सुराष्ट्र
धर्मपाल-जयंत-अकोप-अयोध्या का अष्टामात्य मंडल)
— — — — — — — — — —
मांडवी—श्रीभरत की पत्नी
उर्मिला—श्रीलक्ष्मण की पत्नी
श्रुतिकीर्ति—श्रीशत्रुघ्न की पत्नी
अदृश्यंती (महर्षि वसिष्ठ की विधवा पुत्रवधू, महर्षि पराशर की माता)

हस्तिनापुर

चंद्रवंशी महाराजा अजमीढ़

पुरुमीढ़-द्विमीढ़ (अनुज)
नील-दुष्यंत-व्रजन-जन्हु
रूपिण-परमेष्ठि-ऋक्ष आदि
(पुत्रगण)

केकय

महाराजा अश्वजित
युवराज युधाजित
भद्राश्व (महामंत्री)
भद्रक (द्वारपाल)
बल्लव (रसोइया)
———————
मंथरा (वृद्धा दासी)

गंधर्व

गंधर्वराज शैलूष
राजकुमार प्रत्यूष
सूर्यवर्चस (सेनापति)
सचिव-पुरोहित आदि
———————
निनादिनी (गंधर्व राज्य की महारानी-पुनः राजमाता)
कामकला-तांडवी-गांधारी-ज्योति
मध्यमा-काकली-मदनिका आदि
(शैलूष की पत्नियाँ)
जयप्रभा (प्रत्यूष की पत्नी)
सुलेखा (देवदासी परिषद् प्रमुख)

लंका

विभीषण (लंकेश्वर)
कुलभूषण (विभीषण का पुत्र)
अनल-अनिल-हर-संपाति
(वयोवृद्ध सचिवगण)

मूलक (खर का पौत्र खलनायक)
खरमुख (रक्षयोद्धा)
———————————————
मंदोदरी–धान्यमालिनी
(रावण की पत्नियाँ)
वज्रज्वाला–सन्नादिनी
(कुंभकर्ण की पत्नियाँ)
सरमा
(लंकेश्वर विभीषण की रानी)
कला
(विभीषण की पुत्री)
उग्रा
(मूलक की पितामही)

किष्किंधा

अंगद (युवराज)
नल–नील–द्विविद–मयंद
पनस–प्रमाथी (वानरवीर)
अवीक्षित
(वानरराज बालि की पुत्री
सुभद्रा का पति)

दानव

शुक्राचार्य (दानवाचार्य)
बाणासुर (दानवेंद्र)
इंद्रधन्वा (राजकुमार)
मय (दानवराज)
———————————
शतपर्वा (शुक्र की पत्नी)
लोहानी (बाण की पत्नी)

अन्य

पतंजलि–पाणिनि–और्व
कण्व–कश्यप (ऋषिगण)
नलकूबर–मणिभद्र (कुबेर पुत्र)
महाराजा प्रतर्दन (काशिराज)
राजकुमार नील (मिथिला युवराज)
सैनकेस (सैन्येश)
(इलावर्त–रम्यक–हरि–हिरण्य आदि वर्षों का मनोनीत आर्य प्रमुख)
उत्तुंग शुंगपिंग
(भद्राश्व वर्ष चीन प्रमुख)
स्फुलिंग पिंग (उत्तुंग का पुत्र)

मार्गदर्शक ग्रंथ एवं कृतियाँ

श्रीमद्वाल्मीकि रामायण
आनंद रामायण
कंबन रामायण
अद्भुत रामायण
महाभारत
श्रीमद् भागवत महापुराण
ब्रह्मवैवर्त पुराण
हरिवंश पुराण
स्कंद पुराण
मत्स्य पुराण
ब्रह्म पुराण
अग्नि पुराण
श्रीकल्कि पुराण
श्री विष्णु पुराण
श्री शिव पुराण
श्री ब्रह्मांड पुराण
गर्ग संहिता
श्री दुर्गा सप्तशती
नारद भक्ति सूत्र
ब्रह्म सूत्र
पतंजलि योग सूत्र
श्रीरामचरितमानस
विनय पत्रिका

हनुमान्नाटक
रामायण मीमांसा (स्वामी करपात्रीजी)
भक्तमाल (नाभाजी)
भक्तमाल टीका (प्रियादासजी)
तीर्थांक (कल्याण)
हिंदू संस्कृति अंक (कल्याण)
भक्त चरितांक (कल्याण)
भविष्य पुराणांक (कल्याण)
सत्यार्थ प्रकाश (स्वामी दयानंदजी सरस्वती)
क्यों ? (शास्त्रार्थ महारथी माधवाचार्यजी)
क्यों ? (पं. किशनलाल शर्मा)
कौटिल्य का अर्थशास्त्र
पंचतंत्र
अमरकोश
कालिदास ग्रंथावली
महाकवि भास के नाटक
जयदेव के नाटक
तर्क संग्रह
शिशुपाल वध (माघ)
भारतवर्ष का बृहद् इतिहास (पं. भगवदत्त बी.ए.)
वैदिक संपत्ति (पं. रघुनंदनजी शर्मा)
विश्वव्यापी भारतीय संस्कृति (रघुनंदन प्रसाद शर्मा)
वेद और वैदिक काल (वैद्य गुरुदत्त)
पुराणांतरगत इतिहास (इतिहास संकलन समिति)
छह स्वर्णिम पृष्ठ (वीर सावरकर)
मेरे गुरुदेव (श्री अशोक सिंहल)
भारतीय इतिहास कोश
पौराणिक कोश
कांग्रेस का इतिहास (डॉ. पट्टाभि सीतारमैया)
राजस्थान का इतिहास (सर यदुनाथ सरकार)
वीर विनोद (कविराज श्यामल दास)
श्री श्यामजी कृष्ण वर्मा (सुरुचि प्रकाशन)

आनंद मठ (बंकिमचंद्र चट्टोपाध्याय)
मुसलिम सुलतान (पी.एन. ओक)
सुश्रुत संहिता
वयं रक्षाम : (आचार्य चतुरसेन शास्त्री)
भारत भारती (मैथिलीशरण गुप्त)
काल यात्रा (वासुदेव पोद्दार)
रामायण-महाभारत काल (वासुदेव पोद्दार)
आर्य-अनार्य (संकलित)
बंदी जीवन (शचींद्रनाथ सान्याल)
मध्य एशिया तथा चीन में भारतीय संस्कृति
(सत्यकेतु विद्यालंकार)
तारीखे इस्लाम (अकबरशाह नजीबाबादी)
मारकाए करबला (मौ. मुहम्मद सादिक)
इस्लाम : कामवासना और हिंसा (अनवर शेख)
इतिहासकार का मतांतर (मुबारक अली)
प्रेरणा के स्वर (रघुनंदन प्रसाद शर्मा)
संस्कृत साहित्य का इतिहास (बलदेव उपाध्याय)

पत्रिकाओं के अंक

कल्याण-सरस्वती-विश्व भारती (शांति निकेतन)—वैचारिकी (भारतीय विद्या मंदिर)—धर्मयुग-साप्ताहिक हिंदुस्तान-कादंबिनी आदि

श्रीराम विरोधी कुटिल साहित्य

राम कथा (फादर कामिल बुल्के)
दीक्षा-अभ्युदय (नरेंद्र कोहली)

(इनके अतिरिक्त अन्य अनेक)

आशीर्वचन

मर्यादा पुरुषोत्तम भगवान् श्रीराम भारतीय संस्कृति के प्राणपुरुष हैं। भारतीय इतिहास के अजर-अमर नायक हैं। कथार्णव है, अनेक तीर्थ-पर्वों के संस्थान हैं। साहित्य के नवों रसों की सरसता हैं। उनकी गाथाएँ अनेक शास्त्रों में बिखरी पड़ी हैं। 'कल्प भेद हरी चरित सुहाए। भाँति अनेक मुनिसन गाए॥' यदि इन सबका संग्रह किया जाए, तो एक नवीन वेद ही बन जाए। बन क्या जाए अपितु वैदिक सिद्धांतों के वे सगुण विग्रह हैं। 'स च सर्व गुणोपेत: कौसल्यानंदवर्धव: बारम्बार' कठिन से कठिन समय में उन्होंने अनेक स्वरूप धारणकर उन सिद्धांतों की स्थापना की है। भाँति-भाँति से उन्हें संरक्षण प्रदान किया है।

अस्तु, इस त्रिकाल सत्य से न्यूनाधिकरूपेण प्राय: प्रत्येक भारतीय परिचित है। वर्तमान कृति श्रीभरत विजय के नायक श्री भरतलाल हैं। उनके समस्त कृत्य रामत्व के प्रतिपादक हैं। मौन इतिहास का मुखरित सुहास ही है। विदेशियों की जल्पना 'आर्य विदेशों से आए-आक्रांता हैं। उन्होंने यहाँ के मूल निवासियों को प्रताड़ित कर, अपने शासन स्थापित कर लिये।' इस विद्वेषाधारित अतथ्य का आचार्य श्री रामरंग ने शास्त्रीय आधार पर जिस प्रकार युक्तियुक्तरूपेण खंडन किया है, वह भारतवर्ष के विलुप्तप्राय सांस्कृतिक एवं ऐतिहासिक क्षेत्र के नवीन युग का सूत्रपात् करेगा, हमें विश्वास है।

इस महती कृति के लिए वे हमारे अभिनंदन के पात्र हैं। इन वयोवृद्ध के सुस्वास्थ्य एवं दीर्घजीवन के लिए हम प्रभु सीता-रामजी से विनम्र प्रार्थी हैं।

—स्वामी राघवाचार्य

अग्रवीठाधीश्वर

रैवासा धाम, सीकर

विषय सूची

प्रथम खंड

अनुच्छेद-1

"अरे, जो होना था, सो हो लिया। जिन्हें जाना था, वे चले गए। जो सपनों में खोने थे, खो गए। जो बचे हैं, उन्हें तो बचा लो। जो काल के गाल में समाकर, उदर में उतर गए, वे तो नहीं निकाले जा सकते, किंतु जिनकी ओर काल जीभ लपलपाकर देख रहा है, जिन्हें अपने थाल में सजाने के साज सजा रहा है, उन्हें तो आत्महत्या जैसे प्रायश्चित् विहीन पाप से बचा लो। ये नृशंस तुम्हें निर्वंश कर देंगे। इतिहास के पृष्ठों के लिए तुम्हें अस्पृष्य बना देंगे। तुम्हारे देश का नाम बदल जाएगा। तुम्हारी संस्कृति को विकृति की संज्ञा दे दी जाएगी। तुम्हारे पूर्वजों का धर्म विधर्म कहलाएगा। केकयपुत्रो! यदि किसी ने तुम्हें जीवित भी छोड़ दिया तो तुम उसके दासानुदास बनकर, प्राणों की शापाग्नि में रक्त के अश्रु अजस्र घृत-धारा की भाँति चढ़ाते हुए, उसी प्रकार तिल-तिल करके सिलगोगे जैसे अग्नि धान की गीली भूसी में शनि की सी मंद चाल में सरकती है। इस दासी की अवहेलना वृद्धा-वंध्या मानकर मत करो। यह विक्षिप्ता नहीं है। इस हतभागी ने मरुस्थलों में अक्षयवट अंकुरित होते देखे हैं। कल्पलता को पाला खाते हुए देखा है।

"अरे, केकय निवासियो! तुम अपनी राजकुमारी कैकेयी के कारण, जो राम के प्रति अपराध-बोध से ग्रस्त हुए बैठे हो, उसे सर्प की पुरानी केंचुली की भाँति उतार फेंको। अयोध्या का राम राजाधिराज है। मैंने उसे अपनी गोद में खिलाया है। उसने निर्वासन देने वाली को कभी मन से विस्मृत नहीं किया। उसे अपनी जननी कौशल्या से कम सम्मान नहीं दिया। उसके पुत्र भरत में उसके प्राण बसते हैं। शत्रु के भी दोष भूलने की उसकी जन्मजात प्रकृति है। तुम्हारे दिवंगत महाराज अश्वपति इसी संकोच में धधकते राजप्रासाद की लपटों में लिपटे हुए चले गए। उनके पुत्र युधाजित् एक बार, केवल एक बार परम विक्षिप्त की भाँति दिखे। फिर कहाँ गए, कोई नहीं जानता। अब भी समय है। कोई तो, कोई तो अयोध्या चले जाओ। राम को यहाँ की करुण कथा सुना तो दो। उसने पृथ्वी को राक्षसविहीन करने का केवल संकल्प ही नहीं लिया है, अपितु उसकी

तत्परता से पूर्ति भी की है। उसकी संपूर्ति के लिए उसने गहन कांतारों-विजन वनों को लाँघा है। पर्वतों को रौंदा है। निर्जल मरुस्थलों को अपने स्वेद से सींचा है। सागर की नभस्पर्शी उत्ताल तरंगों की चंचलता को अनुशासित कर, उनके मस्तक पर शिला पर शिला रखवाकर वानर-भालुओं द्वारा सेतु का निर्माण कराकर, उन्हें अभूतपूर्व कीर्ति का नायक बनाया है। वह शरणागत शत्रु के अनंत दोषों को भी विस्मृति के तलातल में समाधिस्थ करनेवाला है। क्षुद्रातिक्षुद्र सेवक के सामान्य गुण को भी वैतालिक की भाँति गानेवाला है। राम के समान विधाता की समग्र सृष्टि में अन्य कोई न हुआ और आज भी नहीं है। युगों-युगों तक होनेवाला भी नहीं है। उसके कृपा और क्रोध अद्वितीय हैं। वह लोक और परलोक के व्यवहार का अद्‌भुत ज्ञाता है। अनुराग और वैराग्य का विभूषण है। धर्म का अवतार नहीं, स्वयं धर्मस्वरूप है। अरे, तुम्हें जाने में युग लग सकते हैं, उसे आने में क्षण भी नहीं लगेगा। यह शैलूष जाति से ही गंधर्व है, कर्म से तो साक्षात् राक्षस है। इस विषविदग्ध केकय का निदानकारक अमृतबंधु चंद्र रामचंद्र, रामचंद्र ही है। जाओ, अयोध्या जाओ। यह देह चल सकती तो कभी की चली जाती। तुमसे चिरौरी नहीं करती। अरे दुर्भागो, मतिमारो! कोई तो सुनो। कोई तो सुनो। कीट-पतंगों की भाँति मत मरो। अयोध्या के नाथ के रहते, तुम अपने को अनाथ मत मानो। उस जगन्नाथ के पास कोई एक तो जाओ। अरे, केकय सनाथ हो जाएगा। जाओ, जाओ, अयोध्या जाओ। मेरे राम को लाओ। केकय को बचाओ। जाओ-जाओ...''

बार-बार विलाप-प्रलाप करती हुई वृद्धा मंथरा को अनेकों ने देखा तो सही, किंतु अपने प्राण बचाने की धुन में, जिन्हें अपने परिवार की सुधि लेने का भी समय नहीं था, वे ठहरते तो कैसे ठहरते और क्या सुनते? उसकी सुनते, जिसकी किसी ने कभी नहीं सुनी।

अस्तु, फिर भी यदि कोई कुछ करने की मन में ठान ले तो चाहे कितना भी कठिन-से-कठिन कार्य हो, उसे संपन्न होना ही पड़ता है। यही हुआ। दो राजकर्मचारी, जो मंथरा को पहचानते थे और उसकी बुद्धिमत्ता से परिचित भी थे, वे उसके पास जाकर खड़े हो गए। मंथरा उन्हें देखते ही बोली, ''यहाँ खड़े होकर समय नष्ट मत करो। तुरंत अयोध्या चले जाओ। तुम्हारा दुर्भाग्य नष्ट हो जाएगा। केकय का सौभाग्य जाग जाएगा। लो, यह मुद्रिका राम के सामने रख देना। तुम कृत्कृत्य हो जाओगे। दोमुँही की भाँति रेंगते हुए चले जाओ। वनराज की भाँति दहाड़ते हुए आओगे। मैं असत्य नहीं कह रही। प्रलाप नहीं कर रही। राजप्रासाद को क्षार करनेवाली नभचुंबी प्रचंड लपटों ने इस दुर्भागी को अपना ग्रास क्यों नहीं बनाया, अब जान रही हूँ। तुम भी जान जाओ, मान जाओ। चले जाओ, अयोध्या चले जाओ।''

कहते-कहते मंथरा का स्वाँस फूलने लगा। वह अचेत होकर गिर गई। गंधर्व सैनिकों के अश्वों की टापों की आहट कान में पड़ते ही, दोनों जन सिंधु नद की अथाह

जल राशि में कूद पड़े। उसकी उत्ताल तरंगों में महीन सी मीनों की भाँति बल खाते हुए, उसके पूर्वी तट पर आ पहुँचे। उन्होंने देखा कि कुछ दूरी पर एक वृक्ष के नीचे दो गंधर्व सैनिक वस्त्र उतारकर, दिगंबर अवस्था में मदिरा में उन्मत्त होकर पड़े हैं। उनके अश्व वृक्ष से बँधे हुए हैं और अस्त्र-शस्त्र भी उन्हीं पर रखे हुए हैं। उन्होंने दबे पाँव जाकर शस्त्र उठाकर दोनों सैनिकों का शिरच्छेद कर डाला। अपने गीले वस्त्र उतारकर, उनके वस्त्र धारण कर लिये। गंधर्व शिविरों के मध्य धीरे-धीरे होते हुए, वितस्ता-इरावती-बिपाशा-यमुना को पार कर, गंगा तट पर स्थित चंद्रवंशी महाराज अजमीढ़ के राज्य में प्रवेश कर गए।

□

अनुच्छेद-२

दोनों कैकेयों की वेशभूषा-शस्त्रादि एवं गांधर्व-मुद्रांकित अश्व देखकर पश्चिमी सीमांत रक्षक उन्हें बंदी बनाकर, महाराजा अजमीढ़ देव के अनुज क्षेत्रपाल द्विमीढ़राज के सम्मुख ले गए। केकय सैनिकों की व्यथा-कथा से विश्वस्त होकर, द्विमीढ़राज ने उन्हें मुक्त कर, भोजन-वस्त्र एवं नवीन अश्व प्रदान करते हुए, एक अधिकार पत्र देकर चार सैनिकों के संरक्षण में गंतव्य पथ की ओर अग्रसर कर दिया। राज्य के पूर्वी सीमांत के संरक्षण का अधिकार उनके दूसरे बंधु पुरुमीढ़राज पर था। उनके सैनिक दल ने उन्हें अवधराज के सैनिक शिविर में पहुँचा दिया। यहाँ से अवध के सैनिक उन्हें अयोध्या की ओर ले चले।

अभी भगवान् भुवन भास्कर की सायंकालीन लालिमा अयोध्यापुरी के बाह्य वन प्रांत के वृक्षों की फुंगियों तक नहीं पहुँची थी। दोनों सैनिकों ने देखा कि दूर क्षितिज पर अपने दिव्य रत्नों की द्युति से अनेकानेक इंद्रधनुषों की छटा बिखेरता हुआ राजाधिराज श्रीरामचंद्र का स्वर्णिम स्यंदन धीरे-धीरे नगर की ओर बढ़ता चला आ रहा है। उसके शिखर पर फहराता हुआ सूर्यांकित ध्वज पवन में अठखेलियाँ करता हुआ ऐसा प्रतीत हो रहा था मानो वह गगनमंडल के सूर्यदेव को आश्वस्त कर रहा हो कि 'आप निश्चिंत होकर भगवती प्रतीची के तारक मंडित नीलांचल में विश्राम करें। आपका प्रतिनिधित्व करने के लिए, धरती का तमस हरण करने के लिए मेरा उत्तालनकर्ता आपका वंशज धनुष धारण किए पूर्णत: सन्नद्ध है।'

रथ के आगे अश्वारोही दल की एक छोटी सी टुकड़ी चल रही थी। कैकेयों ने देखा कि अंजनीनंदन मारुति सारथी बने बैठे हैं। भरतलाल राजेश्वर के पीछे छत्र ताने खड़े हैं। लक्ष्मण और शत्रुघ्न के हाथों में कनकदंडिका में कसे हुए सघन चँवर

राजाधिराज के मुकुट पर सजी हुई मंदाकिनी गंगा के हंसों के पंखों से गुंफित कलगी की तन्वंगी कलिकाओं को कभी सहस्रकमल दल की भाँति खिला रहे हैं तो कभी मृणाल मंच पर उन्हें खिलखिला रहे हैं। राजाधिराज के नेत्रों में तो वात्सल्य छलछला रहा है, किंतु मुखमुद्रा पर एक प्रौढ़ गांभीर्य छाया हुआ है। उन्हें देखते ही दोनों कैकेय अश्वों से कूदकर करुण स्वर में 'राजेश्वर, रक्षा कीजिए, केकय का उद्धार कीजिए' कहते हुए धरती पर लोट गए। मारुति के रथ रोकते-रोकते राजाधिराज श्रीराम विद्युतगति से वेदी से उठकर, उतर पड़े। दोनों कैकेयों को उठाकर बोले, "कहो।"

एक सैनिक ने अपनी पगड़ी में से खोलकर ज्यों ही मंथरा की दी हुई मुद्रिका उन्हें समर्पित की, वे तुरंत बोल पड़े, "यह तो हमारी धाय माँ मंथरा माई की है। वे कैसी हैं?"

"वे कैसी हैं, राजेंद्र! वे तो जैसी थीं, वैसी ही हैं। अब हैं भी कि नहीं, नहीं जानते, किंतु केकय का विध्वंस हो गया।" अब तक भरत-लक्ष्मण-शत्रुघ्न तीनों बंधु मारुति सहित उनके पास आकर खड़े हो गए थे। कुछ अश्वारोही लौट पड़े और पृष्ठभाग से भी कई अश्वारोही अपने अश्व बढ़ाकर आ पहुँचे।

सैनिक कहने लगे, "प्रभो! केकय का विध्वंस हो गया।"

"हमारे पूज्यपाद मातामह कहाँ हैं?"

"महाराज अश्वजित राजमहालय में भस्म हो गए"

"क्या, कैसे?"

तभी राजकीय रथ को मार्ग में अचानक रुकता हुआ देखकर नगर के परिखा द्वार पर खड़ा हुआ अष्टामात्य दल किसी अनहोनी की कल्पना करते हुए, अपने अश्वों को दौड़ाता हुआ आ गया। समाचार की गंभीरता का अनुमान होते ही प्रधानामात्य सुमंत्र ने कहा, "राजेश्वर! आप मंत्रणागार में पधारिए। हम इन्हें लेकर उपस्थित होते हैं।"

श्रीराम न चाहते हुए भी रथ पर चढ़ गए। पवनपुत्र पवन की गति को लज्जित करते हुए रथ को उड़ा ले चले। सायंकाल के समय, जो रथ मंथर गति से राजमार्ग पर नागरिकों का अभिवादन लेता हुआ, प्रत्येक का कुशल-मंगल जानता हुआ, सूर्य-महालय की ओर बढ़ा करता था, आज उसे इस प्रकार जाते हुए देखकर अयोध्या का जन-जन किसी भीषण संकट की आशंका से सिहर उठा। आज रथ के चारों ओर लगी हुई घंटियों के स्वर में लास्य का माधुर्य नहीं, तांडव की धमक थी। रथ में जुते हुए सातों अश्वों की गति में राजकीय मादकता नहीं, महासंग्राम के हरावल की तीक्ष्णता थी। आज वह राजपथ के दोनों ओर खिले हुए पुष्पों को झुमाता हुआ नहीं, झिंझोड़ता हुआ जा रहा था। नगर के बहुमंजिले आवासों के गवाक्षों और वलभियों से झाँकती हुई श्यामाओं के श्यामल नेत्रों को आनंदित नहीं, बल्कि उनमें प्रश्नचिह्न अंकित करता हुआ जा रहा था। महालय के द्वार पर रथ के रुकते ही, राजाधिराज अपनी दैनिक दिनचर्या को अपवाद

बनाते हुए, शीघ्रता से मंत्रणागार में जा पहुँचे। कुछ ही क्षणों में अमात्यगण दोनों सैनिकों को लेकर आ गए।

अयोध्यापति श्रीराम के आसनासीन होते ही उनके तीनों बंधु, मारुति एवं अमात्यगण अपने-अपने निर्धारित आसनों पर बैठ गए। दोनों कैकेय भी श्रीराम का संकेत पाकर उनके सम्मुख आसंदियों पर सिर झुकाकर बैठ गए।

श्रीराम बिना किसी औपचारिकता के अत्यंत व्यग्र होते हुए बोले, ''कैकेयो! सर्वप्रथम अपने नाम एवं राज्य में अपने प्राप्त दायित्व का हमें परिचय दो।''

एक कैकेय, जो दूसरे नवयुवक की अपेक्षा कुछ अधिक आयु का था, वह राजाज्ञा पाते ही अपने आसन से खड़ा हो गया। राजेंद्र राघवेंद्र के प्रति राजोचित सम्मान का निर्वाह करते हुए बोला—

''आर्य श्रेष्ठ! मेरा नाम भद्रक है। राजमहालय के सिंह पौर पर नियुक्त एक सैनिक टुकड़ी के संचालन का दायित्व मुझे सौंपा गया था। यह नवयुवक हमारी राजकीय पाकशाला का एक पाचक है। राजपरिवार में बल्लव नाम से विख्यात है।''

''ठीक है'' कहते हुए प्रधान अमात्य सुमंत्र बोले, ''भद्रक! तुमने कहा था कि 'कैकेय नरेश महाराजा अश्वपति राजमहालय में भस्म हो गए, यह दुर्भाग्यपूर्ण घटना कैसे घटी?''

''अमात्यवर! यह दुर्भाग्यपूर्ण घटना केवल एक नहीं है। समग्र कैकेय साम्राज्य धूँ-धूँ करके धधक रहा है। ग्राम-ग्राम की तोलिका-प्रतोलिका शवों से पटी पड़ी हैं। नगर-नगर के चतुष्पथों पर खंडित मुंडों के स्तूप खड़े हैं। कानों की श्रवण शक्ति का हरण धरती की हाहाकार और चीत्कारें कर चुकी हैं। आकाश में फैले हुए दुर्गंधित धूम्र ने स्वाँस लेना कठिन कर दिया है। नदराज सिंधु का नीलिमायुक्त शुभ्रजल लाल हो गया है। रक्त और मांस की काई लगे उसके तटीय क्षेत्र पर पैर रखने का अर्थ, 'जल समाधि लेना' बन गया है। शतघ्नियों के भीषण प्रहारों ने जनसाधारण के आवासों के साथ गगनचुंबी प्रासादों एवं महालयों तक को धरती पर शवासन की मुद्रा प्रदान कर दी है। वासंती उपवन भयावह कांतार बनकर रह गए हैं। कमलाकुल कलित सरोवर, जो भ्रमर माला के मुखरित नर्तन मंच हुआ करते थे, वे आज कूकरों-शूकरों स्यार-गिद्धों के केलिस्थल बन गए हैं।''

''किंतु यह सब हुआ कैसे, किसके कारण हुआ'' हठात् भरत के पूछते ही बल्लव बोला—

''युवराज! गंधर्वराज शैलूष के कारण हुआ।''

''आश्चर्य, शैलूष, गंधर्वराज शैलूष तो देवी सरमा के पिता और हमारे परममित्र लंकेश्वर विभीषण के श्वसुर हैं। उनकी तो नृत्य और संगीत कला के परमाचार्य के

रूप में विश्व में ख्याति है।'' राजेंद्र राम के प्रश्न के उत्तर में बल्लव ही बोला, ''प्रभो! ख्याति है, नहीं, ख्याति थी, कहें। यही उचित होगा। कल का गंधर्वराज आज राक्षसराज बन चुका है।''

''अकस्मात् यह परिवर्तन हुआ कैसे?''

''यह परिवर्तन अकस्मात् नहीं शनैः-शनैः हुआ। राजनीति के विषय में मेरा ज्ञान अत्यंत सीमित है। फिर भी राजपुरुषों के संसर्ग में सामान्य रूप से रहने के कारण यही कह सकता हूँ कि योजनाबद्ध रूपेण वर्षों में हुआ है।''

''कैसे, विस्तार से कहो।''

''अब विस्तार से तो इतना ही कह सकते हैं कि पिछले अनेक वर्षों से, कहीं-कहीं से आकर कुछ जन केकय प्रदेश में प्रवेश करते रहे। उनके खान-पान भी तामसी सुने गए। वेशभूषा और भाषा में भी अंतर देखा। उनके रूप-रंग हम केकयवासियों की भाँति सुगौर न होकर साँवलापन लिये हुए हैं। कुछ तो सर्वथा काले भुजंग जैसे प्रतीत होते हैं। राज्य के क्षेत्र-क्षेत्र में उनकी संख्या बढ़ती ही गई। इसके अतिरिक्त…''

अभी बल्लव और भद्रक कुछ बोलते कि तभी मंत्रणागार के द्वार से एक प्रतिहारी एक पत्र लेकर आ पहुँचा। इस प्रकार मंत्रणागार में प्रतिहारी का एकाएक संदेश लेकर आने का अर्थ यही था कि वह कुछ अत्यंत आवश्यक समाचार लाया है। महाराज श्रीराम के संकेत पर अमात्य सुनंद ने उठकर प्रतिहारी से पत्र ले लिया। पत्र मुनिवर भारद्वाज का है, यह जानते ही राजाराम ने मुनिवर के प्रति समादर का भाव प्रकट करते हुए, अपने आसन से उठकर अमात्य से स्वयं ग्रहण किया। पत्र पढ़ते ही उनकी भ्रकुटी में बल पड़ गए। वे प्रतिहारी से बोले कि तीर्थराज प्रयाग से पत्र लानेवाले दोनों ब्रह्मचारियों को तुरंत आदरपूर्वक ले आओ। ब्रह्मचारी प्रविष्ट होकर, अभिवादन करके खड़े हो गए। महाराज अभिवादन के उत्तर की औपचारिकता निभाते हुए बोले—

''कैकेयराज के सचिव और उनके अंगरक्षकों की अब क्या स्थिति है?''

''राजेश्वर! कैकेयराज के सचिव के साथ केवल दो ही व्यक्ति हैं। आज प्रात:काल के कुछ पश्चात् हमारे सीमांत क्षेत्र के प्रहरी उन्हें आश्रम में लाए थे। तीनों व्यक्तियों के शरीरों पर अनेक स्थानों पर पट्टियाँ बँधी हुई थीं। कई पट्टियाँ तो पूर्णतः रक्ताभ थीं, जिन्हें देखकर यही प्रतीत हो रहा था कि उनके व्रण गंभीर हैं। मुनिवर ने आश्रम के चिकित्सालय में उन्हें तुरंत भेज दिया। अपने नियमित कार्यक्रम को त्यागकर गुरुदेव उनके पास जा पहुँचे। एक व्यक्ति तो बार-बार मूर्च्छित हो रहा था। भिषक उसकी दशा देखकर विशेष चिंतित लग रहे थे। लगता है कि वह अब तक प्राण त्याग चुका होगा।''

''फिर''

''बस, फिर इतना ही कि गुरुदेव त्वरित गति से अपने आसन पर आ गए। अत्यंत

शीघ्रता से पत्र लिखकर, आपकी सेवा में जाने का आदेश दिया। हम एक क्षण के लिए भी कहीं विश्राम किए बिना अपने अश्व दौड़ाते हुए अभी यहाँ पहुँचे हैं। महापौर ने भी मुनिवर की मुद्रा देखकर, हमें निरर्थक नहीं रोका अपितु यह विदित होते ही कि आप मंत्रणागार में हैं, इस कारण दो प्रतिहारियों के साथ आपके सम्मुख उपस्थित होने का अवसर प्रदान कर दिया।''

''हूँ'' कहकर, महाराज कुछ क्षण ठहरकर बोले, ''अमात्यवर सुमंत्र! आप मुनिवर के दोनों शिष्यों और केकय से पधारे हुए इन बल्लव तथा भद्रक को राजकीय अतिथिशाला में भेजने का प्रबंध करके, तुरंत लौट आइए।''

अमात्य सुमंत्र द्वारस्थ प्रतिहारी-प्रमुख को कुछ संकेत करके दो क्षण में लौट आए। दोनों ब्रह्मचारी एवं कैकेय प्रतिहारी के साथ चल पड़े।

''आज राजाधिराज सायंकालीन भ्रमण से लौटकर नित्य की भाँति राजप्रासाद में न आकर अपने तीनों बंधुओं, मारुति और अमात्य परिषद् के साथ मंत्रणागार में हैं,'' यह विदित होते ही, विषय की गंभीरता का अनुमान करते ही आठों राजकुमार लव-कुश, पुष्कल-तक्षक, अंगद-चित्रकेतु, सुबाहु और अरिघ्न शीघ्रता से वहाँ आ गए। संकेत से राजाज्ञा पाकर वे धीरे से जहाँ स्थान मिला, बैठ गए। महाराज के अधमुँदे नेत्रों और मस्तक पर प्रतिक्षण बल खा-खाकर उभरती हुई रेखाओं और दीर्घ निःश्वासों ने मंत्रणागार के वातावरण में चिंता-उत्सुकता की एक अद्भुत घुटन का संचार कर दिया। वे कुछ क्षण हथेलियों को मसलते हुए बोले—

''सेनापति चंद्रकेतु! चतुरंगिणी सेना को सन्नद्ध होने का आदेश दो। महामात्य! त्वरित गति से चलने वाले रथों में सुकोमल तूलिका और उपधानों से सज्जित शिविकाएँ रखवाकर महर्षि भारद्वाज के आश्रम त्रिवेणी तीर की ओर तुरंत अग्रसर करा दीजिए। इन रथों में सुयोग्य चिकित्सक भी जाएँ। प्रातःकाल से पूर्व कैकेयराज के अमात्य और उनके अंगरक्षकों को ससम्मान-सुविधापूर्वक ले आएँ।''

राजाधिराज के उठते ही सभा विसर्जित हो गई।

□

अनुच्छेद-३

नित्य की भाँति तारों की छाँव में अनुजों सहित सरयू स्नान करके, रघुकुल के परमाराध्य भगवान् नागेश्वरनाथ शिव का पूजन विद्युत्गति से करते हुए रथारूढ़ राजेश्वर राम वसिष्ठ आश्रम की ओर बढ़ चले। विषय की गंभीरता के कारण समयाभाव में केवल नौ आहुतियाँ देकर, यज्ञकुंड की परिक्रमा करने के पश्चात् रघुकुल-गुरु-पदाभिषिक्त

युवा वासिष्ठि पराशर को लेकर राघवेंद्र अपने परिकर सहित सभागार में प्रविष्ट होने जा ही रहे थे कि उनकी दृष्टि भारद्वाज–आश्रम की ओर से आते हुए रथों पर फहरते हुए सूर्यांकित ध्वजों पर पड़ गई। अतः वे द्वार पर ही ठहर गए।

कुछ ही समय में दोनों रथ आ पहुँचे। स्कंधभारों के दल ने बढ़कर शिविकाएँ उतार लीं। शिविका से निकलने को उद्यत केकय अमात्य को राम ने आगे बढ़कर रोक दिया। शिविकाएँ सभागार में एक ओर धीरे से रखकर स्कंधभार लौट गए। केकय अमात्य को दो अमात्यों ने अपना आश्रय देकर शिविका से निकालकर, एक आसंदी पर बिठा दिया। उसे देखते ही शत्रुघ्न के मुख से हठात् निकल पड़ा, ''आर्य भद्राश्व! आपकी यह दशा!''

''हाँ वत्स, तुम्हें देखना भाग्य में लिखा था। अतः छूटने को छटपटाते हुए प्राणों को कंठ में घोट रखा है।''

अभिवादन करने के लिए उठते हुए भद्राश्व के समीप राम स्वयं शीघ्रता से जा पहुँचे। उसके काँपते हुए हाथों को अपने हाथों में थामकर, अपने मस्तक पर लगाते हुए, निस्संकोच भाव से उसके समीप एक आसंदी पर बैठ गए। महाराज को सामान्य आसंदी पर बैठता देखकर, समस्त सभासद् अपने–अपने आसनों से उठकर, उनके समीप आ–आकर धीरे से बैठ गए। भद्राश्व के नेत्रों से अश्रु बह चले।

राजवैद्य ने राजेंद्र का आशय समझकर भद्राश्व को औषधिपान कराया। कुछ ही क्षणों में उनको अपने चित्त में विशेष चेतना का आभास होने लगा। राम के सीमातीत सौम्य व्यवहार एवं औषधि के प्रभाव ने अद्‌भुत चमत्कार दिखाया। जिसके शब्द कंठ से निकलकर अधरों का मार्ग खोज नहीं पा रहे थे, उस भद्राश्व के रोम–रोम से एकत्रित शक्ति एक सशक्त स्वर बनकर सभागार में गूँज उठी—

''अयोध्याधिपते! रक्षा कीजिए। केकय को प्राणदान दीजिए। देवभूमि भारतवर्ष के पश्चिमोत्तर को रक्षशून्य कीजिए, अभय दान दीजिए।''

—कहते–कहते, चरणों में गिरते हुए भद्राश्व को उसके आसन पर बिठाते हुए राम बोले, ''आर्य! निर्भय होकर अपनी व्यथा–कथा का कारण कहिए। राम अपने प्राण देकर भी केकय की रक्षा करेगा। आप निश्चिंत होकर कहिए।''

''राजेंद्र! हमारी दुर्दशा के मूल में गंधर्वराज शैलूष है।''

''शैलूष है, यह तो हमने राजकीय पाचक बल्लव और सिंहपौर प्रतिहारी भद्रक से सुन लिया। यह भी जान गए कि कल का यह गंधर्व आज महाराक्षस बन गया है, किंतु यह सब हुआ कैसे? क्या लंकेश्वर विभीषण ने उनसे कोई संपर्क नहीं किया, क्या देवी सरमा ने अपने सात्त्विक विचार एवं व्यवहारवश किसी प्रकार का कोई हस्तक्षेप नहीं किया, जिस शैलूष ने लंका के महासंग्राम में भाग न लेकर रावण की सर्वथा उपेक्षा की, आज उससे किसी नृशंस कर्म की अपेक्षा कैसे करें?''

"राजेंद्र! प्रत्यक्ष को प्रमाण की आवश्यकता नहीं होती।"

"यह सत्य है, किंतु यह भी नितांत सत्य है कि प्रत्येक कृत्य की पृष्ठभूमि में कोई-न-कोई कारण अवश्यमेव होता है।"

"होता है, होते हैं, हुए हैं और हैं। निश्चित हैं, निर्विवाद हैं।"

"तो आर्य, वे कहिए।"

"राजेंद्र! अब सविस्तार कहता हूँ।"

"आप यदि अनेक व्रणों एवं सुदीर्घ यात्रा के कारण श्रांत हैं तो कुछ विश्राम कर लें"

"राजेंद्र! मैं पथश्रम से न तो उतना श्रांत हूँ और न ही इन व्रणों से भी उतना विभ्रांत हूँ, जितना कि अपने केकय की दुर्दशा से क्लांत हूँ।"

"अमात्यवर! एक नैष्ठिक देशभक्त के चित्त की, आपने सूत्र रूप में सटीक व्याख्या की है। अब सविस्तार कहिए।"

"निवेदन है, केकय का राजकाज अत्यंत शांति से हमारे महाराज अश्वजित की सात्त्विक प्रवृत्ति से चल रहा था। प्रजा वर्ग निर्द्वंद्व भाव से अपने-अपने कार्य में संलग्न था। हमारे पड़ोसी राज्य गंधर्व देश की भी यही स्थिति थी। गंधर्वराज शैलूष नृत्य-संगीत आदि ललित कलाओं के देश-देशांतर में परमाचार्य के रूप में विख्यात हैं।"

"जानते हैं।"

"जनकनंदिनी महारानी के समुद्धार के लिए आप लंका पधारे। महासंग्राम छिड़ा। उसी मध्य अनेक राक्षस प्राण बचाकर भाग निकले। वे जनकनंदिनी-हरण के लंकेश्वर विभीषण की भाँति विरोधी तो नहीं थे। वे प्राण-व्यामोही कायर थे, जो रण-विमुख होकर भागे थे। वे जानते थे कि रण में पीठ दिखाने पर यदि वे अपने घरों में छिपकर बैठ भी गए तो भी रावण के गुप्तचर उन्हें खोज लेंगे। उन्हें युद्ध क्षेत्र में जाना ही पड़ेगा और निश्चित रूप से प्राणों से हाथ भी धोने पड़ेंगे। प्राणरक्षण का उपाय लंका के परित्याग के अतिरिक्त अन्य नहीं हो सकता। अत: वे प्राण-विमोही परिवार का भी मोह त्याग कर, शीघ्रता में जितने रत्न-स्वर्ण सकेर सकते थे, सकेरकर रण क्षेत्र में आ गए। क्षेत्र के एक ओर शस्त्र डालकर सामूहिक रूप से खड़े हो गए। उन युद्ध विमुखों को शरणागत जानकर, धर्मज्ञ मानकर, निश्छल कपि सेनपों ने उन्हें सुरक्षित निकाल दिया। वे पश्चिमी समुद्री मार्ग से हिंगलाज होते हुए गंधर्व प्रदेश में आ गए। गंधर्वराज ने उन्हें अपने जामाता का समर्थक मानकर आश्रय दिया। यह जानते हुए कि इन पलायितों के पास प्रचुर मात्रा में दुर्लभ रत्न एवं स्वर्ण हैं, उन्होंने किसी से कुछ नहीं लिया। उन्हें जीवन-यापन की समस्त सुविधाएँ दीं। आवास दिए। रावण वध के कुछ समय पश्चात् लंकेश्वर विभीषण महारानी सरमा के साथ अपने ससुरगृह आए। इन पलायितों से उनकी भेंट हुई। जहाँ शैलूष उनके व्यवहार से संतुष्ट थे, वहीं उन्हें भी कोई कष्ट नहीं था। विभीषण ने लंका

लौट चलने के लिए कहा, किंतु बहुत थोड़ी संख्या में ही लौटे। अधिकांश: यह विचार करके कि लंका में उन्हें कायर जानकर उनका उपहास होगा, समाज में निंदा के पात्र बनेंगे, अत: अधिक संख्या में वे दक्षिणी गंधर्व (ईरान–मकरान) राज्य में ही रह गए।

''इसी मध्य, अहिरावण वध के पश्चात् मारुति–पुत्र मकरध्वज के धर्मानुशासन को जो आत्मसात् न कर पाए, वे भी सुदूर पाताल प्रदेश से अंध महासागर को लाँघते हुए, मारीच द्वीप समूह (मारीशस) के तटों पर आ गए, किंतु समुद्री लुटेरों के हाथों सबकुछ गँवाकर वे भी शनै:–शनै: गंधर्व राज्य के पश्चिमी सीमांत पर मरुक्षेत्र लाँघते हुए आ पहुँचे। शैलूष उन्हें आश्रय देने के पक्ष में नहीं था, किंतु लंका के पलायित वर्ग का एक राक्षस, जो गंधर्व राज्य की मंत्रिपरिषद् का सदस्य बन चुका था, उसके आग्रह पर पाताल से पलायित राक्षस भी पश्चिमी सीमांत क्षेत्र के समीप बसा दिए गए।

''इसी प्रकार लवण–वध एवं शतकंधर–वध के पश्चात् मधुपुरी, आंध्रालय (ऑस्ट्रेलिया) तथा पूर्वी द्वीपों के राक्षस भी गंधर्व साम्राज्य का आश्रय पाते गए। गंधर्व देश में कहीं भी, किसी के भी आवागमन में किसी प्रकार का प्रतिबंध न होने के कारण ये राक्षस परस्पर एक–दूसरे के क्षेत्र में आने–जाने लगे। गुप्त–प्रकट संगठन बनने लगे। पृथक् बस्तियाँ बसने लगीं। ग्राम बनने लगे। इसी मध्य, जिस खर का वध आपने दंडकारण्य में किया था, उसका पौत्र प्रखर मूलक कुछ राक्षसों के साथ आ गया।''

''खर का पौत्र?''

''जी राजेश्वर, खर का पौत्र, क्योंकि लंका महासंग्राम के समय खर की पुत्रवधू सगर्भा थी, किंतु उसका पति मकराक्ष रणक्षेत्र में वीरगति को प्राप्त हो चुका था। यथासमय उसने पुत्र को जन्म दिया। ऐसे अनेक बालक, जो रावण–वध के पश्चात् उत्पन्न हुए, उनकी शिक्षा–दीक्षा का प्रबंध लंकेश्वर विभीषण की ओर से समुचित रूप से होने लगा। रक्ष–विधवाओं के भरण–पोषण की व्यवस्था भी राज्य की ओर से विधिवत् की जाने लगी। महारानी सरमा के साथ देवी मंदोदरी, जो इस समय लंकेश्वर विभीषण द्वारा माता के समान सम्मान पाकर राजमाता के प्रतिष्ठित पद पर सुशोभित हैं, वे इन सभी व्यवस्थाओं पर दिन–रात पूरी दृष्टि रख रही थीं। वृद्धमाता कैकसी का हृदय भी परिवर्तित हो चुका था। अत: वे भी कुंभकर्ण की पत्नी वज्रज्वाला एवं सानंदिनी को साथ लेकर, उन्हें यथेच्छ सहयोग देने लगीं। शूर्पणखा भी माँ और भाभियों के साथ साहस करके एकाध बार निकली, किंतु समस्त संकटों की मूल वह निशाचरी लंकावासियों की विष बुझी दृष्टियों का सामना नहीं कर सकी। कुछ दिनों तक एक–एक से आँख चुराती हुई, अपने भवन में पड़ी रही। फिर एक दिन सहसा निकल पड़ी और ब्रह्मक्षेत्र पुष्कर में जाकर बस गई। सुना है कि उसकी तामसी वृत्ति नष्ट हो गई है। इन दिनों वह तपश्चर्या में लीन रहती है।

''अस्तु, लंकेश्वर के पिता मुनिवर विश्रवा के आग्रह पर उनके ससुर महर्षि भारद्वाज

ने अपने आश्रम से प्रशिक्षित आचार्य और ब्रह्मचारी लंका में भेज दिए। वे गुरुकुलों का विधिवत् संचालन करने लगे। महर्षि अगस्त्य तो दक्षिण भारत की प्रत्येक गतिविधि पर सूक्ष्म दृष्टि रखने, उसे संरक्षण देने के लिए एक युग से प्रसिद्ध हैं ही। ऋक्ष-कीश शबर-भिल्ल वनवासी-गिरिजनों में तो उनका सम्मान प्रारंभ से ही था। अब रक्षसमूह में भी उनके प्रति वही भाव आ गया। वे भी यदा-कदा लंका आने-जाने लगे। लंकेश्वर से लेकर लंका के जन-जन से प्राय: उनके ऐसे मधुर संबंध हैं जैसे एक परिवार प्रमुख के सामान्यत: परिवार-जनों से होने चाहिए।''

''महर्षि अगस्त्य ऐसी ही विभूति हैं। लगता है, विधाता ने ही दक्षिण के उद्धार के निमित्त उनका निर्माण किया है। वे दक्षिण के लिए दैवी उपहार हैं। उनका चरित्र विचित्र है। कहना कठिन है कि वे ईशाराधक अधिक हैं कि लोकाराधक अधिक हैं। देवगणों के ऐसे विश्वसनीय कि अनेक देवताओं ने अपने भयंकर-प्रलयंकर शस्त्रास्त्र उन्हें ही सौंपे। वे भी अपना अहं प्रदर्शन करने के लिए, उनकी प्रदर्शनी अपने आश्रम में लगाकर नहीं बैठे। अपितु उनका निर्माण कैसे हुआ, उसे निरख-परखकर, जो उन्होंने प्रखर वैज्ञानिक दृष्टि से अनुसंधान किए हैं, वे स्तुत्य हैं, श्लाघनीय हैं। असुराचार्य शुक्र के अमोघ शस्त्रास्त्रों-अभेद्य कवचों को रणांगण में उन्हीं के कारण मुँह की खानी पड़ी। आपको जो दुर्लभ शस्त्रास्त्र उन्होंने प्रदान किए, उनके विषय में आपको क्या बताना।''

''अस्तु, हाँ, तो अमात्यवर! खर का पौत्र प्रखर मूलक कुछ जनों को साथ लेकर आ गया, फिर?''

''राजराजेश्वर! खर का पौत्र वह प्रखर मूलक लाया तो अपने साथ अपने कुछ समवयस्कों को ही था, किंतु जो उसके सिर पर चढ़कर आया, वही भयंकर था।''

''वह क्या था'' पूछते हुए सुमित्रानंदन लक्ष्मण की भ्रकुटि वक्र हो गई। उनके नथुने फड़फड़ाने लगे।

केकय अमात्य भद्राश्व उसे लक्ष्य करते हुए बोले, ''इंद्रजितजेता! वे थीं उसकी माता और उससे भी कहीं अधिक उसकी पितामही के दिए हुए महाराजाधिराज राघवेंद्र के प्रति घृणा-वैर-विद्वेषमूलक वे तामसी बीज, जो उसके राक्षसी स्वभाव की भावभूमि का आश्रय पाकर अंकुरित हुए। उसकी उद्दंडता को अनदेखा करके 'अभी विवेकहीन बालक है, समय पर सब समझ जाएगा' सरल स्वभावी लंकेश्वर विभीषण के इन चिंतनहीन, दूरदृष्टिविहीन प्रमादित शब्दों ने उस अंकुरित को अनुकूल ऋतु प्रदान की। माली-सुमाली से लेकर रावण-कुंभकर्ण, खर-दूषण आदि के अंत की कथाएँ उसके लिए नित्यस्मरणीय वीरगाथाएँ बन गईं। जो शिक्षाप्रद बननी चाहिए थीं, वे प्रेरणादायक, मन-मस्तिष्क का भूकंप बन गईं। माता और पितामही के उत्तेजक शब्दों से उत्पन्न आक्रोश ने उस अंकुरित को नभस्पर्शित विषवृक्ष बना डाला। लंका में अपेक्षित समर्थन के अभाव

में वह लंकेश्वर के विरुद्ध विधिवत् विद्रोह करने में तो असफल रहा, किंतु गंधर्व देश में अनेक राक्षस बस चुके हैं, यह समाचार उसे अपने मंतव्य की पूर्ति के लिए, आशा की प्रथम किरण लगा। अपने विचारों के जो न्यूनाधिक समर्थक लगे, उन्हें लेकर, साथ ही जितना धन स्वर्ण-रत्न-मणि-माणिक्य आदि के रूप में सकेर सका, वह विशाल संपदा बटोरकर निकल पड़ा। किसी प्रकार यह समाचार अपने किसी गुप्तचर द्वारा असुराचार्य शुक्र को प्राप्त हो गया। वह एकाक्ष तो विश्व के मानचित्र पर ऐसे सूत्र पाने, उन्हें समेटने के लिए आँख गड़ाए बैठा ही रहता है। उसे बैठे-बिठाए चिंतामणि मिल गई। उसके दर्शन, हाँ दर्शन ही कहना चाहिए, वह करने चल पड़ा। मार्ग में ही शुक्राचार्य की मूलक से भेंट हो गई। एक योजनाबद्ध दानवीय कार्यक्रम के सूत्रपात् का पुनरारंभ हो गया।''

□

अनुच्छेद-४

''योजनाबद्ध कार्यक्रम बन गया, एक रक्ष बालक युवक के साथ वयोवृद्ध दैत्याचार्य शुक्र का साथ, आश्चर्य है। क्या दैत्याचार्य शुक्र को अपनी प्रतिष्ठा का तनिक भी ध्यान नहीं रहा? चरित्र का ऐसा अध:पतन, शिव-शिव...''

शत्रुघ्न की विस्मय से फैली हुई आँखों में आँखें डालते हुए अमात्य भद्राश्व बोले, ''राघवानुज! तुम जैसे सुभद्र को इस विषय में चकित देखकर, मैं स्वयं विस्मित हो रहा हूँ। चतुर्दश वर्षों तक निरंतर राघवों के इस विशाल साम्राज्य का कुशलतापूर्वक संचालन करनेवाले, यह प्रश्न शत्रुघ्न! तुम कर रहे हो? यशस्वी-सुपुनीत रघुकुल के कुमार राजराजेश्वर श्रीमद्रामचंद्र देव के अनुज, त्याग-तपस्या की प्रखर प्रतिमूर्ति-परम सेवाव्रती देवी सुमित्रा की समुज्ज्वल क्षीरधारा के उत्फुल्ल स्वर्णिम सहस्रदल, विदेहनंदिनी देवी श्रुतिकीर्ति के आनंदोत्सव! तुम्हारा प्रश्न जिज्ञासावश नहीं है। यह, यह वयोवृद्ध अमात्य भली प्रकार जानता है। तुम स्वयं को निमित्त बनाकर, गुरुजनों के समक्ष अपनी अबोध बालक जैसी छवि सुस्थिर रखने के लिए ही नहीं, अपितु भावी पीढ़ियों को शत्रु की कुटिल नीतियों के प्रति सावधान करने के लिए कर रहे हो। भावी इतिहास को मार्गदर्शन प्रदान करने के लिए कर रहे हो। अत: जो शेष है, वह सुनो—

'राजा चारेण पश्यति' राजा चरों के द्वारा देखता है। राजा के चर उसके मंत्रियों को निष्कर्षरूपी मंत्र देते हैं। उन मंत्रियों की मनीषा, उनके अर्थ अपनी सूक्ष्म दृष्टि से करती है। उन अर्थों की सार्थकता राज्य के प्रति समर्पित, विभिन्न दृष्टिकोण से निरखे-परखे गुप्तचर सिद्ध करते हैं। गंधर्व-साम्राज्य का गुप्तचर विभाग इस अमात्य भद्राश्व को पैतृक संपत्ति के रूप में पिताश्री के गोलोक पधारने पर प्राप्त हुआ। पूज्य पितृचरणों का सतत

सान्निध्य प्राप्त करने का सौभाग्य मुझे जन्मजात् आशीर्वाद के रूप में, प्रभुकृपा के प्रसाद स्वरूप प्राप्त हुआ। समस्त विषयों के ग्रंथ हमारे ग्रंथागारों में हैं। प्रत्येक अक्षरज्ञानी उन्हें पढ़ सकता है। किसी शुक के समान उन्हें कंठस्थ भी कर सकता है, किंतु उनके मर्म का परिचय तो गुरुजनों के चरणों में विनम्रतापूर्वक बटुक भाव से संपृक्त होने पर ही प्राप्त होता है। राजनीति का मान्य सिद्धांत है कि 'नयन मूँदकर कभी किसी पर पूर्ण विश्वास नहीं करना चाहिए' किंतु जहाँ तनिक भी सुपरिचय का अभाव हो, वहाँ तो समुचित सावधानी बरतनी चाहिए। इस सिद्धांत के अनुसार—

''दैत्य-दानव-निशाचरों के दल-के-दल दिशा-दिशा से छोटे-बड़े समूहों के रूप में केवल हमारे पड़ोसी गांधार साम्राज्य में ही आ-आकर बसते जा रहे हैं, क्यों? जब हमें हमारे इस 'क्यों' के उत्तर में जो उत्तरांश प्राप्त होने आरंभ हुए तो हमारे कान खड़े होने लगे। हमने अपने यहाँ के कुछ प्रबुद्ध एवं चतुर व्यक्तियों को इन समस्त गतिविधियों की जाँच करने के लिए चुना। जिनके पूर्व से ही किसी-न-किसी प्रकार के वहाँ संबंध थे, वे हमारे दृष्टिकोण से अभिप्रेरित होकर सक्रिय हुए। उनके द्वारा मात्र इतना ही विदित हुआ कि भयानक षड्यंत्र है। उनका संचालन अत्यंत गोपनीयता से योजनाबद्ध रूपेण एक युवक कर रहा है। 'वह युवक कौन है' इस तथ्य से जिसने भी तनिक भी परिचित होने की जिज्ञासा प्रकट की, उसका शिरोच्छेद कर दिया गया। विषय की गंभीरता का अनुमान करते ही हमने महाराज अश्वजित से निवेदन किया। वे चिंतित तो हुए, परंतु वे, वह चिंतन करने में समर्थ सिद्ध नहीं हुए, जिसकी आवश्यकता थी।''

''मातामह तो अत्यंत दूरदृष्टि संपन्न महानुभाव, न केवल भारतवर्ष अपितु समग्र जंबूद्वीप में प्रसिद्ध थे। फिर उनसे ऐसी चूक कैसे हुई?''

अमात्य भद्राश्व अपने हाथों को मींजते हुए, निर्निमेष नेत्रों से कुछ क्षण आकाश को घूरकर, अपनी दोनों हथेलियों से अपने माथे को थामकर बैठ गए। उनके होंठ बार-बार फड़फड़ाते हैं, किंतु शब्द, एक ठंडी आह भरकर, उनके भिंचते हुए होंठों के कारण, पुनः-पुनः कंठ प्रदेश में शरण लेने को बाध्य हो रहे हैं, इसे लक्ष्य करते हुए भरत बोले, ''अमात्यवर! अनुज लक्ष्मण की जिज्ञासा का समाधान कीजिए। संकोच का यह पारदर्शी सा पट, जिसे समय चिथड़े-चिथड़े कर चुका है, उसे लपेटकर, उससे मुँह छिपाने का प्रयत्न करना स्वयं शेष केकय के लिए न केवल आत्मघात होगा, अपितु संसार में उसे सदैव के लिए प्रवंचना का पात्र भी बना देगा। बीते कल को, आनेवाले कल के लिए निरुत्तर छोड़ना वर्तमान को कलंकित-कायर-दृष्टिविहीन-मूढ़ सिद्ध करना ही होता है।''

''प्रिय भरत, तुम्हारे शब्दों का वास्तविक अर्थ यह वृद्ध अमात्य नहीं समझ रहा है, ऐसा नहीं है, किंतु जिन पारदर्शी चिथड़ों को लपेटकर महाराज अश्वजित अपना मुख

अपने अंतिम क्षण तक छिपाते हुए अंत में, ऐसे अंत को प्राप्त हुए, जिसके वे सर्वथा अयोग्य थे, उसे प्रकट करूँ तो कैसे करूँ? उसे प्रकट करने के लिए जो शब्द चाहिए, उन्हें कहाँ से लाऊँ?''

''उन्हें कहीं से लाने के ऊहापोह में मत फँसिए। जो आपके अधरों तक आ–आकर लौट रहे हैं, उन्हें लौटने मत दीजिए। यह संकोच किस–किस की कीर्ति को कलंक की बलिवेदी पर चढ़ाकर, निरीह पशु की भाँति निगल चुका है, किस–किस के प्राण ले चुका है, किस–किस को प्राणांतक पीड़ा दे चुका है और आज भी किस–किस के रोम–रोम को बल्मीक बनाकर, उनके चित्त को निरंतर चाट–चाटकर, उन्हें कृत्रिम मुस्कान ओढ़ने पर बाध्य कर रहा है। आर्य भद्राश्व! कृपया अब इसका अंत कर दीजिए।''

''रण प्रांगण की अप्रतिम क्रीड़ाभूषण–राष्ट्ररक्षण की महनीय चौसर पर विक्षिप्त सारी (गोट) की भूमिका का सफल निर्वहन करनेवाली कुशल अभिनेत्री–केकय कुमारी कैकेयी के कुक्षिरत्न भरत! तुम आज जिस भाषा में बोल रहे हो, वह अब तक कहाँ थी? यदि इसके कुछ ही शब्द उस महीयसी के धराधाम पर रहते–रहते बोल गए होते तो इस धरती का भाव–चित्र कुछ और ही होता। केवल केकय को ही ये दुर्दिन देखने नहीं पड़ते, अपितु विश्व को भी अनेकानेक सुदिनों के सुप्रभात के दर्शन स्वतः सुलभ हो जाते। इस लोकातीत अलौकिक आलोक के जनक सूर्य को भ्रमचक्र चालक सैंहिकेय राहू के सम्मुख थाल में परोसकर रखनेवाले सूर्यवंश को क्या संज्ञा दी जाए?''

अभी संभवतः केकय अमात्य कुछ और भी बोलते, जो उनकी अत्युग्र भावभंगिमा से स्पष्ट हो रहा था, किंतु उन्हें संकेत से रोकते हुए, महर्षि वसिष्ठ के पौत्र महर्षि पराशर रघुकुल उपरोहित पद की गरिमा का गौरवपूर्ण निर्वाह करते हुए, अत्यंत शांत भाव से बोले, ''आर्य भद्राश्व! आपका आक्रोश वास्तव में उचित है। यदि माने जाएँ तो दोष तो कई हैं, किंतु उनमें से एक का भी दोषी यह सूर्यकुल पूर्णतः नहीं है। यदि उस पर किंचित् दोषारोपण करने का प्रयत्न, कोई साहस सकेरकर करेगा भी तो उसे सूर्यवंशी सम्राट् महाराज दशरथ के आत्मार्पण के सुमेरु को लाँघकर, उनकी निंदा के घोर पाप का भागी बनना पड़ेगा। महाराज राम को वनवास उनकी पुत्री कैकेयी ने दिलाया, इसी निरर्थक ग्लानि से व्युत्पन्न संकोच के कारण ही तो तुम्हारे महाराज अश्वजित ने किसी प्रकार का कोई समाचार यहाँ नहीं भेजा। अरे, यदि उनको उनका निरर्थक भ्रम अथवा अहं राजेंद्र रामचंद्र से संपर्क करने के मार्ग का व्यवधान प्रतीत हो रहा था तो युवराज भरत को तो स्थिति की गंभीरता से अवगत करा ही सकते थे। सहज में समाधान हो जाता। अपनी दूरदर्शिताविहीन दृष्टि के कारण, अंत तक राक्षसों से जूझते रहे और अंत में उस अंत को प्राप्त हुए, जिसके वे पात्र नहीं थे। अमात्यवर! इसे अन्यथा न लें, केकय नरेश वीरगति को प्राप्त नहीं हुए। उन्होंने दूरदृष्टिविहीन संकोच के दावानल का लक्ष्य

केकय को बनाकर, अपने परिवार की हत्या कर, आत्महत्या ही की। मैं यही कह सकता हूँ। उनके जैसा प्रबुद्ध-शूरवीर अपने ही प्रासाद के एक कक्ष में घिरकर फिर एक प्रचंड दावानल में एक ठूँठ की भाँति बिना किसी प्रतिक्रिया के दग्ध हो जाए, इस पर विश्वास कोई मूर्ख ही कर सकता है।

''किसी भारतीय वीर को कोई सम्मुख रण में परास्त कर दे, ऐसा महावीर विश्व की किसी जननी ने नहीं जना। हमारा पराभव जब भी हुआ, अपनों के कारण हुआ। हमारा विश्वास अर्जित करके ही तो त्वष्ट्रा देव के पुत्र त्रिशिरा विश्वरूप ने अपने मातृकुल के असुरों को यज्ञभाग देकर पुष्ट किया। देवगुरु बृहस्पति की पत्नी के प्रति अनाचार दैत्याचार्य शुक्र ने चंद्रमा के माध्यम से कराया। उसके कारण देवासुर संग्राम हुआ। इतिहास के पृष्ठों की क्षार छानने के लिए योजनों क्यों जाना, निकट सन्निकट में ही दृष्टिपात करिए। हिरण्याक्ष-हिरण्यकशिपु-रावण आदि कितने ही असुर-दनुज-दानव-राक्षसादिकों ने जो विश्व को रक्ताश्रुओं से आपाद मज्जन कराया, उनकी पृष्ठभूमि में हमारे ही पूज्यातिपूज्य पितामह ब्रह्मा और गंगाधारक भगवान् शंकर के प्रमादी वरदान रहे हैं। इन्हीं को लक्ष्य करते हुए ही तो भगवती श्रुति ने ईश्वर से प्रार्थना की कि हमें देवताओं के पाप से बचाइए। सद्गुण विकृति ने कितनी ही आकृतियों को विकृत किया है। भविष्य में भी इस देवभूमि भारतवर्ष का सांस्कृतिक-धार्मिक-आर्थिक अथवा राजनैतिक पराभव, यदि किसी भी कारण से होगा तो उसके मूल में किसी-न-किसी कारण से कोई-न-कोई अपना भारतीय ही होगा।''

''महर्षि पराशरजी, आप सिद्धांत की युक्तियुक्तरूपेण व्याख्या कर रहे हैं, यह सत्य है, किंतु जिस प्रसंग पर इस समय चर्चा है, उस पर पड़े हुए आवरण को आज तो हटाइए।''

''आर्य भद्राश्व! उसे ही हटा रहा हूँ। यह भी सत्य है कि वह हट भी चुका है, किंतु सीमित जनों के मध्य हटा है। उसे विश्व के दृश्य पटल से अब हटना ही चाहिए। यदि इसे आत्मप्रशंसा न माना जाए तो मैं यही कहूँगा कि इस आवरण को पूर्णतः भंग करने में यदि किसी को निश्संशय पूर्णतः समर्थ माना जाए तो वह केवल यह वासिष्ठि पराशर ही है। मेरे पूज्यपाद पितामह महर्षि वशिष्ठ विश्वामित्र-अत्रि-अगस्त्य-वाल्मीकि-भारद्वाज के अतिरिक्त आज तो महाराज राम और युवराज भरत भी इससे अवगत हो चुके हैं, किंतु इनमें से कोई आवरण के रचयिता हैं तो कोई व्यवहर्ता, तो कोई भोक्ता हैं। वे कुछ कहना भी चाहें तो किस मुख से कहें? उस आवरण कल्पना को अल्पना बनाकर ही नहीं अपितु उनमें आवश्यकतानुसार रंग भरनेवाली हठीली तो अपने ही कारण दलिता बनकर चली गई। उन पर उनकी भूमिका के कारण निरर्थक-भ्रामक प्रश्न चिह्न लगे हैं, जिनका हमें सार्थक-निर्भ्रांत उत्तर देना है। अतः सुनिए, सावधान होकर सुनिए—

''श्रीराम-वनवास की रचना दिग्दिगंत विजयी धर्मरथ के रूप में परब्रह्म का चिंतन करनेवाली ऋषियों ने की, मानवता के संरक्षक देव मंडल ने की। उसका लक्ष्य तो स्पष्ट था। मार्ग भी निर्विकल्प रूप से निर्धारित था, किंतु यह रथ जिस रथशाला में सज्जित खड़ा था, उसके द्वार पर सघन दलदल थी। उसे भरे बिना, इस धर्मरथ के चक्रों को द्वार से निकालकर क्षेत्र में नहीं लाया जा सकता था। ये द्वार थे, महाराज दशरथ और दलदल थी, उनकी श्रीराम के प्रति ममत्वमयी असीम अनुरक्ति। कोई सुदृढ शिला ही उसमें धसकर मार्ग प्रदान कर सकती थी। हृदय पर शिला रखकर, उस शिला की आकृति, जिन्होंने धारण की वे थीं, महाराज की कनिष्ठ महीषी, परम प्रेयसी महारानी कैकेयी। बिछ गईं उस स्नेहिल दलदल को आच्छादित करती हुई। आशा के विपरीत, राज्याभिषेक के मुहूर्त को सरकाता हुआ रथ तो दिग्विजय के पथ पर निकल गया और निर्धारित अवधि में सफलतापूर्वक यशस्वी होकर लौट भी आया, किंतु उसके चक्रों को चक्रव्यूह के द्वार से मुक्त करनेवाली वह शिला कलंक की कीच में लिपटी हुई, अपयश के हलाहल की बूँद-बूँद का स्वाद लेती हुई, ससम्मान हलाहल पान करनेवाले नीलकंठ भगवान् शंकर की कीर्ति को धूमिल करती हुई, शिला बनकर ही पड़ी रह गई। उसे शिला बनानेवाले, शिल्पी बनकर, उसमें छिपी हुई प्रतिमा को निकालकर, उसके योग्य वेदी पर प्रतिष्ठित नहीं कर सके। इसमें उनकी अयोग्यता से अधिक उस शिला की ही अपनी प्रतिष्ठा के प्रति प्रबल अनिच्छा थी। वह स्वयं तो एक अद्वितीय आदर्श उपस्थित करती हुई चली गई। अपने पुत्र श्रीभरत की घृणा को, अंतर्मुखी घाव की वह पीड़ा देकर चली गई, जिसे उसका ही पुत्र सहन कर सकता है। उसके पिता अश्वजित महाराज इस कुहरे में खो गए। केकय का निरभ्र नभमंडल धूम्रकेतुओं की क्रीड़ास्थली बनकर रह गया।''

□

अनुच्छेद-५

केकय अमात्य भद्राश्व अपनी आँखों की कोरों पर बार-बार घिर-घिरकर आते हुए जलबिंदुओं को अपने उत्तरीय से पोंछते हुए, अपनी भरी वाणी को अत्यंत कठिनता से संयत करते हुए बोले, ''महर्षि पराशर, आपने उपरोहित पद की गरिमा के अनुसार जो कहा, वही कहना चाहिए था। इसे मैं स्वीकार करता हूँ, किंतु राजगुरु की महिमा पर विचार करते हुए, आपको जो कहना चाहिए था, वह आपने आज तक क्यों नहीं कहा? कहीं मेरे शब्दों में आपको तीक्ष्णता का आभास हो तो क्षमा करें। इस समय मैं केकय का अमात्य नहीं, अपितु एक कैकेय अपनी एक पुत्री कैकेयी का पक्ष प्रस्तुत करने का प्रयत्न करते हुए बोल रहा हूँ। राजेंद्र राम! आप और आपके अनुज भी मुझे क्षमा करें।

यह आपका शत्रु नहीं, आपका मित्र बोल रहा है। श्रीराम-वनवास पर जो इतिहास कल कुटिलतापूर्वक उँगुली उठाने वाला है, यह उसको युक्तियुक्त उत्तर देने के लिए एक सरल सा साधारण सा प्रयत्न है, किंतु उसका निष्कर्ष असाधारण क्या, अपितु अद्वितीय कल्पनातीत ऐसा है कि उसके प्रकट होने पर विश्व दाँतों में उँगुली दबाकर रह जाएगा। देश-धर्म-संस्कृति की रक्षा के लिए कोई सुभक्ष्य बनकर, कलंक को अपने अंक में प्रश्रय देकर, बलि वेदी पर, अपने कंठ पर कुठारा रखकर, इस प्रकार भी प्रस्तुत हो सकता है। संरचना नाट्य के जाने-अनजाने पात्र बन जानेवाले आज धरती पर हैं, कल कालक्रम के कारण उपलब्ध नहीं होंगे। समय की सरिता विभिन्न सागरों में समाती है, किंतु समय पाकर वे ही उनके वक्ष को चीरकर मेघमाला की इंद्रधनुषी चूनर उड़ाती हुई, चंचलाओं की सज्जा से सज्जित होकर, चित्त को चमत्कृत करती हुई निकलती भी हैं। इसके प्रमाण हमारे पुराण हैं, जो कल्प-कल्प की, युग-युग की कथाओं के मुखर वक्ता हैं, प्रामाणिक इतिहास हैं। देश की संस्कृति और सभ्यता से द्रोह करनेवाले उन ग्रंथों पर भी आक्षेप किए बिना नहीं रहते, जिन पर शंका करने का अधिकार स्वयं ईश्वर को भी प्राप्त नहीं है।''

महामात्य भद्राश्व कुछ ठहरकर, अपनी वाणी को संयत करते हुए, बोलने लगे, ''रावण का वेदभाष्य इसका प्रमाण है। चार्वाकादि जो कुछ कर रहे हैं, वह किसी से छिपा हुआ नहीं है। अर्थ लोभी, परकीयों के दास बनकर, उनके संकेत पर, अपनी लेखनी को वारांगना बनाकर कैसे नचाएँगे, किस कुलीन को कैसे पथभ्रष्ट कर देंगे, क्या ठिकाना? अभी तो त्रेता की उत्तर संध्या है। कल द्वापर और फिर कलि आएँगे। चरित्र का दिनोंदिन ह्रास होगा। साधन सीमित होंगे। आवश्यकताओं में वृद्धि होगी। महत्त्वाकांक्षाएँ प्रबल होंगी। एक-दूसरे के मस्तक पर राजमुकुट सज्जित करने के लिए व्यग्र होनेवाले भरत और राम के दर्शन दुर्लभ हो जाएँगे। राजा नल को छल से परास्त कर, राजभ्रष्ट करनेवाले पुष्कर घर-घर में अमरबेल और कुकुरमुत्तों की भाँति जनमेंगे। उन असाध्य रोगों के लिए यथासंभव संजीवनी का प्रबंध कर जाइए। कल भी रावण को बालि मिला था और कल भी रावणों को देशस्थ बालि मिलेंगे। बाढ़ें तो नहीं रोकी जा सकतीं, किंतु तट-बंध का प्रबंध तो अपनी शक्ति-सामर्थ्य के अनुसार करने से नहीं चूकना चाहिए।

''ठीक है, रावण भयंकर अत्याचारी है। उसका दमन करना नितांत आवश्यक था, किंतु इस कार्य के लिए अयोध्या की चतुरंगिणी सेना भी तो जा सकती थी। उसके साथ स्वयं महाराज भी तो अपने चारों राजकुमारों में से किन्हीं को लेकर जा सकते थे। अन्य नरेशों को आमंत्रित करके, शंबरासुर का जिस प्रकार पराभव किया, उसी प्रकार रावण का भी तो किया जा सकता था। हमारे महाराज अश्वजित देव से यदि कहा जाता, तो वे भी समरांगण में उपस्थित होने में क्षण भर का भी विलंब कदापि नहीं करते। उनकी प्रकृति से परिचित होने के कारण ही मैं यह प्रामाणिकता से कह रहा हूँ, किंतु इस पर

विचार किए बिना रक्ष विध्वंस के लिए इन राजेंद्र राम का वनवास ही ऋषियों द्वारा अंतिम विकल्प संकल्पपूर्वक कैसे मान लिया गया ?

"अमात्यवर! रक्ष-विध्वंस के लिए श्रीराम वनवास ही क्यों, यह एकमात्र उपाय जिस कारण विचारा गया, उसे भली प्रकार समझने के लिए प्रथम तो देश की तत्कालीन स्थिति पर समीक्षात्मक दृष्टिपात करना पड़ेगा। राघवों के अवध को केंद्र मानकर चलें तो उसके पूर्व में अंग देश है, जिसके महाराज रोमपाद अयोध्या नरेश के वस्तुत: मित्र हैं, किंतु वयोवृद्ध होने के कारण अशक्त हैं। निस्संतान होने के कारण, राज्य का भार सचिवों को सौंपकर, प्राय: भगवद्-भजन में तल्लीन रहते हैं। समय आने पर समर विमुख तो नहीं होते, किंतु सम्मुख होने के लिए जिस उत्साह की आवश्यकता होती है, वह तो न उनमें शेष बचा है और न ही उसे जुटाने की उनमें इच्छाशक्ति ही प्रतीत होती है। बराबर में मगध देश है। महाराज की द्वितीय महिषी सुमित्रा का पितृगृह है। सशक्त है। समर्पित है। यही स्थिति दक्षिण कोसल की है। महाराज केतुमान् पट्टमहिषी कौसल्या के पिता हैं। काशिराज प्रतर्दन भी महाराज के मित्र हैं, परंतु स्वतंत्र रूप से किसी अभियान का नेतृत्व करने की क्षमता इनमें से एक में भी नहीं है।

"इनके विपरीत विदेह साम्राज्य विस्तृत है। समस्त प्रकार के साधनों से संपन्न है, परंतु उनकी मनोवृत्ति आध्यात्मिक साधना के प्रति उन्मुख होने के कारण वे एक प्रकार से आत्मकेंद्रित होकर रह गए हैं। इसका प्रमाण भी प्रत्यक्ष है। उनके राज्य की सीमा के अत्यंत निकट महामुनि विश्वामित्र का तपोवन है। मारीच-सुबाहु के अधीन रावण के सैन्य शिविर इसे घेरे रहे। आस-पास के क्षेत्र को केवल आतंकित ही नहीं करते, बल्कि उसे एक मौन महाश्मशान बनाते रहे। ताड़का के कारण उपवन जनशून्य निर्जन वन क्या जीव-जंतु शून्य भयंकर कांतार बन गया था। ऋषिराज विश्वामित्रजी ने राघव-बंधुओं को ले जाकर तपोवन सहित समस्त वन प्रदेश को भयमुक्त तो करा दिया, किंतु वहाँ कोई ऐसा सैन्य शिविर तो वे स्थापित नहीं कर सके, जो किसी विशाल महाभियान का प्रभावशाली अंग बन सकता।

"पूर्वोत्तर भारत के क्षत्रियों के रक्त से तो भगवान् परशुराम कुंड के कुंड भर ही चुके थे। इसी प्रकार नीलाचल से लेकर नर्मदा के मध्य भाग तक फैला हुआ हैहय साम्राज्य भी इन्हीं भार्गव श्रेष्ठ परशुधर के कारण कभी का अतीत की गाथा बन चुका था। दानवों का मयराष्ट्र (मेरठ) और दैत्यों की मधुपुरी (मथुरा) आर्यावर्त के लिए शिर:शूल और हृदयशूल की भूमिका रचाने में अग्रणी थे ही। शेष बचा चंद्रवंशीय महाराज अजमीढ़ का हस्तिनापुर साम्राज्य, वह मयराष्ट्र और मधुपुरी से व्युत्पन्न होनेवाली नित्य नवीन समस्याओं से पहले ही ग्रस्त था। अत: उससे शुभकामना प्राप्ति के अतिरिक्त उस समय कोई अन्य कामना करना, उन्हें लज्जित और स्वयं को मूढ़ सिद्ध करना ही होता।

''उधर चित्रकूट की दक्षिणी सीमा में अकेला विराध ऋषि-मुनियों से लेकर सामान्य जनता तक को पीड़ित करता हुआ, ग्राम-ग्राम को जनशून्य बनाता हुआ विचरण कर रहा था। इसके पश्चात् वेत्रवती-चर्मण्वती-नर्मदा-ताप्ती-गोदावरी का मध्यवर्ती क्षेत्र दंडकारण्य सब प्रकार से लंका का घोषित उपनिवेश बन चुका था। खर-दूषण के रणबाँकुरे चौदह सहस्र सैनिक तो वहाँ थे ही, किंतु उसके निकट शूर्पारक (मुंबई) और गोमांतक तक का क्षेत्र शूर्पणखा की मुक्त केलिस्थली के रूप में विख्यात हो चुका था। एक बार कोई यमसदन से लौट सकता था, किंतु लवण-सिंधु-परिखाओं से घिरे हुए शूर्पारक क्षेत्र, इस शूर्पणखारण्य में जाने के पश्चात् कोई जीवित लौटा हो, ऐसा कोई उदाहरण नहीं था। हाँ, निचुड़े हुए वस्त्र जैसे रक्तहीन उनके शव इधर-उधर छितरे हुए अवश्य यह परिचय देते थे कि उन दुर्भागों पर क्या-क्या बीती होगी।

''उससे नीचे उतरकर सह्याद्रि पर्वत मालाओं में विराध की भाँति कबंध भी सर्वतंत्र स्वतंत्र प्रबल अजगर की भाँति पड़े-पड़े ही एक-एक को खींच रहा था। त्रिशिरापल्ली में त्रिशिर किसी चक्रवर्ती की भाँति डटा हुआ था। लंका के सन्निकट होने के कारण बत्तीस दाँतों के मध्य जो स्थिति जिह्वा की होती है, वही दक्षिण की भी बन गई थी। इनमें अपवाद एक मात्र किष्किंधा का वानर साम्राज्य था। यह रक्ष-विरोध के अर्थ में हुआ न हुआ एक सा क्या, बल्कि उसका अघोषित पर्याय ही उस समय बना हुआ था। यहाँ का अधिपति बालि दंभ और प्रमाद की प्रत्यक्ष प्रतिमूर्ति था। रावण को परास्त करने के पश्चात् तो उसका अहंकार आकाश को भी लाँघ गया था। महर्षि अगस्त्य अथक प्रयास करने पर भी उसे सन्मार्ग पर नहीं ला सके, क्योंकि उसकी मदांधता ने उसकी बुद्धि को तलातल में रमण करने भेज दिया था। उसकी शत्रु-मित्र को पहचानने वाली दृष्टि रतौंधी-ग्रस्त हो चुकी थी। रावण के द्वारा उपहार रूप में नित्यप्रति भेजी जानेवाली सुरा-सुंदरियों को एक परास्त नरेश द्वारा प्रेषित अघोषित कर-राशि मानकर ग्रहण कर रहा था, किंतु रावण ये सब उसे उत्कोच के रूप में दे-देकर उसके चरित्र चंद्र पर राहु की भाँति छाता जा रहा था। एक ओर दशकंधर रावण यह भेंट दे रहा था और दूसरी ओर जो उसकी दी हुई समस्त भेंटें छल-बलपूर्वक समेट लाएँ, ऐसों को उससे भेंट करने के लिए भेजने में संलग्न रहता था।''

''महर्षिवर! आप जिस प्रकार परिस्थितियों का वर्णन कर रहे हैं, ऐसा सूक्ष्म विवेचन, संतुलित आकलन वही महानुभाव कर सकता है, जिसकी मनीषा स्पष्ट दृश्य की अदृश्य पृष्ठभूमि में स्पष्टत: भलीभाँति प्रवेश कर चुकी हो। रघुकुल का सौभाग्य है कि उसे उपरोहित कहूँ कि राजगुरु के रूप में ऐसी संकटमोचक त्रिकालदर्शी विभूति प्राप्त हुई है, जिसकी समता की क्षमता गुरु बृहस्पति में है, यह भी कहना इस समय कठिन लग रहा है। क्षमा करें, आपको बीच में टोक रहा हूँ। मेरी स्वल्प बुद्धि मुझे बाध्य कर

रही है, यह समझने के लिए कि रावण भेंट दे रहा था और अपनी दी हुई भेंटें समेटने के लिए, भेंट करनेवालों को भेजने में संलग्न भी रहा, इसका क्या अर्थ है?

केकय अमात्य की जिज्ञासा का शमन करने के लिए पराशर ने राजेंद्र राम और लक्ष्मण की ओर देखा। उनके मौन अधरों पर तनिक सी खिंचकर, तुरंत तिरोहित होती हुई क्षीण सी स्मिति रेखा को और उसके साथ ही अधमुँद मुद्रा धारण करती हुई विशाल नेत्रों की पलकों को अनदेखा सा कर, उनका आकलन करते हुए पराशर खिलखिलाकर हँसते हुए बोले—

"रावण ने देव-दानव-यक्ष-गंधर्व-किन्नर-नाग आदि सभी पर विजय प्राप्त की, यह सर्व विदित है, किंतु कैसे? उसे भी देखिए—नागराज की परमसुंदरी कुमारी प्रमिला, जो अपने अत्यंत सुंदर नेत्रों के कारण सुलोचना कहलाती थी, उसे पुत्रवधू के रूप में प्राप्त की। तभी नागलोक में उसने अपने अत्याचारों पर रोक लगाई। उसी प्रकार उससे पूर्व मय दानव ने प्रत्यक्ष युद्ध किए बिना मयराष्ट्र को अविजित रखने के लिए अपने द्वारा हेमा अप्सरा से उत्पन्न अपनी अनिंद्य सुंदरी कन्या मंदोदरी को प्रदान किया, किंतु साथ ही अपने उद्‌दंड पुत्र मायावी और दुंदभी को भी अघोषित दहेज के रूप में देकर मुक्ति की साँस ली। मय की इस मुक्ति का मूल्य रावण ने नाकों चने चाब-चाबकर जिस युक्ति से चुकाया, उसकी चर्चा भी करेंगे। गृह-कलह से बचने के लिए रावण के पिता विश्रवा ने अपनी प्रथम पत्नी भारद्वाज-नंदिनी वरवर्णिनी के सुपुत्र कुबेर को समझा-बुझाकर 'रावण तेरा छोटा भाई है, तू बड़ा भाई है, पिता के तुल्य, छोटे भाई की बालहठ को समादृत करते हुए लंका दे दे' आदि शब्दों के द्वारा बहला-फुसलाकर लंका दिला दी। पाताल पर रावण ने आक्रमण किया। दानवराज बलि ने परास्त कर बंदी बनाया तो शुक्राचार्य छुड़ा लाए।

"रावण इस पराजय को भुलाकर कुछ समय पश्चात् अमरकंटक जा पहुँचा। शैलास्त्र द्वारा नर्मदा का जल प्रवाह उसने अपनी योजनानुसार रोक दिया। थोड़े से जल में जाकर हैहय वंशी सहस्रबाहु अर्जुन जब स्त्रियों के साथ जलक्रीड़ा कर रहे थे, तब इसने सहसा अवरुद्ध जल को मुक्त कर दिया। जहाँ घुटनों-घुटनों जल था, वहाँ हाथियों को आत्मसात् करनेवाली उत्ताल तरंगें एकाएक ठाठें मारने लगीं। सहस्रबाहु प्रयत्नपूर्वक हाहाकार-चीत्कार करती हुई समस्त नारियों को कुशलतापूर्वक तट पर लाकर, इस प्राकृतिक लगने वाली आपदा के स्रोत पर विचार कर ही रहे थे कि उन्हें रावण के अट्टहास का गाज सा गरजता हुआ स्वर सुनाई पड़ा। उन्होंने दृष्टि घुमाकर ज्यों ही देखा, तो देखा कि कंधे पर गदा रखे रावण जल में भीगी हुई नारियों के अंग-प्रत्यंगों को निहारते हुए कलुषित संकेत कर रहा है। मुख विकृत बना-बनाकर अभद्र शब्दों का प्रयोग करते हुए, उनका उपहास कर रहा है। अपनी निरावरण जंघा दिखा-दिखाकर उन

बालाओं का आह्वान सा कर रहा है। यह देखकर हैहयराज के रोम-रोम में ज्वाला धधक उठी। उन्हें विद्युतगति से अपनी ओर बढ़ता हुआ देखकर, रावण ने लक्ष्य साधकर उन पर भीषण गदा फेंकी। अपनी ओर आती हुई गदा को सहस्रबाहु ने उछलकर इस प्रकार पकड़ लिया जैसे आकाश में कोई बाज किसी कपोती को अपने पंजों में कस लेता है।

पलक झपकते ही उस निश्शस्त्र ने रावण की वह गदा रावण की छाती पर ही दे मारी। इस अप्रत्याशित प्रहार को न सहने के कारण वह रक्त उगलता हुआ धरती पर गिर पड़ा। तट पर छोड़े हुए नारियों के रंग-बिरंगे वस्त्रों से उसे जकड़कर, अर्ध दिगंबर हैहयराज उसे माहिष्मती के पथों पर श्वान की भाँति घसीटते हुए चतुष्पथ पर ले आए। प्रकाशस्तंभ से उसे कसकर बाँध दिया। नगर के बाल-वृद्ध स्त्री-पुरुष भाँति-भाँति से उसका उपहास करने लगे। जिसका जो जी चाहा, वह उस पर फेंकने लगे। शरीर पर मक्खियाँ भिनभिनाने लगीं, कीड़े किलबिलाने लगे। कई दिन पश्चात् उसके पितामह महर्षि पुलस्त्य समाचार पाकर पधारे। महर्षि के प्रति सम्मान की भावना प्रदर्शित करते हुए हैहयराज ने उसे चेतावनी देते हुए मुक्त कर दिया। कुछ ही दिनों के पश्चात् हैहयराज का अंत भगवान् परशुराम के द्वारा होने पर वह पुन: उच्छृंखल हो गया। क्षत्रध्वंस में संलग्न भार्गव परशुपाणि उसकी शिव-भक्ति देखकर उसे एक सखा मानकर अनदेखा करते रहे।

''अब उसका ध्यान उस वानरराज बालि की ओर गया, जिसके राज्य की सीमा उसके लंका साम्राज्य की सीमा से सटी हुई थी। रावण जानता था कि बालि अत्यंत पराक्रमी है। उसका जन्म देवराज इंद्र के अंश से हुआ है। समस्त दक्षिणांचल में फैली हुई, उस जनश्रुति से भी वह अवगत था कि जो युद्ध के लिए बालि के सम्मुख जाएगा, उसका आधा बल बालि को दृष्टि मिलते ही प्राप्त हो जाएगा। अत: शक्ति के स्थान पर उसने युक्ति का आश्रय लिया। बालि की दिनचर्या की जानकारी लेकर, पश्चिमी सिंधु के उस एकांत तट पर जा पहुँचा, जहाँ बालि संध्या कर रहा था। वह छिपकर उसके प्राणायामपूर्वक मौन जापरत होने की प्रतीक्षा करने लगा। जैसे ही उसने बालि की मध्यमा और अनामिका उँगलियों को अंगुष्ठ सहित उसकी नासिका की ओर जाते हुए एवं स्वाँस वायु को ऊर्ध्वगामी होते हुए देखा, वह धीरे-धीरे उसके पृष्ठभाग की ओर बढ़ चला। यह विचारकर कि बालि को इसी अवस्था में उठाकर सागर के अनंत जल में समाधिस्थ कर दे, उसे अंक में भरने के लिए उसने अपनी दोनों भुजाएँ उसकी काँख में डाल दीं। अभी वह उन्हें बढ़ाकर उसे पूर्णत: आबद्ध करने का प्रयत्न कर ही रहा था कि बालि ने उसकी बाँहों को अपनी काँखों में बलपूर्वक दबा लिया। बाँहों का रक्त प्रवाह रुकने के कारण रावण का स्वाँस फूलने लगा, किंतु बालि अपनी स्वाँस क्रिया अनुशासित रखते हुए जाप करता रहा। संध्या तर्पण आदि संपन्न कर, वह उसी अवस्था में रावण को लटकाए-लटकाए पुरी की ओर चल पड़ा। रावण के पैरों के पंजे क्या घुटने तक मार्ग के

कंकड़-पत्थरों पर घिसटने के कारण लहूलुहान हो गए। किष्किंधा के राजपथ पर उसके रक्त से खिंचती हुई रेखा, जहाँ बालि की कीर्ति सुंदरी की सिंदूरारुण माँग लग रही थी, वहीं रक्ष-राजलक्ष्मी के ललाट से लुटते हुए सिंदूर की सहज प्रतीति भी करा रही थी।

"बालि ने रावण को ले जाकर बंदीगृह में डाल दिया। सुग्रीव को उसकी निगरानी पर नियुक्त कर दिया। सुग्रीव अपने सौम्य स्वभाव के कारण उसे भोजनादि समय पर देते रहे। इसका अर्थ उस दुष्ट ने कुछ अन्य ही लगाकर, उन्हें बालि के विरुद्ध भड़काकर वानर साम्राज्य में गृहकलह के दिवास्वप्न देखने आरंभ कर दिए। भ्रातृभक्त सुग्रीव ने उसका मंतव्य ज्यों का त्यों बालि के समक्ष व्यक्त कर दिया। बालि ने कारागृह में जाकर उसके शरीर पर कषा बरसा दीं। उसके अंग-अंग से रुधिर की धाराएँ उसी प्रकार बह चलीं, जैसे वह अनेकानेक ऋषियों-मुनियों-दानवों-यक्षों-गंधर्वों किन्नरों-कालकेयों के शरीरों से इसी प्रकार बहा-बहाकर नृशंस आनंद की लहरों में अनेक बार लहरा चुका था। आज उनकी पीड़ाओं का परिचय पाकर वह काँप उठा। प्रचंड वातवेग में उखड़े हुए सरित तट के किसी वृक्ष की भाँति, अंग-अंग से रक्त बहाता हुआ, वह बालि के चरणों में प्राणों की भिक्षा माँगता हुआ गिर पड़ा। बालि ने यह विचार कर उसे मुक्त कर दिया कि लोक-लोक को अनाचार-अत्याचारों के कारण रुला-रुलाकर 'रावण' की नृशंस उपाधि गर्व से धारण करके लोक-लोक में फिरने वाला, वह जहाँ भी जाएगा, वह बालि की यशस्विनी कीर्ति पताका की दिग्दिगंत व्यापिनी ख्याति ही सिद्ध होगा।

"बालि उसे लंका जाने के लिए राजकीय रथ में चढ़ाकर मुड़ा ही था कि वह रथ से उतरकर पुनः उसके सामने करबद्ध मुद्रा में आ खड़ा हुआ। अपनी ओर बालि की प्रश्नसूचक आँखें उठी हुई देखकर उसने आँचल फैला दिया। बालि बोला, "अब और क्या चाहते हो? क्या किष्किंधा का राजमुकुट तुम्हारी झोली में डाल दूँ?" वह अपने कानों को पकड़कर, 'शिव-शिव' कहता हुआ गालों को पीटते हुए बोला, "यह दशग्रीव इतना नीच-कृतघ्न-निर्लज्ज नहीं हो सकता कि अपने प्राणदाता से ऐसी अनुचित याचना करे। वह किष्किंधा का राजमुकुट नहीं, उसका आश्रय चाहता है। कपीश्वर की कृपामयी मैत्री चाहता है। लंका को किष्किंधा की अनुचरी घोषित करना चाहता है। रक्ष और कपियों को एक सूत्र में आबद्ध करना चाहता है। आपके मित्रों को परममित्र और शत्रु को घोर शत्रु मानना चाहता है।"

"रावण के इस दुरभिसंधि पूर्ण मंतव्य को पूर्णतः समझे बिना बालि ने उसे छाती से लगा लिया। इस प्रकार से कपि-रक्ष साम्राज्यों के मध्य अनाक्रमण संधि हो गई, किंतु दोनों के मध्य खान-पान, वेश-भूषा, भाषा-परंपरा में पर्याप्त अंतर होने के कारण सामाजिक मैत्री नहीं हो सकी। महर्षि अगस्त्य ने इस तथाकथित मैत्री के दुष्परिणाम से परिचित कराने के लिए कई बार शिष्यों को भेजा, पत्र भेजे, किंतु न तो बालि ने उन्हें प्रत्यक्ष

भेंट का अवसर दिया और न ही भविष्य के स्पष्ट लेख को मद के कारण मिचमिचाती आँखों से किंचित् मात्र भी पढ़ा। जांबवंत-हनुमंत-सुग्रीव आदि यद्यपि इसके विरुद्ध थे, परंतु उनका विरोध निष्प्रभावी रहा।

"राष्ट्र का कोई शत्रु जब स्वयं को अशक्त अनुभव करता है तो वह राष्ट्र के किसी एक अथवा कई-कई वर्गों को अल्पसंख्यक-उपेक्षित-दलित आदि कहकर अपनी ओर फोड़ने का प्रयत्न करता है। नाना प्रकार से उनकी ऐसी-ऐसी पीड़ाओं-अपमानों-भेदभावों का वर्णन करता है, जो उन्हें न कभी प्राप्त हुए और न ही उनकी कल्पना कभी उनके मस्तिष्क में आई। अनेक प्रलोभनों की चकाचौंध में चुँधियाए अनुभवहीन युवक उनके इंद्रजाल में फँसकर अपनों के ही विरुद्ध खड़े हो जाते हैं। युगों-युगों से एक ही शरीर के विभिन्न अंगों के समान रहनेवाले, राष्ट्र के अविभाजित घटक, विभाजन की प्रक्रिया की ओर शनैः-शनैः गतिमान होने लगते हैं। तात्कालिक लाभ के व्यामोह में ग्रसित होकर, अनजानी स्थिति में राष्ट्रद्रोही सिद्ध होने लगते हैं। राष्ट्र दुर्बल हो जाता है। कभी-कभी अत्यंत भयावह स्थिति में कुछ समय के लिए स्वतंत्रता भी गँवा देता है। किंतु धूर्तों के फेर में पड़े हुए इन मूर्खों का क्या होता है? जिनके कारण वे स्वर्ग का स्वप्न देखते हुए पृथक् हो जाते हैं, वे ही स्थिरता प्राप्त करते ही उनके सिर उनके शरीरों से पृथक् करते हैं। सिर तो अन्यों को भी देने पड़ते हैं, किंतु जहाँ इतिहास उन्हें वीरगति प्राप्त कहकर महिमा मंडित करते हैं, वहीं ये मूर्ख अपने यशस्वी पूर्वजों की कीर्ति को कलंकित करते हुए, अपनी अजन्मी संतानों को भी कलंक का उपहार देते हुए काल कवलित हुए बिना कहाँ रह पाते हैं। शत्रु अपना लक्ष्य प्राप्त करने के लिए उनका प्रयोग सीढ़ी की भाँति करते हैं। स्वार्थ सिद्धि के उपरांत वे सबसे पहले उन्हीं का अंत करते हैं। शत्रु के उत्कर्ष के साधन बनने वाले, आत्मघात का वरण करते हैं। रावण के रक्ष-कपि मैत्री के सूत्र में यह अर्थ छिपा हुआ था।

"अब रहे हमारे वे शब्द कि 'रावण भेंट दे रहा है और अपनी दी हुई भेंटों को समेटने के लिए, भेंट करनेवालों को भेजने में संलग्न भी रहा' ये कूट शब्दावली रावण के कौटिल्य की परिभाषा है। इस परिभाषा की भाषा आप जानते तो हैं, फिर भी आपको स्मरण कराता हूँ। मायावी और दुंदभी दोनों मय दानव के पुत्र थे। मंदोदरी के भाई होने के कारण रावण के भी कुछ लगने लगे। जैसा कि मैं पूर्व में भी कह चुका हूँ कि वे अत्यंत उद्दंड थे। यद्यपि मय अपने समय का एक प्रबल योद्धा रह चुका था, किंतु महाराज अजमीढ़ से युद्ध में बार-बार परास्त होने के कारण उसका शरीर जर्जर हो चुका था। मायावी और दुंदभी भी इन्हीं महाराज अजमीढ़ और उनके भाइयों द्विमीढ़ तथा पुरुमीढ़ से बार-बार हार चुके थे, परंतु अपनी प्रकृति के कारण उत्पात करने से भी नहीं चूकते थे। ये तो कोई-न-कोई उपद्रव करके भाग जाते थे, परंतु उसका दंड मयराष्ट्र को भुगतना

पड़ता था। इसे भुगतने की शक्ति अब न मय में थी और न ही उसके अधीन मयराष्ट्र की प्रजा में। मायावी और दुंदभी के कारण प्रजा विद्रोह में तत्पर थी। इस संकट से छुटकारा पाने के लिए मय ने अपने इन पुत्रों को, अपने जामाता रावण को सौंप दिया। रावण ने भी उन्हें यह विचार करके स्वीकार कर लिया कि ये दोनों दुष्ट, उसके दुष्टतापूर्ण कार्यों को गति प्रदान करेंगे, किंतु हुआ इसके विपरीत।

''कुछ दिन तो ये रावण के आदेशों का पालन करते हुए इधर-उधर उपद्रव मचाते रहे। देश-देश में हाहाकार और लंका के दरबार में अपनी जय-जयकार कराते रहे। नीम चढ़े करेले में जैसे कड़ुवेपन की वृद्धि हो जाती है, वैसे ही इनका अहं आकाश में कुलाँचे मारने लगा। छोटे-मोटों की क्या गिनती, वे कुबेर के सेनापति मणिभद्र के विजेता प्रहस्त, सेनापति महोदर और वयोवृद्ध माल्यवान तक का भरे दरबार में उपहास करने लगे। एक दिन शूर्पणखा को संकेत में निशा-आमंत्रण दे बैठे। दूसरे दिन कुंभकर्ण के शयनागार के कपाट धड़धड़ाने जा पहुँचे। ऐसे में लंका के सामान्य घरों में जाकर वे क्या-क्या करने में नहीं चूकते होंगे, यह अनुमान लगाना क्या कठिन? 'दीवार को खाए आला, घर को खाए साला' यह ग्रामीण उक्ति रावण पर अक्षरशः सत्य सिद्ध होने लगी। वे उस शिव भक्त के लिए शिव के समक्ष भस्मासुर सिद्ध होने लगे। उनके विरुद्ध अभियोग आने लगे। रावण उन्हें दंड न दे पाने के कारण निंदा का पात्र अपनी ही प्रजा क्या प्रियजनों में भी बनने लगा। शत्रु प्रदेशों को आतंकित कराकर स्वयं को प्रबल पराक्रमी सिद्ध कराने की योजना उस समय धराशायी हो गई, जब वे आतंकी अपने निर्माता को आँखें दिखा-दिखाकर उसकी बत्तीसी गिनने का उद्योग करने लगे। अतः थककर, उसने काँटे से काँटा निकालने की युक्ति सोची।

''कहीं से अपहृत करके लाई गई, एक सुंदरी उसने मायावी को सौंप दी। दो-चार दिन में ही गुप्त रूप से उसका हरण कराकर उसे बालि के पास भेज दिया। उस सुंदरी को अपने आवास में न पाकर, वह क्रोधित हो उठा। रावण यही तो चाहता था। उसने मायावी को बता दिया कि उसकी प्रेयसी का अपहरण बालि ने अपने गुप्तचरों के द्वारा करा लिया है। अतः वह यदि उस सुंदरी से वास्तव में प्रेम करता है और उसे प्राप्त करना चाहता है तो उसे बालि से संघर्ष करना पड़ेगा। अपने शक्ति-सामर्थ्य का परिचय देना होगा। बस फिर क्या था, वह मदांध जा पहुँचा किष्किंधा।

''अर्धरात्रि में पुरी के सिंहद्वार के कपाट गदाघातों से चरमरा दिए। वानर वीर दौड़ पड़े। मायावी से संघर्ष छिड़ गया। इतने में ही वानरराज बालि भी आ पहुँचा। सिंहद्वार के लटकते हुए कपाट और अपने सेवकों को लहूलुहान देखकर उसकी धमनियों में रक्त खौल उठा। दो मदांध भिड़ गए। मायावी कहता 'तूने मेरी प्रेयसी का अपहरण कराया है।' बालि कहता, 'मुझे लंकेश्वर ने उपहार स्वरूप भेंट की है।' 'तू असत्यवादी है,

तू असत्यवादी' कहते-कहते पहले धक्का-मुक्की और फिर कुछ ही क्षणों में समस्त वानरवीरों को बालि ने संकेत से दूर हटाकर विधिवत् संघर्ष आरंभ कर दिया। उसके मुक्कों की मार से विकल होकर मायावी भाग चला। बालि भी उसके पीछे चला। सुग्रीव के साथ कुछ अन्य कपि-सुभट भी उसका अनुसरण करते हुए दौड़ पड़े। मायावी ऋष्यमूक की एक गहन कंदरा में घुस गया। सुग्रीवादि को उस कंदरा में प्रवेश करने का उद्योग करते देख, बालि ने उन्हें रोककर कहा, 'तुम यहीं ठहरकर मेरी प्रतीक्षा करो। मैं बहुत शीघ्र इस पामर का वध करके आता हूँ।' सुग्रीव प्रमुख सुभटों के साथ कंदराद्वार पर बैठे रहे। दिन-पर-दिन बीतते-बीतते मास-पर-मास बीतने लगे। कंदरा के बाहर रक्त की धाराएँ आती रहीं। राजाज्ञा की शृंखलाओं में कसे, उन्हें चिंतातुर होकर देखते रहे। पीड़ाग्रसित मायावी की गर्जना सुनाई देती रही, किंतु बालि का कोई ध्वनि-संकेत भी न मिलने के कारण, कपि सुभटों के परामर्श से एक चट्टान से कंदरा द्वार अवरुद्ध कर सुग्रीव राजधानी लौट आए।

''शासन की सुव्यवस्था के लिए मंत्रिपरिषद् ने अंगद के बालक होने के कारण, तारा की स्वीकृति पाकर सुग्रीव को सिंहासनासीन कर दिया। कुछ ही दिनों में बालि मायावी को समाप्त करके लौट आया। सुग्रीव को सिंहासनासीन देखकर क्रोधित हुआ, किंतु मंत्रियों एवं तारादि रानियों के समझाने से मौन हो गया, परंतु चित्त की क्लांति विसर्जित नहीं कर सका। सुग्रीव को दंड तो नहीं दिया, परंतु हृदय से क्षमा भी नहीं कर पाया। कोढ़ में खाज का कार्य किया सुग्रीव द्वारा की गई राज्य व्यवस्था के विषय में उनकी प्रशंसाएँ सुनकर।

''मायावी की समाप्ति का समाचार सुनकर बहन मंदोदरी रोई-पीटी। अंतःपुर में रावण ने भी शोक का प्रदर्शन किया, किंतु मायावी के अंत का प्रतिशोध लेने के लिए लंका से कोई सेना किष्किंधा की ओर न चली। सामान्य जनता को भी निर्लिप्त देखकर दुंदभी का क्रोध भड़क उठा। वह अपने अग्रज की मृत्यु का बदला लेने अकेला ही चल पड़ा। रावण ने न उसे रोका और न ही उसके साथ किसी को भेजा। बालि के पास वह इन दोनों भाइयों के विद्रोही होने का गुप्त समाचार भेजकर अपनी सुरक्षा का प्रबंध कर ही चुका था। अब तो वह इस समाचार की प्रतीक्षा में था कि दुंदभी को बालि ने निबटा दिया कि दुंदभी ने बालि को निबटा दिया, कौन सा काँटा निकल गया और कौन सा शेष रहा?

''अस्तु, दुंदभी अपनी विशेष रणसज्जा से सजकर निकल पड़ा। उसकी रणसज्जा का विशेष साज महामहिष के जैसा तीक्ष्ण शृंगयुक्त शिरस्त्राण एवं वैसा ही संपूर्ण कवच था। पैरों के लिए लौहयास्क के वे खुर, जिनकी चोट से चट्टानें गिर जाएँ। स्कंधों के लिए वे गोले, जिनकी टक्कर से वृक्ष जड़ सहित उखड़ जाएँ। वक्ष के लिए वह सुचिक्कण पट्ट कि जिस पर प्रखर से प्रखर शर भी फिसलकर गिर जाएँ। कटि के कसाव पर गदा

धमाधम तो कर सकें, किंतु कहीं से धस न सकें। यह वही अलौकिक आच्छादन था, जिसे धारणकर महिषासुर कहलानेवाले उस प्रचंड दानव ने पूर्वकाल में भगवती दुर्गा से युद्ध किया था। शृंगों से उसने भवानी के प्रबल वनराज सिंह को लहूलुहान कर दिया था। अपने प्रखर बाण–परिघ–भुशुंडि–यष्टि–त्रिशूल–खांडा–खेटक–तोमर आदि अमोघ अस्त्रास्त्रों को असफल हो–होकर लौटते देखकर आदिशक्ति सोच में पड़ गईं। देवगणों की मुद्राएँ विक्लांत देखकर, वे मधुपान करती हुई अट्टहास करने लगीं। महिषासुर ने चकित होकर ज्यों ही अपना मुख ऊपर उठाकर देखा कि भगवती को उसका निरावरण कंठ दिख गया। उसे लक्ष्य कर चंडी ने तुरंत अपना प्रचंड शूल विद्युत्गति से उसके कंठ में धँसा दिया। विश्वजित उस दानव पर निर्णायक विजय प्राप्त कर शांभवी तो गगनभेदी जय–जयकारों एवं पुष्पों की मेघमालाओं से आच्छादित होती हुई लौट गई, किंतु छिपे हुए दानवों ने महिष के शव से वह अलौकिक कवच उतार लिया। दानव शिल्पि मय ने उसे परिश्रमपूर्वक पुनः परिष्कृत कर डाला। वही दुंदभी को प्राप्त हुआ। उसी को धारण कर वह मदोन्मत्त दानव बालि से टकराने जा पहुँचा।

''दोनों में द्वंद्व युद्ध आरंभ हो गया। बालि की गदा उसके कवच से टकराते ही इतनी लाल हो गई कि मानो उसे किसी ने अभी–अभी धधकती हुई भट्टी में से निकाला हो। फिर दुंदभी पर उसने मुष्टिका प्रहार किया तो उसके समस्त शरीर के अंग–प्रत्यंग में ऐसे झटके लगने लगे कि उसे खड़ा रहना कठिन लगने लगा। जांबवंतजी एवं इन पवनकुमार ने उसे दौड़कर सँभाला। अनुभवी ऋक्षपति ने उसके कान में एक मंत्र फूँका। बालि ने झुककर, उसके दोनों पैर पकड़कर अलातचक्र की भाँति आकाश में घुमाते हुए, जो फेंका तो वह ऋष्यमूक की शिलाओं से टकराकर, खंड–खंड होता हुआ, मतंग मुनि के आश्रम के निकट निष्प्राण होकर जा गिरा। उसके रक्त के छींटे मुनिवर के शरीर पर पड़े। यह जाने बिना कि यह निर्जीव देह किसकी गिरी और इसे इस भाँति गिरानेवाला कौन है, उन्होंने तुरंत शाप दे डाला कि 'जिस मदांध के द्वारा प्रमादवश यह शव मेरे आश्रम परिसर में गिराया गया है, वह आश्रम के चतुर्दिक दस योजन क्षेत्र में यदि प्रवेश करेगा तो उसका शिर अनेकानेक खंडों में विभाजित होकर धरती पर गिर पड़ेगा।'

''मायावी और दुंदभी के वध से बालि की यश–कीर्ति समस्त दक्षिणांचल में फैल गई। रावण के काँटे तो निकल गए, किंतु राक्षसों के हृदय में बालि का आतंक भी बैठ गया। मतंगाश्रम का परिसर बालि के लिए निषिद्ध हो जाने के कारण, कपिराज सुग्रीव के भविष्य के लिए वह निर्भीक शरणस्थल क्या अपितु एक अभेद्य दुर्ग ही सिद्ध हुआ। शेष वृत्तांत आप सभी जानते हैं।

''जहाँ तक आपके केकय नरेश अश्वजित महाराज की चर्चा का प्रश्न है तो वे अपनी पुत्री कैकेयी के विवाह के समय जिन वचनों का आदान–प्रदान हुआ था, उन

पुराने वचनों की स्मृति में, ग्लानि और शंकाओं पर अपने वार्धक्य का परदा, जिस प्रकार यावज्जीवन डाले रहे, उससे आप मुझसे अधिक परिचित हैं। वे भूले भी नहीं और बोले भी नहीं। इसी व्यूह में घिरकर, जिस अंत के वे महानुभाव कदापि योग्य नहीं थे, उसे प्राप्त हुए।''

केकय अमात्य के लज्जावश नेत्रों को झुकता देखकर महर्षि पराशर प्रसंग बदलते हुए बोले, ''तत्कालीन भारतवर्ष के इस राजनैतिक मानचित्र की समीक्षा करते हुए ऋषि-मंडल ने विचार किया कि यदि सहयोगी नरेशों की सेना जैसे-तैसे एकत्रित कर, रक्ष-शक्ति के दमन के लिए सैन्य-महाभियान की योजना बनाई जाए तो उसे रक्ष-सैन्य से टकराने के पूर्व विवेकहीन-दंभी बालि से संभवतः टकराना पड़ेगा। देशस्थ-से-देशस्थ का संघर्ष कभी मंगलमय नहीं होता। इसके अतिरिक्त इस सैन्याभियान की सूचना पाते ही रक्षजन या तो अदृश्य हो जाएँगे अथवा वह भयंकर रक्तपात होगा कि उसके भावी घाव भरने असंभव नहीं तो सहज संभव भी नहीं होंगे। कौन-कौन सी शक्ति, किसके पक्ष में, किस कारण से समर क्षेत्र में उतरेगी और उसका क्या परिणाम होगा, यह भी सर्वथा अनिश्चित था। समस्त भारतवर्ष युद्धस्थली के रूप में परिणित हो जाता। हरे-भरे जनवास प्राणहीन कंकाल बन जाते। रक्त-मांस की कीच में आकंठ डूब जाते। युद्ध होने के अतिरिक्त यदि कोई अन्य विकल्प न हो, तो ही रण रचना करनी चाहिए, किंतु वह शत्रु की भूमि पर ही हो, यह रणनीति का प्रधान अंग भी होना चाहिए।

''आज तो मधु और लवण दोनों ही नहीं हैं, किंतु उस समय तो थे। यद्यपि मधु द्वारा कुंभीनसी के अपहरण के कारण लंका से मधुपुरी का वैमनस्य था। मधु रावण के पराभव पर प्रसन्न भी हो सकता था और 'रक्ष-संस्कृति संकट में है' इस उद्घोष को सुनकर उत्तर भारत में संकट भी खड़ा कर सकता था। ऐसे में दक्षिण अभियान का क्या होता?

''यही स्थिति आंध्रालय के शतकंधर की थी। उसने दशकंधर कहलाने वाले रावण का उपहास करने के लिए स्वयं ही यह नाम अथवा उपाधि कुछ भी कहिए, धारण की थी। उसकी शक्ति का अनुमान लगाने के लिए इतना ही पर्याप्त है कि इंद्रजीत कहलानेवाले मेघनाद ने उसकी सिंधु-सीमा से निकलनेवाले उन जलयानों की सुरक्षा के लिए, जो चीन से चीनांशुक (उत्तम कोटि के रेशमी वस्त्र) लेकर लंका आते थे, उन्हें लुटने से बचाने के लिए उससे एक समझौते के अनुसार भेंट निश्चित कर, उसकी दशकंधर से दश गुणा शक्ति अक्षरशः स्वीकार की हुई थी। लंका-संग्राम के समय वह रावण के आमंत्रण की प्रतीक्षा में सेना सजाए बैठा रहा। न रावण ने अपने अहं के कारण उसे आमंत्रित किया और न वह अपने अहं के कारण अनामंत्रित की स्थिति में लंका आया। यद्यपि उसके गुप्तचर उसे संग्राम की पल-पल की स्थिति से निरंतर अवगत करा रहे थे। राजेंद्र राम इससे अनभिज्ञ नहीं थे। इन्होंने लंका की प्राचीरों से शतघ्नियों को

उतरवाकर, लंका के पूर्वी तट पर सावधानीपूर्वक सुस्थिर करा दिया था, किंतु उस दुष्ट का अंत जिन महादेवी के हाथों होना था, वे वंदिनी थीं। अतः उसे यमपुरी पहुँचानेवाले भारवाहियों को चलने की आज्ञा त्रिकालज्ञ विधाता कैसे देते?

"अहिरावण का समय आ गया था, अत: वह जाने के लिए आया और उसे जिसके द्वारा जहाँ जाना था, वहाँ चला गया। उसके द्वारा अनेक की बलि लेनेवाली काली, इन आंजनेय द्वारा उसकी बलि ग्रहण कर, आनंदपूर्वक पाताल के वितल में पधार गईं। इनके स्वेदज श्रीमंत मकरध्वज से फल-फूल ग्रहण करती हुई, शिवरानी प्रफुल्लित हैं।

"इसी प्रकार नरांतक को भी रावण ने बुलाया तो सुग्रीव देव ने भी अपने प्रवासी-पुत्र, उसके मित्र दधिबल का स्मरण किया। मित्रता की चर्चाएँ रणभूमि में पर्याप्त मात्रा में हुईं, परंतु कोई किसी को पक्ष-परिवर्तन के लिए बाध्य नहीं कर सका। कोपाकुल मित्र अमित्र बनते-बनते परस्पर कोपंत बन गए। अंत में नरांतक अंत को प्राप्त हुआ। यह थी विश्व पटल पर रक्ष-कुलों की तत्कालीन स्थिति। तीसरी चर्चा अब आती है—महाराज दशरथ की। यदि वे कदाचित् इस···"

"एक क्षण" कहते हुए राजेंद्र राम खड़े होकर बोले, "महर्षि! आप कृपया मेरी धृष्टता न मानें तो मुझे कुछ समय के लिए अवकाश प्रदान करें। अमात्यवर भद्राश्वजी से चर्चा करें। समस्त परिस्थितियों पर सांगोपांग दृष्टिपात करते हुए भावी कार्यक्रम की रूपरेखा निश्चित करें। राम उसका निर्वाह करेगा।"

□

अनुच्छेद-६

राजेंद्र राम को इस प्रकार जाते हुए देखकर सभी अवाक् रह गए। कुछ क्षणों के पश्चात् पराशर ही बोले, "श्रीराम को विश्व मर्यादा पुरुषोत्तम अकारण नहीं कहता।" राजेंद्र समझ गए कि अब उनके पूज्य पिताश्री की चर्चा होगी। वे उसका न खंडन कर सकेंगे और न ही मंडन। इसके साथ ही उनके वनवास प्रदाताओं में से कई की आलोचना-प्रत्यालोचना के प्रसंग भी आएँगे। उनके गुणों की विशिष्टता की भी चर्चा होगी, जिसे वे रोक तो नहीं पाएँगे, किंतु किसी विनम्र सुभद्र की भाँति आत्मप्रशस्ति सुनने में उन्हें जो संकोच होता, उससे बचने के लिए ही वे चले गए हैं। हमें इसे अन्यथा नहीं लेना चाहिए। श्रीराम का रामत्व, मर्यादा पुरुषोत्तम कहलाने का महत्त्व और ऋषिमंडल के मध्य 'रामो विग्रहवान् धर्मः' राम धर्म की मूर्ति है, उसकी सत्यता का प्रतिपादन, उन्होंने जिस प्रकार यहाँ से उठकर किया है, यह उन्हीं के योग्य है। इस प्रणम्य भाव को प्रणाम करते हुए पुनः अपनी वार्त्ता पर आ जाइए।

''महाराज दशरथ यदि कदाचित् इस महाभियान को स्वीकृति प्रदान भी करते तो पर्याप्त ऊहापोहों के व्यूहों का भेदन करके ही करते। वे रघुकुल की प्रतिष्ठा पर विचार करते हुए इसका नेतृत्व भी ग्रहण कर लेते, किंतु इस सैन्याभियान में उनके राजकुमार राम भी सम्मिलित होंगे, यह कदापि मान्य नहीं करते। उनका राम सुपुत्र है, सुंदर है, सुशील है, सात्त्विक है, विनम्र है, अपने गुणों से प्रत्येक को विमोहित करनेवाला है—यह सब उन्हें स्वत: स्वीकार था, किंतु उस सुपुत्र के गुणों में उसका पराक्रम, धनुर्धारण, रण में पराक्रम प्रदर्शन आदि को स्थान उन्होंने कभी नहीं दिया।

''वे सभी से सदैव यही कहते रहे, ''ताड़का, जिसके कारण ग्राम-के-ग्राम श्मशान बन गए, घोर वनों में भी हिंसक जंतुओं के दर्शन दुर्लभ हो गए, उस ताड़का का वध राम ने एक बाण से कर दिया, नहीं। वह मारीच, जिसने देवासुर संग्राम का पासा पलट दिया, जिसके गदाघात का साक्षी इस सूर्य-महालय का वर्षा में वर्षों से चूनेवाला वह शिखर है, जिसको हम अथक प्रयत्नों के पश्चात् भी दोषमुक्त नहीं कर पाए। जो देश-देश के कुशल शिल्पियों को चुनौती देता हुआ, उनकी कला का उपहास उड़ा रहा था, ऐसा दुर्द्धर्ष मारीच अ-फर शर से सागर के पार जा गिरा, यह कौन मानेगा? जिसने अनेक बाहुबलियों को धरती से विदा होने पर बाध्य कर दिया—वह सुबाहु, मेरे राम के द्वारा, इस सुकोमल राम के द्वारा धरती पर धुएँ की भाँति मँडराकर आकाश में लुप्त हो गया, इस गल्प पर कौन सहज विश्वास करेगा? वर्षों से परित्यक्ता पड़ी अहिल्या का राम ने उद्धार कर दिया, यह भी सुना, किंतु इसमें सत्यता यही है कि वह रूपगर्विता किसी भी प्रकार से दूषित होने के कारण, प्रायश्चितरता के वेश में अपने सूने आश्रम में एकांतवास कर रही थी। महामुनि विश्वामित्र के पदार्पण का समाचार सुनकर उनके स्वागतार्थ महर्षि गौतम पधारे और मुनिवर के आग्रह पर उन्होंने उस मनोबल क्षीणा को क्षमा कर दिया।' शिव-धनुष भंग पर बिना कोई टीका-टिप्पणी किए, वे सदैव यही कहते रहे, ''ये समस्त असंभव कार्य कौशिक मुनि की अहैतुकि कृपा के ही परिणाम हैं।'' राम के पराक्रम को सुयश उन महामना ने जैसे मौन भाव से दिया, यही उनकी महानता है। संभवत: वे सोचते हों कि उनके द्वारा प्रशंसा पाकर राम में कहीं अहंकार न आ जाए, उनकी विनम्रता प्रभावित न हो जाए अथवा मेरे राम के पराक्रम को किसी की कुदृष्टि न लग जाए। अब कहा जाए तो क्या कहा जाए? विचारा ही जा सकता है, पुष्टि कौन करे?

''अस्तु, मुनिवर विश्वामित्र के साथ उन्होंने श्रीराम को कैसे भेजा, यह उनका हृदय ही जानता था अथवा हमारे पितामह महर्षि वसिष्ठ देव जानते हैं। यह मैं प्रामाणिकता पूर्वक कह सकता हूँ, क्यों, क्योंकि इस विषय में पितामह को पितामही से कई बार कहते हुए सुना करता था कि इन ऋषि महाराज ने वर्षों-वर्ष मेनका अप्सरा के साथ रमण किया और क्षण भर में ही उस सगर्भा को शाप का भय दिखाकर दीन-हीन अवस्था में पलायन

के लिए बाध्य कर दिया। अग्नि-वरुण-मरुत-यमराज जैसे प्रचंड पराक्रमी देवताओं के स्वामी देवराज इंद्र, वृत्र-विदारी वज्रधारी सहस्राक्ष अपनी सहचरी की दुर्दशा देखकर, अपने कल्याण की कामना के कारण अक्षिहीन बने रहने में ही अपना सौभाग्य मानते रहे।

"अत्रि-अगस्त्य-भारद्वाज-वाल्मीकि-कपिल-कणाद-पतंजलि क्या; देवर्षि नारद और क्रोध के मूर्तिमंत पिंड दुर्वासा तक उनका ऋषिमंडल से निष्कासन तो दूर, उनके किसी आचरण के संबंध में एक प्रश्न तक कभी नहीं कर पाए। और-तो-और स्वयं अपने ही पूर्वज परम प्रतापी सत्यवादी महाराजा हरिश्चंद्र के परिवार की उन्होंने जो दुर्दशा की, उसका स्मरण आते ही उनका चित्त विचलित हो उठा। उन महाराजा से महर्षि ने भयंकर प्रतिशोध लिया, क्योंकि उन्होंने अपने पिता महाराजा त्रिशंकु के विधि-विधान के विपरीत कृत्य का समर्थन नहीं किया। जिनके वर्चस्व का ऐसा आतंकित करनेवाला प्रचंड प्रभामंडल था, उसके सामने महाराज दशरथ यदि नतमस्तक नहीं होते तो क्या करते? महामुनि के समक्ष महाराज का पुत्रार्पण वस्तुतः आत्मसमर्पण ही था। ऐसे में राजगुरु की आज्ञा के पालन का पुण्य भी, जो सहज में प्राप्त हो रहा था, वह भी प्रबुद्ध महाराज ने सकेर लिया। अपने प्रिय पुत्र के असह्य वियोग को उन्होंने कैसे सहा, इसका उत्तर उनके उत्सवविहीन अंतःपुर और अष्टामात्य-मंडल की वाणी कृपणता तब तक मुखरित होकर देती रही, जब तक कि मिथिला से वरयात्रा लाने का निमंत्रण नहीं आ गया।"

महर्षि पराशर के मुख पर महाराज दशरथ के अंतर का युक्तियुक्त मनोवैज्ञानिक विश्लेषण प्रस्तुत करते हुए क्षीण सी मुस्कान की रेखा क्षण भर को क्या उभरी कि समस्त समुपस्थित जन विषय की गंभीरता मान्य करते हुए भी अपनी मौन-मंद हँसी रोक नहीं पाए।

□

अनुच्छेद-७

वार्त्ता क्रम का समारंभ पुनः करते हुए पराशर बोले, "ऐसी ममत्व की मूर्ति, विग्रहवान वात्सल्य की छवि महाराज दशरथ की प्रकृति की समीक्षा करते हुए ऋषिमंडल भलीभाँति समझ गया था कि अयोध्या नरेश किसी प्रकार से भी अपने राम को राक्षसों से संग्राम करने के लिए भेजनेवाले नहीं हैं। इसमें उन गोलोकवासी महाराज को दोषी मानना भी बहुत उचित नहीं होगा। यदि अन्यथा न माना जाए तो अपने आकर्षण के विषय में राजेंद्र रामचंद्र भी एक निर्दोष दोषी सदा से ही रहे हैं।"

'निर्दोष दोषी' सुनते ही जिन उपस्थित जनों की हँसी पहले दबी-सकुची सी निकली थी, इस बार वह उस सीमा में नहीं रह सकी। पराशर भी कुछ मुसकाते हुए

बोले, ''इस 'निर्दोष दोषी' भाव में यदि दोष किसी का माना जाए तो वह राजेंद्र के रूप-गुण-शील-शब्द-शौर्य-औदार्य-ऐश्वर्य आदि गुणों का है, जो सभी स्थानों से न्यूनाधिक रूप में निराश्रित होकर सबके सब योजनाबद्ध रूप से राम को अपना आश्रय मानकर क्या, बल्कि अपना पैतृक आश्रम मानकर सपरिवार आ डटे हैं। इसके प्रमाण अनेक हैं। ऐसे-ऐसे हैं कि जो राजेंद्र राम को वस्तुतः न जानता हो, वह कदापि किंचित् मात्र भी विश्वास नहीं करेगा। मात्र कल्पना ही मानेगा।

''विश्वामित्र आश्रम के ब्रह्मचारियों ने हमें मिथिला में बताया कि जब प्रातः काल दोनों बंधु समर सज्जा सज्जित होकर, धनुष पर प्रत्यंचा चढ़ाते हुए बोले, ''अब आप निस्संकोच भाव से यज्ञानल प्रज्वलित करें'' तो न जाने क्यों और क्यों उनके पराक्रम को प्रत्यक्ष देखे बिना ही हमारे रोम-रोम से एक ही ध्वनि प्रतिध्वनित होने लगी कि आज एक युग के पश्चात् हमारा यज्ञ निर्विघ्न समाप्त होगा। हमारे भावी यज्ञों के विघ्न समूहों की आज पूर्णाहुति होगी। ये यज्ञरक्षक के रूप में स्वयं यज्ञपुरुष ही हमारे सम्मुख समुपस्थित हैं।'' यज्ञ सफलतापूर्वक संपन्न हुआ। मिथिला से धनुष यज्ञ का निमंत्रण आ गया। यज्ञ का उद्‌देश्य जानते ही आश्रम का एक-एक मुनि-बटुक-ब्रह्मचारी समवेत् स्वर में कुलाधिपति विश्वामित्र को घेरकर गुहार करने लगा, ''चलिए देव! शीघ्र चलिए। हमारे राम की प्रतीक्षा कर रहा है मोक्ष प्राप्ति के लिए शिव धनुष। जनकनंदिनी वरमाला लिये बाट जोह रही है सिंदूरी होने के लिए।'' ऐसा अटूट विश्वास, ऐसा अदम्य उत्साह श्रीराम के अतिरिक्त कौन अपने चरित्र बल से अग्रिम रूप में प्रकट करने में समर्थ होगा।

''एक ओर सांसारिकताविहीन तपोवन की यह दशा और दूसरी ओर उसी संसार सागर में मीनमालाओं की भाँति किलोल करनेवाले मिथिला के आबाल वृद्ध नर-नारी। राजकुमारों को अपने नगर के पथ-पथ पर भ्रमण करते देख, एक स्वर से कह उठे, ''यही हैं, यही हैं हमारी राजकुमारी के योग्य। चलो, चलें विदेहराज के पास। निवेदन करें कि धनुष भंग के हठ का परित्याग कर दें। धनुष यज्ञ की एक वर्ष की अवधि, जो आपने निर्धारित की थी, वह एक-दो दिनों में ही तो समाप्त होनेवाली है। कौन-कौन आकर, अपने बल-पौरुष का दंभ प्रदर्शित करके, रीते-छूँछे नहीं चले गए। रावण और बाणासुर से तो केवल प्रणाम करते ही बना। इस कमलिनी की सुकोमल कलित कलिका जैसी राजकुमारी जानकी को जीवन भर कौमार्य का भार वहन कराने के महापातक से विदेहराज बचिए, बचिए। राजकुमारी इन्हें ससम्मान प्रदान कर दें। इस संबंध से वे यदा-कदा आते ही रहेंगे। हमारे नेत्रों की तृषा को रूपामृत पान करने के अवसर मिलते ही रहेंगे।'' मिथिला के इन सामान्य स्त्री-पुरुषों का क्या स्वयं विदेहराज की विश्व प्रसिद्ध वैराग्यमयी विदेहावस्था उनके पालित विवेक को अनदेखा करती हुई, उनके प्रथम दर्शन में ही एक अलौकिक रागमयी विदेहावस्था में, कैसे परिवर्तित हो

गई, यह वे स्वयं भी नहीं जान पाए।

"वनमार्ग में उनके पीछे कितने ही कितनी-कितनी दूर तक दौड़ते हुए चले गए। तपोवन और मिथिला में तो कुछ श्रृंगार-पटार भी था, किंतु इस समय तो सिर पर जटाएँ और शरीर पर केवल रुद्राक्ष-तुलसी-चंदन की दो-चार मालाएँ ही थीं। काषायवस्त्री से किसे ऐसा अनुराग होगा?

"अस्तु, वनमार्ग में मिलने वाले ग्रामीणों को तो सरल कहा जा सकता है, किंतु चित्रकूट के उन भिल्ल-कोल-किरातों को क्या कहा जाए कि जिनके प्रखर शर किसी को भी भलीभाँति देखने से पहले ही उन्हें यमपुरी का मार्ग दिखाने में युगों से निष्णात माने जाते थे। वे पाषाण शिलाएँ मोम की वटिकाएँ कैसे बन गईं? जब ये भरतलाल पादुकाएँ लेकर लौट रहे थे तो हम अपने संस्कारवश उन भिल्ल-कोल-किरातों द्वारा सहज भाव से की गई सेवाओं के प्रति कुछ आभार व्यक्त करने लगे तब कोलाधिप की गृहिणी हँसते हुए बोली—

"ऐ म्हाराज, रहन दो इन सब्दन कूँ। आए होते इन म्हाराजान म्हारानीजू के आगमन से पिरथम तो देखते हमारे इन म्हाराजान की सेवा। यदि आपुने इन पैरन सों विधाता की किरपा से कि किन्हीं जनमन के म्हान पुन्यन सों जावते भी तो तन पै धोती-दुपटिया की कौन कहे, इन नितंबन पै लँगुटिया भी नाय होती। ये धन्नवाद-वन्नबाद जैसे बोलन के बोलिबे की जो हिये में हौंस हुलसी परि रही होय तो जायके उन्हींन के समुहैं कहो, जिन्हन की पन्हैंयन लेयके जे जाइ रहे हैं।"

"वनमार्ग के ग्रामीणों के पश्चात् यह अवस्था नितांत ग्राम्य समाज की है। यहाँ रूपाकर्षण नहीं, शील का प्रभाव है। कोई छल-बल नहीं, केवल सहज सरलता के प्रभामंडल में समस्त कलुषित वृत्तियाँ स्वत: तिरोहित हो गईं। स्वार्थ के शैल अनायास जल पर खिंची हुई रेखा बनकर रह गए और परमार्थ की ज्योति में शिला-शिला पिघलकर नवनीत बन गई।

"जिस रूप ने मुनियों के मन विचलित कर दिए, उसी ने खर-दूषण जैसे दयाहीन नृशंसों को यह कहने पर बाध्य कर दिया कि 'यद्यपि हमारी भगिनी को कुरूप कर तुमने अक्षम्य अपराध किया है, फिर भी तुम अद्वितीय पुरुष हो। यदि दंडकारण्य छोड़कर जा सकते हो तो चले जाओ। हम तुम्हें प्राणदान देते हैं। ऐसे में उस रूप को देखकर एक अबला शूर्पणखा का चित्त चलायमान हो गया तो उसे क्या दोष देना?"

शूर्पणखा के लिए जिस सहज ढंग से पराशरजी ने 'एक अबला' शब्द का प्रयोग किया, उसे सुनकर गांभीर्य निधि भरतजी के अधरों पर भी एक तन्वंगी स्मिति की रेखा खिंच ही गई। शत्रुघ्नजी पर उसका कुछ अधिक प्रभाव हुआ। आठों कुमारों में से कोई आँखें झुकाकर उन्हें मलने लगा तो कोई नाक-कान सहलाने लगा। एकाध होंठों को

भींचकर अनदेखी को देखने और दिखती हुई को अनदेखी करने के प्रयास में लग गए। किंतु सुमित्रानंदन लक्ष्मणजी तो अपनी हँसी रोकने में पूर्णत: असफल सिद्ध हुए। आठों अमात्यों को भी इसी प्रकार भिन्न-भिन्न प्रकार की स्थिति में देखकर केकय अमात्य तो ठठाकर हँस ही पड़े।

वातावरण को उल्लसित देखकर, पराशर मुस्काते हुए बोले, ''शूर्पणखा के लिए 'एक अबला' शब्द का प्रयोग जो हमने किया, क्या वह उचित नहीं है, क्या आप सभी सुभद्र जन यह मान रहे हैं कि हम धतूरे का सेवन करके आए हैं ?''

''अरे नवेले वसिष्ठजी! आप धतूरे का सेवन करके आते तो हमें ऐसा सोमरस कहाँ छका पाते? आप स्वयं अपनी उपमा-उपमेय-उपमान सभी कुछ हैं।'' केकय अमात्य पुन: ठहाका लगाते हुए बोले।

पराशर पुन: गंभीर होते हुए बोले, ''हाँ, अपने अंतर के प्रबल काम-क्रोध आदि का दमन करने में जो सर्वथा, क्या सर्वदा असफल रही, वह शूर्पणखा चारित्रिक दृष्टि से एक अबला ही थी। वह आयु की दृष्टि से राजमाता कौसल्या की मातामही से भी ज्येष्ठा थी। उसके अंग-अंग की त्वचा लटक चुकी थी। केश झड़ चुके थे। दंतावली किर चुकी थी। उष्ण नर रक्त पान करनेवाली वह पुंश्चली वृद्धा प्रसाधनों के प्रयोग से नवयुवती जैसी बनकर आई थी। रावण वध के पश्चात् पति-पुत्रहीना हुई उन निशाचरियों ने, जो उसकी यह स्थिति जानती थीं, उन्होंने विलाप करते हुए उसकी आकृति और प्रकृति का इसी प्रकार वर्णन किया था। महर्षि वाल्मीकि का काव्य इसका साक्षी है। आपने हमें शूर्पणखा कांड में फँसाकर विषयांतर कर दिया। राजेंद्र के संकेत पर इन सुमित्रानंदन ने नर-रक्त में भाँति-भाँति के मद्य मिलाकर निरंतर पीने वाली उस घोर दुष्टा को कुरूप बनाकर अनेक नवयुवकों को उसका आखेट क्या, बल्कि आहार बनने से बचा लिया।

''अस्तु, भारतवर्ष के प्राय: प्रत्येक भाग पर राक्षसों की कुटिल दृष्टि किस प्रकार लगी हुई थी, पूर्व में हम उसकी संक्षिप्त सी चर्चा कर चुके हैं। आप भली प्रकार समझ सकते हैं कि वे अपनी दीर्घकालीन योजना के अनुरूप किस प्रकार कार्यरत थे। उनके कार्य योजनाबद्ध थे। साम-दाम-दंड-भेद की नीतियाँ किस प्रकार बरतनी चाहिए, इसमें उन्हें दैत्याचार्य शुक्र ने पूर्णत: पारंगत कर दिया था। विश्व के मानचित्र से कुछ क्षण दृष्टि हटाकर, केवल देश का मानचित्र देखें। राक्षसों के द्वारा स्थापित शिविरों के स्थान उसमें रेखांकित करें, उन शिविरों के अधिपतियों के बलाबल की समीक्षा करें, उनके सहसा प्रत्यक्ष-अप्रत्यक्ष आक्रमणों पर विचार करें, उन आक्रमणों की पद्धति-शैली का विवेचन करें, पूर्व के प्रसंगों पर दृष्टिपात करें तो सहज में ही समझ में आ जाएगा कि तत्कालीन परिस्थितियों में कोई ऐसा पुरुष नहीं, बल्कि पुरुषोत्तम चाहिए था, जो दूरदृष्टि संपन्न होने के साथ-साथ शस्त्र-शास्त्र का भी प्रकांड पंडित हो, साथ ही जो धीर हो,

वीर हो, गंभीर हो, गंडीर हो। जो घोर घाम-हिम-वर्षा के भयंकर थपेड़ों को थपेड़ता हुआ, निर्जन वनों तक में पूर्ण सिद्धि की प्राप्ति तक साधनारत रहे, उसे भटकना न माने। जो भी साधन प्राप्त हो, उसे अपने लक्ष्य की आराधना के अनुकूल ढाल ले। उत्साहहीन होकर बैठ न जाए। सिद्धांतहीन समझौते कर भविष्य को ऊहापोहों के कुचक्रों में फँसा न दे। उसकी रीति-नीति पर उसका घोर शत्रु भी टीका-टिप्पणी न कर सके। ऋषि मंडल ने इन सभी बातों पर अनेक दृष्टिकोण से विचार किया। अंत में निष्कर्ष रूप में अपनी कसौटी पर पूर्णतः खरे उतरनेवाले उन्हें श्रीराम, अभिमान शून्य स्वाभिमानी केवल दशरथनंदन राम ही दिखे।

"रोग, उनके लक्षण, उनकी भयंकरता, उनकी निवारक औषधि, साथ ही अनुपान और उनका निदानकर्ता चिकित्सक, इन सभी को जान गए। ज्वलंत प्रश्न अब केवल एक ही शेष था कि उस निदानकर्ता चिकित्सक को महामारीग्रस्त क्षेत्र में उतारा कैसे जाए, जहाँ उसे पहुँचाना है, उस दिशा में उसे अग्रसर कैसे किया जाए? 'यदि हमारे पैर में वर्षों में कहीं-कभी-कोई फाँस चुभ गई तो उसे निकालेगा कौन' इस आशंका से ग्रस्त होकर, वे उस सफल चिकित्सक को घेरे बैठे हैं, जिसकी प्रतीक्षा में गंभीर घावों से त्रस्त अनेकानेक जनों की चीत्कारें दिग्दिगंत को निरंतर प्रकंपित किए जा रही हैं, किंतु वे श्रीमंत महाराजा दशरथ मोह-बधिर की स्थिति में उसे सुनकर भी, अनसुना करने की सिद्धता प्रकट कर रहे हैं। शंबरासुर के घोर कठोर चट्टानों जैसे अंग-प्रत्यंग को वर्षाकाल की मृदुल मृत्तिका निर्मित बाँबी बनाकर, उनमें अपनी भयंकर फुंकार मारते हुए बाण भुजंगों के लिए रपटीली राह बनानेवाले, अपने ही पूर्व-पुरुष शनिदेव की प्रचंडता पर अंकुश लगानेवाले परम प्रतापी महाराज दशरथ को यदि विश्वास नहीं था तो केवल अपने ही अंशज के शौर्य पर नहीं था। प्रसूतिगृह से दासियों द्वारा लाकर जिन शिशु को उनकी गोद में प्रथम बार दिया था, उन्हें केवल उस समय की, उनकी सुकोमलता का ही स्मरण था। शेष विषयों के स्मरण करके कष्ट उठाना, उनके हृदय की प्रकृति के विरुद्ध सदैव रहा। अंत में इसी भाव को सिद्ध करते हुए चले गए।

"श्रीराम के देश-अवतरण का मार्ग बंद देखकर, वनवास की रचना की गई। उन वरों का स्मरण किया गया, जिन्हें देनेवाले और लेनेवाले पूर्णतः विस्मृति के गर्त में कभी का डाल चुके थे। इन वरदानों का समस्त संबंध जिनसे हो सकता था, वे थीं केवल महारानी कैकेयी। उन वरदानों की भी दो श्रेणियाँ थीं। एक था केकय-नरेश महाराज अश्वजित से महामात्य सुमंत्र द्वारा विवशतावश किया गया वह अनुबंध, जिसके द्वारा कौमार्य की सीमा लाँघती हुई राजकुमारी कैकेयी, प्रौढ़ता की सीमा लाँघते हुए महाराज दशरथ के राजकीय खड्ग और कलगी से भाँवर डालकर, रघुकुल नरेश की परिणीता बनकर अयोध्या पधारी थीं। अनुबंध को यदि 'विवशतावश' न कहकर, 'आवश्यकतावश'

कहा जाए तो अधिक उपयुक्त होगा। महारानी कौसल्या एवं सुमित्रा दोनों के ही निस्संतान रहने की स्थिति में ही, इस तृतीय महारानी को लाने का विकल्प सामने आया। 'हमारी सुपुत्री के गर्भ से उत्पन्न पुत्र ही अयोध्या के भावी सम्राट् होंगे' यह वचन लेकर ही महाराज अश्वजित ने देवी कैकेयी को शिविका में सजाकर विदा किया था। महामात्य ने स्वीकार किया था। उनकी स्वीकृति में किसी भी प्रकार के कौटिल्य की किंचित् भी कल्पना नहीं की जा सकती। यद्यपि जिस समय इस प्रकार के वचनों का आदान-प्रदान हो रहा था, तभी महर्षि पतंजलि आदि ने कहा था कि केकय-नरेश आप व्यर्थ ही यह बौद्धिक व्यायाम कर रहे हैं। रघुवंश सदैव अपने कुलगुरुओं के अधीन रहा है। महाराज दशरथ केवल राजदंड धारण करते हैं। उस राजदंड की रीति-नीति का निर्धारण वह धर्मदंड करता है, जिसके धारणकर्ता महर्षि वशिष्ठ-वामदेव-सुयज्ञ-जाबालि-गौतम-काश्यप-मार्कंडेय-कात्यायन आदि हैं। केकयराज ने सुनी-अनसुनी कर दी। आर्ष पद्धति से विवाहिता केकयकुमारी कैकेयी अयोध्या की तृतीय महारानी बन गईं।

''दूसरी श्रेणी के वे दो अनाम वरदान थे, जो महाराज ने स्वत: महारानी को देने के लिए कहा था। शंबरासुर संग्राम निर्णायक क्षणों में था। महारानी महाराज के साथ थीं। महाराज तो प्रहारों का निवारण करते हुए प्रलयंकर प्रतिप्रहारों में व्यस्त थे, किंतु महारानी संपूर्ण दक्षता से उन्हें संरक्षण प्रदान कर रही थीं। रथ-चक्र की घरघराहट में त्रुटि का अनुमान करते ही उन्होंने देखा कि चक्र के धुरे की कील निकलने ही वाली है। उसके निकलते ही चक्र रथ से पृथक् हो जाएगा। विजय पराजय में परिणित हो जाएगी। उन्होंने अपनी त्वरित बुद्धि से अंगुलित्राण सज्जित तर्जनी छिद्र में डाल दी। शंबरासुर का शिरच्छेदन करते ही महाराज ने प्रशंसा पाने के लिए ज्यों ही महारानी की ओर देखा, वे उन्हें झुकी हुई दिखीं। वे अकल्पित आशंका से सिहर उठे। उन्होंने ज्यों ही महारानी को उठाया, रथ का वह चक्र छिटक कर लुढ़कने लगा। महारानी की रक्तरंजित तर्जनी, नुची-खुसटी बाँह देखकर वे द्रवित हो उठे। उसी अवस्था में श्रीमंत महाराजा ने स्वत: उन्हें दो वरदान देने की प्रतिज्ञा कुलगुरु सूर्यदेव को साक्षी मान कर दी।

''समय बीतता रहा। वे अनुबंध और प्रतिज्ञा सब भूल गए। महारानी कैकेयी भी महाराज का स्नेह, सपत्नियों का दुलार, प्रजा का सम्मान पाकर इन्हें स्मरण रखने का कष्ट कभी नहीं उठा पाईं, किंतु ऋषि तो नहीं भूले थे। इन्हीं को ब्रह्मास्त्र बनाकर कार्य-साधन की योजना बनाई गई। इस ब्रह्मास्त्र को जिस धनुष पर संधान के लिए सज्जित किया जा सकता था, वे तो केवल महारानी कैकेयी ही थीं, किंतु श्रीराम के प्रति उनका स्नेह भी महाराज से किसी भी अवस्था में कम नहीं था। अत: इस ढीले धनुष को कसने के लिए जिस शिंजनी की आवश्यकता थी, वह कठोर डोर बनने के लिए, उस मंथरा को बाध्य किया गया, जो दासी होकर भी धातृ थी और धातृ होकर भी श्रीराम और महारानी

कैकेयी की समान रूप में मातृ ही थी। इन स्नेहिल वीथिकाओं की रपटीली राहों के व्यूह से निकलकर राम को जिस प्रकार वन के कंटकाकीर्ण मार्ग पर लाया गया, उस ऐतिहासिक घटनाक्रम से आज कौन अपरिचित है ?''

□

अनुच्छेद-८

महर्षि पराशर इस वार्त्ता को यहीं छोड़कर, केकय की दशा को विधिवत् जानकर भावी दिशा देना चाहते थे, परंतु समुपस्थित जनों में से सर्वाधिक जिज्ञासा का भाव आठों राजकुमारों के नेत्रों में तो कुछ अधिक ही था। उन्होंने इस प्रसंग के अंश तो अवश्य सुन रखे थे, किंतु जिस प्रामाणिकता से वे अवगत होना चाहते थे, उसका अवसर तो उन्हें अब तक नहीं मिला था। इन पुरानी चर्चाओं की चर्चा न वरिष्ठजनों ने कभी की और न ही वे संकोचवश कुछ पूछ पाए। आज वे उससे अपरिचित रह जाना नहीं चाहते थे। अत: अनकही को अनकही रखना महर्षि ने भी उचित नहीं माना, क्योंकि कई बार कई अनकही अनचाही–स्थितियों में परिवार में अकारण संदेह और उसके पश्चात् कलह–क्लेशादि मतभेद से मनभेद का कारण बन जाते हैं। *अत: अपने उत्तराधिकारियों को संपदा के साथ परिवार के इतिहास से भी अवश्य परिचित करा देना चाहिए।* प्रत्येक परिवार में कई प्रकार की ऊँच–नीच की बातें होती ही हैं। उनसे शिक्षा मिलती है। यह शिक्षा परिवार ही देता है। अत: अपने परिवार को इस दृष्टि से अपरिचित रखना, कालांतर में किसी विवाद को जन्म देने का बीजारोपण ही होता है। यह पाप है और इस पाप के भागी गुरुजन ही होते हैं। अंधकार में हुए प्रहार का दोष प्रहारकर्ता को तो जाता ही है, किंतु जिसे प्रकाश की व्यवस्था सौंपी गई, उसका प्रमाद ही प्रधान दोषी होता है। राष्ट्र के इतिहास को छिपाना, जिस प्रकार राष्ट्रद्रोह की संज्ञा है, उसी प्रकार परिवार की चर्चाओं से भावी पीढ़ी को अवगत न कराना भी इसी के समान है। हाँ, उन दिवगंत गुरुजनों के चारित्रिक दोषों का तो बखान नहीं करना चाहिए, जिन अनदेखों को गए पीढ़ियाँ व्यतीत हो गई हों अन्यथा युवा पीढ़ी अपने पतन को उनका अनुकरण बताने में विलंब भी नहीं करेगी।''

अस्तु, कुछ ठहरकर, कई जिज्ञासुओं की दृष्टि उन्हें निर्निमेष निहार रही है, यह अनुभव करते हुए पराशर पुन: बोले, ''श्रीराम राजेश्वर के साथ सौमित्रि लक्ष्मण अवश्य जाएँगे, यह ऋषिमंडल श्रीराम के प्रति उनके अगाध स्नेह, निश्छल समर्पण को देखकर जानता था। उनका साथ जाना, वे उचित ही नहीं, समुचित भी मानते थे, किंतु उनसे भी अधिक श्रीराम उन्हें अपने साथ ले जाने से अधिक उनका उस समय

अयोध्या में रह जाना अत्यंत अनुचित मानते थे। अपने पिता के प्रति वे अपने इन अनुज के वे शब्द सुन चुके थे, जो कहने के योग्य नहीं थे। उन शब्दों के मूल में अपने अग्रज के प्रति उत्कट सम्मान की भावना थी, किंतु प्रकट हो रहे थे पिता के घोर अपमान के रूप में। इस द्वंद्व को निर्द्वंद्व करने का एक मार्ग यही था कि दो-चार बार 'न-न' करके तुरंत माता से आज्ञा प्राप्त करने की आज्ञा देना। माता सुमित्रा की सात्त्विक प्रकृति एवं अपने प्रति शुद्ध स्नेह से भी वे अपरिचित नहीं थे। अतः नीति का निर्वाह करके रीति को सुधार लिया।

"जहाँ तक जनकनंदिनी महारानी जानकी का प्रश्न है तो उनके अपने स्वामी के प्रति असीम स्नेह-समर्पण पर तो विश्वभर में कोई आज भी चाहकर भी प्रश्नचिह्न अंकित करने का दुस्साहस नहीं कर सकता। ऋषिमंडल राजरानी के वनगमन पर असमंजस-ग्रस्त था। राजेंद्र के समझाने पर, माताओं और महाराज के मनाने पर वे मान भी सकती थीं और अपनी विनम्र प्रकृति के आधार पर उनके वचनों का उल्लंघन करके, उनकी प्रशंसा-आशीर्वाद प्राप्त करके जा भी सकती थीं। वे चतुर्दश वर्षीय विरह व्यथा सह भी सकती थीं और उसके कारण उत्पन्न असह्य वेदना से उनकी कुछ भी दशा हो भी सकती थी।

"ज्योतिष की दृष्टि से ऋषिमंडल विचार कर चुका था। जहाँ विश्व की समस्त अमानवीय गतिविधियों के प्रधान केंद्र दशकंधर रावण की कुंडली उनके सामने थी, वहीं राजेंद्र राम की कुंडली भी उन्हें प्राप्त थी। रावण की कुंडली में अष्टमेश मृत्युकारक शुक्र मीनस्थ उच्च का होकर षष्टम शत्रु स्थान में नीचस्थ बुध के साथ बैठकर स्पष्टतः घोषणा कर रहा था कि बुद्धि नष्ट होगी और मृत्यु का कारण कोई प्रतिष्ठित नारी बनेगी। दूसरी ओर राजेंद्र की कुंडली में पत्नी स्थान सप्तम में उच्चस्थ भूमिपुत्र मंगल संघर्ष और सफलता प्रगट कर रहा है। वहीं उस पर उच्चस्थ बृहस्पति और लग्नेश चंद्रमा की मित्र दृष्टि, मंगल को यशस्विता प्रदान कर रही है। वनवास के समय राजेंद्र राम पर शनि की महादशा थी। शनि सुखस्थान में होने के कारण, जहाँ सुख में बाधक हैं, वहीं उच्चस्थ होने के कारण अंत में कार्यसाधक भी हैं। क्षेत्राधिपति शुक्र भाग्य स्थान में उच्चस्थ हैं और भाग्येश बृहस्पति लग्न में स्वगृही चंद्रमा के साथ स्पष्टतः गजकेशरी योग का निर्माण कर रहे हैं। संक्षेप में लंकेश रावण और राजेंद्र राम दोनों की कुंडलियों को कोई प्रतिष्ठित नारी ही प्रभावित कर रही है। अंतर इतना ही है कि यह योग एक को चितासन और दूसरे को चिंतातीत सिंहासन प्रदान करने जा रहा था। वह प्रतिष्ठित नारी राजेंद्र राम की अर्धांगिनी उन जनकनंदिनी के अतिरिक्त अन्य कोई हो ही नहीं सकती थी, जो नृप-मंडली मानमर्दक भगवान् शंकर के धनुष को खंडित कराके ही, उनके वामांग में प्रतिष्ठित हुई थीं। वन गमन के लिए

उन्हें राजेंद्र के पार्श्व में खड़ा देखकर विधि का विधान मानकर पितामह वसिष्ठ देव कहते भी तो क्या कहते? लोकाचार वश दो-चार शब्द बोले भी, किंतु जिस प्रकार राजगुरु-कुल पुरोहित को बोलने चाहिए थे, वे न बोले और न वे त्रिकालज्ञ बोलना चाहते थे। अतः जो कुछ हुआ, आप सभी उससे परिचित हैं। इसकी पृष्ठभूमि क्या थी, हमने वही आज स्पष्ट की है।''

''इसके पश्चात्...इसके पश्चात्...''

'इसके पश्चात्, इसके पश्चात्' के पश्चात् कुछ कहने के लिए शब्दों के निर्वाचन में रत महर्षि को नत नयनों से दृष्टि चुरा-चुराकर अपनी ओर देखते हुए, देखकर भरत लाल धीरे से हाथ जोड़कर, गोष्ठी-कक्ष से चले गए। उनके जाने के पश्चात् तो सभी समुपस्थित जन स्पष्टतः समझ गए कि अब पराशर श्री भरत लाल की ही चर्चा करनेवाले हैं। यद्यपि प्रबुद्धजन पहले ही यह जान चुके थे कि इस वार्त्ताक्रम में किनकी चर्चा होगी। वार्त्ता का गतिरोध समाप्त कर, शृंखला में शृंखला जोड़ते हुए महर्षि पुनः बोले—

''हाँ, तो अब जहाँ तक युवराज भरतलाल का प्रश्न है तो उनके चरित्र पर, उनके कार्यकलाप के कारण आज तो कोई आक्षेप कर ही नहीं सकता। उस समय भी जो कुछ टीका-टिप्पणी हुई, वह भी किसी गंभीर व्यक्ति की न होकर, कुछ ओछी-छिछोरी मानसिकतावाले जनों की थी, जिसे किसी ने महत्त्व नहीं दिया। उनकी लोकप्रियता राजेंद्र राम के समान नहीं तो किसी प्रकार उनसे न्यून भी नहीं थी। फिर चित्रकूट से लौटने के पश्चात् तो वह शिखर पर पहुँच गई। जिन्होंने जाने-अनजाने आक्षेप किए थे, वे तो आत्मग्लानि में गलित जैसे होकर क्या अपितु शवतुल्य बनकर रह गए। वैसे तो राजेंद्र और युवराज में चलने-फिरने उठने-बोलने आदि में कोई अंतर कभी दिखा ही नहीं। यद्यपि प्रकट रूप से एक है भी और वह है राजेंद्र के वक्ष पर महर्षि भृगु के चरण का चिह्न, किंतु मणिमंडित मालिकाओं को हटाकर उन्हें देखने का सामर्थ्य किसे प्राप्त है? इसी प्रकार इन दोनों सुमित्रानंदनों में भी पूर्णतः साम्य है। अग्रज लक्ष्मण के मस्तक पर धरित्री-धारक मणि का चिह्न है, जो केशकलाप में अदृश्य रहता है। इसे देखने के लिए नागराज के फण को उठाकर, मणि निरखने का जो साहस चाहिए, वह भी कितनों को सुलभ है? कई बार तो सामान्य लोग अनजाने में, इनमें भेद भी नहीं कर पाते थे, किंतु फिर भी अपनी मनीषा का मंथनकर, इनके अंतर को एक संज्ञा दे रहे हैं कि 'रामजी में शील है, भरत में सुशीलता,' 'लखन दिव्यदामिनी है, दमन शुक्ल यामिनी'।''

इस अनेकार्थक, भव्यभावमयी उक्ति में चारों राघवों के व्यक्तित्व और कृतित्व के अंतर ने जन-जन के अंतर आंदोलित कर डाले। महर्षि पराशर की विद्वत्ता की सत्ता

के समक्ष सभी के मस्तक स्वतः नत हो गए। लक्ष्मण और शत्रुघ्न; दोनों एक-दूसरे को इस भाँति देखते रह गए मानो युगों के अपरिचित आज ही परस्पर सु-परिचित होने का सौभाग्य प्राप्त कर रहे हों। देखनेवालों के देखते-देखते दोनों भाई जैसे एक-दूसरे में समा गए हों, इस प्रकार आलिंगनबद्ध हो गए। लक्ष्मण शत्रुघ्न का मुखमंडल एक आविष्कर्ता की भाँति निहारते रह गए और शत्रुघ्न के नेत्र लक्ष्मण के चरणों में एक अनुसंधानकर्ता की भाँति समाधिस्थ हो गए। दक्षिणी पवन के झोंके से पीत मालती की दो प्रफुल्लित लताएँ लहराकर एकाकार हो गईं। पुष्पराग मणियों की लिपटी हुई ललंतिकाओं (पदचुम्बित लंबी मालाएँ) का लालित्य फीका पड़ गया।

वार्त्ताक्रम की गंभीरता का अनुभव करते हुए दोनों बंधु अपने-अपने आसनों पर उस जलावर्ती भँवर के समान बैठ गए, जिसमें श्रावण की उमड़ती-घुमड़ती सरिता की चंचल तरंगें, उसके तलातल का स्पर्श कर-करके प्रवाह को गतिमान करती हैं। समुपस्थित जनों के सुस्थिर होते हुए मन-मस्तिष्क का अनुमान करते हुए पराशर कहने लगे—

"श्रीमंत भरत वस्तुतः भरत हैं। भारत हैं, भारतीय संस्कृति के प्राणपुरुष हैं। रामराज्य के वस्तुतः संस्थापक भी वे ही हैं। आप सभी जानते हैं कि वनवास की समस्त रचना के समय वे अपने अनुज सहित मातामह के यहाँ केकय में थे। यदि वे अयोध्या में होते तो राजेंद्र राम वन में जा ही नहीं सकते थे, यह नितांत सत्य है। उनकी अनुपस्थिति का लाभ उठाकर अभिषेक का मुहूर्त निकाला गया, यह भी पूर्ण सत्य नहीं है। किसके स्थान पर किसे युवराज घोषित किया जाए और कौन वन में जाए, इन शब्दों का तो जन्म भी तब तक नहीं हुआ था। महाराज ही नहीं, पितामह को भी महामात्य सुमंत्र द्वारा दिए गए केकयनरेश के वे वचन स्मरण थे कि 'मेरी पुत्री का पुत्र ही अयोध्या का भावी अधिपति होगा।' अतः श्री भरत की अनुपस्थिति को महत्त्वपूर्ण मानकर अभिषेक का व्यूह रचा गया, नहीं, क्योंकि महाराज जानते थे कि भरत रघुवंश की उस परंपरा का कभी उल्लंघन नहीं करेंगे, जिसके अनुसार ज्येष्ठ ही भावी नरेश मान्य किया जाता रहा है। इसके अतिरिक्त श्रीराम के प्रति उनका अगाध स्नेह, पूर्ण समर्पण भाव और परम संतोषी वृत्ति भी इसकी साक्षी थी। महारानी कैकेयी जिस समय वरदान माँग रही थीं, तब भी महाराज ने बारंबार यही कहा था, "प्रिये! तुम्हारा हठ व्यर्थ है। भरत कभी भी राज्यासन स्वीकार नहीं करेगा। अतः तब तक राम के वनगमन को टाल दो, जब तक भरत नहीं आ जाता।" महारानी भी जानती थीं कि भरत के आने के पश्चात् वन-गमन नहीं हो सकेगा। वे परम बुद्धिमती अपनी भूल को, जिसमें उन्होंने प्रथम वर भरत को राजतिलक और दूसरा राम को वनवास माँगा था। प्रथम वर की पूर्ति के लिए भरत की उपस्थिति अनिवार्य थी। उनकी उपस्थिति में राम की अयोध्या से अनुपस्थिति हो ही

नहीं सकती थी। उसे सुधारते हुए, वे तुरंत ही पुनः बोल उठीं, "प्रातःकाल होते ही यदि राम वन को नहीं गए तो मैं अपने प्राण विसर्जित कर दूँगी।" और निश्चित रूप से वे कर भी देतीं। इसमें उन धर्मभीरु देवी का यही संकल्प था कि जो वचन मैं ऋषियों को देकर आई हूँ, उनकी पूर्ति न कर पाने की स्थिति में मुझे प्राण धारण करने का अधिकार नहीं है।

"श्रीराम को वन में भेजकर भूमि को भारविहीन कराना ऋषिमंडल का मंतव्य था, तो फिर पितामह द्वारा राज्याभिषेक का मुहूर्त निकालना क्या कौटिल्य था? नहीं, वह सत्य था। राजेंद्र राम पर शनि की महादशा में उस समय शुक्र का अंतर था, जो शुभ था। उसके पश्चात् सूर्य का अंतर विघ्नकारक था, जिसमें स्पष्टतः अनेक समस्याएँ थीं, विघ्न थे। इसी कारण यह मुहूर्त पितामह ने महाराज के आग्रहपूर्ण निवेदन से विवश होकर तुरंत निकाल दिया। महाराज दशरथ का स्वभाव अत्यंत भावुक था, यह हम कह भी चुके और उनका प्राणांत इसी वृत्ति के अधीन किस प्रकार हुआ, ये देख भी चुके। अतः अपने श्रवण के समीप एक श्वेत केश दर्पण में देखते ही वे कुलगुरु के पास जा पहुँचे। उनकी शीघ्रता देखकर उन्होंने भी शीघ्रता से मुहूर्त निकाल दिया। अपने निकाले हुए शुद्ध मुहूर्त में देश-धर्म-संस्कृति की विशुद्ध हानि मानकर कैसे उसे पलटा, वह कथा अत्यंत रहस्यमयी है, किंतु मुहूर्त की शुद्धि को नहीं नकारा जा सकता। उसके पश्चात् का घटनाक्रम इसका प्रत्यक्ष साक्षी है। मुहूर्त निकालनेवालों ने ही उसे नकारा। क्यों, अब उस रहस्य का भी निवारण करते हैं।

"मुहूर्त के अनुसार श्रीराम का राज्याभिषेक निश्चित रूप से हो जाता। अयोध्या के मांगलिक महोत्सवों के सामने अमरावती क्या बैकुंठ के उत्सव भी फीके पड़ जाते। इसी मध्य भरत भी आ जाते। उन महोत्सवों के वे अविभाज्य अंग भी बन जाते, इसमें कोई संदेह नहीं। प्रजा के उत्साह एवं अपने दौहित्र की सात्त्विक प्रकृति देखकर केकय नरेश चाहकर भी, कोई प्रश्न नहीं उठा पाते, यह भी सत्य है। श्रीराम के प्रति असीम सुस्नेह के कारण महारानी कैकेयी उनकी जननी कौसल्या से अधिक इस समय उदारता की प्रतिमूर्ति सिद्ध होतीं, किंतु उस समय के विश्व का क्या होता?

"सिंहासनासीन होने के पश्चात् राजाधिराज श्रीराम निश्चित रूप से राक्षसों के विरुद्ध महाभियान छेड़ते। राजकीय चतुरंगिणी तुमुल नाद करती हुई चलती। गुप्त रूप से अपनी आसुरी गतिविधियाँ संचालित करनेवाले क्रूर राक्षस अपनी कुटिल-योजना के अनुरूप भूमिगत हो जाते। आज जो किष्किंधा परम मित्र के रूप में दिख रही है, उस समय उसका नरेश वह बालि था, जिसे रावण ने अपने कपटजाल में फँसाकर मित्र बना रखा था। ऐसी स्थिति में लंका से पूर्व किष्किंधा से संघर्ष की संभावना बनती स्पष्ट दिख रही थी। आज के अभिन्न हृदय मित्र कदाचित् प्रबल शत्रु समूह के रूप

में दिखते। फिर भी मुझे विश्वास है कि यदि बालि समरभूमि में उतरता तो श्रीराम उस पर भी हिरण्यकशिपु पर नृसिंह देव की भाँति किसी-न-किसी प्रकार से विजय प्राप्त कर लेते और अयोध्या की चतुरंगिणी विजयनाद करती हुई सकुशल लौट आती। कुछ दिनों के पश्चात् भूमिगत राक्षस पुन: प्रकट हो जाते। वे ही हाहाकार-चीत्कारों की ध्वनियाँ फिर देश के आकाश को प्रकंपित करती हुई दृष्टिगोचर होतीं। आज के शांत-समृद्ध रामराज्य की दिग्दिगंत व्यापिनी सुकीर्ति, उस रामराज्य की कीर्ति को दिनोंदिन समस्याओं के घेरे में घेरती हुई दृष्टिगोचर होतीं।

''मुनिवर विश्वामित्र इन राक्षसी-योजनाओं का विधिवत् आकलन कर चुके थे। इसी कारण उन्होंने अयोध्या के अधिपति महाराज दशरथ को साथ नहीं लिया। वे चलते तो राजसी वैभव से चलते। युद्ध के नगाड़े बजाते हुए चलते। चिंघाड़ते हुए गजेंद्र, हिनहिनाते हुए अश्व, धरती कँपाते हुए रथ और झनझनाते हुए शस्त्रास्त्र लेकर सिंहनाद जैसे शंखों की ध्वनि से दिग्दिगंत को प्रकंपित करते हुए चलते। उनकी इस सेना के विश्वामित्रजी के आश्रम तक पहुँचने से पूर्व ही, उनके आगमन का समाचार पहुँच जाता। न भयंकर कांतार से निकलकर ताड़का आती, न मारीच-सुबाहु और न ही उनकी विशाल सैन्य टुकड़ियाँ ही आतीं। हाँ, मुनिवर का उस दिन का यज्ञ अवश्य सानंद संपन्न हो जाता। फिर दस-पाँच दिनों के यज्ञ-हवन निर्विघ्न रहते। ऋचाओं के स्वर भी आकाश को गुँजाते, किंतु उस सेना के फिरते ही क्या होता? वही होता, जिसे होता देखकर महामुनि अयोध्या आए थे। छल का आश्रय लेकर आतंक का सृजन करनेवालों का अंत करने के लिए, छल का आश्रय ग्रहण करना पड़ता है। शस्त्र-शास्त्र के प्रकांड पंडित मुनिवर ने इसी योजना के अनुसार केवल श्रीराम-लक्ष्मण को माँगा। उन्हें राजकीय रथ में बिठाकर नहीं चले। पैदल लेकर चले। प्रतिफल सामने आया।

''ताड़का ने छिपकर देखा कि दो सुकुमारों को लेकर मुनि आ रहे हैं। उनके मस्तक किरीटों पर, सूर्यदेव की माणिक्य-मंडित छवि देखकर वह समझ गई कि ये अयोध्याधिपति के राजकुमार हैं। ऐसे प्रतिष्ठित नरेश के कुमारों को समाप्त कर, वह अपनी दुर्द्धर्षिता की छाप समग्र देश पर अंकित कर देगी। राक्षसराज रावण की सभा में उसका अभिनंदन, उसे अनेकानेक सुभटों का सिरमौर सिद्ध कर देगा। बिचारी अपने गुप्त स्थान से निकल आई। नवनीत की लौनी मानकर कपास निगल गई। श्वास-नलिकाओं ने उन्हें मार्ग नहीं दिया। परिणाम सामने है। इसी भ्रम में मारीच-सुबाहु और उनके संगी-संघातियों की सद्गति हुई। महामुनि विश्वामित्र की इस योजना की क्षेत्रीय सफलता देखकर ही ऋषि-मंडल ने उसे सार्वदेशिक सफलता के अनुकूल मानकर, निर्विकल्प समाधान श्रीराम वनवास ही मान्य किया। वन के प्रवास काल में राजेंद्र राम ने भी महामुनि विश्वामित्र के इस सूत्र का विधिवत् उपयोग किया। वे जानते थे कि

खर-दूषण की सेना के बचे हुए दस-पाँच राक्षस अवश्य कहीं-न-कहीं छिपकर, उनकी गतिविधियों का गुप्त रूप से निरीक्षण कर रहे हैं। वे इसकी सूचना अवश्य रावण को देंगे। इसी कारण इन राजेंद्र ने राजरानी के हरण के पश्चात् जिस परम विक्षिप्त की सी भूमिका का निर्माण करते हुए एक-एक वृक्ष, पर्वत आदि से उनका वृत्तांत पूछा, वह बैरि को भ्रम में डालना ही तो था। यदि वास्तव में वे विरहाकुल सबकुछ भूल गए थे तो उन्हें जटायु के क्रिया-कर्म में और्ध्वदैहिक संस्कार की समग्र विधि कैसे स्मरण रही? भगवती सती को उनकी वास्तविकता से परिचित कराने में, क्यों नहीं चूके?

अस्तु, अब यह वनवास कैसे हो, इस पर विचार करने के लिए ऋषिमंडल पितामह के आश्रम में गुप्त रूप से एकत्रित हुआ।''

□

अनुच्छेद-९

''इस एकत्रीकरण का समाचार विदित होते ही महारानी कैकेयी सतर्क हो गईं। उनकी मनीषा फड़फड़ा उठी। छठी इंद्री चैतन्य हो गई। वे विचारने लगीं कि महर्षि वशिष्ठ-विश्वामित्र-अत्रि-वाल्मीकि-भारद्वाज-वामदेव-जाबालि आदि सभी तो महाराज के आदरणीय हैं और ये भी निस्संशय रूप से महाराज के परम हितैषी हैं, तो फिर आज ऐसी कौन सी समस्या आ गई कि ये गुप्त रूप से राजगुरु के आश्रम में छिपकर बैठ रहे हैं, ऐसी कौन सी बात है, जो इन्हें इस प्रकार गोष्ठी करने के लिए बाध्य कर रही है? उन महारानी ने महाराज को सहज में महारानी सुमित्रा के प्रासाद में भेज दिया। स्वयं सैनिक का रूप धारणकर अपने प्रासाद के पीछे के मार्ग से निकलकर, रात्रि में ही वसिष्ठाश्रम जा पहुँचीं। छिपकर इस ऋषिमंडली की वार्त्ता सुनी। एकाएक उनके सामने प्रकट होकर, आत्मबलि देने के लिए सन्नद्ध हो गईं। इस वीरांगना महारानी की बुद्धि की, त्याग की प्रशंसा करने के लिए त्रिविक्रम सा शब्दकोश वामन पड़ गया है। उनकी विश्वस्त दासी, जो वस्तुतः दासी से अधिक सखी और सखी से अधिक संरक्षिका, संरक्षिका से अधिक धातृ और धातृ से अधिक मातृ भाव से उनके साथ कौमार्य अवस्था से सदैव रही, वह मंथरा उनकी सहायक बनी। महाराज ने प्रसन्नतापूर्वक जिन दो वरों के देने का वचन दिया था, उनका नामकरण 'भरत को राजतिलक और राम को चौदह वर्षों का वनवास' इसी महीयसी मंथरा ने किया। योजना के अनुरूप राजेंद्र अनुज लक्ष्मण के साथ वन में चले गए। राजरानी विधाता की योजनानुसार गई।

''महाराज दशरथ असीम ग्लानि का अनुभव करते हुए महारानी कौसल्या के आवास में पधार गए। जन-जन की घृणा की पात्र बनी हुई महारानी कैकेयी के पास

हतप्रभ से पितामह, पितामही के साथ बैठे रह गए। महारानी उनके चरणों में लिपटकर बिलख उठीं। ''गुरुदेव! आपने मुझसे यह क्या करा दिया, रघुकुल के राजकुमार मेरे सुकोमल बालक वनों में निकल गए। वह निमिकुल की सुकुमारी, सूर्यकुल की नवोढ़ा वधू वन के कष्ट कैसे झेलेगी?'' किंतु जो होना था, वह हो चुका था। महामात्य सुमंत्र सूना रथ लेकर लौट आए। वैश्यपुत्र परम मातृ-पितृ भक्त श्रवण के माता-पिता का दिया हुआ शाप फलित हो गया। पुत्र विरह में महाराज ने प्राण विसर्जित कर दिए।

''भरत आ गए। समस्त वृत्तांत से अवगत होते ही मौन हो गए। विश्व-रक्षण के लिए एक ही घूँट में दारुण कालकूट का पान करनेवाले नीलकंठ उस पर न्योछावर होकर रह गए। घोर घृणा-कुत्सित निंदा-भीषण अवहेलना की पात्र बनी, उस कल्याणी कैकेयी पर जो श्वास-श्वास में बूँद-बूँदकर अपमान का हलाहल पान करते हुए, अपने अनुष्ठान की सिद्धि का दर्शन करने के लिए जीवन को शिला की भाँति ढोते हुए, शिला बनी बैठी थी, उस पर न्योछावर होकर रह गए। अपने ही पुत्र के वे शब्द महारानी ने सुन लिये, जो भरत लाल जैसे परम विनीत के लिए अनुपयुक्त और इस दारुण अवसर के लिए उपयुक्त ही थे। भरत-जननी पुत्र-त्यक्ता होकर एक अंतर्मुखी गंभीर घाव अंतर में पालकर, गहन एकांत में मौन व्रत धारण कर, उस तपस्विनी की भाँति बैठ गई, जिसे किसी वरदान की अपेक्षा नहीं थी। फिर भी उसकी मुखमुद्रा ऐसी प्रतीत होती थी, मानो कोई चक्रवर्ती सम्राट् अवभृथ स्नान करके, अपने आसन पर निरभिमान मुद्रा में बैठ गया हो।

''महाराज की और्ध्वदैहिक क्रिया के पश्चात् सभा बैठी। सभी ने सर्वसम्मति से श्रीभरत से राज्यासन सँभालने का अनुरोध किया, किंतु श्रीभरत ने भरतत्व का प्रमाण दिया। चित्रकूट में राम हैं, यह जानकर उन्होंने राज्याभिषेक की समस्त सामग्री लेकर वहीं जाने का निर्णय लिया। महारानी ने पितामह को गुप्त रूप से अपने प्रासाद में आमंत्रित किया। उस दिन उनकी प्रसन्नता छिपाए नहीं छिप रही थी। वे उसके आवेग में कह गईं, 'गुरुदेव, आपने देखा, आपने देखा, इस कलंक-ग्रसिता का क्षीर कैसा समुज्जवल है। प्रजा का विश्वास कि 'भरत निर्दोष है, महाराज का मंतव्य कि 'भरत कभी राज्यासन स्वीकार नहीं करेगा' और रघुकुल की मर्यादा कि 'ज्येष्ठ को ही राज्यासन प्रदान होता है,' इन सबका मान उसने किस प्रकार दो ही शब्दों में रख लिया कि 'चित्रकूट चलो।' कुछ क्षण मौन रहकर, वे अत्यंत गंभीरता और प्रामाणिकता से बोलीं, 'गुरुदेव, मैं दिवंगत महाराज के श्रीचरणों की शपथ लेकर कहती हूँ कि यदि भरत के मन में अयोध्या के राज्यासन के प्रति किंचित् भी आकर्षण अनुभव करती तो यह कैकेयी जिस पर पति की हत्या का अघोषित आरोप है, वह अपने पुत्र को अपने हाथों से हलाहल देकर, उसकी हत्या का घोषित अपराध करने में निमिष मात्र का भी विलंब नहीं करती।'

''पितामह अवाक् रह गए। उनके मुख से हठात् निकल पड़ा, ''राजमाते! यदि यह

यतिवेश बाधक नहीं बनता तो मैं तुम्हारे चरणों में लोट जाता। इस राजगुरु की मनीषा उसे धिक्कार रही है कि वह पथ-प्रदर्शकों की पथनिर्माता क्या गुरुओं की गुरु, विश्व की इस अद्वितीय रमणी रत्न की सुमेधा को अब तक पहचान क्यों नहीं सके। इसका उपयोग कर अपने यजमान-कुल को प्रतिष्ठा के जो नव-अभिनव आयाम प्रदान कर सकता था, उन्हें प्रदान करने में मैं चूक कैसे गया।'' वे हाथ मलते हुए, खड़े-के-खड़े रह गए, परंतु खेत चुगनेवाली चिड़िया उड़ चुकी थी।

''श्रीभरत चित्रकूट चले। अंत:पुर की सभी देवियाँ अपनी-अपनी रुचि के अनुसार रथ-शिविकाओं में जा बैठीं। सहसा सभी ने एक अकल्पित सत्य को प्रत्यक्ष देखा कि उनके अनुमानों की धार कुंठित करती हुई, राजमाता कैकेयी अपनी श्वेत उत्तरीया को सकेरती हुई, शारदीय सरिता की भाँति मंथरगति से चलती हुई, अपने अधमुंद विलोचनों से पृथ्वी को ताकती हुई उस स्यंदन के सामने जाकर खड़ी हो गईं, जिसमें कौसल्या एवं सुमित्रा दोनों महादेवियाँ बैठ चुकी थीं। उन्हें अपने सामने खड़ी हुई देखते ही राजमाता कौसल्या, ''आओ, प्रिय भगिनि! आओ'' कहती हुई रथ से तुरंत उतर पड़ीं। अपना आश्रय देकर एक दुर्बला दूसरी दुर्बला को चढ़ाने लगी। तीसरी ने हाथ बढ़ाकर दोनों को धीरे-धीरे सँभाल लिया। वह दृश्य आज भी आँखों को ऐसा प्रतीत होता है, मानो प्रचंड वातवेग में काँपती हुई दो चंपक लताएँ सिमटकर, अपने मूल से लिपटकर अक्षत रह गई हों।

''चित्रकूट सभी को पहुँचना ही था, पहुँच गए। अभिवादन-आशीर्वाद की परंपराओं का निर्वाह हुआ। राजेंद्र राम एक रात्रि राजमाता कैकेयी के शिविर कक्ष में गए। वे ऋषिमंडल के मंतव्य से अवगत हो चुके थे, क्योंकि चित्रकूट को अपने वनवास प्रवास का प्रथम स्थान उन्होंने महर्षि भारद्वाज के संकेत एवं महर्षि वाल्मीकि के स्पष्ट कहने पर ही तो चुना था। महर्षि अत्रि ने महर्षि वाल्मीकि के शिष्यों द्वारा समाचार पाते ही उस सुरम्य कामदगिरि पर मंदाकिनी के तट पर उनके लिए स्थान निश्चित कर, अपने दो शिष्यों को उन्हें मार्गदर्शन देने के लिए नियुक्त भी कर दिया था। उन शिष्यों द्वारा निर्दिष्ट मार्ग से जब राजेंद्र अनुज और राजरानी सहित उस स्थान पर पधारे तो महर्षि अत्रि, देवी अनसूया एवं किरात मंडली सहित वहाँ उपस्थित थे। उनके लिए कुटिया बन चुकी थी।

''अस्तु, राजेंद्र रात्रि में राजमाता कैकेयी के शिविर कक्ष में पहुँचे। अभिवादन करके बैठे तो सही, किंतु उनके नेत्रों से बहती हुई अश्रुधाराएँ किसी प्रकार थमने का नाम नहीं ले पा रही थीं। राजमाता उन्हें पोंछते-पोंछते हार गईं। वे उनसे लिपटकर अत्यंत कठिनाई से केवल इतना ही कह पाए, ''माँ, इतना भारी शैल तुमने अकेले अपने ही माथे पर क्यों उठा लिया, भूमिका के रचनाकार अपने नेत्रों का अंजन आपके समुन्नत मस्तक पर लेपकर अपने-अपने श्रीखंड मंडित मस्तक कैसे उठाए बैठे हैं, मैं यह स्पष्ट जानकर भी

मौन बैठा रहूँ तो क्या यह घोर पाप नहीं होगा ? मैं प्राण देकर भी इसका प्रायश्चित् नहीं कर सकूँगा। माँ! मुझे आज्ञा दो। मैं इस रहस्य पर से कल प्रातः परदा उठाकर रहूँगा।''

''राघवेंद्र के शब्द सुनकर वे धीरे से बोलीं, ''राम! क्या तू वन के कष्टों से घबराकर अयोध्या लौटना चाहता है ?'' ''नहीं, नहीं, कदापि नहीं। मैं वन के कारण भयभीत नहीं हूँ। केवल आपके कारण चिंतित हूँ।''

''केवल मेरे कारण चिंतित है, इस कारण तू भरी सभा में इस कठिन योजना का रहस्योद्घाटन कर अपनी साधु प्रकृति-निश्छल प्रवृत्ति और सत्यता के लिए विश्वभर में प्रसिद्ध ऋषिमंडल को कुटिल-कपटी सिद्ध करेगा, विश्व-कल्याण की कामना में दत्तचित्त सुभद्रजनों को अभद्र स्वार्थी प्रकारांतर से कहेगा, तू जानता है, उस समय तेरी इस माँ की क्या स्थिति होगी ? अरे, यह वह कुत्सित स्त्री बनकर रह जाएगी, जो स्वर्ग के अक्षय-सुख पाने के लिए, सबके मनाने और समझाने पर भी, सती का गौरव पाने के लिए, पहले तो अपने पति के शव को लेकर चिता पर जा बैठी हो और दो-चार लपटों को देखते ही, उसे फेंककर भाग खड़ी हुई हो। उस स्थिति में जैसे वह किसी के लिए कायर, किसी के लिए विक्षिप्ता, किसी के लिए अभिनेत्री और किसी के लिए कुलटा बनकर, संसार भर के लिए उपहास का पात्र बन जाती है, वह स्थिति मेरी होगी। बोल, ''क्या तू मुझे इस स्थिति में देख सकेगा ?''

''नहीं-नहीं'' राजेंद्र के ये शब्द सुनकर, वे मुस्कराते हुए बोलीं, ''तो फिर, जिस कारण तुझे वनवास दिया गया है, उसके शिखर को अपने यशध्वज से सुशोभित कर। तेरे पराक्रम को पार्वतीवल्लभ भगवान् आशुतोष कीर्तनीय बनाएँ। मेरे आशीर्वाद का कवच दशों दिशाओं में तेरे लिए अभेद्य सिद्ध होगा। माँ सरस्वती तेरी इस माँ के अंतर से प्रस्फुटित शब्दों की रक्षा करेगी। मैं जानती थी कि तू मेरे पास अवश्य आएगा। मैं तेरी प्रतीक्षा कर रही थी। राम! मुझे तुझसे एक वचन लेना है, बोल, देगा कि नहीं ?''

महर्षि पराशर अपनी गदराई वाणी को संयत करने के लिए बोलते-बोलते कुछ क्षणों के लिए ठहरे, क्या कि समुपस्थित जनों को क्षण युगों के समान प्रतीत होने लगे। उन्हें लगा कि जैसे बहती हुई वायु सहसा ठहर गई हो और उनके श्वास रुकने की स्थिति में आते जा रहे हैं। महर्षि शून्य में ताकते हुए कहने लगे—

''राजेंद्र राम अपनी प्रकृति के अनुसार तुरंत बोले, ''माँ! तुम अपने राम से वचन माँग रही हो। यह राम तो तुम्हारे एक संकेत पर अपने प्राण भी, इसी क्षण आपके चरणों में समर्पित कर सकता है। आप आज्ञा तो करें ?''

''राजमाता कैकेयी राजेंद्र के दोनों हाथ अपने हाथों में थामकर, उनके नेत्रों में नेत्र डालकर बोलीं, ''राम! वचन दे, तू जीवनपर्यंत इस रहस्य को अपने मुख से कभी प्रकट नहीं करेगा।''

''राजेंद्र अपनी जिस अश्रुओं की बाढ़ को अब तक बड़ी कठिनाई से रोक पाए थे, वह पलकों के तटबंध भंग करती हुई बढ़ चली। उसका साथ देने के लिए उनका स्वर भी उमड़ पड़ा। वे फफक-फफककर बिलखते हुए बोले, ''माँ! इतिहास साक्षी है। आज तक किसी माँ ने अपने पुत्र को इस प्रकार शृंखला में कसकर निश्चेष्ट नहीं बनाया, जिस प्रकार आप मुझे बना रही हैं।''

''प्रत्युत्तर में राजमाता कैकेयी फीकी सी हँसी हँसते हुए बोलीं, ''जो अपने पति को कसने से नहीं चूकी, वह पुत्र को कसने से चूक जाए तो उस कैकेयी की कीर्ति अपूर्ण न रह जाएगी? राम! तेरा यश अक्षय हो। तेरी कीर्ति अमर हो। तेरे चरित्र की प्रभा से दशों दिशाएँ प्रभासित हों। तेरी मांगलिक गाथा विश्व का सुमंगल करे। चित्त सुस्थिर कर। इन अश्रुओं को पीकर, संसार भर के नेत्रों के अश्रुओं का हरण कर। इतिहास को अद्वितीय नायक प्रदान कर। जा, विलंब करना उचित नहीं होगा। वन से जानकी-लक्ष्मण सहित लौटकर, अन्यों के साथ अपनी इस माँ के नेत्र धन्य कर।''

''राजेंद्र रामचंद्र माँ का अभिवादन करके चल तो पड़े, किंतु इस समय उनकी गति से ऐसा आभास हो रहा था, मानो वे एक चरण से हिमाचल और दूसरे से विंध्याचल को घसीटते हुए चल रहे हों। उनकी मुखमुद्रा उस जुआरी जैसी लग रही थी, जो अपने ही दाँव पर सर्वस्व की बलि देकर लौट रहा हो। उनकी ऐसी स्थिति देखकर राजरानी जानकी स्तंभित रह गईं। जो मुख राज्याभिषेक के अवसर पर वनवास पाकर किंचित् मात्र म्लान नहीं हुआ, आज उस पर ऐसी क्लांति क्यों? अत्यंत साहस जुटाकर, भयभीत होकर उन्होंने कारण जानने की चेष्टा की। प्रत्युत्तर में उन्हें केवल दो ही शब्द मिले कि 'सीते! शयन करो।'

''वह रात्रि उन्होंने आकाश के नीचे हाथ मलते हुए, इधर-उधर टहलते हुए व्यतीत कर दी। दूर खड़े लक्ष्मण उन्हें देखते रहे, परंतु राजरानी के सामने उनसे कुछ पूछ नहीं पाए। प्रात:काल उन्होंने पितामह से एकांत में राजेंद्र की इस अवस्था का कारण जानना भी चाहा, किंतु वे जानते हुए भी कहते क्या? राजमाता ने ही एक दिन एकांत में पितामह से इस वृत्तांत की चर्चा की थी।

''भूमि का भार उतारकर राजेंद्र अपनी प्रियतमा और अनुज के साथ सकुशल अयोध्या लौट आए। अद्वितीय समारोह पूर्वक राज्याभिषेक संपन्न हो गया। विश्व में आदर्श रामराज्य की कीर्ति पताका फहर गई। मनुस्मृति के रूप में विश्व को मानवता के उद्देश्य और नियमों से परिचित करानेवाले महाराज वैवस्वत मनु, पृथ्वी का दोहन करके अनेक रत्न-खनिज-धातु-कृषि-जड़ी-बूटियों की प्राप्ति का मार्ग प्रशस्त करनेवाले महाराज पृथु, सागरों की सीमाएँ निश्चित करनेवाले महाराज सगर, सत्य संरक्षण के लिए मर्मांतक पीड़ाएँ सहनेवाले महाराज हरिश्चंद्र, पतित पावनी भागीरथी को ब्रह्मलोक से

धराधाम पर अवतरित करानेवाले महाराज भगीरथ, गोरक्षा के निमित्त शरीर समर्पणकर्ता महाराज दिलीप, वज्रहस्त देवेंद्र की आजानु भुजा बींधकर यज्ञाश्व को मुक्त करानेवाले महाराज रघु, शंबरासुर का शिरच्छेद करके स्वर्ग में सदेह जाकर देवों से अलौकिक उपहार लेकर लौटनेवाले, निरंकुश शनि को अनुशासित करनेवाले महाराज दशरथ ही क्या, इक्ष्वाकु–विकुक्षि–पुरंजय–अनेना–अनरण्य–मांधाता आदि कितने ही यशस्वी नरेश इस सूर्यवंश में हुए, किंतु राजेंद्र राम के बल–विक्रम रीति–नीति, प्रियदर्शिता एवं अनेकानेक देव दुर्लभ गुणों के कारण वे सभी सूर्यवंश मालिका की मणियाँ बनकर रह गए। राजेंद्र रामचंद्र को ऋषि–मुनियों, देव–दानवों, यक्ष–किन्नरों आदि ने एकमत से उस मणिमाला का सुमेरु मान्य किया।

''यह सब निर्विवाद होते हुए भी वे मर्यादा पुरुषोत्तम अपनी मर्यादा के ऐसे बंदी होकर कैसे रह गए कि वे राम को राम बनाने वाली उस महीयसी को, रामराज्य के संस्थापक उसके परम विनम्र पुत्र, अपने विशिष्ट अनुगत भरत के द्वारा जीवनपर्यंत 'माँ' नहीं कहला सके। केवल राम ही क्यों, जिनकी मनोरथ वल्लरी को जिस देवी ने सूर्यदेव के प्राची प्रासाद के ध्वज दंड पर ले जाकर ही आचमन किया, वह ऋषिमंडल भी उसे न्याय कहाँ दिला पाया। यह ठीक है कि इन सभी को उन देवी ने वचनबद्ध कर डाला था, किंतु उनकी सामर्थ्य–शक्ति पंगु बनकर कैसे रह गई, जो मत्स्य–कच्छप–वराह–नृसिंह–मोहिनी आदि बनने में भी संकोच नहीं माने। अरे, और कुछ नहीं तो देवताओं से कहकर अथवा उन्हें बाध्य करके, आरंभ में नहीं तो राज्याभिषेक के पश्चात् 'कैकेयी सर्वथा निर्दोष है' यह आकाशवाणी तो करा ही सकते थे। 'अविगत की गति अविगत जाने, और न जाने कोय' इसके अतिरिक्त यह दीन पराशर और कहे भी तो क्या कहे?

''एक क्या अनेक उदाहरण इस प्रकार के हैं, जिनका उत्तर 'तर्कोऽप्रतिष्ठः' तर्क का कोई अंत नहीं है, इस आधार पर दिया तो जा सकता है, परंतु निर्विवाद नहीं हो सकता। इंद्र को पहचानकर समर्पित होनेवाली अहिल्या क्षमा कर दी गई। गुरुपत्नीगामी चंद्रमा, दैत्याचार्य शुक्र, एक घोर दानव राहू, जो स्वयं श्रीनारायण के चक्र से दो खंडों में विभाजित होकर राहू–केतु के नाम से ग्रहराज सूर्य, देवगुरु बृहस्पति, भूमिपुत्र मंगल के साथ प्रत्येक धार्मिक–मांगलिक अनुष्ठान के आरंभ में पूजित–अर्चित हो रहे हैं। यह घोर मानवता का उद्धरण तुष्टीकरण नहीं तो और क्या है? नवग्रह मंडल को आदर्श मानकर, यदि धरती के लोग अपने सर्वस्व को अक्षुण्ण रखने के लिए अवसरवादिता का परिचय दें तो हम उन्हें किस मुँह से किस दोष का अभियोगी कह सकेंगे? ऐसे में यदि कोई कुछ कहेगा भी तो इतना ही कि हे परमेश्वर, हमें देवताओं के पाप से बचाओ। सद्गुण विकृति से हमारी रक्षा करो'।

''जो महारानी मंदोदरी सर्वदा जानकी हरण की निंदा ही नहीं करती रहीं, अपितु

राजरानी की प्रत्येक सुख-सुविधा का परोक्ष रूप से ध्यान रखती रहीं, उनके नामवाली एक भी महिला कहीं दृष्टिगोचर नहीं होती। यद्यपि प्रात: स्मरण में ऋषियों ने उनका नाम रखा हुआ है। इसी प्रकार भरी सभा में राजरानी की ससम्मान मुक्ति का प्रस्ताव रखनेवाले, उस प्रस्ताव के निरस्त होने पर, उससे होनेवाली हानियों का निर्भीक भाव से वर्णन करनेवाले, प्रतिफल में पदाघात से अपमानित होकर, निष्कासन पाकर भी अपने देश की निरीह जनता को सुरक्षा प्रदान करानेवाले वे विभीषण, जिन्हें देवर्षि नारद अपने भक्ति सूत्र में स्थान देते हैं, जिनकी गणना भक्ति के द्वादश आचार्यों एवं सप्त चिरंजीवियों में करते हुए, उनकी पूजा देश भर के बालकों के द्वारा वर्षगाँठ के समय इस भाव से कराई जाती है कि हमारे बालक उन्हीं के समान दीर्घायुष्य प्राप्त करें, आज उनका स्मरण सामान्य जन 'घर का भेदी लंका ढाए' के रूप में करते हैं। इसे क्या कहा जाए? केवल इतना ही कि अविगत की भाँति ही लोक का गणित भी विचित्र है। किसी को समझाना मेढकों की तोल जैसा दुरूह कार्य ही है। इसी गणित का आखेट बनकर राजमाता कैकेयी चली गईं। इसी के समान जनापवाद के कुचक्र में फँसकर राजरानी जानकी का वनवास हुआ और स्वयं राजेंद्र रामचंद्र आज भी धरती पर शयन करते हुए, केवल फलाहार के आधार पर शरीर धारण करते हुए, राजदंड धारण किए बैठे हैं। बड़वानल को अपने अंतस्तल में छिपाकर गंभीर समुद्र के समान रत्न उछाल-उछालकर जन-जन को दे रहे हैं। भरत निष्प्राण प्राणों को ढो रहे हैं। केकय नरेश अश्वजित संकोच में घिरे-घिरे आत्माहुति देकर चले गए। इन केकय अमात्य के शब्द बता रहे हैं कि केकय नरकाग्नि में धधक रहा है। उसका केवल उद्धार ही नहीं, बल्कि उसके गौरव के अनुकूल उसका परिष्कार भी होना चाहिए। चर्चा में चर्चा होती चली गई। इतिहास के पृष्ठ-पर-पृष्ठ हम पलटते चले गए। महामात्य भद्राश्वजी हमें क्षमा करें।''

महर्षि पराशर के यह कहते ही भद्राश्व हाथ जोड़कर, ''नहीं-नहीं'' कहते हुए खड़े होकर बोले, ''रघुकुल के युवा आचार्यवर 'क्षमा' कहकर, हमें कृपया संकोच में न डालें। हमारे महाराज के संकोच ने केकय को विनाश के कगार पर पहुँचा दिया। आपके प्रामाणिक कथन ने हम केकयवासिथों के ग्लानि पंकनिमज्जित मस्तक को जिस प्रकार त्रिपथगा-धारक शिव के समान समुन्नत किया है, उसे मैं शब्दों में नहीं कह सकता। धन दान बहुत सरल है, यदि मनोवृत्ति उदार हो तो। उससे कठिन अपने व्यस्त समय में से समय देना है। समय देने से कठिन शरीर देना है, किंतु वह भी तब तक कठिन है, जब तक रणरंग नहीं चढ़ता। किसी सामान्य को अपना सुयश देकर अपने प्रिय को यशस्वी बनाने के भी कई उदाहरण हैं, किंतु किसी निष्कलंक ने कलंक को मौन भाव से मस्तक पर किरीट की भाँति धारण किया हो, ऐसा गौरव तो विश्व में एकमात्र हमारी केकयकुमारी ने ही प्राप्त किया है। भाइयों ने भाइयों के मस्तक से मुकुट तो अनेक

स्थानों पर छीने हैं, किंतु पिता प्रदत्त मुकुट को अपने भ्राता के मस्तक पर आग्रहपूर्वक सुसज्जित करनेवाला तो हमारा दौहित्र भरत ही है। मैं केकय महामात्य भद्राश्व अपने आराध्य को साक्षी मानकर स्पष्ट रूप से कहता हूँ कि यद्यपि हमारे महाराज अश्वजित के चरित्र में कोई व्यक्तिगत दोष नहीं था, किंतु उनकी राजनैतिक दृष्टि में परिपक्वता का अभाव था। सुनी-सुनाई बातों पर विश्वास करके रह गए। जिस मंथरा को राजमाता कौसल्या ने गुप्त रूप से ससम्मान कोसल राज्य की सीमा से निकालकर पूर्ण सुरक्षा के साथ केकय पहुँचाया, उसे महाराज ने कभी भेंट का अवसर नहीं दिया। वह अनेक बार, अनेक के द्वारा निवेदन करा-कराकर थक गई, किंतु महाराज उसे ठुकराते ही रहे। अयोध्या की लांछिता केकय में, अपने ही देश में एक प्रपीड़िता-अपमानिता-निर्वासिता का जीवन बिताती रही, किंतु जीती रही। जिन राम का नित्य स्मरण करना चाहिए था, वे पूर्णतः विस्मृत कर दिए गए। उसका प्रतिफल, अपने ही नरेश की भ्रमित-दूरदर्शिताविहीन दृष्टि की विष बेल से कटु फल के रूप में उतरा। जिसका सेवन कर केकय साम्राज्य आज मरणासन्न स्थिति में सिसक रहा है, जिस मंथरा ने कभी देशोद्धार कार्य में एक प्रभावी भूमिका का निर्वाह किया था, उसी ने आज केकय उद्धार का सूत्र देकर, हमें यहाँ आने की प्रेरणा दी।''

अभी महामात्य भद्राश्व कुछ और भी कहते कि एक सेवक का संकेत पाकर शत्रुघ्न विनम्र भाव से खड़े होकर बोले, ''महर्षि पराशरजी! मध्याह्न व्यतीत होने जा रहा है, कृपया महामात्य महोदय को लेकर आप भोजनागार में पधारें। अपराह्न में राजेश्वर के सान्निध्य में पुनः बैठकर केकय की दशा सुनकर-समझकर भावी कार्यक्रम निश्चित करें, यही उचित रहेगा।''

सम्मोहन, बाध्य होकर उच्चाटन में परिवर्तित हो गया। सेवकों के द्वारा निर्दिष्ट स्थान पर सभी शनैः-शनैः भोजनादि के लिए चल पड़े।

□

अनुच्छेद १०

अपराह्न से पूर्व ही राजसभा में शनैः-शनैः लोग जुटने आरंभ हो गए। आज राजसभा में केकय महामात्य अपने देश की दुर्दशा का वर्णन प्रस्तुत करनेवाले हैं, इस कारण जन-सामान्य में एक विशेष उत्सुकता जाग्रत् हो चुकी थी। रावण-वध के पश्चात् सभी यह समझ चुके थे कि 'अब न केवल भारतवर्ष अपितु समस्त विश्व संकट-मुक्त हो चुका है।' उनके इस विश्वास को, दृढ धारणा को यह जानकर एक गंभीर आघात लगा कि यह संकट-मुक्ति तथाकथित बनकर संकट-युक्ति के रूप में अपने ही देश

का द्वार खटखटाकर अंदर प्रवेश कर चुकी है। स्वर्गीय महाराज का श्वसुरालय, दिवंगत राजमाता का पितरालय दुर्दशाग्रस्त हो गया। स्वयं युवराज के मातामह केकय नरेश किसी अनाथ-अनाश्रित कीट-पतंग की भाँति धधकती हुई लपटों के आहार बनकर, क्षार के रूप में परिणित हो गए। ऐसे में अंतःपुर की नारियाँ, छोटे-छोटे अबोध शिशु आज किस स्थिति में होंगे, वहाँ के देवालय-ग्रंथागार-गुरुकुल-प्रासाद-अट्टालिकाओं आदि पर क्या बीती होगी? उस समय एक मुख से हजार बातें और हजारों मुख से एक ही 'केकय-केकय' ही निकल रहा था।

कुछ ही समय में अपने तीनों बंधुओं सहित राजेंद्र रामचंद्र पधारे। उनके आने से पूर्व ही अष्टामात्य मंडल केकय महामात्य को लेकर आ चुका था। कुछ ही समय पश्चात् ऋषि मंडल के साथ महर्षि पराशर भी आ गए। राज्यासन के दक्षिण में वे सभा का अभिवादन स्वीकर करते हुए बैठ गए। उनका संकेत पाकर राजेंद्र रामचंद्र ने केकय महामात्य का आह्वान किया। वे अपने आसन से उठना चाहते थे, परंतु उनकी शारीरिक व्यवस्था के कारण पराशर ने उन्हें बैठे-बैठे ही बोलने को कहा। उनकी अनुमति पाकर, सभी का यथायोग्य अभिवादन कर, वे बोलने लगे—

"पूज्यपाद ऋषि मंडल-परम श्रद्धेय महर्षि पराशरजी-सप्त सामंत चक्र चूड़ामणि अयोध्याधिपति श्रीमद्रामचंद्रदेव-रघुराज परिकर एवं सभासद् गण! आज आपके समक्ष दुर्दशाग्रस्त क्या नष्टप्राय केकय साम्राज्य का यह वह दुर्भागा महामात्य बैठा है, जो काल की विकराल दंष्ट्राओं के मध्य से मार्ग बनाता हुआ, कैसे यहाँ पहुँचा, यह वह ही जानता है। देवतात्मा हिमालय से कुमारिका क्षेत्र एवं सिंधुसागर से प्रशांत महोदधि के मध्य यत्र-तत्र फैले हुए द्वीप-उपद्वीप समूहोंपर्यंत हमारा एक राष्ट्र है। पुनर्जन्म और परलोक को मान्य करनेवाली, गाय को माता का सम्मान देनेवाली एक देव संस्कृति है। वही विश्व की आदि श्रुतिस्मृति-सम्मत वस्तुतः मानव संस्कृति ही है। यही स्थिति वेश-भूषा खान-पान आदि की है। विभिन्न प्रकार की जलवायु, उससे व्युत्पन्न खाद्यान्न फल-मूल इसके कारण हैं। इस मानवीय संस्कृति की मर्यादाओं का, अपनी चरित्रहीनता, उच्छृंखल प्रवृत्ति के कारण, पालन करने में जो असमर्थ सिद्ध हुए, उन निरंकुशजनों ने देव संस्कृति के विपरीत दनु संस्कृति का तथाकथित नाम देकर एक पृथक् परिपाटी का समारंभ किया। पर धन, पर नारी के प्रति आकर्षण ने उनमें दुस्साहस को जन्म दिया। यह दुस्साहस नृशंसता बनकर उभरा। चरित्र की चट्टान पर खड़े रहने के लिए चित्त में दृढता चाहिए। चित्त के विचलित होते ही पतन होता है। पतन की राह परस्नेह के कारण रपटीली होती है। उत्तुंग शिखरों पर चढ़ने के लिए शक्ति चाहिए, किंतु अशक्त व्यक्ति के लिए अधोगति का यह मार्ग सरल है। ऐसे ही व्यक्तियों का, जिसे कुसंग ही कहना चाहिए, वह मिल जाए तो फिर यह सरल मार्ग अत्यंत सरल हो जाता है। कुसंग

का भावार्थ कु संग अर्थात् जो शिखरों की उच्चता पर नहीं, नीचता कु अर्थात् धरती के निम्न स्तर का प्रतीक हो, वही कुसंग है। ऐसे कुसंगियों की संख्या बढ़ती गई तो उन मानवता विरोधियों ने स्वयं को निर्लज्जतापूर्वक मानव के स्थान पर दानव कहना-कहलाना आरंभ कर दिया। इनके सिरों पर सींग तो नहीं होते, किंतु इनकी दूषित वृत्तियों की समीक्षा करते हुए चित्रकारों ने जो चित्र बना दिए, उन्हें देखकर जन-साधारण उन्हें ऐसा भयंकर समझ बैठा है।

''भगवती प्राची की शीतलमंद सुगंध भरी वायु से संसेवित आकाश मंडल में वह अरुणिमा, जो भगवान् भुवन भास्कर सूर्यदेव के पधारने से पूर्व सृष्टि को जागृति का, कर्म की प्रेरणा का संदेश देती है, यज्ञानल की वे लपटें, जो अंत:-बाह्य वातावरण को प्रदूषणमुक्त करती हैं, जीव-जीव में नवीन ऊर्जा का संचार करती हैं, उनके वर्ण को अपना आदर्श मानकर हमने अपने ध्वज का निर्माण किया। उस पर वह ॐ अंकित किया, जो सृष्टि के समारंभ काल में एक प्रतिबिंब के रूप में प्रलयपयोधि की चंचल लहरों पर नृत्य करता हुआ दृष्टिगोचर हुआ। जिस शैल शिखर ने यह आकृति दी, वह कैलास कहलाया। कैलास अर्थात् जिसकी परछाँही जल पर नृत्य करती हुई, किसी देवार्पिता की भाँति नयनाभिराम लास्य करती हुई, अस्तित्व की अस्मिता से साक्षात्कार करती-कराती हुई प्रकट हुई। चित्तवृत्ति निरोधक, कर्म-कौशल के ज्ञाता योगियों ने उसकी आराधना की, चिंतन किया, अपनी मनीषा का मंथनकर, बिंदु रूप में एक सिद्धांत का सूत्रपात किया। वही—

ओंकार बिंदु संयुक्तं नित्यं ध्यायन्ति योगिना:।
कामदं मोक्षदं चैव ओंकाराय नमो नम:॥

—के रूप में प्रचलित हुआ, प्रसिद्ध हुआ, हमारे नित्य स्मरण का गणपति बना। तथाकथित रूप से जिन्होंने अपने लिए स्वयं ही 'दानव' संज्ञा गढ़ी, उन्होंने इसके विपरीत, अंधकार की प्रतीक और हलाहल विषवर्णी नीली पताकाएँ फहरानी आरंभ कर दीं। उन दानवों को, जिन्होंने क्रूरता और नृशंसता में योजनों दूर छोड़ा, वे राक्षस बन गए। जो अपने ही रक्षण में तत्पर हो, खान-पान में ज्ञान-विज्ञान को महत्त्व न दे, सुख-सुविधाओं को जुटाने में किसी कर्म-अकर्म में भेद न करे, वह राक्षस। चार्वाक ने इसी सिद्धांत का उल्लेख करते हुए कहा—

यावज्जीवं सुखं जीवेत् ऋणं कृत्वा घृतं पिबेत्।
भस्मी भूतस्य देहस्य, पुनरागमनं कुत:॥

—किंतु राक्षसों ने उसे भी पीछे छोड़कर, एक अलिखित सा सूत्र अपने जीवन का सिद्धांत बना लिया। इसमें 'ऋणं कृत्वा घृतं पिबेत्' के स्थान पर 'बलात् हत्वा मदं पिबेत्' और फिर 'सतत कोणपं पिबेत्' अर्थात् निरंतर रक्त पियो। संभवत: इसी कोणप

रक्त से राक्षसों का नाम कौणप पड़ा। इन्हीं की एक-एक श्रेणी यवन और म्लेच्छ कहला रही है। यवन जिसमें यव मात्र अर्थात् एक जौ के समान भी मानवता के गुण दया-अहिंसा-धैर्य-क्षमा-संयम-पवित्रता-सद्बुद्धि न हो, वह यवन। म्लेच्छ शब्द तो प्रत्यक्ष रूप से मलिनता को सार्थक कर ही रहा है।

शास्त्र में इनकी व्याख्या स्पष्ट है—

सत्त्वाचारविहीनश्च विरुद्धं बहुभाषते।
गोमांसखादको यस्तु, म्लेच्छ संज्ञा विधीयते॥

(सदाचार से विहीन, सर्वदा उलटा बोलनेवाले गोमांस भक्षकों को म्लेच्छ कहा गया)

"इन्हें अपने आर्य समाज ने किसी प्रकार स्वीकार नहीं किया। इनका पग-पग पर प्रतिकार किया तो वे पलायन करते-करते जन-शून्य मरुस्थलों में प्रवेश कर गए। जल के अभाव ने इनमें मलीनता की कल्पनातीत वृद्धि की। हरियाली का दिवास्वप्न देखने वालों ने अपनी पताका को हरित वर्ण दिया कि देवों के सुपीत ध्वज और दानवों के नील ध्वज, इन्होंने कहीं ले जाकर डुबोए तो पीले पर नीला और नीले पर पीला ऐसा चढ़ा कि दोनों हरे हो गए और वे इन दीन-हीनों ने अपने शीर्ष विहीन-सिद्धांतहीन केतु ध्वजा-पताका के रूप में फहरा दिए। ऐसी ही शीर्षविहीन वाममार्गी एक तथाकथित भाषा का भी निर्माण कर डाला, जिसके लेखन-पठन में भारी अंतर है। अब उसमें से कई उपभाषाएँ निकलने लगी हैं, यह भी सुन रहे हैं। इसकी पृष्ठभूमि में संवादहीनता को प्रोत्साहन देना है। स्पष्ट कहें तो सुधार-सुसंस्कार के सरल सात्त्विक जन पथों को कुटिल कांतारों की ओर मोड़ने का ही तामसी उद्योग है।"

केकय महामात्य के इस युक्तियुक्त कथन ने जहाँ प्रबुद्ध जनों को उनके प्रकांड पांडित्य का परिचय करा दिया, वहीं सर्वसाधारण जन को यवनों-म्लेच्छों की परिभाषाओं के सूत्र भी थमा दिए। कई मुखों से तो सत्य-सत्य के शब्द भी अनायास निकल पड़े। महामात्य दो क्षण ठहरकर पुन: बोले—

"एक तथ्य समझ में नहीं आता कि इन दानवों-राक्षसों-यवनों-म्लेच्छों को नास्तिक कहा जाए कि आस्तिक? ये तपस्या करते हैं और कठिन क्या कठिनतम ही कहनी चाहिए, वे तपस्याएँ करते हैं। शिव-ब्रह्मादि प्रमुख देव इनके सम्मुख प्रकट होते हैं। न चाहते हुए भी इन्हें ऐसे वरदान देते हैं, जो कालांतर में विश्व के लिए मर्मांतक पीड़ा क्या, प्रलयंकर संकट के कारण बनते हैं। इस रहस्यमयी गुत्थी को कैसे सुलझाएँ?"

महामात्य भद्राश्व को एक बार अपनी ओर और तत्क्षण श्रीराम की ओर देखते हुए देखकर पहले तो पराशर मौन रहे, किंतु दूसरे ही क्षण राम की भी दृष्टि अपनी ओर उठी देखकर, वे हँसते हुए बोले, "महामात्य! आप प्रबुद्ध हैं। सुमेधा के धनी हैं। आपने धर्मशास्त्रों का आचार्य-चरणों में बैठकर विधिवत् अध्ययन किया है। आपने सात्त्विक

एवं तामसी विचारधाराओं का वर्णन, उनके स्रोतों के दिग्दर्शन जिस प्रांजल भाषा में कराए हैं, वे आप ही के योग्य हैं। आपकी यह प्रश्नवाचक मुद्रा निश्चित रूप से हमारी परीक्षा लेने के लिए नहीं है। यह जिज्ञासुओं की जिज्ञासा पिपासा भड़काकर, उन्हें तृप्ति का असीम आनंदामृत प्रदान करने का ही उद्योग है। आपने जनसाधारण को निस्संशय करने के लिए ही इस संशय की प्रस्तुति की है। जिसे आप रहस्य कह रहे हैं, वह रहस्य तभी तक रहस्य है, जब तक कि आप इसके पूर्व पक्ष का उत्तर पक्ष प्रस्तुत नहीं करते। अब आप वही कीजिए।''

भद्राश्व पराशर को कृतज्ञ दृष्टि से निहारते हुए बोले, ''ये दानव-राक्षस-यवन-म्लेच्छ सहसा न आस्तिक कहे जा सकते हैं और न तुरंत इन्हें नास्तिक कह सकते हैं। ये पूर्णत: त्रिशंकु न होकर भी त्रिशंकु हैं। अपने ही प्रकार के विशिष्ट त्रिशंकु हैं। ये देवताओं को नकारकर भी उनकी शक्तियों को स्वीकार करते हैं। संसार के भोग प्रकृति-जन्य हैं। इनमें इनकी प्रबल आसक्ति है, किंतु मूर्ख भी ऐसे हैं कि 'जिस डाल पर मैं बैठा हूँ, उस पर सर्वदा मेरा एकाधिकार रहे, इस कारण मैं यदि इसे काट डालूँ तो फिर कोई कैसे बैठ पाएगा?' यह सोचकर उसे काटकर, स्वयं गिर रहे हैं। उन पतितों पर उस डाल का जनक हँस रहा है। यही स्थिति इनकी है। हमारी मृत्यु न हो, इस कारण तपस्या कर रहे हैं। कोई एक पैर पर खड़ा है, कोई अन्न-जल का त्याग कर रहा है, कोई पंचाग्नि में तप रहा है, यहाँ तक कि एक ने तो अपने हाथों से अपने सिर काट-काटकर अग्नि में डाल दिए। भगवान् शंकर और पितामह ब्रह्मदेव को उनके सामने उस दीन ऋणी के समान प्रकट होना पड़ा, जिसके परिवार को कोई अधम वित्त-पिशाच ललकार-ललकारकर खींच रहा हो। उसकी गृहनारियों के शरीरों को रौंद रहा हो, उनके बालकों को उठा-उठाकर सतमंजिले प्रासाद की अट्टलालिका से धरती पर पटक रहा हो। इसी प्रकार अपने विरुद-यश-कीर्ति की रक्षा के लिए उन्हें बाध्य होकर आना पड़ता है। विवश होकर वरदान देने पड़ते हैं। बाध्य होकर दिए। उसके पश्चात् हमारे वरदान असत्य सिद्ध न हों, हमारी प्रामाणिकता-विश्वसनीयता अक्षत रहे, इसके लिए जिन्हें वरदान दिए हैं, उनके कुकृत्य देखकर, उन्हें समझाने भी आते हैं। उनकी अवहेलना सहकर, विश्व के समक्ष उपहास के पात्र बनकर लौटते हैं, साथ ही अपने वरदानों को असफल करने के लिए श्रीहरि से प्रार्थना-पुकार भी करते हैं। उनके अवतार कार्य के प्रति समर्पित होने के लिए स्वयं भी अवतरित होते हैं। कैसा विरोधाभास है?

''हिरण्याक्ष और हिरण्यकशिपु से लेकर दशकंधर और शतकंधर, तक सभी शब्दों के हेर-फेर से एक ही वर माँगते हैं कि हमारी मृत्यु न हो। क्षितिज से क्षितिजों तक विस्तृत अमोघ वरों की शतघ्नियों से संरक्षित अजरता-अमरता के सुदृढ दुर्ग में काल भगवान् किसी प्रकार क्षीण सा क्षिद्र पाकर किस-किस वेश में प्रवेश करते हैं और अशेष

होने का दिवास्वप्न पाकर किस-किस को नि:शेष का साक्षात्कार उसी प्रकार करा देते हैं, जैसे अनंत रोमों में से किसी एक रोम से प्रवेश कर कोई क्षुद्र सी विषैली कील की लहर जीवन को सहज में ही काल के थाल में किसी रुचिकर पदार्थ के रूप में परोस देती है। इन असुरों के अंत इस सिद्धांत की पुष्टि करते हैं। फिर भी इनके सुखद अंत का दु:खद पक्ष इनके अनुयायियों के रूप में समाज को कचोटने के लिए शेष रह जाता है। वे अपने इन अधम पूर्वजों के अंत, उनके विषय में विश्व क्या कह रहा है, उसे अनदेखी-अनसुनी करते हुए कोई सार्थक शिक्षा नहीं लेते। अपनी निंदा को स्तुति के रूप में परिणित करने के लिए, अपने समर्थकों के झुंड के लिए 'राक्षस' जैसी कोई संज्ञा गढ़ लेते हैं।

''उनके किसी नायक का अंत देखकर, उसकी सैन्य शक्ति को छिन्न-भिन्न देखकर हम मान लेते हैं कि देवासुर संग्राम का अंत हो गया, किंतु एक दिशा उनसे पूर्णत: शून्य होती नहीं कि दूसरी दिशा से शून्य के सम्मुख कोई अंक बनकर आ डटता है। हिरण्याक्ष-हिरण्यकशिपु-नमुचि-विरोचन-बलि-महिष-निशुंभ-शुंभ-चंड-मुंड-लवण-शतकंधर-दशकंधर ये आसुरी नेतृत्व की शृंखला की कड़ियों में जुड़ी हुई कड़ियाँ ही तो हैं। उसी में आज खर का पौत्र मूलक, शैलूष से संयुक्त होकर जुड़ा है। मधु-कैटभ के रूप में सृष्टि के आरंभ से आरंभ हुई यह शृंखला दुमुँही सर्पिणी की भाँति खंड-खंड होकर भी अविराम गति सी अखंड होती हुई चली आ रही है। ये व्यक्तियों के द्वंद्व युद्ध न होकर विचारधाराओं की टक्कर है। सात्त्विक और तामसी संस्कारों से व्युत्पन्न दैवी और आसुरी संस्कृतियों के वैमनस्य हैं। स्थापित और स्थापनाकुल परंपराओं के संघर्ष हैं। इसके मूल में महत्त्वाकांक्षा है, लोकेष्णा है।

''ईश्वरीय सत्ता को विवशता-वश स्पष्टत: नकार न पाने के कारण, ये भविष्य में ईश्वर के सम्मुख एक पंगुल ईश्वर की भी भविष्य में रचना कर डालें तो उसे भी, इनके लक्षण देखते हुए, असंभव नहीं मानना चाहिए। उसकी भूमिका में नवीन शास्त्रों के अंकुर तो दिखने लगे हैं। यदि उनका समूलोच्छेद नहीं किया गया तो, वे विषवृक्ष बनेंगे जो समस्त सृष्टि का वातावरण प्रदूषित कर डालेंगे। आज जिन्हें हम देवासुर संग्राम कह रहे हैं, कल उन्हीं का नाम विश्वयुद्ध होगा। उनके कारण आज से अधिभौतिक, भयंकर युद्ध होंगे। अयोध्या तो अभी उन्हें अनुभव नहीं कर रही, किंतु केकय उनके दर्शन कर रहा है। दर्शनों का फल पा रहा है। बहुत कुछ पा चुका है।

''इन समस्याओं का एक समाधान भी है कि जिसे जो रुचे, वह उसका पालन करे, किंतु जिनकी आसुरी वृत्ति बन गई है, यह उन्हें रास नहीं आता। वे अल्पसंख्यक दानव अपनी कायरता-मूलक हीन भावना के वशीभूत होकर मानव समाज के प्रति अत्यंत क्रूर-नृशंस क्या, ऐसे-ऐसे अधम कृत्यों पर उतर आते हैं, जिनकी कल्पना भी कोई साधु पुरुष कदाचित ही कर पाए। अपनी संख्या वृद्धि की सिद्धि के लिए, वे एक

ओर संहार और दूसरी ओर अनाचार-व्यभिचार के मार्ग अपना लेते हैं। बाल्यावस्था की कन्याओं से लेकर किशोरी-युवती ही नहीं अपितु प्रौढ़ावस्था की विवाहिता-अविवाहिता स्त्रियों तक का हरण करते हैं। उनके नृशंस कृत्यों में बाधक बननेवाले उनके माता-पिता परिजनों की हत्या करके, रोती-बिलखती नारियों को पशुओं की भाँति घसीटते हुए ले जाते हैं। एक-एक के आवास में नारियाँ कैसे वास करती हैं, उनकी चर्चा न ही की जाए, यही उचित है। मादक पदार्थों का सेवन कर-करके वे राक्षस उन्हें सगर्भा बनाते हैं। इसकी पृष्ठभूमि में एक ही लक्ष्य, केवल संख्या वृद्धि करना ही है। यदि कोई सहज में गर्भ धारण नहीं कर पाती तो उसे उत्तेजक औषधियाँ बलात् देते हैं। फिर भी यदि वह सगर्भा नहीं हो पाती तो वह दीन-हीन दासियों की भाँति जीने के लिए बाध्य की जाती है अथवा उसकी हत्या इस प्रकार की जाती है कि अन्य नारियाँ उनकी स्थिति से परिचित हो जाएँ। वे निरंतर संतान उत्पन्न करते-करते, जब अत्यधिक दुर्बल हो जाती हैं, तब वे भिक्षाटन के लिए छोड़ दी जाती हैं। इस स्थिति में बाध्य होकर उनमें से अधिकांश आत्महत्या का मार्ग अपना लेती हैं। दूसरी ओर राह चलते जनों को बंदी बनाकर राक्षसी वृत्ति अपनाने के लिए ऐसी अमानुषिक यातना दी जाती हैं कि वे उनके प्रति समर्पित होने के लिए बाध्य हो जाते हैं। नहीं होने की स्थिति में उन्हें प्राणों को गँवाना पड़ता है। संक्षेप में निष्कर्ष इतना ही कि प्रत्येक प्रकार से रक्ष-वर्ग की संख्या वृद्धि एवं अन्य की संख्या हानि करना ही है।

''विश्व के प्रति कल्याण की कामना करनेवाले, देव-संस्कृति के समुपासक, उसके प्रति मन-वचन-कर्म से समर्पित हम लोग उनकी षड्यंत्रबद्ध कुटिल योजनाओं को नहीं समझते। 'नहीं समझंते' कहना भी अनुचित है। कहना यही चाहिए कि 'वसुधैव कुटुम्बकम्' समस्त पृथ्वी हमारा परिवार है, इस सूत्र के वंदी या दंभी अथवा दोनों ही बनकर हम उन्हें समझना ही नहीं चाहते। यदि कोई समझाना भी चाहे तो उसे हमारे ही सरल-सात्त्विक जन अनुदार, मानवता विरोधी, संकीर्ण मनोवृत्तिवाला, एकाधिकारवादी, असहिष्णु, सांप्रदायिक आदि-आदि न जाने किन-किन उपाधियों से विभूषित करके, समाज के लिए एक प्रकार से घोर अस्पृश्य-अछूत बना डालने में जुट जाते हैं। इस मूर्खता का लाभ, ये धूर्त पूरा-पूरा उठाते हैं।

संक्षेप में इतना ही कि 'अपनों के द्वारा लुंज-पुंज किए हुए हम, परलोक सुधारने के दिवास्वप्न से ग्रस्त होकर, लोक की स्थिति पर बिना विचार किए, आत्मकेंद्रित होकर, राक्षसों के सिद्धि अनुष्ठान के अघोषित साधक एवं साधन ही नहीं अपितु बलि पशु बनते हुए शून्य में शून्य बनकर समाते जा रहे हैं। अस्तित्वहीन, अस्मिताविहीन होते जा रहे हैं और वे निरंतर छाते जा रहे हैं।''

□

अनुच्छेद-११

"अब यदि राजगुरु और राजेंद्र का आदेश हो तो मैं शैलूष के पतन और उसके फलस्वरूप केकय के विध्वंस की दुःखद गाथा का वर्णन करूँ?"

महामात्य भद्राश्व के प्रश्न का उत्तर देते हुए पराशर बोले, "आर्य! हम तो उसी को सुनने को उत्सुक नहीं अपितु आकुल हैं। राजेंद्र रामभद्र तो चतुरंगिणी को सन्नद्ध भी करा चुके हैं। आपकी दशा देखकर समझ भी बहुत कुछ कर चुके हैं और निर्णय भी ले चुके हैं, किंतु···"

"किंतु हम बोलते रहे और आपने हमें न रोका, न टोका। यही विचार करके कि इस केकेय का कहीं अपमान न हो जाए। यह मूर्ख-वाचाल बोल रहा है, इसे बोलने दो।"

"नहीं-नहीं, सर्वथा ऐसा नहीं।"

"सर्वथा नहीं तो भी किंचित् तो अवश्य।"

महर्षि पराशर और राजेंद्र श्रीराम के 'मौनं स्वीकृति लक्षणम्' के सिद्धांतानुसार, झुके हुए नेत्रों और तालू से सटी हुई जिह्वा पर दृष्टिपात करते हुए भद्राश्व बोले, "सुभद्र जनो! मैं अब तक सैद्धांतिक चर्चा इसी कारण कर रहा था कि आप जान लें कि राघवों और केकेयों के सिद्धांत में कहीं अंतर नहीं है। मैंने सुन रखा था कि केकय नरेश ने अयोध्या के वैभव के मोह में अपनी युवा पुत्री यौवनविगत अयोध्या नरेश को दी। वे अपने दौहित्र के माध्यम से रघुकुल के ऐश्वर्य का उपभोग करना चाहते थे। मद्र-गांधार आदि के कुछ वर्गों में कन्या-विक्रय की दूषित प्रथा है तो कहीं केकय भी तो उसी परंपरा का अनुयायी नहीं है। पूछो, हमारे दौहित्र भरत से और भरत से नहीं अपितु शत्रुघ्न से कि कभी उन्होंने समस्त राजपरिवार के किसी भी सदस्य में अयोध्या के ऐश्वर्य-वैभव के प्रति आकर्षण का अनुभव किया क्या? हाँ, उनकी यश-कीर्ति की गाथाओं से उनके मस्तक गर्वोन्नत अवश्य हुए। भरी सभा में स्वयं महाराज ने वैतालिक और बंदीजनों की भाँति अनेक बार आपके कुलपुरुषों की उदारता-वीरता की गाथाएँ गाईं। उन्हें गाकर वे हीनभावना से ग्रस्त नहीं हुए अपितु इस कुल से हमारा संबंध प्रभु कृपा से स्थापित हुआ, यह कहकर गौरवान्वित हुए। उनसे केवल एक ही चूक हुई कि वे अपनी सुपुत्री के कृतित्व के मंतव्य को नहीं समझे। वे नहीं समझे, यह सत्य है, किंतु यहाँ से भी किसी ने समझाने की आवश्यकता नहीं समझी। इस विषय में यदि केकय दोषी है तो···"

"अयोध्या महादोषी है।" पराशर भद्राश्व के वाक्य को पूरा करते हुए बोले। "किंतु आर्य महामात्य! हम उसका प्रायश्चिचस्त्त कर रहे हैं। उसी अपराध का दंड हम अपने महाराज और राजरानी को गँवाकर पा चुके हैं। राजेंद्र की अवस्था और व्यवस्था देख पा रहे हैं। राजभवन में बार-बार घिर आती उदासी के रूप में, अपनी संततियों की

प्रश्नभरी आँखों से आँख चुरा-चुराकर, जैसे-तैसे कर रहे हैं। युगों-युगों के लिए अपने सुशुभ्र चारित्र्य पर ज्वलंत प्रश्नचिह्न अंकित करा कर जी रहे हैं। इसके अतिरिक्त कोई अन्य दंड व्यवस्था…''

''नहीं-नहीं, महर्षि पराशरजी! अब और नहीं। आप हमें क्षमा करते हुए, अब हमारी दुःखद गाथा सुन लीजिए। उसे सुनने के पश्चात् जो आपको उचित लगे, वही हमारे लिए समुचित होगा।

''अस्तु, जैसा कि मैं पहले ही निवेदन कर चुका कि रावण-लवण-अहिरावण-शतकंधर के यहाँ से भाग-भागकर राक्षस गंधर्व राज्य में आते गए। बसते गए। इन शरणागतों की आवश्यकता की पूर्ति गंधर्वराज यथासंभव करते रहे। गंधर्व राज्य और केकय राज्य की सीमाएँ सटी हुई होने के कारण कुछेक यदा-कदा हमारे राज्य में आते गए, बसते गए। साधनहीन होने के कारण, असंगठित होने के कारण, राजदंड से भयभीत होने के कारण अथवा मनोबलविहीनता के कारण अपनी कुटिल योजना की पूर्ति के लिए अनुकूल समय की प्रतीक्षा में वे अशांत शांति से रहने लगे। दोनों राज्यों ने उन्हें पुनर्वास की यथासंभव सुविधा दी। वे सहानुभूति के पात्र बन गए। उनके द्वारा कभी कोई चोरी-चकारी की घटना सामने आई भी तो उनकी आवश्यकता मानकर, उस पर विशेष ध्यान नहीं दिया गया अपितु अन्य सुविधाओं का प्रावधान किया गया। कई दूरदर्शी जनों ने इस पर शंकाएँ भी कीं, किंतु मानवता के उन्माद में वे जल पर खिंची हुई रेखाओं के समान कभी किसी को विशेष प्रभावित नहीं कर पाईं।

''इसी मध्य लंका की अपार संपदा समेटकर, खर का पौत्र मूलक अपने कुछ संगी-साथियों सहित आ गया। शुक्राचार्यजी चोट खाए हुए नाग की भाँति, किसी बिल जैसे अज्ञातवास में रहकर अवसर की प्रतीक्षा में थे, वह उन्हें अनायास प्राप्त हो गया। उन्होंने उसे एक सांकेतिक शब्द देकर दैत्यराज बाणासुर के पास सहायता के लिए भेज दिया।

''मूलक अपने पितामह खर और पिता मकराक्ष को प्राप्त हुई मायावी विद्याओं में से कुछेक येन-केन प्रकारेण प्राप्त कर चुका था। उन्हीं की सहायता से वह बाणासुर की राजधानी शोणितपुर रात्रि में ही जा पहुँचा। शुक्राचार्य द्वारा प्राप्त सांकेतिक शब्द से उसे द्वारपाल ने नगर में प्रवेश दे दिया। उसी शब्द के द्वारा वह राजप्रासाद में दैत्यराज बाणासुर के शयनकक्ष में जा पहुँचा। उसने सोते हुए बाणासुर के धीरे-धीरे पैर दबाने ज्यों ही आरंभ किए कि वह तुरंत उठ बैठा। दैत्यराज के उठते ही मूलक ने उन्हें प्रणाम करते हुए अपना परिचय दिया। बाणासुर प्रत्युत्तर में उसे कुछ कहे कि उससे पूर्व ही वह तुरंत कहने लगा, ''महाबली! हमारे राक्षस कुल का विनाश करनेवाले राघव राम के वंश-विध्वंस के लिए आपको सहयोगी बनाने आया हूँ। मुझे दैत्याचार्य शुक्रदेव ने आपके पास भेजा है।''

''मैं जानता हूँ'' कहकर, बाणासुर को पुनः लेटने का प्रयास करता हुआ देखकर, मूलक पुनः बोला, ''अरे, आप क्या जानते हैं, कुछ नहीं जानते। चलिए, उठिए।''

बाणासुर किंचित् रोष में भरकर, उपहास सा करते हुए बोला, ''मूर्ख बच्चे, इस समय मेरे शयनकक्ष में तू आचार्य के एक सांकेतिक शब्द के कारण ही प्रविष्ट हुआ है, यह मैं भली प्रकार जानता हूँ। खर और मकराक्ष की अनंत मायावी शक्तियों में से कुछ, तुझे किसी प्रकार प्राप्त हो गई हैं। उन्हें अपनी मूषकांजली में दबाए, तू उछल रहा है। तू भूल रहा है कि जो बिंदु तुझे मिले हैं, उनके सिंधु जैसे तेरे पिता और पितामह, जिन राम की शर ज्वाला के पतंग बनकर रह गए, उन राम के वंश-विध्वंस का दिवास्वप्न पालकर, तू अपने अंत का ही आह्वान कर रहा है।''

''दैत्यराज! यह आपका भ्रम है। आप नहीं जानते कि राम प्रतिज्ञा कर चुका है कि लंकेश्वर दशकंधर के कुल में उत्पन्न हुए, किसी पर भी वह कभी प्रहार नहीं करेगा।'' मूलक ठठाते हुए अपने नेत्रों को इस प्रकार नचाते हुए बोला, जैसे कोई महापंडित किसी बालक के ज्ञान का दंभ देखकर, उससे परिहास कर रहा हो।

बाणासुर अपने अपमान से तिलमिलाकर, शैया से उछल पड़ा। अपने रोष को दबाते हुए बोला, ''डिंभक! मैं सब जानता हूँ, किंतु यदि तू जान लेता उन महाबली त्रैलोक्याधिपति बलिराज को, जो त्रिविक्रम वामन को तीनों लोक दान में देकर, आज पाताल की कुटिया में घिरे बैठे हैं, जिनके द्वार पर स्वयं श्रीपति विष्णु द्वारपाल बनकर खड़े रहते हैं, उनके पितामह प्रह्लाद को भी उन्हीं विष्णु ने ऐसा ही वर दिया था। ऐसी ही प्रतिज्ञा की थी कि मैं तुम्हारे किसी वंशज का वध नहीं करूँगा, किंतु फिर भी कहाँ हैं विरोचन और उनके पौत्र शुंभ और निशुंभ, कहाँ है उन्हीं का तीसरा बंधु नमुचि? कहाँ है उनका वह सेनापति रक्तबीज, जो पूर्व जन्म का वह रंभ था, जिससे महिषासुर उत्पन्न हुआ था? कहाँ है विप्रचिति और उसके पुत्र आतापि तथा वातापि? अरे, एक क्या ऐसे अनेक दैत्यों के नाम गिना सकता हूँ, जो विष्णु की प्रतिज्ञा के कारण अवध्यों की श्रेणी में आते हैं, किंतु आज उनमें से एक भी तो दिखाई नहीं पड़ता। इनको जिस-तिस द्वारा जिसने समाप्त कराया, वह क्या उन्हीं प्रतिज्ञाबद्ध विष्णु के अतिरिक्त कोई अन्य हो सकते हैं?

''मूढ़! 'रावण के कुल में उत्पन्न मैं किसी का वध नहीं करूँगा' राम की यही प्रतिज्ञा तो है, किंतु किसी से नहीं कराऊँगा, यह तो नहीं है। तेरे अन्य चाचा-ताऊ-भाई-भतीजों को कीट-पतंग-पत्तिका-पिपीलिका की भाँति मसल डालनेवाले अंगद-हनुमान, नल-नील, द्विविद-मयंद ने तो कोई वचन नहीं दिया। ये सभी अभी इसी धरित्री पर विद्यमान हैं, यह तुझे ज्ञान है कि नहीं? अरे, अन्यों की क्या चर्चा, मुझे देख। विश्वभर में मेरी शक्ति की प्रसिद्धि सहस्र गजेंद्रों के समान है। तेरा पितामह दशकंधर कभी मुझसे

टकराने का साहस नहीं जुटा सका। मैं और वह दोनों ही तो शिव-धनुष को उठाने मिथिला गए थे, किंतु उसे देखते ही मैं समझ गया था कि उसे उठाना हमारे सामर्थ्य का विषय नहीं हो सकता। उसे चढ़ाने आदि की कल्पना तो मूर्खता ही होती। तेरे उस पितामह ने एक ही बुद्धिमानी मेरे परामर्श से दिखाई कि 'यह हमारे गुरुदेव भगवान् भूतभावन का धनुष है। हम इसे चढ़ाकर उनका अपमान नहीं करेंगे।' यह कहकर अपनी नपुंसकता को गुरु-भक्ति के अवगुंठन में छिपाकर चले आए। उस धनुष की फिर क्या गति उन राम ने की, यह तू जानता है। फिर भी उन्हीं से प्रत्यक्ष तुमुल करने चला है। रे भ्रमितचित्त! अपनी नववधू के सिंदूर पर कृपा कर। उसकी कंकणी-किंकिणियों के चंद्रहास के लिए राहू बनने का विचार त्याग दे। जा बच्चे, जा। अपने इस वयोवृद्ध की अवहेलना मत कर। तेरी धृष्टता देखकर, आज मैं भलीभाँति समझ गया हूँ कि हमारे ये पूज्यपाद दैत्याचार्य शुक्र महाराज जन्म-जन्मांतर के यमराज के मात्र क्रीत सेवक हैं। इनके शब्द मर्कटकी (मकड़ी) के जाले जैसे विमल-धवल-उज्ज्वल दिखते हैं, किंतु उनमें फँसकर निरीह मक्षिकाओं के समान अनेकानेक असुर अपने प्राणों की आहुति दे-देकर चले गए और उनके नाम इतिहास के पृष्ठों के काले अक्षर बनकर रह गए हैं।

"केवल मेरे पूज्य पिताश्री बलिराज इस सत्य-तथ्य को समझे तो परिणाम सामने हैं। अपनी घोर तपस्याओं के बल पर स्वयं को मृत्यु से मुक्त माननेवाले, उसके मुख के अधिपति यमराज के अधिपति श्रीहरि के अधिपति सहज समर्पण के बल पर बन गए। चिरंजीवी बनकर जी रहे हैं। उनके जीवन से शिक्षा ले। अपने ज्येष्ठ-वरिष्ठ पितामह दशकंधर का नहीं अपितु कनिष्ठ पितामह विभीषण के मार्ग का अनुसरण कर। राम पर विजय पाने का दुःस्वप्न मत सँजो। उनके हृदय पर विजय पाने का संकल्प धारण कर। वत्स, लौट जा। इस वयोवृद्ध को अपना निष्कपट हितैषी मानकर चला जा, चला जा।"

मूलक बाणासुर के शब्दों को व्यंग्यात्मक पद्धति से दुहराते हुए बोला, "बच्चे, जा लौट जा" कहकर गरजते हुए बोला, "बूढ़े-कायर! रक्ष संस्कृति के संरक्षक इस सुभट्ट मूलक से तुझे इस प्रकार प्रलाप करते हुए लज्जा नहीं आई। यदि तुझमें बल नहीं है तो इस प्रबल युवक के मनोबल को क्षीण करने का अधिकार तुझे किसने दिया?"

"किसने दिया, किसने दिया तो बताता हूँ कि जिसने दिया" यह कहते हुए बाणासुर ने दाँत पीसते हुए मूलक को उठाकर, राजभवन के महापौर पर दे मारा। बाणासुर के रक्ताभ दृगों और तनी हुई मुष्टिका को देखकर मूलक भाग चला। बाणासुर द्वारपालों को शुक्राचार्य के सांकेतिक शब्द को अमान्य करने का आदेश देकर, पैर पटकता हुआ चला गया।

नगर के बाहर कुछ दूरी पर वृक्षों के झुरमुट से निकलकर, शुक्राचार्य मूलक के सामने आकर खड़े हो गए। पीड़ा से चसचस करते हुए उसके शरीर को देखकर बोले,

"वत्स, मुँह खोल।" उसके मुख में मृत संजीवनी की कुछ बूँदें जैसे ही उन्होंने डालीं कि उसके त्वरित प्रभाव से विस्मित होकर मूलक उनके पैरों पर गिर पड़ा। उसके कुछ सूत्र, विभिन्न धातुओं को स्वर्ण-रजत में परिवर्तित करनेवाली रसायन-विद्या एवं कुछ विस्फोटक चूर्ण निर्माण आदि के विषय में शिक्षा देकर वे चले गए। मूलक उनकी योजनानुसार गंधर्व प्रदेश में आ गया।"

□

अनुच्छेद-१२

"शुक्राचार्य की योजना के अनुसार मूलक गंधर्व प्रदेश में प्रविष्ट हो गया। दशकंधर-शतकंधर-अहिरावण-लवण आदि के राज्यों से भगोड़े राक्षसों की बस्तियों में आने-जाने लगा। गंधर्व प्रदेश के गर्भ में रक्ष-राष्ट्र पनपने लगा। रसायन विद्या के द्वारा निर्मित स्वर्ण-रजत रक्ष-परिवारों में वितरण करने लगा। राक्षसों के द्वारा विभिन्न लोकों पर विजय की गाथा लोक-गायकों द्वारा विभिन्न वाद्यों पर प्रभावशाली ढंग से वर्णन कराकर, उनकी महत्त्वाकांक्षाएँ भड़काने लगा। जो उसके विचारों के जितने निकट आते गए, उन्हें उसी अनुपात से सम्मानित कर बस्ती प्रमुख, ग्रामपति, क्षेत्राधिपति घोषित करने लगा। आयुध-निर्माण ने कुटीर उद्योग का रूप धारण कर लिया। अनेकानेक अस्त्र-शस्त्रों के प्रशिक्षण की व्यवस्था विधिवत् की जाने लगी। उनकी प्रतियोगिताएँ होने लगीं। पुरस्कार और उपहारों का मुक्तहस्त वितरण करने लगा। कुछ ही समय में उनका सर्वमान्य नेता बनते-बनते, एक दिन उसने गंधर्व प्रदेश के विस्तृत भू-भाग को रक्ष-संख्या के आधार पर उससे पृथक् घोषित करके स्वयं को रक्षाधिपति भी घोषित कर दिया। छत्र-चँवर-सिंहासन की व्यवस्था करने में कौन से नक्षत्र आकाश से तोड़कर लाने थे, वे भी आ गए। दुष्टों में से घोर-दुष्ट छाँटकर विशाल अमात्य परिषद् का गठन हो गया। काम्बोज से अश्व, मद्र तथा केकय से मत्त गजेंद्र मुँहमाँगे मूल्य दे-देकर क्रय करने लगा। इन प्रदेशों के कुशल शिल्पियों को स्वर्ण-तरंगिणियों का आकर्षण लालायित करने लगा। उनको सम्मान से बसाया जाने लगा। भव्य भवनों-वस्त्रालंकारों, अनेक प्रकार के मद्यों-स्तंभक औषधियों का निर्माण प्रचुर मात्रा में होने लगा।

"बालकों के लिए स्थान-स्थान पर पाठशालाएँ और गुरुकुल आरंभ हो गए। उनमें वेद का विपरीत भाष्य, रक्षरीति-नीति का पठन-पाठन होने लगा। वैदिक संस्कृति के विपरीत रक्ष-संस्कृति की संज्ञा धारण करके, एक अपसंस्कृति विकसित होने लगी। वर्णाश्रम व्यवस्था-गोत्र कुल परंपरादि की चर्चा राजद्रोह की श्रेणी में आने लगे। पैशाची भाषा और पृथक् भूषा को जन्म दिया गया। 'एक ही देव महादेव-महादेव' का उद्घोष

चतुर्दिक होने लगा। परब्रह्म-स्वरूप महत्त्वात्मक ज्योतिर्लिंग और उसकी आधारभूता यज्ञ योनि गौरीपद की व्याख्या उन शब्दों में होने लगी कि जो शब्द न कोई सभ्य-शिष्ट व्यक्ति प्रयत्न करके भी बोल सकता है और न कोई कुलीन-विनम्र से विनम्र व्यक्ति भी बाध्य होकर सुन सकता है।

नर-नारियों के विशाल समूहों में कथा-वार्त्ता की भाँति वयोवृद्ध राक्षस ऋषि-मुनियों जैसी आकृति बनाकर और वैसी ही वेश-भूषा धारण करके, किसी वेद-शास्त्र मर्मज्ञ की भाषा में अर्थ का अनर्थ करते हुए बोलने लगे। वीथिका-प्रतोलिकाओं (गली-मुहल्लों) में लोकगायकों के रूप में उनके अनुचर घूमने लगे। शास्त्रीय छंदों के स्थान पर नए-नए छंद क्या, छंदों जैसे गीतों में मान्य रीति-नीतियों का उपहास करनेवाले कल्पित आख्यान सुनाने लगे। उन तथाकथित छंदों की त्रुटियों को वाद्यों-आलापों में छिपाकर, 'यह नवीन शैली है' कहकर गाते हुए, वे बस्ती-बस्ती क्या घर-घर का विवरण लेने लगे। चतुष्पथ-त्रिपथों (चौराहे-तिराहों) पर उनके धर्मस्थान बनने लगे। कल्पित मंत्रों से झाड़-फूँक 'ये शंकर महादेव के सिद्ध शाबर मंत्र हैं' कह-कहकर करने लगे। मादक पदार्थ प्रसाद के नाम पर खिला-खिलाकर गंधर्व पुरुषों को क्लैब्य और रक्ष पुरुषों को वृषभ के साथ-साथ स्त्रियों को असीमित भोगोत्सुकता बनाकर, कुपथगामिनी बनाने लगे। तामसी तांत्रिक सूत्र-यंत्र वितरित कर, देवार्चन विमुख बनाने लगे। घर-घर के आँगन कलह के समरांगण बनने लगे, क्योंकि वयोवृद्ध जन उनके समर्थक नहीं बन पाए। अत: दक्षिणा देने के लिए युवा वर्ग अपने घरों में चोरी करने लगा। अपमान के भय से पलायन करके उनके शिविरों में शरण लेकर, आसुरी कुकृत्यों की साधनाओं का साधन बनने लगा। समाज में से रही-सही लज्जा भी पलायन करने लगी।

''जो कुछ न्यूनाधिक संकोच बच सकता था, उसे भैरवी चक्रों की रचना ने तार-तार कर दिया। माता-भगिनी-पुत्री, पिता-भ्राता-पुत्र आदि के समस्त नाम स्त्री और पुरुष इन दो नामों में सिमटकर रह गए। अप्राकृतिक-अवैध यौन संबंधों के साथ संबंध विच्छेद, नित्य नए अनुबंधों की बाढ़ आ गई। सनातन काल से कुकृत्यों की श्रेणी में आनेवाले कृत्य सामाजिक स्वीकृति पाकर, जघन्य से स्तुत्य श्रेणी में, अपने आकर्षण के कारण सहज ही स्थान पा गए। आश्चर्यजनक रीति से दुर्मत की संख्या वृद्धि पाने लगी। दया, कायरता और नृशंसता शौर्य की नई संज्ञा पा गए। मूलक के समर्थक मूलकगण कहलाने लगे। उन मूलकगणों ने समाज को पतन की ऐसी पराकाष्ठा पर पहुँचा दिया कि लंका के अनाचार भी बौने होकर रह गए। वह जानता था कि सभ्य समाज उसके ऐसे गर्हित कार्यकलाप का कभी समर्थन नहीं करेगा। उसकी निंदा होगी, विरोध होगा और उसके फलस्वरूप संघर्ष आरंभ होंगे। ये संघर्ष उसे किसी-न-किसी दिन महासंग्राम के मुहाने पर ले जाकर अवश्यमेव खड़ा करेंगे। उस समय संख्या बल की आवश्यकता होगी। उसकी

पूर्ति के लिए पूर्व में किए गए कार्यों को अपर्याप्त मानते हुए उसका ध्यान हिमालय के उत्तर में बसी हुई बस्तियों की ओर गया।

"इनमें वे भारतीय जन बसे हुए थे, जिनके पूर्वज शतसहस्र वर्ष पूर्व, अपने निंदित आचरण के कारण महाराज सगर द्वारा दंडित होकर, यहाँ आकर बस गए थे। त्रिकाल संध्या न करने के कारण उनकी शिखाएँ काट दी गई थीं। शौचाचार में उनका प्रमाद देखकर, उन्हें पवित्र यज्ञोपवीत सूत्र से वंचित कर दिया गया था। निकृष्ट-कार्यों के कारण उनकी मूँछों के मूल भाग मूँडकर, शेष को नीची रखने का आदेश दिया गया था। इसी प्रकार जो दाढ़ी रखते थे, उनकी दाढ़ियाँ भी कुछ अंगुल छोड़कर, शेष छँटवा दी गई थीं। अनेक के माथे भी दागे गए, यह सभी व्यवस्था इसी कारण निर्धारित की गई थी, ताकि सभ्य समाज उन्हें पहचानकर, अपने संबंध उनसे स्थापित करने की भूल न करे। अनेकों को उनके अपराधों के लिए पंच शिखा धारण कराई गई थीं। उन्हें यज्ञ-हवन करने के अधिकार से वंचित कर दिया गया था। कुछ को अग्नि-पूजन का अधिकार भी दिया गया, किंतु मंत्रोच्चारण का नहीं। वशिष्ठ-विश्वामित्र संघर्ष के समय भी जिन असामाजिक तत्त्वों ने अवसर का लाभ उठाकर उत्पात किए थे, उनका भी निष्कासन किया गया। वे भी इन पूर्व निष्कासित भारतीयों की बस्तियों के आस-पास आकर बस गए। जैसे-जैसे इनकी संख्या बढ़ती गई, ये उत्तर में ध्रुव प्रदेश तक, पूर्व में चीन और प्रशांत महासागर की सिंधु वीथिकाओं (खाड़ी) तक, पश्चिम में कृष्ण सागर के पार तक निरंतर फैलते गए।

"मूलक ने इनसे शनैः-शनैः संपर्क साधना आरंभ कर दिया। रक्ष-राज्य की समृद्धि देखकर मध्य इलावर्त महाद्वीप (मध्येशिया) के अनेक निवासी उसकी ओर भय और लोभ के वशीभूत होकर आकृष्ट होने लगे। रक्ष-राज्य में उन्हें विभिन्न पदों पर नियुक्त किया जाने लगा। तथाकथित वैवाहिक संबंध स्थापित होने लगे। सत्ता लोलुपता जाग्रत् होने लगी। छोटे-बड़े दल बनने लगे। झड़पें-मुठभेड़ें नित्य के विषय बनने लगे। कुटिल मूलक, जो भावी महासंग्राम की तैयारी में योजनाबद्ध रूप से जुटा हुआ था, उसने इसे अपने लिए संकट का संकेत मानते हुए, विभिन्न क्षेत्रों-प्रदेशों को देशों के नाम दे-देकर सत्ता-लोलुपों को उन नव देशों का देशाधिपति, सत्ताधीश बना दिया। अपनी मनोनुकूल इच्छाओं के अनुसार उन्हें तथाकथित संधि के बंधनों में बाँध दिया। सीमाएँ निश्चित कर दी गईं। ऐश्वर्य और वैभव की वृद्धि, ईर्ष्या और द्वेष को जन्म देती है। मुठभेड़ और झड़पें भावी संघर्षों की भूमिका का निर्माण करती हैं। संगठन को खंडित करती हैं। असंगठित समाज को पराजय का मुख देखने के लिए बाध्य होना पड़ता है। मूलक इन समस्त परिस्थितियों-समस्याओं का आकलन लंका महासंग्राम की कसौटी पर कसकर, कर चुका था।

''दशकंधर की पराजय क्यों हुई, इस पर उसने विचार किया। उसका विचार था कि यदि दशकंधर ने कुछ झुककर, शतकंधर के पास 'रक्ष-संस्कृति की रक्षा' का प्रस्ताव भेजकर, उसे आमंत्रित कर लिया होता, इसी प्रकार अपने त्यक्त पुत्र अहिरावण को समय से पूर्व क्षमा करके बुला लिया होता तो युद्ध का स्वरूप कुछ और ही होता। इससे भी बढ़कर, यदि अपनी विमाता पुष्पोत्कटा की पुत्री कुंभीनसी के हरण को, अपनी प्रतिष्ठा का प्रश्न न बनाकर, संबंधों को मधुर बनाने को उत्सुक अमोघ शिव-त्रिशूल के प्राप्तिकर्ता मधु दैत्य को उसने गले लगा लिया होता तो इस महासंग्राम का पूरे का पूरा चित्र ही पलट जाता। मधुपुरी (मथुरा) से मधु और मयराष्ट्र (मेरठ) से मय, ये दोनों मिलकर अयोध्या पर आक्रमण करते। दूसरी ओर सूक्ष्म दृष्टि से विचार करता कि राम निरंतर दक्षिण की ओर क्यों बढ़ते चले आ रहे हैं? दंडकारण्य में उन्होंने खर-दूषण के अधीनस्थ रक्ष-स्कंधावर पूर्णत: ध्वस्त कर दिए हैं। ऐसे में वासना-मूलक जानकी-हरण में व्यस्त न होकर, यदि अपने मित्र बालि को खड़ा कर दिया होता तो राम लंका के द्वार पर आ ही नहीं पाते। यदि आते तो भी वानर सेना साथ नहीं होती। यदि होती भी तो न इतनी विशाल संख्या में होती और न ही पूर्णत: समर्पित भाव से समन्वित होती।

''रावण की पराजय का कारण, उसका यह विचार बना कि राम किसी प्रकार लंका आ जाएँ तो यहाँ घेरकर समाप्त कर दिया जाए। जानकी-हरण की पृष्ठभूमि में वासना-पूर्ति से अधिक उसका लक्ष्य था कि जो जानकी शिवधनुष को भंग करने के कारण राम को प्राप्त हुई, उस जानकी को राम का मान भंग कर, उसने सहज में ही प्राप्त कर ली। रावण को यह कल्पना नहीं थी कि वानर सेना उनके साथ होगी, किंतु वह जानता था कि राम अपनी सहधर्मिणी की प्राप्ति के निमित्त लंका अवश्य आएँगे। अपने दिव्य शस्त्रास्त्रों के बल पर लंका को चुनौती देंगे। युद्ध होगा। उस स्थिति में राक्षसों की कुछ-न-कुछ हानि अवश्य होगी। राम के पराक्रम से भयभीत, उनसे रणभूमि में पराभव पानेवाला मारीच, जो कि रक्ष-समाज में अत्यंत सम्मानित है, वह कहीं राक्षसों का मनोबल न तोड़ दे, इसी कारण सर्वप्रथम केवल उसे ही साथ लिया। कपट क्रीड़ा में सहायक बनाने के लिए भी और उससे कहीं अधिक उसे समाप्त कराना, उसका प्रधान लक्ष्य था। संक्षेप में यही कि रावण ने जानकी-हरण करके, एक हारे हुए युद्ध का समारंभ किया, किंतु मैं मूलक विजयी होने के लिए, निर्णायक विजय प्राप्ति के लिए, वह महासंग्राम करूँगा, जो कि अब तक कभी नहीं हुआ।''

ढलती हुई आयु एवं गंभीर घावों के कारण दुर्बलता अनुभव करते हुए भद्राश्व कुछ क्षण ठहरकर, राजवैद्य द्वारा दिए गए आसव का पान कर शनै:-शनै: श्रीराम की ओर दृष्टिपात करते हुए पुन: बोलने लगे, ''किंतु राजेंद्र! यद्यपि मूलक आपका परम विरोधी, कटु आलोचक, भीषण निंदक है तो भी आपकी रणनीति का अत्यंत प्रशंसक

भी है। आपके वनवास का मूल कारण तो वह सपत्नी द्वेष ही मानता है, किंतु आप जो चित्रकूट पर निरंतर नौ-दस वर्ष रहे, उस प्रवास काल को वह आपकी सफल रणनीति का अंग मानता है। आपने ऋषि-मुनियों और उनके बटुक-ब्रह्मचारियों की सहायता से, यहीं बैठकर भावी योजना को अंतिम रूप दिया। विभिन्न स्थानों के स्थानीय निवासियों से संपर्क साधा। लंका पहुँचने का मार्ग निर्धारित किया। तभी एक पूर्ण आश्वस्त की स्थिति में चित्रगिरि से उतरकर, अपनी योजना के अनुरूप दंडकारण्य में प्रवेश किया।

"वह खर-दूषण को अपरिपक्व बुद्धि का खिलाड़ी मानता है। वह कहता है कि यदि वे आपको दक्षिण की ओर निरापद जाने देते और पीछे से आक्रमण कर देते तो विजयश्री राक्षसों को प्राप्त होती। उन बलोन्मादियों ने आपके बलाबल का विधिवत् आकलन किए बिना, एक ही बार में अपनी समस्त सेना समर क्षेत्र में उतारकर, उन आत्महत्यारों ने उसकी हत्या करा दी। इसी प्रकार शूर्पणखा को भी धैर्य से काम लेना चाहिए था। वह सुंदर-मनोहारी-उत्तेजक शृंगार करके एक-एक दो-दो दिनों के अंतराल पर आती-जाती रहती। राम-लक्ष्मण पर अपनी बाँकी चितवन से प्रहार करती। दोनों में से एक-न-एक, राम नहीं तो लक्ष्मण को तो वह अपने वश में करने में सफल हो ही जाती। क्योंकि लक्ष्मण तो जल-फल-फूल आदि के निमित्त नित्य ही कहीं-न-कहीं दूर-पास वन में जाते ही थे। अनेक अवसर मिलते। कोई-न-कोई अवसर उसकी साधना को सिद्धि अवश्यमेव प्रदान कर देता। फिर चाहे उसका उपभोग करती अथवा उसका भोग यमराज को लगा देती। इसी प्रकार सीता को भी उसकी सखी बनकर इधर-उधर वन में दूर-पास ले जाती-लाती। लंका के ऐश्वर्य-वैभव का वर्णन कर, उसका चित्त विचलित करती। अवसर पाकर खर-दूषण को सौंप देती। वे उसे स्वयं रखते कि लंका भेजते, किंतु इस समस्त ऊहापोह में फँसकर राम मकड़ी के जाले में फँसी हुई एक अकेली मक्खी जैसे बनकर अवश्य रह जाते। रक्ष-विध्वंस की प्रतिज्ञा वायुमंडल में तैरती रह जाती और राक्षस तर जाते।

"यह था मूलक का आकलन, जो उसने अपने निजी परिकर के मध्य व्यक्त किया। हमने उसे अक्षरशः कैसे प्राप्त किया, यह हमारा कौटिल्य ही कहा जाना चाहिए, किंतु महाराज अश्वजित ये सब समझते तो समझते कैसे? क्योंकि वे तो इनमें से किसी की किसी बात को सुनना ही नही चाहते थे, अपितु जो साहस करके उन्हें सुनाने भी जाते तो वे उसे भेंट का अवसर प्रदान करना भी व्यर्थ मानते और उस व्यक्ति की गणना निरर्थकों की श्रेणी में करने लगते थे। उसका प्रतिफल वे भोगकर चले गए, केकय भोग रहा है।

"मूलक ने धन और चारित्र्य-क्षरण के बल पर सुदृढ रक्ष संगठन खड़ा कर दिया। उसके राज्य की सीमा के उत्तर में वह ध्रुव प्रदेश, जहाँ वर्ष के बारह मास जल प्रायः जमा रहता है, दक्षिण में अभेद्य भित्ति के रूप में नगाधिराज हिमालय, पूर्व में अलंघ्य

प्रशांत महासागर आ गए। इन तीनों दिशाओं से निर्भय होकर वह पश्चिम से अपनी गतिविधियों का संचालन करने लगा। उसकी सीमा से सटा हुआ, वह गंधर्व राज्य था, जहाँ उसके अनुयायी समय-समय पर शरणार्थी बनकर गए थे, अब वह उसका लक्ष्य बना। कल के ये शरणार्थी धीरे-धीरे स्थानीय निवासियों के लिए समस्या बनने लगे। अनुचित माँगें मनवाने के लिए नर-नारियों के ही नहीं; अबोध बालकों तक के अपहरण होने लगे। बलात्कारों और चोरियों की घटनाओं ने गणित की गुणित शक्ति को स्तंभित कर दिया। दिशा-दिशा का तमस केंद्रित हो-होकर तमसा से तमिस्रा बनकर, प्रकाशों को पी-पीकर पुष्ट होने लगा। सत्त्व अपने तत्त्व का महत्त्व समझाने में उलझा रह गया। रजस ऐसी स्थिति में अवसरवादिता को ग्रहण नहीं करता तो ग्रहण-ग्रसित होकर अपनी समस्त चमक-दमक खो देता। अत: 'जैसी बहे बयार, ताहि रुख तैसा दीजे' यह सूत्र उसके जीवन का मूल मंत्र बन गया।

''एक दिन उसने गंधर्वराज शैलूष को संदेश भेजा कि 'वह उससे भेंट करना चाहता है। रक्षाधिपति उसे सादर आमंत्रित करता है। गंधर्वराज यदि उसे आमंत्रण दें तो वह स्वयं भी आने को तैयार हैं।' गंधर्व अमात्य परिषद् ने निर्णय लिया कि मूलक को आमंत्रित किया जाए। निश्चित तिथि पर मूलक किसी चक्रवर्ती सम्राट् के समान विशाल चतुरंगिणी लेकर जा पहुँचा। उसके स्वागत के लिए स्थान-स्थान पर द्वार सजाए गए। स्वयं गंधर्वराज शैलूष राजधानी के प्रवेश द्वार पर उसके स्वागत के लिए अष्टामात्य मंडल सहित पहुँचा। राजसभा में शैलूष उसे अपने साथ सिंहासन पर बिठाकर, बैठा। स्वागत समारोह वैदिक मंत्रों से आरंभ हुआ। उसके पश्चात् प्रधान राज-नर्तकी वसंतसेना ने पुरुषसूक्त के मंत्रों पर ज्यों ही नृत्य आरंभ किया कि वह भड़क उठा। समस्त शासकीय मर्यादा और परंपराओं का उपहास करते हुए वह बोला, 'शैलूष! तुम्हारी नर्तकी का इतना साहस कि वह रक्षेश्वर के सम्मुख महादेव के अतिरिक्त किसी अन्य ईश्वर के नाम पर नृत्य कर, उसकी अवहेलना करे।' शैलूष सकपकाते हुए बोला, 'रक्षेश्वर! यह अबोध बालिका है। इसे क्षमा कर दीजिए।'

'क्षमा कर दीजिए, तुम्हारी अनुशंसा पर इस समय इसे रक्षेश्वर क्षमा करते हैं। यह रात्रि में हमारे कक्ष में आकर हमसे विधिवत् क्षमा याचना करे। इसका आचरण देखकर हम विचार करेंगे कि यह किसी क्षमा के योग्य है अथवा नहीं।'

''गंधर्व-सभा मूलक का अभद्र व्यवहार देखकर स्तंभित रह गई। वह सिंहासन पर पुन: बैठते हुए बोला, 'उस नर्तकी को प्रस्तुत करो, जो हमारे वरिष्ठ पितामह लंकेश्वर दशकंधर रचित शिव तांडव स्तोत्र पर नृत्य कर सके।'

भयाक्रांत शैलूष यथासंभव अपनी वाणी को संयत करते हुए बोला, 'इस समय ऐसी कोई नर्तकी दृष्टि में नहीं आ रही।'

'नहीं आ रही,' का क्या अर्थ, अर्थात् तुम्हारी दृष्टि में हमारे वरिष्ठ पितामह का कोई मूल्य नहीं है?'

'है क्यों नहीं, शिव तांडव स्तोत्र मुझे पूर्णतः स्मरण है'

'तुम्हें पूर्णतः स्मरण है तो तुम्हीं नृत्य करो।'

'मूलक के शब्द सुनते ही समस्त सभा में गहरा सन्नाटा छा गया। लगा कि संवर्तक-वज्रपात के पश्चात् सृष्टि अनंत निद्रा में लीन होकर पाताल में प्रवेश कर गई हो। किसी धूर्त विडाल की भाँति आँखें नचाता हुआ, वह नीच, सभासदों के विस्फारित निर्निमेष नेत्रों का आनंद लेता हुआ बोला, 'अरे शैलूष! तुम्हारी गंधर्व जाति तो इस धरती पर क्या अपितु चौदह भुवनों में नृत्य-गायन-वादन के लिए प्रख्यात् है, तो संकोच क्यों? और तुम गंधर्वराज महान् शैलूष, गंधर्वों के एकछत्र सप्त सामंतचक्र चूड़ामणि राजराजेश्वर अष्टामात्य मंडलेश्वर का नृत्य तो उर्वशी-रंभा-मेनका-तिलोत्तमा-घृताची के उन चंचल कटाक्षों को भी हिमनद की भाँति अचल कर देने वाला होगा, जिनके समक्ष कुसुमायुध मन्मथ के बाणों की तीक्ष्णता भी कुंठित हो जाती है। जब तुम गाते होंगे तो तुम्हारा गायन वासंती कोकिल क्या अपितु हाहा-हूहू-हंस चित्ररथ-विश्वावसु-गोमायु-तुंबरु-नंदि जैसे गंधर्वों को भी शिला समाधि प्रदान कर, स्तंभित कर देता होगा। हमारे ज्येष्ठ पितामह लंकेश्वर दशकंधर ने अपने अनुज विभीषण के लिए तुम्हारी दुहिता सरमा को तुम्हारे जिन किन्हीं गुणों पर रीझकर स्वीकार किया होगा, वे निश्चित तुम्हारे ये ही गुण होंगे। तुममें कोई शौर्य-पराक्रम होता तो लंका के महासंग्राम के समय रणभूमि में नृत्य कर, वर पक्ष को दहेज के रूप में शत्रुओं के शीश समर्पित करते। नहीं किए, कोई बात नहीं। अब तुम्हारे समक्ष तुम्हारे जामातृ कुल का अधिपति रक्षेश्वर यह मूलक विराजमान है। इस रंगभूमि में उसे अपने हाव-भावयुत् नृत्य से, आरोह-अवरोह संयुत षड़ज-ऋषभ-मध्यम-पंचम-धैवत-निषादादि इच्छित स्वरों में गाकर प्रहर्षित करो। हमारे प्रति समर्पित निष्ठा का, अपनी गंधर्व सभा को परिचय दो। उठो, उठो, अपने कर्तव्य पालन में विलंब न करो। यह घातक होगा।'

'शैलूष की डबडबाती आँखें, काँपती हुई देहयष्टि और बार-बार सूखे होंठों को तरल करने का असफल प्रयास करती हुई जिह्वा को अनदेखी करते हुए, मूलक अट्टहास करते हुए बोला, 'हाँ, गंधर्वराज, रक्षेश्वर मूलक तुम्हारी कठिनाई को नहीं समझते, ऐसा कदापि नहीं है। अपनी झनन-झनन झंकृति से मंगलाचरण की रीति की परंपरा का निर्वाह किए बिना कोई नर्तकी-नर्तक रंगभूमि में पदार्पण कैसे कर सकते हैं, यह तो हम ही भूल गए थे। तुम्हारे लिए घुँघरुओं का प्रबंध करना होगा। अविलंब करते हैं'

'कहते हुए मूलक निकट खड़ी हुई प्रधान राजनर्तकी को घूरते हुए बोला, 'अरी मूर्खे! तुझे नृत्य तो नहीं आता, किंतु क्या उसके विधिविधान का प्रारंभिक पाठ भी,

रक्षेश्वर के कषा सूत्र (कोड़े-हंटर) को ही पढ़ाना पड़ेगा। पुंश्चलि! आगे बढ़कर, अपने ये नुपुर, मंजुल मंजीर, झनन-झनन करती कंकणिकाएँ अपने स्वामी, रक्ष साम्राज्य के क्षत्रप गंधर्वराज के श्रीचरणों में सुसज्जित कर। इनका मध्यांग यद्यपि तेरी कटि की भाँति सुक्षीण नहीं है, तो भी क्या हुआ। हो जाएगा। अपनी क्षुद्रघंटिका मंडित मेखला इन्हें धारण करा। फिर इनकी लचक देखना। अरी, तू विक्षिप्त नहीं, अर्धमूर्च्छित भी नहीं तो स्तंभित तो अवश्यमेव हो ही जाएगी। अपने स्वामी का जो नृत्य तूने कभी नहीं देखा, वह आज तुझे इस रक्षेश्वर की कृपा से सहज ही देखने को मिलेगा।'

'जो राजनर्तकी अभी तक किसी सूखे पत्ते की भाँति थर-थर काँपती हुई, अपनी देह को किसी प्रकार सँभाले खड़ी थी, उसे मूलक के शब्दों में छिपी हुई व्यंजना का अर्थ समझने में विलंब नहीं हुआ। अपने स्वामी गंधर्वराज शैलूष की, उनकी ही सभा में, घोर अपमान की भूमिका का प्रत्यक्ष दर्शन करती हुई, वह डाल से टूटे हुए पत्ते की भाँति गिर पड़ी। एक अनाश्रिता की भाँति वह धरती पर पड़ी रही। मूलक उसे घूरता रहा, किंतु कोई सभासद् उसे उठाने का साहस नहीं जुटा पाया। गंधर्व सभा की आकृति पाषाण-प्रतिमाओं का संग्रहालय बनकर रह गई। उस नि:शब्द वातावरण को विदीर्ण करते हुए मूलक ही निर्लज्जतापूर्वक बोला—

'अरे, गंधर्व-प्रदेश के प्रगल्भ महामात्य, विदग्ध वाहिनीपति, तुम अपने-अपने आसनों पर कैसे बैठे हो? तुम्हारी धड़कनों की केंद्र, तुम्हारी राजनर्तकी एक नितांत अबला जैसी धरती पर पड़ी है। उठो, इस श्यामा के नूपुर-मंजीर-बिजायठ-मेखलादि उतारकर, अपने महाराज को धारण कराओ। हमारे साथ इनके अलौकिक नयनाभिराम नृत्य का रसामृत पान करो।'

'मूलक की आज्ञा का अक्षरशः पालन करने में उद्यत, अपने महामात्य एवं प्रधान सेनापति को यंत्रचालित पुतलों की भाँति, उनके आसनों से उठता देखकर, शैलूष पक्षहीन पक्षी की भाँति मूलक के चरणों पर गिर पड़ा। उसे ठोकर मारते हुए मूलक खड़ा हो गया। प्रधान पीठ के नीचे खड़े हुए महामात्य को झकझोरते हुए बोला, 'ले जाओ, अपने मनोबलहीन राजा को। शीघ्रातिशीघ्र स्वस्थ कर, राजभोज में उपस्थित करो।'

□

अनुच्छेद-१३

पूर्णतः आतंकित गंधर्व राज्य बिना किसी संघर्ष के मूलक के प्रति समर्पित होकर, उसके अनाचार-अत्याचार प्रधान कुकृत्यों का घोर सहायक दिनोंदिन इस प्रकार से बनता चला गया कि मूलक और शैलूष नृशंसता के पर्याय बन गए। अनेक ऋषि-मुनि

पलायन कर गए। 'हम मूलक तथा शैलूष के मन-मस्तिष्क अपने तपोबल से परिवर्तित करके ही रहेंगे' उनके दंभ दीमक लगे हुए स्तंभों की भाँति कंकाल बन-बनकर बिखर गए। गुरुकुलों के ग्रंथागारों को उनके प्रांगणों में आयोजित होनेवाले नियमित यज्ञों की ऊर्ध्वमुखी लपटें अग्निकांड बनकर निगल गईं। कुलीन बटुक और सदाचारी आचार्य भीषण अंधड़ में उड़े हुए पत्ते बनकर, किस दिशा में जा गिरे, कोई नहीं जान सका। देव-प्रतिमाएँ विकृत होकर रक्ष-भवनों के द्वारपालों का उपधान बनकर, द्वार-द्वार पर खड़ी रह गईं। देवालय, मदिरालय और गुरुकुल नाट्यगृह बन गए। देवों की आराधना करनेवाले नृत्य-गायन आदि शास्त्रीय परंपरा की अवहेलना करके, लंपटों के मनोरंजन के साधन बन गए। सात्त्विक देवदासियाँ पामर रक्ष-गंधर्वों की निशा-निशा की सहचरी बनने को बाध्य हो गईं। उन नाभि-प्रदर्शिकाओं की शालीन वेश-भूषा सिकुड़ने लगी। उनमें गुँथे हुए तार छिटक-छिटककर, उन्हें पारदर्शी बनाने लगे। रात-रात भर चलने वाले रंगोत्सवों के कारण गंधर्व प्रदेश की यह स्थिति हो गई कि जो जन नियमित रूप से तारों की छाँव में शैयाओं से मुक्त हो जाते थे, उदय से पूर्व सूर्यदेव के लिए अर्घ्य लेकर पूर्वाभिमुख खड़े हो जाते थे, अब वे मध्याकाश में सूर्य-स्यंदन के प्रवेश से पूर्व, धरती पर पदार्पण करना, अपनी कुलीन-परंपरा के विरुद्ध मानने लगे। अत्यधिक व्यभिचार और उत्तेजक औषधियों ने उन्हें ओजहीन-पौरुषविहीन बना दिया।

"नारियाँ अनेकानेक रोगों की संथागार बन गईं। पारंपरिक पर्व फीके पड़ गए। तीर्थ लुप्तप्राय कर दिए गए। मेनका-विश्वामित्र, उर्वशी-पुरुरवा, दुष्यंत-शकुंतला, इंद्र-अहिल्या के अतिरंजित नाटकों ने जन-जन की अभिरुचियों में घृणित परिवर्तन कर दिए। इतने पर भी अपने लक्ष्य में, अपने मंतव्य के अनुसार सफलता न देखकर, मूलक ने विचार किया कि इसके कारण मानव मन में अनंतकाल से निवास करनेवाले करुणा-दयादि के भाव, परलोक का भय एवं पुनर्जन्म में श्रेष्ठ योनि पाने की लालसा आदि के आकर्षण जब तक रहेंगे, तब तक उसे वह अपेक्षित सफलता प्राप्त नहीं होगी। इन्हें येन-केन प्रकारेण समाप्त करना, अब उसके जीवन का एकमात्र लक्ष्य बन गया। इन भावों के समूल विनाश का विचार विचारने में उसे प्रथम चरण में चार्वाक के विचार प्राप्त हो गए।

'पुनरागमनं कुतः' पुनः आगमन अर्थात् पुनर्जन्म कहाँ, लक्षणा के अनुसार, 'नहीं-नहीं'। 'सृष्टि का आरंभ हमारा जन्म और प्रलय का अर्थ हमारी मृत्यु' इस सूत्र में कल्प-मन्वंतर-युग-संवत्सर-मास-दिवस आदि सब समेट दिए गए। इस सूत्र का आश्रय लेकर पुनर्जन्म और परलोक को नकार दिया गया।

वेद-शास्त्र-उपनिषद् आदि में बलि का उल्लेख आत्मबलि के रूप में हमारे ऋषियों ने किया है, जिसका अर्थ आत्मबलि अर्थात् मनुष्य अपने जीवन को संयमित करे। नाना

प्रकार की वासनाओं का दमन करने के लिए त्याग करे। व्रत-उपवास-चंद्रकृच्छ-पराकादि के अतिरिक्त विभिन्न साधनाएँ, जैसे ज्येष्ठ की भीषण गरमी में पंचाग्नि सेवन और पौष-माघ के घोर शीत में पूरे मास खुले आकाश के तले पुष्कर-प्रयाग-हरिद्वार आदि में निवास करे। माता-पितादि के दिवंगत होने पर केशदान, तीर्थक्षेत्र में उनके अस्थि प्रवाह के समय किसी प्रिय वस्तु का त्याग। कोई व्रत धारण करना, पौत्र के मुख-दर्शन के पश्चात् पत्नी से शारीरिक पार्थक्य, वाणप्रस्थ और संन्यास ग्रहण करना आदि इसके अंतर्गत आते हैं। इस आत्म-बलि में से आत्म के स्थान पर पशु तो मांस-मद्यलोलुप वाममार्गीजन पहले ही संस्थापित कर चुके थे, किंतु फिर भी न्यूनाधिक दया का भाव था कि पशु का शिरच्छेद एक ही प्रहार में किया जाए, अन्यथा बलिदाता पशु-हत्या के पाप का भागी होगा।

इसमें मूलक ने संशोधन किया, ''नहीं, पशु को यह प्रतीत होना चाहिए कि वह जीवन काल में ही अपने समस्त पापों से मुक्त होकर देवार्पित होने जा रहा है। अतः इसके अंग-प्रत्यंग को छेदकर, इसका दूषित रक्त पृथ्वी पर बहाकर ही उसका शिरच्छेद किया जाए।'' यह बलि प्रक्रिया घर-घर में संपन्न होने लगी। इसमें पशु के चारों पैर सुदृढ रज्जु से कसकर, उसे आँगन के मध्य में डाल दिया जाता है। घर के सभी स्त्री-पुरुष आबाल-वृद्ध उसे घेरकर बैठ जाते हैं। प्रत्येक को अनिवार्य रूप से क्षुरिका द्वारा उसके किसी-न-किसी अंग पर प्रहार करना ही पड़ता है। फिर तत्काल उस कटे हुए स्थान पर लवण-मिर्च आदि का चूर्ण डालना होता है। इस असह्य वेदना के कारण ज्यों-ज्यों पशु तड़पता है, चीखता है, त्यों-त्यों समुपस्थित स्त्री-पुरुष ताली पीट-पीटकर प्रसन्नता व्यक्त करते हैं, मानो बलि ग्रहणकर्ता मुंडमालिनी अथवा परम घोर-अघोर सदाशिव ही उन पर प्रसन्न हो रहे हों।

इस प्रकार बालक-बालिकाओं में से दया-करुणा-ममता-अहिंसा आदि के सात्त्विक भाव तिरोहित हो जाते हैं। उनका स्थान नृशंसता-क्रूरता-हिंसा कब ले लेते हैं, यह वे भी नहीं जानते। फुहारों की भाँति पशुओं के अंगों-प्रत्यंगों से निकल-निकलकर धरती पर दूर-दूर तक बहता हुआ गरम-गरम रक्त देखना, उनके लिए आनंद का विषय बन जाता है। वे उस बहते हुए रक्त से द्वार-दीवारों पर थापे से लगा-लगाकर अपना अशुभत्व नष्ट करना मानते हैं। एक-दूसरे के वस्त्र पर उन्हें छिड़कते हैं। इस प्रकार तमसवृत्ति, जो नग्न-नृत्य करती है, उसका वर्णन किन शब्दों में किया जाए, उन्हें जानना कठिन है। अत्यंत सुकोमल शशक-शिशुओं, मूषिकाओं-गिलहरियों को बाँधकर लटका दिया जाता है। नीचे सुलगती हुई अग्नि में वे धीरे-धीरे भुनते हैं। उनके अंग-प्रत्यंग फूल-फूलकर फटते हैं। रक्त के फुहारे छूट-छूटकर जिन पर जिस मात्रा में पड़ते हैं, वे स्वयं को उतना ही धन्यातिधन्य मान्य करते हुए, गटागट मदिरापान करते हुए, नृत्य; क्या

हुड़दंग मचाते हैं। नारियों से खिलवाड़ करते हैं और वे भी प्रहर्षित होकर इन पिशाचों के साथ स्वैरिणियों की भाँति नाचने लगती हैं।

"मूलक के भीषण कर्मीगण, जो जनसामान्य में मुल्का--मुल्के कहलाते हैं, वे तो मृगियों और सुरभियों के उदर चीर-चीरकर, उनके अर्भकों का सुकोमल कच्चा मांस खाते हैं, यहाँ तक कि जो इन वीभत्स-मलीन-लंपटों के अमानवीय निर्देशों का पालन नहीं करते, उनके समक्ष उनकी नारियों की घोर दुर्दशा करते हैं। उनके दुधमुँहे बालकों को आकाश में उछाल-उछालकर, भालों और बरछों पर झेलते हैं। खौलते हुए तेल के कड़ाहों में उन्हें डालकर, उनकी गगनभेदी चीखों और जल से निकाली हुई मछली की भाँति उनका तड़पना देखकर सीमातीत प्रहर्ष का प्रदर्शन करते हैं। गर्भिणी पतिव्रताओं के उदरों पर कूद-कूद कर तांडव करते हैं। उनके"

"बस-बस, बहुत सुन लिया। लक्ष्मण, मेरा धनुष लाओ। शत्रुघ्न, युद्ध-वाद्यों का मौन भंग करा दो। मातामह आकाश में खड़े हुए इस राम को निर्निमेष ताक रहे हैं। मातुल युधाजित के विस्फारित नेत्र क्षितिज-मंडल को चीर-चीरकर इसे खोज रहे। केकय का जन-जन राम-राम पुकार रहा है। भरत! इन सभासदों को एक ओर हटाकर, मेरा मार्ग प्रशस्त करो।"

कहते-कहते राजेंद्र रामचंद्र अपने सिंहासन से उछलकर इस प्रकार खड़े हो गए, मानो नृसिंहदेव ही खंब विदीर्ण कर हिरण्यकशिपु पर झपटने चल पड़े हों। उस समय उनके रक्ताभ नेत्र धधकते हुए यज्ञकुंड लगने लगे। अधर झंझा-प्रताड़ित वल्लरियों के प्रकंपित पत्रों के समान स्वयं को स्वयमेव चबाते हुए तथा बार-बार दीर्घ निःश्वास छोड़ते हुए, वे भाराक्रांत पृथ्वी की दशा देखकर, फुँकारते हुए कोपाकुल नागराज शेष ही प्रतीत होने लगे। अमात्य-मंडल श्रीराम का यह अभूतपूर्व रौद्र स्वरूप देखकर किंकर्तव्यविमूढ़ की भाँति स्वयं को परस्पर देखने लगा। केकय महामात्य भद्राश्व के हाथ सहसा जुड़ गए। महर्षि पराशर सहित ऋषिमंडल स्तंभित हो गया। लक्ष्मण और शत्रुघ्न के चरण स्पष्ट आदेश पाकर भी मंत्रकीलित मणिधर के फुंकारविरहित फण के समान खड़े रह गए।

राजसभा में ऋषिमंडल, राजपरिवार के सदस्य, अष्टामात्य दल के अतिरिक्त प्रमुख अधिकारी तो प्रायः नित्य ही समुपस्थित होते थे, किंतु आज तो प्रजा के अनेक वर्गों के प्रमुख भी समस्या की गंभीरता का अनुमान करते हुए आए थे। केकय महामात्य द्वारा पश्चिमोत्तर में भीषण अनाचार के समाचार सुनकर सभी विक्षुब्ध-चिंतित और स्वाभाविक रूप से क्रोधित तो थे ही। राजेंद्र राम के इस प्रकार सिंहासन से उठते ही कोई आसन पर बैठा रह जाए, यह कहाँ हो सकता था? किंतु सौम्य और शांत स्वभाव के लिए प्रख्यात् अपने राजाधिराज के उन्हें सहसा ऐसे भीषण रौद्ररूप के दर्शन होंगे, यह तो प्रत्येक के लिए नितांत अकल्पित था। इस अवसर पर सभी की मुद्रा यही दरशा रही थी

कि मानो उनकी विचार-शक्ति कुंठित हो गई हो। अयोध्याधिपति सिंहासन से तो उठ चुके थे। बैठेंगे भी नहीं, किंतु उतरकर कहाँ जाएँगे, क्या करेंगे, किसे और क्या कहेंगे, यह तो निश्चित रूप से स्पष्ट करने में एक भी समर्थ नहीं था। तभी सभी ने देखा कि उनके पार्श्व में खड़े हुए युवराज भरत आगे बढ़कर उनके चरणों में लोट गए। श्रीराम ने झुककर उन्हें धीरे से उठाया तो वे उनके सामने आँचल फैलाकर खड़े हो गए। अपनी नम्रता का विनम्र शब्दावली से शृंगार करते हुए बोले, "भैया, आपका यह बालक आज हठ ठानकर खड़ा है। उसके दुलार को दुलारते हुए, उसे केकय गमन की आज्ञा प्रदान कर दीजिए।" राजपीठ के सुमंच से उतरने के लिए निश्रेणी पर चरण रखते-रखते राम ठहर गए। भरतलाल के दोनों हाथ आपने हाथों में थामते हुए बोले—

"भरत! मैं तेरा हठ स्वीकार करके एक परम सौम्य शांत भाई को उस भीषण रणक्षेत्र में कैसे भेज दूँ, जिसे कभी सामान्य रण का मुख देखने का भी अवसर प्राप्त न हुआ हो। माला वाले सुकोमल कर में भाला देने के लिए, अपने मन को कैसे मनाऊँ? अपने प्राणों की सगुण मूर्ति को, अपनी आँखों से ओझल होने की आज्ञा देकर, इस निर्जीव शरीर को कैसे सँभालूँगा, तू ही बता?"

"भैया! आप सक्षम हैं। सँभालेंगे, अवश्य सँभालेंगे। उसी प्रकार सँभालेंगे जैसे पूर्व में सुरेंद्र-विजेता मेघनाद के समक्ष लक्ष्मण को और भगवान् चंद्रमौलि के अमोघ त्रिशूल से संरक्षित लवण के समक्ष शत्रुघ्न को प्रस्तुत करते हुए सँभाला था। देवों के वरदानों को विरुद प्रदान करनेवाला आपका वरद कृपा कटाक्ष वज्रमद-मर्दिनी स्वर्णपुरी को कब किस वानर से क्षार करा दे, कब किन-किन के कर-कमलों से संस्पर्शित कराकर निज नामांकित शैल-शिलाओं को समुद्र की चंचल उल्लोलमाला पर प्रफुल्लित कमलमाला के रूप में सजवाकर महासेतु की रचना करा दे, कब किस अधम अनाथ को अपने अंक का सिंहासन प्रदान कर, अपनी कुंचित केशमाला को उस पर चँवर की भाँति लहराकर, पिता से अधिक सम्मान देकर, गोलोक का आलोक बना दे, कब किसके बेरों से दाड़िम को कषाय, कदली को तिक्त, जामफल को लवणी, खर्जूर को अम्ल, द्राक्षा को कटु और रसाल को नीरस बना दे, किसके कठौते में चरण डालकर पतितपावनी के जल को पावनता से वस्तुतः परिचित करा दे, कौन जाने?"

"कोई नहीं जाने, त्रिभुवन भर में एक न जाने, भरत भरत, केवल भरत, मेरा भैया भरत जाने। संसार जिसे मौनी जाने, उस प्रगल्भ को यह राम आज जाना। अब केकय प्रस्थान की तैयारी तुरंत करो। सेना का निरीक्षण करो। कल जिस समय भगवान् भुवन भास्कर की अरुणिमा मृगशिरा के ललाट को कुंकुमांकित करे, उसी समय राघवी चतुरंगिणी के महासेनापति प्रियवर भरत का सुभाल भी कुकुमांकित होगा।"

"राजाधिराज रामचंद्र की जय, महासेनापति भरतभद्र की जय" आदि गगनभेदी

उद्घोषों के मध्य उमंग तरंगिणी की लहरों में लहराती हुई राजसभा विसर्जित हुई।

महामात्य सुमंत्र का आश्रय लेकर केकय महामात्य भद्राश्व चलते-चलते बोले, "आर्य! रामराज्य के विषय में अनेक से अनेक बार बहुत कुछ सुना, किंतु उसके प्रत्यक्ष दर्शन इन चर्म-चक्षुओं ने आज ही किए। उसकी सार्थकता-सत्यता का सर्वांगीण अनुभव हृदय ने आज ही किया। हमें निवेदन करने में समय लगा। अपने अभीप्सित की प्राप्ति के लिए, क्या कहा जाए, कैसे कहा जाए, यह विचारने के लिए शब्दों के अनुसंधान में समय लगा, किंतु उसकी पूर्ति-संपूर्ति ने तो निमिष की लघुता का भी गर्व गलित कर डाला। श्रीराम राजेंद्र ने प्राणों को खोजते हुए हमारे मुख के शब्दों में सहसा अपने प्राण प्रतिष्ठित कर दिए। इतिहास को एक युगांतकारी मोड़ देने में, किसी की ओर मुड़ने की औपचारिकता तक नहीं निभाई। तुरंत निर्णय और उस निर्णय से पूर्व कार्यान्वयन, इसे क्या कहा जाए, केवल इतना ही कि 'क्या कहा जाए'? अग्रज के धनुष स्पर्श से पूर्व ही अनुज का बाण लक्ष्यवेध करने चल पड़ा। धन्य हो, धन्य हो। अग्रज से अधिक अनुज और अनुज से अधिक अग्रज धन्य। राम से अधिक भरत धन्य और भरत से अधिक राम धन्य, दोनों धन्यातिधन्य-धन्य।"

महर्षि वाल्मीकि ने यद्यपि अपनी सुकृति का नाम तो 'पौलस्त्य- वध' ही दिया है, किंतु लोक में तो वह रामायण के नाम से विख्यात है। इसके प्रणेता उन महर्षि प्रवर से भी यदि कोई पूछे, "कहो, आपकी कृति में सर्वप्रथम 'धन्य' कहलाने का अधिकारी कौन है, तो वे भी संभवत: सहसा उत्तर देने में सक्षम सिद्ध नहीं होंगे। नहीं कह पाएँगे कि अपनी सर्वथा निष्कलंक कालिमा का उत्सादन करनेवाली कैकेयी धन्य है कि बिना रहस्य जाने उसी तथाकथित कलंकिनी के वचनों को सम्मान प्रदान करके अपने पुत्र को सहर्ष वन जाने की आज्ञा देने वाली कौसल्या धन्य है, इन दोनों के मध्य अपने पुत्र लक्ष्मण को यह कहकर फटकारनेवाली वह सुमित्रा धन्य है कि 'यदि राम वन में जा रहा है तो तेरा अयोध्या में क्या अटका हुआ है'? जनकनंदिनी दशरथस्नुषा परम सुकुमारी वह सीता धन्य है जो क्षणभर भी वन के कष्टों का ध्यान किए बिना साँवले की गौर परछाईं बनकर चल पड़ी, बिना भेंट किए जिसका पति वन में भाई-भाभी के पीछे-पीछे चला गया, वह उर्मिला धन्य है कि नित्यप्रति अपने समाधिस्थ पति के दर्शन करके सुमौन धारण करके, अश्रुओं को पी जानेवाली मांडवी धन्य कि इनसे अधिक वह श्रुतिकीर्ति धन्य है कि जो क्षीरसागर के तट पर निर्जलव्रत धारण करके सभी की सेवा में प्रसन्न वदन संलग्न रही?

"इन सभी से पृथक् और सभी में निर्गुण ब्रह्म की भाँति व्याप्त वह धन्य कि जो राजकीय वस्त्र-आभूषण-किरीट, कुंडल आदि से विभूषित होकर राजसभा में तो नित्य पधारता रहा, किंतु चौदह वर्षों में एक दिन भी उस कक्ष में नहीं झाँका, जिसमें एक नवबाला, उसकी शून्याकार शैया को निर्निमेष ताकती हुई, धरती पर अर्धरात्रि के पश्चात

बाँह का उपधान (तकिया) बनाकर सोती रही और तारों की छाया में उठती रही, वह धन्य, जो प्रात:कालीन शीतल मंद समीरण के समान सभी की जागृति का कारण बनती रही। किंतु राजभवन के यतिराज शत्रुघ्न उस कलित चंपक कली को देख-देखकर भी भ्रमर बने रहे, वे धन्य कि वह कलिका धन्य, जो अपनी उपेक्षा को, बिना किसी अपेक्षा का विचार किए खिली रही।

''इनमें से किसी ने, किसी को भी, किसी प्रकार का कभी कोई एक उपालंभ भी तो नहीं दिया। किसी ने किसी की पीठ पीछे निंदा भी नहीं की। यद्यपि प्रत्येक के पास, प्रत्येक के विरुद्ध कहने को बहुत कुछ था, परंतु कहा किसने? एक ने भी तो नहीं। अरे, राघवों का परिवार तो विषपायियों का शिवप्रद शंकरों का परिवार है। संसार के विषधर उसे दंश मारकर यदि स्वयं ही निर्जीव-निर्वंश हुए तो इसमें आश्चर्य क्या?

''सुना था कि एक-एक देवता ने अपना श्रेष्ठ सत्त्व प्रदान करके कभी गिरिराज की बालिका को भवानी दुर्गा के रूप में वनराज पर प्रतिष्ठित करके स्वयं को संकटमुक्त कराया था। आज देखा कि अयोध्या में राजपरिवार के एक-एक सदस्य ने, वृद्ध ने, बालक ने, स्त्री ने, पुरुष ने, वरिष्ठ ने, कनिष्ठ ने कैसे अपना-अपना सर्वस्व सहर्ष, हर्ष व्यक्त किए बिना समर्पित किया। उस निष्काम भावना के प्रतिफलस्वरूप, जन-मन को आंदोलित करनेवाली, वासंती वाटिका जैसी रामायण जाह्नवी का स्वत: अवतरण हो गया। राजर्षि भगीरथ के समान महर्षि वाल्मीकि तो मात्र निमित्त बनकर रह गए।

''कभी-कभी तो ऐसा प्रतीत होता है कि राघव-परिवार के इन आदर्श कृत्यों, लोकातीत गुणों की प्रस्तुति में इनके वर्णन अधूरे होकर रह गए हैं। भाषा उनकी परिभाषा से न्याय करने में उतनी सक्षम सिद्ध नहीं हो पाई है, जितनी कि उससे अपेक्षा थी, किंतु जिसके यश ललाटिका का स्पर्श करने में ऊर्ध्वलोकों के चरणों के पंजे उचक-उचक कर थक जाते हों, हस्तांगुलिकाएँ बढ़ी-की-बढ़ी रह जाती हों, शब्द सागर की अपार क्षितिजों के पार नभस्पर्शी उत्ताल तरंगें सुकीर्तनीया पादांगुलियों की नखमाला का पूर्णत: प्रक्षालन करने में नत मस्तक होकर लौट जाने में बाध्य हो जाती हों, उस भाषा पर न्याय न कर पाने की सामर्थ्य में शून्य होने का दोष लगाना, स्वयं अपने सामर्थ्य को ही प्रश्न चिह्नांकित करना होगा। अन्य तो क्या कहा जाए?''

□

अनुच्छेद-१४

श्रीराम राजेंद्र अपनी नियमित दिनचर्या के अनुसार तीनों बंधुओं , आठों राजकुमारों, मारुति के साथ सरयू स्नान-श्री नागेश्वर अर्चन एवं वसिष्ठाश्रम में आयोजित यज्ञ में

आहुतिएँ प्रदान करते हुए सूर्योदय की प्रथम किरण के समुदित होते-होते सूर्यमहालय आ पहुँचे। अपार जन-समुदाय के मध्य मार्ग बनाते हुए वे भवन में प्रवेश कर गए। उनके पधारने से पूर्व समर-सज्जा-सज्जित भरत पितरागार में आ चुके थे।

आज के इन अभूतपूर्व प्रधान सेनापति की शोभा देखते ही बनती थी। उनके केशरिया वस्त्रों पर कसे हुए मणिमंडित स्वर्णिम तनत्राण, मस्तक पर झिलमिलाता हुआ शिरस्त्राण, पृष्ठ भाग पर दिव्यास्त्रों से परिपूरित वैसे ही दो निषंग, कटि पर लटकता हुआ खड्ग, हरित कटिबंध में अधरामृत पान करने को आकुल, झाँकता हुआ सा शुभ्र शंख, स्कंधमूलों से जानुओं के नीचे तक फहराता हुआ वह रक्ताभ कौशेयी उत्तरीय कि जिसकी जरी पट्टिकाओं की प्रदीप्ति दिवसाधिपति की दीप्तिकाओं को भी विस्मित कर रही थी। प्रशस्त वक्ष पर लहरती हुई नवरत्नी मालिकाएँ और बाएँ हाथ की सुदृढ मुष्टिका में कसा हुआ वह धनुष कि जिसकी एक कोटि धरती पर टिकी हुई और दूसरी किरीट पर लहराती सुशुभ्र पंखावली से प्रतियोगिता सी करती हुई। वह भव्य धनुष इस समय ऐसा प्रतीत हो रहा था, मानो अपनी युगल कोटियों के माध्यम से वह एक विश्वसनीय प्रामाणिक संकल्पित संदेश दे रहा हो। धरती का संस्पर्श करके अधःकोटि उसे आश्वस्त कर रही हो, "भगवती वसुंधरे! तुम भारविहीन होकर, सहस्रशीर्ष शेषदेव के सुशीर्ष पर सहस्रकमलदल-मालिका के समान उसी भाँति भय-विस्मृता छवि में सुशोभित रहोगी, जिस प्रकार तुम्हारे प्रियतम दिव्य वाराहदेव ने तुम्हें प्रस्थापित किया था। दूसरी ऊर्ध्व कोटि उद्घोष कर रही हो कि दिशाधारक दिग्गजो! अंतरिक्ष के सुरम्य वासंती उपवन में तुम निरापद रहकर, अष्टकमल दलासन पर ध्रुवदेव को धारण किए जटिल-से-जटिल प्रश्न के स्नेहिल उत्तर देते रहो। सूर्य और चंद्रमा की विभिन्न छवियों के दर्शन करते हुए, नक्षत्र मालिकाओं की कलित क्रीड़ाओं से प्रहर्षित होते रहो। अब धरती की चीत्कारें तुम्हारी आनंद-समाधि भंग करने का दुस्साहस नहीं कर पाएँगी।"

श्रीराम के संकेत पर भरतलाल अपना धनुष एवं खड्ग अपने पिता महाराज दशरथ की प्रतिमा के चरणों में रखकर निर्धारित आसन पर बैठ गए। वेदपाठी ब्राह्मणों की मंत्रध्वनि से पितरागार गूँज उठा। स्वस्तिवाचन के साथ-साथ कुशा कादंबिनियों से झरते हुए विभिन्न तीर्थों-समुद्रों के जल-बिंदु भरत के अंग-प्रत्यंग का मार्जन करने लगे। उनके चंदन चर्चित मस्तक पर महर्षि पराशर द्वारा अंकित कुंकुम तिलक-सुपीत अक्षत रुद्रदेव के निरालस्य ललाट-नेत्र से प्रतीत होने लगे। ऋषि मंडल एवं उपाध्यायों की वंदना करते हुए भरत अपने आसन से उठ गए। अपने पार्श्व भाग में खड़े हुए राजेंद्र राम की चरण वंदना करने के लिए वे ज्यों ही झुकने लगे कि उन्होंने स्वयं झुककर भरत को हृदय से लगा लिया। आलिंगनबद्ध भरत को अपने तरल नेत्रों से निहारते हुए राम उस समय ऐसे लग रहे थे, मानो उन्होंने भरत को आज पहली बार ही देखा हो। हाँ, इस

सज्जा में तो पहली बार ही देखा था। वे भावों की भीड़ में खोने जा ही रहे थे कि सहसा उनकी दृष्टि पितरागार के द्वार पर पड़ी।

उन्होंने देखा कि देवी मांडवी समरसाज-सज्जित अपने दोनों पुत्रों—तक्षक और पुष्कल को लिये, धीरे-धीरे उनकी ओर बढ़ी आ रही हैं। उन्हें लगा कि मांडवी के वेश में साक्षात् शंकर-प्राणवल्लभा पार्वती ही गणेश और कार्तिकेय को स्वयं अपने हाथों से सजाकर, त्रिपुरासुर विध्वंसक यज्ञ के यजमान अपने प्रियतम के हाथों में विधि-विधानपूर्त्रक आहुति समर्पित करने के लिए, श्रुवा और चमस के रूप में अपने नेत्रों की पुतलियाँ ही अपनी हथेली पर सजाए प्रवेश कर रही हैं। वे भरत को छोड़कर द्वार की ओर बढ़ चले। दोनों भरत कुमारों को अपने चरणों में साष्टांग प्रणाम करता देखकर वे विह्वल हो गए। उन्हें उठाते हुए, उनके अवरुद्ध कंठ से 'मांडवी' ही निकला था कि नतमस्तक मांडवी हाथ जोड़कर अत्यंत धीमे स्वर में बोलीं, "राजेश्वर! आप अपने सेनापति को यह तुच्छ भेंट स्वीकार करने की अनुमति प्रदान करके, अयोध्या की इस सामान्या को अनुकंपित करें। यह विनम्र निवेदन है।"

मांडवी की ओर जो नेत्र कभी नहीं उठे थे, वे आज उस नमित नयनी पर से जैसे उठना ही भूल गए हों, इस प्रकार उसे देखते-देखते बोले, "मैथिलि! यह भेंट तुच्छ नहीं है। शब्दकोश से असामान्य शब्द को बहिष्कृत करने के पश्चात् ही इस भेंट की प्रदाता सामान्या कही जा सकेगी। मांडवी! रघुकुल तुम्हें वधू के रूप में प्राप्त करके धन्य हो गया। रघुवंश की भावी माते! इस राम का प्रणाम स्वीकार कर।" कहते हुए श्रीराम के शब्द सुनते-सुनते मांडवी ने अपने कानों पर हाथ रख लिये। हाथ जोड़कर दोनों कुमारों को आगे बढ़ाकर, मांडवी लौट गई। तक्षक और पुष्कल के मस्तकों पर तिलक अंकित करते हुए वे लव-कुश की ओर देखते हुए बोले, "तुम किस माता की प्रतीक्षा कर रहे हो? जाओ, अपने इन अनुजों की भाँति ही विभूषित होकर अपने पितृव्य के श्रीचरणों में उपस्थित हो जाओ।"

लव-कुश को द्रुतगति से बढ़ता देखकर भरत उनका मार्ग रोककर खड़े होते हुए बोले, "नहीं-नहीं, राजेंद्र! नहीं, कदापि नहीं। अयोध्या के भावी अधिपति और उसके दक्षिण भुजदंड के रणांगण में प्रवेश की वेला तब तक उपस्थित नहीं होगी, जब तक आपके इस अनुचर का शीश उसके स्कंधमूलों से पृथक् नहीं हो जाता।"

"भरत···" उच्च स्वर में भरत को संबोधित करते हुए राम बोले, "मेरे प्रिय बंधु, तुम तो विश्वभर में शत्रु-मित्रों में सुमंगलभाषी के रूप में प्रख्यात् हो। आज ऐसे शब्द सहसा तुम्हारे मुख से कैसे निकले? तुम तीनों बंधुओं में से किसी ने भी किसी दिन यदि आँख फेरी, तो यह राम उसी क्षण अपनी ये आँखें सदा-सदा के लिए मूँद लेगा। तुममें

से कोई भी, कभी भी यदि इस प्रकार बोलने की कुचेष्टा करेगा तो वह इस राम के हृदय पर आघात करने का दोषी ही होगा।''

श्रीराम के इन शब्दों ने निकट खड़े हुए लक्ष्मण के नेत्रों में अपनी मूर्च्छा-विमुक्ति के क्षण का दृश्य उपस्थित कर दिया। किस प्रकार उनके नेत्रों की निर्झरणियाँ उनके कपोल मंडल का सतत प्रक्षालन कर रही थीं। उसका स्मरण आते ही, उनके कोरों पर कहीं से सहसा आकर दो बिंदु उमड़ पड़े, किंतु इस अवसर की स्थिति का अनुमान करते हुए, उन्होंने मुख फेरकर उन्हें झटक दिया।

भरत पितरागार में सज्जित भगवान् भुवन भास्कर सूर्यदेव का पूजनकर मनु-इक्ष्वाकु-विकुक्षि-पुरंजय-मांधाता-अनरण्य-हरिश्चंद्र-रोहिताश्व-सगर-असमंजस-अंशुमान-भगीरथ-दिलीप-रघु-अज आदि पूर्वपुरुषों को सुमन अर्पित करके, अपने पूज्य पिताश्री महाराज दशरथ के सुविग्रह के समक्ष आकर खड़े हो गए। अन्यों की भाँति उनका पूजन कर, उन्होंने अपने खड्ग एवं धनुष उठा लिये। राजेंद्र रामचंद्र ने अपने मस्तक कुंकुम में से कुंकुम लेकर, उनके मस्तक पर अंकित कर दिया। परंपरानुसार अब उन्हें महारानी से मंगलसूत्र ग्रहण करना है, यह स्मरण आते ही सभी एक-दूसरे से आँखें चुराते हुए, उस कक्ष की ओर धीरे-धीरे बढ़ चले, जिसमें राजरानी महारानी जनकनंदिनी जानकी की स्वर्ण प्रतिमा अश्वमेध यज्ञ के पश्चात् एक सुंदर वेदिका पर भरत द्वारा ही स्थापित की गई थी। उनकी बद्धांजलि में रखे हुए मंगलसूत्रों को उपरोहित पराशर की सहधर्मिणी ने उठाकर भरतलाल तथा पुष्कल और तक्षक के दक्षिण भुजदंडों पर ज्यों ही बाँधे कि अनेकानेक वाद्यवृंद की ध्वनियाँ दिग्मंडल की चेतनाओं को चैतन्य करने लगीं।

मंत्रध्वनि के मध्य राजेंद्र राम भरत का हाथ पकड़े हुए राजद्वार पर आ गए। चतुरंगिणी सेना का निरीक्षण करते हुए, वे सप्ताश्व जुते हुए उस रथ तक जा पहुँचे, जो प्रधान सेनापति के लिए सज्जित होकर उनकी प्रतीक्षा कर रहा था। राजेंद्र राम ने भरत की बाँह पकड़कर उन्हें रथ में चढ़ा दिया। लक्ष्मण और शत्रुघ्न उनके दोनों ओर चँवर लेकर खड़े हो गए। सारथी के स्थान पर रखा हुआ कषादंड उठाकर, वे मारुति के हाथ में देते हुए बोले, ''आंजनेय! जैसे तुम दो बंधुओं को पाताल से निकाल लाए थे, उसी प्रकार मेरे प्रिय बंधु भरत को दोनों कुमारों सहित लाकर, मुझे सौंपोगे। इस आशा और विश्वास के साथ यह सारथ्य-पद तुम्हें समर्पित है।''

मारुति एक बार श्रीराम के नेत्रों में नेत्र डालकर, उनके चरणों में झुक गए। अपनी माला उनके कंठ में डालते हुए उन्होंने मारुति को हृदय से लगा लिया। कषादंड पकड़े हुए, वे उछलकर सारथी के स्थान पर जा बैठे। तक्षक और पुष्कल उनके पीछे खड़े हो गए। उन्हें देखकर कई वयोवृद्ध जनों के मुख से सहसा निकल पड़ा, 'जिन्होंने महामुनि विश्वामित्र के साथ जाते हुए दशरथ कुमारों को नहीं देखा, वे भरत-कुमारों को देख लें।

अंतर यही है कि वे पूर्व की ओर कुलगुरु सूर्यदेव के उदय का मार्ग प्रशस्त करने गए थे और ये पश्चिम की ओर उनके अस्त होने का मार्ग अवरुद्ध करने जा रहे हैं।'

मारुति के शंखनाद करते ही सातों अश्वों के पैरों में पड़ी हुई झाँझनें झनझना उठीं। स्यंदन में लगी हुई घंटियाँ घनघनाने लगीं। सूर्यांकित ध्वज शिखर पर फरफरा उठा। श्रीराम का रथ भरत के पीछे-पीछे चल पड़ा। अपने पृष्ठ प्रदेश पर अयोध्या का राजकीय-ध्वज स्वर्णिम-ध्वजदंड पर फहराता हुआ, हरावल का गजराज ज्यों ही कोसल राज्य की सीमा पर पहुँचा, त्यों ही लक्ष्मण और शत्रुघ्न को रथ से उतरने का संकेत करते हुए भरत स्वयं भी उतर पड़े। वे धीरे-धीरे अपने रथ पर बैठे हुए श्रीराम राजेंद्र के पास विदा की औपचारिक परंपरा के निर्वाह हेतु जा पहुँचे। राजेंद्र ने रथ से उतरकर, उनके नमित मस्तक पर दोनों हाथ रखते हुए, अपनी कलगी का पंख भरत की कलगी पर लगा दिया। उनका संकेत पाकर लव-कुश उनके दोनों अक्षय-तूणीर उठा लाए। श्रीराम राजेंद्र ने दिव्यास्त्रपूरित वे दोनों तूणीर भरत के दोनों स्कंधों पर स्थापित कर दिए। लव-कुश ने अपने-अपने तूणीरों से पाँच-पाँच बाण निकालकर, उनकी महिमा और प्रयोग विधि बताते हुए पुष्कल और तक्षक के तूणीरों में प्रविष्ट कर दिए। लक्ष्मण और शत्रुघ्न से प्रणाम लेते हुए, श्रीराम राजेंद्र को प्रणाम करते हुए भरत अपने रथ पर जा बैठे। अयोध्या की पश्चिमाभिमुखी सेना द्रुतगति से बढ़ चली। लक्ष्मण और शत्रुघ्न सहित समस्त परिकर से घिरा हुआ श्रीराम का रथ धीरे-धीरे नगर की ओर मुड़ गया।

□

द्वितीय खंड

अनुच्छेद-1

मानसनंदिनी पुण्यतोया सरयू सरिता के दक्षिणी-तट के साथ-साथ चलती हुई, कपीवती एवं कुटिका नदियों को पार करती हुई, हस्तिपृष्ठ लोहित्य नगरादि के निवासियों का अभिनंदन लेती हुई राघवी सेना मालिनी-तट पर स्थित कण्वाश्रम (बिजनौर) के समीप आ पहुँची। क्षितिज पार से शनैः-शनैः आते हुए सामगान के आरोहित-अवरोहित स्वरों का सम्मान करते हुए सेनापति चंद्रकेतु के आदेश से मधुर-मांगलिक वाद्यों के अतिरिक्त शेष वाद्य मौन हो गए। पंचनख मृगराज सिंह की दंतावली की गणना करनेवाले, शकुंतला-दुष्यंत के प्रणय-प्रसाद भरत की क्रीड़ाभूमि, महर्षि कण्व की तपोभूमि को प्रणाम करते हुए श्रीभरत मालिनी पार उज्जिहाना (मवाना) आ गए।

कुटिकोष्ठिका नदी पार कर श्रीभरत गंगा की ओर बढ़ ही रहे थे कि उनकी विशाल वाहिनी पर कुरुवंशी वीरों के बाण पुष्प बरसने लगे। धीरे-धीरे वाद्यों की ध्वनि आकाशमंडल को गुँजाती हुई, निकट आने लगी। श्रीभरत अपना सप्त सैंधव बढ़ाकर सूर्यांकित ध्वजराज को धारण करनेवाले अग्रगामी गजराज के पीछे आ गए। अट्ठाईस दैदीप्यमान नक्षत्रों के मध्य पूर्णचंद्रांकित केसरिया ध्वज फहराते हुए रथारूढ़ महाराजा श्री अजमीढ़देव के अनुज पुरुमीढ़देव को बढ़ते देखकर श्रीभरत अपने दोनों पुत्रों तक्षक-पुष्कल के साथ रथ से उतरकर उनकी ओर बढ़ चले। सौहार्द की प्रतिमूर्ति पुरुमीढ़ की फैली हुई बाँहों में बाँहें फैलाकर सूर्यवंश एवं चंद्रवंश के युवराज, मंगलमयी अनुष्ठान वेदी पर सुशोभित ग्रहमंडल की भाँति समा गए। अपने चरणों में नत होते हुए दोनों भरत कुमारों को पुरुमीढ़ ने हृदय से लगा लिया।

श्रीभरत द्वारा अपने पूर्व पुरुषों की पुण्य पताका स्वरूपिणी भागीरथी गंगा के पूजन के उपरांत राघवी सेना पुरुमीढ़ के मार्गदर्शन में अनेक सुदृढ नौका-सेतुओं से गंगा को पार करते हुए मयराष्ट्र के समीपवर्ती अंशुधान-प्राग्वट के विशाल क्षेत्र में ठहर गई।

हस्तिनापुर के प्रशस्त राजमार्ग के दोनों ओर यशस्वी राघवानुज श्रीभरत के दर्शन करने के लिए भारी संख्या में जनसमुदाय उनके आगमन से पूर्व जुट चुका था, क्योंकि

उनके आगमन से पूर्व उनकी कीर्ति-कथा महर्षि वाल्मीकि की वाणी के पंख लगाकर जन-मन को अनेक वर्षों से, अपनी काकली से नित्य निरंतर गुंजित करती चली आ रही थी। श्रीभरत के साथ-साथ 'द्रोणाचल के दिव्यौषधियों से परिपूरित पर्वत खंड को अपनी हथेली पर पुष्पगुच्छ की भाँति लानेवाले आंजनेय आ रहे हैं, सौ योजन के विस्तृत सागर को लाँघनेवाले मारुति आ रहे हैं, अनेक देवों का मान भंग करनेवाली दुर्जय लंका को भस्म करनेवाले पवनकुमार आ रहे हैं,' अमोघ ब्रह्मपाश का उपहास करनेवाले, इंद्रजित को जीतनेवाले वीरवर नहीं, महावीर वज्रांगदेव हनुमान भी स्वयं आ रहे हैं, इस समाचार ने तो क्या स्त्री और क्या पुरुष, क्या बालक और क्या वृद्ध, सभी में उनकी एक झाँकी पाने की, एक अनिर्वचनीय उत्सुकता का संचार कर दिया था। सूर्य-चंद्रांकित युगल ध्वजों के पीछे मंगल वाद्यवादकों की टुकड़ी के पश्चात् आरक्षियों द्वारा आरक्षित मार्ग से आती हुई श्रीभरत की सौम्य छवि को देखते ही जन-जन के हाथ स्वतः जुड़ गए। मस्तक विनम्र भाव से झुक गए। तक्षक-पुष्कल की सुकोमल-मंजुल गौर-श्यामल जोड़ी ने तो प्रत्येक के हृदय में सहज वात्सल्य भाव के वटराज आरोपित कर दिए। अब सभी के नेत्र, जिन्हें सर्वप्रथम देखना चाहते थे, उन्हें तुरंत न देखकर अकुला उठे।

'मारुति-आंजनेय-हनुमान' के स्वर रह-रहकर समस्त वातावरण को आंदोलित करने लगे। युवराज पुरुमीढ़ के साथ श्रीभरत भी अपनी ग्रीवा मोड़कर देखने लगे कि श्रीमान पवनकुमार कहाँ रह गए। अत्यंत कठिनाई से भारी जन समुदाय के मध्य एक पुष्पाच्छादित तरुवर सा कुछ हिलता-डुलता, बार-बार स्थिर होता हुआ दूर से दिखा। देखा कि कितने ही जन उनके सम्मुख लोट रहे हैं। कितनी ही नारियाँ प्रयत्नपूर्वक अपने आँचलों को सँभालती हुई, अपने बालकों को उनके चरणों में डाल रही हैं। वे अपने स्वर्णाभ शरीर को आच्छादित करनेवाले पुष्पों को दोनों मुट्ठियों में भर-भरकर उछाल रहे हैं। बढ़ने का प्रयत्न करते हुए भी बढ़ नहीं पा रहे हैं। श्रीभरत का मौन देखकर युवराज पुरुमीढ़ का संकेत पाकर राजकुमार नील-ऋक्ष-दुष्यंत-व्रजन्-रूपिण आदि जगदुद्धारक पवनकुमार का जनसमुदाय से उद्धार करने तीव्र गति से चल पड़े। आरक्षी सैनिकों के सहयोग से मार्ग पाते ही 'जय श्रीराम' का गगनभेदी उद्‌घोष करते हुए मारुति एक ही छलाँग में आकाश से उतरकर धरती पर आ गए। अपने चरणों में प्रणाम करते हुए युवराज पुरुमीढ़ को उन्होंने सुस्मिति बिखेरते हुए अपनी बाँहों में भर लिया।

चंद्रमणि महालय के मुख्य द्वार के सम्मुख राजर्षि महाराज श्री अजमीढ़देव की सुश्वेतकेशी सुशुभ्रवेशी दिव्य छवि को निश्रेणी मालिका पर स्वयं समुपस्थित देखकर, श्रीभरत छत्र-चँवरादि धारण किए हुए सेवकों को रोकते हुए तीव्र गति से बढ़ चले। अभी महाराजा धीरे-धीरे कुछ ही सीढ़ी उतरे थे कि श्रीभरत अन्य सीढ़ियों को लाँघते हुए उनके चरणों में झुक गए। महाराजा अजमीढ़ उन्हें हृदय से लगाते हुए, उनका हाथ

थामकर सभागृह की ओर धीरे-धीरे ले चले। श्रीभरत को अपने अर्धासन पर बिठाकर वे बैठ गए। चंद्रपीठ के दक्षिण युवराज पुरुमीढ़ के साथ पवनकुमार श्री हनुमान एवं वाम दिशा में मैढ़ कुमारों के साथ राजकुमार तक्षक-पुष्कल ने स्थान ग्रहण किया।

श्री रामानुज भरत के राजकीय अभिनंदन के सूचक स्वस्ति वाचन के मंत्रस्वर अभी वेदपाठी बटुकों के अधरों पर नृत्य करने के लिए उठने ही जा रहे थे कि सीमारक्षक दल के चमूपति को द्रुत गति से प्रवेश करता देखकर, वे ठहर गए। चमूपति ने महाराजा अजमीढ़ सहित समस्त सभा का अभिवादन करते हुए युवराज पुरुमीढ़ के समीप जाकर धीरे से निवेदन किया कि काशी नरेश महाराज प्रतर्दन ससैन्य भागीरथी गंगा के पूर्वी तट पर आ गए हैं; साथ ही यह भी समाचार है कि दो-चार घड़ी में ही विदेहराज लक्ष्मीनिधि के युवराज शीलनिधि भी इसी प्रकार पधारनेवाले हैं।

दोनों प्रतापी नरेश देश के शत्रुओं के विरुद्ध रणक्षेत्र में प्रबल स्वपक्षी के रूप में आ रहे हैं, यह सूचना पाते ही समस्त सभा हर्षनाद कर उठी। अभिनंदन आदि की औपचारिकता का निर्वाह करते हुए सभा विसर्जित हो गई।

युवराज पुरुमीढ़ तथा राघवी सेना के सेनापति चंद्रकेतु के साथ अपने मातुल पुत्र भ्राता विदेहकुमार शीलनिधि से यथाशीघ्र मिलने को आतुर राजकुमार पुष्कल और तक्षक भी उछलते हुए गंगा तट की ओर चल पड़े।

□

अनुच्छेद-२

सायं संध्यादि कृत्यों से निवृत्त होकर भोजनादि के पश्चात् प्रमुख जन महाराजा अजमीढ़ के भव्य कक्ष में शनैः-शनैः एकत्रित होने लगे। अमात्य भद्राश्व अत्यंत संक्षेप में कैकेय-गंधर्व प्रदेश आदि की स्थिति का वर्णन करने लगे। उन्हें टोकते हुए काशी नरेश महाराज प्रतर्दन ने प्रश्न किया, "अमात्यवर! आपके महाराज अश्वजित तो राजनीति के प्रकांड पंडित माने जाते हैं। उनकी नाक के नीचे प्रतिश्याय (जुकाम) ज्वरों को जर्जरित करता हुआ सन्निपात् कैसे बन गया, उनके युवराज युधाजित की मनीषा का किसने अपहरण कर लिया?"

"नृपतिवर! दुर्दिन आकाशवाणी द्वारा सूचना देकर नहीं आते और सौभाग्य का उदय सूर्यदेव किन्हीं विशेष रत्नालंकारों से शृंगार कराकर नहीं करते। ये हो ही जाते हैं। फिर कारण सामने आते हैं और लाए जाते हैं। फलस्वरूप यश-अपयश प्रमाद-प्रमोद प्राप्त होते हैं। इस विषय में यही कहा जा सकता है। अनेक इतिहास साक्षी हैं।"

"जो व्यतीत हो गया, उस अतीत के घाव कैसे भरने हैं और भविष्य में ये न हों,

इस समय यही विचारणीय होना चाहिए।''

महाराजा अजमीढ़ के शब्दों का समर्थन करते हुए मारुति बोले, ''प्रभु कृपा से वर्तमान घावों का तो निदान हो ही जाएगा, किंतु जिस भविष्य की ओर आपकी अनुभव सिद्ध दृष्टि संकेत कर रही है, वही विचारणीय है। रावण-वध से राष्ट्र निश्चिंतता का अनुभव कर रहा था, किंतु तभी लवण प्रसंग उपस्थित हो गया। उससे भी पूर्व जिसे अपूर्व ही कहना चाहिए, उस शतकंधर प्रसंग की जटिलता से तो सभी परिचित हैं। स्वयं महारानी को रणांगण में प्रवेश करना पड़ा। आज का शैलूष प्रसंग अंतिम होगा, यह भी कौन कह सकता है ? राष्ट्र को प्रतिपल जाग्रत् रहना ही नहीं, अपितु अपनी जीवंत जागृति का परिचय प्रतिक्षण विश्व को देना भी होगा। देवासुर संग्राम सृष्टि के विकसित होने से पूर्व विधि-भक्षण के लिए उद्यत मधु-कैटभ द्वारा प्रारंभ हुआ तो प्रलय से पूर्व इसकी इति भी नहीं होगी।''

''मारुति विश्व के बुद्धिमंत समुदाय के श्रीमंत हैं। समय को शास्त्रों ने काल इसी कारण कहा है कि उसका कभी काल नहीं आता। प्रभात-संध्या, रात्रि-दिवस, मास-वर्ष, युग-मन्वंतर आ-आकर उसका अपने-अपने नामों से शृंगार करके चले जाते हैं। त्रिगुणमयी आकृतियाँ समयानुसार परिवर्तित होती हुई दिखती अवश्य हैं, परंतु मौलिक रूप से होती नहीं हैं। मधु-कैटभ, हिरण्याक्ष-हिरण्यकशिपु, शुंभ-निशुंभ, विरोचन-रक्तबीज, त्रिपुरासुर- हयग्रीव, दशकंधर-शतकंधर, शंबर-लवण परिकर और अब ये शैलूष-मूलकादि की जिस प्रकार एक शृंखला चलती आ रही है, उसी प्रकार नारायण-शंकर, वाराह-नृसिंह, दुर्गा-काली, वामन-मोहिनी, मांधाता-रघु, बाहू-सगर, हस्ति-दशरथ और अब श्रीराम-भरत-लक्ष्मण-शत्रुघ्न और उनके परिकरी मारुति-जांबवंत, सुग्रीव-अंगद, प्रतर्दन-शीलनिधि आदि की भी एक शृंखला सदैव उपस्थित रही है और सदैव रहेगी। भविष्य में किस असुर का अभ्युदय होगा और उसके पराभव के लिए किस सुरेंद्र का प्रादुर्भाव होगा, वह तो भविष्य के गर्भ में है, किंतु ये अभ्युदय और प्रादुर्भाव होंगे और अवश्य होंगे, यह निर्विवाद है।

''जिन शैलूष-मूलक के दमन के लिए आप जा रहे हैं, वे केवल वे मुख हैं, जो बालक के गर्भ में आने के कई मास पश्चात् बनना आरंभ होते हैं। आज प्रसव के पश्चात् वे शिशु-कुमार-पौगंड से युवक बनकर ताल ठोंककर परिचय ही नहीं दे रहे हैं, बल्कि अपनी आगामी पीढ़ी को भी ला रहे हैं और पर्याप्त मात्रा में ला भी चुके हैं। भविष्य की अनंत पीढ़ियों के लिए कार्यक्रम निश्चित करके ताड़पत्रों पर नहीं, शिलाओं पर अंकित करा चुके हैं। इनका नाश तो हो जाएगा, हमें पूर्ण विश्वास है, किंतु विनाश हो जाएगा, इसमें परिस्थितियों को देखते हुए शंका है।''

महाराजा अजमीढ़ के प्रति सम्मान व्यक्त करते हुए विदेह कुमार शीलनिधि अत्यंत

विनम्रता से बोले, ''नाश हो जाएगा, किंतु विनाश हो जाएगा, इसमें परिस्थितियों को देखते हुए शंका है'' आपके ये शब्द क्या संकेत कर रहे हैं ? यदि उचित मानें तो अपने इस बालक को इन शब्दों के अंतर में छिपे हुए भाव से परिचित कराएँ।''

श्रीभरत की ओर दो क्षण देखते हुए महाराजा अजमीढ़ बोले, ''वत्स शीलनिधि! तुम्हारा प्रश्न अनुचित नहीं, समुचित है। वरिष्ठजनों से सभा के मध्य में कैसे प्रश्न करें, अपनी कुलीन-शालीनता के अहं में अपनी जिज्ञासा को लपेटकर, यदि मौन रह जाते तो विश्व का अकल्याण ही करते। आज की परिस्थिति, उसकी समस्याओं से सभी अपरिचित हैं, ऐसा तो नहीं है, किंतु जिस प्रकार उनसे विश्व को परिचित होना चाहिए, वह तो अभी नहीं हुआ है। आज का संकट एकाएक प्रगट नहीं हुआ है। शैलूष और मूलक प्राण बचाने के लिए किसी भी लोक में चले जाएँ, उन्हें काल का ग्रास अवश्य बनना पड़ेगा। यह मैं यहाँ समुपस्थित महानुभावों के बुद्धि-बल को देखकर निश्चित विश्वास से कह रहा हूँ। इनके नाश में निश्शंक हूँ, किंतु विनाश में शैलूष और मूलकवाद को जन्म देनेवाली जननियाँ, कुत्सित भावनाएँ कारण हैं। विश्व को भयंकर अराजकता के दावानल में झोंकनेवाले, दैवी संस्कृति विरोधक इस दुर्ग का निर्माण, एक षड्यंत्रबद्ध योजना के अधीन किया गया है।

''असुरों के सिर पर सींग नहीं होते। उसी प्रकार देवता कहलानेवालों का रूप चित्रकारों द्वारा प्राय: जितना अलौकिक दिखाया जाता है, उसके अनुसार उनकी क्षमताएँ कभी-कभी उतनी अकाट्य नहीं होतीं। उनके चरित्र ही उनका चित्रांकन कराते हैं। अमरावती जब मेघनाद पहुँचा तो उसके सौंदर्य की चर्चा सुनकर देवांगनाएँ उसे देखने के लिए अपनी अट्टालिकाओं पर जा चढ़ीं। उसके अत्याचार आरंभ होते ही क्षण भर पूर्व की वे दर्शोत्सुकाएँ तत्क्षण अदृश्य होने लगीं। नाभि तक लटकती हुई, तुंदिल उदर पर बलखाती हुई सूँड़, पंखा से कान, छोटे-छोटे नेत्र, एक ही दाँत, बाह्य दृष्टि से देखें तो क्या कहा जाए ? किंतु विघ्नहरण में स्मरण मात्र से परम समर्थ मंगलमूर्ति, अत: 'लम्बोदरं परमसुन्दरमेकदंतम्' हमारे गणपति प्रथम पूज्य सर्वमान्य हैं। महागौरी और महाकाली क्या दो हैं, धर्मराज और यमराज क्या दो हैं ? राजीव नेत्र और रणरंगधीर राम एक ही हैं।

''शैलूष और मूलक का नाश होगा, किंतु जिन प्रकृति-प्रवृत्ति और पद्धति के साथ-साथ परिस्थितियों ने उन्हें उत्पन्न किया है, उनमें कितना सुधार हो पाएगा और कितना उनका संहार कर पाएँगे, इसी में संशय है।

''आज जो यवन-म्लेच्छ-शक-हूण-कुषाण-तुरुष्क-काम्बोज-पल्हव -तालजंघ-पारद आदि संज्ञा धारण करके हमारी मानवता-प्रधान वैदिक संस्कृति और देवभूमि भारतवर्ष के शत्रु बनकर, हमें नृशंसतापूर्वक चुनौती दे रहे हैं, वे कौन हैं, उनके जननी-जनक कौन हैं ? विचारिए, हमारे अहंकार-अंधक्रोध-प्रमाद-दूरदृष्टिविहीनता आदि ही

तो हैं। आज तो महर्षि वशिष्ठ और महर्षि विश्वामित्र दोनों ही राजाधिराज श्रीरामचंद्र की सभा में सूर्य-चंद्रमा के रूप में विराजमान होते हैं, किंतु कल ही का तो वृत्तांत है, कोई युगों-मन्वंतरों पूर्व की चर्चा नहीं, जबकि ये दोनों महानुभाव बृहस्पति-उशना शुक्र बने हुए थे। अनंत दिव्य शक्तियों की स्वामिनी कामधेनु की सुपुत्री नंदिनी धेनु, जो महर्षि वशिष्ठ के आश्रम की अलंकार है, गाधिपुत्र महाराजा विश्वामित्र उसका हरण करने चले। उसके रक्षक महर्षि वसिष्ठ के समस्त पुत्रों की हत्या कर डाली। महर्षि ने राम-जन्म से पूर्व महारानी कौसल्या के अपहरण को आतुर रावण को जिस ब्रह्मदंड से स्तंभित कर डाला था, उसे न उठाकर क्रोधावेश में अराजक-तत्त्वों की सृष्टि कर डाली। विश्वामित्र के दंभ दलन के पश्चात् उन्हीं तत्त्वों ने जब देश की व्यवस्थाओं को प्रभावित करना आरंभ कर दिया तो उन्हें देश से निष्कासित करा दिया। जिन विश्वामित्र के विरुद्ध उन्हें प्रोत्साहित किया था, उन्हीं विश्वामित्र को ब्रह्मर्षि की संज्ञा से विभूषित करके कंठ से लगा लिया। अपनी ही सृष्टि को निकृष्ट कह दिया। शिखा-सूत्र यज्ञ-हवन वेदपाठ से वंचित कर दिया। उनके श्मश्रु मंडल (दाढ़ी-मूँछ) को कई-कई प्रकार के आकार-प्रकार देकर, उन्हें स्थायी रूप से विकारी की रूप-रेखा और नाम-धाम तक दे डाले। आज भी अपनी इस भूल को सुधारने का इन महानुभावों की ओर से कोई प्रभावशाली प्रयत्न नहीं किया जा रहा है। क्या कहें ?''

राजर्षि महाराज अजमीढ़ को चिंतातुर मुद्रा में मौन होते देखकर काशी नरेश महाराजा प्रतर्दन बोले—

''देव! जिस भूल की आपने समीक्षापूर्वक चर्चा की और यहाँ उपस्थित समस्त जन उसे स्वीकार भी कर रहे हैं, ऐसी स्थिति में उसके सुधार का उपाय भी तो कहिए। कोई भी भूल आरंभ में चाहे समानांतर रेखाओं के मध्य बिंदु जैसी साधारण ही हो, किंतु जैसे-जैसे समय व्यतीत होता जाता है, वैसे-वैसे ही वह मूल बाल्य से किशोर-युवा-पौगंड होते-होते, अंकुर से ऐसा महा महीरुह (वृक्ष) क्या महारण्य असीमित विजनवन घोर कांतार बन जाता है कि उसका निदान असंभव सा बनकर रह जाता है। साधारण व्यक्ति की भूल तो उसे अथवा उसके परिवार-परिकर को ही कुछ समय तक प्रभावित करके रह जाती है, किंतु प्रभावशाली व्यक्तियों की भूल तो दुर्भागिनी होती है। यहाँ तो अनेक की भूल सुधारनेवाले उन ऋषियों-महर्षियों-ब्रह्मर्षियों की भूल है, जो यदि नहीं सुधारी गई तो वह ब्रह्मांड को प्रभावित किए बिना नहीं रहेगी। विश्व को रौरव-महारौरव-कुंभीपाक-अंधतामिश्र जैसे भयंकर नरकों की प्रलयाग्नि में झुलसाकर क्या, भूनकर रख देगी। नित्य-नित्य के नवीन-नवीन संघर्ष-आक्रमण-युद्धों को जन्म देती हुई, कभी भी विश्व युद्ध की रचना कर दे तो उसे भी असंभव नहीं मानना चाहिए। फिर भी प्रत्येक समस्या के निदान होते हैं। वे सहज भी होते हैं, कठिन से कठिनतर भी होते

हैं। असंभव मानकर, निराश अकर्मण्य होकर नहीं बैठना चाहिए।''

''हाँ, भगवान् विश्वनाथ की पावन पुरी के अधिपति नृपति प्रतर्दनदेव को यही कहना चाहिए। पूर्व में भी कई ऐसे विश्वयुद्ध हुए। हमारे पुराणवेत्ता ऋषियों ने उनका उल्लेख प्राय: देवासुर संग्राम के रूप में किया है। पुराण हमारे इतिहास हैं। उनमें पूरा-पूरा वर्णन है कि कौन किसको चुनौती देते हुए, कैसे संघर्षरत हुआ। उनके शस्त्रास्त्र क्या थे। कमंडलु के पवित्र जल से लेकर पर्जन्य-आग्नेय-पाशुपत-वैष्णव-संवर्तक-ब्रह्मास्त्र तक सभी का प्रयोग हुआ। इन सभी के शक्ति-सामर्थ्य आदि की परिभाषाएँ हैं। परिस्थितियों के अनुसार उनके प्रयोग सदुपयोग के रूप में भी हुए और दुरुपयोग के रूप में भी हुए। परिणाम भी सभी प्रकार के सामने आए। प्रत्येक मांगलिक प्रसंग में विघ्नविनाशक गणाध्यक्ष के साथ-साथ नवग्रह भी पूजे जा रहे हैं। इस मंडल में सूर्य-चंद्रमा हैं तो उनके चिरबैरी राहू-केतु भी हैं। देवाचार्य बृहस्पति के साथ असुराचार्य शुक्र भी हैं। भूमिपुत्र मंगल के साथ अंतरिक्ष-स्थित नक्षत्राधिपति अरुण वर्णीय सूर्यदेव के साथ, उनके श्यामल पुत्र शनि भी हैं। इन सूर्यपुत्र का चंद्रपुत्र बुध की भाँति ही अपने पिता के प्रति पूर्णत: समर्पण भाव संदिग्ध है। यद्यपि इनमें मौलिक अंतर भी है। एक जारज है, दूसरा औरस है। इनमें कौन लग्न-भाग्य-राज्य-लाभ में और कौन शत्रु-रोग-हानि स्थान में शुभद है, इनकी विस्तृत चर्चा गणितज्ञों ने की है। उनके लिए जहाँ अनेक उपाय हैं, वहीं यह भी उल्लेख है कि हमारे कर्म उनके शुभाशुभ को प्रभावित कर सकते हैं। अल्पायु मार्कंडेय आगामी सृष्टि के प्रभाताकाश में अक्षयवट पर सृष्टा का साक्षात्कार कर सकता है। दूसरी ओर लंकेश दशानन ने अखंड आयु रेखाखचित हथेलियों को अपने कंधों से अंगुलिकाओं के पोरवोंपर्यंत आजानु भुजदंडों सहित खंडित होकर धरती की धूल में लोटते हुए भी देखा। असंभव कुछ नहीं है।''

कुछ क्षण ठहरकर, समुपस्थित जनों की विश्वसनीयता के प्रति अपनी अनुभव सिद्ध दृष्टि के बल पर, अपने अंतर में आश्वस्त होते हुए राजर्षि अजमीढ़ धीरे से बोले—

''संहार तो होगा। साधारण नहीं, भीषण होगा। फिर भी कुछ के सुधार की एक क्षीण रेखा भी दृष्टि में आ रही है। कुछ ही दिन पूर्व हमारे अनुज द्विमीढ़ की ओर से एक गोपनीय समाचार प्राप्त हुआ था कि इलावर्त क्षेत्र के कुछ दलों के प्रमुख एकांत में उनसे मिले थे। वे अपने दलों के उद्दंड जनों के क्रिया-कलाप से दु:खी हैं। वे उन्हें समझाने की कुछ चेष्टा भी कर चुके हैं। उनकी श्रद्धा वैदिक संस्कृति के प्रति है। वे छिपकर परंपराओं का पालन भी कर रहे हैं। स्वास्थ्य के व्याज से व्रत-उपवास आदि भी करते हैं। स्त्री-बच्चों के कारण निकल नहीं पा रहे हैं। अल्प संख्या में होने के कारण संघर्ष में भी असमर्थ हैं। हमारे शौर्य-पराक्रम के कारण शैलूष-मूलक के प्रभावी पराभव के क्षणों में वे उसी प्रकार आ सकते हैं, जैसे विभीषणजी सागर तट पर आ गए थे। उनको

संरक्षण देने के साथ-साथ उनके ससम्मान पुनर्वास का भी हमें प्रबंध करना होगा। उनकी सुव्यवस्थित स्थिति देखकर अन्य भी उनका अनुसरण अवश्य करेंगे, हमें विश्वास है।''

श्रीभरत, जो अब तक विशुद्ध श्रोता बने बैठे थे, वे तुरंत बोले, ''देव! ऐसा ही होगा। पुनर्वास मंत्र का ज्ञाता और प्रदाता आपसे अधिक अन्य कोई नहीं हो सकता। हम समयानुकूल पुनर्वास-मंत्र का मात्र जाप ही नहीं करेंगे, अपितु इस मानवता-प्रधान अनुष्ठान को प्रत्येक प्रकार से सिद्धि का सोपान प्रदान करेंगे। आप विश्वास रखें।''

''यदि उचित मानें तो जिस पुनर्वास-मंत्र की चर्चा आप वरिष्ठ-जन कर रहे हैं, उसकी दीक्षा प्रदान कर हमें भी कृतार्थ करें।''

श्रीभरत को अपनी ओर देखते हुए महाराजा अजमीढ़ ही किंचित् मुस्काते हुए बोले, ''विदेह वंश विभूषण वत्स शीलनिधि! तुम निश्चितरूपेण इस भरत-राष्ट्र के मंगलमय भविष्य सिद्ध हुए बिना कदापि नहीं रह सकते। जिसे पुनर्वास-मंत्र कहा जा रहा है, उस तंत्र को तुम देख तो रहे हो, परंतु उसके रहस्य से जितना परिचित होना चाहिए, उससे वंचित हो। इस रहस्य का उद्घाटन श्रीमंत भरत ही करें तो उत्तम होगा।''

अपनी ओर सभी की उठी हुई दृष्टि देखकर श्रीभरत धीरे-धीरे कहने लगे—

''जिसे पुनर्वास-मंत्र कहा जा रहा है, वर्तमान में उसकी एक प्रभावमयी जननी इन्हीं राजर्षि महाराजा की महीयसी मनीषा हैं। उसका जनक इनका दृढ संकल्प है। उसका इतिहास है। इसे राष्ट्र-कल्याणी एक मौन क्रांति कहें तो अत्युक्ति नहीं होगी, बल्कि ऋषि-मुनियों के स्वर-में-स्वर मिलाकर विभिन्न शिल्पि-वर्ग के आचार्यवर भगवत्पाद स्वयं श्री विश्वकर्मन् देव ने तो इस जननी को भविष्य की जगदंबा, इस मौन क्रांति को मुखर शांति की संज्ञा से विभूषित किया है।

''अपने पिता की नृशंस हत्या ही नहीं, अपितु अन्यान्य ऋषियों के अपमान से क्षुब्ध होकर भगवान् परशुराम ने हैहयवंशी क्षत्रियों के साथ अनेक मदांध क्षत्रियों का जिस प्रकार संहार किया, उससे आप सभी परिचित हैं। उन्हें 'क्षत्रिय कुल द्रोही' कहना, हमारे अज्ञान का ही परिचायक होगा। उन्होंने उन्हीं क्षत्रियों का संहार किया, जो प्रजारक्षक से प्रजा भक्षक अपने दुष्कर्मों से सिद्ध हो रहे थे। 'जन-मन-रंजक' के स्थान पर प्रजा से भारी-भारी कर लेकर, उन्हें अपने भोग-विलास पर व्यय कर, अपने अंत:पुरों में प्रजा की बहू-बेटियों को भरकर, कृषक-शिल्पियों-कलावंतों को भाँति-भाँति से प्रताड़ित कर 'जन-मन-भंजक' बन गए थे। दुर्बल राज्यों पर आक्रमण करके वहाँ की जनता को दासानुदास बनाकर, उनसे पशुवत व्यवहार कर रहे थे।

''भार्गव राम ऐसे भूपाल-संज्ञक दस्यु-तस्करों से त्राहि-त्राहि करते हुए जन-जन की करुण पुकार सुनकर एक छोर पर उनकी मुक्ति के लिए जाते तो दूसरे छोर से वहीं हाहाकार के स्वर धरती-आकाश गुँजाने लगते। इस क्रम में उन्होंने क्षत्रिय नामधारी उन

नृशंसों से इक्कीस बार सम्मुख संग्राम में लोहा लिया। समस्त पृथ्वी महर्षि कश्यप को प्रदान कर दी। तदुपरांत उस दान दी हुई पृथ्वी का परित्याग करके समुद्र से गोमांतक क्षेत्र प्राप्त कर उसे अपना निवास तो बना लिया, किंतु जन-कल्याण से कभी विरत होकर बैठे नहीं।

''मानसरोवर से सिंधु की भाँति ही निकलनेवाले ब्रह्मपुत्र नद का जल दुरूह पर्वतमाला में एकत्रित होते-होते पूर्वांचलीय प्रदेशों में जलप्लावन का भीषण दृश्य उपस्थित करनेवाला था कि कठिन चट्टानों के दुर्गम व्यूह से उसे मुक्त करके, गंगा की एक धारा से संयुक्त कर बंगोगधि के अंक में समाहित कर डाला।

''विचारिए, यदि परशुराम महाराज ने समस्त क्षत्रियों का संहार कर दिया होता तो हम-आप, जो आज यहाँ बैठे हैं, वे कहाँ होते? उन्होंने भगवान् शंकर का त्रिपुरासुर-भंजक धनुष-शिवभक्त ब्राह्मण कहलानेवाले रावण को नहीं दिया, क्योंकि वह अपने कर्मों के कारण धर्मच्युत हो चुका था। उन्होंने उस धनुष के लिए एक सात्त्विक क्षत्रिय विदेहराज को सुपात्र माना। उन जामदग्य के विरुद्ध किसी कार्य-कलाप का अंग न होते हुए भी, उनके भ्रमित-क्रोध से बचने के लिए हमारे सूर्य-चंद्र वंशों के तत्कालीन नरेश नारियों को लेकर उनके समक्ष विनम्र भाव से खड़े हो गए तो उन्हें नारीकवच और अंतिनार की संज्ञा देकर चले गए।

''जनकपुर में प्रभु ने शिव-धनुष भंजन किया। जब वरयात्रा वधुओं को लेकर अयोध्या आ रही थी, तब वे मार्ग में ही आ गए। महर्षि विश्वामित्र के प्रभु के विषय में समझाने पर भी इतना ही माने कि उन्हें चढ़ाने के लिए अपना वैष्णवी धनुष दे दिया। प्रभु ने क्षणमात्र में उसकी प्रत्यंचा चढ़ा दी। वे समझ गए कि अब वस्तुतः जगत्-रक्षक आ गया। उनके स्वरूप की स्तुति करते हुए और अपने स्वरूप के अनुरूप आशीर्वाद देते हुए प्रसन्नवदन चले गए, किंतु उनके आगमन से गमन तक के क्षण जिस आतंक की छाया में युगों के समान व्यतीत हुए, उन्हें वे ही जानते हैं, जो वहाँ उपस्थित थे।

''किंतु उन भार्गव राम के अविरल क्षत्रिय संहार के कारण कई विकट समस्याएँ भी उत्पन्न हुईं। भगवान् विश्वकर्मा के पाँचों पुत्रों की संततियाँ, जो ब्राह्मण कहलाकर भी विभिन्न शिल्पकार्य में रत थीं, वे क्षत्रिय विनाश के कारण, उनकी अपार संपदा रेणुकानंदन से प्राप्त करके अकर्मण्य हो गईं। मनु-पुत्र लौहकारों की शिथिलता के कारण शस्त्रास्त्रों का अभाव उत्पन्न हुआ तो दनु-यक्ष-गंधर्व आदि प्रबल होकर उत्पात करने लगे। मय-पुत्र काष्ठकारों और शिल्पी-पुत्र देवटों (राज मिस्त्रियों) के प्रमाद के कारण आवासीय समस्या सघन हो गई। त्वष्ट्रा-पुत्र कांस्यकारों की अकर्मण्यता ने ताम्र-पीतल पात्रों के भाव अमर्यादित कर दिए। इनमें सर्वाधिक आलस्य दैवज्ञ-पुत्र स्वर्णकारों में आया। इन चारों की अपेक्षा वे पहले ही अधिक धनी थे। अब तो स्वर्ण-रत्न, जो उन्हें

सर्वाधिक प्राप्त हुए, इसके अतिरिक्त मय-मनु-त्वष्ट्रा-देवट गणों की संतति, जो मणि-रत्नों के विधिवत् रूप-गुण आकार-प्रकार से भलीभाँति परिचित नहीं थी, उनसे मनमाने भावों से वराटिका देकर मानो अट्टालिका ही मोल लेकर और भी अधिक श्रीमंत बन गए। उनके कारण खाना-पीना-सोना ही उनके जीवन के लक्ष्य बनकर रह गए। विद्याध्ययन को निरर्थक मानकर तो पाँचों ही प्रायः निरक्षर की श्रेणी तक पहुँचने लगे थे। त्रिकाल संध्या आधे-अधूरे कर्मकांडों में सिमट कर रह गई। विचित्र-विचित्र परंपराओं का प्रचलन हो गया। इनके रंग-ढंग देखकर विद्याभिमानी वर्ग इन्हें शूद्र तक कहने लगा।

''क्षत्रिय संहार के उस युग में पति-पुत्र-भ्राता-पिताहीना अबलाओं तथा अनाथ बालकों की बाढ़ आ गई। घरों की रक्षक-विहीन अवस्था देखकर, विभिन्न जातीय लुटेरों ने अवसर का लाभ निर्द्वंद्व होकर उठाया। निराश्रित अवस्था में कल के स्वामियों के परिजन 'बुभक्षितः किम् न करोति' के अनुसार दास्यवृत्ति ग्रहण करने को बाध्य हो गए। गुरुकुलों के आचार्यों ने अपने कुलीन दंभ के कारण उन्हें दुत्कार दिया। तब ये दीन-हीन बाध्य होकर शिल्पियों की शरण में गए। अन्य धातुओं की अपेक्षा स्वर्ण को श्रेष्ठ मानकर अपने क्षत्रिय-वर्णी अहं से पीड़ित-प्रेरित उनमें से अधिकांश दैवज्ञ स्वर्णकारों के द्वार पर पहुँचे। जिन विद्यादंभी ब्राह्मणों ने शिल्प-कार्य में व्यस्त होने के कारण शिक्षा क्षेत्र में पिछड़े हुए इन ब्राह्मणों को ब्राह्मणेतर मानना आरंभ कर दिया था, उन्हें वर्णच्युत आदि कहते हुए तिरस्कृत कर दिया था, उन्हीं ने अनाथ क्षत्रिय-परिवारों को दास्य वृत्ति देकर आश्रय प्रदान किया।

''सत्कर्म तभी तक पूर्णतः सत्कर्म रहता है, जब तक उसके कर्मी के मन में, अपने किए हुए कर्म से प्राप्त प्रशंसा, उसके मन में दंभ जाग्रत् नहीं कर देती। 'अनाथों-अनाश्रितों को आश्रय-दान सत्कर्म है' निर्विवाद है। लोक में इसकी प्रशंसा होनी थी, वह हुई। अनाश्रितों का आश्रयदाताओं के प्रति कृतज्ञता का भाव, विनम्र व्यवहार के रूप में रहता ही है। उन दीनों से प्राप्त सम्मान आश्रयदाताओं के अभिमान-जागरण का कारण बन गया। प्रेम प्रणय और सेवा शैयासेवा की आकांक्षा की भूमिका मानी गई। क्षत्रिय-बालाएँ उनकी भोग्या बनने को बाध्य हो गईं। उनकी संतानें सूत-मागध वर्णसंकर आदि विभिन्न नामों से पुकारी जाने लगीं। एक नवीन अव्यवस्था का उदय होने लगा। उसके निदान के उपाय खोजे जाने लगे। आवश्यकता आविष्कार की जननी सदैव बनती आई है, वह बनी

''लंका पराभव से देश में शांति का साम्राज्य स्थापित हो ही चुका था। लवण-वध के पश्चात् तो न्यूनाधिक की भी पूर्ति हो गई। शस्त्र-जीवी क्षत्रिय-सैनिकों के लिए कार्य का अभाव होने लगा। कुलीनता के कारण उनकी मनःस्थिति असहज होने लगी व्यापार-उद्योग का उन्हें अनुभव था ही नहीं। समृद्ध कृषि-व्यवस्था प्रत्येक ऋतु में प्रजा की पर्याप्त पूर्ति कर रही थी। अतः हल भी हल-विहीन बनकर रह गए। भिक्षाटन वे

कर नहीं सकते थे। रामराज्य में लूट-पाट तस्करी-रात्रिचरी प्रतारिका (ठगी) विलुलिता वृत्तियों (आवारापन) की न कल्पना और न ही स्थान। अन्य देशों पर अकारण आक्रमण कर आक्रांता कहलाना आर्य प्रकृति के विरुद्ध, घर बिठाकर खिलाना देश के पौरुष को कुंठित करना ही नहीं, बल्कि उनके लिए वित्त-व्यवस्था का एकमात्र उपाय प्रजा पर कर भार थोपना, अन्याय का एक प्रकार, वह भी स्वीकार नहीं, व्रत-उपवास कोई जीवनपर्यंत कर नहीं सकता। तो क्या इस विशाल वर्ग को वनों में कंदमूल पर निर्वाह करने के लिए वनवासी बना दिया जाए, वह भी असंभव तो फिर सहज संभव क्या, इन प्रतिष्ठित जनों की प्रतिष्ठा की समाज में कैसे रक्षा की जाए?

''इन समस्त कठिन प्रश्नों का सहज उत्तर बनकर इन श्रद्धेय राजर्षि महाराजा अजमीढ़ देव की महीयसी मनीषा के गर्भ से सर्वजन हिताय-सर्वजन सुखाय एक उपाय अवतरित हुआ। स्वर्णकला में दक्षताप्राप्त क्षत्रियों को खोज-खोजकर, निष्क्रियता ग्रस्त क्षत्रिय बालकों को उन्हें सौंप दिया गया। स्वयं ही आचार्य, स्वयं ही बटुक, न कोई लज्जा और न ही किंचित् मात्र ग्लानि अथवा हीनता की भावना। देशरक्षा में संकल्पबद्ध अंगार की भूमिका का निर्वाहक समुदाय देश के शृंगार में निर्विकल्प भाव से सादर संलग्न हो गया। आवास को त्यागे बिना पुनर्वास का प्रभावी प्रबंध हो गया। राजन्य (क्षत्रिय) वर्ग को जनता का विश्वास प्राप्त था ही, अत: विश्वसनीयता का संकट भी समस्या नहीं बना। देश में प्रचुर मात्रा में स्वर्ण-रजत मणि-रत्न के भरे-पूरे भंडार ने साधनों की संपूर्ति कर दी। उनके द्वारा निर्मित अलंकारों के चित्ताकर्षक सौंदर्य, समय सीमा में पूर्ति, सात्त्विक व्यवहारशीलता ने स्वर्ण में सुगंध का संचार कर दिया। एक महापुरुष के संकल्पित अनुष्ठान ने वस्तुत: साधकों की साधना को सफल करनेवाले साधनों के स्रोत को प्रत्यक्ष करके उनके साध्य को सिद्धि के सहज दर्शन का सौभाग्य प्रदान कर दिया। एक अद्वितीय क्रांति की कांति ने देश के आकाश को जगमगा दिया। लगा कि मानो प्रकृति से प्रचुर मात्रा में प्राप्त पंच-तत्त्वों को संयुजित कर एक नव-अभिनव विधाता ने किन्हीं विशिष्ट प्राणों को अदृश्य से दृश्यमान जगत् में पुन: प्रकट कर दिया। स्वर्णकला की विधिवत् शिक्षा देने के लिए इन महाराजा श्री अजमीढ़ देव ने अपने साम्राज्य के सुरम्य गंगा तट पर, एक नव गुरुकुल अभिनव आश्रम जैसा केंद्र स्थापित कर दिया। भोजन-आवास की चिंता से मुक्त होकर, वंश-वंश के क्षत्रिय बालक ही नहीं, युवा भी स्वर्णकला का ज्ञान प्राप्त करके गृहस्थाश्रम में प्रवेश करने लगे। आश्रयहीन अवस्था को प्राप्त होनेवाला विशाल वर्ग आश्रयदाता के रूप में कीर्ति अर्जित करने लगा।

''महाराजा मरुत और महाराजा अंबरीष के राज्य में भी क्षत्रिय-वर्ग के समक्ष इसी प्रकार की समस्या थी। वृत्तिहीनता मुख पसारकर सुरसा से कृत्या बनने की ओर निरंतर अग्रसर होने जा रही थी। उन्होंने भी इन महाराजा का अनुसरण किया। रोहिताश्व वंशी

क्षत्रियों ने इस उत्कृष्ट कला के प्रति स्वयं को समर्पित कर दिया। महाराजा अजमीढ़ द्वारा प्रस्थापित गुरुकुल से स्वर्णकला के विविध पक्षों में निष्णात होकर निकलनेवाले आजमीढ़ि क्षत्रिय मैढ़ क्षत्रिय स्वर्णकार की नवीन संज्ञा से विभूषित होकर देश के समाज में प्रतिष्ठित हो गए। फिर तो अन्य क्षत्रिय स्वर्णकार, राजवंशी-टंक (टांक)-रोहिताश्व (रस्तोगी) और कुछ अन्य अपने प्रदेशों के कारण मालवी-अयोध्यावासी-कान्यकुब्ज-गिरिनर-माथुर और उनके यहाँ कार्यकुशल हो जाने के कारण उनके सहयोगी गुप्त-अहीर कंसार-कर्मकार आदि स्वर्णकार कहलाकर स्वतंत्र रूप से आजीविका के साधनों की संपूर्ति ससम्मान कर रहे हैं। जो क्षत्रियत्व का गर्व सर्वथा विस्मृत नहीं कर सके, वे ही क्षत्रिय और महाराणा कहलाते हुए, स्वर्णरजत शिल्प में कार्यरत हैं। केवल देव विग्रहों के लिए अलंकारों का निर्माण करनेवाले विशेषत: स्वर्णकमल माला के निर्माता श्रीमाली कहला रहे हैं। परस्पर खान-पान और वैवाहिक संबंधों में प्रीतिपूर्वक आबद्ध हो जाने के कारण देशज भाषाओं में उन्हें कई-कई संज्ञाएँ प्राप्त हो रही हैं। गोत्रों का विकास हो रहा है। वैदिक-परंपरा के प्रति समर्पित होने के कारण शिखा-सूत्र धारण कर सगोत्र वर्जित विवाह पद्धति का पूर्णत: पालन कर रहे हैं। विभिन्न परिस्थितियों में सभी वर्णों के लिए शिल्पकर्म की अनुमति तो हमारी स्मृतियाँ देती ही हैं, किंतु सामूहिक रूप में जिस प्रकार विभिन्न वंश-गोत्रों के क्षत्रियों को स्वर्णकला की ओर मात्र प्रोत्साहित ही नहीं किया, अपितु इस कलाक्षेत्र में प्रविष्ट किया, उसका एकमात्र श्रेय हस्तिनापुराधिपति महाराज श्री अजमीढ़देव को ही जाता है। इसी दृष्टि से आप भारतीय इतिहास के अद्वितीय पृष्ठ हैं। दैवज्ञों का प्राय: दक्षिण में और कर्मकारों का पूर्वांचल में प्रभाव यथावत् है, क्योंकि इन क्षेत्रों में प्राय: क्षत्रिय संहार नहीं हुआ।

"अस्तु, राजर्षि श्रीमहाराज के संकेत को हम भलीभाँति समझ रहे हैं। इस सैन्याभियान का यद्यपि यह द्वितीय चरण ही होगा, किंतु यदि किन्हीं के सदाचरण दृष्टिगोचर हुए तो वह प्रथम चरण का पूर्व चरण मानने में भी हमें संकोच नहीं होगा। इन्हीं शब्दों में इस समय तो केवल आश्वासन ही दिया जा सकता है। शेष तो भविष्याधीन ही है। आपका शुभाशीर्वाद हमारा पथ प्रशस्त करे।"

श्रीभरत के वाणी विराम के साथ ही महाराजा अजमीढ़ अपने आसन से उठकर खड़े हो गए। 'शुभऽस्तु ते पन्थान:' के साथ आशीर्वादात्मक मुद्रा में उनके हाथों को उठा हुआ देखकर, उन्हें प्रणाम करते हुए सभी शनै:-शनै: अपने-अपने निर्धारित स्थानों की ओर रात्रि के द्वितीय प्रहर की समापन वेला में शयन करने चल पड़े।

□

अनुच्छेद-३

अरुणोदय की सुरम्य वेला में कमल-कलिकाएँ चटक-चटक कर भ्रमर-मालिकाओं का आह्वान करने लगीं। शीतल-मंद पवन के झोंके वृक्ष-वृक्ष की शाखाओं को झुमाने लगे। विहग-मंडलियों के कलरव दिवसाधिप सूर्यदेव की विरुदावली का गान करते हुए सृष्टि का मौन भंग करने लगे। मत्त गजराजों एवं चपल तुरंगों को नहला-नहला कर, साज-सज्जित कर महावत और साहनी पंक्तिबद्ध करने लगे। राघवी-मैथिली और वाराणसी की सेनाओं के सैनिकों के साथ ही शैलूष-अभियान में सम्मिलित होनेवाली आजमीढ़ि सेना के सैनिक भी भागीरथी गंगा के तटों पर स्नान के लिए अतिथि सैन्य समूह के कारण स्थानाभाव देखकर कुटिकोष्टिका-शैलोदा-हिरण्यमयी सरिताओं के अतिरिक्त विभिन्न सरोवरों में स्नानादि करके सन्नद्ध होने लगे। एक साथ अनेक के स्नानार्थ प्रवेश के कारण सरिता-सरोवरों के जो जल तटभंग करके दूर-दूर तक बहने लगे थे, वे लौटने लगे। वैदिक मंत्रों के साथ-साथ सैनिकगण अपने-अपने इष्टदेवों की स्तोत्रमाला से वातावरण को गुँजाने लगे। भारतीय भाषाओं की मनोरम शब्दावलियाँ निकटस्थ सैनिकों के पाठ भुलाकर भी उन्हें भाव-विभोर करने लगीं। अल्पाहार का तूर्यनाद होते ही सैनिक विस्तृत मैदान के क्षेत्र-क्षेत्र में पंक्तिबद्ध बैठने लगे। पनवारे पसरने लगे। आजमीढ़ी सुआर (रसोइये) छोटी-बड़ी शकटिकाओं में भरे हुए खीर-सीरा-पिष्टक-मोदक-भात-पूलिका आदि विभिन्न शाकों के साथ उन पर सज्जित करने लगे। अन्य देशीय सैनिक भी त्वरित गति से उनका सहयोग करने लगे।

दो घड़ी में ही समर-साज सुसज्जित समस्त सैनिक अपने लिए निर्धारित स्थानों पर पहुँच गए। शंखनाद करते हुए श्रीभरत का सप्त सैंधव यान सूर्यांकित ध्वज लहराते हुए गजराज के समीप मारुति ने पहुँचा दिया। निश्चित व्यूह रचना के अनुसार काशी नरेश महाराजा प्रतर्दन का रथ त्रिशूलांकित केसरिया ध्वज फहराते हुए राघवी सेना के दक्षिण पार्श्व में स्थित हो गया। इसी प्रकार वैसा ही कौशेयी-केसरिया, हलांकित ध्वज लहराते हुए मैथिल युवराज शीलनिधि का स्यंदन भी उत्तर पार्श्व में स्थित हो गया। युवराज पुरुमीढ़ चंद्रांकित ध्वज उड़ाते हुए मीढ़वंशीय राजकुमारों के साथ संयुक्त वाहिनी के पृष्ठ प्रदेश में जा पहुँचे। राजर्षि महाराजा अजमीढ़ द्वारा प्रस्थान का प्रतीकात्मक उद्घोष होते ही सैन्य व्यूह शनैः-शनैः अपने लक्ष्य की ओर बढ़ चला।

यमुना-मार्कंडेय (अंबाला के निकट की छोटी नदी) विपाशा (व्यास)-कुलिंगा-शतद्रु (सतलुज)-इरावती (रावी) और उसकी सहायक धारा परुष्णी को पार करती हुई सेना चंद्रभागा के तट पर स्थित प्रह्लादपुरी (मुल्तान) की पूर्वी सीमा पर पहुँची ही थी कि हाहाकार-चीत्कार करती हुई नर-नारियों की अनेक टुकड़ियाँ 'रक्षा करो-रक्षा

करो' की गुहार करती हुई, उसके सामने घिर आईं। उनकी व्यथा कथाएँ सुनकर, उन्हें रक्षा का आश्वासन देते हुए, उनके तात्कालिक भोजन-आवास-चिकित्सा आदि का दायित्व पश्चिमी सीमा रक्षक द्विमीढ़ को सौंपते हुए श्रीभरत वितस्ता (झेलम) तट की ओर बढ़ चले।

''अभी राघवी सेना कुछ ही योजन बढ़ी होगी कि सहसा उस पर अग्नि बाण उल्काएँ उगलते हुए, बरसने लगे। पर्जन्यास्त्रों से उन्हें विफल करते हुए, राघवीय सुभटों के शैलास्त्र शैलूषीय सैनिकों को कुचलते हुए वितस्ता के विस्तृत पाट पर प्रशस्त सेतुओं का निर्माण करने लगे। विघ्नों का निराकरण करती हुई राघवी सेना वितस्ता पार करके सिंधु नद की ओर तड़ित गति से जयघोष करती हुई बढ़ चली। मर्दल आदि रणवाद्यों के घोषों से दिशाएँ दहल उठीं। सिंधु नद के पश्चिमी तट पर गंधर्व-रक्ष सेनाओं के त्रिभुजाकार मोर्चों को अपनी रणानुभवी दृष्टि से देखते ही मारुति गरज उठे। ''शत्रु शेष-व्यूह की रचना किए खड़ा है। फण-फण पर रणकुशल योद्धाओं के पीछे शस्त्र सुसज्जित सैन्य-टुकड़ियाँ खड़ी हैं। लौहयास्क (फौलादी) के तुंदिल-मांसल (मोटे-मोटे) आवरणों को ओढ़े हुए जलपोत शतघ्नियों एवं प्रक्षेपास्त्रों से सुसज्जित होकर हरावल में उनकी ढाल बनकर गतिमान हैं।''

जिन श्रीभरत के अफर शर ने पवन वेग को पराजित करनेवाले पवनपुत्र को अपनी त्वरित बुद्धि से निमिष मात्र में धरती की शैया प्रदान कर दी, उन्हें कौन मार्गदर्शन देता? अत: उनकी निर्धारित रणनीति के अनुसार प्रहार कुशल चमूपतियों के धनुषों पर चढ़े हुए शैलास्त्र जलयानों को धकेल-धकेलकर सिंधुनद के पश्चिमी तटों से टकराने लगे। उनके धक्कों से तट पर खड़ी हुई प्रहार-निरोधक भित्तियाँ भरभराकर, अपने ही निर्माताओं को अनंत समाधि प्रदान करने लगीं। तुरंत ही कुंत-इक्षुप्र-शिलीमुख-मार्गण-आशुग- कलंब-पुंख-प्रषत्क-शंकु-शल-शल्यादि विविध प्रकार के प्रखर शर-समूह उन असहाय स्थिति में पड़े हुए जलयानों के तल बींध-बींधकर, उन्हें सिंधु की अनंत जलराशि के अतल तल में प्रविष्ट कराने लगे। रक्ष-गंधर्व सैनिक किंकर्तव्यविमूढ़ स्थिति में कुछ क्षण स्थिर रहकर, तुरंत ही विभ्रांत स्थिति में इधर-उधर भागने लगे। कुछ को प्राण रक्षा के निमित्त जल में निमग्न होते हुए जलयानों में प्रवेश करते और पलक झपकते, उन्हें कूद-कूदकर जल पर तैरते-डूबते हुए देख ही रहे थे कि सहसा अप्रत्याशित 'जय श्रीराम' के गगनभेदी स्वरों को सुनकर राघवी सैनिक खड़े-के-खड़े रह गए।

इनका आकलन करने के लिए मारुति स्यंदन के शिखर पर चढ़ गए। उनके मुख से हर्ष मिश्रित शब्द गूँज उठे, ''युवराज अंगद, वीरवर अंगद, द्विविद-मयंद-तारक-पनस-दधिबल, अरे नल-नील भी और अनेक रक्षध्वंसी वानरवीर चले आ रहे हैं। यूथ-पर-यूथ बढ़े आ रहे हैं। रक्ष-गंधर्व चक्रिका के पाटों में पिसे जा रहे हैं। उनके पलायन-मार्ग

अवरुद्ध हो गए हैं। 'अयोध्याधिपति मर्यादा पुरुषोत्तम श्रीमद्रामचंद्र की जय, उनकी अजेय वाहिनी के अधिपति श्रीभरत भद्र की जय-जय', प्रथम विजय। मंगलमयी-मंगलमयी।''

अब सिंधुनद का पश्चिमी तट पूर्णत: वानरवीरों के संरक्षण में होने के कारण राघवी सैन्य के लिए निरापद क्या हर्षद-प्रहर्षद-उन्मुक्त भ्रमण के लिए आनंददायक पर्यटन स्थल ही बन गया। विजयमद में झूमती-गाती राघवी सैन्य सिंधुनद के पार हो गई। उछलते हुए वानरवीर आ-आकर श्रीभरत की वंदना करने लगे। अनेक प्रफुल्लित नेत्रों में मँडराते हुए प्रश्नों का उत्तर उपालंभपूर्वक देते हुए युवराज अंगद बोले—

''देव! आप अपने द्वारा संस्थापित-संरक्षित-परिपालित हम वानरों को इस प्रकार अनदेखा करेंगे तो हमारी क्या गति होगी, आप हमें अस्पृश्यों की श्रेणी में मानेंगे तो इतिहास के पृष्ठ हमारा स्पर्श कैसे करेंगे? रणाभियान में सम्मिलित होने का आह्वान तो प्रतापी रघुवंश कदापि नहीं कर सकता, यह हम जानते हैं। आमंत्रण परायों को दिया जाता है, किंतु सूचना प्राप्त करने का अधिकार तो स्वजनों का अवश्य रहता है, किंतु वह भी प्राप्त नहीं हुई। आप ही इस प्रकार विस्मृत कर देंगे तो समय की लहरें हमें जीते जी अपरिचय के प्रलय सिंधु का ग्रास न बना देंगी?''

अंगद की सौहार्दमयी अश्रुधाराओं को अपने उत्तरीय के आँचल से पोंछते हुए, उसे अपनी भुजाओं में भरकर हृदय से लगाते हुए श्रीभरत बोले—

''वीरवर! तुम्हारे मन में ऐसी अनर्गल कल्पनाएँ आ कैसे गईं? अरे तुम श्रीराम प्रभु की आवक्षमणि-मालिका के दैदीप्यमान रत्न हो। वैरि की सभा में अपना चरण स्थापित कर, उनकी कीर्ति को विस्थापित करनेवाले, महाबली कहलानेवालों को मनोबलहीन सिद्ध करनेवाले, बड़वानल की प्रतप्तता को अपने पराक्रमी-प्रताप से मुट्ठी भर क्षार में परिवर्तित करनेवाले हो। विश्व के अद्वितीय वीरवर वानरध्वज बालि के सुयश सौध के शिखरराज! रघुकुल तुम्हारे शौर्य का ऋणी है। सुनाओ, तुम इस अभियान से कैसे अवगत हुए, कैसे अपना स्थान स्वयं निर्धारित कर, सही समय पर सटीक प्रहार के लिए सहसा प्रकट हो गए? किष्किंधा के कुशल-मंगल समाचारों से अवगत कराओ। हमारे प्रिय बंधु वानरराज सुग्रीव-ऋक्षाधिपति धूम्र-आर्य जांबवंत-देवी तारा-कपीश्वरी रुमा आदि कैसे हैं?''

''देव! श्रीमंत महाराज सुग्रीव के शासन-प्रशासन को महर्षि अगस्त्य जैसी विभूति, जिसे श्रीरामराज्य का अभिनव संस्करण कहें, तो उसके विषय में अन्य कुछ कहने के लिए तो मेरे पास कोई शब्द नहीं है। जहाँ तक इस अभियान से अवगत होने का प्रश्न है तो कुछ समय से सह्य शैल मालिका के निवासी कोल-भिल्ल-वनवासियों द्वारा ऐसी सूचनाएँ वानरराज को प्राप्त हो रही थीं, जिन्हें सुरक्षा दृष्टि से उचित नहीं माना जा रहा था। कुछ गुप्तचर उनकी वास्तविकता से परिचित होने के लिए नियुक्त किए गए। उनसे सूचना

मिली कि लवंग-ऐला (इलायची)-जायफल-जावित्री-दारुचीनी-तेजपत्रक आदि के अतिरिक्त बड़ी मात्रा में नारिकेल-आम्र-कदली आदि फलों को अनंत काल से पश्चिमी देशों में ले जानेवाले वणिक पोतों को केवल लूटा ही नहीं जा रहा, अपितु रहस्यमय पद्धति से उनका अपहरण कर कहीं किसी अज्ञात सागर-कुक्षिका (खाड़ी) में उन्हें एकत्रित किया जा रहा है। सिंधु दुर्गों का निर्माण किया जा रहा है। कुछ जलदस्यु, जिन्हें बंदी बना लिया गया था, उनसे विदित हुआ कि दिशा-दिशा से रक्ष-सैनिकों के दल-के-दल इधर एकत्रित होते चले जा रहे हैं। उनके पास विशाल-सुदृढ जलयान हैं। वे सभी यंत्र चालित हैं। दिशा-दिशा की ओर योजनों तक मार करनेवाले प्रक्षेपास्त्रों से वे सुसज्जित हैं। शुक्राचार्य कुछ शिष्यों सहित माघ स्नान के ब्याज से प्रयाग पहुँचे थे। महर्षि भारद्वाज नभयान निर्माणकला के आचार्य हैं ही, उनका आतिथ्य ग्रहण करके, उनके शिष्यों द्वारा इस कला से पूर्णतः नहीं, तो भी पर्याप्त रूपेण परिचित हो गए। अतल देशीय प्रदेशों में भारद्वाजीय सूत्रों पर चिंतन-मनन संबंधित ग्रंथों के अनुशीलन-अनुसंधान करते-करते उनके आविष्कारक बन गए। उनके विमान कभी भी आकाश में अवतरित हो सकते हैं।

"प्रभु ने लंकाभियान के समय जो प्रखर शर समुद्र को सोखने के लिए संधान किया था, उसकी दिशा तो समुद्रवासियों की प्रार्थना के कारण परिवर्तित हो गई। उसने अपने प्रभाव से पुष्करण (पोकरण) क्षेत्र को केंद्र बनाकर दिशा-दिशा के समस्त जलदस्यु समूह का अंत कर दिया था। प्रभु राघवेंद्र के अमोघ शर के प्रताप से वहाँ भी अगाध जल-राशि अंतर्वाहिनी हो गई। आज उसी के शीर्ष प्रदेश पर विशाल मरुस्थल लहरा रहा है। समाधिस्थ हुए जलागार पर अब ये कौन नए दस्यु उत्पात कर रहे हैं? इस प्रश्न के उत्तर जो प्राप्त हुए, वे विस्मित करनेवाले थे। रक्ष-गंधर्व दुरभिसंधि के समाचार मिले। लंकेश्वर विभीषणजी से विचार-विमर्श हुआ, किंतु वे भी असमंजसग्रस्त दिखे। अयोध्या जाकर प्रभु से निवेदन करने का विचार कर ही रहे थे कि आपके इस अभियान की सूचना मिली। वानरराज ने इन नवीन जलदस्युओं का पराभव करने के लिए जिन जलपोतों का निर्माण कराया था, वे ही हमारे वाहन बन गए। आप पूर्व से पश्चिम की ओर बढ़ रहे हैं। यह जानकर ऋक्षराज जांबवंत, जो ब्रह्मदेव के मानस पुत्र के रूप में विख्यात हैं, वे वास्तव में मानस सुपुत्र ही नहीं, उन चतुरानन के दिव्य दृष्टि संपन्न आठों नेत्रों के ऋक्षवेशी सशरीर विग्रह ही हैं। उन्होंने हमें पश्चिम में पहुँचकर पूर्व की ओर बढ़ने का निर्देश दिया। हिंगुला क्षेत्र (कराची) से कई योजन पश्चिम में जाकर हम पूर्व की ओर बढ़ चले और शत्रु पर टूट पड़े। शेष परिणाम आपके समक्ष है ही।"

समस्त वृत्तांत से अवगत कराने के पश्चात् अपने चरणों की ओर झुकते हुए अंगद को हृदय से लगाकर, उसके स्कंधों पर बार-बार वात्सल्य-रंजित हाथ फिराते हुए, अधमुँद विलोचनों द्वारा मानो आश्वस्त होते हुए, आश्वासन देते हुए हनुमान बोले, "युवराज!

तुम्हारे साथ कौन-कौन विशिष्ट वानरवीर पधारे हैं, उनकी भेंट श्रीभरत देव से कराओ।''

मारुति के संकेत पर वानरवीर एक-एक कर बढ़ने लगे। अंगद के विनम्र संकेत पर मारुति ही उनका परिचय कराने लगे।

''ये श्री विश्वकर्मा वंशावतंस श्रीमान नल हैं। शैल-शैल की छोटी-बड़ी शिलाएँ कैसे इनके हाथों का सुस्पर्श पाकर पलक झपकते सेतु में तुरंत सुस्थापित हो जाती थीं कि उन्हें देखकर मुँह से बरबस यही निकल जाता था कि इन शिलाओं को स्वयं पितामह ब्रह्मदेव ने ही परिष्कृत करके इन शिल्पि-श्रेष्ठ को समर्पित की हैं। सेतु को नलसेतु की संज्ञा महर्षि अगस्त्य का अनुमोदन पाकर स्वयं राजाधिराज प्रभु श्रीरामचंद्र ने ही प्रहर्षित होकर प्रदान की थी। अलंघ्य कहलानेवाले सिंधु पर सेतु के रूप में इन्हीं की कीर्ति-वल्लरिका आज भी पल्लवित-पुष्पित होकर प्रभु के सुयश पंकज के पराग से दिशाओं को सुरभित कर रही है।

''वानरी सेना के महासेनापति दुर्जय सुभट ये श्रीमंत नील हैं। इनका प्रबल पराक्रम तो असंदिग्ध है, किंतु इसके अतिरिक्त इनकी सूक्ष्म दृष्टि तो अद्वितीय ही कही जा सकती है। दशकंधर का प्रभु से प्रत्यक्ष घोर संग्राम हो रहा था। अचानक उनके धनुष पर चढ़ा हुआ बाण, ठिठक गया। यह क्या, उसके लक्ष्य पर इन श्रीमंत की दृष्टि गई। युद्ध करते-करते दशकंधर का मुकुट कुछ तिरछा होने के कारण, उसमें स्थित एक बेलपत्र खिसककर उसके माथे पर आ गया। वे समझ गए कि इसके मुकुट में प्रभु आशुतोष का दिव्य लिंगविग्रह स्थित है। उस पर समर्पित हुआ यह बिल्वपत्र नीचे आ गया है। इसका ज्ञान होने पर प्रभु अपने आराध्य पर कैसे प्रहार कर सकते हैं? बस, फिर क्या था, एक ही छलाँग में ये विद्युतगति से जा कूदे रावण के रथ पर। जब तक वह कुछ समझता, उससे पूर्व उसका मुकुट उतारकर, प्रभु आशुतोष का दिव्य लिंगविग्रह लेकर दूसरी छलाँग में प्रभु के पास आ गए। प्रभु ने वह लंका की संपत्ति मानकर, विभीषणजी को सौंप दिया। यह देखकर स्वयं रावण के मुख से सहसा निकल गया कि विभीषण को भावी लंकापति सिद्ध करने के लिए ही आदिसिद्ध महादेव उसके मस्तक किरीट में जाकर विराजमान हो गए हैं। यह उनकी प्रत्यक्षरूपेण अहैतुकी कृपा है। अब इस अमृतनाभ रावण के शिरोच्छेद का मुहूर्त निकल आया है।

''ये यूथपति द्विविद हैं। किष्किंधा साम्राज्य के संचालन में इनकी सदैव प्रभावी भूमिका रही है। ये रणनीति और राजनीति के प्रकांड पंडित हैं। विद्युन्माली और अशनिप्रभ जैसे प्रबल राक्षस, जो लंका के पूर्वी द्वार पर वानर-सेना का भयंकर संहार कर रहे थे, उन दोनों को उन्होंने अकेले होते हुए भी, पलायन के लिए बाध्य कर दिया। वे भागते हुए ऐसे प्रतीत हो रहे थे मानो वर्षाकाल में किसी महानद की प्रचंड लहरों ने अपने तट के दो महावटों को समूल उखाड़कर, अपने मनोवेगगामी प्रवाह को सौंप दिया हो।

उसके पश्चात् उनके सहायतार्थ आनेवाले रणदुर्मद शोणिताक्ष को इन्होंने जिस प्रकार अपने प्रखर नखों से चीरा, वह दृश्य तो आज भी आँखों से ओझल नहीं होता है। लगता था भगवान् नृहरि का ही रणस्थल में प्रादुर्भाव हो गया हो।

''ये मैंद इन्हीं के अग्रज हैं। इन्होंने शोणिताक्ष की प्रतिरक्षा में दौड़कर आते हुए यूपाक्ष को अपने भुजपाश में जकड़कर, अपने वक्ष घर्षण से उस समय तक मुक्त नहीं किया, जब तक कि उसके प्राण पखेरु उसके पाँच भौतिक पिंजरे का विध्वंस देखकर उड़ नहीं गए। इन्हीं के मुष्टि प्रहारों ने रणक्षेत्र में वज्रमुष्टि निशाचर को अमुष्टि उपाधि से अलंकृत किया था। इन्हीं की दुहिता कपिराज्य के युवराज अंगद की परिणीता पद पर प्रतिष्ठित हैं।

''ये रण-चातुर्य की प्रत्यक्ष प्रखर मूर्ति स्वरूप ऋक्षराज जांबवंत के रणदुर्मद पुत्र जयंत और सर्वज्ञ हैं। हमारी प्रिय अनुजा वानरराज बालि की सुपुत्री सुभद्रा की माँग को सौभाग्य सिंदूर प्रदान करनेवाले ये यूथाधिपति अवीक्षित देव हैं।''

अपने चरणों की ओर झुकते हुए अवीक्षित को हृदय से लगाकर, उसे एक बहुमूल्य रत्नमाला भेंट करते हुए श्रीभरत धीरे से बोले, ''जामाता यद्यपि पुत्र श्रेणी में मान्य है, किंतु वह माननीय भी है। उसे चरण स्पर्श का अधिकार शास्त्र नहीं देता। विवाह के समय कन्या के माता-पिता ही नहीं, अपितु उनके संबंधी भी वर की पद-पूजा करते हैं। किष्किंधापति हमारे बंधु हैं। अतः आप हमारे भी जामाता हैं।''

तत्पश्चात् श्रीभरत ने सभी से यथायोग्य भेंटकर, उन्हें समादरपूर्वक शिविर में विश्रामार्थ भेज दिया।

रात्रि में रण परिषद् की बैठक में भावी कार्यक्रम पर विचार-विमर्श के मध्य सर्वप्रथम महाराज युधाजित को खोजना निश्चित हुआ। केकय अमात्य भद्राश्व को यह दायित्व दिया गया।

□

अनुच्छेद-४

''अग्निदेव सप्तजिह्वी हैं। उनकी सात जिह्वाएँ हैं। असत्य, पूर्णतः असत्य। समस्त केकय ने उन्हें अनंत जिह्वाएँ लपलपाते हुए देखा। ध्यानावस्था में नहीं देखा। अपने इन्हीं चर्मचक्षुओं से देखा। किसी सर्वव्यापी की भाँति दिशा-दिशा में देखा। उनकी लपटों की रंगभूमि में नृत्य करते हुए, एक-एक को थक-थककर अनंत निद्रा में शयन करते हुए देखा। सोते हुए युवकों को बिना उठे, सोते हुए देखा। हाथों की मेहँदी, माँग का सिंदूर, पैरों के महावर की लालियों को लपटों की लालियों में काली-काली होते देखा। दुधमुँहे

शिशुओं की किलकारियों को शब्द खोजते-खोजते निःशब्द होते देखा। किसी निर्जन वन में सहसा वज्रपात् होने पर पक्षी कैसे उड़ते हैं, पशु कैसे भागते हैं, ऐसे विशाल ग्रंथागारों में संचित ग्रंथों के पृष्ठों को उड़ते हुए देखा। उन उड़ते हुए विहगों को बाज कैसे झपटते हैं, ऐसी नभचुंबी लपटों को देखा। वयोवृद्ध आचार्यों-बटुकों-ब्रह्मचारियों को पशुओं के समान ज्ञान शून्य स्थिति में दिशाओं को रौंदते हुए देखा। आश्रयदायिनी छतों को अपने आश्रितों को समाधिस्थ करते हुए देखा। पंकजागार सरोवरों को पंकागार बनते हुए देखा। पथ-पथ पर अराजकता का एकछत्र राज्य देखा। राजपथ पर गरजती हुई गाजों को विचरते हुए देखा। हाटों में लपटों के ठाठ देखे। जिन भवनों के शिखर हाथ से पाग सँभाले बिना नहीं देखे जा सकते थे, उन्हें भाग्य रेखाहीन हथेलियों की भाँति धरती की धूल में लोटते हुए देखा। सूर्य के प्रकाश में प्रभाहीन होते हुए नक्षत्रों की भाँति आकाश में लुप्त होते हुए देखा। अरे, वे-वे दृश्य देखे, जिन्हें प्रलय भी दिखाने चले तो नेत्रविहीन हो करके रह जाए। समुद्रों की ज्वार बहरी हो जाएँ। ऐसे विलाप, ऐसे क्रंदन, ऐसे क्रोशन, विक्षिप्त-उन्मत्त-प्रमत्तों से नाद, गौशाला-अश्वशाला-गजशालाओं में खूँटों में कसे हुए कंकाल, कंकालों के पालने-हिंडोले बने पिँजरे इस कैकेय को, इसी केकय में दिखाए, देखे, कौन जाने कौन कहाँ गए? जन्मे अजन्मे हो गए। गंधर्वों के नृत्य, राक्षसों की प्रेत-प्रमथों की क्रीड़ा बन गई। अरे, इस जनशून्य धर्मशून्य, धरती का कोई उद्धारक कहीं है क्या? कोई तो, कोई तो बोले, यह हतबल युधाजित किसे पुकारे, क्या सभी को काल, महाकाल…''

''नहीं-नहीं महाराज,'' श्रीभरत ससैन्य पधार चुके हैं। युद्ध के प्रथम चरण का आज अपराह्न में विराम हुआ है।''

''युद्ध विराम हुआ है। प्रथम चरण में ही विराम हो गया। युद्ध का विराम, बिना निर्णायक निर्णय के युद्ध विराम, अरे स्पष्ट क्यों नहीं कहते कि युद्ध का नाटक हुआ। परदा गिराकर अभिनेता शैया खूँदने चले गए। कहाँ है, कहाँ है भरत, नहीं-नहीं मैं उसके पास नहीं जाऊँगा। उसे अयोध्या के कुटिल राजा राम ने, कैकेयी-पुत्र को यहाँ अंत का वरण करने भेजा है।''

कहते हुए युधाजित को कई वानर सुभटों के साथ कुछ सैनिक एक शिविका में बलपूर्वक डालकर श्रीभरत के शिविर की ओर ले चले।

''कुछ सैनिक एक विक्षिप्त को शिविका में डालकर द्रुतगति से इसी ओर चले आ रहे हैं। वह कभी अट्टहास करता है तो दूसरे ही क्षण क्रंदन सा करने लगता है। उसके दाढ़ी-मूँछ केश सभी बिखरे हुए हैं। आकृति और वेश-भूषा से भी कोई भयंकर अघोरी लगता है। क्या आदेश है?''

शिविर के प्रहरी दल के प्रमुख से ये शब्द सुनते ही श्रीभरत अपने उत्तरीय को

समेटते हुए द्वार की ओर दौड़ चले। श्रीभरत को अस्त-व्यस्त स्थिति में आते देखकर कई प्रहरियों ने अन्य दीपदंड भी जाग्रत् करके, शिर से ऊँचे उठा लिये। कुछ ही क्षणों में सैनिक उनके सामने शिविका रखकर सावधान मुद्रा में खड़े हो गए।

"भरत! हाँ भरत! तू आ गया। वह अयोध्यापति क्यों आता, यह केकय तो तेरी माता कैकेयी का है न, यह उसकी जननी कौसल्या का होता तो वह आता। तेरे कपाल पर पादुका रखकर, छत्र-मुकुट हरण करनेवाला..."

"मातुल, मातुल! अलम्-अलम् (बस, बस) अनर्गल वाणी को विराम दो।" श्रीभरत के संकेत पर चार बलिष्ठ सैनिक युधाजित को लेकर श्रीभरत के पीछे-पीछे शिविर में आ गए। एक आसंदी पर युधाजित को बिठाकर उन्हें प्रणाम करते हुए श्रीभरत धरती पर बैठ गए। तभी स्थिति से परिचित होते ही केकय सचिव भद्राश्व दौड़ते हुए आ पहुँचे। अभिवादन की औपचारिकता का जैसे-तैसे निर्वाह करते हुए वे वयोवृद्ध सचिव अपने स्वाँस को संयमित करते हुए बोलने लगे, "महाराज! अयोध्याधिपति राजराजेंद्र श्रीमंत रामचंद्र देव की प्रतिष्ठा में अज्ञानवश कटु शब्दों का प्रयोग कर, अकारण महापातक के भागी मत बनिए। वे तो केकय की दुर्दशा का समाचार सुनते ही राजसिंहासन से इस प्रकार उछलकर खड़े हो गए थे, मानो उनके समस्त मर्मस्थानों पर एक साथ एकाएक अनेकानेक वृश्चिक (बिच्छू) शतपदी (कानखजूरा) मधुमक्षिकाओं ने तीव्र दंशाघात कर दिया हो। लग रहा था कि फिर कोई नृसिंहदेव खंब विदीर्ण करके किसी हिरण्यकशिपु को अपने नखों से विदीर्ण करने के लिए चल पड़े हों। उनके क्रोध को देखकर सभासद-भ्राता बंधु क्या; राजगुरु तक के नेत्र फैले-के-फैले रह गए थे। ये श्रीभरत ही थे, इनका वात्सल्य ही था कि जिसने उनसे उस अवस्था में, उन्हें बाध्य करके, यहाँ आने का अधिकार याचना करते हुए, उनकी अनिच्छा को अनदेखा करते हुए, कैसे प्राप्त किया, यह हम ही जानते हैं।"

"हूँ, तो इस बालक के साथ कौन आया है?"

"कौन नहीं, महाराज! कौन-कौन कहिए"

"कौन-कौन ही सही।"

"हस्तिनापुरपति महाराजा अजमीढ़ के युवराज पुरुमीढ़ कई चंद्रवंशी राजकुमारों के साथ बृहद् चतुरंगिणी लेकर राघवी सेना के पृष्ठ प्रदेश पर हैं। दक्षिण और उत्तर (दाँए-बाएँ) काशी नरेश प्रतर्दन और विदेह युवराज वीरवर शीलनिधि सन्नद्ध हैं। किष्किंधा के अमित तेजस्वी युवराज अंगद, लंका-मदमर्दक नल-नील द्विविद्-मयंद आदि मर्कट सुभटों के साथ मूलक और शैलूषगणों को यमपथ पथिक बनाने के लिए पथ-पथ पर अलात्चक्र की भाँति घूम रहे हैं। इसके अतिरिक्त, इसके अतिरिक्त एक और, जिनका नाम सुनकर आप उछल पड़ेंगे, वे-वे..."

"अरे अमात्यवर! वे-वे क्या, भूमिका मत बाँधो, बोलो..."

"महाराज! वे, वे हैं अंजनीनंदन श्री हनुमान।"

"अरे, वह नर नाहर वानर कहाँ है? जिसके पराक्रम की अनेक गाथाओं को केकय का बच्चा-बच्चा मंत्रमुग्ध होकर सुन रहा था, वह कहाँ है?"

"केकय नरेश महाराज! इस वानर का अभिवादन स्वीकार करें।"

अपनी ओर झुकते हुए मारुति को अपने हृदय से लगाकर युधाजित हर्षातिरेक में किसी मद्यप की भाँति गरज-गरजकर बोलने लगे, "शैलूष मारा गया, मूलक संहारा गया, कैकेय विजयी हुआ, अरे, जाओ-जाओ, दिशा-दिशा में उद्‌घोष कर दो। वाद्य वृंद को मौन भंग करने पर बाध्य कर दो।"

युधाजित के बाहुपाश में कसे हुए मारुति स्वेद सलिल में नहा गए। अत्यंत कठिनाई से युधाजित को उनकी आसंदी पर बिठाया गया। उन्हें स्थिर होते देखकर पुष्कल-तक्षक ने बढ़कर उनके चरणों में मस्तक रखकर प्रणाम किया।

उन्हें आशीर्वाद देते हुए अश्वजित की आँखें उनका परिचय पाने के लिए ठिठकी हुई सी हैं, यह अनुमान करते ही भद्राश्व आनंद से झूमते हुए से बोले, "श्री महाराज! ये दोनों कुमार पुष्कल और तक्षक अपने चिरंजीव भागिनेय इन श्रीभरत के सुपुत्र हैं। हमारी गोलोकवासिनी भगिनी के सुपौत्र हैं।"

"अरे, ये कितने बड़े हो गए। अपने भरत की कुमारावस्था के कैसे प्रतिबिंब जैसे हैं। आओ-आओ, अपने इस दीनहीन पितामह के हृदय से लगकर उसे प्रतृप्त कर दो। विघ्न विनाशन गणपति के परशु का पौरुष और मोदकों का माधुर्य तुम्हारी कीर्ति की वृद्धि करे, तुम्हें यशस्वी बनाए। कैकेय की यह धरित्री तुम्हें इतिहास के पृष्ठों का शृंगार प्रदान करे। इस समय यह अकिंचन तुम्हें सुभाशीष के अतिरिक्त अन्य क्या दे।" अपने कुंडल-विहीन श्रवणों के साथ-साथ आभरणरहित कंठ पर हाथ फिराते हुए कहने लगे "अरे, क्या दे..."

कहते-कहते युधाजित फफक उठे। उन्हें धैर्य देते हुए श्रीभरत अपने दोनों कुमारों से बोले, "जाओ, अपने पूज्यातिपूज्य पितामह को ले जाओ। इन्हें राजराजेश्वर की भाँति कल प्रातः सादर रणपरिषद् में लेकर पधारो। रात्रि अधिक हो गई है। शयन करो।" □

अनुच्छेद-५

क्षौर-उत्सादन-मज्जन आदि से युधाजित महाराज का अंग-प्रत्यंग कैकेयों की भाँति खिल उठा। राजसी परिधान धारण कराकर उन पर छत्र लगाकर, चँवर डुलाते हुए

राजकुमार पुष्कल-तक्षक उन्हें आयोजित रण परिषद् में ले आए। श्रीभरत उनके चरण स्पर्श करते हुए, उन्हें विशिष्ट आसन की ओर ले चले। सभी का आग्रह स्वीकार करते हुए वे अत्यंत संकोचपूर्वक बैठ गए। उनके बैठते ही, ''केकय नरेश महाराजा युधाजित की जय-जय-जय'' के गंभीर स्वर से शिविर गूँज उठा।

अब संग्राम किस प्रकार आरंभ किया जाए, उसकी व्यूह रचना कैसे की जाए, किसकी नियुक्ति कहाँ-क्यों-कैसे की जाए आदि पर विचार करते समय श्रीभरत ने कहा, ''युद्ध विधिवत् आरंभ करने से पूर्व यदि अपना कोई दूत शैलूष के पास जाकर, अपना मंतव्य प्रकट कर आए तो उत्तम रहेगा। मर्यादा भी यही कहती है।''

श्रीभरत के शब्द सुनते ही युधाजित अपने आसन से उछल पड़े। अपने आवेश को यथासंभव संयत करते हुए बोले, ''भरत! क्या तुम पश्चिमोत्तर के पातक से ग्रसित होने आए हो?''

युधाजित के शब्द सुनते ही समस्त समुपस्थित जनों की प्रश्नवाचक दृष्टि उनकी ओर उठ गई। कुछ ठहरकर बोले, ''मर्यादा यही कहती है कि किसी दूत को भेजा जाए, उचित है, किंतु मर्यादा का निर्वाह उससे करना चाहिए, जो स्वयं मर्यादित हो। वहाँ जो दूत बनकर जाएगा, वह लौटकर नहीं आएगा। तुम भूल जाओ शैलूष को, वह तो मानव भक्षी निशाचर मूलक के संकेत पर नाचनेवाला, प्राणविहीन एक काष्ठ का पुत्तला मात्र है।''

''हमारे दूत की बलि नहीं होगी महाराज! आप दूत निश्चित कीजिए। उसे आज्ञा तो दीजिए। फिर देखिए कि उसकी बलि चढ़ती है अथवा वह बलि चढ़ाकर आता है।''

अंगद के ओजस्वी स्वर का उत्तर देते हुए युधाजित बोले, ''वीरवर! हम जानते हैं कि यहाँ विश्वप्रसिद्ध दो दूतों के अतिरिक्त अन्य भी कई हैं, जो जा भी सकते हैं और सकुशल लौट भी सकते हैं, किंतु वे जाएँगे किसके पास? उसके पास कि जिसकी कोई प्रतिष्ठा नहीं है। जो मानचित्र पर नगण्य है, किंतु अन्याय-अत्याचार क्या अपितु उनके सीमातिक्रमण में आज अग्रगण्य है। नहीं, उसके पास दूत भेजना, इतिहास में स्वयं को निदंनीयों की श्रेणी में खड़ा करना होगा। विधिवत् युद्ध का नहीं तो संघर्ष का श्रीगणेश तो हो ही चुका है। यदि किसी को दूत भेजना है तो वह शैलूष या मूलक को हमारे पास भेजना चाहिए। वह न आया और न ही आएगा। हम मर्यादा के ऊहापोहों में झूलते रहेंगे और वे इसे हमारी हीनावस्था मानकर झूम रहे होंगे। यदि मर्यादा पुरुषोत्तम के अनुज तथाकथित मर्यादा-रक्षण के ज्वर से अत्यधिक पीड़ित हैं तो एक मध्य मार्ग है कि एक कपोत के कंठ में क्या, अपितु एक बाण के शीर्ष पर सजाकर अपना मंतव्य पत्रक भेज दीजिए। कुछ ही क्षणों में उत्तर आ जाएगा। उत्तर क्या आएगा, अपितु इस कैकेय के मंतव्य का युक्तियुक्त अर्थ आप सभी के सम्मुख प्रकट हो जाएगा।''

सभासदों के मौन को स्वीकृति का लक्षण मान्य करते हुए श्रीभरत के संकेत पर

युवराज पुरुमीढ़ ने एक पत्र लिखकर प्रस्तुत कर दिया। श्रीभरत ने तुरंत अपना धनुष उठाकर, एक बाण पर उसे सज्जित कर सिंधु पार प्रधान शिविर पर लहराते हुए ध्वज की ओर अग्रसर कर दिया। एक घड़ी भी पूर्णतः नहीं बीती थी कि एक आधे भुने हुए, रक्त चुचुआते हुए शशक का शव शिविर के सम्मुख आ गिरा। पत्रक के टुकड़े उस पर चिपके हुए थे। सभासद् आक्रोश से उबल पड़े।

संकेत से सभी को शांत करते हुए अमात्य भद्राश्व बोले—

''हमारे गुप्तचरों ने मूलक की व्यूह रचना के विषय में जो संदेश भेजे हैं, वे सुनकर अपनी प्रतिव्यूह रचना करके युद्ध आरंभ किया जाए तो उचित रहेगा। आदेश दें तो वे गुप्त सूचनाएँ जो प्राप्त हुईं, उन्हें क्रमशः प्रस्तुत किया जाए।''

श्रीभरत के संकेत पर अमात्य भद्राश्व पत्रक लेकर पढ़ने लगे—

''वितल प्रदेश से, प्रदेशाधिपति श्रीमंत मकरध्वज के कठोर अनुशासन में स्वयं को शृंखलित (जकड़ी हुई) स्थिति में सर्वथा असहाय अनुभव करते हुए, अहिरावण के उद्दंड चर-अनुचर सैनिक भारी मात्रा में पलायन करते हुए नैऋत्य (दक्षिण-पश्चिम) दिशा में अधिकांश आ चुके हैं। अभी भी कुछ जलयान उनका अनुकरण करते हुए बढ़ रहे हैं। भू-मध्य सागर के जलदस्युओं से उनकी संधि हो चुकी है। इस समय मूलक के आदेश से वे सभी जलयान सागर कुक्षियों (खाड़ियों, बसरा-लालसागर आदि) में डेरा डाले खड़े हैं। उसके एक संकेत पर सभी पाल उड़ाते हुए, हिंगुलाक्षेत्र (कराची) और सिंधु नद की विभिन्न धाराओं से निर्मित त्रिभुजों (डेल्टा) को चीरते हुए, अपने पदाति सैनिकों को इस ओर घोर आक्रमण करने के लिए भेज देंगे। कुछ लोग इनकी संख्या सहस्रों से अधिक लक्ष तक होने का अनुमान लगा रहे हैं।

''प्रतीची (पश्चिमी दिशा) में शतकंधर के आंध्रालय (ऑस्ट्रेलिया) से पलायित राक्षस, जिनकी संज्ञा कौणप है, कोणप (लहू) उनका प्रिय पेय है, इन नृशंसों के दाँत एवं नख इतने तीक्ष्ण होते हैं कि वे स्त्री-पुरुषों को ही नहीं, जंगली पशुओं तक को भी इस प्रकार चीर-फाड़कर खा जाते हैं कि मानो वे कज्जलवर्णी मानव नहीं, कोई दुर्दांत हिंसक पशु ही हों।

''उन्होंने भारी संख्या में कांबोजीय अश्व प्राप्त कर लिये हैं। उनके प्रखर भल्ल इस क्षेत्र में अचूक माने जाते हैं। वे लाखों की संख्या में पार्श्वीय (ईरान-इराक-सीरिया-जोर्डन-मिश्र) देशों में अपने छोटे-बड़े राज्य बना चुके हैं। इस समय प्रभूत मात्रा में नर-रक्त प्राप्ति की लालसा से ग्रस्त होने के कारण, ये पारस्परिक विवाद भुलाकर, किसी कौणपाधिप उपाधिधारी शातकंधरि खरमुख के नेतृत्व में एकत्रित होकर, आक्रमण के लिए पूर्णतः सन्नद्ध हैं। उनकी प्रायः समस्त वस्तिकाओं की सरणियों-प्रतोलिकाओं (गली कूचों) में लौहकारों की अंगारधानिकाएँ (भट्ठियाँ) धधक रही हैं। भल्ल ढाले

जा रहे हैं। भयंकर विषैले सरि-सर्पों के तीक्ष्ण विष में उन्हें बुझा-बुझाकर अत्यंत घातक बनाया जा रहा है। इनके देवी-देवताओं की प्रतिमाएँ मानवों एवं पशु-पक्षियों की अस्थियों से निर्मित होती हैं। सरि-सर्पों की अस्थियों के अलंकार वे धारण करती हैं। रक्त-मज्जा से ही उनका उत्सादन-शृंगार आदि होता है। प्रसाद के रूप में भी इन्हीं का वितरण करते हैं।

''वायव्य कोण (पश्चिमोत्तर) मयराष्ट्र तथा लवणासुर के सैनिकों की चतुरंगिणियों के अधिकार में है। ये समस्त शस्त्रास्त्रों के संचालन में कुशल हैं। इनका वर्ण गौर है। सुगौर गंधर्व सैनिक भी इन्हीं के साथ खड़े हुए हैं।

''इनके अतिरिक्त महाराजा सगर-बाहू आदि द्वारा निष्कासित एवं वसिष्ठ-विश्वामित्र संघर्ष के प्रतिफलस्वरूप पलायित पूर्व भारतीय जन तो उत्तरी ध्रुव के हिम प्रदेशों से लेकर चीन के प्रशांत महासागर और हिमगिरि के उत्तरांचलीय, इलावर्त के मध्य क्षेत्रीय विशाल भूखंड (मध्य एशिया) में जो बसे हुए हैं, वे भी पुरातन वैरों का स्मरण करते हुए अपने पराक्रम प्रदर्शन के लिए उत्सुक दिख रहे हैं। इनमें कुछ की पंचशिखाएँ हैं। अधिकांशत: शिखाहीन, विशेष प्रकार की दाढ़ी-मूँछें रखे हुए फिरते हैं। इनमें कुछ पाखंडी ऐसे भी हैं, जो अपनी वीभत्स आकृति से प्रतिपक्षी को भयभीत कर, सहज विजय की आकांक्षा में अपने केश मेहँदी-गेरु क्या, किसी विशेष लाल-दीप्तियुक्त रंग से रँग-रँगकर, प्राय: हरावल में, लंबे-लंबे कुंत लेकर, उछलते हुए, किलकारियाँ मारते हुए चलते हैं। अनेक ने विभिन्न पशुओं को विधिवत् शिक्षित करके, अपने वाहन बना रखे हैं। कइयों के हृदय में भारतवर्ष से निष्कासित होने की पीड़ा भी है। फिर भी वे यहाँ की रीतियों-परंपराओं का परिस्थिति अनुकूल पालन भी कर रहे हैं।''

अमात्य भद्राश्व के निष्कर्ष पर निर्णय किया गया कि वितलवासियों के जलयानों पर युवराज अंगद किष्किंधा के जलयान लेकर आक्रमण करें। क्षेत्र की दक्षिणी सीमा को निरापद करते हुए वे हाटक तट (अटक नदी) की ओर निरंतर बढ़ते जाएँ। काशी नरेश महाराजा प्रतर्दन विदेह राजकुमार शीलनिधि को लेकर उत्तर दिशा इलावर्त क्षेत्र की ओर निरंतर बढ़ें। युवराज पुरुमीढ़ पृष्ठ प्रदेश को भयमुक्त करके आजमीढ़ी सेना को लेकर, इनकी सहायतार्थ जाएँ। राघवी सेना शातकंधरि और गंधर्वों की संयुक्त सैन्य शक्ति को चुनौती देने के लिए पश्चिम की ओर बढ़कर मूलकासुर के प्रधान शिविर पर आक्रमण करेगी।

रणनीति निर्धारित होते ही शिविर-शिविर में समरवाद्य गरज उठे। चतुरंगिणियाँ सज्जित हो-होकर अपनी-अपनी निर्धारित दिशा में बढ़ चलीं। केकय प्रदेश के कण-कण से परिचित होने के कारण महाराजा युधाजित शैलूष के गंधर्वों की सेना का मार्ग अवरुद्ध करने चल पड़े। युवराज पुरुमीढ़ को उनके पृष्ठ प्रदेश का संरक्षण सौंपा गया। यह

निश्चय किया गया कि यह दल गंधर्व देश पर आक्रमण नहीं करेगा। यदि कोई सेना आक्रांता के रूप में आती है तो केवल उसका प्रतिरोध किया जाए। गंभीरता की स्थिति में महाराजा प्रतर्दन और मिथिला युवराज इनकी सहायता करेंगे। सूर्यांकित पताका फहराते हुए श्रीभरत मारुति को लेकर मूलकासुर के केंद्रीय शिविर की ओर अग्रसर हो गए। मार्ग के शिविरों को आग्नेयास्त्रों से धधकाते हुए हाटक नदी के पूर्वी तट तक पहुँच गए।

□

अनुच्छेद-६

"श्रीभरत की विशाल राघवी सेना के साथ काशी-विदेह-मद्र और चंद्रवंश के प्रतापी महाराज अजमीढ़ की चतुरंगिणी सेना पश्चिमोत्तर भारत पर आक्रमण करने जा रही है। किष्किंधा से भी लंकाभंजक चमूपति वीरवानरों की सेना जलमार्ग से प्रस्थान कर चुकी है।"

इन समाचारों से अवगत होते ही रक्ष सुभट खर की पत्नी उग्रा का हृदय दहल उठा, क्योंकि वह जानती थी कि शैलूष और उसकी गंधर्वी सेना का प्रधान संरक्षक तो उसके पुत्र मकराक्ष का पुत्र, उसका पौत्र प्रखर मूलक ही है। उसका अंत किए बिना शैलूष का पराभव नहीं हो सकता। मूलक अपने जीते जी शैलूष की किसी प्रकार से हानि होने नहीं देगा। मूलक का अंत उसके कुल का भी अंत कर देगा और यदि संग्राम हुआ तो मूलक का अंत हुए बिना नहीं रह सकता, यह भी निश्चित है।

उसकी रक्षा के उपाय पर विचार करते हुए, वह अत्यंत अधीरावस्था में सीधी राजमाता मंदोदरी के कक्ष की ओर दौड़ चली। उग्रा को इस प्रकार राजभवन की सरणियों को पार करती देख दशानन की दूसरी रानी धान्यमालिनी एवं कुंभकर्ण की पत्नी वज्रज्वाला उग्रा की प्रकृति का विचार करते हुए, किसी भावी संकट की परिकल्पना करते हुए, अपने-अपने कक्षों से निकलकर उसके पीछे-पीछे चल पड़ीं। दास-दासियों की अवहेलना करते हुए, उसने महारानी के कक्ष के कपाटों को धड़ाक से धकेलते हुए आँधी के प्रचंड झोंके के समान कक्ष में प्रवेश किया। "रक्षा करो, रक्षा करो" कहती हुई, छाती धुनती हुई वह महारानी के पैरों में लोट गई।

आसंदी से उठते हुए राजमाता उसे अपने समीप बिठाकर बोलीं, "उग्रे! शांत होकर अपने भय का कारण बताओ।"

"मैं बताऊँ, क्या आप नहीं जानती?"

"जानती तो क्या तुझसे पूछती?"

"आप नहीं जानतीं कि मेरे वीरवर पति की राम ने कपटपूर्वक दंडकारण्य में हत्या

कर डाली? फिर वही उसी ने मेरे प्रियदर्शन पुत्र मकराक्ष के साथ यहाँ लंका में आपके समक्ष किया। उसके परलोकगामी होने के पश्चात् उसकी वधू ने एक पुत्र मूलक को जन्म दिया। स्वर्णपुरी लंका एवं रक्ष संस्कृति की रक्षा के लिए जिस बालक के पिता-पितामह ने हँसते हुए समर क्षेत्र में अपनी बलि चढ़ा दी, उसके बालक को इस लंका में सम्पोषण-संरक्षण-सम्मान के स्थान पर अपमान-अवहेलना मिली। वह स्वाभिमानी इसे सहन नहीं कर सका। चला गया, दूर चला गया। अपने पराक्रम के बल पर एक विशाल नवीन रक्ष साम्राज्य की स्थापना की। अब उसे समाप्त करने के लिए अयोध्या के राजा की हत्यारी सेना जा चुकी है। उसकी रक्षा के लिए आपसे नहीं तो किसके द्वार पर जाकर पुकार करूँ?'' कहते हुए वह शिर पटक-पटककर विलाप करने लगी।

उसके अनर्गल प्रलाप से उद्वेलित होकर वज्रज्वाला बोल उठी, ''उग्रे! तो तुम्हारे कथन का अर्थ यह है कि मेरे स्वामी-लंकेश्वर महाराज-प्रिय पुत्र मेघनाद आदि की अयोध्यापति राम ने हत्या की, कि कराई। वे वीरगति को प्राप्त नहीं हुए?''

''हाँ-हाँ नहीं हुए। मेघनाद यज्ञ करते-करते यज्ञ पशु बन गया? तुम्हारे स्वामी मदोन्मत्त निद्राग्रसित स्थिति में पिछड़ गए। लंकेश्वर महाराज की नाभि का रहस्य इन्होंने बताया, जो आज लंकेश्वर बने बैठे हैं।''

अब राजमाता मंदोदरी मौन नहीं रह सकी। आक्रोश के कारण अपनी वाणी को संयत करते हुए वह दहाड़ती हुई बोली, ''उग्रे! तेरी इसी प्रकृति ने तेरा मूल नाम अपरिचय के गर्त में डालकर तुझे 'उग्रा' उपाधि से अलंकृत किया है। दूषण को भूषण के समान धारण करनेवाली तुझ विमूढ़ा को क्या कहा जाए? अरी! निर्लज्जता की भी कोई सीमा होती है। तू मेरे वीरवर स्वामी-प्रतापी देवर और देवेंद्र विजयी पुत्र की वीरगति को कलंकित कर रही है। उन समर कला कुशल त्रैलोक्य विजयी धीर-वीर-गंडीरों को नितांत निर्बुद्धि सिद्ध करने की भूमिका का निर्माण कर रही है। इन सभी ने शत्रु सैन्य सागर को मँदराचल की भाँति मथते हुए, रणांगण में अपने प्रचंड पराक्रम से सज्जित शैयाओं पर, सम्मुख युद्ध में, व्रणमालाओं से शृंगार करके मृत्यु सुंदरी का वरण किया है। मेरे स्वामी की नाभि में अमृत है, यह रहस्य ये विभीषण क्या बताते? वे तो संसार भर में अहंकारपूर्वक गरजते फिरते थे, ''मैं अमृतनाभ हूँ, अमृतनाभ हूँ। मेरी मृत्यु आना चाहकर भी कदापि नहीं आ सकती।'' एक षड्यंत्रबद्ध योजना के अनुसार तेरे जैसे लोग उन साधु पुरुष का चरित्र हनन कर रहे हैं। तेरा पति खर निश्चित रूपेण बलवान था, किंतु प्रथम श्रेणी का लंपट भी था।''

मंदोदरी के शब्द सुनते ही उग्रा प्रज्वलित लपट के समान एकाएक खड़ी हो गई। राजमाता के सम्मान की समस्त गरिमा को ध्वस्त करते हुए वह बोल उठी, ''उन महाभट लंकेश्वर की महारानी आज के रक्षद्रोही लंकेश्वर की शैया भूषण बनकर छलपूर्वक

राजमाता कहलानेवाली मेरे पति को लंपट नहीं कहेगी तो और कौन कह सकती है?''

मंदोदरी की ओर झपटती हुई उग्रा को धकेलती हुई धान्यमालिनी का स्वर गूँज उठा, ''हाँ-हाँ, खर निकृष्ट था, लंपट था। अपने सामने भंग अंगों से रक्त बहाती हुई भगिनी को अनदेखा कर वह राम से निवेदन कर रहा था, ''तुम दोनों भाई जीवित अवस्था में चले जाओ। सीता को हमें दे जाओ।'' तुरंत आक्रमण न करके बैरी के सम्मुख ऐसा प्रस्ताव प्रस्तुत करनेवाला लंपट-निकृष्ट-क्रूर-कायर-दुष्ट-पोच-नराधम-रक्षकुल कलंक नहीं तो और क्या कहा जा सकता है, बोल, यह असत्य है?''

''हाँ-हाँ पूर्णतः असत्य है। मैं उन परलोकगामी के चरित्र का कदापि हनन नहीं होने दूँगी। स्वामी ने यह कहा, इसका कौन साक्षी है?''

''है-है, वह है, जो कल तक इसी लंका में थी और आज जीवित-जाग्रत् अवस्था में ब्रह्मक्षेत्र पुष्कर में अपने पाप का प्रायश्चित् करने के लिए तपोरत है,'' उस शूर्पणखा ने कहा।

''मुझसे तो नहीं कहा।''

''हाँ, तुझ त्रैलोक्येश्वरी से नहीं कहा, शेष तो इस सत्य तथ्य से अनेक परिचित हैं। कह तो एक-एक को बुलाकर, अनेक से संपुष्टि कराऊँ। अब इस आक्षेप-प्रक्षेप कांड को विराम देती हुई, वह बोल, जिस कारण तू यहाँ आई है?''

उग्रा हत्प्रभ स्थिति में धम्म से धरती पर बैठ गई। एकाएक उसके मुख से कोई शब्द नहीं निकल पाया। जिसमें एक दीन-हीन याचिका का भाव था, ऐसी निर्निमेष नमित दृष्टि से अपनी ओर ताकती हुई उग्रा को देखकर, मंदोदरी की आँखें छलक उठीं। वह उग्रा के कंधे पर हाथ रखती हुई बोली, ''उग्रे! लंकेश्वर से मेरा क्या संबंध है, यदि तू वास्तव में जानती तो वत्स विभीषण पर ऐसा घृणित-कुत्सित आरोप नहीं लगाती। वे मुझे प्रिय हैं और उतने ही प्रिय हैं, जितने कि मेघनाद और अक्षयकुमार प्रिय थे। यह रक्ष-संस्कृति, यदि इसमें युगानुकूल संशोधन नहीं किया गया तो कल भी न जाने कितने विनम्र विभीषणों और पुनीता मंदोदरियों को इसी प्रकार कलंक के व्यूहों में घेरकर जीवनपर्यंत मृत्यु की सी मर्मांतक पीड़ा पल-पल देती रहेगी। आर्यावर्त की पतिहीना नारियों की भाँति हमें सौभाग्य-चिह्न विसर्जित करने होंगे।

''उग्रे! मूलक मात्र तेरा ही पौत्र नहीं, मेरा भी है। उन वीरवर खर का स्मृति चिह्न है, जो लंकेश्वर दशानन महाराज की भाँति ही पराक्रमी थे। उसके अंत का समाचार सुनकर वे किस प्रकार काँप उठे थे, यह मैं जानती हूँ। नंदिनी शूर्पणखा जिस वेश में आई थी और जिस कुटिलता से बोल रही थी, वे उसका युक्तियुक्त अर्थ उसे देखते ही जान गए थे। वे केवल पराक्रमी ही नहीं, राजनीति के चतुर चितेरे भी थे। वे समझ गए थे कि खर-दूषण का अंत करनेवाला, उनका भी अंतक सिद्ध होगा। संसार में रहना और

उससे विदा लेने की रीति-नीति कोई सीखना चाहे तो उन दिवंगत लंकेश्वर महाराज से सीखे। उनकी त्वरित बुद्धि निमिष मात्र में कैसे युक्तियुक्त सार्थक निर्णय लेती थी और सक्रियता से कैसे उसे कार्यान्वित करती थी, जब उस पर विचार करती हूँ तो चकित होकर रह जाती हूँ।

"तू भवन में जा, भवन में जा" नंदिनी से कहते हुए तुरंत खड़े हो गए। एक रथिका को संकेत से बुलाकर, सारथी को संकेत से उतारकर, कैसी शीघ्रता से उसके स्थान पर जा बैठे। कषा फटकारते ही उसे उड़ा ले चले। मैं गवाक्ष से देखती रह गई। दिखे तो तभी दिखे, जब जनकनंदिनी को अशोक वाटिका में स्थित करके लौटे। अशोक वाटिका में एक बार क्या अनेक बार गए, किंतु कभी अकेले नहीं गए। उन वंदिनी से कई प्रकार की वाणी बोले। एक बार चंद्रहास भी उठा लिया, किंतु चलाया नहीं। लौटे तो ऐसे लौटे कि जैसे कुछ हुआ ही नहीं। मैंने क्या, मातामह माल्यवान और इन विभीषण के अतिरिक्त मेरे पिता मयदेव आदि कई अन्यों ने भी सीता को लौटाने के लिए कहा। सभी को उनकी मर्यादानुसार उत्तर दिया। जब अंतिम समर करने जा रहे थे, तब मेरे कंधे थपथपाते हुए बोले, "प्रिये! जिस हेतु मैं उस अवधेश्वरी भारतेश्वरी विश्वेश्वरी को लाया था और रक्षकुल रक्षक लंकेश्वर अनुज को निकाला था, उसकी पूर्ति नहीं संपूर्ति आज होगी। तुम भ्राता विभीषण के प्रति कभी कोई अन्यथा भाव मन में मत लाना।" मैं कुछ पूछती कि उसका अवसर दिए बिना निकल गए। मैं देखती रह गई।" कहते-कहते उसकी आँखों से जल की दो-दो बूँदें उसके अंक में गिरकर रह गईं।

दो-चार क्षण ठहरकर मंदोदरी पुनः कहने लगी, "उग्रे! मूलक मेरा पौत्र है। उसके किंचित् अमंगल की कल्पना भी मैं नहीं कर सकती। यह भी सत्य है कि कोई किसी के मंगल-अमंगल का विचार भी विचारों में नहीं कर सकता, किंतु होता है। यह जिसके प्रति होता है, वह उसके कर्म कराते हैं। मूलक ने जिस प्रकार लंका की शांति को आघात-पर-आघात पहुँचाए, अराजकता-उच्छृंखलता-उद्दंडता क्या विद्रोह के बीज बिखेरे, उनसे तू स्वयं को अपरिचित तो नहीं कह सकती? यदि इन लंकेश्वर ने अपनी नीतिमत्ता से परिस्थिति को न सँभाला होता तो आज लंका गृहयुद्ध की ज्वाला में धधक रही होती। इन्होंने इसका निष्कासन तो नहीं किया, किंतु युक्तिपूर्वक मौन साधकर उसके निष्कासन-पलायन का मार्ग प्रशस्त अवश्यमेव किया। उस स्थिति में किया, जब वे उसे सुधारने में सर्वथा असफल हो गए। उसने कौन से ऐसे निंदनीय-कठोर-असभ्य-अश्लील शब्द छोड़े, जिनका प्रयोग उसने अपने इन पितामह के सम्मुख खड़े होकर सार्वजनिक रूप से नहीं किया। 'बालक है' कहकर मुँह मोड़कर जाते रहे। यदि अंगरक्षकों के घेरे में नहीं होते तो वे इसके प्रहारों से भी नहीं बच सकते थे। अपने दल के साथ मूलक के निकल जाने पर उन्होंने केवल इतना ही कहा कि 'लंका का एक शिखर आज फिर

धरती पर गिरने चल पड़ा' इन शब्दों में क्रोध अथवा प्रसन्नता नहीं, अपितु एक आत्मीय के अनंत बिछोह की पीड़ा थी। इस स्थिति में तू ही बता हम क्या करें?''

''राजमहिषि! सिद्धांत है कि आर्त्त प्राणी को अपनी दीन दशा में पहुँचने का कारण तो नहीं दिखता, किंतु वह उसके निराकरण के उपाय से अंतिम क्षण तक चूकता भी नहीं। आप क्या समझती हैं कि मैंने और अंत में तो उसे भड़कानेवाली उसकी माँ ने भी उसे नहीं समझाया, समझाया, बार-बार समझाया। धरती फट जाए और हम समा जाएँ, ऐसे अपशब्द सुन-सुनकर समझाया। सब निरर्थक गया, किंतु क्या कहूँ, अभी भी मन यही कहता है कि संभवतः राघवों के इस सैन्याभियान को देखकर, अपने पराभव का प्रत्यक्ष अनुभव करते हुए, वह कुछ समझ जाए। किन्हीं प्रबुद्ध महानुभाव को भेजकर, एक अंतिम प्रयत्न करा दीजिए। शेष होनी को कौन टाल सकता है।'' कहते हुए उग्रा पुनः बिलखने लगी।

उसे धैर्य देते हुए मंदोदरी ने एक दासी से कहा, ''जाओ, लंकेश्वर से कहो कि हम उनसे तुरंत भेंट करना चाहते हैं। आज्ञा दें।''

दासी ने कुछ ही समय में लौटकर उत्तर दिया, ''महाराज स्वयं ही पधार रहे हैं।''

महारानी सरमा के साथ महाराज विभीषण कुछ ही क्षणों में आ गए। मंदोदरी ने संक्षेप में समस्त वार्त्ता का वर्णन करते हुए आग्रह किया कि मूलक को अंतिम बार समझाने के लिए किसी नीतिवान वरिष्ठ जन को एक बार अवश्य भेजा जाए। शेष जैसी विधाता की इच्छा।''

विभीषण सुनकर सोच में पड़ गए। अपने स्वामी को धर्मसंकट के सागर में गोते खाते देखकर सरमा महारानी बोली, ''क्षमा करें, आप वरिष्ठ जनों के सम्मुख मैं संकोचवश चाहकर भी चर्चा नहीं कर पाई। एक बार मैं पुत्री कला के साथ गंधर्व देश पिता शैलूष के पास जा चुकी हूँ। इन्हीं महाराज की आज्ञा से इच्छा न होते हुए भी गई। पहुँची ही थी, पिता से दो बातें कर भी नहीं पाई थी कि मूलक आ गया। मैं केवल उसे 'वत्स' ही कह पाई थी कि वह उग्रता से बोला, ''मुझे संबोधन करना है तो केवल 'रक्षेश्वर' कह कर करो, अन्यथा मैं नहीं जानता कि तेरे साथ क्या व्यवहार हो जाए। अपनी इस पुत्री को यहीं छोड़कर, अभी, अभी तुरंत चली जा, अन्यथा पुरानी कथाओं की पात्रा बनकर कुछ ही क्षणों में रह जाएगी।'' यदि पुष्पक विमान में न गई होती तो मैं नहीं, मेरे अंत का समाचार ही आपको मिलता। पुष्पक में सवार कैसे हुई, उस पर आकाश में जाते-जाते भी कितने प्रक्षेपास्त्र लगे, वे कैसे व्यर्थ हुए, उसकी कथा मैं कहना नहीं चाहती। फिर भी किसी को समझाने के लिए भेजा जाए, मैं इसका विरोध तो नहीं करती। संभवतः विधाता अपनी वक्र दृष्टि की दिशा परिवर्तित कर लें और तो क्या कहूँ?''

अंत में उग्रा की दयनीय दृष्टि और मंदोदरी-धान्यमालिनी-वज्रज्वाला आदि का मौन

देखते हुए विभीषण बुझे-बुझे स्वर में बोले, ''मैं अनल-अनिल-हर-संपाति मातुलगण से आग्रहपूर्वक निवेदन करता हूँ कि वे जाएँ और उस भ्रमित किशोर को सद्मार्ग पर लाएँ। उसकी प्रकृति देखते हुए ये स्वीकार करते हैं अथवा नहीं, अभी से क्या कहूँ? प्रयत्न करता हूँ। अन्य विकल्प पर भी विचार करता हूँ।'' कहते हुए विभीषण सभी के प्रति सम्मानसूचक शीश झुकाते हुए, धीरे-धीरे चले गए।

(ये अनल-अनिल-हर-संपाति विभीषण के मातामह सुमाली के अनुज माली के पुत्र थे। इसी कारण विभीषण इन्हें मातुल कहते हैं। रावण से अपमानित होकर विभीषण, जब श्रीराम की शरण में गए तो ये चारों भी उनके साथ गए थे। रामायण में इन्हें विभीषण का मंत्री कहा गया है)

□

अनुच्छेद-७

आकाश में मधुर संगीत के स्वर बिखेरता हुआ पुष्पक विमान अभी मूलक के शिविर के समक्ष धरती पर उतरा भी नहीं था कि मूलक दहाड़ उठा—

''इस रक्षेश्वर को अपने लक्ष्य-पथ से भ्रष्ट करने के लिए जिस रक्षकुलद्रोही ने एक स्वैरिणी के आग्रह पर तुम्हें भेजा है, मैं उस कायर कालग्रास की कुंडली के राहु-केतुओं से पूर्णतः परिचित हूँ। उचित यही होगा कि तुम अपने वार्धक्य की गरिमा धूलि धूसरित कराए बिना तुरंत मेरी आँखों से ओझल हो जाओ।''

मूलक के द्वारा अप्रत्याशित रूप से इन अपमानजनक शब्दों को महत्त्व न देते हुए अनल अभी केवल 'वत्स' ही कह पाए थे कि मूलक पुनः गरज उठा, ''जाओ-जाओ, चले जाओ, अन्यथा तुम अतीत के पात्र बन गए।'' यह समाचार लंका में प्रेषित करने के लिए हम यहाँ पूर्णतः प्रस्तुत हैं। इन शब्दों के साथ ही मूलक का हाथ त्रिशूल की ओर बढ़ता हुआ देखकर, वे वयोवृद्ध जन धरती की ओर जाते हुए अपने विमान को आकाश की ओर उठाते हुए 'विनाशकाले विपरीत बुद्धि' कहते हुए, उसे श्रीभरत के शिविर की दिशा में ले चले।

निरभ्र आकाश में अकस्मात् विद्युत्प्रभाओं को दिशा-दिशा में अठखेली करते हुए और उन्हें निरंतर समीप आते हुए देखकर मारुति तुरंत शिविर से बाहर आ गए। वे हर्षातिरेक में चिँहुक से उठे, ''अपने लंकेश्वर के अमात्य मंडल का मंगलमय शुभागमन हो रहा है।'' अब तक श्रीभरत भी शिविर द्वार तक आ गए थे। पुष्पक-तल धरा का स्पर्श करे, उससे पूर्व यंत्रचालित निश्रेणियाँ (सीढ़ियाँ) स्वतः निकलकर बिछ गईं। उनसे प्रणम्य मुद्रा में उतरते हुए अनल-अनिल-हर-संपाति को श्रीभरत अभिवंदन-अभिनंदन

का आदान-प्रदान करते हुए शिविर में ले आए। लंका और मूलक के समाचारों से अवगत होते-होते श्रीभरत मुस्काते हुए बोले, ''एक अधूरा कार्य, जिसे हम मान रहे थे कि 'कोई प्रबुद्ध आत्मीय जाकर मूलक को समझाए,' वह भी नियति ने स्वयंमेव पूर्ण कर दिया। कहो आंजनेय! अब किसकी प्रतीक्षा है ?'' प्रत्युत्तर में मारुति भी उसी प्रकार समीप ही रखे हुए शंख की ओर देखते हुए, मुस्कान बिखेरते हुए बोले, ''अब तो ये सागरराज की वंश वल्लरिका के प्रसून-देव अपनी पराग-प्रभा से वसुधा-भगवती के प्रदूषणांधकार का प्रध्वंस करने के लिए आपके आदेश की याचना, मौनभाव से कर रहे हैं। उठिए, इन्हें अधरामृत पान कराकर इनकी जीवंतता का परिचय दीजिए।''

''रणरंगधीर श्री रघुवीर की जय'' का उद्घोष करते हुए श्रीभरत सप्तसैंधव स्यंदन पर चढ़ गए। उनके दिव्य शंख के मुखर होते ही, अनेकानेक रणवाद्य अपना मौन भंग कर गरज उठे। चिंघाड़ और हिनहिनाहट के स्वरों ने मिलकर वायुमंडल को ध्वनियों की दलदल बना डाला। राघव सुभट धनुष से छूटे हुए नाराच-इक्षुप्र-शिलीमुख बाणों की भाँति हाटक तट की ओर दौड़ चले। जैसा बताया गया था, उससे शतगुणा हाटक का वेग देखकर, वे ठहर गए। सूचना देनेवाले अग्रगण के प्रमुख ने निवेदन किया, ''हाटक के जल को बाँधकर, भूमिसिंचन के लिए जो विभिन्न कुल्या (नहर) दिशा-दिशा में प्रवाहित की गई थीं, उनके जलावेग को स्तंभित करके, मुख्यधारा की ओर रात्रि में मोड़ दिया गया है। यह भयंकर जल प्लावन उसी की प्रस्तुति है।''

किंकर्तव्यविमूढ़ की स्थिति में खड़ी हुई राघवी सेना को उत्साहित करते हुए, कुछ गजाजीवी (महावत) प्रबल गजराजों के गंडस्थल पर प्रखर अंकुश का आघात कर उन्हें जल में उतारने लगे। वे गजराज तैरते हुए दस-पाँच पग ही बढ़े होंगे कि भीषण भँवरों के चक्र में चकरी की भाँति घूमकर रह गए। उन्हें मुक्त करने के उपाय भी निरुपाय होकर रह गए।

श्रीभरत के निर्देश पर धनुर्वेद विशारद वीरों के धनुष से कलंब बाण (वे लंबे बाण, जो धरती में धसकर उसे पोली बना दें) छूट-छूटकर हाटक तट के पश्चिमी कगार में धसने लगे। धरती की परतों में दरार-पर-दरार पड़ने लगीं। दो ही घड़ी में मृत्तिका खंड उछल-उछलकर दूर गिरने लगे। तटभूमि खाइयों के रूप में परिवर्तित होने लगी। हाटक सरिता का जल उनमें प्रवेश करते-करते निकटवर्ती रक्ष-शिविरों में प्रवेश कर गया। मुख्य धारा के अथाह जलावेग की उत्ताल तरंगों का दंभ घुटनों का स्पर्श करने की ललक में पांगुलों की भाँति घिसट-घिसटकर सरकने को बाध्य हो गया। दामनियों के सहारे खड़े हुए शाण (सन) और गज्जियों (मोटे कपड़ों) से निर्मित शिविरों के खूँटे उखड़ गए। प्रतिसीरा (कनात) वितानों (शामियानें) तिरस्करणियों (परदे) में लिपटकर लहरों में तारक विहीन नौकाओं की भाँति बह चलीं। जलावेग में लहराती हुई दामनियाँ उस समय

ऐसी प्रतीत हो रही थीं मानो सौभाग्यविहीना रक्ष-राज्यलक्ष्मी वेणी-विमुक्त केश-राशियों को फकेरे हुए शोकाकुल स्थिति में जल-समाधि लेने जा रही हों। शिविरांचलों में लिपटे हुए रक्ष सैनिक उन अबलाओं जैसी प्रतिसीराओं के अंक में पितृविहीन बालकों की भाँति बिलखते हुए बहे जा रहे थे। हाटक तटों को रौंदती हुई गजारोही-अश्वारोही सेना के साथ पदातियों की पंक्तियाँ हँसती-गाती पार होने लगीं।

विध्वस्त शिविरों से भागते हुए रक्ष-गंधर्व सैनिक योजन भर जाकर जैसे-तैसे व्यूहबद्ध खड़े हो गए। राघव वीर उन पर टूट पड़े। दोनों पक्षों की सहायतार्थ सैन्य टुकड़ियाँ रणभूमि में द्रुतगति से आने लगीं। परोक्ष की प्रतोलिकाओं से निकल-निकलकर मुठभेड़ें समरांगण में प्रत्यक्ष प्रवेश करने लगीं। गजारोही गजारोहों से भिड़ गए। प्रमत्त गजराज प्रतिपक्षी गजराजों को दौड़-दौड़कर अपनी सूँड़ों में सूँड़ें लपेट-लपेटकर घसीटने लगे। महावतों के तीक्ष्ण अंकुश प्रतिपक्षी महावतों के शरीरों में बाँबियाँ बना-बनाकर, फुँकार मारते हुए भुजंगों की भाँति विद्युत् गति से प्रवेश करने लगे। उन पर सवार सुभटों की गदा गदाओं पर धमकने लगी। इसी प्रकार खांडे-खेटक-भुशुंडी-मूषल आदि परस्पर टकरा-टकराकर प्रज्वलित स्फुलिंग उगलने लगे। शस्त्रास्त्रों से प्रतिरोध पार पड़ता न देखकर, अपनी अट्टालिका जैसी शिविकाओं (अंबारियों) के कटहरों को लाँघते हुए, सुभटों से उलझे हुए सुभट प्रबल प्रभंजन वेग में टूटकर, लिपटी हुई लताओं की भाँति पृथ्वी पर गिरने लगे। शस्त्रहीन अवस्था में जूझते हुए उन मल्लकला विशारदों को उनके ही हाथी रौंदने लगे। पैरों से खुँदती हुई धरती की धूल के बवंडरों को अंग-प्रत्यंगों से प्रवाहित रक्त-निर्झरणिएँ दबाने लगीं।

इसी प्रकार अश्वारोही दल भी अश्वारोहियों से संघर्ष करने लगे। कंधों से उतरे हुए धनुष पुनः कंधों पर झूलने लगे। उनका स्थान म्यानों से निकल-निकलकर विशाल विकराल करवाल लेने लगीं। लगा कि महिषध्वज कालदेव की सभा में राजनर्तकी का प्रतिष्ठित पद पाने की लालसा में संयमनीपुरी की अनेकानेक रूपाजीवी तन्वंगी गणिकाएँ अपने शयनागारों के पट पलटती-पटकती, शील-संकोच को हटकती, अवगुंठनों को उलटती हुई राजपथ को नृत्यमंच बनाने के लिए परस्पर प्रतियोगी बनकर उतर आई हों। उनकी चापाकर भ्रूभंगिमाओं के हाव-भाव, भ्रांत (तलवार को मंडलाकार सब ओर घुमाना), उद्भ्रांत (ऊपर उठते हुए घुमाना), आप्लुत (उछलकर तलवार चलाना), प्लुत (एक ही दिशा में प्रहार करना), समुदीर्ण (शत्रु समूह में घिरे होने पर प्रहारों से निकलने की चेष्टा करना), आबिद्ध (परिश्रमित होने पर अधिक परिश्रमपूर्वक प्रहार करना) रूप में प्रकट होने लगे।

समरकला कुशल गंधर्व सैनिक, जिन्हें अपने कांबोज देशीय-मरुद्रथ-चामरियों एवं सिंधु क्षेत्रीय सैंधव नामधारी वेगवान् प्रबल अश्वों की गति और मति पर अत्यंत अभिमान

था, वे उन्हें कुदाते हुए हरावल क्षेत्र में आ पहुँचे। उनके प्रशिक्षित अश्व अपने अगले पैर राघव सुभटों के कंधों पर गड़ाकर उन पर कसे हुए तनत्राण खुरचने लगे। उनके थुथनों पर लगे हुए भल्ल शिरस्त्राणों को कुरेद-कुरेदकर गिराने लगे। गंधर्व सुभटों की प्रखर क्षुरिकाएँ कपालों को भेदती हुईं, तालुओं को छेदती हुईं कंठों के पार होने लगीं। अनेक सवारों को इस प्रकार बिना युद्ध किए धरती पर गिरते हुए देखकर, राघव सैनिकों ने भी अवसरानुकूल अपनी नीति में परिवर्तन किया। अपने कंधों पर पैर टिकाकर डटने वाले अश्वों के निरावरण उदर उन्होंने चीरने आरंभ कर दिए। अश्व अश्वकुल का रक्तपान कर, अत्यधिक उग्र होने लगे। निष्प्राण होकर गिरते हुए अश्वों के नीचे उनके ही सवार दबने लगे। निकलने की चेष्टा करते-करते प्रतिपक्षी अश्वों की टापों से उनके अंग टूट-टूटकर चटकने लगे। खोपड़ियाँ पटापट फूटने लगीं। प्रबल वेग से दौड़-दौड़कर आक्रमण करते हुए, उन रणरंग में रँगे हुए तुरंगों की नासिकाओं से निकलने वाले धूम्र-बवंडर अपने ही जाति-बंधुओं के साथ-साथ उन पर सवार योद्धाओं को झुलसाने लगे। मुखों से फेन उगलते हुए, माथों से माथे टकराते हुए परस्पर एक-दूसरे को धकेलते हुए, अपनी विचित्र हिनहिनाहटों से अपने प्रचंड आक्रोश का परिचय देते हुए, सवारों को कंदुकों के समान उछालते हुए, चौगान सी खेलने लगे।

दोनों पक्षों के अनेकानेक उद्‌भट अश्वारोही सुदृढ कविकाएँ (लगामें) दाँतों में दबाकर दोनों हाथों से खड्ग चलाने लगे। काठी-कोश में से निकल-निकलकर चमचमाते हुए भाले मणियल भुजंगों की भाँति आकाश में फुँकारते हुए, नाच-नाचकर अंग-प्रत्यंग में गहन बाँबियों के समान गंभीर घाव देते हुए धसने लगे। अत्यंत वेग से धसे हुए उन भालों के काँपते हुए पृष्ठ दंड उस समय ऐसे प्रतीत हो रहे थे मानो उन बाँबियों में प्रवेश करते हुए कराल व्याल पूँछें लहरा-लहराकर अपने अत्युग्र क्रोध का ही परिचय दे रही हों।

गंधर्व अश्वारोहियों की पराजय सन्निकट है, यह अनुमान करते ही मूलक के अश्वारोही श्रवण पर्यंत खिंचे हुए मंडलाकार धनुषों से छूटे हुए नाराचों की भाँति राघवी सेना पर टूट पड़े। उनकी सहायता के लिए विशाल रथ वाहिनी भी संग्राम भूमि में अवतरित हो गई। इस अप्रत्याशित आक्रमण से विचलित हुए बिना अपनी त्वरित बुद्धि से रथी सेना को दो भागों में विभाजित करते हुए राजकुमार तक्षक और पुष्कल दोनों ओर से अपने रथों को बढ़ाते हुए बढ़ चले। उनका अनुगमन करते हुए अनेक महारथियों के रथ प्रभंजन वेग से दौड़ चले। बढ़ती हुई मूलक की रक्ष सेना का मार्ग प्रत्येक रथ से पदाति राघव सैनिकों के समूह के समूह कूद-कूदकर अवरुद्ध करने लगे। शत्रु सेना को गाजर-मूली की भाँति काटने लगे। फेन उगलती हुई तप्त रक्त की नदियों की बाढ़ सी आ गई। प्रखर प्रहारों के प्रभाव से छिन्न-भिन्न हुए विभिन्न अंग उनमें तैरते हुए जलचरों की प्रतीति कराने लगे। स्कंधों से छिटके हुए खंडित भुजदंड जहाँ तैरते हुए जलकुंजर

(मगर) लग रहे थे, वहीं कलाइयों से कटी हुई हथेलियों की काँपती हुई अँगुलियाँ कहीं जोंक तो कहीं गोह लग रही थीं। शिरस्त्राण-सज्जित खंडित मस्तक कहीं कमठ-कच्छप तो कहीं किरीट विरहित मुंडों की फैली हुई केशराशियाँ उन्हें घने घिनके शैवालों की ही छवियाँ दे रहे थे।

टूट-टूटकर गिरे हुए आभूषणों की रत्नावलियों की प्रदीप्तियों को देखकर अट्टहास करते हुए संगररत योद्धा कहने लगे, "देखो-देखो, अपनी रक्तपान की मनौतियों की पूर्ति पर योगिनियों द्वारा समर्पित पूजन प्रदीपकों की पंक्तियों की पंक्तियाँ कैसी तीव्र गति से निरंतर अपने गंतव्य की ओर चली जा रही हैं। विजयश्री की यथाशीघ्र प्राप्ति के लिए इन अदृश्य भैरवियों की प्रसन्नता के लिए ऐसे-ऐसे ही प्रदीप्त प्रदीप और अधिक वेग से प्रदान करो। प्रहारों में तीव्रता लाओ। एक-एक रक्ष सुभट से जोड़ी बना-बनाकर द्वैरथ तुमुल करो। दृष्टिपथ में आनेवाले प्रत्येक बैरि को यम-पथ प्रदान करने में विलंब न करो। बाणों को गति दो। शल-शल्य-भल्ल की गतियों को प्रगति दान के निमित्त विहंगों के पंख कतर-कतरकर, इनमें जड़-जड़कर लाए हो, शत्रु को ऐसी प्रतीति कराते हुए इनके चित्त विभ्रमित कर दो। गदाएँ गिद्धों को लज्जित करते हुए संस्कृति-शत्रुओं के प्राण-पोतकों को गगन मार्ग में अपना ग्रास बनाती हुई उड़ चलें। गजों को गर्तों में गला दो। तुरंग तरंगों को अगस्त्य नक्षत्रोत्पन्न पछवा बनकर पी जाओ। रथों को रथियों-सारथियों से रिक्त कर दो। पदातियों को पैरों से कुचल डालो। माँ भारती के तमसाच्छन्न पश्चिमांचल को प्राची शिरोरत्न अरुणदेव की अरुणाभा से प्रभासित कर दो। तुम सूर्यवंशी सूर्य पुत्र कहलाते हो। तुम्हारे सूर्योपम शौर्य रश्मि-जाल से काल के थाल में सजने के लिए प्रार्थी के रूप में तुम्हारे द्वार पर ये भारत के भारतीयता के चिरवैरि न जाने कहाँ-कहाँ से सज-धज करके आए हैं। इनकी याचना स्वीकार करो। वरमाला लेकर आती हुई, इनकी कीर्ति सुंदरी का इन्हें ललकार-ललकार कर वरण करो। मार्ग-मार्ग से बढ़कर मार्ग में ही उसका अपहरण करो। इनके गर्भ में यशस्वी इतिहास का बीजारोपण करो। कपाली-मुंडमाली भगवान् महाकाल और उनकी प्रियतमा महाकाली को उनकी सत्य संतति से परिचित करा दो। समय पर वैष्णव कैसे शाक्त सिद्ध हो सकते हैं, यह विश्व को विधिवत् बताने की सुवेला आज तुम्हारे सम्मुख, तुम्हारे द्वार पर याचक बनकर खड़ी है। उसे अयाचक ही नहीं, याचकाश्रयी की छवि प्रदान कर दो।"

आदि वीररसमय शब्दों से अपने सैन्य समूह में उत्साह का संचार करते हुए राघव वीर अपने मध्य में तक्षक-पुष्कल को पाकर "हर-हर महादेव, जय-जय राजेंद्र रामचंद्र, जय-जय श्रीभरत देव" का उद्घोष करते हुए द्विगुणित वेग से रक्ष-गंधर्वों की विशाल वाहिनी पर प्रज्वलित उल्कापिंडों की भाँति गर्जना करते हुए टूट पड़े। लगा कि दिग्दिगंत के विस्तृत गगन प्रांगण का सुदीप्त नक्षत्र मंडल, प्रदीप्त धूम्रकेतुओं के रूप में धरित्री के

आंदोलित सागर में बड़वानल की उद्दीप्त वाटिकाएँ विकसित करने का संकल्प लेकर उतर आया हो।

दोनों राजकुमार तक्षक और पुष्कल रक्ष सेना को रौंदते हुए, सफल प्रहार करते हुए, कुशल खिलाड़ियों की भाँति चारों दिशाओं में झंझावात को लज्जित करते हुए विचरण करने लगे। अपनी सेना का भीषण संहार देखकर मूलक ने एक सांकेतिक ध्वनि की। उसका अभिप्राय समझकर रक्ष-सैनिक समरक्षेत्र से शीघ्रातिशीघ्र पलायन करने लगे। उनकी शीघ्रता का अनुमान इसी से लगाया जा सकता था कि प्रत्येक रथ अनेकानेक पदाति सैनिकों के समूहों से ऐसे ठसाठस भर गया कि श्वास लेना भी दूभर हो गया। अनेक उछल-उछलकर शिखरों एवं उन पर स्थित ध्वजदंडों को थामकर खड़े हो गए। हाथियों पर भी महावत तक सिकुड़-सिकुड़कर बैठ गए। अंबारियों में पदातियों के अंबार लग गए। अश्वों की पीठों-कंधों पर भी पदाति लद गए। शेष इनकी छाया में छिपते हुए भाग चले। अपने सैनिकों से रिक्त क्षेत्र में मूलक का यान बढ़ आया।

□

अनुच्छेद-८

मूलक का यान, हाँ, उसे मूलक का यान ही कहा जा सकता है। उस यान में न कहीं अश्व जुते हुए थे और न उसके चक्र ही दिख रहे थे। उसे देखकर ऐसा लग रहा था कि मानो किसी कल्पित लोक के महा गजाकार अश्रुत विहंग का कोई अंड ही पंख समेटकर प्रभंजन वेग से धरती को पीसने के लिए लुढ़कता हुआ चला आ रहा हो। उसका चमचमाता हुआ घोर कज्जल वर्ण देखकर सहज ही कहा जा सकता था कि मंत्र-कीलित यंत्र चालित-कुंमंत्राभिषिक्त एक विशाल लौह-पेटिका के रूप में मृत्युदेव के मत्त महिष की मदोन्मत्त महिषी ही सृष्टि से टकराने के लिए वायुमंडल में तैरती हुई, धरती पर उतरकर बढ़ी चली आ रही हो। उसका संचालन कौन कर रहा है, वे चालक-संचालक भी नहीं दिख रहे थे, किंतु हैं, यह संकेत उस लौह-अंड के छिद्र-छिद्र से दिशा-दिशा में प्रवाहित होनेवाली विषैली धूम्रधाराएँ दे रही थीं।

मुहूर्त भर में वायुमंडल ऐसा विषाक्त हो गया कि श्वास लेना कठिन हो गया। तुरंग और मातंग किसी उद्दाम यौवना जंबालिनी सरिता के प्रचंड प्रवाह में तट की समूल विचलित वृक्षमाला बनकर, फेन उगलते हुए लोटने लगे। स्यंदनवाहक अश्वों की गति अवरुद्ध हो गई। सारथी और महारथी अपने-अपने स्थानों पर आँखें मलते हुए, वमन करते हुए निश्चेष्ट हो गए। हाथों से वे धनुष फिसल-फिसलकर गिर गए, जिनसे छूटे हुए बाण उस विशाल अंड के आवरण से चिपक-चिपककर रह गए थे। अपनी सेना

की दुर्दशा देखकर श्रीभरत अपना सप्तसैंधव बढ़ाते हुए आगे आ गए। उनके पीयूषास्त्र वायुमंडल को यथासंभव शुद्ध करने लगे। अपेक्षित परिणाम न देखकर वे समझ गए कि इस विषैले वायु-स्रोत को निष्क्रिय किए बिना कार्य की सफलता संभव नहीं हो सकती। जन-जन की दृष्टि से ओझल होकर जिस विशाल अंडाकार यंत्र चालित यान में निर्द्वंद्व स्थिर होकर मूलक हलाहलास्त्रों का प्रक्षेपण कर रहा है, उसे विध्वस्त करना ही होगा, किंतु कैसे, क्योंकि उसके बाह्य आवरण पर चिपके हुए विभिन्न जाति-उपजाति के बाण बता रहे थे कि यह अंडाकार पिंड सामान्य लौह निर्मित न होकर अयस्कांत (चुंबक) निर्मित है। इसकी अभेद्यता कैसे समाप्त की जाए?

मारुति के परामर्श से श्रीभरत ने प्रज्वलित आग्नेयास्त्रों की प्रचंड बाढ़ मूलक के यंत्रचालित यान के चारों ओर खड़ी कर दी। उनसे उठती हुई लपटों ने वायव्यास्त्र का सहयोग प्राप्त कर उस अंडाकार पिंड को तपाकर निमिष मात्र में लाल कर दिया। तुरंत ही पर्जन्यास्त्र से बरसती हुई जलधाराओं ने छन्न-छन्न की ध्वनियों के मध्य उस अयस्कांत निर्मित अंड-पिंड को साधारण लौह में ज्यों ही परिणित किया कि मारुति की गदा उस पर टूट पड़ी। अभेद्य अंड-पिंड कच्चे काँच से विनिर्मित घट की भाँति बिखर गया। प्राणों को लेकर भागते हुए मूलक ने ज्यों ही श्रीभरत को अपने धनुष पर प्राणपहारी बाण चढ़ाते हुए देखा, वह निर्लज्जों की भाँति खड़ा होकर अट्टहास करते हुए कहने लगा—

"भरत! तुम धन्य हो, धन्य हो। रघुवंश की जो कीर्ति विश्वभर में अपनी वचन-बद्धता के लिए प्रसिद्ध है, उसे कलंकित करने का श्रेय अयोध्या के वर्तमान युवराज के अतिरिक्त अपने मस्तक पर लेने की शक्ति-सामर्थ्य और किसमें हो सकती है? इस निश्शस्त्र दाह-विदग्ध मूलक के प्राण लो, लो। तुम्हारे ही राजा ने लंका के सभागार में घोषणा की थी, 'कोई रघुवंशी लंकेश्वर दशकंधर महाराज के किसी वंशज का प्राणहरण नहीं करेगा' यह मूलक उन्हीं नित्य कैलासवासी विश्वविजेता का भ्रातृज (भतीजा)—तुम्हारे सम्मुख अपने वीरोचित अंत के लिए, वीरगति प्राप्ति के स्वागतार्थ प्रस्तुत है। चलाओ बाण, लगाओ अपने अग्रज पर असत्य भाषण का अजर-अमर आरोप। अरे, संत कहलानेवाले भरत! करो असंतोचित कुकृत्य। कलंकिनी कैकेयी की कोख के एकमात्र रत्न! महारत्न! अपने यत्न-प्रयत्न में मत चूको। मत चूको। यदि इस मूलक के शब्दों की सत्यता पर विश्वास न हो तो इस वानर के डिंभक से पूछ लो। अरे, इससे क्या पूछना, अपनी स्मृति का स्मरण करो, जहाँ तुम्हारे अग्रज ने यह वचन दिया था, वहाँ लंका के सभागार में तुम भी तो उपस्थित थे। चलाओ, चलाओ बाण।"

प्रलाप करते हुए प्रतापी मूलक के समक्ष छलाँग मारकर महावीर मारुति जा पहुँचे उसका किरीट आकाश में उछालकर उसकी प्रलंब केशराशि को झकझोरते हुए बोले "प्रभु ने केवल स्वयं को प्रतिबंधित किया था, समग्र रघुवंश को नहीं। फिर भी यदि

तू उनके शब्दों को समस्त रघुवंशियों पर आरोपित करता है तो इस अक्षहंता कपि ने तो रक्ष-विध्वंस से विरत होने का कोई वचन कभी किसी को नहीं दिया। ले सँभल।''

अत्यंत आक्रोशित मुद्रा में मारुति की प्रहारोत्सुक प्रचंड मुष्टिका को अपनी ओर उठी हुई देखकर मूलक किसी भयंकर अंधड़ में प्रकंपित वृक्ष की भाँति काँप उठा। उसका मुख निस्तेज हो गया। उसकी दयनीय स्थिति पर दृष्टिपात करते हुए वे ठहर गए। दाँत पीसते हुए बोले, ''जा, तेरा सारा शरीर फफोलों से भरा हुआ है। इनका निदान कराकर आ। इस दीन-हीन अवस्था में तेरा वध करके यह आंजनेय अकीर्ति का भाजन नहीं बनेगा। तेरा अहं नहीं अपितु तेरे काल ने तुझे जिन परिस्थितियों की प्रतिबद्ध दासता की शृंखलाओं में जकड़ दिया है, वे तुझे भरतदेव के सम्मुख आत्म-समर्पण नहीं करने देंगी, यह मैं जानता हूँ। तेरी प्रकृति में पलायन समा चुका है, यह भी मैं जानता हूँ, किंतु तू यह भी जान ले कि ब्रह्मदेव के इस सृष्टि मंडल में तू जहाँ भी जाएगा, वहीं तेरा काल तुझे खोजते हुए पहुँच जाएगा। किसके रूप में आएगा, वह समय, जो बहुत शीघ्र आ रहा है, वही बताएगा। रक्षाधम! जा, आज तुझे प्राणदान मैं आंजनेय हनुमान देता हूँ।''

—कहते हुए मारुति उसे धकियाते हुए, श्रीभरत के पास लौट आए। गिरता-पड़ता मूलक भागते हुए एक रक्ष-यान में चढ़कर निकल गया।

प्रतिरक्षकों को नियुक्त कर, सेना को विश्राम का आदेश देते हुए श्रीभरत अपने विशिष्ट परिकर सहित शिविर में आ गए। राजकुमार तक्षक-पुष्कल मौन-अनमने से एक ओर बैठ गए। पवनकुमार श्रीहनुमान उनकी स्थिति को अनदेखा सा करते हुए, लंकेश्वर विभीषण के सचिवों को संकेत से कुछ समझाते हुए शिविर द्वार की ओर चले गए। श्रीभरत के अनुभवी नेत्रों से यह स्थिति कहाँ छिपने वाली थी, परंतु स्वयं कुछ न कहकर सचिवों को संबोधित कर पूछने लगे, ''आपकी दृष्टि में आज की हमारी और प्रतिपक्ष की स्थिति कैसी रही, कल हमारी रणनीति क्या होनी चाहिए? अपने सिद्ध अनुभव के आधार पर समग्र की समीक्षा करते हुए, कहिए।''

अनल-अनिल-हर-संपाति में वरिष्ठ अनिल बोले, ''रक्ष सैनिकों का प्रथम आक्रमण निश्चित रूप से युद्ध नीति का सुविचारित अंग था। हम यद्यपि उनकी रीति-नीति कुछ विलंब से समझ पाए, किंतु वह भी वस्तुत: प्रशंसनीय रही। उसी का सफल परिणाम था कि शत्रु सेना को पलायन के लिए बाध्य होना पड़ा। आपने मूलक के यंत्रचालित अयस्कांत निर्मित रथ की अभेद्यता का जिस प्रकार भेदन किया, वह भी हमारी अनुभव सिद्धता की सिद्धि हुई। उसे आग्नेयास्त्रों से तपाकर पर्जन्यास्त्रों से जल वर्षा कर ज्यों ही बुझाया कि त्यों ही वह लौह का भी न रहकर ताड़पत्राच्छादित एक छाजन अथवा कच्चे काँच का खिलौना बनकर रह गया। अयस्कांत को कांतिहीन करने का यही उपाय था। तभी मारुति की गदा के एक प्रहार ने उसे बिखेर दिया, किंतु विषैली वायु के झोंकों ने

जिस प्रकार हमारी सेना को झकझोर डाला था, उससे उनकी शारीरिक शक्ति को ही नहीं, मनोबल को भी आघात पहुँचा है। पीयूषास्त्रों ने यद्यपि विषाक्त वायुमंडल को शुद्ध किया, किंतु सेना को भागती हुई आसुरी सेना का पीछा करने की अपेक्षा, विश्राम का आदेश देकर आपने मात्र मानवोचित ही नहीं अपितु एक सुधीर सेनापति के कर्तव्य का प्रशंसनीय उदाहरण ही प्रस्तुत किया।

''इन समस्त स्थिति-परिस्थितियों के मध्य सर्वाधिक प्रशंसनीय कौशल श्री मारुति का ही हम मानते हैं। उनके बल विक्रम पराक्रम से तो आज समस्त विश्व में ऐसा कौन सा अभागा होगा, जो भलीभाँति परिचित न हो। अत: उसकी चर्चा क्या करनी! उन्हें 'बुद्धिमतां वरिष्ठम्' की उपाधि भी किसी ने कृपापूर्वक दान में तो नहीं दी। यह उनकी सुविचारित कार्यशैली ने 'स्वयमेव मृगेन्द्रता' भाव से, स्वयमेव जो किया, वह तो राजनीति-धर्मनीति के प्रकांड पंडितों से प्रशंसा पाने योग्य है। सत्य तो यह है कि इनसे भी अधिक, जो किसी साधारण व्यक्ति की कल्पना से बाहर का विषय है, वह उन्होंने इस प्रकार कर डाला, जो शत्रु-मित्र दोनों की ही बुद्धि को चकित कर देने वाला है।

''मूलक शस्त्रास्त्रहीन, शरीर अनेकानेक फफोलों से भरा हुआ, उनसे उठती हुई दाह से अत्यंत विकल, दूर-दूर तक कोई संगी-साथी नहीं, ऐसी स्थिति में उसका वध एड़ी के नीचे दबे हुए एक साधारण कीट को बिना किसी विशेष परिश्रम के मसल डालने से अधिक नहीं था, किंतु नहीं किया। 'जा, स्वस्थ होकर आना' कहकर भेज दिया। किसी को उसका पीछा करने के लिए भी नहीं भेजा। जिसे समग्र परिस्थिति का ज्ञान नहीं है, वह तो इसे श्रीमारुति की महान् चूक ही मानेगा, किंतु मारुति किसी भी परिस्थिति में चूक जाएँ, असंभव, नितांत असंभव, सर्वथा अकल्पनीय।''

''हम भलीभाँति जानते हैं कि यदि ऐसी स्थिति में हमारा कोई जन फँस जाता तो ये असुर उसे किसी भी प्रकार जीवित नहीं छोड़ते। मारुति ने जो क्षमा करके प्रमुख शत्रु को जाने दिया, उसका मौन समर्थन आपने किया। यदि न करते तो मूलक एक बलि पशु बनकर रह जाता। उसका आश्रय पाकर जो दिशा-दिशा के रक्ष-समूह पलायन करके एकत्रित हुए थे, वे उसके अभाव में पुन: प्राणरक्षा के लिए पलायन करने को बाध्य हो जाते। आज हम निर्विवाद-रूप से विजयी तो बन जाते, किंतु साथ ही इतिहास में यह भी अंकित करा जाते कि 'राघव दूरदृष्टिविहीन थे।' शत्रु को सुधार का अवसर शूर ही दे सकता है' उस कसौटी पर हम खरे उतरे। दूसरी ओर बार-बार सुधार का अवसर देना यद्यपि बुद्धिमानी नहीं मानी जा सकती, परंतु एक बार भी न देना, स्वयं अपनी शक्ति को ही प्रश्नचिह्नांकित करना होता है। लंकारण के समय श्रीराम राजेंद्र ने भी इसी स्थिति में इसी प्रकार लंका में दशानन को जाने का अवसर दिया था। वानरराज सुग्रीवादि को अनुचित लगा, परंतु मौन रह गए। आज भी वही स्थिति है, कुछ मौन हैं, परंतु बोल नहीं

रहे हैं। अब सुनिए, समझिए मूलक को क्षमा करने के कारण और उनका औचित्य—

''प्रथम—निश्शस्त्र-निश्चेष्ट-असहाय-शरणागत जैसे शत्रु की दयनीय अवस्था का लाभ उठाना, धर्मशास्त्र ने युद्ध के नियमों के विपरीत मान्य किया है। इस अवस्था में उसका अंत करना, पुण्यप्रद वध नहीं अपितु क्रूरतापूर्ण हत्या जैसा जघन्य कृत्य माना गया है। श्रीमारुति ने इस सिद्धांत को मान्यता प्रदान करते हुए, मूलक को प्राणदान देकर इस संघर्ष को धर्मयुद्ध की संज्ञा दी, जबकि मूलक और शैलूष दोनों ने ही मानवता क्या, नैतिकता की दृष्टि से भी किसी कुकृत्य को करने-कराने में किसी भी सीमा का उल्लंघन करने में कभी रंचमात्र संकोच का अनुभव नहीं किया। सभागार में नग्न नृत्य का प्रदर्शन करने जैसे अक्षम्य अपराध के ये अपराधी अंग-भंग नहीं, शिरोच्छेद के ही सर्वथा योग्य कभी के हो चुके हैं। उनकी दंड प्राप्ति की बेला अब आ चुकी है।

''द्वितीय-शुक्राचार्य प्रदत्त जिस अयस्कांत निर्मित-यंत्रचालित रथ की अभेद्य शक्ति के भरोसे स्वयं मूलक और उसका दल स्वयं को अपराजेय सुरक्षित मानकर सीमातीत अत्याचार कर रहे थे, आतंक फैला रहे थे, उनका वह दंभ असुराचार्य शुक्र के प्रभाव के साथ सहज ही चूर-चूर हो गया। ऐसी मनोबलहीन अवस्था में जो सेना समरांगण में उतरेगी, उसकी क्या दशा होगी, इसकी व्याख्या करने की आवश्यकता नहीं। संक्षेप में, वह हारे हुए युद्ध-नाट्य का पटाक्षेप करने के लिए ही समर-मंच पर घिसटते हुए आएगी अथवा लाई जाएगी और अंत में अपने योग्य अंत को प्राप्त करेगी।

''तृतीय—अपनी सेना की मनोबलहीनता का अनुभव करते हुए, उसे अपने प्रति समर्पित रखने के लिए मूलक अन्य जिन घातक शस्त्रास्त्रों को संचित किए बैठा है, वह उनका प्रयोग तुरंत करेगा। हम उसके लिए सावधान हैं। अतः इस संघर्ष का अंत भी शीघ्र होगा। अराजकता की समाप्ति पर देश की नित्य-नैमित्तिक दिनचर्या-शांति व्यवस्था की पुनर्स्थापना जन-जन के श्रीराम राजेंद्र की केंद्रीय सत्ता की सात्त्विकता-सबलता के प्रति विश्वास को सुदृढ करेगी। उसकी भावी संतति को यथार्थ मार्गदर्शन प्रदान करेगी।

''चतुर्थ—भविष्य में कोई मूलक अथवा शैलूषीय शक्ति जब भी आज की जैसी स्थिति उत्पन्न करने की कुचेष्टा करेगी तो जागरूक हुई जनता उसे बाल्यावस्था में क्या, गर्भावस्था में ही सफलतापूर्वक निश्चेष्ट करने में सर्वथा समर्थ सिद्ध होगी। इसके अतिरिक्त इतने विशाल क्षेत्र में फैले हुए, वर्षों से विधिवत् षड्यंत्रबद्ध योजनानुसार जल-थल-आकाश में त्रिस्तरीय रचित इस महासंग्राम को इतने कम समय में निर्णायक विजय प्राप्त कर समाप्त कर दिया। यह हमारी सांगठनिक शौर्यशक्ति का यशस्वी प्रसंग भारतीय इतिहास को एक स्वर्णिम अध्याय प्रदान करे, किस प्रकार इस भरत राष्ट्र की गरिमा-महिमा की वृद्धि करेगा, यह बिना कहे ही विश्व समझेगा। भविष्य में कोई भी शत्रु भारत पर आक्रमण करने से पूर्व अनेक बार सोचेगा। हमारा प्रयत्न यही रहना चाहिए कि कोई

भी सूत्र प्रकृतिजन्य हमारी विविधता के इस अभेद्य दुर्ग का कहीं से भेदन न कर जाए।

"पंचम—मूलक ने अपने पौरुष-साधन-शक्ति पर विश्वास करके, जिस आसुरी सेना को पीछे हटने का संदेश दिया, अब वह उसी सेना के मध्य में जाएगा। उसकी दीन-हीन अवस्था उसकी सेना देखेगी। उसके मनोबल का ह्रास देखकर, उनमें उत्साह का संचार कर, उसे पुनः समरक्षेत्र में उतारेगा। समरक्षेत्र में अपनी सेना को उतारने से पूर्व, वह इधर-उधर बिखरे हुए सैनिकों को एकत्रित करेगा। अपनी प्रतिष्ठा-रक्षा के लिए पुनः आक्रमण करेगा अथवा व्यूह रचना करके हमारी प्रतीक्षा करेगा। दोनों ही स्थितियाँ हमारे लिए लाभप्रद होंगी। कंदराओं-सुदूर मरु प्रदेशों अथवा अन्य स्थानों में छिपे हुए रक्ष-सैनिकों को खोजने में हमें अपनी शक्ति नहीं लगानी पड़ेगी। वे सभी स्वतः हमारे सम्मुख आएँगे और अपने अंत का वरण करेंगे। युद्ध के एक चरण की पूर्ति के पश्चात् हम अन्य चरणों की ओर केवल सुविधापूर्वक अग्रसर ही नहीं हो सकेंगे, अपितु हमारे शौर्य से आतंकित अन्य सेनाएँ एक पुनः हारे हुए युद्ध में निर्णायक पराजय प्राप्त करने के लिए ही प्रस्तुत होंगी।

"श्रीमारुति की इस योजना का मूल्यांकन करने में प्रकांड रणपंडित भी एक बार तो चकित रह जाएँगे। हमारे पक्ष के अन्यमनस्क अवस्था में बैठे हुए रणदुर्मद सुभट ज्यों-ज्यों ही इस रहस्य से परिचित होंगे, त्यों-त्यों उनके मुरझाए हुए मुख खिल उठेंगे। उनके अंतर की उदासी उनकी दासी बनकर रह जाएगी। वे निर्णायक विजय की प्राप्ति के लिए कृतसंकल्प होकर सोत्साह रणक्षेत्र में हमारे प्रिय कुमारों तक्षक-पुष्कल की भाँति कीर्तिकुमारी का वरण करने के लिए प्रवेश करेंगे।"

अनिल के मौन होने से पूर्व ही सुस्मित श्रीभरत के मुख से "धन्य-धन्य, मारुति धन्य, आंजनेय का अभिनंदन" स्वरों के साथ ही असमंजसग्रस्त तक्षक और पुष्कल प्रसन्न चित्त 'बजरंग बली का अभिवंदन-अभिवंदन' कहते हुए द्वार स्थित श्रीहनुमान के चरणों में जाकर लोट गए। उन्होंने भी उन्हें बलपूर्वक उठाकर अपने हृदय से लगा लिया।

□

अनुच्छेद-९

बार-बार निषेध करने पर भी दोनों राजकुमार श्री हनुमंतलाल के चरण धीरे-धीरे दबाने लगे। कुमारों को परस्पर नेत्रों-नेत्रों में कुछ मंत्रणा सी करते देखकर और पुनः अपनी ओर देखकर संकोच में धरती की ओर देखते हुए देखकर मारुति ही बोले, "अरे, तुम्हारे चित्त में कोई बलवती जिज्ञासा कुछ पूछने के लिए बाध्य करती प्रतीत हो रही है। कहो, संकोच मत करो।" मारुति के वचनों का बल पाकर कुमार तक्षक धीरे-धीरे

बोले, ''पूज्यपाद! अहिरावण के यहाँ से सहसा पाताल में प्रवेश करके आप हमारे पूज्य गुरुजनों को रात्रि का निबिड़ अंधकार चीरते हुए कैसे निरापद ले आए, यह सुनने की हमारी प्रबल आकांक्षा बहुत समय से है। अयोध्या में कई बार हम आठों भ्राता आपके निकट इसी अभिलाषा को लेकर आए, परंतु पूछ नहीं पाए। आज तो इस समय अवकाश है। यदि आप उचित मानें तो···''

''अरे, उचित क्या समुचित और इस समय तो परमोचित, क्योंकि श्रीहनुमंत के इस प्रबल पराक्रम प्रसंग के दर्शक पाताल देशीय निशाचरों से अब हमारा साक्षात्कार होनेवाला है।'' प्रवेश करते हुए, हँसते हुए अनल-अनिल-हर-संपाति बोले, ''किंतु प्रिय कुमारो! तुम संभवतः नहीं जानते कि इन देवी अंजनी के नेत्र तारक को स्मृति दोष है। अतः उस समग्र प्रसंग से हम पूर्ण परिचित हैं। अहिरावण के एक सचिव ने इस कांड का आँखों देखा वृत्तांत हमारे महाराज लंकेश्वर विभीषण को कुछ दिनों पूर्व सुनाया था। उसके आधार पर वह हम सुनाएँगे।'' मारुति के संकोच की निवृत्ति सहज प्रकार से करते हुए संपाति बोले, ''प्रिय वत्सो! सुनो—

''आततायी रक्ष-वंश विध्वंस की सफल भूमिका का निर्माण करती हुई, जिस प्रकार जनकनंदिनी जानकी लंका चली आईं, उसी प्रकार उनके स्वामी मायापति श्रीराम अनुज लक्ष्मण के साथ मायावी अहिरावण की माया को तथाकथित सफलता के स्वाँग का दर्शन कराने अथवा उसका समापन करने के लिए ही स्वेच्छा से पाताल गए।

''यह भी तुम युक्तियुक्तरूपेण सत्य समझ लो कि ये रावण-अहिरावण क्या, बल्कि स्वयं सृष्टिकर्ता ब्रह्मदेव भी न जनकनंदिनी का और न ही स्वयं लक्ष्मण सहित रघुनंदन श्रीराम का हरण-अपहरण करने में कदापि समर्थ सिद्ध हो सकते हैं। यह तो जगदीश्वरी और जगदीश्वर की केवल नरलीला ही मानो।''

मारुति को बार-बार झोटे से लेते देखकर, हर बोले—

''आंजनेय! लगता है रक्ष-समूह पर विजय प्राप्त करनेवाले पर देवी निद्रा विजय प्राप्त करने का प्रबल उद्योग कर रही है। इसको विजयिनी बनने का सौभाग्य प्रदान करते हुए आप शिविर में पधारो।''

मारुति को आत्मप्रशस्ति-श्रवण के संकोच-व्यूह से मुक्त कर, संपाति पुनः कहने लगे—

''राघव बंधुओं की बलि लेने के लिए घृत निमज्जित मज्जा की आहुतियाँ पाकर तामसी यज्ञ की लपटें धूँ-धूँ धधक उठीं। मदमत्त निशाचर नाचने लगे। कोई नहीं जान सका कि वेदी पर प्रतिष्ठित महाकाली पाताल के तल में कब प्रविष्ट हो गईं। उनके स्थान पर काल को भी कालकवलित करनेवाली शक्ति से संपन्न महाकाल के प्रत्यक्ष विग्रह आंजनेय श्रीहनुमान मुख पसारकर कब प्रगट हो गए। निशाचरों द्वारा समर्पित

फल-मिष्ठान्न अक्षहंता के उदर में समाधिस्थ होकर मुक्ति का आनंद लेने लगे। काल के वशीभूत हुए मूढ़ दैत्य समझे कि मूर्तिमती माँ काली उनकी उग्र साधना के कारण आज उन पर अत्यंत प्रसन्न होकर अपनी जीवंतता का परिचय दे रही हैं। बलि-यूप से खोलकर अर्ध मूर्च्छित जैसे दिखनेवाले परम चैतन्य श्रीराम-लक्ष्मण वेदी पर बैठा दिए गए। नरबलि विधान के अनुरूप अहिरावण ने स्वयं उनके मस्तक पर तिलक लगाकर जपा कुसुमों की माला धारण करा दी। उसका अनुसरण करते हुए उसके अन्य सचिव-सुभटों ने भी अनेक लाल पुष्पों की माला पर माला डाल-डालकर श्याम-गौर बंधुओं की छवि को प्रात:कालीन अरुणाभ सरोवरों में प्रफुल्लित नील-पीत शतपत्री कमलों की शोभा से संपन्न कर दिया। मंत्र घोष के मध्य बलि देने के लिए चमचमाता खड्ग लेकर अहिरावण पुरोहित सहित खड़ा होकर बोला, ''अब कुछ ही समय में तुम्हारे मस्तक मुंडमालिनी की माला में गुंफित होनेवाले हैं। अपने आराध्य-इष्ट का ध्यान कर लो। संभवत: वे तुम्हारे यम-मार्ग के मध्य आ जाएँ और तुम्हें रोक लें। हमें भी जाते-जाते यदि अपने संकटमोचक आराध्य का नाम एवं मंत्र बता जाओ तो आनंद आ जाएगा।''

''प्रभु श्रीराम तो मुस्काते हुए मौन रह गए, किंतु सुमित्रानंदन और मौन का तो सनातन काल से ही सर्प-नकुल का संबंध रहा। अत: धीरे से बोले, 'हम तो इस समय तुम्हारी देवी पर प्रतिष्ठित तुम्हारी देवी के देव के ही दर्शन कर स्वयं को धन्य कर रहे हैं।' 'तो धन्य करो' कहते हुए अहिरावण ने ज्यों ही खड्ग उठाया, त्यों ही वेदी से कूदकर मारुति ने उठे हुए खड्ग को उसी प्रकार लपक लिया जैसे किसी मणिधारी भुजंग के फण से उसकी मणि को निकालकर, विहगराज गरुड़ अपने पंजों के तीक्ष्ण नखों से उसे नोंच डालते हैं। अहिरावण के खड्ग से ही उसका मुंड रुंड से पृथक् होकर यज्ञकुंड में जा गिरा। उसकी चट-चट करती हुई मज्जा महाकाली के महाअट्टहास की प्रतीति कराने लगी।

'जय-जय श्रीराम रघुवीर, जय-जय लक्ष्मण वीरवर' के उद्घोष से यज्ञ मंडप गूँज उठा। किंकर्तव्यविमूढ़ सा मौन खड़ा रक्ष-समूह निमिष मात्र में कुछ भी बिना बताए सबकुछ समझ गया। अपने-अपने शस्त्रास्त्र सँभालकर वे मारुति सहित श्रीराम-लक्ष्मण की ओर चल पड़े। 'घेर लो, मार डालो, निकलने न पाएँ' आदि-आदि चीखते-चिल्लाते हुए राक्षस व्यूहबद्ध होने लगे। मारुति केवल गदाधारी ही नहीं, खड्ग धारण करने पर तो रुद्ररूप प्रमथाधिप पंचानन ही प्रतीत होने लगे। यज्ञमंडप रक्ष सुभटों के शवों से पट गया। तभी विभिन्न द्वारों से एक साथ प्रवेश करती हुई गजारोही-अश्वारोही रक्ष-सैनिकों की मंडलियों पर दृष्टि पड़ते ही सुमित्रानंदन का धनुष मंडलाकार हो गया। बाण-बाण से प्रलयाग्नि प्रगट हो-होकर, अपनी अनेकानेक जिह्वाओं से उन्हें चाटने लगीं। उस

समय ऐसा प्रतीत हो रहा था, मानो आकाशस्थित तड़िताओं ने सौमित्रि के बाणों में प्रवेश कर संपूर्ण यज्ञ-मंडप को प्रज्वलित यज्ञ-कुंड में परिवर्तित कर डाला हो। धूम्रकेतुओं ने अग्रगामी समूहों की दशा देखकर, आनेवाले समूह के समूह पाताल देश की दिशा-दिशा में पलायन करने को बाध्य हो गए। प्रभु श्रीराम के बाण से भोगावती गंगा के समान अन्य पाताल गंगा प्रकट हो गई। यज्ञकुंड सहित समस्त शवों को तीव्र गति से प्रवाहित करती हुई, सागर की अनंत लहरों के सुभाल पर सौभाग्य की सिंदूरी रेखा अंकित करती हुई, चरणों का महावर बनकर तिरोहित हो गई। प्रभु की आज्ञा से आंजनेय द्वार पर आबद्ध मकरध्वज को मुक्त कर, ले आए। अपने चरणों में प्रणाम करते हुए उस वीरवर युवक को अपने हृदय से लगाकर, प्रभु ने अपने मस्तक कुंकुम से उसके ललाट को धन्य करते हुए, उसे पातालेश्वर घोषित कर दिया।

''अपने कटक की विह्वलता का अनुमान करते हुए मारुति मकरध्वज को आशीर्वाद देते हुए, दोनों राघव बंधुओं को अपने वृषभस्कंधों पर आसीन कर, सूर्योदय से पूर्व शिविर में आ गए। पक्षियों के कलरव से पूर्व वानरों के भीमनाद से लंका की प्राचीरें दहल उठीं। शुभ समाचार प्राप्ति सूचक संकेत की प्रतीक्षा में आकाश पर नेत्र गड़ाए, लंका के शिखरागार पर टहलता हुआ हताश दशानन अपने पैरों पर शरीर को असह्य भार के समान ढोता हुआ अपने शयनागार में आ गया। आँखों के आगे अँधेरा छा गया। 'हाय पुत्र अहिरावण' कहता हुआ, पर्यंक पर बैठने का उद्योग करते हुए धरती पर धम्म से गिर गया।

''अस्तु, अहिरावण वध के पश्चात् आंजनेय कुमार मकरध्वज पातालेश्वर बने। उनका वैदिक विधानानुसार शासन-प्रशासन आसुरी तंत्र में पले-बढ़े निशिचर जनों को अनुकूल आना नहीं था, सो नहीं आया। एक बार कटिबद्ध होकर विद्रोह पर उतर भी आए, परंतु सफल नहीं हुए।

''अत: हतोत्साहित स्थिति में दिशा-दिशा में पलायन करने लगे। भरण-पोषण के लिए जंगली वनस्पतियों से लेकर पशु-पक्षियों तक को खाने लगे। कुछ समूह बना-बनाकर जलदस्युओं के रूप में वणिक पोतों को लूटने लगे। जीवित लौटकर आ गए तो कुछ दिन शांति से बैठते, खाते-पीते और फिर अभाव की स्थिति में अपने स्वयं स्वीकृत कार्यों में अग्रसर हो जाते। परिवार बिखरने लगे। भूखी-प्यासी नारियाँ जिस-तिस के यहाँ स्थायी-अस्थायी शरण लेने को बाध्य होने लगीं। व्यभिचार पनपने लगे। अनाथ बच्चों की संख्या बढ़ने लगी। शिक्षा के अभाव में वे भी अपने परिचित-अपरिचित ज्येष्ठों के साथ जाने-अनजाने जलदस्यु बनने लगे। लूट को लूटने में उन लुटेरों में परस्पर टकराव होने लगे। ममत्व ईर्ष्या-द्वेष की पगडंडियों की भूलभुलैया में घिरकर झड़पों को संघर्ष का रूप ग्रहण कराने लगा। अधिकांश वणिक-पोत लंका और किष्किंधा के श्रेष्ठियों के

होते थे। उनकी रक्षा के लिए सशस्त्र टुकड़ियाँ चलने लगीं। उन शिक्षित-शस्त्रास्त्रधारियों के समक्ष घर-द्वारविहीन सर्वथा साधनहीन बौने पड़ने लगे। ऐसे में आशा की एक क्षीण किरण के रूप में उन्हें मूलक द्वारा स्थापित रक्ष राज्य का समाचार मिला। अंध महासागर की लहरों में डूबते-उतरते, उनसे संघर्ष करते हुए वे सिंधु सागर के तट पर उतरने लगे।

''भावी संघर्ष में विजय की कल्पना करते हुए मूलक ने अपनी व्यूह रचना में उन जलपोतधारियों को सागर-कुक्षियों में ठहराकर 'रक्ष जलसेना' का नाम दे डाला। इस जलसेना को पुष्ट करने के लिए जलपोतों का अधिकाधिक संख्या में, साथ ही प्रतिपक्षियों से उनकी रक्षा के लिए गृह उद्योग के रूप में शस्त्रास्त्रों का निर्माण होने लगा। उन्हें घातक बनाने की विधियाँ विकसित होने लगीं।

''समुद्री लुटेरों के दल अपनी सुरक्षा और आक्रामकता को अत्यधिक सबल बनाने के लिए इनके अंग बनने लगे। विभिन्न पदार्थों की लूट में अब सुंदरी स्त्रियाँ-बालक और हृष्ट-पुष्ट व्यक्तियों को वरीयता दी जाने लगीं। स्त्रियाँ तो ऐसे लंपट वर्ग के लिए भोग्य वस्तुएँ सदैव से रही हैं। अबोध बालक तो कच्चे घड़े होते हैं। उन्हें अपनी विचारधारा में और वह भी उच्छृंखल वृत्ति में ढालने में क्या समस्या। कालक्रम से बालक युवक बनने लगे। आततायियों के संसर्ग में, उनके अन्न-जल पर पले-बढ़े शिक्षाविहीन अनाचार-अत्याचार करने में अपने पालकों के पिता क्या पितामह सिद्ध होने लगे। कुटिल रक्ष-सेनप उन्हें अपने आक्रांता दल के हरावल में स्थान देने लगे। अपनी श्रेष्ठता के दंभ में विक्षिप्त हुए वे नवयुवक नहीं समझ पाए कि यह उनके शौर्य को समादृत किया जा रहा है अथवा उन्हें कुटिलतापूर्वक बलि पशु बनाकर अपने कुत्सित मंतव्य के अनुष्ठान की सिद्धि की जा रही है। जिनसे कोई संबंध नहीं, उनसे ममत्व का प्रश्न कहाँ? शत्रु को नष्ट करते हुए नष्ट हो गए तो और शत्रु को नष्ट कर आए तो दोनों ही प्रकार से उनके दोनों हाथों में मोदक। सिद्धांत है कि जब दंभोन्नत व्यक्ति अनाचार के पथ पर बढ़ जाता है तो फिर उसके लौटने का मार्ग बंद हो जाता है। कोई प्रबुद्ध उसे उसके दुष्कर्म से, उसके फल से परिचित कराता है, तो वह उस मित्र का बैरी बन जाता है। उदाहरण के लिए दूर क्यों जाना, कल्पना क्या करनी, प्रत्यक्ष है कि रावण को जिस मारीच ने समझाया, उसने अपने उसी हितैषी को सर्वप्रथम काल के थाल में सज्जित किया। मुट्ठी भर विदेशी राक्षसों का अधिकांश भाग अपने ही भरतवंशियों का है, किंतु आज तो वे कुलीन राक्षसों का सा व्यवहार कर रहे हैं। आज वे सुधार के नहीं, अपने ही आहार-विहार एवं कुसंग के दोष के कारण शरीर के असाध्य रोग बन चुके हैं। उनका निदान उनका संहार ही बन गया है।''

□

अनुच्छेद-१०

वायुवेग से पलायन करते रथ के वेग के कारण मूलक के समस्त शरीर में पड़े हुए फफोले रह-रहकर फूटने लगे। उन पर उड़-उड़कर गिरती हुई धूल के कण लवण-वर्षण के रूप में पीड़ा को एक ऐसी असह्य वेदना में परिणित करने लगे कि प्रखर शस्त्रास्त्रों के प्रहार हँस-हँसकर झेलनेवाले मूलक को बैठना कठिन लगने लगा। वह कभी रथ के स्तंभ थामकर खड़ा होता तो फिर तुरंत ही बैठकर लेट जाता और पुनः बैठकर खड़ा होने पर बाध्य हो जाता। दूसरी ओर वह अयस्कांत निर्मित अंडाकार स्यंदन, जिसे वह अछेद्य-अभेद्य-अजेय मानता था, उसका चूर-चूर होना तथा साथ ही मारुति से प्रत्यक्ष रण में पराजय, उनका व्यंग्य उसके तन-मन को मथे जा रहे थे। वेदना के कारण अंतर से उठती हुई 'हाय' ग्लानि के कारण बंद होंठों की भित्तियों से बार-बार टकराती और लौट जाती। मरुभूमि की मृगमरीचिकाएँ उसे जल का स्मरण करा-कराकर उसके विषाद को अमर्यादित किए दे रही थीं। इन दृश्यों को अनदेखा करने के लिए उसने अपनी आँखें कसकर मींच लीं। तभी एक तीव्र झटके से अपने रथ को रुकने का अनुभव करते ही उसने ज्यों ही आँखें खोलीं तो उसे अपने सामने खड़े हुए शुक्राचार्य दिखे। वह अपनी समस्त शक्तियों को समेटता हुआ, कूदकर त्राहि-त्राहि करता हुआ, उनके चरणों में लोट गया। सहसा उसे लगा कि किसी ने उसके शरीर पर कर्पूर मिश्रित चंदन लेपकर उसकी अपूर्व पीड़ा को निमिष मात्र में अजन्मा कर दिया।

'गुरुदेव की जय-जय-जय' कहता हुआ मूलक उछलकर खड़ा हो गया। शुक्राचार्य उसे कसकर हृदय से लगाते हुए कहने लगे—

"वत्स! मैं समस्त समाचारों से अवगत हूँ। कुछ भी कहने की आवश्यकता नहीं है। मारुति से पराजय पाना लज्जा का विषय नहीं, अपितु उनके सामने खड़ा होना ही तुम्हारे पौरुष की प्रबलता का परिचायक है। जिसके सामने आकर अक्षय कुमार-अकंपन-धूम्राक्ष-देवांतक-अहिरावण आदि रणदुर्मद शूरमा लौट नहीं पाए, जिसे स्वयं लंकेश्वर दशकंधर और देवेंद्र विजेता मेघनाद जैसे त्रैलोक्य विजेता परास्त नहीं कर पाए, तुम उससे प्राप्त पराजय को अपनी विजय ही मानो। ग्लानि को अंतर से निकालकर भावी योजना पर विचार करो। यह हताश होने की बेला नहीं है। कदाचित् तुम नहीं जानते कि धधकते हुए अयस्कांत से प्रस्फुटित होनेवाली दाहकता से पड़े हुए फफोले कालदंड के प्रहारों से उत्पन्न व्रणों से किसी भी स्थिति में न्यून नहीं होते। उनका निदान प्राणों से बिछोह ही करता है। तुम जीवित हो, जाग्रत् हो, स्वस्थ हो। प्रहर्षित होकर अपनी सेना के मनोबल को सुदृढ करते हुए व्यूह रचना यहीं स्थिर होकर करो। मैं तुम्हें वही ब्रह्मघातिनी शक्ति देता हूँ, जिसे ब्रह्मदेव ने देवराज को मुक्त करने के लिए, उत्कोच के

रूप में वीरवर मेघनाद को दी थी। उसी के प्रभाव से लक्ष्मण मूर्च्छित हुए थे। उस समय तो वैद्यराज सुषेण ने द्रोणगिरि से संजीवनी लाने का मार्ग सुझा दिया था, किंतु आज यहाँ ऐसा कोई नहीं है। लानेवाला हनुमान यहाँ है, किंतु वह उसका प्रयोग नहीं जानता। उसका प्रहार भरत पर करो। सुनो, वत्स! ध्यान देकर सुनो। यह ब्रह्मघातिनी दृष्टिगोचर तो भरत के वक्ष में प्रवेश करती हुई ही होगी, किंतु अंतक सिद्ध होगी राम की दिग्दिगंत व्यापिनी कीर्ति की ही। जन्म देगी तुम्हारे अजर-अमर सुयश को और नवजीवन देगी उस त्रैलोक्य विजयिनी रक्ष संस्कृति को, जो लंकेश्वर दशकंधर के वीरगति प्राप्त करने के कारण नहीं, अपितु रक्षद्रोही कायर विभीषण के कारण आज निरंतर तलातल को चीरती हुई द्रुत गति से पाताल ताल में अनंत समाधि में लीन होने जा रही है। तुम अपने पिता मकराक्ष, पितामह खर, लंकेश्वर दशकंधर-महावीर कुंभकर्ण-देवलोक विजेता मेघनाद ही नहीं, लवणासुर-शतकंधर-अहिरावण आदि नित्य स्मरणीय समस्त रक्ष शिरमौरों के मात्र एकमात्र उत्तराधिकारी ही नहीं, स्वर्णिम लंकासन के वैधानिक-सैद्धांतिक अधिकारी भी हो। अपने स्वरूप के प्रति चैतन्य होकर युद्ध करो। निर्णायक विजय प्राप्त करो। यह ब्रह्मघातिनी हमारे पूर्वज आद्यशुक्राचार्य महाराज को ब्रह्मदेव से ही प्राप्त हुई थी। शेष सभी कार्य सहज में संपन्न हो जाएँगे। हमारा आशीर्वाद है।'' कहते हुए शुक्राचार्य ब्रह्मघातिनी शक्ति प्रदान कर चले गए। मूलक ने उसे अपने निषंग में सावधानीपूर्वक अन्य शरों के मध्य छिपाकर रख लिया।

□

अनुच्छेद-११

अपने जलपोतों को लूटनेवालों से प्रतिशोध लेने के लिए, उन्हें दंडित करने के लिए, साथ ही इस रक्ष-विध्वंसक महाभियान में अपनी सार्थक भूमिका की प्रस्तुति के निमित्त किष्किंधा साम्राज्य के युवराज अंगद ने आज्ञा माँगी। मारुति के परामर्श से श्रीभरत का विधिवत् आदेश प्राप्त कर कपि सेना सुयोग्य सुभटों के नेतृत्व में सागरों की कुक्षि-कुक्षि (छोटी मोटी खाड़ियाँ) की ओर बढ़ चली। किष्किंधा के सुदृढ जलपोत पाताल देशीय जलपोतों पर भारी पड़ने लगे। शैल-शिलाओं एवं समूल वृक्षों के सफल प्रक्षेपण में सिद्धहस्त वानरों के हाथों में अब तक विभिन्न शस्त्रास्त्र भी आ चुके थे। जल स्तंभन की क्रिया में निष्णात वानर वीर जल में भीतर-ही-भीतर तैर-तैरकर प्रखर भल्लों के प्रयोग से रक्ष जलपोतों के तल छेदने लगे। प्राण बचाकर, जल में कूदनेवाले निशाचर जो डूबने से बच जाते थे, वे तट पर पहुँचने से पूर्व कपि सैनिकों के रण कौशल से विवश होकर शवों के रूप में उसी जल में बिना विशेष प्रयास के अस्त होने लगे, जिनसे सप्रयास

अंधमहोदधि पार करते हुए वे अर्बुद भूमि (अरब) तक पहुँचे थे।

मूलक की तथाकथित जल सेना की आश्रयस्थली, व्यूहबद्ध सागर की कुक्षि-कुक्षि पर निर्णायक विजय प्राप्त करके ही नहीं, अपितु उसका समूल विध्वंस कर, अमूल्य मुक्ताओं एवं दुर्लभ आकार-प्रकार की विशिष्ट शुक्ताओं-वराटिकाओं (सीपी-कौड़ी आदि) के भार के भार लेकर कपि सैनिक लौटने लगे। तट-रक्षक रक्ष-सैनिकों के संहार के पश्चात् उनके रिक्त हस्तियों पर युवराज अंगद के निर्देश से समग्र सामग्री लाद दी गई। विजयी कपि-सेना पृष्ठ प्रदेश को पूर्णतः निरापद करती हुई पूर्व की ओर बढ़ने लगी। केवल मार्ग में पड़ने वाली ही नहीं अपितु दूर-दूर तक बसी हुई रक्ष वस्तिकाओं-जनपद श्रेणियों का भी अपने रणदुर्मद सेनापतियों के कुशल नेतृत्व में कपि सेना ने विध्वंस कर डाला। समर-क्षेत्र से प्राण-व्यामोही रक्ष-सैनिक पूर्वोत्तर दिशा में पलायन करने लगे। उनके पुनः लौटने के मार्गों को प्रकार-प्रकार से अवरुद्ध करती हुई विजयी वानर सेना, जो अब तक चतुरंगिणी सेना का रूप धारण कर चुकी थी, श्रीभरत की राघवी सेना की दिशा में द्रुतगति से बढ़ चली। तभी उनका सामना पश्चिम दिशा में पलायन करती हुई विशाल रक्ष सेना से हो गया। युद्ध विराम अविराम महायुद्ध में परिणित हो गया।

पूर्व से पश्चिम की ओर द्रुतगति से बढ़ती हुई राघवी सेना ने रक्ष-सेना के पृष्ठ-प्रदेश पर आक्रमण कर दिया। चक्रिका के दो पाटों के मध्य स्थित अन्न-कणिका की स्थिति में रक्ष सेना आ गई। वानरी और राघवी सेना के पराक्रम में अंतर करना कठिन हो गया। असमंजसग्रस्त मूलक ने अपनी त्वरित बुद्धि से रक्ष सेना को तीन भागों में विभाजित कर दिया। वाम और दक्षिण पार्श्व की रक्ष गुल्मिनियाँ क्रमशः वानरी एवं राघवी वरूथिनियों से जूझने लगीं। शेष सेना को लेकर मूलक इंद्रशिर (हिमालय की उत्तर पर्वत शृंखला, जो नेपाल तक विस्तृत है), केतुमाल (कैस्पियन सागर के तटवर्ती पर्वत), शतशृंग (सुलेमान पर्वत), सिंधुकोश (हिंदुकुश) आदि पर्वतों की श्रेणियों के मध्य स्थित गंधर्व राज्य की राजधानी की ओर बढ़ चला। श्रीभरत भी अंगद एवं तक्षक-पुष्कल को रक्ष सेना के दोनों पार्श्वों से संग्राम करने का निर्देश देते हुए, मूलक का अनुकरण करते हुए वायव्य दिशा में बढ़ चले। गंधर्व राज्य की दक्षिणी सीमा पर काशिनरेश प्रतर्दन विशाल सेना लेकर खड़े हुए थे ही। मूलक का अब उनसे युद्ध छिड़ गया।

अपनी सेना का प्रत्येक दिशा में भयंकर संहार होते देख मूलक विक्षिप्तों की भाँति चीखने लगा। ''अरे भरत, भरत कहाँ है ? वानर-भालुओं और देश-देश के इन साधारण राजाओं का आश्रय लेकर युद्ध का स्वाँग करनेवाला भरत कहाँ है, प्राणों का लोभी भरत कहाँ है ? यह रक्षेश्वर उसे द्वैरथ-संग्राम के लिए ललकार रहा है।''

''मारुति! सप्त सैंधव को इस राक्षसाधम के सम्मुख ले चलो'' श्रीभरत के शब्द सुनने से पूर्व ही यद्यपि मारुति मूलक की ओर बढ़ने का विचार कर रहे थे। अब मूलक

का ऐसा गर्जित स्वर, इतना स्पष्ट आह्वान सुनकर वे विचारने लगे कि यह अत्युग्र स्वर किसी विशेष शस्त्रास्त्र अथवा सहायता की प्राप्ति के बिना नहीं हो सकता। अब तक असुर सेना का पश्चिमी पार्श्व भंग करते-करते वानर योद्धा शनैः-शनैः आने लगे थे। मारुति की दृष्टि ज्यों ही वीरवर नील पर पड़ी, उन्होंने उन्हें संकेत से निकट बुलाकर कहा कि, ''वीरवर! मूलक की गर्जना सुन रहे हो न?''

''आंजनेय! सुन ही नहीं रहा हूँ, समझकर ही शीघ्रतापूर्वक आ रहा हूँ। मूलक के निषंग से बार-बार कुछ ज्योति सी निकलकर और तत्काल ही पुनः लौटकर प्रवेश करती हुई देख भी रहा हूँ। इसका अर्थ मैं समझता हूँ। आप तो मुझसे अधिक समझते-जानते हैं।''

''कपि कुंजर! श्रीलक्ष्मण को भयंकर मूर्च्छा प्रदान करनेवाली ब्रह्मघातिनी के जो लक्षण थे, वे ही इसमें घटित हो रहे हैं। इसको प्राप्त करके ही वह श्रीभरत को बार-बार ललकार रहा है। मैं सप्त सैंधव से उतरकर इससे युद्ध नाट्य करता हूँ। तुम इसके पृष्ठ प्रदेश में त्वरित गति से जाकर इसके निषंग-निबंधन को छिन्न-भिन्नकर इसका निषंग उसी प्रकार उतार लाओ, जिस प्रकार लंकारण में दशकंधर के शिरस्त्राण को भंग कर आशुतोष शिव के दिव्य लिंग को लाकर तुमने प्रभु को सौंप दिया था। प्रभु ने भी वह श्रीमंत विभीषण के किरीट में तुरंत स्थापित कर, ''मैं अमृतनाभ हूँ, मैं अमृतनाभ हूँ, मैं अजेय-अभेद्य हूँ'' के दंभोन्नत स्वर में गर्जना करनेवाले उस अहंकारी के नाभि क्षेत्र पर अपना ध्यान तत्क्षण केंद्रित कर लिया था। इस समय तुम्हारा कर्तव्य किसी प्रकार निषंग हरण करके श्रीभरत को सौंपना है। वे क्या करेंगे, यह विचारना उनके बुद्धि क्षेत्र का विषय है।''

प्रबुद्ध शिरोमणि श्रीभरत कोलाहल के कारण यद्यपि उनके वार्त्तालाप को भली प्रकार न सुन पाए थे, किंतु तात्पर्य से अवगत हो चुके थे। मारुति संकेत से संक्षेप में पूर्ण तथ्य से उन्हें परिचित कराते हुए सप्त सैंधव से कूद पड़े। मूलक के हरावल में युद्धरत रक्षसुभटों पर वज्रपात के समान गदाघात करते हुए उन्होंने उस उद्भट योद्धा पर इतनी शीघ्रता से आक्रमण किया कि वह हत्प्रभ स्थिति में कुछ विचारता कि इसके पूर्व ही सेनापति नील ने उसके कटि प्रदेश पर कसे हुए सुदृढ निषंग निबंधन को प्रखर क्षुरिका के एक ही वार में काट डाला। झूलते हुए निषंग को खींचकर नील उसके रथ से कूद पड़े। अपना निषंग हरण करके भागते हुए नील पर मूलक ने प्रचंड गदा फेंकी, किंतु वह विदारण-विशारद श्रीहनुमंत की गदा से टकराकर पक्षहीन पक्षी की भाँति धरती पर गिर गई।

नील ने निषंग श्रीभरत को सौंप दिया। वीरघातिनी की अलौकिक आभामयी किरणों के प्रकाश में उनके नेत्रों के लाल-लाल डोरों पर दृष्टिपात करते ही मूलक काँप उठा। उसने अपने सारथी को आदेश दे डाला कि वह उसके रथ को तुरंत भरत से दूर ले चले। सारथी रथ को मोड़ने का उपक्रम कर ही रहा था कि सहसा ''ठहरो'' एक आदेशात्मक

स्वर उसके कानों में गूँज उठा, साथ ही हर्षोत्फुल्ल दूसरा स्वर मूलक का भी निकल गया कि ''ठहरो''। मारुति और श्रीभरत ने भी कुछ दूर से आती हुई क्षीण ध्वनि भीषण कोलाहल के मध्य से सुन ही ली। ध्यान देने पर पुनः और स्पष्ट शब्द उन्होंने सुना, ''वत्स मूलक! अभी यह शुक्र जीवित है। इन निर्णायक क्षणों में हतोत्साहित होकर पलायन नहीं, मनोबल को सुस्थिर करते हुए युद्ध करो। निषंग का ही तो हरण हुआ है। तुम्हारे आचार्य का तो अपहरण नहीं हुआ है। रक्षेश्वर! तुम्हारे शरीर में तुम्हारे प्राण, बैरी को निष्प्राण करने के लिए ही सुरक्षित हैं। वीरघातिनी ही तो गई है, व्यूह घातिनी तो शेष है। इसे ग्रहण कर निमिषार्द्ध में अपने प्रचंड शरासन पर इसे तुरंत आसन प्रदान करो। इस राम-कीर्ति कलंकिनी का संधानकर रक्ष-राज्य सीमंतिनी को सिंदूरारुणी करो। चिरकाल तक तुम्हारे यशस्वी होने की यही सुवेला है।''

शुक्राचार्य से व्यूह-विघातिनी ग्रहण कर, मूलक उसे अपने धनुष पर स्थान देकर, संधान करने जा ही रहा था कि श्रीभरत का प्रखर बाण उसकी प्रत्यंचा पर आ लगा। प्रत्यंचा के खंडित होते ही एक संवर्तक विस्फोटक स्वर से दिशाएँ दहल उठीं। दोनों सेनाएँ किंकर्तव्यविमूढ़ अवस्था में स्तंभित होकर खड़ी की खड़ी रह गईं। धनुषों पर चढ़े हुए बाण चढ़े के चढ़े रह गए। शल्य-भल्ल-भुशुंडियाँ स्मृति भ्रम की स्थिति में आ गईं। गदाएँ उठी की उठी रह गईं। मदमत्त मातंगों-तुरंगों की पंक्तियाँ दिग्भ्रमित हो गईं। पदातियों के पैरों में पृथ्वी ने शृंखला डाल दी हो, इस प्रकार खड़े के खड़े रह गए। आँखों की पुतलियाँ झपकना और होंठ खुलना भूल गए। जिह्वाएँ तालु विवरों की वंदिनी बनकर रह गईं।

आधी घड़ी व्यतीत होते-होते वातावरण जैसे ही सामान्य होने की स्थिति में आने लगा तो दोनों पक्षों की आँखें फटी की फटी रह गईं। विस्फोट करता कि उससे पूर्व ही रामानुज श्रीभरत के एक बाण ने अपना कौशल प्रकट कर दिया। विस्फोटक विस्फोटकर्ता के हाथ में ही फट गया। उसकी चपेट में आकर मूलक अपने रथ-सारथी सहित कोयलों के ढेर में परिवर्तित हो चुका था। उस भयंकर अस्त्र की भीषणता एवं श्रीभरत की त्वरित बुद्धि एवं हस्त लाघव का परिचय, एक साथ रणांगण को निमिषमात्र में प्राप्त हो गया। शुक्राचार्य प्रबल प्रभंजनावेग में उखड़े हुए वृक्ष की भाँति मरणासन्न स्थिति में अपने अंतिम स्वासों की गणना करते हुए कुछ दूरी पर निश्चेष्टावस्था में जा गिरे।

राघवी सेना के तुमुल जयघोषों के मध्य श्रीभरत की दृष्टि ज्यों ही उन पर पड़ी, त्यों ही सहज सात्त्विक प्रकृतिवश उनके मुख से निकल गया, ''यह दीन ब्राह्मण अकारण मारा गया।'' इन शब्दों ने मारुति को जैसे ठठाने का अवसर प्रदान कर दिया हो, इस प्रकार वे अपनी हँसी को प्रयत्नपूर्वक संयमित करते हुए बोले, ''हाँ श्रीमंत! सत्य-सत्य-सत्य है। इस मलिन चित्त ब्राह्मण को विधाता की दयार्द्र दृष्टि ने ही यह दीनता सकारण प्रदान की है।''

मारुति के संकेत पर नील पलायन करती हुई रक्ष सेना के मध्य दयनीय स्थिति में पड़े हुए शुक्राचार्य को निदान हेतु एक शिविर में ले गए। श्रीभरत के संकेत पर युद्ध-विराम सूचक वाद्य मारुति के आदेश से घनघना उठे।

□

अनुच्छेद-१२

अर्ध रात्रि से ही पश्चिम क्षेत्रीय रक्ष-संघों का विध्वंस करने के पश्चात् हर्षोत्फुल्ल वानरी सेना भिन्न-भिन्न सेनापतियों के नेतृत्व में राघवी शिविरों की ओर आनी आरंभ हो गई। अरुणोदय की वेला में कपि युवराज अंगद के साथ कुमार तक्षक और पुष्कल भी आ गए। अप्रत्याशितरूपेण मूलक के अंत के समाचार से अवगत होते ही हर्षोत्सव की आनंदमयी सृष्टि का स्वत: अभ्युदय हो गया।

दो घड़ी दिन चढ़े श्रीभरत के शिविर में रण-परिषद् एकत्रित हो गई। अंगद एवं अन्य कपि-यूथपतियों से रक्त सागर एवं पार्श्व देशीय छोटे-बड़े समुद्रों की कुक्षि-कुक्षि में हुए संघर्षों और विजयों का वर्णन विधिवत् सुन-सुनकर समस्त परिषद् आनंद से झूम उठी। तभी द्विविद-मयंद गय-गवाक्ष आदि सुभटों के पीछे भारवाही वानरों की पंक्तियों की पंक्तिएँ आ-आकर श्रीभरत के सम्मुख मुक्ता-शुक्ता, वराटिका-निंबरू-हरिताश्म (फिरोजा), चंद्रमणि-स्फटिक-स्फाटक आदि विभिन्न वर्णों के चित्ताकर्षक मणिरत्नों के ढेर लगाने लगे। शिविर की प्रत्येक प्रतिसीरा (कनात) विभिन्न वर्णी किरणों की ज्योतियों से जगमगा उठी। वितान तो वस्तुत: अपनी उपाधि चंद्रातप से तृप्त होकर अनेक नक्षत्रों से सज्जित शरद् पूर्णिमा के निर्मल आकाश की भाँति खिल उठे।

श्रीभरत ने प्रशंसात्मक दृष्टि से उन्हें निहारते हुए, एक मणि उठा ली। उसे मस्तक से लगाकर मारुति को भेंट करते हुए अंगद से कहा, ''वीरवर! अपने कपिकटक में यह सिंधु संपदा यथायोग्य वितरित कर दो।''

समुपस्थित कपि योद्धाओं में से कुछ नवयुवक श्रीभरत के इस औदार्य का यथार्थ न समझने के कारण विक्षुब्ध भी हुए। अंगद ने स्थिति को सहज भाव से सँभालते हुए कहा, ''यह संपदा मरु-प्रदेश की है। युद्ध के पश्चात् यहाँ की सर्वथा अभाव-ग्रस्त प्रजाओं के पुनर्वास की समस्या उपस्थित होगी। उनके निदान में यह सहायक सिद्ध हो, इस निमित्त ये समस्त रत्न-मणिकोश हमारे भगिनीपति श्री अवीक्षित देव के संरक्षण में रहेंगे। हमारे यशस्वी सैन्य-समूह लंका विजय के उपरांत समुद्र में निरावरण चरण धोकर ही किष्किंधा में प्रविष्ट हुए थे। लंकादहन में जो भस्म हुआ, वही हुआ, किंतु वानर कटक का कोई सामान्य सैनिक भी एक वराटिका तक नहीं लाया। किसी नारी के प्रति

चित्त में विकार अथवा तृण तक के अपहरण के आरोप से मुक्त हम कपिगण इसमें से एक वराटिका भी ले जाकर अपनी कीर्ति को कलंकित नहीं करेंगे।''

युवराज अंगद के बैठते ही मारुति खड़े हो गए। श्रीभरत द्वारा प्रदान की गई मणि को दिखाते हुए वे बोले, ''रक्ष-समूह पर विजय चिह्न के रूप में यह मणि श्रीमद्राजेंद्र प्रभु श्रीरामचंद्र को समर्पित की जाएगी। वे भी रघुकुल के राजगुरु वाशिष्ठी श्री पराशर देव को भेंट करेंगे। पूज्यपाद पराशर देव भी अपने पितामह महर्षि श्री वशिष्ठ देव के आसन पर बिछे हुए उस अखंड बाघंबर के बाघ के सुशीर्ष पर इसे स्थान प्रदान करेंगे, जिसे मल्लयुद्ध में परास्त कर महाराजाधिराज श्रीमंत रघुदेव ने उन्हें समर्पित किया था। मैं अयोध्याधिपति श्रीराम एवं पराशर देव की निरीह प्रकृति से पूर्णत: परिचित होने के कारण ही यह विश्वासपूर्वक कह रहा हूँ।''

मारुति के बैठते ही परिषद् आगामी रणनीति पर विचार करने जा ही रही थी कि तभी दो अश्वारोहियों की त्वरित गति से आती हुई पदचापों की आहट सुनाई पड़ने लगी। कुछ ही समय में प्रतिहारियों द्वारा आज्ञा प्राप्त कर दो सैनिकों ने प्रवेश कर, राजसम्मानोचित अभिवंदन करते हुए कहा, ''काशिनरेश महाराजा प्रतर्दन, जो गंधर्व राज्य के दक्षिणी सीमांत प्रदेश में ससैन्य डटकर गंधर्व सेना का प्रबल प्रतिरोध कर रहे हैं, उनकी ओर से अभी-अभी संदेश आया है कि जहाँ गंधर्व-केकय एवं किन्नरादि राज्यों की सीमाएँ मिलती हैं, उस शृंगाटक (चौराह) से दो योजन की दूरी पर रक्ष सेनाएँ किसी खरमुख निशाचर के सेनापतित्व में निरंतर एकत्रित होती जा रही हैं। मूलकासुर के निधन का समाचार सुनकर खरमुख विक्षिप्तों की भाँति समस्त जनजीवन का भयंकर रूप से विध्वंस कर रहा है। महाराजा युधाजित मिथिला युवराज शीलनिधि के साथ यद्यपि उससे संघर्ष कर रहे हैं, परंतु किसी प्रकार से भी अपेक्षित सफलता प्राप्त करने में सक्षम सिद्ध नहीं हो पा रहे हैं। अत:...''

''ठीक है, ठीक है। तुम में से एक यहीं ठहरो। दूसरा अश्वारोही हमारे दो अश्वारोहियों के साथ जाकर उन्हें हमारे तुरंत पहुँचने का संदेश देकर आश्वस्त करे।''

कहते हुए श्रीभरत उठ गए। राघवी और वानरी सेना आगन्तुक अश्वारोही के मार्गदर्शन में त्वरित गति से बढ़ चली। रात्रि के द्वितीय प्रहर में भारतीय सेना बिना विश्राम किए सीमांतक शृंगाटक (चौराह-पामीर) के समीप पहुँचने लगी। स्थान-स्थान पर छिपी हुई खरमुख की रक्ष सेना की टुकड़ियाँ अंधकार का लाभ उठाते हुए भारतीय सेना पर वृक और जंबुक (भेड़िया और सियार अर्थात् छापामार रीति लूटो-मारो और भाग जाओ) पद्धति से युद्ध करने लगीं। अंधकार हरण के लिए भारतीय सेना की दीपदंडिकाएँ जाग्रत् होने लगीं। राघव वीरों के अग्नि बाण त्वरित गति से अंधकार का निवारण करते हुए शत्रु दलों को भस्म करने लगे।

शनैः-शनैः भगवान् भुवन भास्कर सूर्यदेव की अरुणिमा प्राची की पौर पार करते हुए दिशा-दिशा में अग्रसर होने लगी। रक्ष-सेना के अनेक सैनिकों की मुखमुद्रा पर दीनता के चिह्न देखते ही श्रीभरत के आदेश से युवराज अंगद एक रथ के शिखर पर चढ़कर युद्धरत रक्ष सेना को सुनाते हुए उच्च स्वर से बोलने लगे—

"मैं किष्किंधा के कीश साम्राज्य का युवराज अंगद दशकंधर विजेता अयोध्याधिपति राजेंद्र श्रीमद्रामचंद्र के अनुज श्रीभरत, जो कि इस सैन्य महाभियान का संचालन कर रहे हैं, उनके आदेश से घोषणा कर रहा हूँ कि आपमें से कोई भी जन्मना निशाचर नहीं है। आप राक्षस नहीं हैं, अपितु परिस्थितियों से विवश होकर, अमानवीय प्रकृति के कुछ दुष्टों के द्वारा भ्रमित होकर, पराजित होनेवाले समर-नाट्य में आत्मघाती की भूमिका कर रहे हो। हमारा किसी से जातिगत बैर नहीं है। लंका में निशिचरपति श्रीमंत विभीषण का राज्याभिषेक स्वयं अयोध्यापति ने किया। इससे समस्त विश्व परिचित है। उनसे विद्रोह कर अनेक का विध्वंस करानेवाला मूलक अपने ही पाप के कारण काल कवलित होकर इस धराधाम से विदा हो चुका है। उसे अयस्कांत निर्मित स्यंदन एवं ब्रह्मघातिनी प्रदान करनेवाले शुक्राचार्य गंभीर व्रणों के कारण, मरणासन्न स्थिति में हमारे बंदी बन चुके हैं। अत्यंत शीघ्र यह खरमुख, मूलक पथ का पथिक बननेवाला है। अत: जिन्हें अपने प्राण-प्रिय हैं और जो भगवान् भवानीनाथ प्रलयंकर शंकर की शपथ लेकर रक्ष-वृत्ति का परित्याग कर, मानवों की भाँति शांतिपूर्वक 'सम्मान से जियो और निर्भीकता से जीने दो' के सिद्धांत को हृदय से अपनाकर श्रीभरत की शरण में आना चाहें, वे दो घड़ी के भीतर-भीतर निश्शस्त्र होकर आ जाएँ। अभी तक किए हुए समस्त कुकृत्यों के लिए उन्हें दंडित नहीं किया जाएगा। उन्हें प्राणदान देते हुए, उनकी सब प्रकार से रक्षा की जाएगी। ऐसा ही आश्वासन खरमुख के प्रति भी है। समयावधि समाप्त होने के पश्चात् हम किसी दोष के भागी नहीं होंगे। अब युद्ध विराम नहीं, निर्णायक महासंग्राम होगा।"

अंगद के मौन होते ही राक्षसी सेना में खलबली मच गई। केवल पदाति सैनिक ही नहीं अपितु अनेक गजारोही-अश्वारोही और रथी भी अपने-अपने वाहन भगाते हुए, अस्त्र-शस्त्र फेंकते हुए, कवच-कुंडल उतारते हुए, उच्च स्वर में 'रक्ष-रक्ष' श्रीरामचंद्र और श्रीभरत की जय-जयकार करते हुए भाग चले। उन्हें पलायन करता देखकर क्रोधोन्मत्त खरमुख अन्य सैनिकों को आदेश देने लगा, "जो रक्षकुल-कलंक इस वानर के कपट पूर्ण-कुटिल शब्दों पर विश्वास कर स्वत: काल का ग्रास बनने जा रहे हैं, उनमें से किसी को जीवित मत निकलने दो। शत्रु सेना से युद्ध करते हुए अपने इन कायरों के प्राणहरण को प्राथमिकता दो।"

रक्षसेना में परस्पर संघर्ष छिड़ गया। राघववीर शरण ग्रहण करने को आतुर सैनिकों को संरक्षण देने लगे। युद्धोन्मादी वचनों से उन्हें रोकने में असफल होने की स्थिति में

उनके प्राण लेने लगे। ऐसी भयावह परिस्थिति में जो निकल आए और जिन्हें निकाल सके, वे निकल आए। जो जूझ गए, वे जूझ गए। शेष जूझने के लिए बाध्य होकर जूझने लगे। असमंजस की स्थिति का अंत होते ही खरमुख अपना यान बढ़ाते हुए श्रीभरत के सम्मुख आकर गरजते हुए बोला, ''भरत! मैंने तेरे अग्रज को दंडकारण्य में देखा था। उससे सम्मुख रण में संघर्ष करके उसे कई-कई बार परास्त किया था। मैं समझ गया आज उस कुटिल राम ने जो मेरे पराक्रम से परिचित है, तुझ कैकेयी-पुत्र को मेरे द्वारा परलोकगामी बनाने के लिए ही भेजा है। पुरातन शत्रु की कामना की पूर्ति भी यह रक्ष-कुल शिरोमणि करेगा। तू बालक मूलक के अंत पर विक्षिप्त मत बन। यदि प्राण प्रिय हैं तो लौट जा, लौट जा। सुना है, तेरे साथ तेरे दो पुत्र भी आए हैं, उन्हें पितृविहीन मत बना। उनकी जननी को बंध्या कहलाने का अवसर मत दे। ताड़का और शूर्पणखा जैसी अबलाओं पर अपने पराक्रम की छाप अंकित करनेवाले, रक्षाधम विभीषण के रहस्योद्घाटन से लंकेश दशानन की हत्या कर, लंकजेता के दंभ से ग्रसित, उस…''

सुधार का कोई मार्ग न देखकर श्रीभरत उस निशाचर को सावधान करते हुए बोले, ''खरमुख! अपने प्रलाप पर अंकुश लगा। दंडकारण्य से पलायन करनेवाले प्राणव्यामोही पामर! तू सुधार का नहीं, संहार का पात्र है।'' कहते हुए ज्यों ही श्रीभरत का हाथ निषंग की ओर बढ़ते देखा, त्यों ही खरमुख ने सहस्राक्ष बाण का प्रयोग कर सप्तसैंधव यान के सातों अश्वों सहित मारुति को भी बींध डाला। कई प्रखर शर श्रीभरत के कवच में यत्र-तत्र धँस गए।

वह अट्टहास करते हुए बार-बार कहने लगा, ''भरत! रण का खेल बहुत खेल चुका। अब युद्ध क्या होता है, मैं तुझे उससे परिचित कराता हूँ।''

मारुति को अपने शरीर में धँसे हुए बाणों को निकाल-निकालकर धरती पर फेंकते हुए और खरमुख के रथ पर छलाँग लगाने को उद्यत देखकर श्रीभरत उन्हें रोकते हुए बोले, ''आंजनेय! ठहरो। मैं ही इसका निदान करता हूँ। तुम अश्वों को सँभालो।'' कहते हुए श्रीभरत ने खरमुख के सारथी का शिरोच्छेद कर डाला। उसके अश्वों को रणशैया प्रदान करते हुए अपने कठिन कोदंड को अंततोगत्वा वैष्णवास्त्र से विभूषित कर डाला। संवर्तक तड़ित की भाँति अपनी प्रदीप्ति से दिशा-दिशा को बधिर करता हुआ, चुँधियाता हुआ वह प्रखर शर खरमुख का मस्तक आकाश में उछालता हुआ, भाराक्रांत भूमि के विदग्ध हृदय को, तप्त रुधिर धाराओं से सुशीतल करता हुआ श्रीभरत के निषंग में प्रविष्ट हो गया। राघववीरों के प्रचंड प्रहारों एवं रणक्रीड़ा कुशल वानरों के कौशल ने रक्षसेना का विध्वंस कर डाला। शृंगाटक को शत्रु-मुक्त कर श्रीभरत ससैन्य गंधर्व राज्य की ओर बढ़ चले।

□

अनुच्छेद-१३

गंधर्वों के निरंतर आक्रमणों के कारण जर्जर केकय राज्य का विध्वंस करने में मूलक को अधिक परिश्रम नहीं करना पड़ा। शैलूष के अधीन गंधर्व तो लूटपाट-स्त्रियों के अपहरण तक ही प्राय: सीमित रहे, किंतु नृशंस रक्ष-सैनिकों के अत्याचारों-अनाचारों ने तो ऐसी एक भी सीमा नहीं छोड़ी, जिसका उन्होंने प्रकार-प्रकार से अतिक्रमण बारंबार न किया हो। केकय के ग्राम-ग्राम में कच्ची झोंपड़ी से लेकर सतखंडे-नवखंडे भवन, जिनकी साज-सज्जा देवताओं के आवासों के लिए भी ईर्ष्या का विषय थी, वे अजन्मा होकर रह गए। धरती के आभूषण धरती में समा गए। लंपटों को स्वीकार न करनेवाली धर्मभीरु नारियाँ लपटों में लिपटकर महज्ज्योति की लपट बनने चली गईं। सरिताओं की तरंगों की ताल पर देवांगनाओं की भाँति नर्तन करती हुई देवियों को कालदेव ले गए। अनेकानेक बालाएँ कूपों में कूद-कूदकर, उन्हें आत्मार्पण के पावन स्तूपों का रूप देती हुई, अनंत में विलीन हो गईं। जो युवक वीरगति प्राप्त नहीं कर पाए, वे भारवाही वृषभ-महिष बनकर रह गए। असाध्य रोगी-अपंग भूखे-प्यासे वृद्ध मुखानल के लिए तरसते-भटकते अनंत निद्रा में सो गए। रह गए बालक, वे जिनके हाथ लग गए, वैसे ही बनकर रह गए। केकय की कलित वासंती कल्पित कथाओं की पात्र बनकर रह गई ऐसे केकय को पुनर्जन्म प्रदान करने के लिए श्रीभरत के आदेश से वीरवर अंगद प्रबंध कुशल वानरों की टुकड़ियाँ लेकर महामात्य भद्राश्व के नेतृत्व में चल पड़े।

केकय सीमा के द्वार-प्राचीर प्राय: खंडहरों में परिवर्तित हो चुके थे। नगर-ग्राम के नाम स्मृतियों में एवं रूप-रेखा आँखों में सँजोए जो जन जैसे—कैसे बच-बचा ग थे, वे उन्हीं के आस-पास झोंपड़ी आदि डालकर दीन-हीन अवस्था में ऋतुओं की विभीषिका झेलते हुए भी शांत थे, क्योंकि उनके महाराज युधाजित का शिविर उनके मध्य था। उनकी सहायता के लिए उनके भागिनेय श्रीभरत अयोध्या की अजेय चतुरंगिणी लेकर आ ही नहीं चुके थे, अपितु उनके शत्रुओं को नित्य पराजय पर पराजय दे र थे। मिथिला के प्रबल पराक्रमी युवराज कुमार शीलनिधि उन्हें सुरक्षा प्रदान करते हुए उनका भरण-पोषण भी समयानुसार यथाशक्ति कर रहे थे। मूलक और उसके तुरं पश्चात् खरमुख के अंत के समाचार ने तो उनकी आपदा-विपदा के अंत होने का मा उद्घोष ही कर डाला था। इस स्थिति में युवराज अंगद के साथ आते हुए सैन्य समूह को देखकर उन्हें लगा कि जो प्राण उनका परित्याग करके चले गए थे, वे लौटकर आ रहे हैं। बिना किसी विलंब के उनके द्वारा प्रारंभ किए गए पुनर्वास कार्यों ने तो उन रोम-रोम को प्रवेश द्वार बनाकर, उनके मन-मस्तिष्क को चेतनागार बना दिया। हृदय उत्साह का संचार कर दिया।

महाराजा युधाजित के साथ शताधिक केकय जन अपने-अपने घर-द्वार, अपनों के अवशेष उस महानगर में खोजने चल पड़े। अपनी ध्यानावस्था में स्मृतियों का स्मरण करते-करते उन्हें उनके आवासों के चिह्न मिलने लगे। मांसभक्षी चील-काग-गिद्ध सियार-श्वान आदि बार-बार तृप्त होकर महीनों पूर्व विदा हो चुके थे। खंडित इष्टिका-कलात्मक पाषाण खंडों के मध्य कहीं अधजले काष्ठ खंड भी क्षार की मोटी चादर में लिपटे पड़े थे। स्थान-स्थान पर चमगादड़ों के बसेरे और नागों की बाँबी बन गई थीं। उनके मध्य मार्ग बनाते हुए कुछ प्रमुख कीश सुभटों के साथ महाराज युधाजित इधर-उधर भटकते हुए अंततोगत्वा राजभवन पहुँच ही गए।

राजभवन के भव्य प्रवेश द्वार के स्तंभों पर उकेरी हुई कलात्मक देव-प्रतिमाओं को स्थान-स्थान से खंडित एवं शीर्ष खंड को लटका हुआ देखकर महाराज युधाजित की आँखें बह चलीं। भवन भित्तियों पर चित्रित पुष्प-पल्लव, वासंती वाटिकाओं, प्रफुल्लित कमल-कुमुदों से भरे हुए रंग-बिरंगे सरोवरों के चित्र, जो प्रकृति को नतमस्तक होने पर बाध्य कर देते थे, वे इस समय ऐसे प्रतीत हो रहे थे मानो किन्हीं प्रेत-प्रमथों ने जले हुए कोयले उन पर चिपका दिए हों। बिखरे हुए अस्थि खंड, टूटी हुई चूड़ियों के टुकड़े, उन नर-पिशाचों की दानवी प्रकृति का परिचय दे रहे थे, जिन्होंने राजभवन को केवल महाश्मशान नहीं बल्कि उनकी भयावही क्रीड़ास्थली ही बना डाला था। शीलनिधि के संकेत पर कुछ सैनिक उन्हें सकेरकर सिंधु सरिता में प्रवाहित करने जा ही रहे थे कि युधाजित कुछ स्मरण करते हुए सहसा बोल पड़े, "ठहरो।"

महाराजा युधाजित का उग्र स्वर, लाल-लाल आँखों से प्रवाहित होती हुई अजस्र अश्रुधाराओं पर दृष्टिपात करते हुए कुमार शीलनिधि विनम्र भाव से बढ़कर बोला, "मान्यवर! आज्ञा दीजिए।"

"आज्ञा, आज्ञा, अरे कुमार! वे दिन विदा हो गए, जब यह, इसी केकय का युवराज आज्ञा दिया करता था। जिन महाराजा के ये अस्थि कुसुम सकेरे जा रहे हैं, वे आज्ञा दिया करते थे। यह उन आज्ञाओं का पालन किया करता था। राज्यकर्मी इन होंठों के हिलते ही उनकी पूर्ति में प्राण-प्रण से जुट जाते थे। चारों ओर निरंतर आज्ञा-आदेश-निर्देश-अनुमति आदि की ध्वनियाँ विनम्र स्वरों में गूँजा करती थीं। आज्ञा देने वाले वे वयोवृद्ध महाराज, घाव-पर-घाव खाते हुए, घाव-पर-घाव देते हुए चले गए। विधिवत् लाई हुईं राजरानियों-नितांत वात्सल्य भाव से परिपालित सुकुमार राजकुमारियों पर लंपटों की लपलपाती दृष्टियाँ देखकर, उन्होंने सभी को संकेत से तल कक्ष में भेज दिया। तुरंत ही मुड़कर अन्य राजकुमारों को लेकर मुझे निकल जाने का कठोर आदेश देते हुए, वे भी उस कक्ष में प्रविष्ट हो गए।

"हमारे पैर उठ नहीं रहे थे। शरीर का भार पृथ्वी के भार से अधिक प्रतीत हो रहा

था। गंधर्वों और निशाचरों का घेरा निरंतर सघन होता जा रहा था। चमचमाते खड्ग, घूमती हुई गदाएँ, मंडलाकार धनुषों पर चढ़े हुए प्रखर शर, भुशुंडियाँ-ऋष्टि-यष्टि-भल्ल-शल्य मुँह उठाए चारों ओर से हमें लक्ष्य बनाकर बढ़ते चले आ रहे थे। तभी एक भयंकर विस्फोट हुआ। कक्ष से निकलती हुई लपटों से उल्का पिंड उछल-उछलकर गिरने लगे। रक्ष-गंधर्व प्राण बचाकर इधर-उधर भागने लगे। इसी अस्त व्यस्त स्थिति में चारों राजकुमारों सहित हम राजभवन से निकल तो आए, किंतु मार्ग में वे चारों हत्यारों के आखेट बन गए। यह दुर्भागा युधाजित चेतना शून्य स्थिति में गिर गया। रात्रि की शीतलता ने कुछ चेतनता प्रदान की। चारों ओर शवों के शैल, श्वान-शृगालों का घेरा, भयंकर अंधकार में अपरिचित दिशा में पग बढ़ चले। भाग्य में आप महानुभावों के दर्शन थे, अतः मृत्यु से भी अधिक पीड़ा झेलकर भी जीवित हूँ। जब आप अस्थियाँ सकेर रहे थे, तभी पिता महाराज के वे अंतिम शब्द स्मरण आ गए, ''यदि भगवत्कृपा से संयोग बने तो हमारे अवशेष पुण्यतोया गंगा का स्मरण करते हुए प्रवाहित तो सिंधु में ही करना, किंतु करना उस समय, जब भारतीय पौरुष रक्ष-संस्कृति को सिंधु में समाहित कर दे। सिंधु नद सिंधु नदीश में साल्हाद निर्भीक अवस्था में प्रवेश करने लगे। रक्ष-गंधर्वों के आतंक का अंतकदेव भोग लगा लें। अतः त्रिकूटांचल में जहाँ रक्ष-शिविरों की बंदिनी नारियों को मुक्त करके भेजा गया है, वहीं वैष्णवी नाम से प्रसिद्ध श्रीरामानुरागिणी उस दिव्य तपस्विनी देवी के स्थान में ये अवशेष रख दिए जाएँ। यथासमय शास्त्रीय विधानानुसार उन्हें लाकर सिंधु, सिंधु-संगम में प्रवाहित कर दिए जाएँ। उससे पूर्व यदि किसी ने हमारा कोई श्राद्धादि कृत्य किंचित् भी करने का प्रयत्न किया तो वह कर्ता अक्षय पाप का दोषी होगा। वह हमारी अंतिम इच्छा का घातक, अपने कुकृत्य से हमें रौरव-कुंभीपाक आदि प्रदान करने का, हमारे अभिशाप का अधिकारी होगा।''

कपिवर अंगद तुरंत ही एक विशाल रथ में महाराजा युधाजित के साथ द्विविद-मयंद-पनस-प्रमाथी चार वानर वीरों को लेकर केकय राजपरिवार के अवशेष कलशों में भरकर त्रिकूटांचल की ओर चल दिए।

वितस्ता सरिता को लाँघते हुए यह दल त्रिकूटांचल की तलहटी में जा पहुँचा बाण गंगा में स्नान आदि कर, अवशेष-कलश मस्तक पर धारण किए पाँचों वानर वीर वैष्णवी गुहा के द्वार पर जा पहुँचे। परिचारिकाओं से सूचना पाकर तपस्विनी देवी वैष्णवी गुहा से बाहर आ गईं। महाराज युधाजित ने उन्हें प्रणाम किया, किंतु अंगद के साथ द्विविद-मयंद-पनस-प्रमाथी उन्हें देखते ही रह गए। दो-चार क्षण उन्हें निहारते-निहारते 'माँ-माँ' कहते हुए, उनके चरणों में लोट गए।''

वानर वीरों के मस्तक पर आशीर्वादात्मक हाथ रखते हुए वैष्णवी बोलीं, ''मेरे प्रभु के प्रिय परिकरी वत्सो! उठिए-उठिए। जो कार्य आप करने आए हैं, वे अवशेषकलश

गुहाद्वार के समीप रखकर शीघ्र ही अपने कार्यक्षेत्र में प्रवेश करो। मैं जानती हूँ कि आप राष्ट्ररक्षा के एक युगांतरकारी-अनुष्ठान को सफल बनाने में जिस प्रकार जुटे हुए हैं, वह आप जैसे समरक्रीड़ा-कुशल उद्‌भट योद्धाओं के ही योग्य है। प्रभु-कृपा इतिहास के पृष्ठों में आपको सुकीर्तनीयता निस्संदेह प्रदान करेगी। लंका में तो प्रभु ने एक रावण-परिकर का विध्वंस किया था, किंतु यहाँ तो आपको कई-कई दशकंधरों के समूहों का निर्णायक पराभव करना है। जाइए, कार्यक्षेत्र आतुरता से आपकी प्रतीक्षा कर रहा है।''

''यह तो सत्य है माँ! किंतु हमारी एक जिज्ञासा है। उसे शांत तो आप और केवल आप ही कर सकती हैं। अत:…''

''आपके अत: का अर्थ, यथार्थ मैं समझती हूँ। सुनिए, जो राजेंद्र श्रीमद्रामचंद्र के अश्वमेध की समापन वेला में भगवती पृथ्वी के अंक में प्रतिष्ठित होकर लौकिक जगत् से अदृश्य हुईं, वह मैं नहीं हूँ। जो प्रभु के साथ पुष्पक विमान में समासीन होकर अयोध्या पधारीं, राज्याभिषेक के समय उनके वामाँग में विराजीं, वह मैं नहीं हूँ। उनके जैसी छविमयी, जिसे देखकर तुम भ्रमित हो रहे हो, वह यह क्या है, कौन है, यह केवल मेरे और मेरे आराध्य जो आपके भी आराध्य हैं, यह उनके और मेरे मध्य एक रहस्यात्मक संबंध है। इसे कब-कैसे प्रकट करना है, यह तो विषय समयाधीन, उन्हीं के अधीन है। अभी श्रीभरत से यहाँ के वृत्तांत की चर्चा किंचित् भी मत करें अन्यथा वे मेरे प्रभु के प्राणवल्लभ तुरंत दौड़ पड़ेंगे। करणीय कार्य में व्याघात आएगा। अत: आप प्रस्थान करें।'' कहती हुई वे गुहा में प्रविष्ट हो गईं।

अंगदादि कपि सुभटों से अधिक महाराजा युधाजित इस संवाद को सुनकर चकित और विस्मित अवस्था में खड़े-के-खड़े रह गए। अंत में गुहा द्वार पर वैष्णवी की, उनकी जैसी छविमयी परिचारिकाओं को अवशेष-कलश सौंपकर वे रथ में आसीन हो गए।

□

अनुच्छेद-१४

शीघ्र ही दिशा-दिशा से वास्तुकार-लौहकार-काष्ठकार आदि बुला लिये गए। स्थान-स्थान पर छेनियों के मंजीर, हथौड़ों के मृदंग बजने लगे। चूना पीसनेवाली चक्कियाँ घूमर की गति से घूमने लगीं। कुंभकारों के चाक से धरती के नवीन शृंगार के निमित्त उसी की मृत्तिका दुहिता इष्टिकाओं का वेश धारण करके उसी के अंक में उतरने लगीं। वे कन्यकाएँ भी आँगन-अलिंद प्रकोष्ठक-पक्षक (कोठा-बगली द्वार) खंभ-सोपानादि का वरण करके पाकशाला-चंद्रशाला से लेकर गवाक्षों-वातायनों से झाँक-झाँक कर

कहाँ-कहाँ रमण करते-करते बसने लगीं, कौन गिनाए। किसी चमत्कार के रूप में नगर, द्वार, महापौर, प्राचीर, देवागार, सभागार, गौशाला, पाठशाला, गजशाला, हयशाला, मल्लशाला, रुग्णालय आदि का शीघ्रतापूर्वक निर्माण देखकर, सहज भाव से यही कहा जा सकता था कि इनका निर्माण धरती-पर-धरती के शिल्पियों द्वारा नहीं, अपितु स्वर्ग से निर्माण, निर्मित होकर ही उतर आए हैं, पाताल से निकल आए हैं।

केकय शनैः-शनैः अँगड़ाई लेकर, अपने पूर्व-रूप से भी अधिक परिष्कृत-सुसज्जित होकर खड़ा होने लगा। विध्वंस से शेष बचे जन, जो इधर-उधर पलायन कर गए थे, वे लौटने लगे। वणिक-व्यवसायी वर्ग के आ जाने से, नित्य आवश्यक-व्यवहार की वस्तुएँ जन-जन को सहज सुलभ होने लगीं। परिजनों के बिछोह के पीड़ाजनित हृदय के घावों को सांसारिक-माया अपने स्वभावानुसार धीरे-धीरे भरने लगी।

महाराजा युधाजित निर्माणों को देखते और एक शीतल आह भरते हुए, नतनेत्र शिविर में आ जाते। अंगद और शीलनिधि के अत्यंत आग्रह पर वे एक बार राजभवन में गए। सभा भवन के द्वार पर आधी घड़ी खड़े रहकर, कहते हुए, "अरे, सभा भवन तो बन रहा है, किंतु जिनके आसन यहाँ होते थे, उन्हें भी तो कहीं से खोज लाओ" अपने उत्तरीय से आँखें पोंछते हुए भारी पैरों से लौट आए।

धावकों ने सूचित किया कि गंधर्व प्रदेश की राजधानी का घेरा डाले हुए एक मास से अधिक समय व्यतीत हो गया, किंतु उसका सुदृढ दुर्ग अधिकार में नहीं आ रहा है। गंधर्वराज शैलूष उसी का आश्रय लेकर सुरक्षित बैठा हुआ है। उसके विमान आकाश में घूम-घूमकर वज्रपात् कर रहे हैं। श्रीभरत उनका निराकरण कर रहे हैं, किंतु अभी तक अपेक्षित सफलता से योजनों दूर दृष्टिगोचर हो रहे हैं।

समाचारों से अवगत होते ही, निश्चित किया गया कि विदेह युवराज शीलनिधि मैथिल सेना एवं कुछ प्रबल वानर योद्धाओं के साथ केकय में ठहरकर यहाँ के कार्यों को पूर्ण कराएँ। शेष वानर सेना युवराज अंगद के साथ, महाराजा युधाजित् को लेकर गंधर्व-प्रदेश चली जाए।

रात्रि के निर्णय को कार्यान्वित करते हुए प्रातःकाल ही सैन्य-समूह चल पड़ा। अपराह्न में महाराजा युधाजित एवं युवराज अंगद के तीव्रगामी स्यंदन श्रीभरत के शिविर-द्वार पर पहुँच गए। रात्रि में रणपरिषद् एकत्रित हुई। महाराजा युधाजित ने कहा, "वर्षों घेरा डाले रहने पर भी सफलता प्राप्त नहीं हो सकती। दुर्ग के प्रमुख द्वार के शीर्ष प्रदेश पर स्थित चंद्रशाला को हमें सर्वप्रथम अधिकार में लेना होगा। मुख्य द्वार के कूट कपाटों का कुंजिका यंत्र वहीं पर स्थित है।" इसे अधिकार में कैसे लिया जाए, इसी पर विचार करते-करते सभा विसर्जित हो गई।

प्रातःकाल श्रीभरत ने समर भूमि में ससैन्य पदार्पण किया। प्रतिरोध के लिए गंधर्व

सेना के एक भी सैनिक को सम्मुख न पाकर महाराजा युधाजित, महाराजा प्रतर्दन, मारुति, अंगदादि विचारने लगे कि इस अवस्था में क्या करना चाहिए। तभी दुर्ग की नभचुंबी प्राचीरों के शीर्षस्थ कंगूरों के छिद्र-छिद्र से बाणों की बाढ़ें बढ़-बढ़कर गंधयुक्त विचित्र क्षार बरसाने लगीं। वह क्षार दिशा-दिशा में प्रचंड दावानल धधकाती हुई प्रलय मचाने लगी। रथों सहित गज-तुरंग अपनी ही सेना को रौंदते हुए समरक्षेत्र से पलायन करने लगे। सहसा आकाश में अनेकानेक विमान प्रकट हो गए। वे पलायन करती हुई सेना पर वैसी ही क्षार मिश्रित लाक्षा के गोले विमान से बरसाने लगे। सैनिकों और वाहनों के पैर धरती पर चिपकने लगे। भागना भी कठिन होने लगा। श्रीभरत के संकेत पर युद्ध-कला कुशल योद्धा पर्जन्यास्त्रों से अग्नि शमन करने के उद्योग में प्राणप्रण से जुट गए। अनल, अनिल, हर, संपाति के संकेत पर मारुति, अंगद, नल, नील आदि वानर योद्धा पुष्पक विमान में चढ़कर उड़ चले। पुष्पक टक्कर दे-देकर गंधर्वों के विमानों को सिंधु और वितस्ता की ओर धकेलने लगा। नीचे से श्रीभरत, महाराज प्रतर्दन, तक्षक, पुष्कल आदि धनुर्धरों के बाण विमानों के तल छेदने लगे। भयंकर विस्फोट करते हुए धधकते हुए, धरती की ओर आते हुए विमानों को राघववीरों के बाण भी सिंधु और वितस्ता के साथ हाटक-चंद्रभागा आदि सरिताओं की ओर ठेलने लगे। तप्त तवे पर पड़ी जल की बूँदों के समान छन्न-छन्न करते हुए विमानों के खंड जलसमाधि लेने लगे। कई विमानों को वानरवीरों ने अपने अधिकार में लेकर, उनके चालकों का वध कर, उनके प्रहार का लक्ष्य गंधर्व दुर्ग बना डाला। सूर्यास्त से पूर्व गंधर्वों की नभसेना का विध्वंस करता हुआ पुष्पक धरती पर आ गया। रक्त में नहाए हुए, हुंकार मारते वानर वीर उनसे उतरते हुए, उस समय हिरण्यकशिपु के रक्त में निमज्जित साक्षात् नृसिंह देव ही लग रहे थे। श्रीभरत ने सप्त-सैंधव से कूदकर, उन्हें इस अवस्था में आलिंगनबद्ध कर लिया। अपने ही विमानों द्वारा, अपने ही दुर्ग की हानि देखकर गंधर्व सैनिक उसकी पूर्ति में लग गए। दुर्ग से किसी भी प्रकार के प्रहारों का अभाव देखकर राघवी सेना भी शिविरों में चली गई। भिषकगण उनकी चिकित्सा में त्वरित गति से संलग्न हो गए। यक्षराज कुबेर के विमान हिमालय क्षेत्र में उत्पन्न चमत्कारी जड़ी-बूटियाँ लेकर उतरने लगे। भिषकगणों के साथ यक्षगण भी उपचार में जुट गए।

समरभूमि में इधर-उधर बिखरे हुए लाक्षा-गोलकों से चटकते हुए विस्फोटकों को राघववीरों ने मेघास्त्रों के द्वारा शांत कर दिया। दोनों पक्षों के अंतर में दारुण संग्राम की अकल्पनीय स्मृतियाँ स्थापित करती हुई, अपने स्वामी चंद्रदेव की रश्मियों से आलोकित होकर चंद्रिका दिशा-दिशा में शीतलता का संचार करने लगी।

□

अनुच्छेद-१५

विहग वृंद के कलरव ने शंखों-रणसिंघों के प्राणों में जागृति के स्वर संचारित कर दिए। विजय मद में झूमती हुई रणरंग-रँगीली राघवी सेना दुर्ग की ओर बढ़ चली। समरभूमि में गंधर्वी सेना के किसी भी सैनिक को न पाकर राघवों के उन्मत्त मातंग दुर्ग के प्रमुख द्वार के कपाटों को कर्पट (चिथड़े) बनाने चल पड़े। गजारोहों (महावतों) द्वारा अंकुशों के तीव्र आघातों से प्रकुप्त हुए, धरती को प्रकंपित करते हुए, वे इस समय ऐसे प्रतीत हो रहे थे मानो महाकाल के काले-काले मेघ ही प्रलय पर्व मनाने के लिए उतर आए हों। उनके प्रशस्त ललाट कपाटों से टकराने के लिए बढ़ रहे हैं, यह देखते ही गंधर्वों के अदृश्य यंत्रों से संचालित हाथ-हाथ भर के प्रखर भल्ल कपाटों के गुप्त छिद्रों से सहसा निकल पड़े। दंतियों के ललाट-पट्ट बेधनिका (बरमा) की भाँति बींधते हुए वे गंडस्थलों-नेत्रों को बाँबियाँ बनाते हुए भीषण भुजंगों की भाँति उनमें प्रवेश करने लगे। तत्क्षण ही विशाल कपाटों के निम्न भागों से तीक्ष्ण प्रास निकल-निकलकर उनके सुदृढ स्तंभों जैसे तुंदिल पगों को पाँखियों के पाँखों की भाँति कतरने लगे। हताश गजारोही विवश होकर गजराजों को लौटाने लगे।

हस्ति-नीति को परिवर्तित करते हुए अंबारियों में योद्धाओं के स्थान पर विशाल वृक्षों के मोटे-मोटे तने लाद दिए गए। उनके कई-कई हाथ लंबे सिरे कपाटों से टकराने के लिए जिस द्रुत गति से अग्रसर हुए, उससे भी अधिक गति से दुर्ग-छादन से विषैले-व्याघ्रनखों से प्रखर आरे बरस-बरसकर, घरर-घरर करके उन्हें काटने लगे। उनके उड़ते हुए चूर्ण ने मातंगों की आँखों में मिर्चों के आँजन आँज दिए। गिरते हुए काष्ठ-खंडों ने मार्ग अवरुद्ध कर दिए। असह्य पीड़ा से चिंघाड़ते हुए, अपने दल को रौंदते हुए वे भागने लगे। दुर्ग प्राचीरों पर खड़े हुए गंधर्व सैनिक हस्ति समूहों की दुर्गति देखकर, ताली बजा-बजाकर उनका उपहास करने लगे।

कालदंड एवं देवेंद्र के ऐरावत गजराज का मद भंग करनेवाले, त्रिकूट की दुर्गम-दुरूह शृंग-शृंखलाओं पर स्थित लंका के अजेय दुर्ग के शिखर-शिखर पर अपनी पराक्रमांकित ध्वजमाला फहरानेवाले वानर वीर प्राकृत वानरों के समान गंधर्व दुर्ग की प्राचीरों से फिसल-फिसलकर हताश स्थिति में लौटने लगे। अपनी कीर्ति को कलंकित होती देखकर, एक बार फिर साहस जुटाकर, दुर्ग भित्तियों पर चढ़कर, शिखरों तक पहुँचने के लिए गोधिकाओं (गोह) के कटि प्रदेश में कठिन रज्जु कस-कसकर वानर सुभट उछालने लगे। भित्तियों पर अंगद-पद की भाँति पंजे जमाने के लिए प्रसिद्ध गोधिका ऊपर चढ़ने के स्थान पर दुर्ग की चमचमाती सुचिक्कण भित्तियों से फिसल-फिसलकर खाइयों में रेंगने लगीं।

रक्ष-समूहों का विध्वंस करनेवाले राघववीर दुर्ग पराभव के समस्त उपायों की असफलता से हताश होकर एक-दूसरे के नेत्रों में अन्य उपाय खोजने के लिए झाँकने लगे। तभी उन्होंने देखा कि राजकुमार तक्षक-पुष्कल अपने अश्व कुदाते हुए चंदावल से हरावल की ओर सैन्य पंक्तियों को चीरते हुए झंझानिल की भाँति बढ़े आ रहे हैं। अयोध्या से प्रस्थान के समय लव-कुश ने महर्षि वाल्मीकि प्रदत्त, जो दिव्यास्त्र उन्हें भेंट किए थे, वे उनके शरासन पर आसन ग्रहण करने लगे। नभचुंबी प्राचीरों में बाण निश्रेणियों (सीढ़ियों) का निर्माण करने लगे। अश्वमेध के अश्वराज की संरक्षक सेना के सेनापति इंद्रजीत के विजेता रणरंगधीर वीरवर सुमित्रानंदन लक्ष्मण के मंत्राभिषिक्त बाणों को शुष्क तृणों की भाँति दग्ध करनेवाले, विदग्ध रक्षाचक्र से संरक्षित श्रीभरत के दोनों कुमार 'श्रीरामराजेंद्र की जय-जय' का तुमुल नाद करते हुए त्रिविक्रमाकार दुर्ग भित्तियों को वामन बनाते हुए बढ़ चले। गंधर्वों ने पाषाण बरसाने आरंभ कर दिए, किंतु छत्रों की भाँति वे उनके शिरों पर कसी हुई विशाल ढालों की ढलान से ढलक-ढलककर गिरने लगे। खौलती हुई तैल-धाराओं से निष्प्रभावित कुमार चढ़ते हुए नहीं, विहगराज गरुड़ की भाँति उड़ते हुए, दुर्ग की प्राचीर पर पहुँच गए। शत्रु-मित्र दोनों पक्ष उनका अप्रतिम साहस देखकर किसी पाषाण प्रतिमा के समान अवाक् स्थिति में खड़े-के-खड़े रह गए।

चंद्रशाला में प्रविष्ट होकर कुमारों ने देखा कि एक रत्नजटित सिंहासन पर शैलूष बैठा हुआ झूम रहा है। वह सिंहासन भी केवल आसन नहीं, अपितु यदि उसके आकार-प्रकार के अनुसार उसे पर्यंक कहा जाए तो उचित रहेगा। बड़े मोटे-मोटे गद्दों पर मूल्यवान बिछावन बिछे हुए। सभी ओर सुकोमल उपधान-उपबर्हण-कंदुक-गंडुक (विभिन्न आकार-प्रकार के तकिए) अस्त व्यस्त स्थिति में पड़े हुए। सम्मुख सुसज्जित कई मंचिकाओं-चतुष्काओं (मेजें-चौकियाँ) पर विभिन्न प्रकार के पेय एवं पशु-पक्षियों के मांसों से निर्मित व्यंजन पात्रों में सजे हुए। इधर-उधर फैली हुई आसंदियों पर बैठी-लेटी हुई बालाएँ-युवतियाँ। जिनकी आकृतियाँ संकेत से उनका परिचय दे रही थीं कि वे किसी एक देश-प्रदेश की न होकर पृथक्-पृथक् देश-प्रदेशों से आई हुई हैं कि लाई गई हैं। उनकी पारदर्शी वेश-भूषा भी ऐसी कि कोई शालीन व्यक्ति उनका वर्णन करने का सामर्थ्य जुटाने में अपनी ही आत्मा के सम्मुख लजाकर रह जाए।

अस्तु, शैलूष का वर्ण वस्तुतः कर्पूर गौर, सुगठित देहयष्टि, जिन्हें नीलकमल दल विलोचन कहा जाए, ऐसे नेत्र, कंधों पर फैली हुई काली कुंचित केशराशि, जिसमें कहीं-कहीं रजत-रेखाएँ आँख-मिचौली करती हुईं। संक्षेप में रसिक कवियों की कल्पनाओं के कामदेव जैसी छवि, जो इस समय यौवन के महापौर को लाँघकर प्रौढ़त्व के कक्ष में पूर्णतः प्रविष्ट नहीं हुई, ऐसी ही कही जा सकती है। भगवान् शंकर ने जिसे भस्म कर दिया, कहा जाता है, उपमा के लिए वही कामदेव ही, जो प्रकारांतर से भगवान्

आशुतोष शंकर के कृपानल में तपकर, जांबूनद स्वर्ण से निर्मित कुंदन की गुच्छी बनकर रह गया, वही अमृतपान करके अपने अप्सरा-परिकर के साथ पुनः प्रकट हो गया हो, किंतु अत्यधिक कामक्रीड़ा ने इस शैलूष की आँखों के नीचे कुछ कालिमा अधिक फैला दी थी। श्रावण की श्यामल मेघमाला के कुंज-निकुंजों में अठखेली करती हुई ज्येष्ठ के प्रचंड मार्तंड की रश्मियों जैसे तेजस्वी शैलूष को देखकर बढ़ते हुए कुमार ठिठक गए। उन्हें देखकर, अपने अस्त व्यस्त वस्त्रों को समेटती हुईं बालाएँ विभ्रमित स्थिति में खड़ी हो गईं। कुछ उठने का प्रयत्न करती हुई, गिर-गिरकर, अपनी असहाय स्थिति पर ध्यान न देने का मूक-निवेदन सा करती हुईं, उन्हें निर्निमेष नेत्रों से देखने लगीं।

उन्हीं में से एक तीक्ष्ण मदिरा के मद में झूमती हुई तंद्रिलावस्था में प्रलाप सा करती हुई कहने लगी, "मेरे स्वप्न संसार में इन अश्विनी कुमारों का पदार्पण हुआ है कि स्वयं रतिपति ही रोहिणीरमण (चंद्रमा) के साथ रमणातुर होकर, अपनी भुजमाला से मेरे कंठ को विभूषित करने आ गए हैं कि स्वयमेव विभूषित होने की अदम्य लालसा ही उन्हें यहाँ आकर्षित-सम्मोहित कर ले आई है। अरे, कोई तो बताओ कि क्या ये ऋतुराज वसंत की वासंतियों के स्रोत ही शारदीय यामिनियों के सुरस-कलश छलकाते हुए मुझ विरहविदग्धा पर करुणार्द्र भाववश द्रवित होकर अवतरित हो गए हैं, मुझ सर्वांग सुंदरी को अस्पृश्या मानकर ये दूर खड़े क्यों हैं, मुझ संतप्ता को हृदय से लगाकर तुरंत प्रतृप्ता बनाने में ये संकोच क्यों कर रहे हैं? कामिनी तो मानिनी होती हैं, किंतु आज तो इसके विपरीत मानिनियों की मुखर याचनाओं की अवहेलना करते हुए पुरुषों को ही अपने पौरुष को प्रताड़ित करते हुए देख रही हैं। अरे, निकट और निकट आओ। कंठों में झूलती हुई इन मालाओं की रेखाओं को लाँघते हुए, बाहु लताओं की मालाओं से नवीन-शृंगार की सृष्टि कर डालो। आओ, आओ..."

इस प्रलापिनी को अपनी अनर्गल शब्दावली पर विराम न देती हुई देखकर, उसकी एक अन्य बाला इसी रोग से ग्रसित होती हुई, मद्यपात्र की मदिरा से अपना मस्तकाभिषेक करती हुई, शैलूष को संबोधित करते हुए, केवल "प्राणवल्लभ! प्राणेश्वर! रमण कलाकुशल" ही कह पाई थी कि दोनों कुमार विक्षुब्ध होकर एक साथ बोल पड़े, "गंधर्व! हम तुम्हारी संग्रहीता-पालिता अपहृता पुंश्चलियों का प्रलाप श्रवण करने यहाँ नहीं आए हैं। यदि शरणागत नहीं होना चाहते हो तो युद्ध करो। हम तुम्हें अंत गति प्रदान करने अथवा यदि तुममें कुछ पौरुष शेष है तो तुम्हारे द्वारा वीरगति प्राप्त करने के लिए भी प्रस्तुत हैं। नारी के पवित्र नाम पर कलंकस्वरूपा इन कलंकिनी-स्वैरणी-घर्षिणी-त्रपारंडा-भंडहासिनियों के केलि-कलाप के दृश्य हमारे मार्ग-अवरोधक कदापि सिद्ध नहीं हो सकते।"

खड्ग खींचते हुए कुमार ज्यों ही शैलूष की ओर बढ़ने लगे, त्यों ही दो-तीन

प्रौढ़ाएँ मद्यपात्र थामे हुए उनके समक्ष खड़ी होकर बोलने लगीं, "अरे, तुम देवभिषक् अश्विनीकुमार नहीं हो, क्योंकि धनुष धारण किए हुए हो। कामदेव भी नहीं हो, क्योंकि सुमन शरविहीन हो। तुम नर भी नहीं हो, हमें नारी के नाम पर कलंक कहनेवाले वज्र मूर्खो! तुम नर के नाम पर कलंक हो। अपने पौरुष का प्रसाद प्रदान कर प्रसन्नता का दान देनेवाले नहीं, शूरवीर के वेश में नाट्यकला कुशल केवल नट नहीं, हमारे नटराज को विस्मित करनेवाले नटेश्वर ही हो। आओ, इन चंपक लता सी तन्वंगी बाँहों की छाया में भालांक से प्रवाहित होती स्वेद धाराओं को सुरति सिंधु में समाधिस्थ कर, व्याधिमुक्त आनंदोत्सव का आतिथ्य ग्रहण करो। ऐसे दुर्लभ अवसर जीवन में कभी-कभी अनंत जन्मों के संचित पुण्य ही प्रकट होकर, प्रदान करते हैं।"

धैर्य की मानो सीमा आ गई हो, ऐसी स्थिति में गरजते हुए कुमार बोल पड़े, "शैलूष! तुम्हारी ये प्रमदाएँ हमें प्रमादी नहीं बना सकतीं। यदि ये तुम तक पहुँचने के मार्ग से तुरंत तिरोहित नहीं हुईं तो अब इनकी वही गति होगी, जो प्रभु ने पिशाचिनी ताड़का को प्रदान की थी। उस यक्षिणी के लक्ष्य तो केवल दो रघु पुरुषों के प्राण थे, किंतु इन स्वैरिणियों के लक्ष्य तो भगवती सरस्वती के ज्येष्ठ सुपुत्र महर्षि वाल्मीकि की भव्य भारती के महानायक के यशस्वी वंश की निष्कलंक कीर्ति को कीलित करने का दिवास्वप्न सँजो रहे हैं। यह प्राण रहते निष्प्राण बनाने की कुत्सित कृति, संस्कृति-विकृति का सूत्रपात है। स्वर्णमुखियो! तुम स्वर्णमृग मारीच की आत्मजा हो। कुलटाओं की काली-कजरारी नयनावलियाँ कालकूट की कुटिल कालिमा के अतिरिक्त अन्य कुछ नहीं होतीं। यह हम भलीभाँति जानते हैं। हमारे मार्ग से तुरंत हट जाओ। यह प्रार्थना-परामर्श नहीं, आदेश है, चेतावनी है।"

"हमारे प्रणयावेदन पर पविपात् करनेवाले इन पाषाणों के रक्त से हमारी माँग सिंदूरी करने के लिए प्रियतम! उठिए। इनके पौरुष पाखंड का पान कर, हमारे सम्मान की रक्षा कीजिए। यदि आपने अब तनिक भी विलंब किया तो हम आपके ये आयुध ग्रहण करने में तनिक भी विलंब किए बिना, इनका शौर्यमद पददलित करने के लिए बढ़ जाएँगी। आप मदमत्त हुए कापुरुष-क्लैव्यों की भाँति बैठे रहिएगा।"

अपनी आक्रोशित केलि-हलाओं को शांत करते हुए शैलूष बोला, "ठहरो! तुम्हारा स्वामी अभी जीवित है, जाग्रत् है। हमारे रहते तुम्हारा कोई अपमान कर जाए, असंभव-अकल्पनीय-न भूतो न भविष्यति। भरत के ये पुत्र हमारे अतिथि हैं। शास्त्र अतिथि को आदरणीय मानते हैं। इसी कारण हम धैर्य धारण किए, मौन बैठे हैं। ये बालक नहीं जानते कि इनकी प्रपितामही गंधर्व-कन्या थीं। हम इनके चरित्र की परीक्षा ले रहे थे। इन सुकुमारों के मनोहर मुखमंडल पर विभिन्न रसों की बार-बार छाती हुई बदरियों की फुहारों की बयारों में वत्सलतावश झूम रहे थे। पगलियो! ये द्राक्षामद-यावकी-वारुणी-

कल्था–खर्जूरी–मैरेयी–मधूलिका–कादंबरी आदि हालाएँ–सुराएँ गंधर्वराज को मतवाला कर दें, उसे अपने अधिकार और कर्तव्य मार्ग से विचलित कर दें, असंभव। हम तुम्हारे इन पेय–पानों को सम्मान देने के लिए झूमते हैं। ये मद हमें अपने अधीन करके उन्मत्त नहीं बना सकते। हमारे पौरुष से परिचित होकर भी तुम हमें क्लैव्य कहने की धृष्टता कैसे कर सकती हो ? कैलास को उठानेवाला दशानन भी इस विद्याधर को ललकार नहीं पाया। उसने हमें परास्त करके नहीं, याचना करके हमारी दुहिता को अपने अनुज विभीषण के लिए माँगा। हम राम के विरुद्ध यदि समरांगण में उतरते तो दृश्य दूसरा ही होता। क्या होता, यह इन कुमारों के सामने कहना उचित नहीं, अत: नहीं कहता। यदि उसने हमारे जामाता विभीषण का अपमान न किया होता, तो लंकारण के समय आमंत्रण–प्राप्ति की चिंता किए बिना, अपने प्रिय संबंधी के पक्ष में हम समर क्षेत्र में अवश्य प्रवेश करते।

''अस्तु, बीती बातों की क्या चर्चा। इस समय तो हमारे जामाता श्री विभीषणदेव लंकेश्वर हैं। इन्हीं के कारण राम विजयी होकर अयोध्या सीता सहित आया। कहना भी नहीं चाहिए और कहना भी पड़ रहा है कि वे हमारी पुत्री सरमा एवं दौहित्री कला के ही कलाकौशल थे कि जिसके कारण सीता अशोक वाटिका से जीती–जागती अक्षत–सुरक्षित लौट गई, अन्यथा उस दुर्द्धर्ष वीर के हाथों देवराज इंद्र, वरुण, कुबेर, शनि सहित स्वयं यमराज की, जो दुर्गति हुई, उससे संसार परिचित है।''

शैलूष के शब्दों में प्रभु श्री रामचंद्र एवं भगवती सीता के प्रति कुटिल व्यंग्य से उद्वेलित कुमार स्वयं को नहीं सँभाल सके। उसे उसकी ही भाषा में उत्तर देते हुए कुमार तक्षक बोले, ''गंधर्वराज! सत्य है, सत्य है। आपके शब्द सुनकर तो हमें ऐसा लग रहा है कि 'धरती को दंष्ट्राओं पर धारण करके भगवान् वाराहदेव नहीं, आप ही अपनी प्रलंब भुजाओं में भरकर प्रियतमा की भाँति उसे लाकर, शेषदेव के सुशीर्ष पर स्थापित कर आए थे। समुद्र मंथन के समय मंदराचल भी आप ही की पीठ पर स्थापित हुआ था। और–तो–और…''

''बस–बस, अधिक वाचाल होने का प्रयत्न मत करो। हम तुम्हारे पितामह दशरथ की आयु के हैं। ज्येष्ठ–कनिष्ठ की मर्यादा का अतिक्रमण मत करो। तुम्हारी प्रपितामही इंदुमती हमारे कुल की कन्या थी। हम उसकी संतति मानकर तुम्हें स्नेह, समादरपूर्वक दे रहे हैं। हमारी इन रमणियों का तुम अत्यधिक अपमान कर चुके हो। तुम्हारे प्रति हमारा वात्सल्य भाव ही तुम्हें उद्दंड बना रहा है। तुम्हारा पिता भरत सरल–सात्त्विक प्रकृति का बालक, हाँ हमारे लिए तो बालक ही था, बालक ही है और बालक ही रहेगा। तभी तो चित्रकूट के कुटिल चक्रव्यूह में फँसकर अयोध्या का सिंहासन गँवा बैठा। अब, हम गंधर्वों के द्वारा पुत्रों सहित उसका अंत कराने के लिए राम ने उसे यहाँ भेज दिया। वह विश्व प्रसिद्ध धनुर्धर, लंकेश्वर दशकंधर–वानरराज बालि का हत्यारा स्वयं यहाँ क्यों नहीं आया ?''

“गंधर्वराज! यदि अब तुमने एक भी अनर्गल शब्द राजेंद्र राघवेंद्र के विरुद्ध बोला तो वह तुम्हारा अंतिम शब्द होगा। हमारे पिताश्री सरल हैं, सात्त्विक हैं, किंतु अज्ञ बालक नहीं हैं और तुम्हारे जैसे धूर्तों-भेदनीति कुशलों के लिए तो कदापि नहीं। ‘मैं अमृतनाभ हूँ, अमृतनाभ हूँ’ गरज-गरजकर कहनेवाले रावण का वध प्रभु ने सम्मुख समर में किया। बालि को छिपकर, धोखे से नहीं मारा। प्रभु का बाण उसके वक्ष में लगा, पीठ में नहीं। वानरराज सुग्रीव की हत्या वह करने ही वाला था, तभी अग्नि-साक्षी से जिन्हें मित्र बनाया था, उसकी रक्षार्थ शर संधान किया। बालि अपना अपराध मानकर, पाप स्वीकार कर, उसके प्रायश्चित् स्वरूप नहीं, बल्कि संतुष्ट चित्त से अपने एकमात्र पुत्र को भेंट स्वरूप देकर गया। वे वीरवर अंगद अयोध्या के ध्वज तले जिस प्रकार संग्राम कर रहे हैं, तुम उससे परिचित नहीं हो, यह कौन कह सकता है? चित्रकूट पिताश्री स्वयं गए। यहाँ भी प्रभु स्वयं आ रहे थे। हठ करके, अत्यंत कठिनाई से पिताश्री यहाँ तुम्हारे दमन के लिए आने की आज्ञा, प्रभु से कैसे प्राप्त कर पाए, यह हम जानते हैं। हमें हमारी माता ने ही यहाँ भेजा है। अब शीघ्र उत्तर दो कि तुम्हें अपने प्रबुद्ध जामाता की भाँति प्रभु की शरण में जाना स्वीकार है अथवा युद्धभूमि में आना…”

“कुमार तक्षक! यह स्वीकार है कि यह अस्वीकार है, यह कहना यद्यपि सहज है, किंतु ऐसे निर्णय कंठ पर अँगूठा रखकर न लिये जाते हैं और न कोई स्वाभिमानी स्वयं गंभीर चिंतन-मनन किए बिना अपने निजी परिकर से परामर्श किए बिना ले-दे सकता है। हमारे जामाता विभीषण तुम्हारे ज्येष्ठ पिता राम के पास अपनी माता एवं अग्रज कुबेर से विचार-विमर्श करने के पश्चात् ही अपने मंत्रियों सहित गए। अत: अभी हमारी सुंदरियों का सत्कार स्वीकार करो। इनके कटाक्ष-जनित बाणों ने जो गंभीर घाव तुम्हें कामातुर भाव से प्रदान किए हैं, उनकी चिकित्सा इनसे, इन्हीं के द्वारा दी जानेवाली दिव्यानंदमयी औषधियों से कराओ। संधि-विग्रह की चर्चा तुम्हारे भावों की समीक्षा करने के उपरांत ही हो सकेगी।”

कहता हुआ शैलूष आसन से उठकर, वामाओं को संबोधित एवं संकेत से प्रेरित करता हुआ बोला, “तुम रंभा, उर्वशी, तिलोत्तमादि अप्सराओं को अपने रूप से लजानेवाली, अपनी कला माला से उनकी कलाओं को विकला बनानेवाली इन सुकुमारों से दूर क्यों खड़ी हो? बढ़ो, अपने अंगुष्ठों में धारण की हुई आरसियों में इन्हें इनका प्रतिबिंब दिखाओ। इन्हें इनसे परिचित कराओ। ये अपरिचय के गर्त में पड़े हुए हैं। अपनी सदयता से इनका उद्धार करो। अपने अंग-प्रत्यंग का उपहार इनके अंग-प्रत्यंग को कृपापूर्वक प्रदान करके, इनको हमारे प्रति आश्वस्त करो। उठो-चलो-बढ़ो।”

शैलूष का संकेत समझते हुए बालाएँ ज्यों ही कुमारों की ओर बढ़ने को उद्यत हुईं, त्यों ही दोनों कुमार एक साथ कठोर शब्दों में उन्हें चेतावनी देते हुए बोल उठे, “ठहरो,

वहीं ठहरो। जहाँ खड़ी हो, वहीं खड़ी रहो। मलिनाओं की आरसियाँ उज्ज्वल नहीं हुआ करतीं। बैरी-रक्त से स्नान करनेवाले समुज्ज्वल खड्गों में उभरने वाले प्रतिबिंब ही हमें हमारे स्वरूप से परिचित कराते रहे हैं। अब पुन: उसी का स्मरण कराने के लिए उतावले हो रहे हैं। अत: तुम्हारा कल्याण इसी में है कि यहाँ से तुरंत इसी क्षण चली जाओ।''

''अरे, फिर वही मूर्खता, समझ में नहीं आता कि तुम रघुवंशी संसार में रहकर भी सांसारिक भोगों के विरोधी क्यों हो? 'वन-वन की ठोकर खाना, धरती में गर्त खोद-खोदकर बैठना, संकट व्यूहों से निकलते ही अपनी परिणीता का परित्याग करना, राजभवन में रहकर भी अपनी अंकशायिनी का मुख तक न देखना' विधाता ने तुम्हारे भाग्य में ये सब लिख-पढ़कर ही तुम्हें तुम्हारी माताओं के गर्भ में प्रविष्ट किया है। लगता है तुमने यह प्रवृत्ति अपनी कुल परंपरा बनाकर, अपने माथों पर ढोने का व्रत ही धारण कर लिया है। अत: यदि तुम्हारे हठीले पिता से कोई सम्मानजनक समझौता नहीं होता है अथवा इस दारुनर (कठपुतला) की डोर जिस नृपति की उँगलियों में कसी हुई है, वह हमारी भावना का सम्मान करता है कि नहीं? यदि करता है तो कितना करता है, इसी पर भविष्य आधारित है। जब तक यह निर्णय नहीं हो जाता, तब तक तुम हमारे अतिथिगृह में रहोगे।''

''तुम्हारे अतिथिगृह में कि बंदीगृह में?''

''तुम स्वतंत्र हो, चाहे जो अर्थ लगा सकते हो, किंतु अब हमारी अनुमति के बिना यहाँ से जा नहीं सकते हो। यह गंधर्वराज इतनी सहज में प्राप्त विजय को भावुकतावश पराजय में परिवर्तित नहीं कर सकता।''

''सावधान।''

''हम कभी भी असावधान नहीं रहते। अत: तुम्हारा 'सावधान' निरर्थक है'' कहते हुए शैलूष अपने आसन से उठकर घंटानाद करने लगा।

खड्ग सूँतते हुए, गदाएँ उछालते हुए, शरसंधान करते हुए सैनिक-गण अट्टालिका के द्वार-द्वार को घेरकर डट गए। मदमत्त शैलूष विक्षिप्तों की भाँति गरजने लगा—

''बंदी बना लो, घेर लो, निकल न पाएँ, भाग न जाएँ, भरत के इन कुमारों को कठिन शृंखलाओं में जकड़ लो, इनके कंठों में वृत्ताकार कंकण डाल दो, इन्हें निस्शस्त्र कर दो, इनके भुजदंडों में फँदे डालकर पृष्ठ प्रदेश पर कस दो, पैरों में कठिन शृंखला डालकर इनकी गति अवरुद्ध कर दो, इनके किरीट-कुंडल खींच लो, धनुषों की प्रत्यंचाएँ खंडित कर दो, निषंगों की पट्टिकाएँ काट डालो, गोधांगुलिकाएँ चीर दो, यदि बंदी न बना सको तो इनके अंग-प्रत्यंग काट-काटकर भरत के सप्त-सैंधव पर उछाल दो। इनके निरंकुश दुस्साहस का अभिनंदन प्रखर प्रहारों से करो। बढ़ो, आगे बढ़ो।''

शैलूष द्वारा उत्तेजित गंधर्व सैनिक अट्टालिका के द्वार-द्वार से विशाल कक्ष-प्रांगण

की ओर बढ़ने लगे। भावी संघर्ष की भीषणता का अनुमान करती हुई भयभीत गंधर्व प्रमदाएँ एक-दूसरी को धकियाती हुई, अस्त-व्यस्त वस्त्रों को असंस्कृताओं-ग्राम्याओं की भाँति सँभालती हुई भाग चलीं। कुमारों ने अपने धनुषों पर बाण चढ़ा लिये। गंधर्वों की बाण-वर्षा को निरस्त करते हुए, वे कक्ष-प्रांगण की दिशा-दिशा में प्रहारों पर प्रतिप्रहार जिस त्वरित गति से कर रहे थे, उसे देखकर यही लग रहा था कि कुमारों के वेश में स्वयं रुद्रदेव ही इस समय दो रूपों में विभाजित होकर संवर्तक नृत्य करने चले आए हों। अनेक ठोकरों से लुढ़कते हुए, शस्त्रों की चाही-अनचाही चोटों से फूटते हुए मद्य भांडों से छलकती हुई मदिरा रक्त-सरिता की गति को प्रगति प्रदान करने लगी। तुंदिल गद्दे भीगकर योद्धाओं को रिपटाने लगे। इससे बचकर दोनों कुमार शैलूष के मंचिकासन पर उछलकर चढ़ गए। कुछ ही समय में वहाँ भी वही स्थिति उत्पन्न होती देखकर, कुमारों ने युक्तिपूर्वक अट्टालिका के एक बृहद् वातायन से रत्नजटित मंचिकासन दुर्गशिखर से नीचे धकेल दिया। स्वर्ग से पतित होते हुए नहुष की भाँति वह राघव सैनिकों के मध्य गिरकर खंड-खंड हो गया। उसके रंग-बिरंगे रत्न दुर्ग-परिखा के पारदर्शी जल में इंद्र धनुषों की क्षीण रचना करते हुए अस्त होने लगे। कुमारों के अग्र शौर्य का प्रभाव प्रमाणित होता देखकर राघव वीर उच्च स्वर से जय-जयकार करते हुए ताली बजा-बजाकर झूमने लगे।

अपने सैनिकों के गदा-मूषल-शल्ल-भल्ल-खेटक-खटवांग आदि विफल होते देखकर शैलूष तिलमिला उठा। उसने तीखे क्षुरप्रों का संधान करके कुमारों के धनुषों की प्रत्यंचाएँ काट डालीं। सम्मोहनास्त्र से तंद्रा प्रदान कर वरुणास्त्र के प्रहार से तक्षक-पुष्कल को कठिन पाशों में जकड़ दिया। उन सुकोमल कुमारों को अचेतनावस्था में घसीटते हुए, गंधर्व अट्टालिका की बाह्य वीथिका (बरामदा) में ले आए। दो चमचमाते त्रिशूल गाड़कर, उन पर कुमारों को लटकाकर, मद्यपान करते हुए गंधर्व उनके चारों ओर नाच-नाचकर, दुर्ग के नीचे खड़ी हुई राघवी सेना को मद्यपात्र दिखा-दिखाकर अट्टहास करने लगे।

□

अनुच्छेद-१६

कुमारों के अद्वितीय शौर्यान्वित दुस्साहस से चकित, उनके द्वारा गिराए गए गंधर्वों के रुंड-मुंडों को अपने मध्य गिरता देखकर प्रसन्नचित्त हुए राघव सैनिक, उन्हें असहाय स्थिति में त्रिशूलों पर टँगा देखकर हाहाकार करने लगे। हिमानी वायु के प्रचंड वेग से बार-बार काँपते हुए त्रिशूल-दंडों पर झूलते हुए कुमारों के लहूलुहान सुगात्रों से निरंतर

रिसती हुई रक्त धाराएँ, किसी भी क्षण, किसी अनहोनी घटना की आशंका से उनके विचलित चित्त, उन्हें क्रोध मूर्च्छित, विक्षिप्त बनाने लगे।

सभी को हताश-निराश किंकर्तव्यविमूढ़ असमंजसग्रस्त स्थिति में क्या, अपितु एक प्रकार से जीवित शव जैसी अवस्था में देखकर श्रीभरत उठ खड़े हुए। उन्हें अपने कटि प्रदेश में परिकर कसते हुए देखकर केकय नरेश युधाजित उछलकर समाधिस्थ स्थिति में एक ओर बैठे हुए पवनपुत्र हनुमान के सम्मुख जा पहुँचे। उनके सुदृढ स्कंधों को झकझोरते हुए, उपालंभ-पर-उपालंभ देते हुए बोलने लगे—

''सौ योजन के सागर को लाँघकर लंका जानेवाले, ब्रह्मपाश का दंभ चूर्ण करनेवाले, रक्ष-समुद्र को मंदराचल की भाँति मथकर लंका दहन करनेवाले, द्रोणाचल से संजीवनी लाकर लक्ष्मण को ही नहीं, समस्त दैवीजगत् को नवजीवन प्रदान करनेवाले हनुमंत के वेष में अंजनीकुमार मारुति क्या तुम नहीं हो, यदि नहीं हो तो फिर श्रीराम की शपथ लेकर कहो, तुम नहीं हो? उदित होते हुए सूर्यदेव को पिष्टक के रूप में कपोलस्थली में धारण करनेवाले रुद्र, नागमाता सुरसा के मुखमंडल में स्वकौशल से कीर्तिदंड के संस्थापक कपीश्वर, राहुजननी सिंहिका के गर्वहंता वज्रांग, अशोक वाटिका के फलों का भोग लगानेवाले अक्षहंता, मधुवन के फलों से हताश वानरवीरों के व्रत का सुहासपूर्वक उद्यापन करानेवाले रामदूत, वैद्यराज सुषेण का सदन सहित अपहरण करनेवाले महावीर, देवराज इंद्र के व्रज को ठोड़ी से ठुकरानेवाले मारुति, अहिरावण की आराध्या के ठाकुर, प्रबल पराक्रमी प्रभंजन के मूर्तिमंत गौरव! बोलो। देखो, गंधर्वों के ये त्रिशूल तुम्हारे प्रभु की सुकीर्तनीय कीर्ति के वक्ष भेदन के लिए कैसे सन्नद्ध कटिबद्ध मुद्रा में खड़े हुए झूम रहे हैं। ज्येष्ठ के मध्याह्नकालीन प्रचंड मार्तंड के समान तेजस्वी देवी अंजनी का समुज्ज्वल क्षीर तामसी तमिस्राओं के व्यूहों में आत्मघात करने जा रहा है। यह देखकर भी तुम मौन हो। संसार के समस्त भय-चक्र को चकित-भयभीत करनेवाले पवनात्मज गंधर्वों से भयभीत होकर बैठ गए? प्रत्यक्ष को अनदेखा करने के लिए किसी अन्य दिव्य पराक्रमी महान् वीर ने महावीर को बाध्य कर दिया, उनके स्वर्ण-शैलाभ देह के अंग-अंग कील दिए, समर धीर-गंभीर वीरवर को समर-विमुख कर दिया, इस पर कौन विश्वास करेगा?''

महाराज युधाजित् के शब्दों ने सिद्ध मंत्र बनकर जैसे पाषाण प्रतिमा में प्राण प्रतिष्ठा कर दी हो, इस प्रकार वज्रपात् के महानिनाद को वामन बनाने वाली त्रिविक्रमाकार गर्जना करते हुए श्रीहनुमंत खड़े हो गए। उनके नेत्रों से क्रोध के कारण लपटें सी निकलने लगीं। कुमारों को टाँगे हुए त्रिशूलों पर उनकी दृष्टि इस प्रकार केंद्रित हो गई मानो स्वयं को अजर-अमर माननेवाले किसी दंभी का दर्प दलन करने के लिए स्वयं यमराज ही अपने दूतों को हटकाते हुए, अपने आसन से उठकर, खड़े हो गए हों। श्री हनुमान के कलेवर

में से एक अन्य हनुमान प्रलयंकर शंकर का अभ्युदय हो गया। श्रीभरत के हाथ स्वत: जुड़ गए। सैनिक समूह के मस्तक अभिवंदन मुद्रा में झुक गए। पवनपुत्र पवन की गति को परास्त करते हुए उड़ चले।

त्रिशूलों पर टँगे हुए कुमारों को घेरकर, जो गंधर्व सैनिक अट्टहास-पर-अट्टहास कर रहे थे, वे बजरंगबली श्री हनुमान को प्रभंजन वेग से आते हुए देखकर गिरते-पड़ते भाग चले। अपने सैनिकों को भयाक्रांत स्थिति में पलायन करता देखकर, कारण जानने के लिए ज्यों ही एक गवाक्ष से शैलूष झाँका, वह मारुति को देखकर किंकर्तव्यविमूढ़ स्थिति में क्षणभर के लिए खड़ा-का-खड़ा रह गया। उसकी जिह्वा तालू से सट गई। मद्य पात्र हाथ से गिर पड़ा। जैसे-तैसे वह किसी गुप्त मार्ग का आश्रय लेकर निकल चला।

मारुति त्रिशूलों के निकट उतरकर खड़े हो गए। उनकी धमक से धरती हिल सी गई। दोनों कुमारों ने उन्हें पलकें झुकाकर प्रणाम किया। उन्होंने तुरंत ही दोनों हाथों से दोनों कुमारों को त्रिशूलों से उतारकर, उनकी कटि में लटकी हुई क्षुरिकाओं से उनके बंधन काटकर, 'जय श्रीराम' का ज्यों ही उद्घोष किया, उसके प्रत्युत्तर में दुर्ग के नीचे खड़ी हुई राघवी सेना भी 'जय-जय श्रीराम' का प्रचंड नाद करती हुई, नृत्य सा करने लगी। सैनिक परस्पर आलिंगन करते हुए झूम उठे। रणभूमि रंगभूमि प्रतीत होने लगी। श्रीभरत के हाथ अदृश्य के प्रति जुड़ गए। मस्तक झुक गया। नेत्रों की कोर में ठहरी हुई बूँदों को उन्होंने मुख फेरकर पोंछ डाला। एक गंभीर मुस्कान उनके अधरों पर खेलकर तिरोहित हो गई।

मारुति दोनों त्रिशूल उखाड़कर, दोनों हाथों में लेकर अट्टालिका-गृह में प्रविष्ट हो गए। महाराज युधाजित के बताए गए यंत्रों को खोजने में उन्हें विशेष कठिनाई नहीं हुई। त्रिशूलों के प्रहार से यंत्र चटक गए। दुर्ग द्वार के कपाटों को धीरे-धीरे पार्श्व-भित्तियों की ओर सरकते हुए देखकर श्रीभरत का सप्तसैंधव बढ़ चला। अत्युत्साह में भागती हुई राघवी सेना उनके पीछे चल पड़ी।

द्वाररक्षी गंधर्वों की टुकड़ियाँ प्रतिरोध में असफल होकर भागने लगीं। तत्क्षण उनकी सहायता के लिए मदमत्त मातंग सेना आ गई। श्रीभरत के सप्तसैंधव की गति अवरुद्ध करती हुई, वह एक सुदृढ वज्र भित्ति बनकर खड़ी हो गई। राघव वीरों के बाणों से घायल होकर वे पलायन के लिए मुड़ना चाहकर भी नहीं मुड़ सकीं, क्योंकि उनके पीछे हस्तियों की पंक्तियों पर पंक्तियाँ इस प्रकार सटाकर खड़ी की गई थीं कि उनका संहार होने पर भी, उनकी तुंदिल शव-लोथें मार्ग को सर्वथा अवरुद्ध कर दें। टूटे हुए दाँत, कटी हुई सूँड़ें, फटे हुए मस्तक लेकर हस्ति समूह भयंकर रूप से चिंघाड़ता हुआ खड़ा-का-खड़ा रह गया। इसी प्रकार श्रीभरत का स्यंदन भी मार्ग प्राप्ति के अभाव में किसी मंत्रकीलित पिंड की भाँति गतिहीन होकर रह गया। उनके कुपित सैंधव अश्व अपनी गति अवरुद्ध

होने के कारण विकट रूप से हिनहिनाने लगे। चिंघाड़ और हिनहिनाहट की एक अद्‌भुत विवश प्रतियोगिता आरंभ हो गई।

□

अनुच्छेद-१७

श्रीमारुति राघव कुमार तक्षक और पुष्कल को अपने दोनों कंधों पर बिठाकर दुर्ग प्रांगण में कूद पड़े। दुर्ग-द्वार भंग होने के कारण जो गंधर्व सैनिक पहले ही भयभीत अवस्था में असमंजसग्रस्त थे, वे इस अलौकिक शौर्ययुक्त कृत्य को देखकर स्तंभित हो गए।

अपने सैनिकों को हताश स्थिति में खड़ा देखकर, उनका उत्साह बढ़ाता हुआ शैलूष अपने बृहद् आवास के पंचम खंड की बाह्य प्रतोलिका (बरामदा) से झाँककर बोलने लगा—

"अरे, ये तीन ही तो हैं। तुम तो अनेक हो। तुम्हारे पास अमित साधन हैं। श्रेष्ठ अद्वितीय दिव्य आयुध हैं। अनेक शैल-शिखरों पर अपने चरणों की छाप अंकित करनेवाले, पावस की उद्‌दाम-यौवना सरिताओं को सरोवर बनाकर जलक्रीड़ा करनेवाले, विश्वभर में अपने अतुलनीय शौर्य के लिए ख्यातिप्राप्त, रणक्षेत्र में दैत्य-दानव ही नहीं, देवों को भी नतमस्तक, पलायन के लिए बाध्य करनेवाले गंडीर गंधर्व गणो! कैसे मौन खड़े हो? अपने मातंगों से इन्हें रौंद डालो। सैंधवों की टापों से पीस दो। इन्हें घेर लो। इन्हें इन्हीं के युद्ध-मद का पान कराकर, चेतनाशून्य स्थिति में कंकालय (यमपुरी) के अतिथि अविलंब बना दो। बढ़ो, गंधर्व वीरों अपने प्रबल पराक्रम से इन्हें परिचित करा दो। गंधर्व गौरव की जय, हाहा-हूहू जय-जय।"

"हाहा-हूहू जय-जय" का नाद करती हुई गंधर्वों की पदाति सेना बढ़ने लगी मारुति ने दोनों कुमारों को एक अपेक्षाकृत सुरक्षित ऊँचे स्थान पर खड़ा कर दिया। उनके धनुषों से प्रवाहित होती हुई शर-धारा में गंधर्व सैनिकों के प्राण-पंजर समाधिस्थ होने लगे

दुर्ग द्वार से प्रांगण क्षेत्र को जोड़ने वाले प्रशस्त मार्ग को अवरुद्ध करनेवाली हस्ति पंक्तियों को एक-दूसरी से सटकर खड़ा देखकर, समरशास्त्र-मर्मज्ञ मारुति समझ गए कि राघवी सेना की गति प्रतिबंधित करने का यह षड्‌यंत्र है। अतः उन्होंने हस्तियों के पृष्ठ प्रदेश पर गदा के प्रचंड आघात करने आरंभ कर दिए। विकल वितुंड मंडली मुख फेरकर, दुर्ग-प्रांगण में संघर्षरत अपने ही सैनिकों को रौंदती हुई भागने लगी। इधर दोनों कुमारों का संहार कार्य सहज हो गया और दूसरी ओर मारुति हस्ति पंक्तियों को क्रमशः पलायन के लिए बाध्य करने लगे। मार्ग निष्कंटक होते ही श्रीभरत के सप्तसैंधव के

अनुकरण करती हुई राघवी सेना पर्याप्त मात्रा में दुर्ग प्रांगण में पूर्णतः प्रविष्ट हो गई। अपनी सेना को हताहत होता देखकर, गंधर्व सैनिक अपने प्राण बचाकर भाग निकले। शत्रु-शून्य प्रांगण में अपने पिताश्री का स्यंदन बढ़ता देखकर दोनों कुमार कूद पड़े। कुमारों को अपने चरणों में प्रणाम करते देखकर श्रीभरत ने उन्हें उठाकर इस प्रकार हृदय से लगा लिया जैसे परलोक से भाग्यवश लौटे हुए किसी प्राणी को कोई प्राकृत जन लगा ले, श्रीभरत चाहकर भी कुछ नहीं बोल पाए। तुरंत ही अपनी ओर आते हुए मारुति को देखकर श्रीभरत ने झपटकर उन्हें आलिंगनबद्ध कर लिया। उस भावविमुग्ध अवस्था के वर्णन में वाणी तथा लेखनी पंगुल होकर रह जाए तो क्या आश्चर्य?

□

अनुच्छेद-१८

पलायन करती हुई गंधर्व सेना को येन-केन प्रकारेण एकत्रित कर, गंधर्व सेनापति शूर्यवर्चस आगे बढ़ा। उसके विशाल गजराज को श्रीभरत के सप्तसैंधव की ओर द्रुतगति से बढ़ता देखकर वीरवर अंगद उछलकर उस पर जा चढ़े। गजारोह (महावत) उन्हें देखते ही, ज्यों ही कूदने चला, अंगद ने उसके हाथ से अंकुश छीन लिया। सेनापति शूर्यवर्चस के हाथ में उठी हुई, प्रहारोत्सुक गदा को अंगद ने इस प्रकार झपट लिया जैसे किसी फुदकते हुए कपोत को कोई श्येन अपने पंजे में दबा लेता है। भयभीत शूर्यवर्चस अपने निकट रखे हुए खड्ग को उठाकर प्रहार करता, उससे पूर्व उसी के गजारोह से झपटा हुआ अंकुश वानरवीर ने उसके वक्ष में धँसा दिया। रक्तवमन करते हुए गंधर्व सेनापति को अपने हाथों में उठाकर, अलात चक्र की भाँति आकाश में घुमाते हुए धरती पर पटक दिया। हाहाकार करती हुई गंधर्व सेना के पलायन करते हुए हस्ति, अश्व उसे कुचलते हुए यत्र-तत्र निकल गए। भागने में असमर्थ घायल-मनोबलहीन गंधर्व-सैनिक अपने अस्त्र-शस्त्र धरती पर डालकर, शिर झुकाकर खड़े हो गए। उन्हें अभय प्रदान करते हुए श्रीभरत ने बंदी-शिविरों में भेज दिया।

शत्रु-शून्य समरभूमि में श्मशान का सा सन्नाटा पसरा हुआ देखकर श्रीभरत अपने सप्तसैंधव स्यंदन से उतरकर, समरक्षेत्र में शैलूष का आह्वान करते हुए उच्च स्वर से बोलने लगे—

''गंधर्वकुल कलंक-शैलूष! निरीह सेना का अंत कराकर, अरे नराधम! अब कहाँ छिपा बैठा है? निकल, मैं श्रीरामानुज भरत युद्ध भूमि में तुझे आमंत्रित करता हूँ। यदि तू वास्तव में मूलक आदि राक्षसों के द्वारा नियंत्रित होने के कारण, बाध्य होकर घोर अमानवीय दुष्कृत्य कर रहा था कि तुझसे कराए जा रहे थे तो उनसे मुक्त हो चुका

है। अब भी यदि तेरे हृदय में संगीत-नाट्य आदि ललित कलाओं के प्रति निश्छल-समर्पित- अव्यभिचारी भाव समन्वित वस्तुतः प्रीति का किंचित् अंश भी शेष है, भारतवर्ष की सनातन दैवी संस्कृति के प्रति मन में विशुद्ध श्रद्धा है, अपने द्वारा किए गए अनेक अमानुषिक कृत्यों, अपराधों, दोषों, पापों के प्रति चित्त में ग्लानि है, क्लांति है, निर्भ्रांत प्रायश्चित् की भावना है तो अयोध्याधिपति श्रीराम राजेंद्र की चरण शरण ग्रहणार्थ उनके इस सेवक की फैली हुई भुजाओं में भ्रातृभाव से आ, समा जा। तेरे आज तक के नहीं, अपितु इस क्षण तक किए गए समस्त दोषपूर्ण कृत्यों को 'विधिवश किए गए कृत्य' मान्य करते हुए, तेरे द्वारा पीड़ित किए गए समाज से क्षमा माँगते हुए, अत्यंत कठिन होते हुए भी तुझे अभय प्रदान करता हूँ। इसके विपरीत यदि अन्य भाव है तो कवच-कुंडल आदि विविध त्राणों से पूर्णतः सज्जित होकर, समस्त शस्त्रास्त्र-दिव्यास्त्र धारण कर समरक्षेत्र में प्रवेश कर। यह भरत प्रत्येक प्रकार से तेरी प्रतीक्षा कर रहा है।''

श्रीभरत के आह्वान का उत्तर देने के लिए शैलूष अपने हर्म्य के एक गवाक्ष से झाँकता हुआ बोला—

''भरत! जिसके पूर्वजों की उपस्थिति से ही इंद्र, वरुण, कुबेरादि देवों की सभाएँ वस्तुतः देवसभा प्रतीत होती रही हैं, उस महामहिम गंधर्वराज शैलूष को अपराधी मानकर दंडित करने अथवा क्षमा करने का अधिकार तुम्हें किसने दिया है ? तुम्हें तुम्हारे अनर्गल प्रलाप के लिए क्षमा करते हुए, त्यागी, तपस्वी, संत के रूप में विख्यात कैकेयी पुत्र! मैं तुम्हें आश्वासन देता हूँ कि तुम्हारे उत्तर का प्रत्युत्तर तुम्हारी भाषा में दूँगा। बोलो, तुम्हारा राजा तो 'मर्यादा पुरुषोत्तम' कहलाता है न, वह तो 'धर्ममूर्ति' की उपाधि से स्वयं को विभूषित किए बैठा है न, अतः इस गंधर्वेश्वर को समरामंत्रण देने से पूर्व अपनी नहीं तो तनिक उसकी प्रतिष्ठा का तो यत्किंचित् ध्यान कर लिया होता। जब इस शैलूषदेव की समस्त सेना तुम्हारी कुटिल रणनीति की भेंट चढ़ गई, तब तुम इस अकेले महाभट को अपने इन सैनिकों के घेरे में घेरकर, उसकी हत्या करने के उद्देश्य से ललकार रहे हो। अपने धर्म-रक्षक संत कहलाने का पाखंड करनेवाले पाखंडी! कुछ तो लज्जा करो।''

श्रीभरत शैलूष का प्रलाप सुनकर हँसते हुए बोले, ''शैलूष! तुम्हारे जैसे भ्रष्ट-नष्ट-निकृष्ट-लंपट-कुटिल-कुमार्गियों को अंत समय में ही धर्म का स्मरण होता है, यही इतिहास है और उससे हम भलीभाँति परिचित हैं। तुम्हारे पूर्वज निश्चित रूपेण देवसभाओं के भूषण रहे और आज भी उसी प्रकार हैं। तुम्हारी कला का अनुगमन करनेवाले कलावंतों को तो प्रत्येक सभा का विभूषण कहलाने का वर तो विधाता द्वारा सनातन काल से प्राप्त है, किंतु प्रजापति पुलस्त्य के पवित्र वंश में लोकों को रुलाने वाला कोई रावण उत्पन्न हो जाए तो क्षीरसागर-मंथन में हलाहल कालकूट प्रकट हो जाए तो उस पर एकमात्र अधिकार महाकाल प्रलयंकर का ही होता है। अतः अपनी इन मलिनाओं के कुचैलत्व

के कवच का परित्याग करके उतर, तेरी समयावधि समाप्त हो चुकी है। शृगाल! काल के गाल तेरी प्रतीक्षा कर रहे हैं।''

''काल के गाल किसकी प्रतीक्षा कर रहे हैं, कौन, किसको, किस भाँति, किस क्षण उन्हें क्या भेंट करेगा, यह तो समय बताएगा। उसकी प्रतीक्षा करो। तुम जिसकी प्रतीक्षा कर रहे हो, उसका रणावतरण हो रहा है।'' कहते हुए शैलूष स्वयं को घेरकर खड़ी हुई स्त्रियों को संबोधित करते हुए बोला, ''मैं इस भरत के प्राणों का उपहार तुम्हें भेंट करने के लिए प्रयाण कर रहा हूँ। नवीन शृंगार कर, इस गंधर्वराज को आल्हादित करने के लिए द्वारवीथिका में उपस्थित रहना। यह हमारा आदेश है। यदि इसकी अवहेलना हुई तो फिर कषाघात कैसे होंगे, वह तुम्हें स्मरण कराने की इस समय आवश्यकता नहीं है।''

—कहता हुआ शैलूष कटि पर निषंग कसकर, खड्ग लटकाकर, प्रत्यंचा की टंकार करता हुआ, द्वार के कपाटों को पटकता हुआ निश्रेणियाँ पार करता हुआ, सहसा मुड़कर खड़ा हो गया। कुछ विचार सा करते हुए बोला, ''सुनो, तुम सभी वामलोचना-मत्तकाशिनी-कुरंगनयनी-वरवर्णिनी-नितंबिनी-गजगामिनी-वर विलासिनी-कलित कामिनी-मानिनी-भामिनी एक से बढ़कर एक मेरी प्रेयसी-प्रणयिनी-चारुवर्द्धना-रमणी रही हो। अतः तुम्हारा प्राणवल्लभ-सुरतोत्सव-हृदयेश्वर-सुकांत-रतिगुरु-परिणेता-आनंद विग्रह यह गंधर्ववंश विभूषण, यदि दुर्दैववश समर क्षेत्र से न लौट पाए तो तुम अपने पावित्र्य की रक्षा करना। अग्नि-स्नान से अपने कनकाभ कलेवर को अधिकाधिक कांति-प्रभा-विभा निमज्जित कर इंद्र के नंदनवन, कुबेर के चैत्ररथ उपवन में आ जाना। वहाँ हम अनंत काल तक अतृप्त विहार करते हुए परलोकों को इस लोक से अधिक गौरवान्वित करेंगे। अब हम समर क्षेत्र में प्रवेश करने जा रहे हैं।''

—कहता हुआ शैलूष एकाध निश्रेणी ही उतरा होगा कि एक व्यंग्यमिश्रित हँसी की ध्वनि उसका परिहास करती हुई, उसके कानों में गूँज उठी, ''हाँ-हाँ गंधर्व गणाधिपति! समर क्षेत्र में विवश-स्थिति में आत्मघात कर तथाकथित वीरगति प्राप्त करो। इन पुंश्चलियों में तुमने किसका पावित्र्य सुरक्षित रखा है, जिस पावित्र्य की रक्षा के लिए ये अग्नि स्नान करके तुम्हें नंदन एवं चैत्ररथ आदि उपवनों में मिलेंगी? यदि इन्हें दुर्भाग्यवश तुमसे मिलना ही होगा तो ये रौरव के द्वार में, महारौरव के शृंगाटक (चौराह) पर, अंधतामिस्र के कांतार में, वज्रकंटक के महावन में, कुंभीपाक के जनपथ पर, सूचीमुख के राजपथ पर बारंबार मिलेंगी। इनकी तप्त प्रतिमाओं का निर्द्वंद्व आलिंगन कर अपनी विरह व्यथा शांत करना। जाओ, भूमि का भार विदा करने के लिए राघवानुज भरत तुम्हारी प्रतीक्षा अत्यंत आतुरता से कर रहे हैं।''

''निनादिनि! इस गंधर्वराज ने तुझे राजमहिषी के पद की प्रतिष्ठा देकर जो मूर्खतावश पाप किया है, उसका प्रायश्चित् तेरे अंग-प्रत्यंग पर मघामेघ की भाँति बरस-

बरसकर कषाघात अत्यंत शीघ्र इस महामहिम के लौटते ही करेंगे। निश्चिंत रह।''

''हाँ-हाँ, मैं निश्चिंत हूँ। तुम लौटने के लिए नहीं, रक्त-मज्जा निमज्जिता मेदिनी पर लोटने के लिए जा रहे हो। भूमिभार! मेरे शरीर के भार ये मंगलसूत्र-सिंदूर-कंगन लेते जाओ। जाओ-जाओ, अविलंब जाओ।'' कहते हुए गंधर्व राज्य की महारानी निनादिनी ने अपना मंगल-सूत्र तोड़कर शैलूष पर उछाल दिया। वह उसे पैरों से रौंदता हुआ, श्रीभरत के सम्मुख आकर खड़ा हो गया।

□

अनुच्छेद-१९

''भरत! यह वीरवर गंधर्वराज तुम्हारे सम्मुख उपस्थित है। इससे चाहे सेना सहित अधर्म युद्ध करो अथवा द्वैरथ धर्म युद्ध में अपने प्राणों की आहुति दो। तुम्हारा प्रत्येक निर्णय हमें स्वीकार होगा। यह वचन अग्रिम-रूपेण तुम्हें यह गंधर्वराज देता है। बोलो।''

श्रीभरत हँसते हुए बोले, ''गंधर्वराज! तमिस्र-सिंधु में समाधिस्थ होने से पूर्व स्नेह रहित होती हुई दीपक की अंतिम ज्योति-रश्मि तुम्हारी भाँति ही अस्त होती है। अब तुम भी इस पाँच भौतिक देह के प्रति प्रीतिरहित हो जाओ। सावधान होकर सुनो, संग्राम धर्मयुद्ध के रूप में द्वैरथ ही होगा और इस भरत से ही होगा। समस्त राघवी सेना धनुषों की प्रत्यंचा उतारकर, बाणों को शरासन में आसन प्रदान कर, खड्गों को अवगुंठित कर, गदाओं को स्कंधों से उतारकर, शल्ल-भल्ल-भुशुंडि-खट्वांगों को पार्श्व में विराम देकर, विश्राम करेंगी। सैनिक त्राण-मुक्त अवस्था में सुखासन आसीन होकर दर्शकों की मुद्रा ग्रहण करेंगे। किस आयुध को ग्रहण कर द्वंद्व होगा, किस वाहन का आश्रय लिया जाएगा अथवा पदाति रहेंगे, संघर्ष तुम्हारे इसी दुर्ग प्रांगण में होगा कि अन्यत्र, यह निर्णय तुम करोगे और यह भरत बिना ननुनच के उसे स्वीकार करेगा, किंतु युद्ध निर्णायक होगा। युद्ध विराम भी हो सकेगा, यदि तुम 'त्राहि-त्राहि' करते हुए राघवेंद्र प्रभु श्रीरामचंद्र की शरण निष्कपट भाव से ग्रहण करने का विश्वस्त भाव प्रकट करोगे, साथ ही शरण ग्रहण हमारे निर्धारित नियमों के अनुसार ही होगा। अन्य कुछ कहना हो तो कहो।''

''भरत! खड्ग धारण कर अश्वारूढ़ हो जाओ।'' कहते ही शैलूष ने ज्यों ही शंख निकालने के लिए हाथ बढ़ाया, त्यों ही श्रीभरत का देवदत्त उनके अधरों का सुस्पर्श पाकर दिशा-दिशा को प्रतिध्वनित करता हुआ अपने अस्तित्व का परिचय देने लगा। श्रीभरत और शैलूष दोनों ही एक साथ अपने-अपने श्यामकर्ण अश्वों की पीठ पर सुसज्जित होकर, तडित्कांत निरावरण खड्गों को नचाते हुए समरभूमि की परिक्रमा करने लगे।

''भरत! इस गंधर्वराज पर प्रथम प्रहार तुम करो, अन्यथा प्रहार करने की लालसा

लेकर, अतृप्त आत्मा के वेश में तुम भूमंडल से यदि विदा हो गए तो हमें बलात् दोष का भागी बनना पड़ेगा।''

भरत सुस्मिति बिखेरते हुए, शैलूष को वक्र दृष्टि से ताकते हुए बोले, ''शैलूष! किसी भी आगंतुक को सम्मुख देखकर मर्यादानुसार राघव नमस्कार-प्रणामादि प्रथम करते हैं, किंतु शत्रु पर प्रहार प्रथम नहीं किया करते। उसे 'अवसर नहीं मिला' यह कहने का अवसर दिए बिना, उसे प्रथम प्रहार करने का अवसर दिया करते हैं। यही हमारी वंशानुगत परंपरा है। हम इसका पालन प्राण देकर भी किया करते हैं। अतः आगे बढ़ो। भरत तुम्हारे प्रहार के स्वागतार्थ सन्नद्ध है।''

शैलूष अट्टहास करते हुए बोला, ''जैसी तुम्हारी इच्छा, यदि राघवों का अहंकार उन्हें बलि-पशु बनाने का प्रण ठाने बैठा है तो इस गंधर्वराज को प्रथम प्रहार के लिए विश्वभर में कौन दोष दे सकता है? भरत! सावधान...''

—कहते हुए शैलूष ने श्रीभरत के कंठ को लक्ष्य बनाकर ज्यों ही अपना खड्ग चलाया, वह श्रीभरत के खड्ग से टकराकर स्फुलिंग उगलता हुआ धरती पर गिर पड़ा। हर्षातिरेक से राघव सैनिक झूमने लगे। कई कपि योद्धा तो नर्तन की मुद्रा में आ गए। उन्हें संकेत से शांत रहने का निर्देश देते हुए श्रीभरत भयविह्वल शैलूष से बोले, ''गंधर्व! अविचलित चित्त से अपना खड्ग उठा लो। तुम्हारे प्रहार करने पर ही पुनः तुमुल आरंभ होगा।''

शैलूष ने झुककर खड्ग उठाते-उठाते उसी अवस्था में श्रीभरत के अश्व पर एक भयंकर प्रहार करने का ज्यों ही उपक्रम किया, त्यों ही उन्होंने अपने अश्व की वल्गा इस प्रकार खींची कि वह दोनों अगले पैर उठाकर खड़ा हो गया। शैलूष का शिर अत्यंत कठिनाई से धरती से टकराते-टकराते बचा। लज्जित शैलूष निर्लज्जों की भाँति अट्टहास करते हुए समरक्षेत्र की पुनः परिक्रमाएँ लगाते हुए सार्थक प्रहार का अवसर खोजते हुए श्रीभरत की पीठ पर वार करने का उद्योग कर ही रहा था कि उनका अश्व तड़ित गति से घूम गया। श्रीभरत का खड्ग पुनः खड्ग से टकरा गया। फिर तो प्रतिद्वंद्विता का मुखर स्वरूप निखरने लगा। धनुर्वेद में खड्ग-युद्ध के जितने भेदोपभेदों की चर्चाएँ हैं, वे आकार-पर-आकार धारण कर साकार प्रदर्शित होने लगीं। भ्रांत-उद्भ्रांत-पाद्-पादार्ध-सव्य-समुदीर्ण-वराह-निपात-अनालक्षित-दक्षिण-विस्फोट-विभीषण-तृतीयांश-संपात-प्लुत-विलुप्त-आलुप्त-महासख-करालेंद्र-अवधूत-प्रत्यालीढालीढ़-अलीढ़-आकुलाविद्ध-समग्रोद्धूत-श्येन-वारिज-विकराल आदि अनेक प्रकार के वार-प्रहार-प्रतिप्रहार प्रकट होने लगे।

कभी वे सीधे सामने आकर टकराते तो कभी वाम तथा कभी दक्षिण पार्श्व में आक्रमण करते और उसी प्रकार निराकरण करते। कभी एक-दूसरे को भ्रमित करते तो

कभी प्रसन्नता का प्रदर्शन करते हुए विपक्षी का क्रोध बोध-हीन अवस्था तक पहुँचाकर उसका मनोबल क्षीण करते हुए सहसा प्रहार करते। कभी अत्यंत उग्र मुद्रा में चारों ओर घूम-घूमकर चोट के लिए मर्मस्थान का चयन करते। कभी एक ही स्थान पर दृढता से जमकर चक्राकर खड्ग चलाते। कभी पलायन का नाटक करते तो सहसा कूदकर सम्मुख आ जाते। कभी विपक्षी के प्रहार की तीव्रता का अनुमान कर भागते तो कभी प्रहार की प्रखरता का प्रदर्शन कर बैरी को भागने पर बाध्य करते। कभी वाम तो कभी दक्षिण घुटना अश्व की पीठ पर टेककर, तो कभी अश्व की वल्गा (रास) दाँतों में दबाकर, लेटकर तो कभी खड़े होकर प्रहार करते। कई बार केवल आत्मरक्षा के उपक्रम में अपने ओर से प्रहार न कर विपक्षी को इतना भ्रमित करते कि उसकी श्वास-क्रिया अस्त-व्यस्त हो जाती। कभी किसी अंग विशेष को प्रहार का लक्ष्य बनाते हुए दिखते, बैरी वह देखकर अपना समस्त ध्यान उस अंग की सुरक्षा की ओर केंद्रित करता तो इतने में प्रहार दूसरे अंग पर हो जाता। कभी इतने समीप आ जाते कि शिरस्त्राण-से-शिरस्त्राण टकराने लग जाते। जंघा-से-जंघा टकराने लगतीं। खड्ग, खड्ग को ठेलते-ठेलते निढाल होकर नत हो जाते। उन्हें पुनः उन्नत करने के प्रयास में वे इतनी दूर निकल जाते कि दर्शक विचारने लगते कि दोनों क्षेत्र का परित्याग कर पलायन तो नहीं कर गए? दूसरे ही क्षण क्षितिज-आवरण का भेदनकर ग्रहण-मुक्त सूर्य-चंद्र के समान प्रसन्न मुद्रा में दृष्टि-पथ को एकाएक प्रकाशित करने लगते।

तभी एकाएक शैलूष के पार्श्व प्रहार से श्रीभरत के श्याम कर्ण अश्व के वामकर्ण का कुंडल कट कर धरती पर गिर पड़ा। क्रोधित होकर श्रीभरत ने सम्मुख आकर शैलूष के अश्व की भाल-पट्टिका अत्यंत वेग से काट डाली। वह आकाश में उछलकर कहाँ गिरी, किसी को नहीं दिखी। अब तो शैलूष भी अपने अनियंत्रित क्रोध के वशीभूत युद्ध-नियम की अवहेलना करता हुआ अपने अश्व को कुदाता हुआ दौड़ा और श्रीभरत की जंघा पर तीव्राघात कर लौटने लगा। हस्ति-शुंड सी शोणित-धारा श्रीभरत के हीरककण रश्मि सरित् निमज्जित दुग्धोज्ज्वल अश्व के निष्कलंक चंद्रमा जैसे सुशुभ्र कलेवर को भूमिपुत्र मंगल का सिंदूरारुण वर्ण प्रदान करते हुए धग्-धग् करती हुई बह चली। श्रीभरत अपने अश्व सहित अपने पीतांबर को रक्तांबर होता देखकर भी, क्षणभर में उसे अनदेखा करते हुए, बार-बार अश्व को कुदाते हुए शैलूष पर टूट पड़े। उस समय उनकी मुद्रा को देखते हुए ऐसा लग रहा था मानो त्रिकालज्ञ ऋषियों द्वारा शास्त्रों में वर्णित अश्वारूढ़ श्रीकल्कि नारायण ही कलि के अंत का संकल्प धारण कर प्रकट हो गए हों। शैलूष विरुपाक्ष प्रलयंकर शंकर के कराल-विकराल ज्वाल-जाल उगलते हुए भाल नेत्र के समान विपक्ष को ही नहीं, स्वपक्ष को भी स्तंभित करते हुए रूप में श्रीभरत को सम्मुख देखकर काँप उठा। श्रीभरत का खड्ग चंचलाओं को चमत्कृत करता हुआ, आकाश में

तांडव सा करता हुआ, शैलूष के शिरस्त्राण को छिन्न-भिन्न करता हुआ, उसके कंठ में जा धँसा। लगा कि मोहिनीभाव-मुक्त श्रीमन्नारायण के सुदर्शन-चक्र ने एक बार फिर किसी राहू का मुंड उसके रुंड से पृथक् कर आकाश में उड़ा दिया हो। इस प्रकार क्षणभर में ही शैलूष का शीश एक झटके में दो धनुष की दूरी पर 'खट' की ध्वनि करता हुआ जा गिरा। माथा फट जाने के कारण उसका अश्व भी विक्षिप्तों की भाँति झूमता हुआ, रक्तमिश्रित फेन उगलता हुआ, उस गंधर्व के मुंडविहीन रुंड को गिराता हुआ, चारों पैर फैलाता हुआ, धरती पर लोट गया। शैलूष के शिरस्त्राण एवं उसके अश्व के रत्नजटित श्रृंगार के मणिमाणिक्य धरती पर बिखरे हुए उस समय ऐसे प्रतीत हो रहे थे मानो गंधर्वश्री ही अपने अंगांग के श्रृंगार बिखेरकर, अपनी आश्रय विहीनता से विश्व को परिचित करा रही हो। इस स्थिति में राघव सैनिकों के हर्षातिरेक निमज्जित गगनभेदी जय-जयकारों से दिशाएँ गूँज उठीं।

□

अनुच्छेद-२०

''देख, देख, प्रतीचि! चतुरानना बनकर देख, उदीचि! षडानना बनकर देख, अवाचि! पंचानना बनकर देख, प्राचि! सहस्राक्षा बनकर देख-केकय के दौहित्र का प्रबल पराक्रम देख। उसके द्वारा धरती की धूल में, खंड-खंड होकर चिरनिद्रा में सोते हुए, केकय के दुर्भाग्य को देख। भारविहीन हुई धरती पर, धरती के भार को, प्राणहीन पंजर के वेश में, रक्त कमल माला के वेश में, धरती का श्रृंगार बना देख। आज का दिवस, विधाता के पंचांग का यह पृष्ठ, यह पृष्ठ इतिहास में रत्नाभूषण सज्जित पृष्ठ के रूप में प्रलयपर्यंत पृष्ठराज की उपाधि से अलंकृत होकर रहेगा। अजर रहेगा, अमर रहेगा।''

—आदि-आदि कहते हुए क्या, अपितु एक प्रकार से गाते हुए केकयराज युधाजित नृत्य सा करने लगे। सहसा उनकी मुखमुद्रा के भाव परिवर्तित होने लगे। प्रसन्नता का स्थान आक्रोश लेने लगा। धरती पर पड़े हुए शैलूष के मस्तक की ओर बढ़ने लगे। उस पर चरण प्रहार कर, वे उसे उछालने जा रहे थे। यह देखकर श्रीभरत, ''नहीं-नहीं, मातुलश्री नहीं। आप जैसे सुभद्र श्रीमंत के लिए यह कदापि शोभनीय नहीं। यह अपने कृत्यों का फल पाकर यथास्थान जा चुका है। मृत्तिका में पड़े मृतक पर रोष-आक्रोश तो दोष के भागी ही बनाते हैं।''

कहते-कहते श्रीभरत जब तक दौड़ें, तब तक युधाजित शैलूष के शीश को दो-चार ठोकर लगा ही चुके थे। वे उस समय एक विक्षिप्त से लग रहे थे। श्रीभरत ने उन्हें अपने बाहुपाश में कसकर भर लिया। विवश से केकयराज बोलने लगे, ''भरत! देख,

यह शैलूष मस्तक खंडित होने पर भी निरंतर कैसे घूर रहा है। हमें ही नहीं, तुम्हें भी घूर रहा है। अरे, हमारा उपहास कर रहा है। मैं इसकी वे आँखें कैसे विस्मृत करूँ, जिन्होंने परिहास-उपहास-लोट्टहास करते हुए एक-एक राजमहिला को कैसे-कैसे संकेत किए थे। यह वही है, जिसके संकेत पर राजसभा की एक-एक आसंदी उलटी गई थी। राजसिंहासन का छत्र उतारकर नचाया गया था। राजकीय चँवरों से उपानह (जूते) झाड़े गए थे। मूलक तो मूलक था। वह तो रक्ष-संस्कृति का अंग था, परंतु उसे महाराक्षस बनने की प्रेरणा तो इसकी कामप्रधान प्रकृति ने, प्रवृत्तियों ने दी। यह देवसभा-विभूषण गंधर्वकुल का पावन-पूज्य प्रदीप नहीं, यह तो विध्वंसक अग्निकांडों के जनक भीषण धूम्रकेतु के पुच्छ का आमुख, उसका काल-केतु ही था। भरत वत्स! तुम मुझे विक्षिप्त मानकर, जिस प्रकार नियंत्रित कर रहे हो, मैं उसका अर्थ नहीं समझता हूँ, ऐसा नहीं है, किंतु इसकी ये आँखें, वे दृश्य पुनः-पुनः मुझे बाध्य कर-करके दिखा रही हैं। जिन्हें मैं तुम्हारा पराक्रम, राम का सौहार्द मानकर विस्मृत करना चाहकर भी विस्मृत नहीं कर पा रहा हूँ। इस स्थिति में बता-बता, मैं क्या करूँ?'' श्रीभरत ने शैलूष के शीश पर अपना उत्तरीय डाल करके निकट खड़े हुए तक्षक-पुष्कल से कहा, ''पितामहश्री को शिविर में विश्रामार्थ ले जाओ।''

तभी उन्होंने देखा कि एक क्षीणकाय सुगौर वर्णी नारी क्या, अपितु नारी-वेश में एक अस्थि-पंजर कंकाल ही सुगौर-चर्म निर्मित थैली में भरा हुआ, एक अत्यंत सुंदर किशोर के कंधे का आश्रय लेकर धीरे-धीरे चला आ रहा है। उसके विशाल नेत्र बता रहे हैं कि कभी वे प्रफुल्ल कमल दल लोचन अवश्य रहे होंगे, किंतु इस समय ऐसे प्रतीत हो रहे थे मानो काल की गुलेल से छूटी हुई दो काली-काली गोलियाँ दो गड्ढों में धँसकर रह गई हों। उसके पीछे चार पुरुषों के मध्य एक अन्य पुरुष अपने शीश पर वस्त्राच्छादित एक थाल लिये चला आ रहा है। जिस पर एक छत्र छहर रहा है। दोनों ओर हाथों में चँवर थामे दो सेवक भी चल रहे हैं। सभी ने श्वेत वस्त्र धारण किए हुए हैं। वे सभी मौन हैं। उनके मस्तक झुके हुए हैं। धीरे-धीरे ये सभी श्रीभरत के सम्मुख आकर खड़े हो गए। उनमें से एक पुरुष आगे बढ़कर, उन्हें विनम्रभाव से प्रणाम करते हुए बोला—

''देव! दिवंगत गंधर्वराज की पट्टमहिषी देवी निनादिनी अपने एकमात्र पुत्र कुमार प्रत्यूष सहित आपकी शरणागत हैं। यह राजकीय किरीट-राजमुद्रा-कुलपूज्य वीणा-छत्र-चँवर सहित आपके चरणों में समर्पित है। गंधर्वराज के अष्टामात्य मंडल के शेष रहे हम चार सचिव भी सेवक के रूप में आपके सम्मुख उपस्थित हैं। हम आपके प्रत्येक निर्णय को शिरोधार्य करने के लिए सूर्यनारायण के साक्षीत्व में संपूर्ण रूप से वचनबद्ध हैं। कृपया चरण-शरण प्रदान करके, आदेश दें।''

श्रीभरत आगे बढ़कर गंधर्व पट्टमहिषी निनादिनी का अभिवादन करते हुए, कुमार

प्रत्यूष के मस्तक पर अभय हस्त रखते हुए बोले, ''अपनी कुल परंपरा के अनुसार दिवंगत गंधर्वराज का अंत्येष्टि संस्कार इन सम्मुख समुपस्थित बाल गंधर्वराज के द्वारा विधिवत् कराकर कल प्रात:काल आप चारों सचिव हमारे शिविर में पधारें।''

अपने पुत्र प्रत्यूष के प्रति 'गंधर्वराज' सुनकर, आश्वस्त भाव में महारानी निनादिनी मस्तक झुकाए हुए धीरे से बोली, ''देव! राघवों की यश-गाथा के अनुरूप आप श्रीराघव का दर्शन एवं संबोधन पाकर हम कृतार्थ हुए। निवेदन है कि बंदीगृह से कुलपुरोहित को मुक्त करने की आज्ञा इन सविचों को दें। वे आकर प्रेत कर्म संपन्न कराएँ।''

निनादिनी के शब्द सुनते ही, श्रीभरत का संकेत पाकर, दो सचिव बंदीगृह से राजपुरोहित को लाने के लिए तुरंत चल पड़े। उनके जाते ही निनादिनी श्रीभरत को संबोधित करते हुए पुन: बोली, ''देव! अब हम भी अपने पति के साथ चितारोहण करेंगी। राजराजेंद्र श्रीरामचंद्र ने जिस प्रकार वानरराज बालि के राजकुमार अंगद को अपना आश्रय प्रदान किया, उसी प्रकार आप कुमार प्रत्यूष को अपना आश्रय प्रदान करें। किशोरावस्था प्राप्त करके भी यह अपने पिता के द्वारा सदैव अवहेलना का पात्र बना रहने के कारण राजकीय मर्यादा से अनभिज्ञ है। अत: इन कुमार तक्षक-पुष्कल के समान ही इसे अपना दुलार प्रदान करें, इस अभागी का विनम्र निवेदन स्वीकार करते हुए, इसे संसार से विदा होने की आज्ञा प्रदान करें। कृपया...''

''नहीं-नहीं, इस अभ्युदित होते हुए गंधर्व राज्य की राजमाता को अग्नि स्नान की अनुमति तो यह भरत कदापि नहीं दे सकता। पूज्य पिताश्री के गोलोक-गमन के पश्चात् हमारी माताएँ भी अग्नि-स्नान करने जा रही थीं, किंतु हमने बालहठ से उन्हें इस कृत्य से निवृत्त किया। विचारिए, यदि वे चलीं जातीं तो हमारा ही नहीं, अयोध्या के विशाल साम्राज्य की उस स्थिति में क्या स्थिति होती? अंत तक संयमित जीवन व्यतीत करते हुए, उसी प्रकार गईं, जिस प्रकार प्रत्येक जीव को जगत् में आकर किसी-न-किसी दिन जाना अवश्य पड़ता है। अत: चितारोहण नहीं, अपने पुत्र के सिंहासनारोहण के पश्चात् उसे संरक्षण देने के लिए आपकी अत्यंत आवश्यकता है। आपके इस अबोध को सुबोध बनाने की क्षमता धर्ममूर्ति लंकेश्वरी देवी सरमा की जननी के अतिरिक्त अन्य किसी में होने की कल्पना भी विश्वभर में अन्य कोई नहीं कर सकता। आप यदि चली गईं तो गंधर्वगण वस्तुत: अनाथ हो जाएँगे। अपने परलोक की पुण्य प्राप्ति के लिए इस लोक की बलि देने का पातक, हाँ वर्तमान स्थिति को देखते हुए पातक ही कहा जा सकता है, वह करने का विचार मन से त्याग दीजिए।''

श्रीभरत अभी कुछ अन्य भी कहते कि सचिवों सहित कुमार प्रत्यूष निनादिनी के चरणों में बिलखते हुए गिर पड़े। एक साथ कहने लगे, ''माँ! श्रीमंत भरत देव के वचनों पर ध्यान दें। उन्हें हृदय से स्वीकार करें। इन्हें वचन दीजिए कि जैसा ये महामान्य निर्देश

देंगे, आप उसका पालन करेंगी। वैदिक ऋचाओं से उनके प्राणस्वरूप स्वर को मत छीनिए। आप तो चितारोहण करके अमर हो जाएँगी, किंतु देवोपम गंधर्व-संस्कृति तो चित्त-चित्त से विस्मृत होते हुए एक दिन चितालीन हो जाएगी। सनातन धर्म के विषय में विचार कीजिए। अपने उत्तराधिकारी का अनेकानेक कारणों के कारण निर्माण कीजिए। उसके छत्र-मुकुट के अपहरण का कारण मत बनिए।''

निनादिनी आकाश की ओर देखते हुए बोली, ''राजपुरोहित, जिन्हें दिवंगत महाराज ने अपने कृत्यों का समर्थक न मानकर कारागृह में डाल दिया था, उनकी शृंखला-मुक्त अवस्था में पधारने की प्रतीक्षा कीजिए। सचिवगण गंधर्वराज का अंतिम संस्कार उनकी प्रतिष्ठा के अनुरूप संपन्न कराने के कार्यक्रम में संलग्न हों।''

''राजपुरोहित को लेकर सचिवगण तो आते ही होंगे। उनके आने पर संस्कार कार्य पर कुछ विचार-विमर्श आदि में समय लगेगा। अतः आप शिविर में पधारें तो उचित रहेगा।''

श्रीभरत के प्रति मस्तक झुकाते हुए वह वहीं धरती पर बैठने का उपक्रम करने जा रही है, यह देखकर दो सैनिक शिविर से कई आसंदियाँ उठा लाए। कुछ ही समय में सचिव राजपुरोहित को स्नान कराकर ले आए। निनादिनी के संकेत पर उन्हें श्रीभरत के पास लेकर चल पड़े। राजपुरोहित की मर्यादानुसार श्रीभरत अभिवादन करते हुए खड़े हो गए। उनके विनम्र संकेत पर राजपुरोहित निकट ही एक आसंदी पर बैठ गए।

अंत्येष्ठि कृत्य पर विचार व्यक्त करते हुए राजपुरोहित बोले, ''परंपरानुसार तो महाराज की शवयात्रा नगर परिक्रमा के पश्चात् पितृकानन अंतशैयास्थल पर पहुँचनी चाहिए। सूर्यास्त से पूर्व मुखाग्नि प्रदान की जाए, यही विधान है।'' राजपुरोहित के शब्द सुनकर, सचिवों को अपनी ओर देखते हुए देखकर श्रीभरत बोले, ''देवी निनादिनी जैसा निर्देश करें, कार्य उसी प्रकार से किया जाए। इस विषय में उनका मत ही सर्वोपरि है। आप उनसे चर्चा कीजिए। संस्कारादि के निमित्त जो कुछ भी अपेक्षित हो, उसकी पूर्ति हो जाएगी।''

राजपुरोहित ने निनादिनी के समीप पहुँचकर ज्यों ही अपना वक्तव्य दुहराया, वह तुरंत बोली, ''अब इस व्यर्थ के आडंबर की चर्चा को विराम दीजिए। अभी सूर्यास्त में कुछ घड़ियाँ शेष हैं। समस्त पवित्र सरिताओं का मंत्राह्वान करके महाराज के शरीर को सिंधु-सलिल से स्नान कराकर राजकीय वेशभूषा में चितासन पर आसीन कर दीजिए। प्रत्यूष से कुछ केश लेकर उसे स्नान कराकर, मंत्रध्वनि के मध्य उसके द्वारा मुखाग्नि समर्पित करा दीजिए। इससे अधिक कुछ अन्य आडंबर ही होगा। जब गंधर्वराज का किसी शास्त्र पर, लोक की मर्यादा, परलोक के अस्तित्व क्या परमेश्वर पर भी विश्वास नहीं रह गया था, तो ऐसे व्यक्ति के प्रति कर्मकांड का क्या अर्थ, क्या महत्त्व?

''परिस्थिति विशेष के अनुसार किए गए इस मृतक-संस्कार को गंधर्व समाज अपना आदर्श बनाकर, धर्मप्रधान भारतवर्ष की वैदिक संस्कृति की अवहेलना कर, सर्वनाश की ओर अग्रसर न हो जाए, इसी कारण से कुमार प्रत्यूष से केशादि लेकर मुखाग्नि समर्पित कराई जा रही है, अन्यथा तो···विराम दीजिए। सिंदूर-कुंकुम-महावर-मेहँदी के दर्शन किए तो हमें एक युग बीत गया। मंगल-सूत्र गले में पड़ा रह गया था, वह भी विसर्जित हो गया। 'गंधर्वराजमहिषी' कहनेवालों की संख्या भी निरंतर क्षीण होते-होते, यह स्थिति आ गई कि वह कोई है, यह भी जनसाधारण को भूलने पर बाध्य कर दिया गया। जिस वीणा को आल्हाद-तरंगिणी, वाणी-विभूषणा, भारती-भासा, सप्तस्वराधात्री, तततत्त्व तमालिनी, ब्रह्मभामिनी, गंधर्व गरिमा, धातु-गर्व-गर्भिणी आदि न जाने कितनी संज्ञाओं, कितने विशेषणों से विभूषित किया गया, अवकाश के क्षणों में राजपीठ की दक्षिण मंचिका पर प्रतिष्ठित होने का जिसे गौरव प्राप्त रहा, उसे राक्षसी-वृत्ति के प्रति समर्पित होकर विस्मृत कर दिया गया। उसकी अवहेलना की पीड़ा से प्रपीड़ित एक गंधर्व सचिव उसकी धूल झाड़ते हुए, उसे हमारे कक्ष में ले आए। अपने समय को सार्थक करने के लिए, राजकीय वीणा को उसके योग्य सम्मान देने के लिए, हम उसके तार झंकृत किया करते थे।

''एक दिन महाराज को न जाने क्या हुआ कि वे अचानक क्रोधोन्मत्त अवस्था में आ पहुँचे। बिना कुछ बोले, हमारे अंक से वीणा को उठाकर, अत्यंत वेग से धरती पर पटककर चले गए। हम समझ गए कि गंधर्व कुलपुरुषों द्वारा पीढ़ियों से पूजित यह राजकीय वीणा गंधर्व साम्राज्य के पतन का उद्घोष करती हुई ही धरती पर गिरी है। यह खंडित हुआ वीणादंड गंधर्व-गर्व गौरव के मेरुदंड के खंडित होने का, वीणांकित ध्वजदंड के पतन का पूर्व परिचायक है। तंत्रिका-जाल की झंकृति के मौन में हमारा मौन समाहित होकर रह गया। महामौन में समाए बिना, उसकी समर्पित दासी बनकर रह गई। सूर्य-चंद्र के दर्शन हमारे लिए वर्जित हो गए···''

शोक-सूचक वाद्यों की ध्वनि कानों में आते ही, सभी एक साथ खड़े होकर धीरे-धीरे अंत्येष्टि-स्थल की ओर चल पड़े। ऐला-लवंग-तेजपत्र-जायफल-जावित्री-अगर-तगर-देवदारु-दारुचीनी-गुग्गुल-पद्मकाष्ठ-नागकेशर-केशर-कस्तूरी आदि सुगंधित द्रव्य सज्जित चंदन चिता पर कर्पूर की हिम धवल चाँदनी बिछ चुकी थी। शैलूष के चरण धोकर, उसी जल से निनादिनी ने माँग की क्षीण सिंदूर रेखा भी धो डाली। कंगनियों के साथ नासा-वलय, पादकटक (नथ-बिछुवे) आदि विसर्जित कर दिए। गंधर्व साम्राज्य की पट्टमहिषी निनादिनी का अनुसरण करती हुई शैलूष की अन्य रानियों-वासंती-कामकला-काकली-तांडवी-गांधारी-मध्यमा-ज्योति-मदनिका आदि ने भी अपने सौभाग्य चिह्न विसर्जित कर दिए। अब तक अंत:पुर के कक्ष-कक्ष से निकलकर

शैलूष द्वारा संग्रहीत अनेक स्त्रियाँ आ चुकी थीं, किंतु गंधर्वराज की परिणीताओं की भाँति कोई भी, अपना एक भी आभूषण उतारने का साहस न जुटा सकने के कारण अपनी ही दृष्टि में लजा गई हों, इस प्रकार खड़ी-की-खड़ी रह गईं। धरती को ताकते हुए निर्निमेष नेत्रों से कुछ अश्रु इधर-उधर ढलके अवश्य, किंतु अधरों के द्वार तक तो कोई शब्द नहीं आ सका।

कुमार प्रत्यूष से कुछ केश समर्पित कराकर शैलूष का शव चिता पर चढ़ा दिया गया। मंत्र पाठ के मध्य मुखाग्नि प्राप्त करते ही ऊर्ध्वमुखी लपटें सांध्य वेला के क्षीण होते हुए प्रकाश को एक दीप्ति सी प्रदान करती हुई व्योम-मंडल की ओर अग्रसर हो गईं।

□

अनुच्छेद-२१

मूलकाधीन शैलूष से नीतिगत मतभेद होने के कारण निरंतर अपमान-अवहेलना-आलोचना सहन करते हुए भी कई प्रमुख गंधर्व जैसे-तैसे यत्र-तत्र टिके रहे, किंतु मूलक के क्रूर दमन चक्र ने जब उनकी सुखद भविष्य की संपूर्ण कल्पनाओं पर हरिताल फेर दिया तो वे देशभक्त भी अंततोगत्वा प्राण बचाने के लिए पलायन करने पर बाध्य हो गए। जल-थल-नभ में एक साथ छिड़े भीषण संग्राम में रक्ष-शक्ति का विध्वंस, मूलक-खरमुख आदि के अंत के समाचारों के साथ सम्मुख समर में शैलूष-वध के वृत्तांत से अवगत होते ही वे अपने-अपने गुप्त स्थानों से प्रकट होने लगे। पारियात्र-वज्रगिरि- चक्रवान-वराह आदि पर्वतों की कंदराओं से निकल-निकलकर सिंधु-वितस्ता-चंद्रभागा- इरावती-कुभा-हाटक आदि सरिताओं को पार करते हुए शनैः-शनैः राजगृह पहुँचने लगे। वयोवृद्ध जनों के सहयोग से गंधर्व सचिव उनका परिचय पाकर, विश्वस्त होकर उन्हें आवास आदि की सुविधा प्रदान करने लगे। गंधर्व राज्य अमावस्या की गहन रात्रि के चतुर्थ प्रहर को पार कर, प्रतिपदा के प्रभात में प्रवेश करने लगा।

यत्र-तत्र बिखरे हुए सैनिकों-हस्ति-अश्वों के शवों को एकत्रित करके, स्थान-स्थान पर अग्निबाण उनका सामूहिक दहन करने लगे। भग्न रथादिक भी समिधा ईंधन बनकर ठिकाने लग गए। उनके अवशेष सिंधु-वितस्ता-कुभा आदि नदियों में प्रवाहित करने के पश्चात् मेघास्त्रों की कृत्रिम वर्षा ने धरती को धो डाला। विष-विनाशिनी औषधियों के जल से विषैले कीटाणुओं का भय विनष्ट करने के पश्चात् और्व-पतंजलि आदि ऋषियों की शिष्य मंडली स्थान-स्थान पर श्रुति-स्मृति प्रतिपादित पावन पद्धतियों से यज्ञ-सत्र आयोजित कराने लगीं। वास्तुकार-काष्ठकार-लौहकार-शिल्पी निर्माण-पुनर्निर्माण के कार्यों में युद्धस्तर पर अग्रसर हो गए। कुंभकारों के आवों से धरती की

मिट्टी तप-तपकर धरती पर, धरती के शृंगार के निमित्त इष्टिका वेश में उतरने लगी। गृह, आलय-आवास-आगार-आयतन-सद्म-सदन-निकेत-निकेतन आदि की छवियाँ धारण कर-करके धरती के गर्भ से अर्भक रूप में प्रकट हो-होकर, शिशु के समान रेंगते हुए क्रमश: कुमार-पौगंड-किशोरावस्थाएँ लाँघते हुए, अपनी रंग-रँगीली साज-सज्जा के कारण नववधू के रूप में भावी गृहस्वामिनी के अलंकार ही प्रतीत होने लगे। श्री कुबेर के चैत्ररथ उपवन से विभिन्न पुष्पों की पौध-लताएँ ला-लाकर यक्षगण निवासों के आँगन-प्रांगणों को प्रदान करने लगे। खंड-खंड के गवाक्ष-वातायन एवं अट्टालिकाओं के कोण-कोण पर पुष्पित वल्लरिका झूमने लगीं।

इसी मध्य जैसे किसी अश्रुत लोक से कोई अलौकिक दृश्य भूमंडल पर सहसा अवतरित हो गया हो, इस प्रकार अपराह्न में देखा कि रघुवंश के कुलगुरु वृद्ध वसिष्ठ अनेक बटुकों के साथ सामगान करते हुए चले आ रहे हैं। किसी शव में केवल प्राण संचार नहीं, उद्दाम यौवन ही प्रस्फुटित हो गया हो, इस प्रकार महर्षि वृद्ध वसिष्ठ के साथ पाणिनि पीठ के प्रमुख आचार्य को आता देखकर श्रीभरत समस्त परिकर के साथ शिविर से निकलकर उनके चरणों में लोट गए। एक युग से मौन पड़े मंगल वाद्य अँगड़ाई लेकर जाग्रत् हो गए।

□

अनुच्छेद-२२

और्ध्वदैहिक कार्य की निवृत्ति पर, शुद्ध होकर गंधर्व सभागार में सभी प्रमुख जन एकत्रित हो गए। राजासन के दक्षिण ऋषिजन ससम्मान आसीन हो गए। दूसरी ओर गंधर्व कुमार प्रत्यूष के साथ देवी उपाधि से विभूषित की गई गंधर्व पट्टमहिषी निनादिनी मंदोदरी, सरमा आदि राजमहिषियों के साथ धीरे-धीरे आकर बैठ गईं। मध्यासन पर श्रीभरत, लंकेश्वर विभीषण एवं केकयराज युधाजित के साथ विराजमान हो गए। निकट ही मारुति सहित काशिनरेश प्रतर्दन-विदेह कुमार शीलनिधि-प्रमुख वानर वीरों सहित युवराज अंगद एवं वरिष्ठ गंधर्वगण यथास्थान स्थित हो गए।

देवी निनादिनी द्वारा अग्रेषित जिन प्रमुख गंधर्वगण की राजनिष्ठा-सात्त्विकतापूरित असंदिग्ध मान्य की गई, उनमें से उनकी योग्यतानुसार अष्टामात्य मंडल का मनोनयन दिन में ही हो गया था। अब उनकी विधिवत् घोषणा की गई। महर्षि वसिष्ठ के आग्रह पर महर्षि और्व ने उन्हें परंपरानुसार शपथ ग्रहण कराकर, यथास्थान प्रदान किया।

श्रीभरत द्वारा महर्षि पाणिनि की अध्यक्षता में जिस संविधान निर्मात्री सभा का गठन किया था, उसके निर्णय सुनाने के लिए महर्षि वसिष्ठ से निवेदन किया गया। महर्षि

जिन निर्णयों को देख चुके थे, वे उन्हें सुनाने लगे—

"गोहत्या-नारी अपहरण-दास विक्रय-बालशोषण आदि जघन्य अपराध माने गए। इनके लिए केवल मृत्यु दंड ही मान्य किया गया।

विशिष्ट पर्वों के अतिरिक्त नृत्य-संगीत आदि के सांस्कृतिक कार्यक्रमों का समापन रात्रि के प्रथम प्रहर के अवसान से पूर्व ही हो, जिससे रात्रि जागरण के कारण नित्य की दिनचर्या में किसी प्रकार का व्याघात न आए।

'मद्य निर्माण में कार्यरत श्रमिक प्रारंभ में कृषकों को कृषि-कार्य में सहयोग प्रदान कर परिवार का भरण-पोषण करेंगे। तदनंतर कृषि कार्य में योग्यता प्राप्त कर लेने पर कृषि योग्य भूमि राज्य प्रदान करेगा।' यह आश्वासन दिया जाता है, किंतु यह भी ध्यान रखें कि इस मध्य यदि किसी के चरित्र में कहीं दोष के लक्षण दृष्टि पथ में आएँ तो वह राजकोप का भागी भी होगा।

पाँच वर्ष से अधिक आयु के प्रत्येक बालक को गुरुकुल में अवश्यमेव प्रविष्ट कराना होगा।

कन्या ग्राम की पाठशाला में ही शिक्षा ग्रहण करेंगी। शिक्षिकाओं की समुचित व्यवस्था के अभाव में वयोवृद्ध आचार्य शिक्षण दायित्व का निर्वाह करेंगे।

प्रत्येक रुचि-अनुकूल युवक व्यापार-उद्योग-राजकार्य आदि किसी भी क्षेत्र में प्रवेश करने से पूर्व सैनिक प्रशिक्षण अवश्यमेव प्राप्त करेगा।

कृषि का छठा अंश राज्य को एवं शेष का चतुर्थांश कृषि श्रमिक को प्राप्त होगा।

परिवहन-संचार व्यवस्था, चिकित्सा, प्रमुख पथों सहित वीथिका-प्रतोलिका (गली-मुहल्ले) मार्गों का निर्माण, चोर-तस्करों से सुरक्षा का दायित्व राज्य का होगा।

अन्य राज्यों से व्यापार, लेन-देन, भाव निर्धारण राज्य के अधिकार क्षेत्र का विषय रहेगा।

अन्य राज्यों में जानेवाले तीर्थ यात्री अवांछनीय मान्य किए जाने पर किसी विपदा-आपदा के पात्र न बन जाएँ, अतः उन्हें राज्य विधिवत् परिचय-पत्र प्रदान करेगा। इसके अतिरिक्त नवीन गंधर्वराज के राज्यारोहण के पश्चात्, व्यवस्थाएँ व्यवस्थित होने पर, आवश्यकतानुसार अन्य धाराओं-उपधाराओं का समावेश भी समय-समय पर हो सकेगा। प्राचीन गंधर्व राज्य के कोई-न-कोई संविधान-नियमावली आदि अवश्यमेव रहे होंगे। शैलूष शासन में रक्ष-हस्तक्षेप और शासक के चारित्रिक पतन के कारण अनेक समस्याएँ उत्पन्न हुईं। इस समय उनकी चर्चा सार्थक न मानते हुए हम यही कहेंगे कि संक्रांति काल की एक भीषण वेला के गर्भ से यह नवीन गंधर्व राज्य के आविर्भाव का उषःकाल ही है। प्रभात के अभ्युदय के पश्चात् मध्याह्न में अन्य विचार करने का समय आएगा। गंधर्वराज के रूप में कुमार प्रत्यूष को नृपति-पीठ पर यथासमय आसीन करना है। अतः

इस सभा सत्र को विराम प्रदान करते हुए, तात्कालिक विषयों पर विचार करने के लिए प्रबुद्ध जन कल प्रात:काल बैठें।''

□

अनुच्छेद-२३

श्रीभरत के संकेत पर पवनपुत्र श्रीहनुमान ने किष्किंधा साम्राज्य के सेनापति वीरवर नील से धीरे से कहा, ''वे अब तक घटी घटनाओं, संग्राम आदि के वृत्तांत से सभी को अवगत कराएँ।'' सेनापति नील ऋषिजनों एवं अन्य वरिष्ठ महानुभावों के प्रति मस्तक झुकाते हुए वर्णन करने लगे कि किस प्रकार जल-थल-नभ में एक साथ भीषण संग्राम हुआ, ''मूलकासुर के नेतृत्व में विश्व के विभिन्न क्षेत्रों से आए हुए रक्षजनों ने विभिन्न पद्धतियों से, अनेकानेक शस्त्रास्त्रों से, दैत्याचार्य शुक्र के निर्देशानुसार विकट व्यूह रचनाकर, प्रत्यक्ष-परोक्ष रूप से आक्रमण किए। उन संघर्षों में कैसी-कैसी समस्याएँ आईं। यंत्रचालित अयस्कांत रथ में सुस्थिर होकर मूलक ने समस्त वातावरण को विषाक्त कर शारीरिक बल के साथ सेना के मनोबल पर ऐसा घातक प्रहार किया कि जिन योद्धाओं की पीठ केवल शैयाओं ने ही देखी थी, उन दुर्लभ पीठों के दर्शन शत्रुओं ने प्रफुल्लित होकर, उपहास करते हुए, उनके पूर्वजों पर, कुल परंपरा पर व्यंग्य करते हुए किए। जिन अस्त्रों के नाम भी नहीं सुने थे, उन्हें रणक्षेत्र में सम्मुख प्रचंड तांडव करते हुए देखा। प्रलय से प्रथम प्रलय मचाते हुए देखा। विश्वभर में संत प्रवर के रूप में प्रख्यात् श्रीभरत के अफर शर का स्वाद जानने वाले अब से पूर्व केवल एक श्रीमान मारुति ही थे, किंतु आज तो उनके प्रखर शरों के षटरसी क्या अनंतानंतरसी स्वादों के वर्णन करने में चारण-भाट-बंदिजनों की समुन्नत ग्रीवा को नत करनेवालों के समूह के समूह तेजोराशि ग्रहराज सूर्यदेव के कुलदीपक भीमशासन की यमपुरी के महिषध्वज मंडित प्रशस्त राजपथ से लेकर विस्तृत जनपथों की वीथिका-वीथिका में नृत्य शास्त्र के प्रकांड-पंडित भर गए हैं।

''उनके चरणों को अमितायुधी रागों के गायक कैसी-कैसी गति प्रदान कर रहे होंगे, यह तो कोई रण-योग निष्णात योगी ही समाधिस्थ अवस्था में युक्तियुक्त वर्णन कर सकता है।''

सेनापति नील की आलंकारिक भाषा सुनकर महर्षि वसिष्ठ वीररसमय संग्राम वृत्तांत सुनते हुए भी संन्यासी स्वभाव के विपरीत ठठाकर हँसते हुए बोले, ''वत्स नील! पहले यह तो बताओ कि तुम सरस्वती पुत्र भारती-भास्वर महर्षि वाल्मीकि के आश्रम में कितने समय रहे ? क्योंकि ऐसी प्रांजल-मृदुल-मनोहर भाषा का प्रयोग केवल समरकला कुशल कोई महाभट तो कदापि नहीं कर सकता।''

सेनापति नील सस्मित नमित होते हुए बोले, ''गुरुदेव! यह सौभाग्यशाली मूढ़ बटुक आपसे किन शब्दों में क्या निवेदन करे? कहाँ हंसवाहिनी का अपार शब्द सागर और कहाँ अक्षर-पोत प्रतीक्षित यह दीन वानर। इस असमर्थ को जो न्यूनाधिक सामर्थ्य प्राप्त हुई, वह तो महर्षि वाल्मीकि के आश्रम में, उनके आश्रय में निरंतर क्रीड़ा करते हुए, विश्रांति का अक्षय आनंद लेते हुए ही हुई। यह नितांत सत्य है।''

''क्या?''

''गुरुदेव! नील सत्य कह रहे हैं। इसमें पूर्ण सत्य यह है कि महर्षि वाल्मीकि का वह आश्रम, जिसके ये श्रीमंत समर्पित रसिक रससिद्ध बटुक हैं, वह इनके कंठ में विराजमान होकर, इनके प्रत्येक श्वास-निःश्वास का सखा, स्वामी क्या अपितु निरंतर सेवन के कारण प्राणवायु के रूप में प्रतिक्षण भ्रमण करता है।'' पवन कुमार के शब्दों ने नील की प्रहेलिका की 'मघवा मूल बिड़ौजा' पद्धति से टीका कर डाली।

श्रीभरत के अधरों पर खेलती हुई सुस्मिति 'बिड़ौजा' का 'आखंडल' बनाने जा रही है, यह देखते हुए महर्षि पाणिनि भी उसी प्रकार गंभीरता का अभिनय सा करते हुए बोले, ''एक शब्द-सामर्थ्य प्राप्ति में समर्थ, असमर्थ बन रहे हैं, जो वर्षों से महर्षि वाल्मीकि आश्रम में क्रीड़ा भी कर रहे हैं और श्रांत हुए बिना विश्रांति का भी अक्षय क्या अखंड आनंद ले रहे हैं। दूसरे उनके भी गुरु हैं, जो आश्रम की स्थिति प्रामाणिक रूप से इन महाभट के कंठ में घोषित कर रहे हैं। अब कौन निर्णय करे कि ये वीरवर महर्षि के आश्रम में निवास करते हैं कि आश्रम का आवास इनके कंठ में है। अब हमारे जैसा विशेष शिक्षा-विरहित, जो नटराजराज की नव पंच वीथिका में विक्षिप्तों की भाँति सूत्रों के ताना-भरनी व्यूह में लकार-लकार के आकार से परिचित होने के लिए किन-किन की अभ्यर्थना किस-किस पद्धति से कर रहा है, क्या कहें? ब्रह्मा से लेकर बृहस्पति-इंद्र-भारद्वाज-पतंजलि आदि कितनों के आशीर्वाद से यह पाणिनि श्वेत पद्मासना भगवती भारती के पद्मासन की पद्ममालिका की अनंतानंत कलिकावली की सामान्य सी झाँकी की प्राप्ति कैसे कर पाया, काश्यप-गौतम-व्याडि-गार्ग्य-शाकटायन-गालव-शौनक आदि ने निमित्त वेश में क्या वरद वेश में कैसे कराई? उनकी गणनातीत गणना की अभिव्यक्ति-प्रस्तुति अत्यंत सीमित संक्षिप्तातित संक्षिप्त रूप में ही, इस श्वेत केशी अवस्था में कर पाया है, किंतु धन्य हैं ये महाभाग नील, जो सुरभि का दोहन किए बिना, उसके स्तन्य पीयूष को दधि रूप में परिणित किए बिना, उसका मंथन किए बिना, बटलोई भर नहीं, केवल भांड भर भी नहीं अपितु भांड-भंडार क्षुद्र भांड-भांड में भर-भरकर, जागते-सोते चलते-फिरते ही नहीं, महासंग्राम में जूझते हुए भी देव दुर्लभ नवनीत को स्वाद ले-लेकर मन-बुद्धि चित्त-अहंकार को प्रतिक्षण प्रदान कर रहा है, किंतु ये कुक्षिम्भिरि विभिन्न स्वादों के आस्वादन से तृप्ति का अनिवर्चनीय आनंद प्राप्त करते हुए भी 'अतृप्त हूँ,

अतृप्त हूँ' का निरंतर उद्घोष कर रहे हैं। अब इसे क्या कहा जाए?''

''हाँ, क्या कहा जाए, इस अतृप्ति का दोष महर्षि वाल्मीकि की रस-रंजिनी वाणी तथा राघवेंद्र रामचंद्र की जाड्य विष-विभंजिनी सनातन प्रकृति-प्रवृत्ति दोनों को ही दिया जा सकता है। इनमें किसके दोष की कितनी मात्रा है, इसका निर्णय ब्रह्मदेव करें कि उनके और सनंदन ये पूज्यपाद ब्रह्मर्षि वसिष्ठ देव करें, वस्तुतः सत्य तो यही है कि अनंत कोटि ब्रह्मांडों के समस्त गुण समूह, जो स्थायी आवास के अनुसंधान में एक युग से धूलि छानते फिर रहे थे, वे एक में लेखनी के राजपथ से और दूसरे में लक्षणों के जनपथ से प्रविष्ट होकर अपना गंतव्य-मंतव्य पा गए।''

महर्षि पतंजलि के आह्लाद निमज्जित गूढ़ शब्दों के लक्ष्य वे स्वयं भी हैं, यह समझते ही महर्षि वसिष्ठ जैसे ब्रह्मानंद से भी अधिक किसी अज्ञात आनंद सागर की लहरों में लहरने लगे हों, इस प्रकार झूमने लगे। उनके नेत्र स्वतः मुँद गए। उनकी स्थिति इस विषय में त्रिशंकु जैसी है, इससे समुपस्थित जनों को परिचित कराने के लिए उनके नेत्र-कोणों से दो-दो बिंदु प्रवाहित होकर, उनके श्मश्रु-उपवन के किसी निकुंज में पुरुष और प्रकृति की भाँति विलुप्त हो गए।

रण-वर्णन श्रवण करके भावी नीति-निर्माण करने के लिए एकत्रित हुई सभा कुछ क्षणों के लिए ऐसी प्रतीत होने लगी मानो यहाँ जीवित-जाग्रत् महाजन नहीं अपितु उनकी आकृतियाँ किसी श्रेष्ठ शिल्पी ने गढ़कर संग्रहालय में सजा दी हों।

किसी पर्वकाल में स्नान कर, स्नानार्थियों की भारी भीड़ से जैसे-तैसे निकलकर जैसे कोई श्रद्धालु भक्त अपने शरीर के अंग-अंग से पतितपावनी गंगा के जल बिंदुओं को सूँत-सूँतकर धरती पर गिराते हुए, बार-बार मुड़-मुड़कर, शुभ्र लहरों को निहार-निहारकर, पलकों से प्रणाम करते हुए तट से निकलने का उपक्रम कर रहा हो, इस प्रकार अनायास उपस्थित निस्तब्धता को प्रयत्नपूर्वक भंग करते हुए, लंकेश्वर विभीषण धीरे से बोले—

''प्लवंग श्रेष्ठ सुहृत्वर नील! मूलक-खरादि के पश्चात् रघुपुंगव श्रीभरत द्वारा शैलूष के अंत के साथ आततायी गंधर्वों पर निर्णायक विजय प्राप्त हुई। इसके अतिरिक्त जंबूद्वीप के उत्तरी ध्रुव से प्रशांत महोदधि तक विस्तृत क्षेत्र में श्रीमंत पुरुमीढ़ देव के सैन्याभियान की क्या स्थिति है, उससे भी अवगत...''

''क्षमा करें, उस स्थिति से अवगत होने से पूर्व इस रण-वर्णन में एक अद्भुत ही नहीं अपितु अकल्पित-अनिर्वचनीय, संपूर्ण स्थिति का कायापलटकर्ता क्या यदि कायाकल्प करनेवाला कहा जाए, ऐसा एक यशस्वी प्रसंग छूटा जा रहा है।''

नील के शब्दों का समर्थन करते हुए अंगद बोले, ''हम भी विचार रहे थे कि क्या हमारे नील महोदय इतने वृद्ध हो गए हैं कि उनमें विस्मृति दोष अंकुरित होने लगा है,

किंतु वह धारणा बनते-बनते निर्मूल हो गई। हाँ, तो अब कायाकल्प संज्ञक यशस्वी प्रसंग की चर्चा कर, भावी विचार-विमर्श का मार्ग प्रशस्त कीजिए।''

''जी, यह प्रसंग तो इतना विशिष्टातिविशिष्ट है कि चर्चा से पूर्व ही रोम-रोम प्रहर्षित एवं साथ-साथ प्रकंपित भी हो रहे हैं। लंका-रण के पश्चात् राजराजेश्वर के कुमार लव-कुश की समरकला के भी हमने दर्शन किए।''

''दर्शन किए?''

''केकयनरेश महाराज! वस्तुतः दर्शन ही किए। उन दोनों कुमारों ने युद्ध-कला प्रदर्शन का हमें अवसर ही नहीं दिया। अश्वमेध के अश्वराज एक वृक्ष की छाँव में हमारे समक्ष खड़े हुए, वनस्पति मिश्रित हरित तृण चरते हुए ऐसे झूम रहे थे, मानो वे किसी अपरिचित वन में नहीं अपितु अयोध्या के राजकीय उपवन में आनंद कर रहे हों। हम उन्हें पकड़ने के लिए चले। चले तो, किंतु चल नहीं पाए। रघुकुल के उन कुमारों का कौशल देखकर हम स्तंभित रह गए। मन में यही विचार रहे थे कि क्या करें। तब तक तो न जाने किस बाण ने किस अश्रुत बवंडर की सृष्टि की कि हम लंका-विजय के मद में झूमनेवाले वाल्मीकि आश्रम से योजन भर दूर धरती की धूल सूँघते दिखे। शरीर पर एक भी व्रण नहीं, कितु अंतर में बिना रण व्रण-ही-व्रण। आज तो उनका विचार आते ही अक्षय स्रोता निर्झरिणी सा रस चूने लगता है। हम यही विचारा करते थे कि इससे अधिक चमत्कार कोई अन्य नहीं हो सकता, परंतु हमारा यह विचार श्रीमंत भरतदेव के कुमारों तक्षक एवं पुष्कल ने उस समय निरस्त कर दिया, जब वे गंधर्व दुर्ग के सिंह द्वार की शीर्षस्थिता अट्टालिका पर शरश्रेणी से निश्रेणी का निर्माण कर हम वानरों के वेग को लजाते हुए जा चढ़े। उस चढ़ाई के समय उन पर खौलता हुआ तेल, बड़ी-बड़ी शिलाएँ, बाण-भल्ल आदि क्या-क्या मघा मेघ के वेग को क्षुद्र बनाते हुए, नहीं बरस रहे थे। उस अट्टालिका कक्ष में मदोन्मत्त स्वैरिणियों के तीक्ष्ण कटाक्षों एवं रणोन्मत्त सुभटों के अनेकानेक अमोघास्त्र चले, किंतु 'रघुवीर रघुवीर ही होते हैं' यह उन्होंने अपने अग्रजों की भाँति अपने पराक्रम से सिद्ध कर दिया। उन्हें त्रिशूलों पर टँगा हुआ देखकर हमारी श्वास गति अवरुद्ध हुई जा रही थी, परंतु कुमार पूर्णतः निर्भीक-दैन्यभाव मुक्त क्रुद्ध सिंह की भाँति, उनका उपहास करती हुई सुस्मित दृष्टि से जिस प्रकार वैरियों को निर्निमेष देखे जा रहे थे, वह दृष्टि उस समय रणभूमि में उपस्थित एक सामान्य सैनिक भी आज तक भूल नहीं पा रहा है।''

नील को बैठने का श्रीभरत संकेत करते हुए बोले, ''शेष स्थिति से अवगत कराने के लिए तो हिमगिरि के उत्तरी क्षेत्र से पधारे हुए श्रीमंत आजमीढ़ि देव के कुमार सुस्नेहास्पद नील ही प्रामाणिक पात्र हैं। वे यहाँ उपस्थित हैं।'' सभा का आशय समझकर आजमीढ़ि नील खड़े हो गए।

सभासदों के प्रति परंपरानुसार विनम्रतापूर्वक मस्तक झुकाते हुए राजकुमार नील बताने लगे—

"श्रीभरत देव के निर्देशानुसार हमारी आजमीढ़ि चतुरंगिणी द्वारपालपुर (दर्रा खैबर) पार करते ही कुभा नगर (काबुल) से ईशान कोण की ओर बढ़ चली। ज्येष्ठ पितृव्य (बड़े चाचा) श्रीमंत पुरुमीढ़ देव की अनुभवसिद्ध व्यूह रचना के अनुसार इंद्रशिर पर्वत (हिंदूकुश) श्रेणियों के मध्य सेना को विश्राम का आदेश देकर ठहरा दिया गया। क्षेत्र की भौगोलिक स्थिति के अतिरिक्त सेना-संगठन-साधनों एवं प्रकृति आदि से परिचित होने के लिए अपसर्पीय-कला-कुशल (जासूसी) गूढ़ पुरुषों की नियुक्ति कर दी गई। दो-चार दिवसों में ही पृथक्-पृथक् क्षेत्रों के समाचार मिलने आरंभ हो गए। उनके अनुसार कषाल-कलापों (कबीलों) में विभाजित अपने समूह-प्रमुखों के नाम पर कुछ बस्तियाँ बसी हुई हैं। जीवनयापन के लिए यद्यपि पर्याप्त सुविधाओं का अभाव है। फिर भी कई कषाल कृषि करते हैं। प्रायः सभी मांसाहारी हैं। कई, कई पशुओं के चर्म से उपानह-उष्णीष (पगड़ी) जैसे शरदातप आदि से सुरक्षित रहने के लिए कुछ उपकरण बनाते हैं। यहाँ कई जाति की लोमश-रोमश आदि भेड़ें प्रचुर मात्रा में पाई जाती हैं। कुछ कषाल उन्हें पालकर चराते हैं। कुछ उनके रोमकेशों से सूत्रों (ऊन) का निर्माण करते हैं, विभिन्न रंगों में रँगते हैं। स्त्रियाँ उनसे बुनाई करके अंग-प्रत्यंग के लिए कई प्रकार की रूपरेखा के वसन बनाती हैं। कई कषाल उष्ट्र आदि की अस्थियों से चूड़ियाँ-अन्य आभूषण-खिलौने आदि बनाते हैं। पारस्परिक विनिमय के आधार पर नित्य प्रयोग में आनेवाली वस्तुएँ प्राप्त करते हैं।

"इनके अतिरिक्त कई क्रूर प्रकृति के कषाल हैं। उन्होंने लूट-मार, पशु-स्त्री अपहरण आदि दुष्कृत्यों को अपना व्यवसाय बना रखा है। नित्यप्रति कहीं-न-कहीं संघर्ष होते ही रहते हैं। कई बार कई कषालों के समूह मिलकर केकय और गंधर्व राज्यों के अतिरिक्त द्वारपालपुर पार करके भारतवर्ष के मद्र-बाल्हीक तथा पार्श्व देशों पर आक्रमण भी करते रहे हैं। इन दिनों राघवी-काशि तथा विदेह सेनाओं के अभियान के समाचार पाकर वे केतुमाल क्षेत्र (अफगानिस्तान से कैस्पियन सागर का मध्यवर्ती क्षेत्र) की ओर निरंतर बढ़ते चले जा रहे हैं। पितृव्य श्री पुरुमीढ़ देव अपनी उदासीन-प्रमादी प्रवृत्ति का अभिनय करते हुए उन्हें एकत्रित होने का अवसर भी दे रहे हैं। सुदूर पूर्वोत्तर दिशा से अपनी सेनाओं के द्वारा क्रमशः घेरा सघन करते-करते शनैः-शनैः दक्षिण-पश्चिम दिशाओं की ओर बढ़ते भी चले आ रहे हैं। आजमीढ़ वंशी रूपिण-परमेष्टि-ऋक्ष-यवीनर भ्राताओं के नेतृत्व में सैनिक समूह दिशा-दिशा में संघर्षरत हैं। यहाँ के प्रायः सभी कषालों के मूल पुरुष भारतीय हैं। इस कारण श्री पुरुमीढ़ देव उन अराजक तत्त्वों

की समाप्ति के स्थान पर, उन्हें बंदी बनाने की नीति को प्राथमिकता दे रहे हैं। पर्याप्त मात्रा में स्त्री-पुरुष बंदी बना लिये गए हैं। उत्तरी ध्रुव के हिमाच्छादित प्रदेश के दक्षिणी क्षेत्र में जहाँ शीत के प्रकोप में न्यूनता है, वहाँ पृथक्-पृथक् शिविरों में उन्हें रखा गया है। हमारे सैनिक उनके भरण-पोषण की व्यवस्था यथासंभव करने के साथ-साथ, वे कहीं पलायन न कर जाएँ, इस पर भी सावधानीपूर्वक दृष्टि रख रहे हैं।

''इतिहास मर्मज्ञ कई मधुरभाषी विद्वान् उनके आचार-विचार में सुधार का लक्ष्य लेकर भ्रमण कर रहे हैं। उनकी परंपराओं के विश्लेषण के आधार पर उन्हें उनके कुल-गोत्र पूर्व पुरुषों से परिचित करा रहे हैं। कुछ सार्थक परिणाम प्रकट भी हो रहे हैं। इस विचार के अतिरिक्त यह भी विचार रहे हैं कि आप इस क्षेत्र से निवृत्त होकर उधर आ जाएँ तो नीति-निर्धारण सम्यक प्रकार से हो सकेगा। प्रशांत महासागर के तटवर्ती क्षेत्रों के साथ चीन की गतिविधियों का भी प्रकार-प्रकार से अध्ययन किया जा रहा है। जंबू द्वीप के मध्यवर्ती क्षेत्र (मध्य एशिया) की स्थिति का संक्षिप्त रूप से विवरण यही है। भावी नीति-कार्यक्रम के विषय में आप मान्यजन जिस प्रकार का निर्देश देंगे, वह हम पूज्य पितृव्य श्री पुरुमीढ़ देव से निवेदन करने के लिए तुरंत प्रस्थान कर देंगे।''

आजमीढ़ि कुमार नील के बैठते ही श्रीभरत ने कहा कि आप दोनों कुमार कुमार प्रत्यूष के राज्याभिषेक समारोह में आजमीढ़ि साम्राज्य का सादर प्रतिनिधित्व करें। इस समय अपने परिकर सहित शिविर में विश्रामार्थ प्रस्थान करें। कल सायंकाल सभी से विचार-विमर्श पुनः होगा। तभी निर्णायक रूप से कुछ कहा जा सकेगा।''

□

अनुच्छेद-२४

''महर्षि वसिष्ठ कुछ आवश्यक वार्त्ता तुरंत करना चाहते हैं।'' यह संदेश पाते ही श्रीभरत गुरुदेव के शिविर में जा पहुँचे। प्रणाम के पश्चात् श्रीभरत बैठ गए। महर्षि बोले, ''वत्स भरत! केकय स्वतंत्र हो चुका है। दिवंगत महाराज अश्वजित की इच्छानुसार उनके अवशेष सिंधु-सिंधु संगम में विसर्जित करने का समय आ गया है। अतः महाराज युधाजित के साथ जाओ। उनकी मनःस्थिति से परिचित होकर भावी कार्य की रूपरेखा निश्चित करो। तुम्हारे जैसे नीति-विशारद से इतना संकेत करना ही पर्याप्त है। कुमार प्रत्यूष के राज्याभिषेक से पूर्व इस सूतक-सूचक पितृकर्म की पूर्ति होनी आवश्यक है। वैष्णवी धाम से अवशेष कलश आने चाहिए। इसके अतिरिक्त शैलूष का यह प्रमदा समूह, जो निराश्रित अवस्था में बैठा है, उसे तुरंत वहीं भेजने का प्रयत्न किया जाए, जहाँ पूर्व में अन्य स्त्री-समूह भेजे गए हैं। हमारे इन शब्दों का अर्थ तुम पूर्णतः समझते

हो। महाराज युधाजित इन प्रमदाओं को वहाँ छोड़ आएँ और अवशेष कलश ले आएँ। इसका प्रबंध करो।''

''गुरुदेव! आपके आदेश का पालन अविलंब होगा। इसके अतिरिक्त यदि आप उचित मानें तो पूज्य मातामह का अवशेष कलश राजकीय प्रतिष्ठानुसार लाने के लिए यह भरत भी वैष्णवी धाम चला जाए?''

''दिवंगत महाराजा के प्रति पूर्ण राजकीय सम्मान की अभिव्यक्ति होनी ही चाहिए। जिस प्रकार तुमने महाराजाधिराज दशरथ के इस प्रकार के सभी कृत्यों का निर्वाह श्रद्धा-सम्मान सहित किया, उसी प्रकार अपने मातामह के कृत्य भी अपने मातुल के साथ मिलकर संपन्न कराना तुम्हारा कर्तव्य है। दौहित्र होने के कारण धर्म भी है। 'जो राघव अपनी प्रतिज्ञा पूर्ति के निमित्त सागर-वक्ष पर सेतु निर्माण से कल-जल-तल को स्थल के रूप में परिणित कर चुके हैं, वे ही आज मरुस्थलों की धूलि से, धूलडोल के उत्सवों के आनंद लेते हुए, हिम प्रदेश के कर्पूरवर्णी हिम को कर्पूर की भाँति जाग्रत् कर विश्वशांति का नीराजन-आरती उतारने को सन्नद्ध हैं।' भारतीय-पौरुष का यह संदेश सुखद-भविष्य के लिए विश्व को जाना ही चाहिए। तुम्हारे मातामह कुल में केवल तुम्हारे मातुल महाराज युधाजित ही हैं। उत्तराधिकार तुम्हें प्राप्त है। अत: महाराजा युधाजित के साथ केवल जाओ ही नहीं, उन्हें सँभालो भी।''

श्रीभरत महर्षि को प्रणाम कर अपने शिविर में आ गए। रात्रि को प्राप्त निर्देशानुसार सभी प्रमदाएँ स्नानादि से निवृत्त होकर दुर्ग द्वार पर उपस्थित हो गईं। एक रथ में श्रीभरत महाराजा युधाजित एवं आंजनेय हनुमान के सहित विराजमान हो गए। निकट खड़े हुए अंगद के भावों का सम्मान करते हुए, उन्हें सस्नेह श्रीभरत ने अपने निकट बिठा लिया। प्रमदाओं को लेकर अश्वारोही सैनिकों से घिरे हुए कई रथ श्रीभरत के पीछे-पीछे चल पड़े।

त्रिकूट गिरि क्षेत्र में प्रवेश करते ही सभी को ऐसा प्रतीत हुआ मानो वे ब्रह्मानंदमयी शांति के साम्राज्य में ही प्रवेश कर गए हों। विभिन्न वनस्पतियों-फल-फूलों से सुशोभित वृक्षों की शाखाएँ शीतल-मंद पवन के झोकों में झूमती हुईं दिशा-दिशा को अलौकिक-अनिर्वचनीय दिव्य गंधावलियों से सुरभित करती हुईं, मानो स्वयं प्रकृति सुंदरी ही अनेकानेक रंगों के बेल-बूटियों से सज्जित हरितांबर धारण कर, शैलपुत्री के सुवेष में नीलगगन के प्रांगण में उतर आई हों।

इस अलौकिक दृश्य से सम्मोहित चित्त श्रीभरत का यान धीरे-धीरे कुछ ही आगे बढ़ा था कि एक समुज्ज्वल जलधारा उनके समक्ष आ गई। वे परिकर सहित रथ से उतर गए। राजकीय वेशभूषा में राजपुरुषों को देखकर गाएँ चराते हुए चरवाहे चकित से होकर ठिठक गए। उनका संकोच देखकर प्रसन्नमुख श्रीभरत उनकी ओर बढ़े ही थे कि वे चरवाहे स्वयं ही उनके पास धीरे-धीरे आकर खड़े हो गए। उनको प्रणाम का उत्तर देते

हुए श्रीभरत उनमें से दो-चार जो प्रौढ़ से दिख रहे थे, उन्हें संबोधित करते हुए बोले—

"तुम सभी इसी क्षेत्र के निवासी हो?"

"जी, महाराज।"

"इन गायों को चराकर ही अपने परिवार का पालन-पोषण करते हो?"

"नहीं महाराज, कुछ खेती-बाड़ी, शाक-फल-फूल भी उपजाते हैं। शेष तो वह मैया, जो घाटी में बिराज रही है न, उसकी कृपा से सब-आनंद-ही-आनंद है।"

"आप लोग उनके पास जाते हैं कि वे भी आपके पास आ जाती हैं?"

"हम ही जाते हैं। कई बार मार्ग में भ्रमण करती हुई भी मिलती हैं। एक बार तो सिंह पर बिराजी भी दिखीं। हम भीत हुए तो उसे कुदाती हुई हमारे निकट आ गईं। बोलीं, 'ये वनराज तुम्हें सूर्य कुंड ले जाएँगे। वहाँ के स्नान दुर्लभ हैं। मार्ग कठिन है। एक बार कर आओ।' वनराज बैठ गए। हम कैसे बैठें, यह सोचें, डरें, पीछे हटें। सूर्यकुंड के विषय में वयोवृद्ध जनों से सुना अवश्य था। स्नान की लालसा भी थी, परंतु मार्ग से अपरिचित, उसकी दुर्गम-दुरूहता से चिंतित, मनमारे गिरि-शृंगों को निहारें, बैठ जाएँ। मैया की अहैतुकी कृपा कि उन्होंने स्वयं कई को हाथ बढ़ाकर बिठा दिया। लगाई छलाँग वनराजा ने इस शिला से उस शिला पर और उस शिला से अन्य शिला पर, पहुँच गए सूर्यकुंड। इसी प्रकार आ गए।"

"पुनः?"

"अरे महाराज! जो-जो खिलाया, उसका वर्णन तो हो ही नहीं सकता। परिवार के लिए प्रसाद के ढेर-के-ढेर देने लगीं। कैसे उठाएँ, कैसे कठिन मार्ग से जाएँ। हमें असमंजस में घिरा देखकर बोलीं, "ये वनराज ले जाएँगे। बाण गंगा के पार ले लेना।" नीचे उतरकर आए तो बाण गंगा के तट पर प्रसाद के टोकरे रखे हुए थे। वनराज नहीं दिखे तो फिर नहीं दिखे। कई बार कई-कई ऋषि-महर्षि देवता आते-जाते, विमानों से उतरते दिखते भी हैं, किंतु उनका परिचय, जिनसे पाएँ ऐसे तो कोई नहीं मिले। स्मरण आया, एक बार हमारे प्रपितामह को कोई मिले थे। उन्होंने कहा, 'ये माँ वैष्णवी हैं। इतना ही जानो। शेष जानने की चेष्टा मत करो। ये तुम्हें अंक में धारण किए बिराजी हैं। विश्वास रखो। युगों पश्चात् विश्व इनसे परिचित होगा।'

कपिवर अंगद की सस्मित-चकित मुद्रा देखकर श्रीभरत बोले, "वत्स! तुमसे तो मिली होंगी। कुछ बोली थीं क्या?"

"अब आप चल ही रहे हैं, हम इस समय कुछ भी कहने की स्थिति में नहीं हैं।"

केवल "हूँ" कहकर श्रीभरत त्रिकूट गिरि की शिला-शिला पर प्रपात रूप में निर्झर-निर्झरणियों से झरती हुई, सुशुभ्र लहरें लहराती हुईं, वेग से ईशान कोण की ओर प्रवाहित होती हुई बाण गंगा को देखकर मारुति से बोले, "स्नान के विषय में 'बुद्धिमत्तां

वरिष्ठम्' का क्या अभिमत है?''

मारुति के बोलने से प्रथम ही युधाजित अपना उत्तरीय उतारते हुए बोले, ''अभिमत क्या, स्नान करो और बढ़ो। पदाति ही चलना होगा। चलो, विलंब मत करो।''

महाराज युधाजित के शब्द सुनते ही कई चरवाहे एक साथ हर्षातिरेक में बोल पड़े, ''हाँ-हाँ, चरण गंगा में स्नान करके ही मैया के दर्शनार्थ पधारो।''

चरण गंगा सुनकर श्रीभरत बोले, ''आप सभी तो इस सरि को बाण गंगा कह रहे थे, अब…''

''अरे महाराज! मैया के चरण पीठ की प्रसादी लेकर आ रहे हैं तो चरण गंगा और रामजी के बाण के समान जन्म-जन्मांतर के पाप-ताप नष्ट करनेवाले हैं तो बाण गंगा। कोई भी नाम धारण करें, देवभूमि भारतवर्ष की कोई भी नदी किसी भी दिशा से प्रकट होकर किसी भी दिशा से सागरराज में प्रवेश करें, किंतु पतित पावनी गंगा की धरती पर प्रवाहित होने के कारण उसका कुल-गोत्र हिमालय से कुमारिका क्षेत्रपर्यंत गंगा ही है, गंगा ही रहेगा।''

''यह आपसे किन्होंने कहा?''

''किन्होंने का उत्तर तो हमारे पास नहीं है। हम तो इस बाण गंगा मैया के दूर-पास गैया चराते फिरते हैं। मैया के दर्शन करने कई बार कई महात्मा-तेजस्वी पुरुष आते हैं। यह हम पहले भी आपसे कह ही चुके हैं। उनमें से ही किसी ने यहाँ स्नान करते हुए कहा। उनका दिव्य स्वरूप देखकर परिचय पूछने का साहस तो हम नहीं जुटा पाए। फिर उन्होंने प्रसन्न होकर कहा, 'ये महारानी भगवान् सूर्य नारायण की पुत्री हैं।' हम समझ गए कि मैया के गुह्य निवास से पर्याप्त दूरी पर सघन शैलमाला में कहीं पवित्र सूर्यकुंड है, सो ये भगवती वहीं से प्रकट होकर मैया के चरण पखारते हुए, यहाँ चरण गंगा से बाण गंगा बनकर चंद्रभागा (चुनाव) गंगा में प्रवेश कर जाती हैं।''

सूर्यपुत्री के रूप में बाण गंगा का परिचय पाकर महाराज युधाजित-मारुति-अंगद सहित श्रीभरत ने दुग्ध धार-पुष्पादि समर्पित करने के पश्चात् स्नान किया। कुछ दूरी पर खड़ी हुई गंधर्व प्रमदाओं में से एक कुछ प्रौढ़ा सी धीरे-धीरे आकर श्रीभरत के पास खड़ी हो गई। 'यह कोई प्रश्न लेकर आई है' यह अनुमान करते ही श्रीभरत बोले, ''कहो।''

''देव! हम पापिष्ठा इन बाण गंगा में स्नान करके ही भगवती वैष्णवी के दर्शन करना चाहती हैं। एक बार एक कोई गंधर्वराज के पास आए थे। वे इस वैष्णवी के चमत्कारों की चर्चा कर रहे थे, किंतु महाराज शैलूष तो…अस्तु, यदि यहाँ प्रबंध हो सके तो हम भी स्नान कर लें।''

''करो, अवश्य करो। कहो, क्या प्रबंध करना है। हम इन चरवाहों से दूसरी दिशा में जाने के लिए कह देते हैं और हम भी कुछ दूर जाकर ठहर जाते हैं। आप सभी

शीघ्रतापूर्वक निस्संकोच भाव से स्नान करें।''

श्रीभरत यह कहते हुए चरवाहों की ओर जाने के लिए मुड़ने जा ही रहे थे कि वह पुन: बोली, ''देव!''

''कहो।''

''हम ये अपवित्र वस्त्र विसर्जित करना चाहती हैं, यदि…''

''अन्य वस्त्रों का प्रबंध हो जाए, ठहरो।'' कहते हुए श्रीभरत ने निकट खड़े हुए चरवाहे से कहा कि ''ये देवियाँ वस्त्र विसर्जन करके, सूतक निवृत्ति स्नान करना चाहती हैं। इनके लिए यहाँ वस्त्रों का प्रबंध हो सके तो कहो?''

''श्रीमहाराज! वस्त्रों का प्रबंध तो हो जाएगा। यहाँ अनेक तंदुकों के आवास हैं। किंतु…''

''किंतु क्या, तंदुकगणों को वस्त्रों का मूल्य, जो वे चाहेंगे, दिया जाएगा, किंतु वस्त्र तुरंत चाहिए।''

''श्रीमहाराज! वस्त्रों के मूल्य की बात नहीं। हमारे यहाँ के वस्त्र आप जैसे श्रीमंत के आदेश से इन देवियों की सेवा में समर्पित हों, यह तो हम वैष्णवी क्षेत्र के निवासियों का सौभाग्य होगा, किंतु जिस प्रकार के बहुमूल्य वस्त्र ये धारण किए हुए हैं, वैसे तो यहाँ उपलब्ध नहीं होंगे।''

श्रीभरत कुछ कहें, उनसे पूर्व वह प्रमदा ही बोल पड़ी, ''भ्रातृवर! हमें आपके यहाँ के ही वस्त्र चाहिए। ये वस्त्र हमारे लिए भार बन गए हैं। हमें इन्हें त्यागना ही है। तुम्हारे यहाँ के वस्त्र तो माँ वैष्णवी के प्रसाद के रूप में हमारे जन्म-जन्मों के दोषों का विनाश कर, हमारे सौभाग्य का वास्तविक शृंगार करेंगे। कृपया जाइए, लाइए, और शीघ्र लाइए। हमें वैष्णवी माँ के दर्शन अविलंब करने हैं।''

प्रमदा के शब्दों में प्रकट भावना के प्रति श्रीभरत के मौन समर्थन का अनुमान करते हुए गोपाल चरवाहा बोला, ''देव! हम तंदुक-बस्ती अभी जाते हैं। आने-जाने, वस्त्र संचय में जो समय लगेगा, वही लगेगा। शेष हम एक पल भी व्यर्थ नहीं करेंगे, विश्वास मानिए।''

''यदि आपका आदेश हो तो यह कपि इस बंधु को अपने साथ अश्व पर बिठाकर ले जाए और तुरंत वस्त्र लेकर आ जाए?''

श्रीभरत का दाहिना हाथ अंगद का कंधा थपथपाने लगा। अंगद के संकेत पर एक सैनिक ने अपना अश्व उनकी ओर बढ़ा दिया। श्रीभरत के प्रति मस्तक झुकाते हुए अंगद अश्व पर आरूढ़ होने जा ही रहे थे कि मारुति मुस्काते हुए बोले, ''युवराज! तंदुक-बस्ती में चरण रोपण नहीं करना है, वस्त्रों का भार लेकर तुरंत लौटना है। अत: दो-चार अश्वारोही और ले जाओ, ताकि वस्त्रों का भार सुगमता से आ जाए।''

अंगद भी उसी प्रकार मुस्काते हुए बोले, ''गुरुदेव! वस्त्रों के भार गिरिवर जैसे भारी नहीं हैं, जो लाने में रात्रि का तृतीय प्रहर आ जाए। तंदुक बस्ती भी द्रोण क्षेत्र की भाँति सहस्र योजन नहीं, रामेश्वर से हनुमदीश्वर तक ही मानिए। किसी भिषकराज ने किसी औषधि विशेष के लक्षण भी नहीं बताए हैं कि अनुसंधान में समय लगे। अमृत कलश प्राप्ति के लिए समुद्र मंथन नहीं करना है। नाभि में प्रवेश करके बाण की अणिका को केवल रस पान कराना है और आपके सान्निध्य सुशरालय में प्रविष्ट हो जाना है। न किसी कालनेमि से मंत्र लेना और न मुष्टिकाबद्ध मुद्रा में दक्षिणा देनी। आपकी अनुकंपा का अवलंब त्रयकालिक विलंब का घातक है, यह त्रयलोक जानता है।''

अपने परिहास का सटीक उत्तर पाकर मारुति तो मुस्काकर रह गए, परंतु श्रीभरत तो कपि-युगल के वाग्विलास से अनिर्वचनीय आनंद की मुद्रा में झूमते रह गए। अंगद का अश्व इसी मध्य नेत्रों से ओझल हो गया। उनका अनुकरण करनेवाले कई अश्वों की टापध्वनि भी शब्दागार गगन के आँगन में किलोल करते-करते शनैः-शनैः अंतर्हित हो गई।

अर्ध प्रहर ही व्यतीत हुआ होगा कि युवराज अंगद के साथ तंदुकों की टोली की टोली निरंतर आने लगीं। अश्वों की पीठ से वस्त्रों की गाँठें बाण गंगा तट के समीप उतरने लगीं। रंग-बिरंगे बेल-बूटीदार महीन तारों से बुने हुए वस्त्रों की सुंदरता देखते ही बन रही थी। वस्त्रों का वितरण प्रमदाओं में कैसे हो? वे ही स्वयं आ-आकर अपनी-अपनी रुचि के अनुसार ग्रहण कर लें अथवा, अथवा¨। श्रीभरत विचार ही रहे थे कि गीतों के स्वरों की गूँज कानों में आने लगी। धीरे-धीरे छकड़ों-बैलगाड़ियों से क्षेत्र की अनेकानेक नारियाँ भगवती दुर्गा के स्तुतिपरक गीत गाती हुईं, धीरे-धीरे उतरने लगीं।

स्थानीय भाषा में विरचित लोकगीत कोकिल कंठी नारियों के कंठ से निकल-निकलकर संगीत की नूतन रीति-नीतियों से अलंकृत होकर जन-जन को विविध विधाओं के वैभव से, चित्त को चमत्कृत करने लगे। वयोवृद्ध जनों के शब्दों को उनके शिशुओं के केलि-कलाप जैसे अपने अटपटे बोलों से सहज भाव में ढालकर माधुर्य की नवीन सृष्टि कर देते हैं, उसी प्रकार वेदमंत्रों के सिद्धांत इन संस्कारित नारियों के स्वरों में प्रस्फुटित हो रहे थे। प्रकट कर रहे थे कि क्षेत्र की विशालता के कारण सिंधु और ब्रह्मपुत्र-कावेरी और गंडकी किसी भी दिशा से प्रगट होकर किसी भी दिशा से सागर में समाहित हों, किंतु उनके मध्य देवभूमि भारत की संस्कृति एक ही है। महर्षि वाल्मीकि के शब्दों में 'समुद्र इव गांभीर्येण धैर्येण हिमवानिव' समुद्र की भाँति गंभीर और धैर्य धारण में वह गिरिराज के समान है। उसका आधार वेद है। विश्व के मानचित्र में भारतवर्ष के अतिरिक्त अन्य कौन सा देश है, जहाँ षट्-ऋतु मंडल वर्ष भर झूम-झूमकर नृत्य करता हो। कहीं मरुभूमि अज्ञात यौवना की भाँति अपने निश्छल रजकणों से दिशा-दिशा के भाल पर

गुलाल उड़ाती हुई कुलाँचें मारती है तो कहीं उसकी शस्य-श्यामला छवि अपनी संतति की किलकारियों से रोमांचित प्रत्यक्ष सिंदूरी सुंदरी ही प्रतीत होती है।

अस्तु, उन रंग-बिरंगी बेल-बूटीदार महीन साड़ियों के प्रति अरुचि प्रकट करते हुए गंधर्व प्रमदाओं ने अपने नेत्र मूँद लिये। तंदुक-प्रमुख यह मानकर कि ये वस्त्र उनके सम्मान के अनुकूल नहीं हैं, हत्प्रभ सा होता हुआ बोला, "हमारे ग्रामीण क्षेत्र के ये वस्त्र आपके योग्य नहीं हैं। यह तो आपके धारण किए हुए वस्त्रों को देखते ही विचार चुके थे, किंतु इनसे सुंदर तो इस क्षेत्र में इस समय उपलब्ध नहीं हो सकेंगे। आप इस समय स्नान करके इनका उपयोग कर लीजिए। राजगृह-कुभा-मूलस्थान आदि के बहुमूल्य वस्त्र प्राप्त होने पर इन्हें दीन-निम्न वर्ग में वितरित कर देना। हमें इनका कोई मूल्य नहीं चाहिए। इन्हें धारण न कर, हमारा अपमान मत कीजिए। यही निवेदन है।"

"हम इन सुंदर वस्त्रों का अपमान नहीं कर रही हैं, किंतु इनका सम्मान ग्रहण करने की स्थिति में हम स्वयं ही नहीं रह गई हैं। ये जो पीछे की ओर दबी-ढकी सी दो-चार नारियाँ जिस प्रकार की श्वेत शाटिका धारण किए खड़ी हैं, हमें वैसे ही वस्त्र चाहिए।"

"शिव, शिव माँ, माँ! अरे आप यह क्या कह रही हैं। ये बिचारी तो पति-हीना होने के कारण समस्त श्रृंगार विसर्जित कर चुकी हैं। आप तो…"

"हाँ, हमसे त्रुटि हुई है। आपने हमें हमारे दोष से परिचित करा दिया।" कहते हुए ज्यों ही उस प्रमुख प्रमदा ने अपने कंगन एवं अन्यान्य आभूषण उतारने आरंभ किए, त्यों ही उसका अनुकरण करते हुए शैलूष-पालिता शेष प्रमदाओं ने भी अपने शरीर से एक-एक आभूषण उतार डाला। धरती पर पड़े हुए रत्नजटित उन सुंदर आभूषणों को लालायित नेत्रों से ताकती हुई तंदुक-नारियों को देखकर, एक गंधर्वी बोली, "आप इन्हें ले लीजिए।"

गंधर्वी के शब्द सुनते ही वैष्णवी क्षेत्र की नारियाँ गाल पीटते हुए बोलीं, "आप बड़े घरों की नारी हैं, यह तो हम जान गईं, किंतु आप ऐसे शब्द बोलेंगी, यह तो हम स्वप्न में भी नहीं सोच सकतीं। हम वैभव में आपकी समानता तो नहीं कर सकतीं, किंतु इतनी पतित-याचिका भी नहीं हो सकतीं कि आपके ऐसे समय के त्याग किए हुए इन आभूषणों में से एक छल्ला भी उठा लें। मैया रानी किसी पर ऐसा समय न लाए और न किसी की ऐसी मति फेरे कि वे इन वमन जैसे किए गए भूषणों के प्रति मन में कोई इच्छा लाए। हमारी ये कंठी-माला, मंगलसूत्र, काँच की कँगनी बनी रहें, यही आशीर्वाद दो।"

तंदुक स्थिति का अवलोकन करते हुए बोले, "हमें तो परिस्थिति का अनुमान नहीं था। हमारे कारण आपका चित्त दुःखी हुआ। अतः क्षमा करें। अंगद की ओर देखते हुए पुनः बोले, "इन महाराज के सामने ही तो हम ये वस्त्र बाँध रहे थे। यदि इन्होंने तनिक संकेत कर दिया होता तो…"

"भैया! हम संकेत क्या करते। हमें भी तो इस परिस्थिति का तनिक भी संकेत नहीं था कि इतना, इतना परिवर्तन…तमस पर सत्त्व की निर्णायक विजय" कहते-कहते अंगद का कंठ भर आया।

कई तंदुक युवक एक साथ कई अश्वों को दौड़ाते हुए वस्तिका क्षेत्र की ओर चल पड़े। कुछ ही समय में साधारण वस्त्रों की गाँठें आ गईं। गंधर्व प्रमदाओं द्वारा त्यागे हुए रंग-बिरंगे बहुमूल्य वस्त्रों को अपनी लहरों में लहराती हुई, बाण गंगा की धारा उस समय ऐसी प्रतीत हो रही थी मानो श्री वंचिता हुई असुरश्री-राशि अपनी कांतिमयी राजमुद्राएँ समर्पित कर, उनकी दिव्य दीप्ति से देव-राजलक्ष्मी की चरण पीठिका का शृंगार करने जा रही हो।

□

अनुच्छेद-२५

त्रिकूट शैल की शिलाओं पर विद्युत्गति से कूदती-फाँदती, दुर्गम-दुरूह पथ को एक कुशल अभ्यस्त की भाँति पार करती हुई दो योगिनियाँ सहसा बाण गंगा के तट पर आकर खड़ी हो गईं। उनके काषाय वस्त्र उनका परिचय यद्यपि तपस्विनियों के रूप में करा रहे थे, किंतु उनका तेजोदीप्त मुखमंडल उन्हें तपस्या की साक्षात् प्रतिमूर्ति ही घोषित कर रहा था। उनके मलयज मंडित मस्तक के मध्य में सिंदूर की लाल-लाल बिंदियाँ दमक रही थीं। कंठ एवं कलाइयों में चंदन-स्फटिक दोनों के मध्य विविध मणियों की गुँथी हुई मालाएँ उन्होंने धारण की हुई थीं। उनकी काली-कुंचित केशराशि उनकी एड़ियों का स्पर्श करती हुई उनके सुस्कंधों पर झूलते हुए झीने उत्तरीय से प्रतियोगिता सी करती हुई लहरा रही थीं। श्रीभरत की परिचय-प्राप्ति के लिए उठी हुई विनम्र दृष्टि पर दृष्टिपात करते हुए, वे बोलीं—

"इस त्रिकूट गिरि की गहन उपत्यका में तपोरत लीलामयी देवी वैष्णवी की सेवा हम नितांत सखी भाव से करती हैं। हम भारती हैं एवं ये हैमवती हैं। अथर्ववेद सहित भारतीय वाङ्मय में प्रचुरता से वेद वर्णित यह त्रिकूट गिरि एक सिद्ध क्षेत्र है, जिसे इस समय त्रिकूट एवं त्रिकीट गिरि भी इसके तीन शिखरों के कारण लोकभाषा में कहा जा रहा है। इस गिरिवर के तृतीय शिखर पर, घोर कांतार के मध्य अक्षय सूर्यकुंड है। उसी से सूर्यनंदिनी ये ताप्ती भगवती दो शाखाओं में विभाजित होकर प्रवाहित हो रही हैं। एक क्षीण धारा देवी वैष्णवी के श्रीचरणों का प्रक्षालन करती हुई बाण गंगा के रूप में आपके समक्ष हैं।

"वाममार्गी पद्धति से सिद्धि प्राप्त एक अघोरी कापालिक देवी के त्रैलोक्य-विमोहक

रूप के प्रति आसक्त होकर उनकी ओर दौड़ा। उसकी कलुषित भावना पर दृष्टिपात करते हुए देवी ने त्रिशूलाघात से उसका वध किया। उस कापालिक का मूल नाम क्या था, यह तो कोई नहीं जानता, किंतु वह भयंकर भयप्रद रव (शोर) करनेवाला लोक में भैरव नाम से प्रसिद्ध हो गया था। नरबलि-बालबलि के कारण समस्त क्षेत्र उससे भयाक्रांत था, उसके सुधार का कोई उपाय न देखकर देवी वैष्णवी ने उसका वध किया। अपने अमोघ बाण से गुह्य गुहा में अपनी तपस्थली का निर्माण किया। चरणगंगा ही गुहा से प्रवाहित होकर, इस निम्न उपत्यका में बाण गंगा के रूप में प्रसिद्ध हुई। कुछ दूर जाकर बाण गंगा अपनी मूल धारा ताप्ती अथवा तापी में प्रविष्ट हो जाती है। इसी प्रकार सरोवरराज मान के समीप चंद्रभाग पर्वत से भगवान् शंकर के प्रशस्त ललाट पर सुशोभित द्वितीया की क्षीण चंद्रकला की भाँति चंद्रभागा निःसृत होती है। हिमगिरि की शिला-शिला पर नृत्य करती हुई वे इस क्षेत्र में राकेंदु की विभा बिखेरती हुईं, श्रीमन्नारायण की नंदक असि की प्रभा कणिका के समान भास्वरित असिक्नी को आलिंगित करती हुई प्रविष्ट होती हैं।

''पद्मासना देवी वैष्णवी नासिकाग्र पर दृष्टि केंद्रित किए, प्रायः काष्ठ मुद्रा में प्रदर्शित होती हैं। उनकी गुहा में किसी भाग्यशाली को ही प्रवेश की अनुमति प्राप्त होती है। उनमें भी कोई परम भाग्यशाली ही होता है, जिसे संवाद का सौभाग्य प्राप्त होता है। वे सागरराज नंदिनी हैं, जगन्नियंता की जगताल्हादकारिणी संहारिणी शक्ति हैं। हिरण्याक्ष-हंता इस अनंता धरित्री के परिणेता वाराहदेव की दंष्ट्राओं की ज्योति की भाँति हिरण्यकशिपु-विदारक नृसिंहदेव के नखों की तीक्ष्णता ये ही रही हैं। राजेंद्र रामचंद्र के लीला विलास में उनकी महती भूमिका के विषय में भी चर्चाएँ हैं, किंतु वे क्या हैं, इस विषय में अहर्निशि उनके अंग संग रहनेवाले सौमित्रि लक्ष्मण भी अनभिज्ञ रहे। इस स्थिति में संपूर्ण ज्ञाता कौन हैं, उन्हें हम भी नहीं जानतीं। जितना जानती हैं, उतना बताने का भी सामर्थ्य हमारा नहीं है। यही कहना इस समय उचित मानिए।

''अभी कुछ दिवसों पूर्व किष्किंधा के युवराज ये अंगद द्विविद-मयंद-पनस-प्रमाथी चार वानर वीरों के साथ केकयनरेश अश्वजित का अस्थि कलश एवं रक्ष-शिविरों से मुक्त की हुई नारियों को लेकर यहाँ आए थे। इनसे उन्होंने कहा था कि तुम्हारे अतः के अर्थ का यथार्थ मैं समझती हूँ। राजेंद्र श्रीमद्रामचंद्र के अश्वमेध की समापन वेला में भगवती पृथ्वी के अंक में विराजमान होकर जो लौकिक जगत् से अदृश्य हुई, वह मैं नहीं हूँ। लंकारण की समाप्ति पर जो प्रभु के साथ पुष्पक विमान में बैठकर अयोध्या पधारी और राज्याभिषेक के समय राजसिंहासन पर राजेंद्र के वामांग में समासीन हुईं, वह मैं नहीं हूँ। उन जनकनंदिनी के समान छविमयी, जिसे देखकर तुम भ्रमित हो रहे हो, वह क्या है, कौन है, यह केवल मेरे और तुम्हारे संयुक्त आराध्य के मध्य का रहस्यात्मक संबंध है। इसे कब-कैसे प्रकट करना है, यह विषय समयाधीन और उन्हीं के अधीन है।

''उस समय तो उन्होंने इन अंगद से भी यही कहा था कि 'अभी यह चर्चा श्रीभरत से भी मत करना, अन्यथा भूमिभार-हरण के कार्य में व्याघात उपस्थित होगा।' इसी कारण हमारा कथन आपको नवीन प्रतीत हो रहा है। एक दिवस अवसर पाकर हमने उनसे चर्चा छेड़ी। हमें उत्तर मिला कि 'अभी तो द्वापर युग आनेवाला है। तदनंतर कलियुग भी आएगा। मेरे प्रभु का अनेक रूपों में प्रादुर्भाव होगा। मुझे भी आमंत्रण प्राप्त होगा। उस समय उन वासुदेव श्रीकृष्ण स्वरूप पद्मापति श्रीकल्कि के निर्देशानुसार हमारी क्या भूमिका होगी, यद्यपि यह अभी भविष्य के गर्भ में है, किंतु अस्पष्ट भी नहीं है।' इतना संकेत कर सदैव की भाँति काष्ठ समाधि में प्रविष्ट हो गईं।''

तपस्विनी भारती के मौन होते ही हैमवती बोलीं, ''अब हम प्रस्थान कर रही हैं। ये तारेय अंगद मार्ग से भलीभाँति परिचित हैं। इनका अनुकरण करते हुए प्रस्थान कीजिए। वहीं भेंट होगी।'' कहते हुए दोनों तपस्विनी चल पड़ीं। कुछ दूर तक तो वे जाती हुई दिखीं, किंतु उसके पश्चात् वे सहसा विलुप्त हो गईं। उनके अंगांग से प्रस्फुटित होती हुई कांति भी शनैः-शनैः क्षीण होती हुई अदृश्य हो गई। युवराज अंगद के पीछे श्रीभरत महाराज युधाजित के साथ चल पड़े। उनका अनुकरण करती हुई गंधर्वांगनाओं को बढ़ता देखकर तंदुक नर-नारियों के साथ अपनी गायों एवं अन्य पशुओं को चरता हुआ छोड़कर चरवाहे भी यह सोचते हुए चल पड़े कि ऐसा देव-दुर्लभ अवसर जीवनपर्यंत पुनः प्राप्त नहीं होगा। जनसमूह के पीछे अनिर्वचनीय आनंद की स्थिति में झूमते हुए पवनकुमार की छवि तो इस समय देखने योग्य ही थी। स्थानीय नारियों के स्वर में कोकिलकंठी गंधर्वांगनाओं के कंठ से प्रस्फुटित होती हुई ध्वनि तो जैसे स्वर्ण में सुगंध का संचार कर रही हो, ऐसी प्रतीत हो रही थी।

भगवती के लीलापरक गीतों का गायन करते-करते वैष्णवी क्षेत्रवासिनी नारियों के चरण थिरकने लगे। माँ अपने भक्तों के कठिन-से-कठिन अक्षम्य पापों-दोषों को क्षमा करते हुए, उन पर प्रकार-प्रकार से कृपा की वर्षा करती हैं। सरस वाणी में यह सुनते-सुनते गंधर्वांगनाओं के चित्त का कालुष्य धुलने लगा। संकोच तिरोहित होने लगा। फिर तो नृत्य कलाकुशल वे कामिनियाँ कहाँ ठहरनेवाली थीं। नृत्याचार्यों द्वारा वर्णित हाव-भाव, अंग-संचालन विधाएँ शनैः-शनैः मुखरित होने लगीं। उनके पूर्व नृत्यों से इन नृत्यों में कला की दृष्टि से तो कोई अंतर नहीं था। था तो केवल इतना ही कि वासना का स्थान प्रेम ने, श्रद्धा ने, विश्वास ने ले लिया था। उनके जन्मजात संस्कार जाग्रत् होने लगे। अपनी कलित कलाओं से अन्यों को रिझानेवाली आज अपनी विशुद्ध चित्तवृत्तियों का प्रेमानंद सरोवर में निमज्जन निरखकर स्वयं-ही-स्वयं पर रीझने लगीं। हमारी कला आज सार्थक हो गई, यही भाव प्रत्येक के मन-मस्तिष्क में उत्पन्न होकर उभरकर, हृदयांगन में क्रीड़ा करने लगा।

घाटी-घाटी को महकाने वाले भक्ति गीतों के समवेत स्वरों की गमक शनैः-शनैः त्रिकूट के शिखर-शिखर पर धमकने लगी। वैष्णवी गुहा के निकट रक्षागारों से मुक्त बंदिनियों के शिविरों में वास्तविक मुक्ति का सुख हर्षोल्लास में भरकर जैसे गरजने लगा हो, इस प्रकार शिविर-शिविर में वैसे ही भक्ति गीत गूँजने लगे। हिमाच्छादित छालटियों के पट सरकने लगे। स्थान-स्थान पर पड़ी हुई बदलियों के खंड पदाघातों से फटने लगे। उनके धूम्र विभिन्न आकारों का निर्माण करते हुए विष्णुपद (आकाश) की ओर प्रयाण करते-करते निर्वाण प्राप्त करने लगे। स्नेह-सौहार्द-श्रद्धा की त्रिवेणी ठाठें मारने लगीं। जिन ताराकुमार अंगद के पराक्रम और प्रभु प्रेम की कथाएँ बार-बार वैष्णवी से सुनती रहीं, उन वीरवर को शिलाओं पर उछल-उछलकर, जनसमूह को मार्गदर्शन देते हुए, आगे बढ़ते हुए देखकर वे खिल उठीं। उनके पीछे जापरत श्रीभरत की सौम्य छवि पर दृष्टि पड़ते ही उनके हाथ स्वतः जुड़ गए, मस्तक नत हो गए। रंग-बिरंगे परिधान धारण किए श्रीक्षेत्र निवासियों के मध्य सुशुभ्र वेशी गौरांगी गंधर्वियों के पीछे झूम-झूमकर करताल बजा-बजाकर गीतों को ताल देते हुए मारुति को देखते ही अनायास झूम उठीं। विभिन्न पुष्पों को तोड़-तोड़कर, चौड़े-चौड़े पत्तों की द्रोणियों में उन्हें कंदुकाकार देते हुए, वे नीचे से आते हुए दल पर ऊपर से उछाल-उछालकर डालने लगी। प्रत्युत्तर में गीतों के स्वरों में एक प्रमत्तता ने प्रवेश करके वातावरण को उन्मत्त बना दिया। दल के पाँवों में पाँख उग आए। उड़ते हुए पुष्पों के सेतु ने आनंद सिंधु के दोनों तटों को एक सूत्र में आबद्ध कर दिया। मार्ग में अर्धकुमारिका-गर्भयोनि आदि के दर्शन करते हुए दल वैष्णवी गुहा के निकट श्रांति की क्लांति को निर्भ्रांत करते हुए जा पहुँचा।

गुहा द्वार पर जानुबल श्रीभरत को धरती पर मस्तक टिका कर प्रणाम करते देखकर भारती-हैमवती उन्हें अंदर ले गईं। एक दिव्य विभा से विभासित गुहा में बाघंबर पर विराजमान पद्मासना वैष्णवी को पुष्प समर्पित करते हुए भरत हत्प्रभ अवस्था में ठिठक गए। दूसरे ही क्षण स्वयं को यथासंभव व्यवस्थित करते हुए उनके मुख से सहसा निकल गया, ''माँ! आप यहाँ, जनकनंदिनी देवी! राघवेंद्र वल्लभे! यह क्या, वनवासिनि! राजरानि! अयोध्या को वनवास देकर, यहाँ निवास, यह कैसा लीला विलास, प्रभु का अपने परिकर से यह परिहास? बताइए, यह भरत किसी स्वप्न लोक में विचर रहा है कि धरती पर जीवित जाग्रत् खड़ा है, मेरे नेत्र मुझे छल तो नहीं रहे? मैं जिस दृष्य को देख रहा हूँ, वह वस्तुतः वही है कि⋯''

वैष्णवी संकेत से श्रीभरत को विश्वस्त करते हुए बोलीं, ''श्रीमद्राघवानुज राघव! जो तुम देख रहे हो, वह स्वप्न नहीं सत्य है, किंतु जिसे तुम कुछ अन्य मान रहे हो, वह, वह नहीं है। वह जो है, वही है।''

वैष्णवी के शब्दों से अंगद की स्वास गति तो सामान्य हो गई, किंतु यह एक विकट

पहेली है, यह विचारते हुए समाधान के अनुसंधान में उनके नेत्र फिर भी फैले के फैले रह गए। मारुति वैष्णवी के नेत्रों में नेत्र डालकर, प्रणाम करते हुए, रहस्यात्मक मुद्रा में एक ओर खड़े हो गए। महाराज युधाजित विक्षिप्तों की भाँति इधर-उधर ताकते रह गए। वैष्णवी अंगद को संबोधित करते हुए बोलीं, ''हमारे शेष शब्दों से इन राघवानुज को यथासमय परिचित करा देना।'' हैमवती ने उनके संकेत का अर्थ समझते हुए दिवंगत केकय नरेश का अस्थि कलश भरत को सौंप दिया। वैष्णवी करबद्धमुद्रा में प्रणाम करती हुई, आशीर्वादात्मक मुद्रा में हाथ उठाती हुई काष्ठ समाधि में प्रवेश कर गईं।

किंकर्तव्यविमूढ़ श्रीभरत परिकर सहित गुहा द्वार से बाहर आकर भारती प्रदत्त आसन पर मातुल युधाजित को कलश थमाते हुए बैठ गए। हैमवती देवी की इच्छा से श्रीभरत को अवगत करते हुए बोलीं, ''आप अपने अभियान की शेष संपूर्ति कर जब तक नहीं लौट आते, तब तक ये गंधर्व बालाएँ अन्य नारियों के साथ यहीं रहेंगी। अपने अपसंस्कारों का क्षरण करती हुई, पर्वतीय वनस्पतियों से अपनी उदर पूर्ति करती हुई, ये यहीं रहेंगी। किसी को भी गर्भपात के पातक का भागी नहीं बनने दिया जाएगा। प्रसव के पश्चात् शिशुओं के पालन-पोषण का यहाँ यथोचित् प्रबंध है। अब आप निश्चिंत होकर पधारिए। प्रभु श्रीराम के नर-तन धारण के सांध्यकालिक कृत्य की पूर्ति के निमित्त स्वयंवर द्वारा अथवा धर्मसम्मत अन्य पद्धति से इन्हें इनकी इच्छानुसार गृहस्थाश्रम में प्रविष्ट कराइए। चित्तवृत्तियों के आवेग पर बलात् संयम लादना, अग्नि को सूखे तृणों से ढकना ही सिद्ध होता है।'' कहते हुए हैमवती भी भारती सहित गुहा में प्रवेश कर गईं। दो परिचारिकाओं ने गुहा द्वार पर शिला सरका दी।

श्रीभरत को प्रस्थान की मुद्रा में ससंकोच उठते-ठिठकते देखकर श्रीक्षेत्र निवासी नर-नारी एक स्वर से बोले, ''आप ऊहापोह-निवृत्त चित्त से प्रस्थान कीजिए। हमें विश्वास है कि देवी एक बार हमें अपने दर्शन से कृतार्थ करने, आशीर्वाद प्रदान करने के लिए गुहा द्वार से अवश्य पदार्पण करेंगी।''

श्रीक्षेत्र के नर-नारियों सहित समस्त नारियों के अभिवादन का उत्तर विनम्र अभिनमन से देते हुए श्रीभरत अपने शरीर को भार के समान ढोते हुए परिकर सहित धीरे-धीरे गिरि से उतरने लगे।

□

अनुच्छेद-२६

अरुणोदय वेला में केकय राज्य के नवनिर्मित सभागार के प्रांगण में पुष्पाच्छादित मंच पर केकयराज परिवार का अवशेष कलश रख दिया गया। उस पर ढका हुआ

रक्त-रंजित पट महाराजा अश्वजित के सु-शासन की स्मृति के साथ उनके शौर्य एवं आत्मबलिदान के प्रति श्रद्धेय भावों का जागरण करता हुआ आबाल-वृद्ध; सभी में सतर्क शौर्य की एक नवीन संरचना की रचना करता हुआ प्रतीत होने लगा। एक प्रहर दिन चढ़े एक पुष्प सज्जित रथ पर अवशेष कलश रखकर श्रीभरत महाराजा युधाजित के साथ सिंधु-सिंधु संगम में उसे विसर्जित करने चल पड़े।

उनके पहुँचने से पूर्व केकय अमात्य भद्रबाहु विसर्जन कृत्य की समस्त तैयारी राजपुरोहित के निर्देशानुसार कर चुके थे। श्रीभरत संगम स्थल से कुछ दूर सिंधु नद के तट पर उतर गए। स्नानादि के उपरांत तत्संबंधी कृत्य संपन्न कर श्रुति ऋचाओं का पाठ करती हुई विप्र मंडली के साथ श्रीभरत एवं युधाजित अवशेष कलश लेकर निर्धारित जलयान में चढ़ गए। किसी बलिष्ठ वृषभ की भाँति दहाड़ते हुए सिंधु नद की उद्दाम लहरों एवं गंभीर भँवरों को चीरता हुआ जलयान संगमस्थल में लंगर डालकर खड़ा हो गया।

अवशेष कलश लेकर अपनी ओर बढ़ते हुए श्रीभरत को संकेत से रोकते हुए युधाजित बोले, "वत्स! जिनके ये अवशेष हैं, वे जिसके समक्ष लपटों में समाहित हो गए और वह खड़ा-खड़ा देखता रह गया। न उन्हें समाहित होने से रोक पाया और न उनके साथ समाहित हो पाया। वह दुर्भागा एक उत्तराधिकारी के रूप में उनके अवशेष प्रवाहित करने के सौभाग्य से वंचित हो चुका है। उसके द्वारा किया गया प्रवाह-कृत्य एक वंचना ही होगा। उन दिवंगत जनों का उपहास ही होगा। वे उससे प्रसन्न होंगे, नहीं-नहीं कदापि नहीं। उनके अभिशाप उसे युग-युग के लिए लोक में परिहास का पात्र बना देंगे। वह निंदित इसी लोक में रौरव-महारौरव-अंधतामिस्र-सूचीमुख-कुंभीपाक आदि समस्त नरकों की पीड़ा बारंबार झेलता हुआ, हाहाकार करता हुआ कहाँ जाएगा, यह तो यमराज भी एकाएक नहीं विचार पाएँगे। जो अपने जन्मदाताओं, अपनी परिणीताओं, अपनी उत्पन्न की हुई संततियों, अपनी प्रजाओं, अपने सेवकों की रक्षा में समर्थ सिद्ध नहीं होता और न ही असमर्थ सिद्ध होने पर उनके पथ का पथिक बनता, उस नीच-निकृष्ट-नपुंसक-नृशंस-कुक्षिम्भरि-लंपट-घृणित देहासक्त को तो आत्मघात कर कुत्सित-कलंकित काया को ठिकाने लगाने के लिए, अन्यों के लिए छोड़ जाने का भी अधिकार नहीं है। उसे तो ऐसे अलोप हो जाना चाहिए कि कोई अनेक प्रयत्न करने पर भी यह न जान पाए कि वह कहाँ गया। अत: जिसने अपने प्रबल पराक्रम द्वारा समर्पित-संकल्प के बल पर जिन दिवंगतों के अंतकों को अंतकार्पित किया, वही उन दिवंगतों के अवशेष को प्रवाहित करने का निश्संशय-निर्विवाद अधिकारी निश्चितरूपेण होता है। वह निर्विकल्प अधिकारी दौहित्र के रूप में धर्मानुसार एवं बैरियों को सम्मुख समर में पराजय देने के कारण विजेता के रूप में न्यायानुसार तुम और केवल तुम हो। बढ़ो, विधि-विधानानुसार प्रवाह-कृत्य संपन्न कर लोक विश्रुत कीर्ति का वरण करो। यह तुम्हारे पितृतुल्य मातुल

का आदेश ही नहीं अपितु एक पराजित-हताश-भग्नाश की मनुहार भी है। उसे हृदय से स्वीकार करो।'' कहते हुए नतमस्तक युधाजित धीरे से धरती पर बैठ गए।

श्रीभरत कलश लेकर जलयान की तीन-चार निश्रेणी उतरकर जल में खड़े हो गए। अंगरक्षकगण यान और जलयान में बिखरे हुए पुष्प और मालाओं को सकेरकर ले आए। श्रीभरत ने कलश पर बँधा हुआ रक्त-रंजित पट जल में डालकर, सकेरे हुए समस्त पुष्प और विभिन्न पुष्पों में गुंफित मालाएँ जल में समर्पित कर दीं। कुछ ही क्षणों में संसार की क्षणभंगुरता का दर्शन कराती हुई, उन्हें उछालती हुईं लहरें तट से टकरा-टकराकर राजकीय अवशेषों को राजकीय शृंगारों से सज्जित करती हुईं, उन्हें दूर अति दूर ले जाकर अपने अंक में समाविष्ट करती हुई, अपनी पूर्व स्थिति में पुनः-पुनः तट पर आ-आकर लौटने लगीं। श्रीभरत स्नान कर जलयान में लौट आए।

श्रीभरत वस्त्र परिवर्तित कर ही रहे थे कि दो सैनिक बृहद् जलयान के द्वितीय तल से कई-कई सीढ़ियाँ एक साथ लाँघते हुए बोले, ''श्रीमहाराज! शीघ्र आइए। केकय नरेश को देखिए।''

श्रीभरत उत्तरीय को सँभालते हुए उसी प्रकार सीढ़ियाँ लाँघते हुए पहुँचे। देखा कि पद्मासन में स्थित महाराज युधाजित पीछे की ओर गिर न जाएँ, इस कारण दो सैनिक राजकीय मर्यादा की चिंता किए बिना केकय नरेश को सँभाले हुए बैठे हैं। उनके निर्निमेष विशाल नेत्रों की पुतलियाँ स्थिर होकर आकाश को ऐसे ताक रही हैं जैसे वे ध्यानावस्था में किसी को गमन करते हुए देख रही हों। कुछ परीक्षण करते ही श्रीभरत धीरे से बोले, ''मातुलश्री की प्राणवायु वायुमंडल में भ्रमणार्थ प्रस्थान कर चुकी हैं। धमनियों की धमक देह धाम में धमकना भूल चुकी हैं। मौनावस्था में ही महामौन में समाविष्ट इन महामानव का शरीर नीचे ले चलिए।''

केकय सचिव भद्रबाहु ने जलयान के प्रथम तल में कुशासन बिछवा दिया। महाराज युधाजित का शव शवासन से लिटा दिया गया। श्रीभरत अपना उत्तरीय उढ़ाते हुए उनके समीप बैठ गए। धीरे-धीरे केकय उपरोहित अन्य ब्राह्मणों-सैनिकों-नाविकों के साथ आ-आकर बैठने लगे। कुछ क्षण ठहरकर भद्रबाहु बोले, ''यदि उचित मानें तो महाराज का शरीर राजगृह ले जाया जाए। तदुपरांत राजकीय मर्यादानुसार संस्कार संपन्न हो।''

राजपुरोहित अन्य विद्वान् ब्राह्मणों से परामर्श करते हुए बोले, ''तीर्थस्थान पर देह विसर्जित करनेवाले महानुभाव का शरीर संस्कार के निमित्त अन्य स्थान पर नहीं ले जाया जाता। हाँ, तीर्थस्थान पर लाया तो जा सकता है। सिंधु-सिंधु संगम केवल केकय का ही नहीं अपितु समग्र भारतवर्ष के प्रमुख तीर्थों में उसकी गणना है। सरोवरराज मान की दक्षिण कुक्षि से निःसृत नदराज सिंधु चंद्रभागा-वितस्ता-इरावती-विपाशा-शतद्रु के अतिरिक्त सरस्वती-सूर्यनंदिनी-ताप्ती-असिक्नी आदि की कितनी ही सुपावन धाराओं को अपने

अंक में धारण करके यहाँ पधारते हैं। आशुतोष भगवान् शंकर के धर्मस्वरूप नंदीश्वर की भाँति गर्जना करते हुए सुदूर उत्तर से देवतात्मा नगाधिराज हिमालय की रसमयी सरस सरित मालिकाओं का भंडार लेकर इस समुद्र के आँगन में उसे उपकृत करने के लिए, तीर्थ की संज्ञा से सुशोभित करने दौड़कर आते हैं। महर्षि पतंजलि–पाणिनि–पुलस्त्य–पुलह–कश्यपादि कितने ही ऋषि–महर्षियों की साधनाओं को इसके सुरम्य तट पर सिद्धि प्राप्त हुई है। केकय नरेश का संस्कार पूर्व के गंगासागर के समान सुपावन सिंधुसागर के तट पर किया जाए। अवशेष भी यहीं समर्पित कर, प्रस्थान करें। शास्त्रीय विधान के अतिरिक्त दिवंगत महाराज अश्वजित का भी यही अंतिम संदेश था कि जब भारतवर्ष के प्रतापी सुभट अपने प्रबल पराक्रम का परिचय देकर सिंधु प्रदेश को आततायियों से मुक्त करा लें, वेदों की ऋचाएँ आकाश मंडल को गुँजाने लगें, कोकिलकंठी भारतीय ललनाओं के गीत उनके कंगनों और झाँझनों की झंकृति से प्रतियोगिता करते हुए दिशाओं को मुखरित करने लगें, तब हमारे अवशेष गंगा–यमुना–कृष्णा–कावेरी–गौतमी आदि का पवित्र मंत्रों से आह्वान कर सिंधु–सिंधु संगम पर प्रवाहित किए जाएँ।

''उनकी पूर्ति भगवत् कृपा से हुई है। मुक्ति का आनंद प्राप्त करते हुए महाराज अश्वजित की प्राणवायु वायुमंडल में स्वातंत्र्य यज्ञ की पूर्णाहुति की पावन धूम्रधार के समान स्वतंत्रतापूर्वक भ्रमण कर रही है। इसके अतिरिक्त इस यशस्विनी मुक्ति के प्रदाता श्रीभरत भी यहाँ स्वयं उपस्थित हैं। ऐसा देवदुर्लभ अवसर इतिहास को चिरस्मरणीय स्वर्णिम पृष्ठों से कभी–कभी अलंकृत करता है। उसी के ये शिरोमणि क्षण हैं। उसी में महाराजा युधाजित का पाँच भौतिक नश्वर शरीर चितापात्र में सज्जित कर अनश्वर पंचभूतों को निश्चिंतभाव से प्रदान कर दीजिए।''

श्रीभरत का सांकेतिक निर्देश प्राप्त करते ही सैनिक आस–पास के ग्रामों–बस्तिकाओं से मणि–स्वर्ण आदि देकर उपरोहित द्वारा निर्देशित सामग्री जुटा लाए। आस–पास निकटस्थ क्षेत्रों के नर–नारी अपार संख्या में एकत्रित हो गए। शास्त्राज्ञानुसार—

'पुत्रो वा भ्रातरो वापि दौहित्रः पौत्रकस्तथा।
पितृकार्य प्रसक्ता ये ते यान्ति परमांगतिम्॥

(अत्रिसंहिता)

श्रीभरत केकय कुल के दौहित्र होने के कारण अंत्येष्टिकालिक कृत्य संपन्न करने के लिए चल पड़े। पुनः स्नान कर महाराज को स्नान कराकर, तुलसी–पंचरत्नादि उनके अधरों पर रखकर, चंदनादि सुगंधित द्रव्यों का शरीर पर विलेपन कर, पुष्प सज्जित शिविका में लिटाकर श्रीहरि नाम संकीर्तन करते हुए जन–समूह चल पड़ा। संगम क्षेत्र से कुछ दूर सजी हुई चिता श्रीभरत द्वारा मुखानल प्राप्त करते ही धधक उठी। शरीर के पूर्णतः भस्म होते ही अवशेष संगम में प्रवाहित कर दिए गए। समयोचित समस्त कार्यों क

निर्वाह कर, दानादि के अतिरिक्त विभिन्न पदार्थ वितरित करते हुए श्रीभरत तात्कालिक राजकीय मर्यादानुसार स्नान कर, यज्ञोपवीत परिवर्तित कर आ गए। राजपुरोहित ने महाराजा युधाजित की अंगुलिका से उतारी गई राजमुद्रिका उनकी तर्जनी अंगुलिका में सज्जित कर दी। केकय राज्य के अधिपति के रूप में श्रीभरत केकय की ओर चल पड़े। □

अनुच्छेद-२७

"अपने पूज्य पितृदेव के संकल्प की निर्विवाद पूर्ति, अपने शत्रु पर निर्णायक विजय, पददलित केकय साम्राज्य के ध्वज का गगन में मुक्त विचरण अपने चर्मचक्षुओं से देखकर महाराजा युधाजित की आत्मा गोलोक पधारी हैं। उन्होंने मोहमुक्त योगियों की भाँति जिस प्रकार शरीर का परित्याग किया है, वह किसी सामान्य जन के लिए सहज में कदापि संभव नहीं हो सकता। ऐसा महानुभाव क्षणभर के लिए भी शोक का नहीं सदैव के लिए श्रद्धा का पात्र है। अत: राज्यासन पर इस समय उनके शस्त्रास्त्र सज्जित कर दिए जाएँ। जनता वहीं श्रद्धासुमन समर्पित कर लोकरीति का निर्वाह करे।"

ऋषियों के निर्देशानुसार केकय नरेश के शस्त्रास्त्र केकय राज्य के नवनिर्मित सभागार में राजसिंहासन पर सजा दिए गए। जन-समूह उन पर श्रद्धासुमन समर्पित कर लौटने लगा। उनकी पुण्य स्मृति में राज्य भर में अन्न सत्र संपन्न होने लगे। ब्राह्मणों और विद्वानों के अतिरिक्त प्रत्येक दीन-हीन को उसकी आवश्यकतानुसार गौ-अन्न-वस्त्र आदि प्रचुर मात्रा में दिए जाने लगे। निरंतर तीन दिन यह कार्यक्रम प्रात: से संध्यापर्यंत चलता रहा।

चतुर्थ दिवस मध्याह्न के पश्चात् सभा का आयोजन केकय अमात्य भद्रबाहु ने राजसभागार में किया। महर्षि वसिष्ठ-पतंजलि-पाणिनि-लंकेश्वर विभीषण-युवराज अंगद के साथ प्रधान वानरवीर-काशिनरेश प्रतर्दन-विदेह कुमार शीलनिधि-महाराजा अजमीढ़ के पुत्र नील-भ्राता पुरुमीढ़-राजमाता निनादिनी के साथ गंधर्व कुमार प्रत्यूष आदि के अतिरिक्त विद्वद्जन-समाज प्रमुख-सेना प्रमुख आ-आकर यथास्थान बैठने लगे। महर्षि वसिष्ठ के संकेत पर विभीषण अपना अभिमत प्रकट करते हुए बोले, "केकयराज परिवार के अंतिम पुरुष महाराजा युधाजित थे। उनके दिवंगत होने पर मात्र विजयी होने के कारण ही नहीं अपितु पुत्रिकापुत्र होने के कारण श्रीभरत ही श्रुतिस्मृति प्रतिपादित रीति-नीति के अनुसार केकय राज्यासन के इस समय एकमात्र अधिकारी हैं। लवणासुर विजेता शत्रुघ्न को राजराजेश्वर श्रीमद्रामचंद्र ने स्वयं मधुपुरी पधारकर अभिषिक्त किया, उसी प्रकार श्रीभरत का भी अभिषेक कैकेयाधिपति के रूप में किया जाए।

"वैसे तो रघुकुल के कुलगुरु महर्षि वसिष्ठ एवं ऋषिगण यहाँ विद्यमान हैं। फिर

भी आवश्यक मानें तो राजराजेश्वर को यहाँ की स्थिति से अवगत कराने हेतु किसी सुयोग्यजन को अयोध्या जाने का निर्देश दें।''

लंकेश्वर विभीषण के अभिमत का समस्त सभा ने एकमत से अनुमोदन किया।

''सभा के मंतव्य के केंद्र में वे स्वयं हैं। इस समय उनका मौन स्वीकृति का लक्षण ही माना जाएगा।'' मन में विचार करते हुए श्रीभरत तुरंत खड़े हो गए। समस्त समुपस्थित जनों के प्रति विनम्रतापूर्वक शीश झुकाते हुए बोले—

''हम चार बंधुओं के अतिरिक्त पंचम बंधु किष्किंधापति वानरराज सुग्रीव हैं तो छठे बंधु लंकेश्वर श्रीमंत विभीषण हैं। उन्होंने इस समय जो कुछ कहा है, उसके मूल में हमारी प्रति प्रीति ही है। आपने मधुपुरी का उदाहरण दिया। वहाँ तो लवणासुर के अंत के साथ संपूर्ण समस्याओं का अंत हो गया था। इतने वर्ष व्यतीत होने पर भी किसी अराजक तत्त्व के अस्तित्व का कोई संकेत भी आज तक प्राप्त नहीं हुआ है, किंतु यहाँ की स्थिति तो उससे भिन्न है। कश्यप सागर (कैस्पियन सागर) से प्रशांत महासागर के मध्य, उत्तरी ध्रुव से पर्वतराज हिमालय के दक्षिणी ढलान तक विस्तृत क्षेत्र में श्रीमंत पुरुमीढ़ के नेतृत्व में हमारे चंद्रवंशी आजमीढ़ि सुभट जूझ रहे हैं। यहाँ कुमार प्रत्यूष को गंधर्वपीठ पर अभिषिक्त कर हमें तुरंत उस ओर प्रस्थान करना है। जिस महाभियान पर हम यहाँ आए हैं, उसकी पूर्ति के निमित्त राघवों के साथ मिलकर हस्तिनापुर–काशी–मिथिला–किष्किंधा की सेनाएँ तो प्रत्यक्ष हैं, किंतु लंका परोक्ष में नहीं है, यह तो कोई कह ही नहीं सकता। यही स्थिति यक्ष और किन्नरों की भी है। केकय और गंधर्व क्षेत्रों का परित्याग करके जो जन चले गए थे, वे भी शनैः-शनैः लौट रहे हैं। अपूर्ण कार्य से प्रभु को अवगत कराना कितना उचित होगा? प्रभु सर्वथा अपरिचित की स्थिति में अयोध्या में बैठे हैं, यह विचारना तो उन सामंत चक्र चूड़ामणि के चरित्र पर एक प्रकार से प्रश्नचिह्न अंकित करना ही होगा। यह पाप तो हममें से कोई भी करने का विचार स्वप्न में भी नहीं ला सकता।

''जहाँ तक राजराजेश्वर को अवगत कराने का प्रश्न है तो उसके उत्तर में निवेदन है कि राजकुमार कुश अपने अनुज लव सहित इरावती पार कर इस ओर बढ़े आ रहे हैं। उधर प्रिय अनुज लक्ष्मण के राजकुमार चित्रकेतु प्राग्ज्योतिषपुर की ओर से एवं द्वितीय राजकुमार अंगद अरुणाचल की पर्वतीय उपत्यकाओं को लाँघते हुए लौहित्य (ब्रह्मपुत्र) के किरात क्षेत्र की ओर अग्रसर हो रहे हैं। महर्षि विश्वामित्र ने इन्हें कई अमोघ शस्त्रास्त्र आशीर्वाद स्वरूप प्रदान किए हैं। मिथिला नरेश लक्ष्मीनिधि के द्वितीय राजकुमार नीलनिधि ससैन्य इनके साथ हैं। परिस्थिति की गंभीरता का अनुमान करते हुए भगवान् परशुराम भी इन क्षेत्रों में निरंतर भ्रमण कर रहे हैं। सरोवरराज मान के पूर्वी तट से निःसृत ब्रह्मपुत्र नद का अगाध जल असम पर्वतीय शृंखलाओं में भटककर मेघालय–नग

प्रदेश आदि के विभिन्न क्षेत्रों में समय-समय पर विषम स्थिति उत्पन्न कर रहा था। उनके परित्राण के निमित्त भार्गव पर्याप्त समय से तल्लीन रहे हैं। उनके प्रयत्न की सफलता का आकलन इसी से किया जा सकता है कि आज लौहित्य नद पुनः ब्रह्मपुत्र नाम धारण कर पतितपावनी गंगा की एक शाखा पद्मा से मिलकर, बंग प्रदेश को शस्य-श्यामलता प्रदान करता हुआ, बंगोदधि में शांत भाव से प्रवेश कर रहा है। इस समय वे रेणुकानंदन भी महेंद्राचल से इसी प्राच्यांचल के अंचलों में विहार कर रहे हैं।''

श्रीभरत देवी निनादिनी की प्रश्नसूचक दृष्टि अपनी ओर उठी हुई देखकर ठहर गए। निनादिनी संकोचपूर्वक बोली, ''क्या भार्गव अब क्षत्रिय-विरोध से विरत हो गए?''

समाधान करते हुए महर्षि पतंजलि बोले, ''देवी! संसार का स्वभाव कहीं-कहीं ऐसा अद्‌भुत अटपटा सा दृष्टिगोचर होता है कि उसकी व्याख्या करने में देवगुरु बृहस्पति क्या, स्वयं भगवती सरस्वती भी मानसरोवर के स्फटिक जैसे पारदर्शी जल में अपने ही हंसराज को खोजने में असमर्थ होकर मानो पंगु बनी रह जाती हैं। जैसे विप्र कुल में किसी अन्य माता से उत्पन्न अंत्य-कृत्यकर्ता को महा-ब्राह्मण कहा जाता है, उसी प्रकार भगवान् परशुराम को 'क्षत्रिय कुल द्रोही-क्षत्रक्षयी' जैसी उपाधियों से कुछ इतिहास-प्रवंचकों ने अलंकृत कर, उनके चरित्र को कलंकित करने का प्रयत्न किया। जिन महामानवों हाँ, मानवतारहित को महामानव उसी प्रकार कह रहा हूँ, जिनका कभी बुद्धि से संबंध नहीं रहा। उन्होंने उनका अनुकरण उसी प्रकार करना आरंभ कर दिया। जैसे कोई साधारण गवैया वर्षाकाल में उत्पन्न मंडूकों की ध्वनि को संगीतशास्त्र की दिव्य रागिनी कहकर स्वयं को संगीत सम्राट् प्रसिद्ध करने का प्रयत्न करने लगे।

''विचारिए, कोई सद्‌ग्रहस्थ किसी आगंतुक को मान्य अतिथि मानकर, उसे अनेक प्रकार के स्वादिष्ट व्यंजन स्वर्ण-रजत पात्रों में परोसे। वह अतिथि भी आनंदपूर्वक ग्रहण करे और चलते समय उन पात्रों के अतिरिक्त भोजन बनानेवाली कुशल गृहिणी को भी माँगने लगे। सच्चरित्र स्वाभिमानी गृहस्थ और उसकी पतिव्रता भी इसे स्वीकार न करे। इस पर वह तथाकथित अतिथि अधम-लालची प्रवृत्ति के वशीभूत होकर क्रूरतापूर्वक गृहस्वामी की हत्या कर क्रंदन करती हुई पतिव्रता का अपहरण कर ले जाए तो उसका पुत्र उस पितृहंता जननी-अपहर्ता का चरण चुंबन-अभिनंदन-अभिवंदन करे क्या? अरे, ऐसे में उसकी भ्रकुटि न चढ़ जाएँ, उसकी दंतावली अधर न चबाने लगें, उसकी भुजाएँ न फड़कने लगें, उसके रोम-रोम में प्रतिशोध की ज्वाला न धधकने लगे तो कोई उसे सुपुत्र कहेगा क्या, उसकी जननी वस्तुतः प्रजावती कहलाएगी क्या, उसे अपने पितरों का श्राद्ध-तर्पण करने का अधिकार शास्त्र प्रदान करेगा क्या? नहीं-नहीं, कदापि नहीं। ऐसी स्थिति में उन भार्गव ने वही किया, जो एक श्रेष्ठ पुरुष के लिए सर्वथा समयोचित था।

''दत्तनारायण की कृपा का बल पाकर माहिष्मती नरेश अर्जुन उसी प्रकार मदांध हो गया जैसे श्यामा धेनु का समुज्जवल पयपान कर काकोदर भुजंग के विष की नीलिमा प्रगाढ़ होते-होते अमावस्या की रात्रि के घोर अंधकार के समान काली पड़ जाती है। उसके फण की शृंगार मणि दिशा-दिशा में अंगार धधकाने लगती है। तब उसका फण कुचलकर वह मणि अपने हृदय पर धारण कर, अपनी सुहृदयता का परिचय देना ही एक सत्पुरुष का एकमात्र कर्म होता है। जमदग्नि-नंदन ने यही किया।

''सहस्रों भूमिपति कृषकों का सर्वस्व लूटकर, उन्हें पथ-पथ का भिखारी बनाकर, लुटेरा बनने पर बाध्य कर दिया। अन्नदाता प्राणहर्ता बना दिए। 'गो-ब्राह्मण प्रतिपालक' कहलानेवालों के वंशज ऋषि आश्रमों की धेनुओं का हरण करने लगे। गुरुकुलों के बटुक भिक्षुकों की भाँति द्वार-द्वार से अपमानित होकर जीवन ढोने के लिए बाध्य कर दिए गए। शिक्षकों की दुर्दशा से शिक्षा भ्रष्ट हो गई। अमरकंटक से प्रकट होनेवाली, शिवानंदिनी कहलानेवाली पावन नर्मदा को देश-देश से अपहृत कर, उनके साथ अमर्यादित क्रीड़ा करते हुए अपावन केलिस्थली अमरकंटक बना डाला। सहस्रों-सहस्रों अत्याचारों से दशों दिशाओं को त्रसित करनेवाला अर्जुन सहस्रबाहु कहलाने लगा। ग्राम-ग्राम, नगर-नगर के सुरम्य पथों पर जन-जन को रौंदनेवाले, चुचुआते हुए मद से उन्मत्त मांतग को कोई तो अनुशासित करता। पृथ्वी अभी सत्शूरमाओं से रिक्त नहीं हुई है, यह कोई तो सिद्ध करता। युग की चुनौती स्वीकार करने के लिए भगवान् परशुराम का पदार्पण धरती पर हुआ। अराजकता के जनक सहस्रबाहु के संकेत पर प्रजापीड़न के कुकृत्य-कर्ता उसके अधीन नरेश उसके सहायक बनकर उद्दंडतापूर्वक खड़े हो गए। उनके विनाश को क्षत्रिय-ध्वंस और उनके विनाशक धर्मरक्षक को क्षत्रकुल द्रोही की संज्ञा दे डाली। स्वयं पर निरर्थक आरोप की स्थिति में कुछ अन्य भी हो जाता है, वह भी किंचित् मात्रा में चने के साथ घुण पिस जाने जैसा हुआ।

''इक्कीस बार पृथ्वी ब्राह्मणों को दी, इक्कीस बार पृथ्वी ब्राह्मणों को दी' यह बार-बार सुना है, किंतु जितनी पृथ्वी दी, उसका क्षेत्रफल भी किसी को विदित है क्या? वह वही पृथ्वी दी, जो आततायियों से रिक्त कराई। इन महात्मा को यदि भूमिपति बनना होता तो कदापि नहीं देते। इनके निस्पृह चरित्र को अनदेखा कर अपनी ताल पर अपना राग अलापनेवालों को क्या कहा जाए? यदि उदयाचल से अस्ताचल तक की पृथ्वी इन भार्गव ने क्षत्रियविहीन कर दी होती तो ये रघुकुल-हस्तिकुल-निमिकुल कहाँ होते और देखिए, जिस शिवधनुष को राजेंद्र रामचंद्र ने खंडित किया, वह धनुष उन्होंने जिन विदेहराज जनक को दिया, वे क्षत्रिय नहीं थे तो कौन थे, उनके शिव धनुष सौंपने की पृष्ठभूमि में कोई लोभ-भय अथवा अन्य कुछ था क्या? भार्गव यह धनुष लेकर प्रख्यात शिवभक्त पौलस्त्य दशकंधर के यहाँ भी गए थे, परंतु उसे नहीं दिया। क्यों, उसमें इच्छित

पात्रता का अभाव देखा। राजेंद्र रामचंद्र द्वारा खंडित किए जाने का समाचार देवर्षि नारद से पाकर वे गए। भय-आतंक तर्क-वितर्क दोनों राघव बंधुओं से हुए। महर्षि विश्वामित्र तटस्थ रूप में आनंद लेते रहे। धर्मरक्षा के विषय में संतुष्ट होने पर भावी राक्षस संहार के लिए, वे त्रिकालदर्शी महात्मा वैष्णवी धनुष देकर शांत भाव से महेंद्राचल पर एकांत सेवन के लिए चले गए। समुद्र से सह्याद्रि क्षेत्र को प्रकट किया। महानद ब्रह्मपुत्र को दिशा प्रदान कर, प्रलयंकर जल प्लावन को कल्याणकारी शंकर के मनोहर स्वरूप में परिवर्तित कर दिया। संक्षेप में भगवान् परशुधर भय नहीं हैं, वे तो 'भयानाम् भयम्' भय समूह को भयभीत करनेवाले महाभय हैं। भीषण-से-भीषण विघ्नों के विनाशक विघ्नेश्वर गणपति भी यदि उनके मार्ग में विघ्न बनने का प्रयत्न करें तो उन द्वैमातर को भी एकदंत छवि प्रदान करने में उन्होंने क्षण भर का विलंब नहीं किया।

''हमारे कथाकारों ने भगवान् परशुधर की छवि से प्रचुर मात्रा में परिहास किया है। धर्मरक्षण में तत्पर क्षत्रिय-कुमारों की पृष्ठभूमि में अभेद्य वज्रभित्ति बनकर खड़े हुए इन महात्मा को अब भी कोई क्षत्रिय-कुल द्रोही कहे तो उसकी वंदना शनिदेव की भाँति पृष्ठ प्रदेश से ही की जा सकती है। देवी निनादिनि! हम समझते हैं कि आपकी शंका का समाधान हो गया होगा?''

''महर्षिवर! केवल देवी निनादिनी का ही नहीं अपितु जमदग्नि कुमार भगवान् श्री परशुराम विषयक कई भ्रांतियों का निर्विवाद अंतक आपका आज का यह वक्तव्य सिद्ध होगा।'' कहते हुए पाणिनि श्रीभरत की ओर देखते हुए बोले, ''अब भावी कार्यक्रम पर प्रकाश डालिए। आपका यह महाभियान इस ओर पूर्णतः सफल हो चुका है। अब शीघ्रातिशीघ्र जंबू महाद्वीप के मध्य क्षेत्र में भी अपने निर्णायक सोपान का स्पर्श कर, समापन के मार्ग पर अग्रसर हों।''

''कुमार प्रत्यूष के राज्याभिषेक और श्री वैष्णवी क्षेत्र में प्रवास कर रही नारियों के समाधान के पश्चात् हम जंबूद्वीप के मध्य क्षेत्र की ओर प्रस्थान करेंगे। अब तक श्री पुरुमीढ़ देव अनेक क्षेत्रों पर विजय प्राप्त कर चुके हैं। सुधार और संहार के दोनों कार्य सतत प्रगति कर रहे हैं। अभी सर्वप्रथम कुमार प्रत्यूष का राज्याभिषेक संपन्न करना है। वह अब तक हो जाता, किंतु केकय नरेश के गोलोक गमन के कारण रुक गया। सभी समुपस्थित महर्षिगण के श्रीचरणों में निवेदन है कि वे कोई मुहूर्त समीप-से-समीप की तिथि का कृपापूर्वक बताएँ तो शेष की पूर्ति पर विचार किया जा सके।''

''देवी निनादिनी अपने जामाता लंकेश्वर सहित हमारे शिविर में आ जाएँ। तिथि का निर्णय हो जाएगा।'' कहते हुए महर्षि वसिष्ठ के उठते ही सभा विसर्जित हो गई।

□

अनुच्छेद-२८

प्रत्यूष वेला में श्रीभरत के शंखनाद करते ही गंधर्व-कुमार प्रत्यूष के पंच-दिवसीय राज्याभिषेक-समारोह का समारंभ हो गया। कुमार स्नान के पश्चात् दो श्वेत वस्त्र धारण कर पूजासन पर आसीन हो गए। महर्षि पाणिनि आचार्यत्व की मर्यादा का निर्वाह करते हुए, उन्हें यज्ञोपवीत का जोड़ा धारण कराते हुए, प्रतीक रूप में गुरुकुल से गृह-प्रस्थान का निर्देश देने के लिए खड़े हो गए। कुमार यज्ञ में पूर्णाहुति का श्रीफल समर्पित करते हुए, गुरु दक्षिणा देने के लिए महर्षि के समक्ष वानरी मुद्रा में बैठ गए। उनकी माता देवी निनादिनी द्वारा प्रेषित सेवक मणि-रत्न स्वर्ण-वस्त्र आदि अनेक प्रकार की सामग्री के भार-के-भार उनके सम्मुख रखकर लौटने लगे। महर्षि वस्त्राच्छादित एक थाल में से केवल एक मणि उठाकर शेष सामग्री को प्रजावर्ग में वितरित कराने का संकेत महामात्य को देते हुए, आचार्यासन पर विराजमान हो गए। गुरु दक्षिणा के रूप में कुमार प्रत्यूष से प्रतिज्ञा कराई कि 'वे सदैव धर्मानुशासन के अनुकूल 'सर्वभूत हिते रत:' के रूप में शासन संचालन करेंगे।'

राजभवन के द्वार पर मंगल द्रव्य लिये देवी निनादिनी एवं अन्य शैलूष पत्नियों को देखकर कुमार प्रत्यूष ने उन्हें साष्टांग प्रणाम किया। मंगल आरती के पश्चात् लाजा पुष्पवर्षण के मध्य कुमार का विधिवत् भवन-प्रवेश हुआ। ज्येष्ठ भगिनी लंकेश्वरी सरमा ने रक्षासूत्र बाँधा। अपराह्न पूर्व वैवाहिक कृत्य आरंभ हो गए। गंधर्व मांडलिकों की सौभाग्यवतियाँ हरिद्रा-कुंकुम मिश्रित तैल से दूर्वा द्वारा कुमार का अभ्यंग करने लगीं। विविध औषधि-मिश्रित जल कलशों से कुमार को स्नान कराकर गंधर्व-ललनाएँ कुल की आद्यम्बा अनिष्टा के मंदिर में ले गईं। द्वितीय दिवस लंकेश्वरी सरमा द्वारा चयनित विश्वावसु गंधर्व कुल की सुलक्षणा से कुमार का विवाह प्राजापत्य विधि से संपन्न हुआ। नवविवाहिता जयप्रभा की संज्ञा धारण कर राजभवन में प्रविष्ट हुई।

तृतीय दिवस प्रभात से ही प्रत्यूष दंपती राज्याभिषेक पूर्व के यज्ञ-दान, देवदर्शन, पितृकृत्य, पातक-मोक्ष आदि विधिविधानों में संलग्न हो गए।

चतुर्थ दिवस तो राज्याभिषेक का प्रमुख दिवस था। कुमार प्रत्यूष को सहधर्मिणी जयप्रभा सहित कुल के वरिष्ठ पुरुष देवी अनिष्टा के प्रांगण में ले गए। विविध तीर्थों के जल से वेद मंत्रों के उद्घोष के मध्य स्नान कर राज-दंपती दो पृथक्-पृथक् शिविरों में चले गए। राजकीय वेशभूषा सुसज्जित रथासीन होकर वाद्यध्वनि के मध्य अवलोकितेश्वर भगवान् शंकर एवं अन्य देवी-देवताओं का पूजन-अर्चन करते हुए कुमार प्रत्यूष राजसभा के द्वार पर आ पहुँचे। लंकेश्वर विभीषण लंकेश्वरी सरमा के साथ राज-दंपती को उतार

कर ले चले। राजसभा में उपस्थित ऋषि-महर्षि वरिष्ठ कुल-जनों को प्रणाम करते हुए कुमार श्रीभरत के चरणों में ज्यों ही साष्टांग प्रणाम की मुद्रा में आने लगे, त्यों ही श्रीभरत ने शुभाशीष देते हुए कुमार को हृदय से लगा लिया। श्रीभरत प्रत्यूष की बाँह थामकर उसे राज्यासन तक ले गए। राजकीय छत्र खुलकर फैल गया। मुक्तामणियों की लड़ियाँ झूलने लगीं। चँवर लहराने लगे। ऋषियों का आग्रहपूर्ण आदेश पाकर श्रीभरत ने प्रत्यूष के मस्तक पर राजमुकुट धारण करा दिया।

राजधानी गिरिव्रज सहित समस्त गंधर्व साम्राज्य में प्रसन्नता की प्रहर्षित लहरें लहरा उठीं। आकाश मंडल में मँडरा-मँडराकर तोलिका-प्रतोलिका से लेकर राजपथ तक गुलाल-अबीर के रंग-बिरंगे दलों ने बिछावन से बिछा दिए। अरुणिमा सांध्य लालिमा से रात्रि कब बन गई, यह तभी प्रतीत हुआ जब राजभवन से लेकर सदन-सदन की भित्ति-भित्ति पर दीपों की पंक्तियाँ जगमगा उठीं। सिंधु-हाटक-कुभा आदि सरिताओं के प्रशस्त पाट दीपदंडों से प्रभासित तरणियों के वेग-विलास में सिमटकर रह गए। लहरों की कल-कल नूपुरों की झंकृतियों को ताल देने लगी। राग-रागिनियों के स्वरों का शृंगार एक नवीन वाद्य बनकर करने लगीं। गगन वीथिकाओं में लुका-छिपी खेलने वाली मृगमरीचिका जैसी गंधर्व नगरी वस्तुतः मृगी बनकर धरती की गोद में बैठ गई। प्रभात की रात बनते जैसे कोई नहीं जान पाया, वैसे ही रात का प्रभात बनना अनजाना रह गया।

परकीयों से पददलित एवं अधोगति प्राप्त अपने ही अधिपति से मुक्ति पाकर गंधर्व-साम्राज्य अपने आदि-पूर्वजों के समय के आतंक विरहित, जन-जन के आनंद केंद्र के रूप में विख्यात साम्राज्य अपनी गरिमा के अनुकूल जाग उठा। शिरा-शिरा में नवरक्त का संचार हो गया। विगत वर्ष स्वप्न जगत् के विलास बनकर रह गए।

□

अनुच्छेद-२९

श्रीभरत देवी निनादिनी एवं गंधर्वराज प्रत्यूष के बार-बार आग्रह करने पर भी गंधर्वदुर्ग में निवास करने नहीं गए। दुर्ग-क्षेत्र के निकट अपने शिविर में ही रहे। राज्याभिषेक समारोह के अगले दिन एक प्रहर दिन चढ़े गंधर्वराज के दो सचिव उनके शिविर में भेंट करने पधारे। प्रारंभिक नमस्कार-प्रणाम के पश्चात् वे इधर-उधर देखते रहे, किंतु कुछ बोले नहीं। श्रीभरत समझ गए कि वे कुछ एकांत वार्त्ता के इच्छुक हैं। समीप बैठे हुए तक्षक-पुष्कल को संबोधित करते हुए श्रीभरत बोले, "तुम दोनों पूज्यपाद गुरुदेव के शिविर में जाकर देखो कि उन्हें किसी वस्तु की आवश्यकता तो नहीं है।" कुमार समझकर सिर झुकाते हुए चले गए। उनके जाने के पश्चात् एक सचिव धीरे

से बोले, ''देव! देवी निनादिनी आपसे एकांत में भेंट करना चाहती हैं। विषय कुछ गूढ़ प्रतीत होता है, जिससे हम अनभिज्ञ हैं।''

श्रीभरत द्वारा स्वीकृति पाकर दूसरा सचिव बोला, ''देवी आपके शिविर में किस समय पधारें अथवा आप···''

''नहीं-नहीं देवी नहीं, हम ही एक घड़ी पश्चात् दुर्ग में आ जाएँगे।''

सचिव प्रणाम कर चले गए। श्रीभरत मारुति को अवगत कराकर, एक रथिका में बैठकर गंधर्व दुर्ग जा पहुँचे। द्वार पर गंधर्वराज प्रत्यूष उनका स्वागत करते हुए, मंत्रणा कक्ष में ले गए, जहाँ देवी निनादिनी उनकी प्रतीक्षा कर रही थी। अर्घ्य-पाद्य समर्पित कर दासियाँ चली गईं। प्रत्यूष को भी संकेत से विदा करते हुए निनादिनी बोली—

''आर्य श्रेष्ठ! लंकेश्वर विभीषण एवं दुहिता सरमा के साथ लंका की अन्य देवियाँ भी आजकल दुर्ग में ही निवास कर रही हैं। कल संध्या समय देवी मंदोदरी यहाँ पधारी थीं। उनके पिता दानवराज मय ने दानवेश बाणासुर का संदेश उनके पास भिजवाया है कि दैत्याचार्य शुक्र को बंधनमुक्त करके उनके पास भेज दें। दैत्येश बाण की महारानी लोहानी के पास दैत्याचार्य की मुक्ति के लिए उनकी पत्नी कई बार आग्रहपूर्वक निवेदन कर चुकी हैं। देवी मंदोदरी एवं लंकेश्वर दैत्याचार्य के कार्यकलापों पर दृष्टिपात करते हुए आपसे निवेदन करने का साहस नहीं जुटा पा रहे हैं। उनके आग्रह पर ही हम आपसे निवेदन कर रहे हैं, शेष जैसा आप उचित मानें। हम यह भी जानते हैं कि दैत्याचार्य की मुक्ति की चर्चा प्रकाश में आते ही एक प्रबल प्रतिरोष की ज्वाला आपके परिकर से अधिक गंधर्व राज्य में धधक उठेगी। अब किसी से भी यह तथ्य छिपा नहीं रह गया है कि रक्ष-गंधर्वयुति ने पिशाचों को भी लज्जित करनेवाले जो नृशंस कृत्य किए हैं, उनके प्रेरक ये द्विजाधम शुक्र ही हैं।''

दो क्षण ठहरकर ''गुरुदेव से चर्चा करते हैं'' कहते हुए देवी निनादिनी के प्रति सम्मान व्यक्त करते हुए श्रीभरत मंत्रणा कक्ष से निकलकर, गुरुदेव वशिष्ठ के शिविर में जा पहुँचे। वार्त्ता श्रवण करते-करते ही तपोमूर्ति वृद्ध वशिष्ठ के अधरों पर व्यंग्य मिश्रित मुस्कान झलकने लगी। कुछ क्षण आकाश की ओर देखते हुए वे बोले, ''देखा वत्स! बाण जैसे पराक्रमी, मय जैसे प्रतापी दैत्यों के कुलगुरु ही क्यों, अपितु लंका में भी सम्मान के सर्वोच्च शिखर पर एक युग तक जिनकी पताका सर्वतंत्र स्वतंत्र रूप से फहराती रही, आज अपने ही दुष्कृत्यों के कारण किस अवस्था को प्राप्त होकर रह गए हैं। जिनके एक संकेत पर जो सर्वस्व समर्पित करने में निमिषार्द्ध का भी विलंब नहीं करते थे, वे मणि-रत्नों की सघन उपत्यकाओं में क्रीड़ा करनेवाले परम शिष्य आज अपने उन्हीं आचार्य को एक वराटिका देने में भी जघन्य अपराध का, घोर पाप का अनुभव कर रहे हैं। इस महासंग्राम में और उससे भी पूर्व लंका युद्ध के समय जिन दैत्यराज बाण ने

तटस्थ रहकर प्रकारांतर से मैत्री का परिचय दिया, वे बाण भी तो अपने आचार्य की मुक्ति का प्रस्ताव किसी सचिव के द्वारा प्रस्तुत करा सकते थे। महारानी जानकी के अपहरण का विरोध करनेवाले, दशानन को राघवेंद्र से संधि का बारंबार आग्रह करनेवाले मय भी निवेदन कर सकते थे। लंकेश्वर विभीषण और महाराज्ञी मंदोदरी, जिनका हमारे यहाँ अपरिमित सम्मान है, वे भी तो चर्चा कर सकते थे। इनमें से किसी ने नहीं की। किसी ने अनुचित, तो किसी ने अनावश्यक माना। दैत्यराज बाण ने मूलक से भेंट करने के पश्चात् शुक्र द्वारा निर्धारित उस सांकेतिक शब्द को ही समाप्त कर दिया, जिसका उपयोग कर कोई भी दैत्य-दानव असुर-निशाचर समय-असमय उनसे भेंट कर लिया करता था।

''शुक्र-पत्नी से बाण-पत्नी, बाण पत्नी से मय, मय से महाराज्ञी मंदोदरी, मंदोदरी से देवी निनादिनी और निनादिनी भी एकांत कक्ष में शुक्र-मुक्ति का निवेदन नहीं चर्चा करती हैं। 'यदि आप उचित मानें तो' इस टिप्पणी के साथ। निवेदन केवल शुक्र पत्नी का और अनिच्छा-पूर्वक भारवाही बनकर ढोनेवाले इतने। एक से अधिक एक प्रभावशाली, किंतु प्रभावी वेश में एक भी नहीं। जिसकी पार्थक्य भित्ति दो नहीं एक ही, अपने उस कक्ष में जाने के लिए अनिच्छापूर्वक पृथ्वी की परिक्रमा करनेवालों जैसे। अब यह वृद्ध क्या कहे? इन सभी के सम्मान रक्षण के लिए ही नहीं, विश्व में अपनी प्रतिष्ठा रक्षण के लिए भी इस ब्रह्मराक्षस को मुक्त तो करना पड़ेगा। दैत्य-समाज की प्रधान-पीठ पर प्रतिष्ठित यह शुक्र हमारे बंदीगृह से मुक्त होने पर भी दैत्य-समाज के अनादृत बंदीगृह का तो स्थायी बंदी होकर रह जाएगा, लगता तो यही है, किंतु…''

''किंतु क्या गुरुदेव?''

''दैत्यों की जातिगत विद्वेषाधारित प्रकृति और उसके मूल में इसकी छल-छद्मयी प्रवृत्ति कब करवट ले ले, इसके विषय में निश्चितरूपेण कोई भविष्यवाणी परमेष्ठि ब्रह्मा और महादेव भी नहीं कर सकते। फिर भी इसकी प्रतिष्ठा की शोभायात्रा ढक्का-ढोल महानाद के मध्य, इसे बंदीगृह से निकालकर यशार्जन करो।'' कहते हुए ब्रह्मर्षि मुक्तकंठ से हँस पड़े।

श्रीभरत मुस्कराते हुए बोले, ''गुरुदेव! इसका आयोजन कैसे हो?''

''इसका आयोजन वैसे ही हो जैसे इसकी योजना का सूत्रपात हुआ। देवी निनादिनी महाराज्ञी मंदोदरी से कहें। मंदोदरी अपने पिता मय से, मय बाण पत्नी लोहानी से और लोहानी शुक्राणी से कहे। गंधर्व राजसभा में इनमें से कुछ आ ही जाएँगे। किसी के प्रतिनिधि भी चाहे-अनचाहे अवश्य आएँगे। उनके सम्मुख इनकी शृंखला भंग कर और स्नानादि कराकर, नवीन वस्त्रों से परिवेष्ठित कर, गजारूढ़ कराकर बाणासुर-साम्राज्य की सीमा तक कुछ सामान्य सैनिक छोड़कर लौट आएँ अथवा बाण-सचिव आदि को साक्षी बनाकर इनसे कुछ वचन लेकर, उन्हें ही सौंप दिया जाए।''

गुरुदेव के विचारों से श्रीभरत ने देवी निनादिनी को अवगत करा दिया। निनादिनी से मंदोदरी-मय-लोहानी और शुक्रानी तक क्रमशः संवाद जा पहुँचा। नियत दिवस गंधर्व सभागार में महर्षि वशिष्ठ-कण्व-पाणिनि-पतंजलि-और्व आदि ऋषि-महर्षियों के अतिरिक्त राघवी-वानरी-काशि-मैथिली-आजमीढ़ि सेनाओं के प्रमुख, जंबूद्वीप के कई कषालों के प्रमुख, वयोवृद्ध गंधर्वगण मर्यादानुसार अपने-अपने आसनों पर आसीन हो गए। बाणपत्नी लोहानी की दो दासियाँ भी निनादिनी के आदेश से आकर उनके पीछे बैठ गईं। लंकेश्वर विभीषण अस्वस्थ हैं, यह समाचार सुनाकर, दैत्यराज मय श्रीभरत के समीप बैठ गए। शुक्र-मुक्ति का प्रस्ताव किसी को प्रस्तुत करता न देखकर महर्षि वशिष्ठ ही बोले, ''दैत्याचार्य शुक्र की सहधर्मिणी देवी शतपर्वा का विनम्र अनुरोध है कि उनके पति को मुक्त कर दिया जाए। हम भी विचार रहे हैं कि आज जबकि केकय स्वतंत्र हो चुका है और गंधर्व राज्य भी निर्भ्रांत गौरव को प्राप्त कर चुका है, तब इन दैत्याचार्य शुक्र को…''

''नहीं-नहीं गुरुदेव नहीं, द्विजाधम शुक्र को बंधनमुक्त करना विश्व को विपद्ग्रस्त करना होगा। यह अमानवीय गतिविधियों का केंद्र, अराजकताओं का जनक है। अपने ही शिष्यों की भावना भड़काकर उन्हें युद्धानल में झोंकनेवाला यह बालहत्यारा है। इसी के कारण ग्राम-ग्राम, नगर-नगर में स्त्रियाँ वैधव्य ढोती हुई, दयनीय अवस्था में डोल रही हैं। जीवनयापन के लिए पुंश्चली बनकर देश के चरित्र का पतन कर रही हैं। इसकी शास्त्रविरोधी टीकाएँ शास्त्र-मर्यादा को नष्ट-भ्रष्ट कर रही हैं। घातक अस्त्र-शस्त्रों का निर्माता यह नृशंस एक प्रकार से मानव-भोजी ही है। इसके अंग-अंग काट डालिए। यह असह्य-दारुण यातनाएँ प्राप्त करने का अधिकारी है। इसे कठिन शृंखलाओं में जकड़कर अंधकूप में डाल दिया जाए।''

शुक्र विरोधी अनेकानेक शब्दों से सभागार गूँज उठा। कई तो अत्यंत उत्तेजक मुद्रा में दौड़कर महर्षि वशिष्ठ के तो कई श्रीभरत के चरणों में लोट गए। ''गंधर्वराज विरोध कीजिए, विरोध कीजिए।'' कहते हुए कई तो प्रत्यूष के सिंहासन पर ही जा चढ़े।

''नष्टा-भ्रष्टा-मतिभ्रष्टा-पतिता-नागिन-कुटिला-कुलटा-कुट्टनी-राक्षसी-अधमा -अमित्रा-कंटका-कर्कशा-मलिना'' आदि उच्च स्वर से बोलती हुई क्या, सिंहनी सदृश्य दहाड़ती हुई शैलूष की कई रानियाँ शुक्रपत्नी शतपर्वा की ओर बढ़ चलीं। प्रौढ़त्व की सीमा लाँघती हुई एक गंधर्वी तो निनादिनी के दोनों कंधे थामकर, उसे फटकारती हुई बोलने लगी, ''राजमाते! तुम्हारे घाव तो भर गए न, इस पुंश्चली को इसका भर्तार चाहिए न, अनेक के सिंदूर को धूलि-धूसरित करानेवाले की यह सती-सावित्री, यमराजा की ड्योढ़ी पर अपना माथा फोड़ना चाहती है न, तो लो, हम तुम्हारे सामने ही इसका माथा फोड़कर इसे यम-सदन के पथ की पथिका बनाए दे रही हैं।''

निनादिनी को अप्रत्याशित स्थिति में एवं शुक्र-पत्नी शतपर्वा को घोर संकट में घिरा देखकर लंकेश्वरी सरमा बढ़ी तो वे उसकी भी अवहेलना करते हुए, स्वयं उसके समर्थन में बढ़ी आ रहीं अन्य स्त्रियों के समक्ष प्रत्यूष पत्नी नववधू महारानी जयप्रभा को करबद्ध स्थिति में खड़ा देखकर, बक-बक करती हुई, शुष्क लता की भाँति काँपती हुई शतपर्वा को घोर घृणिता की भाँति उपेक्षापूर्वक ताकती हुईं लौट तो गईं, किंतु उनके नेत्रों से निकलती हुई चिनगारियों पर तो किसी का वश नहीं चल पाया। पराकाष्ठा तो उस समय हो गई, जब कहीं से किसी का एक वाक्य उछला, ''ये वशिष्ठ आदि ब्राह्मण ब्रह्मराक्षस शुक्र का पक्षपात् कर रहे हैं।''

अब तो श्रीभरत का अपने आसन पर बैठे रहना कठिन हो गया। वे इस प्रकार उछलकर एकाएक खड़े हो गए मानो शताधिक वृश्चिकों ने एक साथ दंशाघात कर दिया हो। वे दहाड़ते हुए बोले, ''बस-बस बहुत हो चुका। यह भरत दैत्याचार्य शुक्र का क्रीत दास है। दैत्य-दानवों द्वारा भेजा गया उनका अपसर्प-गूढ़पुरुष (जासूस) है, यही कहना शेष बचा है, वह भी कोई महानुभाव कह डालें तो इस निरंकुशता-अनुशासन हत्या के अध्याय की पूर्ति हो जाएगी। कहो-कहो, ये दुर्भागे श्रवण यह श्रवण करने के लिए भी प्रस्तुत हैं। दैवी संस्कृति के महान् संरक्षकों बढ़ो, इस भरत का एक-एक केश नोच डालो।''

—अभी श्रीभरत और भी कुछ कहते कि गंधर्वराज प्रत्यूष उठकर उनके चरणों में लोट गए। जिस सभा भवन में एक क्षण पूर्व कान पड़ी सुनाई नहीं दे रही थी, वही सभा ऐसी प्रतीत होने लगी, मानो वहाँ कोई जीवित-जाग्रत् स्त्री पुरुष न होकर उनकी प्रतिमाएँ ही वहाँ किसी ने सजा दी हों। सभी को अपने-अपने स्थान की ओर लौटने का संकेत करते हुए प्रत्यूष बोलने लगा, ''आपके आक्रोश का अर्थ ये परम श्रद्धेयगण नहीं समझते हैं, ऐसा तो कोई नहीं कह सकता। उसे प्रकट करने का भी कोई प्रकार होता है। उसकी कोई सीमा होती है। अपने ही उद्धारकों के समक्ष ऐसा आचरण, समस्त मर्यादाओं को तिलांजलि, नहीं-नहीं यह असह्य है। घोर विपदाओं की स्मृति से विक्षुब्ध, अपनी गंधर्व-देवियों के इस अमर्यादित कृत्य के लिए मैं स्वयं लज्जा का अनुभव कर रहा हूँ। गुरुदेव महर्षि वशिष्ठ सहित समस्त ऋषि-महर्षिगण एवं घनघोर रात्रियों के सुप्रभात श्रीभरतदेव क्षमा करें। प्रबल पीड़ा का आवेग उचित-अनुचित का भेद कभी-कभी भुला देता है, यही विचार कर आप कृपया...'' कहते-कहते अपने चरणों में गिरते हुए गंधर्व नरेश प्रत्यूष को थामकर, अपने हृदय से लगाते हुए, उसे उसके स्थान पर बिठाते हुए श्रीभरत भरे हुए कंठ से बोलने लगे—

''दानवेश मय की शालीनता से, उनकी सात्त्विक प्रवृत्ति से हम भलीभाँति परिचित हैं। उनके वचनों को मान्य न करने के कारण, जिनकी जो गति हुई, वह भी किसी से छिपी हुई नहीं, अपितु इतिहास का अमिट अध्याय बन चुकी हैं। यह भी सत्य है कि चाही-

अनचाही विपल-मात्र की भूल, युगों को अभेद्य व्यूहों में घेर लेती है। अनेक उदाहरण हैं। घाव तो पलक झपकने में ही हो जाते हैं, किंतु निदान होने में तो एक अवधि लग जाती है। उसमें वरिष्ठ-से-वरिष्ठ चिकित्सक क्या, स्वयं भगवान् धन्वन्तरि ही अमृत कलश करतल पर धारण किए, उसे निर्निमेष नेत्रों से ताकते हुए रह जाते हैं। दानवेश मय की दैत्याचार्य मुक्ति की संस्तुति, दानवराज की महिषी लोहानी का निवेदन, जिसे हम दानवराज बाण की विमति का अभाव ही कह सकते हैं, देवी मंदोदरी की विवश सहमति और इसी प्रकार ही गंधर्व राजमाता देवी निनादिनी की प्रस्तुति का कुछ अर्थ है। लंकेश्वर विभीषणजी का अकस्मात् अस्वस्थ होना भी प्रत्यक्ष संकेत है कि इनमें से कोई भी शुक्र मुक्ति का समर्थक नहीं है। दैत्याचार्या शतपर्वा दैत्याचार्य की पत्नी हैं। अपने पति की मुक्ति के लिए उनके प्रयास अनुचित तो नहीं कह सकते, किंतु उनके प्रयास जिस पद्धति से प्रकट हो रहे हैं, उनके अर्थ की क्या व्याख्या…

''इस समय मुझे एक प्राचीन कथा का स्मरण हो रहा है। घटनाएँ घटती ही हैं। उनकी कथा बनती हैं। वे कथाएँ मात्र मनोरंजन नहीं करतीं, मार्गदर्शन प्रदान करती हैं। कथा है कि स्वर्ग लोक में देव-समाज एक सभा के रूप में एकत्रित था। उस सभा में आशुतोष भगवान् शंकर और सुरज्येष्ठ लोक पितामह ब्रह्मदेव भी विराजमान थे। महालक्ष्मी सहित नारायण भी थे। देवराज इंद्र गौरीनाथ शिव एवं ब्रह्माजी की प्रशंसा में कुछ कह ही रहे थे कि भगवती महालक्ष्मी 'धन्य हो, धन्य हो' व्यंग्य मिश्रित स्वर में कहती हुई, उपेक्षापूर्वक मुस्करा दीं। सभा में सन्नाटा छा गया। कई देवता तिरक्षी दृष्टि से उनकी ओर देखने लगे। देवी शची अपने आसन से उठती हुई बोलीं, ''जगन्माता श्रीहरि प्रिया अन्यथा कटाक्ष करेंगी, इसकी तो कोई कल्पना भी नहीं कर सकता। उनके इस क्रिया-कलाप का अर्थ न समझने के कारण ही असमंजस है। यदि वे कृपापूर्वक अपनी प्रतिक्रिया पर स्वयं ही प्रकाश डालें तो…''

''एक बार तो महालक्ष्मी सोच में पड़ गईं। उन्हें अनुमान नहीं था कि उनकी सहज प्रतिक्रिया की इतनी असहज प्रतिक्रिया होगी, किंतु हो गई, तो क्या करतीं? अपने स्वामी की ओर देखा तो उन्हें दूसरी दिशा में देखते देखा। देवता-देवता को अपनी ओर निर्निमेष दृष्टि से देखते देखकर, उठीं। त्रैलोक्य की प्रणम्या वे सभा को प्रणाम करते हुए, एक-एक शब्द का अनुसंधान करते हुए बोलने लगीं—

''लोक पितामह ब्रह्मदेव एवं गंगाधर महादेव इस क्षीरसागर-कन्यका के ही नहीं, अपितु उसके स्वामी के भी सदैव श्रद्धेय रहे हैं। अभी जब देवराज जिस प्रकार इन देवाधिदेवों की प्रशंसा कर रहे थे तो मुझे लगा कि उनके वक्तव्य में कुछ-कुछ औपचारिकता का भी पुट है। क्षीरसागर में वे अपनी पीड़ा का वर्णन जिस प्रकार कई बार कर चुके हैं, उनके वे शब्द, उन्हीं के आज के शब्दों से कुछ विलग हैं। अत:…''

देवराज ने देखा कि भगवती के व्यंग्य के लक्ष्य वे स्वयं बनने जा रहे हैं तो उठ खड़े हुए। शीघ्रता में बोल गए, ''महादेवी क्या कह रही हैं। विचारपूर्वक बोल रही हैं कि···''

''देवराज इंद्र के शब्द सुनते ही महालक्ष्मी के रोम-रोम से जैसे परम मुखरित सरस्वती के साथ चंडिकाओं के समूह-के-समूह उदित हो गए हों, वे इस प्रकार अपने आसन से उठकर देवराज के मुख पर अपने आक्रोशाकुल रक्त कमलदल नेत्र स्थिर करते हुए बोलीं, ''हाँ-हाँ सहस्राक्ष, आपके द्वारा नित्यप्रति जो लक्षाधिक सोमरस के कलश क्षीरसागर में प्रेषित किए जाते हैं, उनका अहर्निश पान करते हुए ही बोल रही हूँ। क्षीरसागर में पधारकर हिरण्यकशिपु को अकल्पनीय वरदान देनेवाले इन विधि महोदय के सम्मान में आपने वैधव्य-त्रस्त वंध्याओं की भाँति विलाप करते हुए क्या-क्या नहीं कहा था। उसी प्रकार जन्मजात विक्षिप्त एवं मदिरोन्मत्त लंपट को सज्जित करनेवाले भस्मासुर के अंत के पश्चात् इन त्रिपुरारि देवाधिदेव की स्तुति में जिन-जिन शब्दों का प्रयोग आप जिस प्रकार कर रहे थे, उस समय विनतानंदन गरुड़ और शेषदेव परस्पर संकेत से यही कह रहे थे कि ये गजराज ऐरावत के वाहक बोल रहे हैं अथवा उसके पट्टशिष्य झूम रहे हैं। विधाता की बुद्धि वार्धक्य के कारण नष्ट हो गई और चंद्रशेखर की मति भांग-धतूरे ने नष्ट कर दी। तभी एक ने वरदान दे दिया 'तू न रात में मरेगा और न दिन में, न धरती पर न आकाश में, न अस्त्र से, न शस्त्र से, न यक्ष-रक्ष किन्नर-गंधर्व से, न पशु-पक्षी सरि-सर्प से मरेगा, और जब मरा तो दूर खड़े-खड़े काँप रहे थे। दूसरे ने तो अपना दिव्य कंगन ही दे डाला। जब वह अपने दाता पर ही प्रयोग करने चला तो ये प्रलयंकर कहे जानेवाले प्रकंपित अवस्था में भाग चले। आज जब दोनों सम्मुख विराजमान देखे तो लगे अनेकानेक विशेषण लगा-लगाकर स्तुति के व्याज से मुख में आई बोलने। नाक-नटियों के पाटंबर सनाहों से संरक्षित महाभट···''

महालक्ष्मी के तप्त कांचनाभ मुख से वाणी का प्रवाह वर्षा के महानदों के प्रवाहों को वामन बनाता हुआ जिस प्रकार निरंतर प्रवाहित होता चला जा रहा था, उससे समस्त देवसभा को स्तंभित देखकर ब्रह्मदेव करबद्ध मुद्रा में खड़े होकर बोले—

''जगन्माते! ये दीन देवेंद्र तो आपके बालक हैं। बालकों का स्वभाव तो अटपटी वाणी में अनर्गल भाषण का होता ही है। अपनी जननी के समक्ष ही तो अपने कुलवृद्धों के लिए कुछ कहा। आपको तो प्रसन्न होना चाहिए। अब हँस भी पड़ो।''

''हाँ, चतुराग्रगण्य चतुरानन हमें हँसने का निर्देश आज आप क्यों नहीं देंगे। जब आपके विचित्र वरदान के कारण नृसिंह देव का प्रादुर्भाव हुआ, तब हँसी का अनुसंधान नहीं कर पाए तो श्रद्धेय सृष्टा महाशय! स्मित-हसित-विहसित-उपहसित-अपहसित-अतिहसित क्या अट्टहसित-लोट्टहसित के अतिरिक्त किसी अन्य हँसी का अविष्कार ही कर देते।''

महालक्ष्मी की परिहासमयी वाणी में अपने घोर उपहास से ब्रह्माजी एक बार तो तिलमिला गए। तत्क्षण अपनी एवं महालक्ष्मी की मर्यादा का ध्यान करते हुए धीरे से बोले—

"अब महादेवी! आपको क्या उत्तर दूँ? त्रैलोक्य मंडल की हँसी उस समय गर्भ में थी। कहो, कुछ ही समय में दिशा-दिशा से षोडशी वेश में प्रकट हुई कि नहीं?" प्रत्युत्तर में महालक्ष्मी को शब्द खोजते देखकर, वे फिर बोले, "आप हमारे द्वारा दिए गए वरदानों की आलोचना करने से पूर्व अपने स्वामी की शक्ति-सामर्थ्य की समालोचना कर लेतीं तो···अस्तु, हरिप्रिये! विचारो, हमारे अटपटे वरदानों का बल पाकर ही तो आपके प्राणवल्लभ अपना लीला विस्तार करते हैं, अन्यथा ये शेषशैया की केवल शोभा बने रह जाते।" समस्त देवसभा हँस पड़ी। ऐसे अवसर का भगवान् शंकर लाभ उठाए बिना कैसे रहते, वे भी बोल उठे—

"नारायणि! आज, अभी हमें वरदान दे डालिए कि हम दैत्य-दनुजों रक्ष-असुरों को ऐसे वरदान देते रहें और ये शूकर-कच्छप-मीन-हंसादिक योनियों को इतिहास में उत्कृष्टता प्रदान करते रहें। कालांतर में ऋक्ष-वानरों-शिखंडियों की गणना महाभटों की श्रेणी में कराते रहें। विष्णुमाये! ऐसा दुर्लभ वरदान देने का सामर्थ्य अनंत कोटि ब्रह्मांड मंडल में आपके अतिरिक्त अन्य किसी में नहीं है, साथ ही एक बात और भी, वह भी स्वयं अपनी ही ऊहापोहात्मक भावना का यदि आप स्वयं ही स्मरण करें तो उत्तम रहेगा। अब यदि आपको तुरंत स्मरण न आ रही हो तो यह धूर्जटि स्मरण करा दें। ये श्रीमन्नारायण देव अजन्मा होकर भी अपने किसी जन्म के किसी कृत्य के कारण हमारी ही भाँति गृह-जामातृ बने अधमुँदे विलोचनों से आपकी मुखश्री का पान करते हुए शांतचित्त शयन-मुद्रा में थे। आप अपनी चंचला-वृत्ति के कारण विचारने लगीं, 'यह प्रखर चक्र, यह प्रचंड गदा और यह पाँचजन्य, जिसका घोष घनघोर सुना जाता है, इसे कभी मौन भंग करते नहीं देखा। न इस सुदर्शन का सुदर्शनीय नृत्य देखा और न गदा को उसकी संगत के रूप में मृदंग की भाँति धमाधम करते देखा।' बस एक सुयोग्य स्वामी की भाँति अपनी प्रियतमा की इच्छापूर्ति के निमित्त ये अंतर्यामी तुरंत सक्रिय हो गए। सनकादिक को अपने द्वार पर आमंत्रित कर लिया। जय-विजय इनके द्वारा अभिमंत्रित वाणी में उनका प्रवेश निषिद्ध कर बैठे। फिर तो त्रैलोक्य स्वामिनी यह सुदर्शन, यह कौमोदकी, यह पाँचजन्य क्या इन सुरज्येष्ठ के साथ यह कपाली भी आपकी इच्छापूर्ति के प्रति समर्पित होते चले गए। आप हैं कि इनको सेवा के उपलक्ष्य में कोई उपहार देने के स्थान पर उपालंभ दे रही हैं। हम 'धन्य-धन्य' तो आपके प्रति कर रहे हैं।"

"भगवान् शंकर की सहज वाणी से असहज हुई महालक्ष्मी इधर देखें, उधर देखें। समस्त देव-समाज एकटक उन्हें देखे। नहीं देखे तो उनके स्वामी ही उन्हें नहीं देखें।

समस्त देवताओं को इस स्थिति का आनंद लेते देखकर देवेंद्र बोले, ''भोलेनाथ! यह गृह जामातृ की क्या कथा है?''

''भगवान् शंकर इंद्र को तिरछी दृष्टि से देखते हुए, एक शीतल आह भरते हुए बोले, ''देवराज! कथा नहीं, एक आनंदमयी करुण गाथा है। नाम त्रैलोक्यपति और ठिकाना लोक-लोक के एक कोण में भी नहीं। सागर मंथन के समय क्षीरसागर दुहिता की वरमाला ग्रहण कर खड़े रह गए क्षीर सागर के तट पर। सागर-सुता कृपा कर ले आईं अपने पिता के प्रासाद में। एक कक्ष भी मिलता न देखकर शेषदेव की करुणा जाग्रत् हुई। बन गए शैया। लेट गए दीन-अनाथ की भाँति दीनानाथ। कमलनयन, न पूरे नयन खोल पाते हैं और न ही मूँद पाते हैं। शेषदेव की प्रसन्नवदन फुंकारों ने समस्त वर्ण सुनील कर दिया। भोज-भक्त गौर-श्याम की जोड़ी बखानने लगे, गृह जामातृ की पीड़ा का और क्या वर्णन करें।''

महादेव को मौन होते देखकर, इंद्राणी मुस्काते हुए बोलीं, ''देवाधिदेव! आप भी तो श्रीहरि की भाँति गृह जामातृ हैं। अपनी पीड़ा भी बखान डालिए न।''

''हाँ, स्वर्गेश्वरि! रत्नजटित प्रासादों की निवासिनी! नंदनवन विहारिणी! आप ही इस कपर्दी की जटाओं में केशकीट खोजने के व्याज से शब्द-अंगुलिका नहीं चलाएँगी तो आपको शतावरी कौन कहेगा? शैलनंदिनी तो अपने स्कंद-गणेश के साथ प्रासादों में निवास करती हैं और यह दीन-हीन इस स्थिति में घोर शीत में भी चरणोदकी की फुहारों में भीगता हुआ, फुंकारों का आनंद राग-रागिनियों की भाँति लेता हुआ, अंगरागों के भाव में भस्म लपेटता हुआ, आक-धतूरे के पात चबाता हुआ बैठा रहता है। कुंठाओं को समाधि के व्याज से कुंठित करता है। हारकर हलाहल पान किया। वह भी कंठ में अटककर रह गया। त्रैलोक्य का ममत्व कहें कि वात्सल्य कि हमारी पीड़ाओं को क्रीड़ा कह-कहकर अनाथ को नाथनाथ, नीलकंठ, शितिकंठ निरंतर अपनी अहैतुकि कृपावश कह रहा है। दिगंबर को अमितांबर जैसे शब्दों से कृतार्थ क्या कृत्कृत्य कर रहा है। तुम जो कहलाना चाह रही थी, कह दिया और तो क्या कहें?''

भोलेनाथ की भोली वाणी ने देवसभा में तो जिस आनंद की सृष्टि की होगी, उसके विषय में तो कोई क्या कहे, किंतु श्रीभरत के इस वर्णन ने तो समस्त सभा में वर्णनातीत आनंद की अभिनव सृष्टि कर डाली।

समस्त सभा का आक्रोश आनंद में परिवर्तित करते हुए श्रीभरत पुनः बोले, ''प्रत्येक प्रसंग के दो पक्ष होते हैं। दैत्याचार्य यहाँ से मुक्त होकर, उन्मुक्त भाव से अपने नेत्र किस-किस से कैसे मिला पाएँगे, इस पर भी विचार कीजिए। इनकी विश्वविजय का दंभ घुण खाया स्तंभ बनकर रह गया है। कभी-कभी कुछ निर्णय आत्मा के विरुद्ध, बाध्यतावश लेने भी पड़ते हैं। अतः इन्हें...''

''ठहरिए-ठहरिए, श्रीमद्राघवेंद्रानुज श्रीमंत श्रीभरत्! ठहरिए'' प्रवेश करते हुए लंकेश्वर विभीषण बोले, ''दैत्याचार्य को वचनबद्ध करके ही मुक्त किया जाए।''

''लंकेश्वर दैत्याचार्य से क्या वचन लेकर, इन्हें मुक्त करना चाहते हैं?'' महर्षि पाणिनि के पूछने पर विभीषण बोले।

''दैत्याचार्य मुक्त होते ही जंबूद्वीप छोड़कर, अतलवासी दैत्य, जो पलायन करके यत्र-तत्र छिप गए हैं, उन्हें लेकर दानवराज बाण से भेंट किए बिना, दनुजेश मय के साथ ही अतलेश मकरध्वज के नाम अंजनीनंदन मारुति का पत्र लेकर जाएँगे कि इनकी प्रत्येक गतिविधि पर वे सूक्ष्म दृष्टि रखें। इसके अतिरिक्त इस आदेश का पालन करना-कराना जिन पर निर्भर करता है, उन्हें भी वचन देने होंगे।''

लंकेश्वर विभीषण के शब्द सुनते ही दनुजेश मय खड़े होकर बोले, ''हम इन्हें लेकर तुरंत चले जाएँगे, किंतु अतलवासी निशाचर कहाँ छिपे हुए हैं, उनका ज्ञान हमें नहीं है।''

''उनका ज्ञान हम करा देंगे'' कहते हुए लंकेश्वर विभीषण श्रीभरत से बोले, ''आप चारों ओर घोषणा करा दें कि कल सूर्योदय से पूर्व अतलवासी राक्षस सिंधु-संगम पर एकत्रित हो जाएँ। उन्हें किसी प्रकार का दंड नहीं दिया जाएगा, किंतु उसके पश्चात् जो भी मिलेगा, वह प्राणदंड प्राप्ति का अधिकारी होगा और कहिए?''

तभी दानवराज-महिषी लोहानी की एक दासी खड़ी होकर बोली, ''हमें महारानी ने अधिकार देकर भेजा है कि दैत्याचार्य की मुक्ति के लिए दानवराज की ओर से जो वचन देना पड़े, दे दिया जाए। अत: उसके अनुसार महाराज-महारानी ही नहीं, अपितु कोई सामान्यजन भी इनसे भेंट नहीं करेगा।''

महर्षि वशिष्ठ एक शीतल आह भरकर बोले, ''वायु को श्वासानिल की बंदिनी बनाने की, सिंधु राशियों के जल को अंजुरियों में भरकर पी जाने की, आकाश कुसुमों की ललंतिका से शृंगार करने की, मृगमरीचिका के जल से तृषा-निवृत्ति की कल्पना स्तुत्य है।'' धीरे से कहकर मौन हो गए। समस्त समुपस्थित जन महर्षि के सूत्र रूप में कहे गए शब्दों का अर्थ समझ गए कि 'कोई कितने भी वचन दे ले, ले ले, कितने भी बंधनों में बाँध लें, कोई कितना भी करुणार्द्र होकर इन शुक्र महाशय की मुक्ति के लिए, जैसे-तैसे निवेदन कर ले, किंतु ये मुक्त होकर भी अपनी कुटिल वृत्ति के बंदी, उससे कभी मुक्त नहीं होंगे। ये किसी की भी शपथ ले लें, किंतु चलेंगे अपने ही पथ पर। ये कृतघ्नता की प्रत्यक्ष प्रतिमूर्ति हैं। विश्व भर के किसी भी अपमान से, ये स्वयं को कदापि अपमानित माननेवाले नहीं हैं।'

श्रीभरत के निर्देश से नल-नील द्विविद-मयंद युवराज अंगद के साथ जाकर दैत्याचार्य को ले आए। उन्हें सभा में प्रवेश करते देखकर श्रीभरत बोले, ''युवराज ठहरो, इन्हें क्षौर-स्नानादि के पश्चात् आचार्य की मर्यादानुसार ही लाओ।''

शुक्राचार्य के आने से पूर्व उनके प्रस्थान की तैयारी कर दी गई। शुक्र-पत्नी शतपर्वा बाण-महिषी की दासियों के साथ सभा को शीश झुकाकर प्रणाम करती हुई रथ में जा बैठीं। दानवेश मय एक सजीले अश्व की वल्गा थामकर खड़े हो गए। मार्ग में कोई आक्रोशित व्यक्ति भावावेश में कोई प्रहारादि न कर दे, इस कारण शुक्राचार्य के लिए सुरक्षा कवच मंडित अंबारी एक गजराज पर कसवा दी गई। शताधिक अश्वारोही सैनिकों की टुकड़ी उनकी रक्षार्थ नियुक्त कर दी गई। शुक्राचार्य किसी से कुछ कहे-सुने बिना, उसमें जाकर बैठ गए। दानवेश मय सभा के प्रति विनम्र प्रणाम करते हुए चल पड़े। बाण राज्य की सीमा पर दासियाँ उतर गईं। मय शुक्राचार्य को लेकर सिंधु-सिंधु संगम पर पहुँच गए। उनके आगमन से पूर्व दानवेंद्र बाण ने यंत्रचालित कई सुदृढ नौकाएँ उन्हें पाताल लोक ले जाने के लिए खड़ी करा दी थीं। उनमें नित्य-नियमित आवश्यकताओं की पूर्ति के लिए खाद्यान्न, फल-फूल एवं पीने योग्य जल के भी कई कलश रखे हुए थे। शुक्राचार्य एवं शुक्राणी को बिठाकर दैत्यपति मय भी बैठ गए। उनका संकेत पाते ही पाल उड़ाती हुई नौकाएँ अपने लक्ष्य की ओर गतिमान हो गईं। जिन शुक्राचार्य के गमनागमन पर वाद्य-वृंद आकाश को गुँजा दिया करते थे, जिनके स्वागत के लिए फूलों के बिछौने बिछ जाया करते थे, जिनकी अभ्यर्थना के लिए अमात्य मंडल सहित दानवेंद्र उपस्थित रहा करते थे, आज वे ही शुक्राचार्य किसी जघन्य अपराध के अपराधी की भाँति देश-निष्कासन का दंड पाकर, एक मौन में महामौन की भाँति विलीन होते हुए, धीरे-धीरे आँखों से ओझल होने को बाध्य हो गए। अंध-महासागर में प्रवेश करते ही शुक्राचार्य के नेत्रों में कुटिल मुस्कान गतिशील हो गई।

महर्षि वशिष्ठ के मुख से न चाहते हुए भी धीरे से निकल ही गया, ''जो कृतघ्नता का अर्थ कभी जानना चाहे, वह इस म्लेच्छ-यवनों के आचार्य शुक्र के चरित्र पर दृष्टिपात कर ले। चाहे कितने भी युग क्यों न व्यतीत हो जाएँ, किंतु ये और इनके आराधक आज के इस इतिहास की पुनरावृत्ति करते ही रहेंगे। इनका सुधार...नहीं...नहीं... कदापि नहीं, तीन काल में नहीं। प्रतिपल संहार...संहार...संहार एक ही निदान... निदान...निदान, यही विधान।''

□

अनुच्छेद-३०

केकय के साथ गंधर्व राज्य में भी ग्राम-ग्राम में ग्राम-परिषदों का गठन कर दिया गया। वे अपने-अपने क्षेत्र में शिक्षा-वाणिज्य-व्यापार-कृषि-क्षेत्रीय सुरक्षा के साथ अवैध रूप से आने-जानेवालों के अतिरिक्त यह भी ध्यान रखेंगी कि उनके क्षेत्र में

कहीं मदिरादि तो नहीं बनाई जा रही। द्यूत-व्यभिचार केंद्र कहीं पनप न जाएँ। अवैध अस्त्र-शस्त्रों का निर्माण, निर्धारित मूल्य से अधिक क्रय-विक्रय पर अंकुश लगाने के अतिरिक्त, राजस्व एकत्रित कर अपनी केंद्रीय सत्ता तक पहुँचाने का कार्य भी उन्हें ही सौंपा गया। अनावृष्टि-अतिवृष्टि के अतिरिक्त अन्य प्राकृतिक-आकस्मिक आपदा की स्थिति में संरक्षण का कार्य राज्यों के अधीन किया गया। क्षेत्रीय व्यवस्थाओं का आकलन कर संविधान-नियमावली बनाकर दे दी गई। आवश्यक होने पर विभिन्न स्तरीय दंड व्यवस्था भी निर्धारित कर दी गई।

राज्य व्यवस्था का सुचारु रूप से संचालन करने के लिए समस्त क्षेत्र प्रांत-प्रदेश-क्षेत्र-अंचलादि के नाम-रूप देकर विभाजित कर दिए गए। उनकी सीमाएँ निश्चित कर दी गईं। इरावती (रावी) चंद्रवंशी शासन की सीमा निर्धारित हुई। युवराज पुरुमीढ़ ने प्रह्लादपुरी (मुल्तान) में क्षेत्रीय मांडलिक का निवास निश्चित कर दिया। इरावती के पश्चिमी तट से सिंधु नद पर्यंत, सिंधुनद से हाटक सरिता (अटक) पर्यंत, हाटक सरिता से कुभा पार (काबुल नदी) मकरालय (खाड़ी फारस) तक, वहाँ से सुदूर अंध महाद्वीप के अंतर्गत नील नदी और उसके पार के समस्त भूखंड के स्वामी दानवराज बाणासुर मान्य किए गए। पश्चिमी कश्मीर मंडल-केतुमाल (अफगानिस्तान से कैस्पियन सागर तक) का विशाल क्षेत्र गंधर्व साम्राज्य के अधिपति शैलूष पुत्र प्रत्यूष को सौंप दिया गया। लंका से पलायित जिन रक्ष-समूहों ने लज्जावश लंका लौटना स्वीकार नहीं किया, उन्हें ऊर्णावती (सिंधु की सहायक नदी) के उत्तर से केतुमाल के दक्षिण रक्त सागर तक के समस्त क्षेत्र में लंकेश्वर विभीषण ने अपने यहाँ के मांडलिक मनोनीत कर, उनके अधीन बसा दिया।

वैष्णवी क्षेत्र में प्रवास करनेवाली नारियाँ चरण गंगा में नियमित स्नान, फल-फूलादिक के सात्त्विक आहार, नित्य सत्संग एवं वैष्णवी दर्शन से ग्लानिमुक्त, विशुद्ध चित्त हो गईं। पूर्व में घटी घटनाओं को प्रारब्ध-वश मान्य कर, दूषित आहार-विहार को विस्मृति के गर्भ में डालकर निर्द्वंद्व हो गईं। भगवती वैष्णवी के आदेश से उनकी परिचारिकाओं ने भाँति-भाँति से उनके भावों एवं मंतव्यों की परीक्षा लेकर, उन्हें प्रतीति कराए बिना विभिन्न श्रेणियों में विभाजित कर दिया। जो गर्भवती आई थीं, यथासमय उनके प्रसव हुए। अधिकांश ने अपने सद्योजात बालकों के मुख देखने में भी अरुचि प्रदर्शित की। उनके बालक ऋषि आश्रमों में पालन-पोषण के निमित्त भेज दिए गए। कुछ ने बालक रखे भी तो वे भी कुछ समय में मोह-मुक्त हो गईं। उनके बालक भी आश्रमों में चले गए। जिन्होंने किसी भी प्रकार से सांसारिक जीवन न अपनाने में दृढता दिखाई, वे गुहा के पार्श्व क्षेत्र में स्थित आश्रमों में हँसती-गाती बंधन-मुक्त मृगियों की भाँति स्वत: चली गईं।

शेष विभिन्न समूहों में विभाजित होकर राघव-सैनिकों के संरक्षण में गिरिव्रज आने लगीं। उनमें से अधिकांशतः तो युवतियाँ ही थीं। कुछ बालाएँ और प्रौढ़ा भी थीं। सभी को उनकी अवस्थाओं-प्रदेशों और विचारों के अनुसार पृथक्-पृथक् शिविरों में स्थान दे दिया गया। उनके स्वयंवर की तिथियाँ निश्चित कर दी गईं। एक ही दिन में विभिन्न ऋषियों के सान्निध्य-संयोजन में पृथक्-पृथक् स्थानो पर कई-कई स्वयंवर सभाएँ आयोजित होने लगीं। गंधर्व-केकय-मद्र-बाह्लीक-त्रिगर्त-पार्श्व-यवन-मध्य जंबूद्वीपीय क्षेत्रों के शिविर मुखरित हो उठे। कुछ स्त्रियों ने अपने-अपने लिए जीवन साथियों का निर्वाचन किया तो कुछ का चयन पुरुष-वर्ग की ओर से भी हुआ, किंतु हुआ पूर्ण सहमति से ही। वैदिक विधि से उनके पाणिग्रहण संस्कार करा दिए गए। कुछ को बिछड़े हुए अभिभावक भी मिले। जिन्होंने स्वीकार किया, वे उनके साथ विदा हो गईं। कुछ ने लज्जावश अपनों को न पहचानने का स्वाँग रचा तो कुछ अपनी ही बहू-बेटियों से मुँह फेरकर चले गए। ऐसी प्रपीड़िताओं की मनःस्थिति को ऋषि-पत्नियों ने वात्सल्य भाव से सँवारा। उनकी भौतिक-आध्यात्मिक अभिरुचियों पर दृष्टिपात करते हुए तद्नुकूल निदान प्रदान करने का विचार होने लगा। विचार-विमर्श के मध्य यही उचित माना गया कि इन नारियों से ही इनकी अभिरुचियों को जाना जाए। जानने का दायित्व देवी निनादिनी को सौंपा गया।

गंधर्व राजमाता देवी निनादिनी समस्त नारियों को लेकर एक कक्ष में चली गईं। उन्हें संकेत से बिठाते हुए बोलीं, ''आपने अपने जीवन में जो भोगा है, उनसे हम पूर्णतः परिचित हैं। सांसारिक दृष्टि से जिन्हें देव-दुर्लभ कहा जाए, उन ऐश्वर्यों को वासना के कुत्सित कीच-कुंडों में कुकीटों की भाँति कुलबुलाते हुए भोगा है। बाध्य होकर भोगा है। भाग्य मानकर भोगा है। विधि का विधान मानकर भोगा है। अपने जन्म-जन्मांतरों में किए गए कृत्यों का फल जानकर भोगा है। अब उनका क्षय हो गया, एक स्वप्न था, जो बीत गया। हृदय में यही धारण कर, भविष्य के निर्धारण की घड़ी आ गई है, उसमें शांति से, सम्मान से, निर्भीकता से जीना है, पलायन नहीं करना है। यह संकल्प करते हुए जीना है। कैसे, वही विचारने के लिए हम यहाँ बैठे हैं। हमें ही देखो, हमने महान् गंधर्व साम्राज्य की पट्टमहिषी कहलाकर कौन से सम्मान ससम्मान नहीं पाए और उसके पश्चात् कौन-कौन से अपमान बार-बार, घनघोर रूप से अपमानित हो-होकर नहीं पाए। अब आपके साथ हमारे भी संचित कर्मों का क्षय हुआ है। सत्य तो यह है कि जो सिंदूर हमें बाध्य होकर माँग में भरना पड़ता था, अब उसके भार से मुक्त होने पर कैसा आनंद आ रहा है, उसे शब्दों में अभिव्यक्त करना कठिन है। शारीरिक सुख, ऐश्वर्य और भोगों की उपलब्धि तो जीवन का वास्तविक आनंद नहीं है। वह तो कुछ और ही है। इस समय वह यद्यपि पर्याप्त मात्रा में मिल रहा है, तो भी उसके चरम लक्ष्य तक पहुँचना ही अब शेष जीवन का लक्ष्य रह गया है। अब आप कैसे जीवन जीना चाहती

हैं, वह हमसे निस्संकोच कहें। उसका प्रबंध हम कितना-कैसे करा सकेंगे, इस समय कहना कठिन है। आप कहें ?''

एक शास्त्रज्ञ-कर्मकांडी परिवार की कन्या, जिसका देव मंदिर के प्रांगण में क्रीड़ा करते हुए बलात् अपहरण किया गया था, जो इस समय प्रौढ़त्व की सीमा स्पर्श करती हुई प्रतीत हो रही थी, वह समुपस्थित गंधर्व-नारियों में सर्वाधिक वरिष्ठ सुलेखा थी। सभी का संकेत से विनम्र आग्रह देखकर, वह खड़ी हो गई। हाथ जोड़ती हुई बोली, ''राजमाते! परिवार को शोणित सिंधु में समाधिस्थ होते देखकर हम कैसे हरण करके लाई गईं, लाकर कैसी-कैसी यातनाएँ दी गईं, कितनी शैयाओं पर हमारे शरीर रौंदे गए, इन समस्त तथ्यों से आप परिचित हैं। उसके पश्चात् संसार के भोगों को भोगने का भी कैसे ही सही, किंतु पर्याप्त अवसर मिला। अब किसी प्रकार की कोई इच्छा शेष नहीं रह गई। आप के पास आने से पूर्व हम सभी भगिनियाँ एक स्थान पर बैठीं। शेष जीवन व्यतीत करने के लिए विभिन्न दृष्टिकोणों से विचार किया। अब संसार में पुनः प्रवेश करने का तो इनमें से किसी का भी विचार नहीं है। यदि किंचित् मात्र भी होता तो ये भी किसी-न-किसी स्वयंवर सभा में जा बैठतीं। कोई-न-कोई मिल ही जाता, किंतु बार-बार आग्रह होने पर भी ये नहीं गईं तो नहीं गईं। यहाँ आपके चरणों में बिना किसी आग्रह के आ गईं। अब आप ही दिशा-निर्देश दें।''

''हम क्या दिशा-निर्देश दें ? बिना किसी आश्रय के तो जीवन व्यतीत नहीं किया जा सकता। जो ऐश्वर्यमय जीवन जी चुकीं, पर्याप्त समय तक एक साथ सभी प्रकार से रह चुकीं, वे ही तो उनकी परिवार बन चुकी हैं। अब उनसे बिछुड़कर जीना भी कठिन है। किसी की स्वामिनी बनने की इच्छा नहीं तो किसी की दासी बनकर भी नहीं रह सकतीं। आपने अपने अपहरण से पूर्व जो प्रारंभिक शिक्षा ग्रहण की होगी, वह गंधर्वराज के यहाँ आ जाने के पश्चात् विस्मृत हो चुकी होगी। अतः कन्या शिक्षण का कार्य भी नहीं कर सकोगी। रोगियों का सेवा-कार्य भी आपके स्वभाव के अनुकूल मान्य नहीं किया जा सकता। आप ही कहें कि आपके चित्त के अनुकूल क्या कार्य होगा। आप सम्मान से, शांति से जी सकें और वार्धक्य भी निरापद रहे। आपने जो विचारा हो, अपने उस मंतव्य से हमें परिचित कराएँ।''

''राजमाते! हम अदेवार्पित जीवन से मुक्त हुए, हमें देवार्पित करा दीजिए। इसके अतिरिक्त अन्य कोई मार्ग हमारे लिए शेष रह ही नहीं गया। हमारी नृत्य-संगीत साधना धन्य हो जाएगी। दोनों लोक सुधर जाएँगे। गंगा तट की कीच गंगा में विसर्जित हो जाएगी।''

''हूँ, देवदासी के रूप में जीवन यापन करना चाहती हो। दक्षिण भारत के पांड्य-चोल-केरल आदि देवस्थानों में तो यह प्रथा-परंपरा के रूप में प्रचलित है। मलिनता न

आए तो पावन क्या, सुपावन ही सिद्ध होगी।''

''मलिनता से आपका तात्पर्य ?''

''मलिनता यही कि देवार्पिता देवदासी के रूप में नृत्य करते समय तुम्हें अनेक प्रकार के शृंगार करने पड़ेंगे। वे शृंगार तुम्हारे चित्त को विचलित न कर दें। देवस्थानों के अर्चक भी तो पुरुष हैं, वे किसी पर आसक्त होकर कोई उच्छृंखलता न बरतने लगें। यात्री किसी के रूप पर व्यामोहित होकर प्रलोभित करने का उपक्रम न कर बैठें। अनेक प्रकार की आशंकाएँ चित्त को विभ्रमित किए जा रही हैं। यदि भाव शुद्ध रहें, सुरक्षा के प्रबंध सुदृढ रहें तो हानि भी नहीं है। शास्त्रों ने नारी को अबला गहन विचार-विमर्श के उपरांत ही कहा है। ऐसे में हम क्या कहें ?''

''राजमाते! हम जानते हैं कि आपके हृदय में हमारे कल्याण की कामना है। हम जिस वातावरण से निकलकर आ रही हैं, उस पर दृष्टिपात करते हुए समाज भी प्रथम दृष्टि में हमारे परिवर्तन को सहज स्वीकार नहीं करेगा। कहीं-न-कहीं शंका की परछाई झाँकती रहेगी। उसे अस्त हमें ही करना पड़ेगा। प्रारंभ में नकारात्मक विचार ही आते हैं। संसार का यह स्वभाव है ही। 'ये देवदासी क्यों बनीं, क्या बनी रहेंगी, शृंगार करके भी क्या शृंगारी भावों के प्रति समर्पित होकर, देवस्थानों के पावन वातावरण को प्रभावित नहीं करेंगी ?' इन सभी प्रश्नों के उत्तर हमें अपने आचरण से देने होंगे। अपने कृत्यों से, अपनी जीवन शैली से देने होंगे।''

''वही तो हमारे चित्त को असमंजसग्रस्त किए दे रहे हैं। देवस्थानों के अर्चक अंततोगत्वा पुरुष ही तो हैं। जिस आँधी में महर्षि विश्वामित्र-देवर्षि नारद-ऋषिवर मुद्‌गल एक क्या, एक दिन तो पितामह ब्रह्मदेव और उनसे भी आगे काम-दहनकारी त्रिपुरारि भी मोहिनी के पीछे कैसे भाग चले, क्या कहें ? बलवान गंधर्वराज को मनोबलहीन तो इस कामदेव ने ही किया। अतः यदि तुम्हारे नृत्य-संगीत ने किसी एक अर्चक का भी चित्त विचलित कर दिया तो केवल उस देवस्थान की प्रतिष्ठा ही नष्ट नहीं हो जाएगी, अपितु जिन अन्य देवस्थानों के प्रति समर्पित होकर तुम भरत मुनि द्वारा संस्थापित कला का प्रदर्शन कर देवार्चन करोगी, उन सभी पर प्रारंभ में ही प्रश्नचिह्न अंकित हो जाएँगे। अर्चक-वर्ग के प्रति समाज की श्रद्धा क्षतिग्रस्त हो जाएगी। नियमित रूप में देव-दर्शनार्थ जानेवाले घरों में बंदी बने रह जाएँगे। उनके बालक संस्कार-शिक्षण से वंचित हो जाएँगे। वहीं दूसरी ओर देवस्थानों में वे जन आने आरंभ हो जाएँगे, जिनकी कभी देवार्चन में रुचि नहीं रही। देवस्थान लंपटों की विहारस्थली बनकर रह जाएँगे। तुम्हारी तपस्या का मूल्यांकन कर, तुम्हें जननी-भगिनी के समान कितने समादृत करेंगे, यह तो समय बताएगा, किंतु तुम्हारी कला की रमणीयता तो तुम्हें रमणी के रूप में जन-जन के मन में प्रतिष्ठित करने में विलंब नहीं करेगी।''

''राजमाते! यह एक पक्ष है। अत्यंत सबल पक्ष है। इसे पूर्णत: नकारा नहीं जा सकता। इस पर हमने विचार नहीं किया, सर्वथा ऐसा नहीं है। पूर्णत: किया है। हमने जीवन-यापन के सभी मार्ग खुले होने पर भी, सभी को नकारते हुए स्वीकार किया है। भविष्य में जो समस्याएँ आ सकती हैं और आएँगी, निश्चित रूप से आएँगी। कितनी मात्रा में, कब-क्यों-कैसे आएँगी, इन्हें जाना है। माँ वैष्णवी क्षेत्र में शास्त्रों का श्रवण-अध्ययन-चिंतन-मनन करते हुए अनुभव किया है। उन्हें पहचाना है।

''हमने वे-वे भोग भोगे हैं, जिनकी यदि थोड़ी सी भी चर्चा की जाए तो प्रत्येक यही मानेगा कि हम किसी तीक्ष्ण मद से ग्रसित होकर कल्पना ही कर रहे हैं। हम प्रारंभ में उन्हें भोगने के लिए तैयार नहीं थीं। नहीं-नहीं उनकी तनिक सी चर्चा भी इन्हीं श्रवणों को ऐसी प्रतीत होती थी कि कोई जन्म-जन्मांतर का बैरी ही हमें शृंखलाबद्ध करके, इनमें खौलता हुआ तरल सूर्यक्षार (शौरे का तेजाब) ही डाल रहा है। कुसंग-दूषित खानपान-सीमातीत स्वातंत्र्य स्वच्छंदता बन गया। जिनसे हमें घृणा थी, उसी घृणित कुंड की कीट बनते चले गए, वहाँ का वातावरण हमारे लिए दर्पण बन गया। उसमें हमने स्वयं को प्रथम बार देखा। निरखा-परखा, सँवारा, विचारा कि अब वास्तविक शृंगार से कैसे अलंकृत हों? साथ ही उस शृंगार को कोई चोर-लुटेरा-तस्कर लूटने में सफल न हो जाए, उससे संरक्षण के निमित्त हमने एक सुदृढ दुर्ग का भी निर्माण किया है। उसका नाम है 'देवोपासिका परिषद्'।''

''देवोपासिका परिषद्, नाम सुंदर है। किसी व्याख्या का आश्रित भी नहीं है। तब तो निश्चित रूप से तुमने उसके लिए कुछ नियम भी विचारे होंगे?''

''निश्चितरूपेण, विचारे ही नहीं, उन्हें लिपिबद्ध करके लाए हैं। यह देखिए।''

देवी निनादिनी पत्रक को देखते हुए बोलीं, ''सुलेखे! तेरा नाम सुलेखा तेरे लेख के सौंदर्य के कारण निश्चित किया गया कि तूने अपने नाम के प्रतिष्ठारक्षण के लिए लेख को सुधारा?''

''राजमाते! न मैंने अपना नाम रखा और न ही लेख को स्वयं सुधारा। अपहरण से पूर्व अपनी आचार्या के कारण ही यह जैसा-तैसा सुधरा। यदि वे आचार्या अब भी इसे देखतीं, तो असंतोष ही व्यक्त करतीं।''

''हाँ, नित्य की आवश्यकता के लिए जहाँ संतोष अलंकार है, वहीं साधना क्षेत्र में संतोष अंगार है। अब सुनाओ, तुमने क्या लिपिबद्ध किया है।''

''जो आज्ञा, पढ़ने से पूर्व यह भी सूचनार्थ निवेदन कर रही हूँ कि यह आलेख यद्यपि सर्वसम्मति से लिखा गया है। फिर भी यदि कोई शब्द रह गया हो, अथवा जो निश्चय नहीं किया गया, वह लिख दिया गया हो तो कोई भी भगिनी उसका निस्संकोच प्रतिवाद करें। संशोधन कर लिया जाएगा।

अब मैं आलेख वाचन श्रद्धेया गंधर्व राजमाता की अनुमति से करने जा रही हूँ। कृपया दत्तचित होकर सुनें। वाचन के पश्चात् किसी संशोधन-परिवर्द्धन-परिवर्तन की आवश्यकता अनुभव करें, तो कहें। आलेख इस प्रकार है—

श्रीदेवोपासिका परिषद्

इस परिषद् का गठन गंधर्व राज्य की उन समस्त नारियों ने अपने अतीत पर दृष्टिपात करते हुए, वर्तमान में सम्मानपूर्वक सात्त्विक जीवन व्यतीत करने के लिए एवं भविष्य में सद्गति प्राप्ति का विचार करते हुए किया है।

१. विभिन्न आयु वर्ग की हम गंधर्वराज की वे नारियाँ हैं, जो संसार में रहते हुए भी, सांसारिकता से पृथक् रहकर जीवन यापन करना चाहती हैं।

२. हमारा परिवार यावज्जीवन हमारी परिषद् की सदस्याओं में ही सीमित रहेगा।

३. परिषद् की सदस्याओं के निवास के लिए स्थान राज्य प्रदान करेगा। उसकी सीमा में कोई अवांछनीय पुरुष क्या, नारी भी प्रवेश नहीं करेगी। यह प्रबंध भी राज्याधीन रहेगा।

४. परिषद् की सदस्याओं को देवोपासना के लिए राजकीय वाहन ले जाएँगे और लाएँगे।

५. कोई भी देवस्थान देवोपासिकाओं को रात्रि में नहीं रोकेगा।

६. देवोपासिकाएँ नित्य प्रति तारों की छाया में शैया त्याग कर, स्नानादि नित्य-क्रियाओं से निवृत्त होकर सूर्योदय की दो घड़ी व्यतीत होने तक अनिवार्य रूप से ध्यान-समाधि में रहेंगी। तदुपरांत यज्ञ के पश्चात् अल्पाहार करेंगी।

७. देवोपासिकाएँ रात्रि के प्रथम प्रहर की समाप्ति से पूर्व अवश्यमेव शयन करने चली जाएँगी। दिन में शयन नहीं करेंगी। न विशेष पर्व के अतिरिक्त किसी सर-सरिता पर, परिकर से पृथक् होकर अकेली स्नान करने जाएँगी। नित्य स्नान देवोपासिकालय के कूप पर ही करेंगी। सादा भोजन (बिना मिर्च-खटाई) स्वयं ही अन्न पीसकर, पारस्परिक सहयोग से बनाएँगी। उनके अधोवस्त्र-शाटिका-कंचुकी एवं प्रावरिका (दुपट्टा) आदि श्वेत अथवा पीत वर्णी ऋतु के अनुकूल रहेंगे। इनका सूत वे स्वयं कातेंगी।

८. राज्य पर आर्थिक दृष्टि से देवोपासिकाएँ भार न बनें, इस समस्या के निदानार्थ वह ऊन, जो प्रचुर मात्रा में राज्य में उपलब्ध है, वह लेकर-शरीर के अंगांग हेतु वस्त्र-बटुए-झोले बुनेंगी। खर्जूर पत्रों से आसन-आसंदी-टोकरी-मंजूषा बनाएँगी। प्रति सप्ताह राज्य द्वारा नियुक्त अधिकारी उन्हें ले जाया करेगा। उनसे प्राप्त राशि वह अधिकारी राज-कोषाध्यक्ष को ही देगा।

९. देवापासिका स्थान से संलग्न गौशाला रहेगी। गायों की सेवा वे ही करेंगी। दूध दोहन-दधि-छाछ-घृत-नवनीत आदि के द्वारा अपने शरीर को पुष्ट रखेंगी। गोमय से ईंधन की पूर्ति करेंगी। अपरिहार्य स्थिति में प्रत्येक अभाव की पूर्ति राज्य करेगा।

१०. मध्याह्न के पश्चात् पठन-पाठन, संगीत साधना के सत्र चलेंगे।

११. देवोपासना के निमित्त प्रस्तुत किए गए नृत्य आदि से निवृत्त होते ही परिधान परिवर्तित कर, श्रृंगार सूचक प्रसाधनों को तुरंत विसर्जित कर देंगी।

१२. किसी अर्चक अथवा अन्य पुरुष की किसी अशालीनता के कारण उत्पन्न हुई, अपरिहार्य स्थिति में किसी देवोपासिका द्वारा यदि किसी का अंत भी हो जाता है तो भी वह किसी हत्या की अभियोगी मान्य नहीं की जा सकेगी। एक प्रखर कटारी अथवा अन्य कोई शस्त्रास्त्र वे सदैव अपने साथ रख सकेंगी।

इस आलेख को सुनकर राजमाता एक बार तो अवाक् रह गईं। कुछ क्षण ठहर कर बोलीं, ''भद्रे सुलेखे! तुमने देवोपासिका परिषद् की यह नियमावली सुनाकर सिद्ध कर दिया कि किसी सामान्य राज्य क्या, यदि किसी देश के संविधान निर्माण का अधिकार तुम्हें दे दिया जाए तो तुम दो दिनों में ही बैकुंठ को धरती पर उतरने के लिए बाध्य कर दोगी। तुम्हारी महीयसी मनीषा के समक्ष प्रत्येक सम्मान वामन ही ठहरेगा। सुमेधे! प्रगल्भे! तुमने देवोपासिकाओं को राज्य पर भार नहीं, अपितु उसका श्रृंगार बना दिया है। नतमुखी भिक्षुणी नहीं, आध्यात्मिक-सांस्कृतिक जगत् की स्वामिनी ही बना दिया है। मेरे विगत वर्षों की अमित्रे! आज तुम मेरी मात्र सुमित्रा नहीं, आत्मस्वरूपा ही सिद्ध हो रही हो। आ, इस निनादिनी को अँकवार प्रदान कर, धन्य कर दे।''

सुलेखा को हृदय से लगाती हुई देवी निनादिनी बोली, ''यदि उचित मानें तो जहाँ यह लिखा है कि कोई भी देवोपासिका किसी देवस्थान में रात्रि में नहीं रुकेगी, वहीं यह भी अंकित कर दे कि 'मात्र महाशिवरात्रि के अतिरिक्त।'''

बस, महाशिवरात्रि सुनते ही वातावरण में 'देवी निनादिनी की जय, राजमाता की जय' के स्वर गूँज उठे।

श्रीदेवोपासिका परिषद् का पत्रक लेकर देवी निनादिनी सुलेखा के साथ श्रीभरत के पास गई। उसे सुनकर, उनके साथ समुपस्थित समस्त ऋषि-मुनि सुलेखा की प्रशंसा के लिए शब्द खोजते रह गए। गंधर्वराज प्रत्यूष ने एक सुरम्य स्थान, जिसमें फल-फूलों के अनेक वृक्ष लहलहा रहे थे, कई कूप और एक छोटा सा सरोवर भी था, उसे सुदृढ बाड़ों से घेरकर श्रीदेवोपासिका परिषद् को दे दिया। समस्त ऋतुओं में निरापद रहनेवाली कुटियों की पंक्तियाँ दो दिन में सज गईं। सभी आवश्यक सामग्री प्रचुर मात्रा में भेज दी

गईं, साथ ही इसी परिसर से सटी हुई एक गौशाला से सुतृप्त गायों के रँभाने की ध्वनियों ने तो एक लोक-दुर्लभ संगीत की स्वर लहरी दिशा-दिशा में प्रवाहित कर डाली। □

अनुच्छेद-३१

श्रीभरत अपने इलावर्त क्षेत्र (चीन-मध्य एशिया-साइबेरिया) में प्रस्थान के कार्यक्रम को अंतिम रूप दे ही रहे थे कि तभी द्वारपाल ने आकर निवेदन किया कि दानवराज बाणासुर के युवराज कुमार सचिव मंडल के कुछ सचिवों के साथ आ रहे हैं। यह सूचना अग्रिम रूप से उनके एक धावन ने दी है। आज्ञा पाकर द्वारपाल धावन को ले आया। महामात्य भद्राश्व के पूछने पर धावन ने बताया, ''यह दल महत्नु सरिता (अफगानिस्तान की अर्गेसन) अब तक पार कर चुका होगा। वे उदभांडपुर (अटक से १६ मील उत्तर) से आगे आपका आदेश पाकर ही बढ़ेंगे।''

भेंट स्वीकृति की सूचना देने के लिए दो अश्वारोही धावन के साथ द्रुतगति से चल पड़े। रण शिविर से आधे योजन की दूरी पर महामात्य भद्राश्व कुमार पुष्कल एवं द्विविद-मयंदादि के साथ जाकर उन्हें आदरपूर्वक ले आए। राजोचित अभिनंदन-अभिवंदन के पश्चात् बाण-पुत्र इंद्रधन्वा ने अपने पिता का पत्र श्रीभरत को दिया। उसमें आग्रह किया गया था कि वे अपने प्रमुख परिकर, महर्षि वसिष्ठ आदि ऋषियों एवं गंधर्व नरेश प्रत्यूष के साथ शोणितपुर पधारें। इस भेंट से अनेक भ्रमों का निराकरण होकर, एक सुखद भविष्य का निर्माण होगा।''

दानव दल को कुमार तक्षक भोजन विश्राम के लिए दूसरे शिविर में ले गए। दानवराज बाणासुर से भेंट करने की सभी ने स्वीकृति प्रदान की। यह भी विचारा गया कि इस भेंट को प्रतिष्ठा का विषय न बनाकर दानव-मानव मैत्री को यथासंभव सुदृढ किया जाए। विभिन्न भेंटें देकर दनु युवराज एवं उनके सचिवों को दो दिन पश्चात् शोणितपुर आने का आश्वासन देकर, अगले दिन विदा कर दिया गया। महर्षि पाणिनि-पतंजलि, गंधर्वराज प्रत्यूष, अंगद-हनुमानादि के साथ श्रीभरत एक छोटी सी सैन्य टुकड़ी लेकर चल पड़े। स्वयं दानवेश बाणासुर शोणितपुर से एक योजन बढ़कर, उनका स्वागत करते हुए उन्हें अपनी राजधानी में ले आए। विशेष साज-सज्जायुत राजपथ से पुष्प वर्षण के मध्य श्रीभरत राजमहालय आ गए। बाणासुर उन्हें आग्रहपूर्वक अपने अर्धासन पर बिठाकर बैठ गए। नृत्य-संगीत स्वागत-सत्कार की औपचारिकता परिचय के आदान-प्रदान के पश्चात् सभा विसर्जित हुई। भोजन-विश्राम के अनंतर पुनः सभी सभा भवन में एकत्रित हुए।

वार्त्तारंभ करते हुए बाणासुर ही बोले, ''पूज्य प्रपितामह श्री प्रह्लाददेव के समय से एक सुखद युग का श्रीगणेश हुआ। मध्य में कई कारणों से अविश्वास का वातावरण बना। संघर्ष में हमारे पितामह विरोचन वीरगति को प्राप्त हुए। पूज्य पितृदेव बलि महाराज ने विश्वजित यज्ञ का आयोजन किया। मन में ग्लानि तो थी, किंतु श्रीहरि ने वामन वेश में पधार करके, उस यज्ञ की दिशा परिवर्तित कर दी। कुलगुरु शुक्राचार्य ने बात बिगाड़ने का प्रयत्न किया, परंतु एक नेत्र की बलि चढ़ाकर, वे अवहेलना के पात्र बनकर रह गए। अतल प्रदेश में वे श्रीहरि के परामर्श से सुचारु रूप से शासन कर रहे हैं। दशानन-पुत्र अहिरावण ने प्रारंभ में कुछ अराजकता उत्पन्न करने की चेष्टा की, परंतु असफलता की स्थिति में वह भोगावती के सुदूर क्षेत्र में एक स्वतंत्र शासक बनकर बैठ गया। दशानन से प्रेरित होकर उसने राघव बंधुओं का अपनी मायावी शक्ति से अपहरण किया। परिणाम में अपने प्राणों से हाथ धो बैठा। एक अघोषित संधि की स्थिति में दोनों राज्यों के मध्य व्यापार-वाणिज्य-शांतिपूर्वक चल रहे हैं।

''विदेहराज के आमंत्रण पर हम धनुष यज्ञ के अवसर पर मिथिला गए। संयोगवश उसी समय दशानन भी लंका से पधारे। अपने परमेष्ट प्रभु श्री पार्वतीश्वर महादेव का धनुष स्पर्श करने की पापपूर्ण अनैतिकता हम कैसे कर सकते थे, किंतु दशानन उसके विषय में जानते थे। वे जानकर अपनी शक्ति-सामर्थ्य के परे का विषय मानकर हमारी ही भाँति 'शिव धनुष का स्पर्श कैसे करें' कहकर प्रणाम करते हुए चल तो पड़े। मार्ग में उन्होंने बलपूर्वक जनकनंदिनी के अपहरण का विचार रखा। हमने घोर भर्त्सना ही नहीं की, अपितु यह भी कह दिया कि ब्रह्मतेज-संपन्न महर्षि याज्ञवल्क्य एवं अणीमांडव्य ऋषियों से संरक्षित विदेहराज की अयोनिजा दुहिता का अपहरण उनके लिए भयंकर संकट उत्पन्न कर देगा; साथ ही यह अतिथि-धर्म के भी विरुद्ध होगा। इतने पर भी यदि तुम इस ओर अग्रसर हुए तो तुम्हें हमसे भी संघर्ष करना होगा। रावण लौट गए। जिस कर्म का हमने निषेध किया था, विधि-विधानवश उन्होंने वही किया। फल संसार के सामने है। श्रीराम जिस समय लंका में अपनी महारानी की मुक्ति हेतु युद्ध कर रहे थे, उस समय शुक्राचार्य ने हमसे रावण की सहायता का सुझाव रखा था, किंतु हमारी भृकुटियों के बल देखकर, वे मौन हो गए।

''उन्हीं के भड़काने पर प्रखर मूलक भी एक रात्रि को अचानक हमारे पास आया था। जब शब्दों से नहीं समझा तो शक्ति से समझाना पड़ा। देव-विरोध के कारण राक्षसों ने दानवों को अपना सजातीय मान रखा है, किंतु स्थिति इसके विपरीत है। दानव वीर तो हैं, परंतु नीच नहीं हैं। राक्षस इसके विपरीत नृशंस रहे हैं। दशानन के पश्चात् रक्ष का अर्थ, रक्षेश्वर विभीषण के शासन में अनेक अर्थों में परिवर्तित हो चुका है। इसका प्रत्यक्ष

उदाहरण वह माल्यवान बना, जिसने रावण को रावण क्या बनाया, बल्कि कहना चाहिए कि एक ऋषि से बलात् ऋषि-कंटक को उत्पन्न कराया। राघवेंद्र के शक्ति-सामर्थ्य का गणित करके ही उसने अवधेश्वरी को लौटाने का बार-बार अनुरोध किया, परंतु सफल नहीं होना था। अत: नहीं हुआ। राघवेंद्र के अंक में मस्तक रखकर उसने योगियों की भाँति अपने अंत का वरण जिस प्रकार किया, यह उसके आत्मपरिवर्तन का प्रत्यक्ष क्या, निर्विवाद उदाहरण है। रावण-जननी के हृदय परिवर्तन की कथा मैं सुन चुका हूँ। आपकी विनम्रता ने उस जटिल कुटिला का जिस प्रकार हृदय परिवर्तन किया, वह आपके ही योग्य था और आप ही कर सकते थे। समस्त आपदाओं की जड़ शूर्पणखा पुष्कर क्षेत्र में प्रभु प्राप्ति के निमित्त तपस्या कर रही है। मंदोदरी-धान्यमालिनी-वज्रज्वालादि रक्ष-महीषियाँ अपने क्रोध-शोक का शमन जिस प्रकार अपने ही पतियों को दोषी बताकर कर रही हैं, वह भी साधारण बात नहीं है।

''आश्रयहीन परिवारों को लंकेश्वर विभीषण आश्रय प्रदान कर सक्षम बना रहे हैं। वैसा आचरण भी वे ही कर सकते हैं। बहुत कुछ वातावरण को सामान्य बना चुके हैं। आक्रोश पर्याप्त मात्रा में शांत हो चुका है। रक्षकुमारी (मेघनाद की पुत्री रसानी) कीश-राज्ञी (अंगद की पत्नी) बनकर किष्किंधा जा चुकी है। विश्व में स्थायी रूप से शांति स्थापना के लिए हमें यह निश्चय कर लेना चाहिए कि अब देवासुर संग्राम की शृंखला का किसी प्रकार से भी समारंभ नहीं होने देंगे। दानवों को तो ढोल-दमामे पीट-पीटकर अत्याचारी घोषित किया जाता रहा है, किंतु देवराज इंद्र भी कामधेनु के दूध में पूर्णत: धुले हुए नहीं हैं। सभी को हृदय में यह धारणा दृढ कर लेनी चाहिए कि चाहे कोई कितने भी वरदान किसी से प्राप्त कर ले, कितने ही शस्त्रास्त्र जुटा ले, किंतु न देव दानवों का पूर्णत: विध्वंस कर सकते हैं और न ही दानव त्रैलोक्य के देवों का विनाश कर सकते हैं। जब दोनों को इसी संसार में रहना है तो ईर्ष्या-दग्ध चित्त से क्यों रहना?''

''दानवराज! यही मानवता है, जो आपके शब्दों से प्रकट हो रही है। यदि ये ही भाव हृदय-हृदय में स्थायी रूप से आसन ग्रहण कर लें तो विश्व की अनेक समस्याएँ अजन्मी होकर रह जाएँ। कुल के दंभ, राज्य के विस्तार और इनसे ऊपर वह लोकेष्णा, जिसके कारण अपने से निर्बल पर आक्रमण कर किसी को अपनी प्रबलता का आभास कराने का दंभ और कहीं दो-चार राज्य जीत लिये तो फिर विश्व विजयी कहलाने के प्रयास में अनाचार-अत्याचार संहार-महासंहार की शृंखला का समारंभ। लुट गए तो विपन्न-प्रजाओं में अभाव-ग्रस्तता के कारण अपमान, क्षतिपूर्ति के लिए कर-वृद्धि और अंत में विद्रोह की स्थिति जो कुछ करा दे, वह कम-ही-कम। लूट लाए तो प्रजा से सम्मान पाने के लिए, अपने वर्चस्व से उन्हें प्रभावित करने के लिए लूट को लुटाना और

अगले ही क्षण लूटने के कार्यक्रम बनाना। प्रजा की संपन्नता भोगों की वृद्धि करते-करते, कब उनमें किन कामनाओं को अँकुरा दे, कहा नहीं जा सकता। जिनके बीज कहीं देखने को नहीं मिलते, उनके फल-फूलों से लदे हुए वृक्षों के स्वप्न मध्याह्न के प्रभासित प्रकाश में दिखने लगते हैं। उसकी पूर्ति अब हमारे नृपति करें। वे करें तो कैसे करें? करें तो विश्व भर में अनाचारी-अत्याचारी अंततः राक्षस कहलाएँ। न कर पाएँ तो अयोग्य, अपनी ही रक्षित प्रजाओं के भक्ष्य बनें। इधर कुआँ, उधर खाई। न जीवितों की भाँति जी पाएँ, न मृतकों की भाँति मर पाएँ। बिना किसी यज्ञ में यजमान बने एक त्रिशंकु बने रह जाएँ। उस अवसर का लाभ उठाने में धूर्त नहीं चूकते। जो न हुआ, न हो सकता है, उनकी पूर्ति करने की प्रतिज्ञा भी उद्घोषपूर्वक कर डालते हैं। सत्ता परिवर्तन हो जाते हैं। ये क्रम फिर अबाध गति से चलने लगते हैं।

''इन सर्वग्रासी भूखों की भूख बुझाने के क्रम में सत्ताधीश अनचाही मन:स्थिति में वे-वे कर्म बाध्य होकर कर डालते हैं, जो अकर्म पथों पर भटककर, दुष्कर्म के रूप में प्रकट हुए बिना नहीं रह पाते। विश्वासों का यह क्षय अविश्वासों को जन्म देता है। अविश्वास अराजकता को जन्म देते हैं। उस अराजकता का दमन करने में असमर्थ तामसी सत्ताधीश के अपने ही अपने नहीं रह पाते। उस अंधकार में उसे एक ही प्रकाश की किरण दिखती है कि किसी अन्य की सहायता प्राप्त करना। वह अन्य तरह-तरह से सहायता प्रदान कर प्रारंभ में तो उस सत्ताधीश को स्थिर कर देता है, किंतु जब वह अन्य उस सहायता का मूल्य माँगता है तो देश-के-देश उस बाज के पंजे में किसी कपोती की भाँति फड़फड़ाकर रह जाते हैं। संस्कृति पुस्तकों के पृष्ठों की बंदिनी बनकर रह जाती है। परंपराएँ कथा, कल्पित कहानियों में परिवर्तित हो जाती हैं। यह नित्यप्रति देखते हैं, किंतु कौन कितना सँभल पाए हैं, कितना सँभाल पाए हैं, उनके भी इतिहास हैं। जो उनकी समीक्षा करके, शिक्षा ग्रहण कर, सद्पथ का निर्माण करने निकल पड़ता है, वह…''

''वह नहीं, वही वास्तविक राज्य का सद्निर्माण कर सकता है'' श्रीभरत के वाक्य को पूर्ण करते हुए, बाणासुर बोले—

''हाँ, वही-वही रामराज्य के महादुर्ग के निर्माण की प्रथम शिला रख पाता है, जो पिता का और्ध्वदैहिक कृत्य संपन्न करते ही चित्रकूट के पथ का पथिक बनने चल पड़ता है।''

''सत्य है, परम सत्य है'' हँसकर कहते हुए महर्षि पतंजलि बोले, ''हम समझते हैं कि अमृत प्राप्ति के निमित्त समुद्र-मंथन पर विचार-विमर्श करने के लिए देव-दानव प्रथम बार मिलकर बैठे थे। उसके पश्चात् विश्व शांति का अजर रस प्राप्त करने की सात्त्विक अभिलाषा लेकर उन्हीं देव-दैत्यों के प्रतिनिधि आज ही बैठ रहे हैं। उस समय

तो वह परिषद् लोकपितामह ब्रह्मदेव की प्रेरणा, आमंत्रण अथवा आह्वान पर जुटी थीं, किंतु आज तो उन दानवेश के द्वारा आयोजित की जा रही है, जिनके दानवों पर अराजकता उत्पन्न करने के दोष प्रायः समय-समय पर लगते रहे हैं। यह देखकर आशा भी बँधती है और संतोष भी हो रहा है। भविष्य के लिए शुभ संदेश प्राप्त हो रहे हैं। दानवेश के पूर्व कृत्य निश्चितरूपेण उनके मंतव्य की पुष्टि कर रहे हैं। जिस प्रकार आपने दशकंधर के विचारों का विरोध किया, लंकारण से स्वयं को पृथक् रखा। उसके उपरांत आपने अपने कुल-पुरोहित आचार्य शुक्र की अवहेलना की। अब श्रीभरत को यहाँ सादर आमंत्रित किया। आपके मंतव्य को समादृत करते हुए ये यहाँ पधारे। ये सभी आपके हार्दिक विचारों की सत्यता प्रमाणित करते हैं। इस गंतव्य को उसके मंतव्य तक सरलता तक कैसे पहुँचाया जाए, अब उस पर विचार कीजिए।''

महर्षि को उत्तर देते हुए बाणासुर बोले, ''हमने तो विनम्रतापूर्वक निस्स्वार्थ-निर्भीक भाव से अपने विचार प्रस्तुत कर दिए हैं। उन्हें आप यदि उचित मानते हैं तो उन्हें कार्यान्वित करने के मार्ग का दर्शन तो आप ऋषि-महर्षिगण ही निर्देशित कर सकते हैं। हम दानवों की ओर से आपको वचन देते हैं कि प्राण रहते उनका पालन करेंगे। यदि उनके पालन करने में प्राणार्पण की भी स्थिति आएगी तो भी पीछे नहीं हटेंगे।''

बाणासुर के शब्द सुनकर भरत बोले, ''दानवराज का कथन, हमारा भी मान्य कीजिए। हम विगत इतिहास को विस्मृत करते हुए, प्रतिज्ञापूर्वक इसका पालन करेंगे और कराएँगे। यह वचन यह रामानुज अवधेश्वर की ओर से आपको देता है।''

दैत्यराज बाणासुर और देवरक्षक रघुकुल के प्रमुख पुरुष श्रीभरत के संदेह विरहित शब्दों से संतुष्ट चित्त पाणिनि बोले, ''आप दोनों तो अपने वचनों का दृढतापूर्वक पालन करेंगे, हमें विश्वास है, किंतु उभय पक्ष के प्रजाजनों के मन में शत्रुता नहीं तो शंका के भाव तो हैं ही, इसे तो नहीं नकारा जा सकता। उसका उपाय विचारिए।''

''उपाय तो अनेक हैं और अनेक हो सकते हैं, किंतु हम कहें, वह कुछ अधिक उचित नहीं होगा। इस समय हमारे मध्य में, ये जो मारुति बैठे हैं, उनकी गणना तो बुद्धिमानों के क्षेत्र में वरिष्ठातिवरिष्ठों में होती है। देव-दानव मानव-निशाचर, सभी से इनके संबंध रहे हैं। इनकी ठोड़ी तो देवराज इंद्र के वज्र का स्वागत कर चुकी है। ये जो कुछ कहेंगे, अपने दीर्घकालिक अनुभव के आधार पर कहेंगे। अतः ये ही कहें।''

दैत्यराज बाणासुर के कथन का संकेत से समर्थन करते हुए श्रीभरत को अपनी ओर देखते हुए मारुति, जो अब तक शांत बैठे हुए थे, वे ऋषियों को प्रणाम करते हुए बोले—

''उपाय तो अनेक हैं, दैत्यराज का यह कथन युक्तियुक्त है। देवासुर समस्या भ्रम का भूत है। रज्जु में सर्प की शंका है। सृष्टि के आरंभ से ही यह समस्या, समस्या बनी

हुई है। ज्यों-ज्यों समय व्यतीत होता जाता है, यह जटिल से जटिलतर होती हुई विश्व पटल पर वामन से त्रिविक्रम, मनु की मीन बनती चली आ रही है। इसके मूल में प्रमुख रूप से पारस्परिक विश्वास का अभाव है। विश्वास युगों में जमता है, किंतु उखड़ने में क्षणार्द्ध भी नहीं लगाता है। हिरण्याक्ष-हिरण्यकशिपु-नमुचि-विरोचन-शुंभ-निशुंभ-महिष इतिहास के ऐसे पृष्ठ हैं, जिन्हें पलटकर इतिहास पढ़ा तो नहीं जा सकता, किंतु ऐसे पृष्ठ फिर न जुड़ें, उनका कोई युक्तियुक्त उपाय सहज में समझ में भी तो नहीं आता। दशानन का पृष्ठ पलटकर विश्व मानने लगा था कि संभवत: यह अंतिम पृष्ठ होगा, किंतु तुरंत ही एक ऐसा पृष्ठ बनने शतकंधर आ गया। उसकी अज्ञात लिपि पढ़ने में अयोध्याधिपति राघवेंद्र और उनकी अनुजत्रयी के साथ लंका-गर्वभंजन की शिलाओं जैसी उपाधियाँ ढोनेवाले हम गणपति के मूषक बनकर रह गए। तदनंतर जिसकी किसी को कल्पना नहीं थी, उस लिपि का पाठ कुसुमकलिका सी अवधेश्वरी वैदेही ने कालिका बनकर किया। अभी वे उसका युक्तियुक्त अर्थ करके बैठी ही थीं कि लवणासुर प्रलयंकर के भयंकर त्रिशूल के तांडव की धमक से धरित्री को धरातल में धँसाने आ गया। उसकी प्रचंडता की परिभाषा अथवा व्याख्या, जो कुछ भी कहें, वह यही है कि सृष्टि के आरंभ में ब्रह्मदेव को ही भक्षण कर जाने को आतुर मधु-कैटभ पर नारायण ने जिस सहस्रार चक्र का प्रयोग किया, उसी के द्वारा श्रीभरतानुज शत्रुघ्न धरती को लवण से मुक्त करा पाए। इसे साधारण बात कहना अपनी मूढ़ता का परिचय देना ही होगा। पिपीलिका (चींटी) पर तो शतघ्नी का प्रयोग नहीं किया जाता, किंतु जिस पर किया है, हम उसकी शक्ति-सामर्थ्य को नकार भी तो नहीं सकते। यह शक्ति-संचय कैसे हुआ ? उस संचय में, उस सशक्त बन जानेवाले के सहायक कौन-कौन, किस-किस कारण से बने, उन पर विचार करना पड़ेगा। तभी समस्या का समुचित समाधान हो सकेगा।

"दैत्यराज! आपने इस दिशा में जो पग बढ़ाया है, वह स्तुत्य है, किंतु दैत्य समाज को क्या, अपितु प्रजाजनों को आप कितना साध पाएँगे, वह भविष्य के गर्भ में है। इस समय मैं यही कह सकता हूँ।"

"आंजनेय! आपका आकलन सत्य है। अभी मूलक संघर्ष के समय में ही यहाँ कई के मनों में भयंकर आशंकाएँ थीं। उनमें से कुछ तो यही विचारे बैठे थे कि मूलक-वध के अगले दिन ही शोणितपुरी पर आक्रमण अवश्य होगा। हमने उन्हें कैसे समझाया, कितनी सत्य-असत्य प्रतिज्ञाएँ कीं, यह हम ही जानते हैं। उन शेष शंकाओं के शमन के लिए ही हमने आपको आमंत्रित किया। इस समय यह दैत्यराज आपको यही आश्वासन दे सकता है कि हमारी ओर से कोई आक्रमण नहीं होगा। यदि किसी ने किया तो हमें आत्मरक्षा के निमित्त बाध्य होकर शस्त्र ग्रहण करने भी पड़ेंगे।"

''दानवेंद्र! कोई भी स्वाभिमानी यही कहेगा, जो आपने कहा। यदि नाम न लें तो कौन विश्वास करेगा कि एक पलायित (भगोड़ा), न जिसके पास अपना कोई पैतृक साम्राज्य है, न जिसकी पीठ पर उसके परिवार का हाथ है, वह एक नवयुवक एक विशाल साम्राज्य के वयोवृद्ध अधिपति को अपना ऐसा दासानुदास बना ले कि वह अपने कुलीन संस्कारों को तिलांजलि देकर, गुण-कर्म स्वभाव की दृष्टि से उसका पर्याय ही बन जाए।

''जन्मना देवार्चित गंधर्व होकर भी राक्षसी वृत्ति का घोर गंधागार सिद्ध होता हुआ, अंत तक गंधर्वराज के रूप में प्रसिद्धि प्राप्त करता हुआ, खंडों में विभाजित होकर क्षार की ढेरी बनकर चला गया। दूसरी ओर विश्रवा कहलाते रहे ऋषि और लहराते रहे निशाचर वंशों की वासंती वल्लरिकाएँ। उत्पादन में अग्रगण्य और उन पर अनुशासन स्थापित करने में नगण्य रहे। 'तेरा छोटा भाई है, इसे लंका दे दे' यह कहनेवाले एक बार भी 'जानकी को लौटा दे' नहीं कह पाए। जिनका एक पुत्र धनाध्यक्ष कुबेर और दूसरा पुत्र लंकेश्वर दशानन, उनकी दशा और मन-मस्तिष्क की दिशा को क्या कहा जाए? न एक दिन अलकापुरी गए और न एक दिन लंका जा पाए। उनसे संतान प्राप्त करनेवालीं कैकसी-पुष्पोत्कटा-राका-मालिनी क्या वरवर्णिनी और इडविडा में से एक भी तो आज उनकी सेवा में नहीं है। हिरण्यमयी तट की सूनी कुटिया में शून्य में दृष्टि जमाए बैठे हैं। ऋषि पुत्र हैं, यह विचार कर कोई उनका अपमान तो नहीं कर रहा, किंतु सम्मान भी कौन कर रहा है, जो कभी भरे-पूरे परिवार के प्रमुख हुआ करते थे, आज किसी से आँख मिलाए बिना, समाधि व्याज में आँख मींचे बैठे हैं। इस स्थिति को, उसके भोक्ता को, निर्माता को क्या कहा जाए?

''इसके विपरीत समस्त आसुरी तंत्र का सूत्रधार माल्यवान दैवी संस्कृति के महानायक प्रभु श्रीराम के अंक में सिर रखकर, प्राणों को विसर्जित करता है। उसकी ग्लानि-गलित चित्त की अवस्था देखकर अंतमति के अनुसार अंतगति प्रदान करते हैं। इधर जिन-जिन यज्ञों-देवानुष्ठान का नाम लेना भी जिस लंका में वर्जित था, उसी में आज उन कृत्यों का आयोजन हो रहा है। जिसके आकाश में पशु बलि और नर बलि के घृणित धूम्र प्राण वायु को निष्प्राण स्थिति का परिचय कराया करते थे, वहीं आज विभिन्न औषधियुक्त शाकल्य-समिधाएँ गौघृत में स्नान कर-करके उसी प्राणवायु में नव-अभिनव प्राणों का संचार कर रही हैं। फिर भी, आज भी लंका के स्वामी राक्षसेंद्र-निशाचर नायक की उपाधियों से छुटकारा न पाकर, उनसे अलंकृत हुए बैठे हैं। 'हम किसी के मारे न मरें' वरदानों के याचकों के उत्तराधिकारी मृत्यु भय से मुक्त होकर शासन कर रहे हैं। इन विरोधाभासों को क्या संज्ञा दी जाए?

''दैत्य-दानव-यातुधान-कालकेय-कौणप-निशाचर-मनुजाद-संध्याबल-नीलांबर-

रक्ष-यक्ष सब पृथक्-पृथक् हैं। किसके कार्य में कितना रजस-तमस है, उसकी समीक्षा किए बिना एक अनर्गल प्रचार से भ्रांत होकर, इन्हें एक का पर्याय एक मानकर, किसके प्रति क्या व्यवहार किया जाए, उसमें देव-दानव दोनों ही विभ्रमित हुए बैठे हैं। विभीषण तो विरले ही होते हैं, जो मानापमान से निरपेक्ष की स्थिति में निकल आते हैं, किंतु कुंभकर्ण और मेघनाद में भी यत्र-तत्र विभीषणत्व के दर्शन होते हैं। अंतर इतना ही है कि एक सीता हरण की निंदा करके समर में उतरा और दूसरा ग्लानि-गलित चित्त से उतरा। सद्धर्म के मार्ग से परिचित होकर भी जातीय दंभ के अधीन होकर उस गति को प्राप्त हुए, जिसके वे पौरुष भूषण योग्य नहीं थे। दशानन को भी इसका अपवाद पूर्णतः नहीं माना जा सकता। परिस्थितियों की दासता की शृंखलाओं में आबद्ध होकर बलि पशु बनकर रह गए। मृत्यु को मृत्यु प्रदान करने में समर्थ, उसके भृत्य बनकर चले गए।''

''अस्तु, दानवेंद्र! आपने आगे बढ़कर एक पग उठाया है। इसे गति दें। हम इलावर्त की ओर अब प्रस्थान करने जा रहे हैं। यदि आप उचित मानें तो अपने यहाँ से कुछ प्रबुद्ध जनों को, जो आपके मैत्री सिद्धांत के हृदय से समर्थक हों, उन्हें वहाँ भेजें। वहाँ के निवासियों के हृदय परिवर्तन करने का प्रयत्न करें। 'एक देव महादेव, महादेव' के उद्घोष, जो अब तक होते रहे हैं, उन्हें श्रीमद्रामेश्वर के संस्थापक प्रभु श्रीरामचंद्र के सुकृत्य से परिचित कराएँ। इसमें जितने आप सफल हो सकते हैं, निश्चित रूप से हम नहीं होंगे, क्योंकि हमारे विरुद्ध तो वे पूर्वाग्रह से ग्रसित हुए बैठे हैं। अब हमें आज्ञा दें, क्योंकि श्रीपुरुमीढ़ की ओर से 'शीघ्र आइए, शीघ्र आइए' के संदेश बार-बार आ रहे हैं।''

अनेकानेक भेंटों के आदान-प्रदान के पश्चात् श्रीभरत दैत्यराज बाणासुर से आलिंगनबद्ध होकर रथारूढ़ हो गए। उनके साथ बाणासुर के युवराज कुमार इंद्रधन्वा के अतिरिक्त दैत्य साम्राज्य के कुछ प्रमुख सचिव भी भावी रूपरेखा पर विचार-विमर्श की दृष्टि से श्रीभरत के साथ चल पड़े। 'श्रीरामानुज भरत लाल एवं दानवेंद्र बाणासुर' के जय-जयकारों से गगन गूँजता रह गया।

□

अनुच्छेद-३२

केकय लौटते ही केकयराज के सभागार में रण परिषद् एकत्रित हो गई। गंधर्व नरेश प्रत्यूष राजमाता निनादिनी के साथ, लंकेश्वर के चारों सचिव, बाणासुर साम्राज्य के युवराज एवं सचिवों के साथ तक्षक-पुष्कल अंगद-मारुति, महाराज अजमीढ़ के दो राजकुमार, मिथिला युवराज शीलनिधि-काशी नरेश प्रतर्दन, केकय साम्राज्य के महासचिव

भद्राश्व एवं पतंजलि–पाणिनि आदि ऋषि तुरंत एकत्रित हो गए। पूर्व इतिहास–वर्तमान स्थिति एवं भौगोलिक परिस्थितियों पर गहन विचार–विमर्श के पश्चात् सर्वसम्मति से एक पत्रक लिपिबद्ध किया गया। श्रीभरत के आग्रह पर ऋषि मंडल की अनुमति प्राप्त कर महर्षि पतंजलि उसे प्रस्तुत करने के लिए खड़े हो गए—

''शत्रु शून्य विशाल भू–भाग के सुचारु प्रबंध की दृष्टि से विभिन्न दृष्टिकोणों से पुन: गंभीर विचार–विमर्श के पश्चात् निश्चय किया गया कि पार्श्व देश (इराक) के अधिपति दैत्येंद्र बाणासुर उत्तरी अंधमहाद्वीप (अफ्रीका) के नील नद पर्यंत अर्बुद क्षेत्र, जहाँ अभी भी रक्ष बस्तियों के कुछ क्षेत्र हैं, वहाँ के प्रबंध वे लंकेश्वर विभीषण के सचिवों के सहयोग से देखेंगे। राक्षसों की कोई भी ऐसी गतिविधि, जिससे क्षेत्र की शांति भंग होने की आशंका हो, उसका दमन परिस्थिति अनुसार तुरंत करेंगे। उनकी सहायता के लिए द्विविद और मयंद के साथ कुछ वानर भी आगामी सुव्यवस्था पर्यंत रहेंगे। अर्बुद सागर में फैले हुए द्वीप समूहों पर किष्किंधा साम्राज्य के अधिपति महाराजा सुग्रीव अधिकारी निश्चित करेंगे।

''राजगृह से कृष्ण सागर और कश्यप सागर तक का विशाल भू–भाग गंधर्व साम्राज्य के अंतर्गत मान्य किया गया। हिमालय के पश्चिमी क्षेत्र का पूर्वी भाग इरावती (रावी) नदी पर्यंत आजमीढ़ी साम्राज्य का अविभाज्य अंग रहेगा। इरावती के पश्चिम से सिंधु नद पर्यंत हिमालय का पश्चिमी क्षेत्र केकय साम्राज्य का अंग शताब्दियों से रहा ही है। उससे आग्नेय कोण में हाटक सरित–कुभा क्षेत्र (अटक नदी से काबुल तक) केकय का भाग, जिसे गंधर्वराज शैलूष ने अन्यायपूर्वक गंधर्व राज्य में मिला लिया था, उसे। अब गंधर्वराज प्रत्यूष ने श्रीभरत को भेंट कर दिया है। वह निर्विवादरूपेण अयोध्या साम्राज्य का अविभाज्य अंग स्वीकार किया गया, क्योंकि केकय नरेश महाराजा युधाजित उसे अपने भागिनेय श्रीभरत को अपने जीवन काल में ही प्रदान करके दिवंगत हुए थे। इसके अतिरिक्त यह भी एक सत्य तथ्य है कि महाराजा अश्वजित का कोई भी वंशज इस समय नहीं है। राजकुमार पुष्कल श्रीराम राजेंद्र के प्रतिनिधि के रूप में इसका शासन संचालन करेंगे। इस क्षेत्र की राजधानी की संज्ञा पुष्कलावती (पेशावर) निश्चित की गई। इसी प्रकार हिमालय का पूर्वी क्षेत्र वितस्ता (झेलम) चंद्रभागा (चिनाब) पारकर इरावती (रावी) पर्यंत काश्मीर मंडल कहलाएगा। इसका पालन कुमार तक्षक करेंगे। तक्षशिला उनकी राजधानी रहेगी। वे विषय–विषय के आचार्यों को जो विप्लव काल में इधर–उधर चले गए थे, उन्हें खोजकर, वहाँ सम्मानपूर्वक बसाएँगे। उनसे शिक्षा प्राप्ति के लिए इस महाविद्यालय में बिना क्षेत्रीय मतभेद के बालक प्रवेश पा सकेंगे। महर्षि पाणिनि इस महाविद्यालय के कुलाधिपति होंगे। समस्त व्यवस्था महर्षि पतंजलि देखेंगे। उनके भोजन आवास के प्रबंध का दायित्व राज्य का होगा।

"मरुस्थलीय क्षेत्रों में विभिन्न सरिताओं से कुल्या (नहरें) निकाली जाएँ। यातायात-परिवहन समस्याओं के निदान के लिए उष्ट्रों की विभिन्न जातियों का विकास किया जाए। इसी प्रकार से कुभा क्षेत्र के अश्वों का भी संरक्षण-संवर्धन किस प्रकार से हो, उसके लिए पशु विज्ञान के विद्वानों को नियुक्त किया गया। देवी निनादिनी समस्त क्षेत्रों में अपनी सहायिकाओं को लेकर संस्कृति के सात्त्विक संस्कारों का, संगीत-नाट्य आदि कलाओं के माध्यम से कला-निष्णात गंधर्वों एवं भरत मुनि के निर्देश में अपसंस्कारों का क्षरण करती हुई भ्रमण करेंगी। किन्हीं भावी समस्याओं को जो भविष्य में आएँगी अथवा आ सकती हैं, क्षेत्राधिपतियों की परिषदें समय-समय पर उनके निराकरण के लिए एकत्रित होकर समयानुकूल मार्गदर्शन देंगी।"

समस्त विषयों से निवृत्त होकर श्रीभरत सिंधु सरिता में स्नान-पूजन-सूर्य अर्ध्य-तर्पणादि के पश्चात् प्रमुख-प्रमुख वानर वीरों को लेकर कश्यप सागर की ओर शंखनाद करते हुए अग्रसर हो गए।

□

तृतीय खंड

अनुच्छेद-1

श्रीभरत की रक्ष-गंधर्व विजयिनी चतुरंगिणी सेना चंक्षु-वंक्षु (अफगानिस्तान की नदियाँ) सरिताओं के हरित क्षेत्र को दाएँ करती हुई, सिंधुकोष (हिंदुकुश) गिरिमाला को लाँघते हुए पवन वेग से काश्यपेय उपसिंधु (कैस्पियन सागर) की ओर बढ़ चली। अभी वे केतुमाल क्षेत्र (अफगानिस्तान के पार) में ही थी कि 'जय श्रीराम-जय श्रीभरत देव' के गगनभेदी उद्घोष उनके कानों में आने लगे। पुलस्त्य-पुलह वंशज यक्ष-किंपुरुषों की वे सैन्य टुकड़ियाँ, जो बहिर्गिरि-उपगिरि-अंतर्गिरि बस्तिकाओं (सीमांत प्रदेश दर्रा खैबर आदि) के बाह्य क्षेत्रों में पराजय से हताशावस्था में पलायन करती हुई, रक्ष-गंधर्वों के उपद्रवों का दमन करने में संलग्न थीं, वे भी सुसफलता प्राप्त करते हुए शनैः-शनैः आने लगीं। चंद्रभागा-इरावती-शतद्रु-अस्किनी आदि सरिताओं को अपने अंक में दुलराती वितस्ता ही जैसे सिंधु में समाकर सिंधु के क्षारसिंधु में समाने से पूर्व धरती पर मधुर सिंधु लहराने लगती है, उसी प्रकार शूर-सिंधु की उद्दाम लहरों सी लहराती हुई, वह सेना प्रतीत हो रही थी।

अभी राघवी सेना के अंतर्गत कीश-काशी-मैथिल सेनाओं के नायकों से यक्ष-किन्नरी सेनाओं के नायक आनंद-मंगल का आदान-प्रदान कर ही रहे थे कि सहसा उन पर दिव्य पुष्पों के मेघ मँडरा-मँडराकर बरसने लगे। समस्त विश्व में अन्यत्र उत्पन्न न होनेवाले चैत्ररथ उपवन के उन अनेकानेक पुष्पों की दिव्य सुगंध ने समस्त वातावरण में अलौकिक मादकता की सृष्टि का संचार कर डाला। मार्ग की समस्त श्रांति से मुक्त सैनिकों के मन-मस्तिष्क नाच उठे। उस सुमन चक्रवात का भेदन करती हुई दृष्टि से मारुति को जो दिखा, उसे देखते ही उनके प्रहर्षित स्वरों से समस्त वातावरण गूँज उठा—

"धनाध्यक्ष वैश्रवण कुबेरदेव के पुत्र श्रीमंत नलकूबर और मणिभद्र के विमान पुष्प वर्षण करते हुए हमारी ओर बढ़े चले आ रहे हैं। कोकिल कंठी अप्सराओं की मंडलियाँ हमारे सैनिकों का अभिनंदन कर रही हैं। यक्षेश्वर के परिकरी गुह्यक-गण वाद्यवृंद लेकर श्रीराम राजेंद्र की विरुदावली का गायन कर रहे हैं। विमान धीरे-धीरे

धरती पर उतर रहे हैं।'' यह सुनते ही श्रीभरत संकेत से सेना को ठहराकर, करबद्ध मुद्रा में रथ से उतरकर चल पड़े।

कुबेर-पुत्रों ने अपनी ओर बढ़ते हुए विनम्र भरत को बढ़कर हृदय से लगा लिया। यक्ष मंडली ने उनका कंठ पुष्पमालाओं से भर दिया। उनके किरीट पर पुष्पों की बहुरंगी किरीटिका सज्जित कर पुष्पवर्षा से आकाश को एक प्रकार से लुप्त जैसा कर दिया। सुगंधित द्रव्यों ने श्रीभरत सहित समस्त सेना को स्नान सा करा डाला। उत्तरी क्षेत्र में मलयगिरि की दक्षिणी पवन उन्मुक्त भाव से विहार करने लगी हो, उस समय ऐसा ही प्रत्येक को प्रतीत होने लगा। कुछ दूरी पर खड़े हुए, इस दृश्य को निर्निमेष नेत्रों से निहारते हुए मारुति और अंगद को दोनों कुबेर-पुत्र खींच लाए। श्रीभरत के समान उनका भी पुष्प शृंगार करते हुए वे बोले, ''श्रीमद्रामानुज! आपने देवभूमि भारतवर्ष के रक्षाक्रांत पश्चिमांचल का अपने अद्वितीय शौर्य से जिस प्रकार उद्धार किया है, वह वस्तुत: अकल्पित ही कहा जाएगा। यहाँ के हाहाकार-चीत्कारों को देख-सुनकर एक बार तो पूज्य पितृचरण के मुख से सहसा निकल गया था, ''लगता है दशानन का अभी अंत नहीं हुआ। उसका समस्त परिकर, कलेवर परिवर्तित कर यहाँ अवतरित हो गया है। जैसे कभी लंका भारत से पृथक् हुई, उसी प्रकार यह पश्चिमांचल भी आसुरी षड्यंत्रों से परिपीड़ित होकर रक्ष-म्लेच्छ भूमि बनकर, उससे पृथक् होने की ओर बढ़ रहा है।''

उनके शब्द सुनकर धूर्जटि महादेव धीरे से बोले, ''वे नहीं रहे तो ये भी नहीं रहेंगे, किंतु अब यहाँ जो संग्राम होगा, वह लंका के कई-कई संग्रामों से बढ़कर होगा। इसके रणस्थल की परिधि में कई-कई लंकाएँ समा जाएँ, इतना विशाल होगा। रोमांचक होगा। प्राण प्रकंपक होगा। पूर्व में प्रशांत महोदधि, उत्तर में हैमाम्भसा सरित-समूह (साइबेरिया की बर्फीली नदियां) जो ध्रुवोदधि तक ठहरता-ठिठकता जाता है और पश्चिम में इलावर्त तथा रम्यकवर्ष के मध्य विस्तृत यामल गिरिमाला की पूर्वी तलहटियों में विभाजित हो जाता है, वहाँ अनेक क्षेत्रों में कुपित कोपंत तांडव करेंगे। अंत में विजय श्रीराम राजेंद्र के प्रताप की ही होगी, किंतु बार-बार धरती को परितप्त कर, शोणित सरिताओं से परितृप्त कराकर ही होगी।''

—महादेव के शब्द सुनाते हुए कुबेर-पुत्र कुछ ठहरकर बोले, ''उनके कुछ शब्दों का साक्षात्कार यह धरित्री कर चुकी है। शेष की भी यथावत पूर्ति होगी, हमें विश्वास है।''

सहसा जैसे शून्य में केवल उन्हें ही कुछ दिख गया हो, इस प्रकार मारुति की ओर देखकर कपि-युवराज अंगद बोल उठे, ''यक्षेश कुमारो! महादेव के शब्द कभी अन्यथा नहीं हो सकते। वे त्रिकालज्ञ हैं।''

''निस्संदेह'' कहते हुए श्रीभरत बोले, ''अब अपने इस अनुचर भरत के प्रति महादेव गंगाधर प्रभु आशुतोष एवं उनके परम सखा ज्येष्ठ वैश्रवणदेव के क्या आदेश हैं ? इस केतुमाल (अफगानिस्तान से कैस्पियन सागर के मध्य का क्षेत्र) क्षेत्र में प्रवेश करते ही आपके दर्शन हुए हैं। सर्वत्र मंगल ही होगा। हमें पूर्ण विश्वास है। अब…''

''पूज्य पितृचरण ने महादेव के आदेश से हिमगिरि क्षेत्र की उपत्यकाओं में उत्पन्न होनेवाली कुछ दिव्यौषधियाँ भेजी हैं। मारुति तो इनका रहस्य जानते ही हैं।''

''नहीं-नहीं, यह आपका भ्रम है। सौमित्रि मूर्च्छा के समय वैद्यराज सुषेण ने द्रोणाचल का जो स्थान बताया था। उस समय की आवश्यकता के अनुरूप उन पर उत्पन्न होनेवाली जिन दिव्यौषधियों के लक्षण बताए थे, वे श्रीराम कृपा से हमने कुछ-कुछ किन्हीं में पाए। पूर्णतः ज्ञान के अभाव में ही हम वह शैल खंड सुबेलाचल ले गए थे। जिन्हें इन दिव्यौषधियों के प्रयोग का ज्ञान हो, जब तक आप उन्हें-इनके साथ नहीं देते, तब तक तो…''

''व्यर्थ है, यह सत्य है, उचित है। इसी कारण कुछ विद्याधर एवं किंपुरुषगण हम साथ लेकर आए हैं। वे इन दिव्यौषधियों-जनित क्षेत्र की सुरक्षा भी इसी कारण करते हैं कि कोई जनहित के विरोधाधीन होकर इनका दुरुपयोग न कर जाए। आशंका की स्थिति में वे संघर्ष करते हैं, साथ ही इन औषधियों को लुप्त करना भी जानते हैं। संतुष्ट होने पर इनकी इच्छा करनेवाले सुपात्रों की सहायता भी करते हैं। मारुति इस तथ्य से परिचित हैं कि किस-किस प्रकार से इनसे प्रश्नोत्तर किए गए। संतुष्ट होने पर ही इन्हें औषधियाँ ले जाने दीं। उन्हीं के प्रभाव से सौमित्रि लक्ष्मण स्वस्थ हो सके।

''दशकंधर नंदि-भृंगि आदि शिवगणों को भ्रमित कर पर्याप्त मात्रा में ये औषधियाँ लंका ले गया था। निशाचर इन्हीं के प्रयोग से अभूतपूर्व शक्ति प्राप्त करके देवताओं को परास्त करते रहे। यह देखकर वैश्रवणदेव ने इनकी रक्षा के लिए कठोर प्रावधान निश्चित किए। अलकापुरी पर बार-बार राक्षसी आक्रमणों का, एक यह भी प्रधान कारण रहा। वैद्यराज सुषेण भी इन गणों का सान्निध्य प्राप्त कर चिकित्सा क्षेत्र में ख्याति प्राप्त कर सके थे। इस समय आपकी सेना में आयुर्वेद के ज्ञाता अथवा इस विषय में रुचि रखनेवाले कोई ऐसे मेधावी, जिज्ञासु महानुभाव हों तो हम उन्हें इन औषधियों के गुणावगुण से परिचित कराकर लौट जाएँगे, अन्यथा आपकी सेवा में कुछ विशेषज्ञ भेज दिए जाएँगे। इस समय इस कारण भी आवश्यक है, क्योंकि मध्य इलावर्त क्षेत्र के कषाल (कबीले), जिनसे आपके संघर्ष किसी भी समय अवश्य होंगे, वे इन्हीं के प्रयोग से सशक्त हुए फिरते हैं।''

श्रीभरत के संकेत पर युवराज अंगद वयोवृद्ध कपिवर सुषेण को ले आए। उनका परिचय कराते हुए वे बोले, ''ये आर्य सुषेण हैं। हमारे प्रिय बंधु किष्किंधापति सुग्रीव

की महारानी देवी रुमा के पिता हैं। इन्होंने ऋष्यमूकादि से प्राप्त औषधियों द्वारा लंकारण में हमारे सैनिक-सुभटों की पर्याप्त चिकित्सा की। इनकी योग्यता से परिचित हो जाने पर दशकंधर ने कई बार इनके अंत और अपहरण की चेष्टा की, परंतु सफल न हो सके।''

उनका परिचय जानकर किन्नर प्रमुख हँसते हुए बोले, ''यदि उपवैश्रवण (रावण) के अनुचर इनका अपहरण नहीं कर सके तो अब ज्येष्ठ वैश्रवण (कुबेर) के अनुगतों को इनका वरण करने दीजिए। हम शीघ्रातिशीघ्र इन्हें काश्यप सागर के तट पर औषधियों सहित आपके शिविर में सकुशल पहुँचा देंगे। उचित तो यही होगा कि इस विषय में अन्य भी, जिनकी किंचित् मात्र भी अभिरुचि हो, उन कुछ जनों को भी यहाँ छोड़ दें। आयुर्वेद विज्ञान के विभिन्न अंग-उपांगों के भेदोपभेदों का जो ज्ञान हमें प्राप्त है, वे इन्हें यथासंभव प्रदान कर, यथाशीघ्र आपके पास भेज देंगे।''

''यही उचित है, हम आश्वस्त हैं। ज्येष्ठ वैश्रवण का इस राघवेंद्रानुज के लिए कोई अन्य आदेश हो तो कृपापूर्वक कहें।''

''हाँ, पूज्य पितृचरण ने ये कुछ कलश भी भेजे हैं। इनमें स्वर्ण मुद्राएँ हैं। इन्हें ग्रहण कर कृतार्थ करें।''

''स्वर्ण मुद्राएँ...''

''हाँ, इन्हें निस्संकोच ग्रहण करें। मध्य इलावर्त क्षेत्र में आपको प्रभूत मात्रा में पुनर्वास कार्य करने हैं। उनके लिए धन की आवश्यकता होगी। यहाँ घोर दरिद्रता है। यह उसी की तात्कालिक पूर्ति के लिए है। यद्यपि हम जानते हैं कि राघव दान नहीं लेते, उन्हें दान देने की धृष्टता क्या, कल्पना भी कोई नहीं कर सकता, किंतु शास्त्रों के अनुसार राजा में जो इंद्र का अंश है, वह उसी से ग्रहण कर वर्षा के रूप में पुनः प्रदान कर, धरती को अन्न-धान्य, फल-फूलों से अलंकृत करता है। जीवमात्र को जीवनदान देता है। इसी सिद्धांत का पालन करते हुए राजाधिराज श्रीराम राजेंद्र ने राजसूयादि यज्ञों में जिस प्रकार भेंटें स्वीकार कीं और जनहित में उनका उपयोग किया, अब उसी प्रकार इस विश्वजित जैसे यज्ञ में उसी परंपरा-परिपाटी का निर्वहन करें, यही विनम्र निवेदन है। लघुवैश्रवण-जेता के महामंगलों को मांगलिकता प्रदायक इस रण यज्ञ में ज्येष्ठ वैश्रवण की यह किंचित् आहुति मानकर, उपहार मानकर सादर ग्रहण कर हमें धन्य करें।''

''समादरणीय ज्येष्ठ वैश्रवण का यह कृपाप्रसाद आप कृपापूर्वक काश्यपेय सागर के तट पर स्कंधावार में राजर्षि महाराजा अजमीढ़ के अनुज श्रीमंत पुरुमीढ़ देव को सौंप दें एवं हमारी स्वीकृति का उल्लेख भी कर दें। तात्कालिक परिस्थिति पर दृष्टिपात करते हुए यही उचित होगा।''

अभिवादन का आदान-प्रदान करते हुए धनाधिप कुबेर के पुत्रों का विमान अन्य विमानों के साथ गतिमान हो गया। श्रीभरत ससैन्य इलावर्त क्षेत्र की ओर अग्रसर हो गए।

□

अनुच्छेद-२

अनेकानेक प्रदीप्त दीप दंडिकाओं (मशाल) के उद्दीप्त प्रकाश में, घोर अँधियारों को चीरती हुई श्रीभरत की विजयवाहिनी इलावर्त क्षेत्र की दक्षिणी सीमा में प्रविष्ट हो गई। रथों की घरघराहटों-कांबोजीय अश्वों की हिनहिनाहटों, मत्त मातंगों की चिंघाड़ों से कांताराजि (निर्जन वन क्षेत्र) का सघन मौन भंग हो गया। उड़ती हुई धूलि को देखकर लगा कि तमिस्रा तरुणी नीशारिका (रजाई) में करवट बदलती हुई खड़ी हो गई हो। चंद्रिका के दर्पण में अपनी बिखरी हुई कुंतल केशराशि को आबद्ध करती हुई, किसी झँझरिका से झाँककर, यह देखते ही कि उसके प्रवासी प्रियतम ही साँकल बजा रहे हैं, द्वार खोलने चल पड़ी हो। उसकी झाँझनों की झंकृति से प्रियतमा की जागृति का परिचय पाकर, उसके प्राणवल्लभ के हृदय सिंधु में ज्वारों का संचार होने लगा हो। इस प्रकार ग्राम-ग्राम की प्रजा श्रीभरत का जय-जयकार करती हुई पथ-पथ पर उमड़ चली।

महाराजा प्रतर्दन-कुमार शीलनिधि तथा इनसे भी बढ़कर श्रीपुरुमीढ़ देव के सद्व्यवहारों से संतुष्ट हुई, अपने अभीप्सित की प्राप्ति में श्रीभरत की प्रतीक्षा में पल-पल युगों के समान व्यतीत करती हुई प्रजाएँ, किसी श्रावणी सरिता की भाँति तट भंग करती हुई चल पड़ीं। उनके दल प्रमुखों ने अभिवादन करते हुए आगे बढ़-बढ़कर अपना परिचय देना आरंभ कर दिया। युवराज अंगद ने श्रीभरत का निर्देश पाकर, उन्हें अगले दिन भेंट का समय प्रदान करते हुए, प्रसन्नचित्त विदा कर दिया। अर्धरात्रि व्यतीत होते-होते राघवी सेना काश्यपेय उपसिंधु के तट पर संस्थापित स्कंधावारों में धीरे-धीरे उतरने लगी।

प्रात:कालिक कृत्यों से निवृत्त होते ही प्रधान निचोल मंडप (बड़ा खेमा) में रण परिषद् एकत्रित हो गई। श्रीभरत की अनुपस्थिति में हुए कार्यों पर प्रकाश डालते हुए पुरुमीढ़ बताने लगे—

"श्रीमंत राघवेंद्रानुज वीरवर श्रीभरत देव! अभी तक गंधर्व-पार्श्व-रक्ष समूहों से हमारे संघर्ष हुए हैं, जिनमें सर्वत्र विजयश्री ने हमारा वरण किया है। वह निश्चित रूप से यहाँ भी करेगी। इसी विश्वास के साथ हमें अपने भावी कार्यक्रम का निर्धारण यहाँ की

भौगोलिक एवं सामाजिक परिस्थितियों पर पूर्णतः दृष्टिपात करते हुए ही करना होगा। विशाल जंबूद्वीप के नवखंडों में प्रथम हमारा भरत खंड है। जहाँ राघव-कौरव-विदेह-वानर प्रमुख चार राजवंशों के अतिरिक्त काशी-उत्तर तथा दक्षिण कोसल-शूरसेन-मालव-अंग-बंग-पांड्य आदि राज्य हैं, जो इस समय पूर्णतः मैत्रीभाव से संयुक्त हैं। सभी अपनी-अपनी सीमा में संतुष्ट होकर, प्रजा का पालन पूर्णतः राजधर्म के अनुसार कर रहे हैं।

''शेष आठ खंड किंपुरुष-हरि-हिरण्य-केतुमाल-इलावर्त-उत्तर कुरु-भद्राश्व तथा रम्यक हैं। पारियात्र पर्वत (सुलेमान पर्वत श्रेणी पेशावर से पामीर तक का क्षेत्र) के उत्तर में केतुमाल इस समय गंधर्व साम्राज्य के अधीन होकर शांत है। आप इस समय इसी क्षेत्र को पार करते हुए पधारे हैं।

''हिरण्यखंड उत्तरी ध्रुव क्षेत्र है। यह हिमाच्छादित प्रदेश होने के कारण शांत है। क्षेत्र के विस्तार के विपरीत जनसंख्या नगण्य है। मरुस्थलीय रज के समान यहाँ बारह मास श्वेत हिम कणों की वर्षा होती रहती है। यहाँ अन्य क्षेत्रों की भाँति पर्वत-सरित-सरोवर आदि प्रायः नहीं हैं। दूर-दूर तक केवल हिम-ही-हिम हैं। एक पशु (रेंडियर), जिसे गर्दभ-मृग की संयुक्त प्रजाति का जीव कह सकते हैं। सब प्रकार से अभावग्रस्त इस क्षेत्र में विश्वभर में अन्यत्र न दिखनेवाला केवल वही ईश्वरीय वरदान के समान यहाँ दिखता है। कुछ दक्षिणी क्षेत्र ऐसा है, जहाँ वैशाख-ज्येष्ठ मास में सूर्यदेव की सूक्ष्म सी उष्णता पाकर नदियों में कुछ मछलियाँ दिख जाती हैं। उन्हें प्राप्त करने के लिए इस हिम प्रदेश के निवासी उस विचित्र पशु को एक चक्रहीन (बिना पहियों के) शकटिका में जोतकर अपने गवाक्षों जैसी छोटी-छोटी उटजों (कुटियों) से शीत-निरोधक वसादि का विलेपन कर निकलते हैं। उन उटजों का निर्माण भी ये उसी पशु के चर्मखंडों से करते हैं। उसी की वसा का अवलेपन कर छिद्रों को बंद करते हैं। इनके शरीरों पर लंबे-लंबे रोएँ होते हैं, जिससे इनकी शीत से सुरक्षा होती है। सूर्य-रश्मियों का इस क्षेत्र में प्रवेश न होने के कारण प्रायः अंधकार तो रहता है, किंतु हिमखंडों की समुज्ज्वलता उसे सघन नहीं होने देती। ऋतु विलास के कारण ही यहाँ छह मास का दिन और छह मास की रात्रि कही जाती है। यह वास्तव में होती नहीं है। 'न तत्र सूर्यो भाँति न चंद्रतारकम्' जैसा धरती का यह प्रदेश है। उन अल्पकालिक मछलियों के अतिरिक्त ये इस पशु का ही दूध पीते हैं। इसी के मांस से क्षुधा निवृत्ति करते हैं। इसी की मेदा-मज्जा मलकर शरीर को स्वच्छ करते हैं। उसी को जलाकर प्रकाश करते हैं, हिम को गलाकर जल के रूप में परिणित कर तृषा शांत करते हैं। इनकी भाषा न कोई समझता है और न ये ही किसी की भाषा समझते हैं।

''किंतु शत्रु-मित्र हित-अहित समस्या-समाधान के ज्ञान से सर्वथा रहित भी नहीं

हैं। हमारी सेनाएँ कुछ समय से इसके आस-पास के क्षेत्र में प्रवास कर ही रही हैं। इस अवधि में इनसे हमारे मैत्री संबंध पूर्णत: स्थापित हो गए हैं, यह तो नहीं कह सकते, किंतु इनसे किसी प्रकार का कोई भय भी उत्पन्न होनेवाला दृष्टिगोचर नहीं होता। प्रारंभ में ये जिस प्रकार हमें शंकित दृष्टि से देखते हुए विचित्र सी ध्वनियाँ निकालते हुए अपने हिमकुटीरों की ओर पलायन कर जाते थे अथवा अपने नुकीले भालों को सँभाल लिया करते थे, वह स्थिति अब नहीं है। पहले हम इन्हें कुछ फल-फूल मेवा-मिष्ठान्न आदि देते थे तो ये विष आदि मानकर, उन्हें फेंक दिया करते थे। अब उन्हें निस्संकोच ग्रहण करने लगे हैं। इनके महिला-बालक तो उन पदार्थों की प्राप्ति के लिए अपने हिमकुटीरों से निकलकर हमारे स्कंधावारों तक आ जाते हैं। खान-पान की वस्तुएँ पाकर हर्षातिरेक में कुछ गाते-बजाते चले जाते हैं। अब तो कुछ पुरुष भी आने लगे हैं। हमारे सैनिक उन्हें करबद्ध मुद्रा में सिर झुकाकर जिस प्रकार प्रणाम-नमस्कार आदि करते हैं, वे भी प्रत्युत्तर में उसी प्रकार करते हुए हँस पड़ते हैं। 'जय श्रीराम-हर हर महादेव' का उच्चारण हमारी भाँति यद्यपि ये अभी तक नहीं कर पा रहे हैं, किंतु प्रयास करने लगे हैं।

''नगाधिराज हिमालय का पृष्ठ प्रदेश किंपुरुष वर्ष प्राय: यतियों की तप स्थली है। निरंतर तपोरत रहने के कारण उनके शरीरों के आकार सामान्य जनों की अपेक्षा बृहद् हो गए हैं। उनकी आयु का अनुमान लगाने का कोई साधन यहाँ किसी के पास उपलब्ध नहीं है। वे संसार से संबंध न रखने के कारण अपनी गुह्य-गुफाओं से प्राय: नहीं निकलते हैं। दुरूह पर्वतीय क्षेत्रों के कारण साधारण जन भी वहाँ नहीं जाते हैं। इसके अतिरिक्त उन यति कहलानेवालों के बाहर न निकलने के कुछ कारण और भी हैं। वे एकाकी रहने के कारण पर्याप्त मात्रा में इन क्षेत्रों की भाषाएँ भी प्राय: भूल चुके हैं। यह भी कहा जा सकता है कि इन यतियों के समय जिस भाषा का प्रयोग होता था, हमारे पूर्वज करते थे, आज वह प्रचलन में नहीं है। अत: संवाद की कठिनाई के कारण स्थानीय लोग उनके आकार और रोमों से भरे हुए शरीरों को देखकर उन्हें भूत-प्रेत-पिशाचादि मानकर सहसा आक्रमण कर बैठते हैं। इन सबसे बचने के लिए वे अपने में ही रमे रहते हैं। गिरिराज कैलास एवं सरोवरराज मान इसी क्षेत्र में हैं, जो प्राय: हिमाच्छादित रहते हैं। भगवान् शंकर निराकार वेश में यहाँ के कण-कण में रमण करते हैं। कठिन तपस्वी एवं सरल भक्तों के प्रति सदय होकर ये उन्हें दर्शन भी देते हैं, जिसके अनेक प्रमाण हैं।

''यह प्रदेश जनशून्य होते हुए भी अपने आकर्षण में अद्वितीय है। यहाँ समय-समय पर आकाश से उभरती हुई, उतरती हुई मेघमालाओं में तैरती हुई, आकार-आकार की बिंबमालाएँ (उड़न तश्तरी) एवं विभिन्न रंगों की लुकती-छिपती अस्पष्ट सी विद्युत् तरंगें प्राय: दृष्टिगोचर होती रहती हैं। उनसे यही प्रतीत होता है कि महर्षि भारद्वाजरचित वैमानिक संहिता में जिन भारहीन-ध्वनिविरहित अदृश्य रहनेवाले समीप में उतरकर भी

आहट के अभाव में विदित न होनेवाले जिन विमानों के विवरण हैं, उनके किन्हीं लोकों के विबुध वैज्ञानिकों ने वैदिक सूत्रों के आधार पर जो अनुसंधान किए हैं, ये उनके ही अद्‌भुत आविष्कार हैं। धरती के स्वर्ग के नाम से यह क्षेत्र प्रख्यात है। इसका दक्षिणी क्षेत्र, जो हिमालय लाँघ जाने के कारण अपने भारतवर्ष का उत्तराखंड स्वत: बन जाता है। ब्रह्मपुत्र और सिंधु जैसे नद, सुरसरिता गंगा के अतिरिक्त यमुना-अलकनंदा-मंदाकिनी-भागीरथी-सरयू-गंडकी-धवलगंगा-गौरगंगा-घरघरा-राप्ती तो दूसरी ओर शतद्रु-वितस्ता-विपाशा-इरावती-चंद्रभागा आदि न जाने कितनी छोटी-बड़ी अनाम-सुनाम सरिताएँ यहीं से हमारे भारतवर्ष में पदार्पण कर देवभूमि को शस्यश्यामलता प्रदान करती हैं। अनेक ऋषि-महर्षियों की तपोभूमि होने के कारण यहाँ पग-पग पर इतने प्रतिष्ठित तीर्थ हैं कि उनकी गणना असंभव है। इनमें अनेक के इतिहास तो भारतीय इतिहास के नित्य स्मरणीय स्वर्णिम अध्याय ही युगों से बन चुके हैं।''

''श्रीमंत पुरुमीढ़देव! आप इलावर्त के निकटस्थ वर्षों का वर्णन करते-करते भारत भ्रमण पर, यहाँ के रण-रमण से निवृत्त होकर ही निकलें, यही उत्तम होगा। इलावर्त के अंतर्गत क्षेत्रों के विषय में असीम उत्कंठा होने के कारण यह कपि बालक आपको टोक बैठा है। अत: कृपया इसे अन्यथा न लें।''

पुरुमीढ़ मुस्काकर सिर हिलाते हुए बोले, ''अरे कीश-युवराज वीरवर कुमार अंगद! तुम्हारे पितृव्य महाराजा सुग्रीव तो यहाँ के समस्त क्षेत्र पदांगुलियों से माप चुके हैं, यह तो हम भूल ही गए थे, जबकि श्रुति-विधा से उनके द्वारा वर्णित भूगोल के आधार पर ही हम यहाँ की रण रचना कर रहे हैं।''

बालि के भय से सुग्रीव विश्व के विभिन्न क्षेत्रों में समय-समय पर गए। जानकी अन्वेषण के लिए दिशा-दिशा में वानर वीरों को भेजते समय उन्होंने सभी संबंधित स्थानों का सांगोपांग परिचय दिया। वाल्मीकि रामायण के किष्किंधा कांड में इसका विस्तृत विवरण है। इसे भारत का भौगोलिक ज्ञानकोष ही मानना चाहिए।

''अस्तु, किंपुरुष वर्ष के उत्तर का क्षेत्र हरिवर्ष नाम से प्रसिद्ध है। राक्षसताल से प्रवाहित जलराशि निर्झरणियों से सरिताओं का रूप यहीं धारण करती हैं। इनके कारण यह क्षेत्र पर्याप्तरूपेण हरा-भरा है। दुर्लभ जड़ी-बूटियाँ, के चमत्कारी प्रभाव मेघनाद की शक्ति के विरुद्ध लक्ष्मण-स्फूर्ति के साक्षी हैं। महर्षि च्यवन की नेत्र-चिकित्सा एवं उनको पुन: नवयौवन अश्विनकुमारों ने इन्हीं जड़ियों से निर्मित औषधियों के द्वारा प्रदान कराया। यक्षराज कुबेर के गण आरक्षियों की भूमिका में इन क्षेत्रों की रक्षा करते हैं।

''इनके पूर्व में भद्राश्व वर्ष है, जो चीन कहलाता है। यहाँ ब्रह्मदारु (शहतूत-जलेबा) के वृक्षों की विभिन्न जातियाँ नीलरंगक-नीलवृंतक-मदसार-मृदुसार-पलाशिक-तूल आदि पग-पग पर मिलती हैं। इनके पत्तों पर वे कीट पाले जाते हैं, जिनकी लार

से कौशेय वस्त्रों का निर्माण होता है। पिछले बहुत समय से इनसे निर्मित होनेवाले वस्त्रों को उनकी सुचिक्कण मृदुल-दीप्ति के कारण एवं चीन निर्मित होने के कारण चीनांशुक कहा जाने लगा है। विश्व के अनेक भागों में इन वस्त्रों को ऐश्वर्य का चिह्न मानकर सोत्साह धारण किया जाता है, किंतु प्रकृति के ये उपहार एक समय से चीनियों की प्रकृति को राजसी सत्ता प्राप्ति की दुर्भावना से ग्रसित कर तामसी बनाने लगे हैं। वे अपने इन वस्त्रों के निर्यात से आयुधों का आयात करते हैं। इन क्षेत्रों में स्थान-स्थान पर शस्त्रास्त्र प्रशिक्षण-केंद्र स्थापित होने लगे हैं। इलावर्त क्षेत्र के अतिरिक्त भारतवर्ष एवं प्रशांत महासागर में फैले हुए द्वीपसमूहों पर इनकी कुदृष्टि लगने लगी है।

''इस अभद्रताग्रसित भद्राश्व, हाँ, यहाँ के सत्ताधीशों की कुटिलता-परकीय भूमि पर कुदृष्टि और अपने ही सुकोमल कीटों से प्राप्त सूक्ष्म तारों से वस्त्र बुननेवाले तंदुकों-कुविंदों (जुलाहों) से भरपूर श्रम कराकर भी, उनके परिश्रम का मूल्यांकन न कर, अट्टालिका के बदले निरीह शिल्पियों को वराटिका (कौड़ी) देनेवालों को अभद्र नहीं तो किन शब्दों की हत्या कर सुभद्र कहा जाए?

''अस्तु छोड़िए, प्रत्येक कर्म का फल विधाता किसी-न-किसी को माध्यम बनाकर देता ही है, देगा, अवश्य देगा। यह उसी पर छोड़कर भद्राश्व वर्ष के पार्श्व में रम्यक वर्ष (मंगोलिया-कजाकिस्तान-तजाकिस्तान-उजबेकिस्तान आदि) का विशाल क्षेत्र है। इसका अधिकांश भाग सामान्य सी गिरिमालाओं एवं मरुस्थलों से घिरा हुआ है, जिन्हें उनके दुराचरण-विद्रोहों अथवा भारतद्वेषियों के प्रत्यक्ष-परोक्ष समर्थन के कारण, देश में अराजकता के केंद्र बनते देखकर महाराजा सगर-महर्षि वसिष्ठ आदि द्वारा समय-समय पर देश से निष्कासित किया गया। उन भारतीयों के वंशज यहाँ निवास करते हैं। इसके विपरीत पश्चिम रम्यक वर्ष के निवासियों में अनेक के हृदय में मातृभूमि भारतवर्ष के दर्शन की प्रबल लालसा भी है। देश उन्हें स्वीकार कर ले, इसके लिए वे प्रत्येक प्रकार का प्रायश्चित करने को तैयार हैं।

''एक दीर्घकाल के पश्चात् भी, कई-कई तो अनेक पीढ़ियों के व्यतीत हो जाने पर भी, जिन भूले-बिसरे संस्कारों की स्मृति उनके चित्त में शेष है, वे उस परंपरा का पालन निष्ठापूर्वक कर रहे हैं। वे बिना स्नान किए कुछ भी ग्रहण नहीं करते। सूर्य भगवान् को नित्य अर्घ्य देते हैं, किंतु अर्घ्य मंत्र तो किसी को भी स्मरण नहीं है। वे अन्न-शाक फल-फूल उगाते हैं। यद्यपि वे पूर्णत: शाकाहारी नहीं हैं तो भी गौ को पूज्य मानते हुए उसके मांस का सेवन नहीं करते हैं। पंचांग के अभाव में तिथि आदि के ज्ञान से शून्य होने के कारण ये आकाश में पूर्ण चंद्र देखकर अगले दिन निरामिष भोजन करते हैं। प्राय: पत्नीव्रतीय हैं, पातिव्रत्य की प्रतिष्ठा है। ये गाय, भेड़, बकरी पालते हैं। उनका दूध पीते हैं। भेड़ों के शरीर से रोम-राशि उतारकर, वे उसे कपास की भाँति धुनकर कातते

हैं, रँगते हैं। इनकी महिलाएँ उससे भाँति-भाँति के वस्त्र बुनती हैं, जो शीत से बचने के लिए कवच का कार्य करते हैं।

"यहाँ के बलिष्ठ अश्व दूर-दूर तक प्रसिद्ध हैं। इनकी प्रकृति में पारस्परिक सहयोग की भावना के अंकुर हैं। इनसे अश्वों को क्रय करते हुए, जो वस्त्र-आभूषण खाद्यपदार्थ-चित्र आदि हमने दिए हैं, उनको इन्होंने सम्मानपूर्वक ग्रहण किया है। हमारे चित्रकला निष्णात चित्रकार इन्हें सामने बिठाकर, इनके चित्र बनाकर जो इन्हें देते हैं, उससे तो ये इतने अभिभूत हो जाते हैं कि उसका वर्णन करना सहज नहीं है। इनका आकर्षण दिनोंदिन हमारे माध्यम से भारतवर्ष के प्रति बढ़ता ही जा रहा है। इसका प्रमाण यही है कि जो वस्तुएँ इन्हें दी गई हैं, उनका निर्माण इस क्षेत्र में कैसे हो, उसके शिक्षण में इनकी अभिरुचि निरंतर प्रबल होती जा रही है। इनकी भाषा भारतीय भाषाओं का प्राय: विकृत-अपभ्रंशित रूप ही है। हमारे यहाँ की उक्ति (कहावत) 'ग्राम-ग्राम में पानी बदले, कोस-कोस पर वाणी' यहाँ पूर्णत: सत्य सिद्ध होती है। इनके छोटे-छोटे गुरुकुलों जैसे विद्यालयों में भारतीय भाषाओं के पठन-पाठन की प्रक्रिया का समारंभ हो चुका है। हमारे निवेदन पर महर्षि पतंजलि-पाणिनि आदि आचार्यों ने शिक्षकों के रूप में कुछ वरिष्ठ विद्यार्थी यहाँ भेज भी दिए हैं। वे गुरुओं जैसा सम्मान पाकर शिक्षण-कार्य प्रसन्नतापूर्वक कर रहे हैं।

"जैसा कि अभी कह चुके हैं कि रम्यक वर्ष का वह पूर्वी संभाग, जहाँ पश्चिमी-संभाग की भाँति बड़ी संख्या में भारत से निष्कासित जन रहते हैं, इनके मनों में भारत भक्ति की अपेक्षा घृणा की अधिकता है। महाराजा सगर ने इनके आचार-व्यवहार की समीक्षा करने के उपरांत ही इन्हें निष्कासित करने से पूर्व शिखा-सूत्र से वंचित करने के अतिरिक्त इनके श्मश्रु (दाढ़ी-मूँछ) भी कटवा-छँटवा दिए थे। इसका कारण यही था कि इनकी भारतीय वेशभूषा देखकर, इनके निम्नस्तरीय आचार-व्यवहार को विश्व में भारतीय प्रतिष्ठा के कारण कोई भ्रमित होकर वह सम्मान न दे बैठे, जिसके ये कदापि पात्र नहीं हो सकते अथवा ये ही किसी का सम्मान अर्जित कर, किसी समय कोई ऐसा कार्य न कर बैठें कि भारत को भविष्य में किसी लांछन से कलंकित होना पड़े। इन्हें यज्ञ-हवन, श्रुति-ऋचाओं के गायन, वैदिक कर्मकांड से पृथक् कर दिए जाने के कारण, आज इनका किसी देवी-देवता, कर्मफलाफल परलोक आदि में कोई विश्वास नहीं रह गया है। इनके हृदय से ईश्वर की मान्यता और भय निकल जाने के कारण इनकी इच्छा-उच्छृंखलता ही इनका संपूर्ण धर्म बन गई है। किसी भी स्त्री-पुरुष की सहज-कठिन प्राप्ति, उनका भोगोपभोग इनके जीवन का लक्ष्य बनकर रह गया है। कोई भी पदार्थ क्या, पशु-पक्षी, सरिसर्प तक भी इनके लिए अखाद्य नहीं हैं। भारत-भारतीयों में भी विशेषकर सूर्यवंशियों और उनसे संबंधित वसिष्ठादि ऋषि-मुनियों से प्रतिशोध लेना इन

नृशंसों के जीवन का प्रधान लक्ष्य बन गया है।

''शिक्षा के अभाव में इन्हें न किसी कला का ज्ञान है और न उसे प्राप्त करने की कोई जिज्ञासा है, यहाँ तक कि धरती को जोतकर, कैसे किसी अन्न-धान्य शाक-वनस्पति का बीजारोपण किया जाता है, ये उनसे भी अनभिज्ञ हैं। इस स्थिति में किसी उद्योग का विकास तो आकाश-कुसुम कल्पना-बाह्य ही मानना चाहिए। ऐसी दशा में ये जीवनयापन कैसे करते हैं, यह प्रश्न मन में उठना स्वाभाविक है। उसका उत्तर ये अपने प्रकार से देते हैं। स्थान-स्थान पर इनका समूह कषालों (कबीलों) में विभाजित है। ये समय-समय पर उन्हें एकत्रित करते हैं। पश्चिमी रम्यक वर्ष (कैस्पियन का निकटवर्ती क्षेत्र) में तो इनमें से ही निकले जन प्राय: निवास करते हैं। अत: उनसे जो कुछ प्राप्त हो जाता है, उसे ग्रहण करते हुए ये पश्चिम दक्षिण की ओर नैर्ऋत्य दिशा में बढ़ जाते हैं। गांधार को पददलित करते हुए द्वारपाल पुर (दर्रा खैबर) से निकलकर सिंधु-केकय-मद्र देशों तक लूटमार करते हुए केवल नारियों को ही नहीं, अल्पवयस्क बालकों तक को ये लंपट अपनी भोग-पिपासा का लक्ष्य बनाकर, ग्राम-ग्राम को अमानुषिकता से लूटते-पाटते उन्हें अग्नि की गगनचुंबी लपटों से धधकाते हुए अन्न-वस्त्र, स्वर्ण-रत्न सुई से श्लाका तक सकेरते हुए, मरते-मारते भारवाहियों जैसे महीनों में लौटते हैं।

''जब ये आततायी कषाल लौटते हैं तो अन्न वस्त्रादि को छोड़कर स्वर्ण-रजत रत्नादि चीन यह कहकर ले लेता है कि हमने तुम्हारी अनुपस्थिति में तुम्हारे परिवार का भरण-पोषण, रक्षण-संरक्षण किया है। हमारे उपकारों को देखते हुए, जो हम तुमसे कृपापूर्वक ले रहे हैं, वह कुछ भी नहीं है और ये वस्तुएँ तुम्हारे किसी उपयोग में आनेवाली भी नहीं हैं। चीन की इस कुटिल साहूकारी के सामने वे, यह मूल्यवान सामग्री देकर भी ऋणी-के-ऋणी बनकर उसकी प्रत्येक उचित-अनुचित माँग की पूर्ति के साधन बनकर मृतकों का सा जीवन जीते-जीते संसार से चले जाते हैं। संक्षेप में कहा जाए तो पूर्वी रम्यक वर्ष के इन प्रताड़ित भारतीयों के द्वारा चीन भारत के लिए भाँति-भाँति के संकटों का कारण एक युग से बनता चला आ रहा है।

''जहाँ तक इनकी प्रकृति का प्रश्न है तो यही कहा जा सकता है कि घोर-से-घोर दानवता भी उसके सम्मुख बौनी ही कही जाएगी। यह अपने बालकों को शैशव से ही सुकोमल मूषिकाओं-गिलहरियों-शशकों को, गर्भ से निकलते-निकलते विडालियों-गौओं-गर्दभियों-शृगालियों के डिंभकों-शावकों, जिनके नेत्र भी पूर्णत: नहीं खुल पाते हैं, उन्हें कच्चा ही खाना और भूनना सिखाकर उनके मनों से दयादि के कोमल भाव को अजन्मा बना देते हैं। दूसरी ओर इनकी शंकालु प्रवृत्ति ऐसी है कि जब ये विभिन्न कषालों को एकत्रित कर अपने अभियानों में निकलते हैं तो अपनी स्त्रियों के अवाच्य देश—प्रजनन अंगों का मात्र एक लघु सा छिद्र छोड़कर, ताँत सूत्रों से इस प्रकार सींकर

जाते हैं, मानो वे जन्म से ही विभाजित न होकर प्रकृति ने इसी प्रकार उनकी रूपरेखा निर्धारित कर उन्हें धरती पर उतारा हो।

"कई बार उन टाँकों में पीप पड़ जाने के कारण स्त्रियाँ मछली की भाँति तड़प-तड़प कर प्राण दे देती हैं। अपनी असह्य दुर्गंध के कारण वे अपनी संतति की भी घृणा की पात्र बन जाती हैं। उनकी पीड़ा से द्रवित होकर यदि कोई शल्यक्रिया द्वारा उनका निदान कर भी देता है तो उसे कालांतर में घोर-से-घोर नरकों जैसी यातनाओं का लक्ष्य बनकर अंत में अपने अंत का वरण करना पड़ता है।

"जबसे उन्हें यह विदित हुआ है कि महर्षि वसिष्ठ के उपरोहित कुल के प्रमुख श्रीराम के अनुज भरत ही केतुमाल वर्ष के संभागों पर विजय प्राप्त करते हुए इस ओर आ रहे हैं, तब से उनमें पुरातन प्रतिशोध लेने का उन्माद उन्हें विक्षिप्तता के अंतिम सोपान तक ले गया है। 'शत्रु का शत्रु मित्र' के सिद्धांत पर चीन उन्हें प्रत्येक प्रकार का सहयोग माँगे बिना प्रदान करने के लिए हाथ धोए बैठा है।

"शतकंधर-साम्राज्य के अंतर्गत कई-कई द्वीपों में उसका चीनांशुक भारी मात्रा में जाता था, किंतु उसके विध्वंस के पश्चात् इस क्षेत्र के अधिपति लंकेश्वर विभीषण चीन की उद्दंडता के कारण लंका में भी चीनांशुक का प्रवेश प्रतिबंधित कर चुके हैं। इस कारण उसकी आय का प्रधान स्रोत निरंतर सूखता चला जा रहा है। इसमें भी प्रधान कारण रघुवंशी एवं उसके प्रधान सहयोगी लंकेश्वर को मानने के कारण, उनसे किसी भी स्तर पर पूर्णतः प्रतिशोध नहीं तो उसे यथासंभव क्षतिग्रस्त करने के लिए कटिबद्ध हुआ बैठा है। समाचार यह भी है कि यह निरंतर सैन्य संग्रह कर रहा है। कुछ समय पूर्व इसके सैनिकों द्वारा पशुओं के साथ-साथ कुछ स्त्री-पुरुषों के अतिरिक्त बालकों के अपहरण की घटनाएँ भी सामने आईं, परंतु हम इनके एक कषाल (कबीले) को बंदी बनाकर ज्यों ही ले चले, उन्होंने सभी को मुक्त कर दिया। जिन गिरिमालाओं से निकलकर ये प्रायः इधर आने के उपक्रम करते हैं, उन पर हमने प्रबल प्रहरी नियुक्त कर दिए हैं। इनके क्षेत्रों के मानचित्र हम बनवा चुके हैं। आपके पधारने की प्रतीक्षा में स्वरक्षण के अतिरिक्त अपनी ओर से आक्रमण की कोई योजना अभी तक प्रकट नहीं की है कि भविष्य में इनके प्रति नीति निर्धारण क्या होगा? फिर भी हम शांत दिखते हुए भी इनकी ओर से पूर्णतः सतर्क हैं। किसी भी परिस्थिति का सामना करने की स्थिति में सन्नद्ध हैं। अब तक का संक्षिप्त, किंतु संपूर्ण विवरण यही है।"

□

अनुच्छेद-३

"केकय-गंधर्व-रक्ष संघर्ष से पुरुमीढ़देव को पृथक् कर, उन्हें इलावर्त क्षेत्र में भेजने का निर्णय पूर्व में जो रणपरिषद् ने किया था, वह उचित ही नहीं; आज पूर्णत: समुचित जिस प्रकार सिद्ध हो रहा है, उस पर किसी प्रकार की टीका-टिप्पणी करने का कोई अर्थ नहीं रह गया है। भारतवर्ष सहित केतुमाल-इलावर्त-हरि-हिरण्य-उत्तरकुरु-भद्राश्व-किंपुरुष-रम्यक आदि क्षेत्रों की स्थिति-परिस्थिति का वर्णन उन्होंने जिस प्रकार से किया है, वह राजनीति का प्रकांड पंडित एक प्रबुद्ध मनीषी ही कर सकता है। उनके विश्लेषण के आधार पर सुधार और संहार क्या, महासंग्राम ही हमारी प्रतीक्षा कर रहा है। यह तो निश्चित है, किंतु इसका समारंभ किस प्रकार हो, अब हमारे विचार-विमर्श का यही प्रधान केंद्र बिंदु है। अपराह्न में भावी कार्यक्रम की रूपरेखा निश्चित कर, उसके अनुसार क्या-क्या, कैसे-कैसे और किस-किसके द्वारा उसे सफलता के शिखर पर ले जाना है, इस पर निर्णयार्थ भोजनादि के पश्चात् एकत्रित हों।"

—कहते हुए श्रीभरत के साथ सभी जन उठ गए। अभी वे स्कंधावार के द्वार पर ही आए थे कि उन्होंने देखा बलिष्ठ अश्वों को कुदाते हुए 'श्रीराम राजेंद्र एवं श्रीभरत' की जय-जयकार करते हुए एक समूह-का-समूह उनकी ओर द्रुत गति से बढ़ता चला आ रहा है।

यह देखकर जो जहाँ खड़े थे, वे वहीं ठिठककर रह गए। नवागंतुक अश्वारोही दल के नायक अश्वों से उतर-उतरकर प्रणम्य मुद्रा में श्रीभरत के सम्मुख खड़े हो गए। उन्हें अपने पीछे आने का संकेत देकर श्रीभरत स्कंधावार में पुन: प्रविष्ट हो गए। उनको प्रधान पीठ पर आसीन होता देखकर अंगद-हनुमान आदि का संकेत पाकर सभी यथास्थान बैठ गए।

श्रीभरत का अभय-मुद्रा में उठा हुआ दक्षिणी हस्त एवं नेत्रों में छलछलाते हुए निश्छल वात्सल्यभाव को देखते ही एक कषाल प्रमुख खड़े होकर प्रणम्य मुद्रा में बोला, "देव! हमें हमारों का ही कुटिल प्रतिद्वंद्वी बनाकर चीन द्वारा प्रायोजित आक्रमणों से संरक्षण-सुरक्षण प्रदान कीजिए।" फिर तो एक-एक कर अनेक बोलने लगे—

"देव! हमें हमारे पूर्वजों की भूमि, हमारी मातृभूमि, पितृभूमि, धर्मभूमि, भारतभूमि में ले चलिए।" "देव! हमें हमारे वैदिक धर्म के पवित्र चिह्न शिखा-सूत्र इसी क्षण धारण कराइए। उनकी पुनर्प्राप्ति के लिए जो भी कठिन-से-कठिन प्रायश्चित् का विधान हो, हम उसे एक बार नहीं, बार-बार करने के लिए मन-वचन-कर्म से पूर्णत: सन्नद्ध हैं।" "देव! हमें शस्त्रास्त्र सज्जित कर इलावर्त क्षेत्र के अंतर्गत विभिन्न वर्षों की मुक्ति हेतु जो संग्राम करना है, उसके हरावल क्षेत्र में स्थान प्रदान कीजिए।" "हमें पुण्यतोया

गंगा-यमुना-सरयू आदि में स्नान के अवसर सुलभ कराइए।'' ''देव! निशाचरों के अत्याचारों से त्रस्त हमारी नारियों के अपहर्ता दशकंधर का कुल सहित दलन करनेवाले श्रीराम राजेंद्र के दर्शनों का सौभाग्य हमें प्रदान कराइए।'' ''अपनी मुक्ति के लिए प्रेतात्माओं के रूप में भटकते हुए कुलपुरुषों के पिंडदानादि की व्यवस्था शीघ्रातिशीघ्र कराइए।'' ''इन कुत्सित वेशभूषा तामसी-खानपानों से हमारी मुक्ति कीजिए।'' ''हमारी भावी पीढ़ियों को संस्कार भ्रष्ट होने से बचा लीजिए।'' ''श्रुति-स्मृतियों के पठन-पाठन गायन-श्रवण से हमारी वाणी और श्रवणों से पाप-ताप नि:शेष कर दीजिए।'' ''तपोमूर्ति ऋषियों-मुनियों की चरणधूलि से हमारे मस्तकों को अलंकृत कराइए।'' ''देव! भारतभूमि में स्थित पावन देवविग्रहों की सुरम्य छवि से हमारे इन चर्मचक्षुओं का शृंगार करा दीजिए।'' ''तीर्थ-व्रतों के द्वारा हमारे मन-मस्तिष्क तीर्थपथ के पथिक बना दीजिए।'' ''इतिहास के कलंकित पात्रों के हम जैसे अंशजों को अपनी शरण प्रदान कर यश-कीर्ति से अलंकृत कर दीजिए।''

ऐसे कितने ही शब्दों को भरे कंठों से याचकों की भाँति करबद्ध नतमस्तक मुद्रा में आँचल पसार-पसारकर धरती पर साष्टांग लोट-लोटकर करुण गुहार लगाते देखकर श्रीभरत दोनों हाथों से सभी को आश्वस्त करते हुए, उनका पश्चिमी रम्यक निवासियों के भारत-भारतीयता के प्रति निश्छल-निर्मल अनुराग देखकर भावविह्वल अवस्था में सहसा कुछ न कहने की स्थिति में कुछ क्षणों के लिए खड़े-के-खड़े रह गए। भरे कंठ से शनै:-शनै: शब्दों को साधते हुए वे बोले, ''आपकी सहज-सरल सात्त्विकता ने हमें आपके भावों-भावनाओं का दासानुदास ही बना दिया है। इनकी पूर्ति होगी, यथाशीघ्र होगी, किंतु प्रत्येक कार्य करने की एक विधि-पद्धति होती है। उसके अनुसार संबंधित विषयों के अधिकारीजनों से विचार-विमर्श के पश्चात् उनकी पूर्ति होगी, अवश्य होगी। श्रीरामानुज यह भरत आपको वचन देता है। अब आप सभी सुभद्रजन निश्चिंत-निर्भीक होकर अपने-अपने आवासों में पधारें। हम यथासमय आपको आमंत्रित करेंगे।''

□

अनुच्छेद-४

अपराह्न से पूर्व ही क्षणभर का विश्राम किए बिना, भोजनादि से निवृत्त होकर सभी प्रमुख जन श्रीभरत के मंत्रणा कक्ष में एकत्रित होने आरंभ हो गए। पुरुमीढ़देव के साथ महाराजा प्रतर्दन-विदेहकुमार शीलनिधि-आंजनेय हनुमंत के साथ किष्किंधा के युवराज अंगद-कपि सेनापति नील भी मुस्कराते हुए आ गए। द्वारपाल द्वारा संदेश पाकर रम्यक

वर्ष के कषाल प्रमुख सैनकेस (सैंधव जाति के अश्वों के पालक कषालों का प्रमुख) आदि के बैठ जाने पर श्रीभरत बोले—

"सुभद्रजनो! यद्यपि इस इलावर्त के विस्तृत क्षेत्र से जुड़े हुए हरि-हिरण्य-किंपुरुष-रम्यक-भद्राश्व आदि वर्षों के लुटेरे आततायियों से हमारा संघर्ष तो कभी का आरंभ हो चुका है। हमारे केकय प्रवेश के प्रारंभिक क्षणों में निर्मित नीति के अनुसार राजर्षि महाराजा अजमीढ़देव के अनुज श्री पुरुमीढ़देव इन संघर्षों से प्रत्येक दृष्टि से कुशलतापूर्वक लोहा ले रहे हैं। ललितकला के उपासक गंधर्वों एवं वैदिक विधि से सर्वजन हिताय, सर्वजन सुखाय केकय-मद्रादि भारतीय राज्यों पर शताब्दियों से अकारण आक्रमण करते चले आ रहे हैं। कुछ समय पूर्व मूलक के अत्याचारों से त्रस्त होकर गंधर्वराज शैलूष उसे समर्पित होकर उसके उचित-अनुचित प्रत्येक आदेश का पालन करने के लिए बाध्य कर दिए गए। अपने प्राणरक्षण के लिए दीन-हीन अवस्था में शैलूष के सैनिक सचिव भी उस राक्षस के अधीन होकर, महाराक्षस बन गए। केकय-मद्रादि राज्यों का पतन हो गया। सिंध-पंचनद-मूलस्थान आदि भारतीय प्रदेशों पर संकट के बादल आँधी बनकर उन्हें झकझोरने लगे। इन अमानवीय अराजकताओं से जन-जन को मुक्त करने के लिए अयोध्याधिपति श्रीराम राजेंद्र का आदेश पाकर राघवी सेना चल पड़ी।

"मार्ग में राजर्षि महाराज अजमीढ़देव ने उस सेना का सदुद्देश्य जानकर अपने अनुज श्री पुरुमीढ़देव एवं कई चंद्रवंशी राजकुमारों के साथ उस राघवी सेना के साथ अपनी सेना को संयुक्त कर दिया। हम अभी तक यह नहीं जान पाए कि काशी-मिथिला-किष्किंधा कौन गए, किनके द्वारा आमंत्रण पाकर यहाँ की सेनाएँ आ-आकर इस सैन्याभियान को गरिमा प्रदान करने लगीं। इसे राष्ट्रीय चेतना की मुखर अभिव्यक्ति के अतिरिक्त कोई अन्य नाम नहीं दिया जा सकता।

"अस्तु, वितस्ता पार करते ही हम समझ गए कि समस्या गहन है, गंभीर है। इसे साधारण समझना भूल होगी। उसके अनुसार रणरचना की गई। शेष समस्त संघर्ष तो आज भारतीय इतिहास का एक अध्याय बन गया है। आप सभी उसके अविभाज्य अंग हैं। उससे पूर्णत: परिचित हैं। इन सबके मध्य इस सैन्याभियान का लक्ष्य इस क्षेत्र को भयमुक्त करना ही नहीं, भविष्य के लिए विश्व को एक संदेश देना भी है। यदि कभी किसी ने मूलक-शैलूष संयुक्ति बनकर देश में भय के वातावरण का निर्माण करने की कल्पना भी की तो वह जान ले कि उस समय मेरी अयोध्या, मेरी मिथिला-काशी, मेरा हस्तिनापुर कि किष्किंधा ही नहीं, अब तो मेरी लंका ही नहीं, मेरा भारतवर्ष, भारतवर्ष-धर्मभूमि भारतवर्ष-देवभूमि भारतवर्ष, भारतवर्ष वह भारतवर्ष, जिसमें प्राणिमात्र के लिए मानवतामूलक धर्माधारित एक ही व्यवस्था, पक्षपात-विरहित व्यवस्था, किसी को इस समग्र क्षेत्र का अधिपति बनाना नहीं अपितु जिनके आधीन जो क्षेत्र रहे हैं, वे उन्हीं के

आधीन निर्भीक होकर रहें। केवल उनके अनाचारी अयोग्य स्वामी परिवर्तित कर दिए जाएँ।

"गंधर्व एवं केकय प्रदेशों की स्थिति के मूल में कुछ अंतर थे। उन्हें जाने बिना भारतीय इतिहास भ्रमों के अंधव्यूहों में घिरा ही नहीं रह जाएगा अपितु अंधकूप का बंदी बना रह जाएगा। भारत को अपना प्रमुख बैरी मानने के भाव जिनके अंतर में एक सुदृढ दुर्ग का निर्माण कर चुके हैं, हमें उसमें प्रवेश कर विश्व को भारत की वास्तविक छवि का दर्शन कराना ही होगा। तभी इलावर्त क्षेत्र में हमारे प्रवेश की भूमिका का विश्व वास्तविक मूल्यांकन कर सकेगा।

"गंधर्व कलाराधना में उन्मत्त होकर अपने अस्तित्व रक्षण से भी प्रमादवश अपरिचित हो गए थे। दूसरी ओर केकय साम्राज्य अत्यंत उन्नत अवस्था में होते हुए भी अपने नरेश महाराजा अश्वपति की दूरदृष्टिविहीनता, संकोचशील प्रवृत्ति के कारण परास्त होने की अपेक्षा एक प्रकार से आत्मघात कर अपने अंत का कारण स्वयं बनकर इतिहास के पृष्ठों में अंतर्ध्यान होकर रह गया।

"इसके सर्वथा विपरीत यहाँ की स्थिति है। भद्राश्व क्षेत्र स्थित चीन के साथ रम्यक वर्ष के समस्त निवासी वे हैं, जिनके पूर्वजों को शताब्दियों पूर्व उनके दूषित आचरण के कारण भारत से निष्कासित किया गया था।

"अब इनकी भी दो श्रेणियाँ बन गई हैं। एक वे हैं, जिनके हृदय में पूर्णत: भारत भक्ति है। अपने पूर्वजों के जाने-अनजाने दुष्कृत्यों के प्रति कठिन-से-कठिन प्रायश्चित् करने को तैयार हैं। दूसरी ओर वे हैं, जो स्वयं को भारतीयों के वंशज मानते हुए भी भारत-भारतीयों के प्रति मन में कटुता-घृणा के भाव पाले बैठे हैं। उनमें कहीं क्षणमात्र भी सद्भाव की झलक कदाचित् चीन के अनुभव में आ जाती है तो वह उसे घोर-से-घोर बनाने में विपल मात्र का विलंब किए बिना, उत्कोच के रूप में कुछ-न-कुछ दे डालता है। कीटों से जो कोषा उसे भारी मात्रा में प्राप्त होता है, उससे वस्त्र निर्माण में वह उनसे किसी मात्रा में सहयोग नहीं लेता। उसका कारण यही है कि वे उसमें पारंगत होकर कालांतर में उनके प्रतिद्वंद्वी न बन जाएँ। उनमें जो चीन के प्रति आश्रयदाता, स्वामी-संरक्षक के भाव हैं, वे समाप्त होकर, दासानुदास बनकर जो हरावल क्षेत्र में प्रसन्नतापूर्वक जूझ मरने को सदैव तत्पर रहते हैं, वे अपना मूल्य समझकर स्वतंत्र होने की चेष्टा न करने लगें।"

"पूज्यपाद! आपके शब्दों ने रोग और उनके लक्षणों से तो हमें भलीभाँति परिचित करा दिया, किंतु इनका निदान क्या है?"

"वत्स शीलनिधि! निदान के आचार्य तो लंका-प्रदाहक मारुति हैं। इस विषय में जो प्रश्न करना हो, उन्हीं से करिए।"

समस्त समुपस्थित जनों की दृष्टियाँ अपनी ओर उठी हुई देखकर पवनकुमार धीरे-धीरे बोलने लगे, "श्रीमद्रामानुज भरतदेव ने यहाँ की समस्त स्थिति-परिस्थिति की विभिन्न प्रकार से समीक्षा करते हुए अतीत ही नहीं, भविष्य पर भी विचार करते हुए, जो कुछ कहा है, वह इन गंभीर मनीषी के योग्य ही है। संघर्ष तो होगा, यह निश्चित है। राजनीति के सिद्धांतानुसार विपक्षी को अपने मंतव्य से परिचित कराने के लिए दूत के रूप में किसी-न-किसी को भेजने की परंपरा रही है, किंतु जिसके पास किसी को दूत बनाकर भेजा जाए, यहाँ ऐसा कोई पात्र नहीं है। अपने यहाँ से जिन्हें उनके आचार-विचारों में अंतर देखकर निष्कासित किया गया, उनका एक वर्ग अभी भी लज्जित होने के स्थान पर घोर घृणा के भाव पाले बैठा है। जहाँ तक हमें सूचना मिली है, उसके अनुसार उनकी एक विशाल सेना यंत्रचालित शतघ्नियों का समूह लेकर चल चुकी है। इस स्थिति में कोई भी शांति वार्त्ता करने का अर्थ हमारी मानवता नहीं, दुर्बलता ही मानी जाएगी। अत: उनको अपने पराक्रम से परिचित तो कराना ही होगा, परंतु साथ ही यह भी ध्यान रखना चाहिए कि यथासंभव जहाँ तक हो, जन हानि न हो। परास्त होकर भी पूर्वी रम्यक निवासी नम्र नहीं होंगे, क्योंकि जो उनका पालक-पोषक स्वामी बना बैठा है, वह उन्हें ऐसा नहीं करने देगा। यदि ये सहज में नहीं माने तो उनके विरुद्ध वह दंड नीति का प्रयोग करने में भी नहीं चूकेगा। अत: हमें पूर्णत: सतर्क रहते हुए प्रतीक्षा करनी चाहिए और साथ ही भद्राश्व क्षेत्र पर आक्रमण कर उसका क्षय कैसे किया जाए, उस पर भी विचार करना होगा।"

मारुति के शब्दों का अनुमोदन करते हुए रण-परिषद् के सत्र का विसर्जन हो गया।

□

अनुच्छेद-९

अभी रात्रि का द्वितीय प्रहर समाप्त नहीं हुआ था कि पूर्व दिशा का आकाश अकस्मात् तड़-तड़ तड़कती हुई रंग-बिरंगी तड़िताओं से घिर गया। उनकी घनघोर गर्जना दिग्दिगंत को प्रकंपित करने लगीं। धरती से उड़ते हुए दग्ध-द्रुम अग्नि के बृहत् स्फुलिंग रात्रि के अँधियारों को चाटते-चबाते प्रज्वलित धूम्रकेतुओं की भाँति धधकते हुए, नक्षत्रों के समान टूट-टूटकर धरती पर गिरने लगे। योजनों दूर दिखने वाले दृश्य शनै:-शनै: स्कंधावार के निकट आने लगे। निद्रा तो रणशिविरों में उछटती-ठिठकती जैसी प्राय: आती है, उसे भी इन प्रलयंकर स्वरों ने विदा कर दिया। सभी समझ गए कि पूर्वी रम्यक वर्ष की ओर से यह साधारण संघर्ष का नहीं, प्रचंड रण का ही आमंत्रण आ गया है।

इसे अविलंब स्वीकार करते हुए पुरुमीढ़ देव ने अग्निबाणों की झड़ी लगाते

हुए, दीपदंडों की पंक्ति-की-पंक्ति क्षेत्र भर में स्थापित कर दी। उनके प्रकाश में यंत्रचालित शतघ्नियों के वाहन अपनी ओर बढ़ते हुए देखकर शीलनिधि के साथ मीढ़-कुमारों के बाण उनका मार्ग अवरुद्ध करने के प्रयास में साँय-साँय करते हुए बरसने लगे। अपेक्षित प्रभाव का अभाव अनुभव करते हुए श्रीभरत का धनुष मंडलाकार हो गया। उनसे निकले हुए पर्जन्यास्त्र (सजल बादलों से भरे बाण) शतघ्नी-शतघ्नी की नलिकाओं में प्रवेश कर अग्नि-उत्पादक चूर्ण को दुर्गंधित कीच में परिवर्तित करने लगे। महाराजा प्रतर्दन के शैलास्त्र उन्हें धकियाते हुए, ठोकरें सी मारते हुए उलटने लगे। शतघ्नी चालक अपने ही वाहनों में दबकर चीत्कार-हाहाकार करते हुए प्राण विसर्जित करने लगे।

जिनकी कई-कई पीढ़ियाँ जन्मघुट्टी में ही राघव-विरोध से परिपुष्ट होकर, उसे पाले हुए दिवंगत हो गईं, उनकी वर्तमान पीढ़ी ने जब सुना कि 'रामानुज भरत इधर आ रहे हैं' उनके चित्त में संवर्तक आक्रोश के प्रेत बल्लियों उछलने लगे—

"हम भरत को घेर-घेरकर, कैसे उनके धनुष को खंड-खंड कर, ताली पीट-पीटकर नाचेंगे, कैसे उनके स्कंधों से निषंगों को खींच-खींचकर उनमें भरे हुए एक-एक बाण को दीपशलाकाओं का भोग बना-बनाकर दीपोत्सव मनाएँगे, कैसे उनके सूर्यांकित किरीट, रत्नमणि जटित कवच-कुंडलों को दिखा-दिखाकर, चीन जो हमें निर्बल मानकर, अपना जन्मजात दासानुदास मानने का दंभ पाले बैठा है, उसके नेत्रों में नेत्र डालकर, उसके नेत्रों को झुकने पर बाध्य कर, भावी आनंदोत्सवों के आयोजन से पूर्व के समस्त आयोजनों की आभा-प्रभा की ज्योतियों को मंद कर डालेंगे, राघवों के आकाश में फहराने वाले केसरिया ध्वज के रत्नजटित दंड को खंड-खंडकर, उन खंडों को अपने द्वारों पर सजा-सजाकर, अपने वर्चस्व की वृद्धि का प्रमाण देकर विजेताओं के चित्त चकित कर देंगे, इतना ही क्यों, इससे भी अधिक भरत का खंडित मस्तक अयोध्या भेजकर, दशाननजयी राम के दंभ का भी दमन कर डालेंगे।"

—इस प्रकार कल्पना के झूले में झूलनेवाले दिवास्वप्न-दृष्टाओं के वासंती-उपवनों पर क्षणभर में ही हिमपात् हो गया। जिन्हें वे अमोघ-अकाट्य मानकर विश्वविजयी मुद्रा में झूमते हुए आए थे, वे उन शतघ्नियों के बिखरे हुए खंडों को देखकर, इस प्रकार अवाक् की सी स्थिति में खड़े-के-खड़े रह गए, मानो उनके एक-एक वंशज का क्षत-विक्षत शव समूह ही उनके सामने बिखरा पड़ा हो। उनकी एक-एक विधवा विलाप-प्रलाप करते-करते चेतनाशून्य स्थिति में उनके पार्श्व में गिर गई हों।

"राघवों पर विजय प्राप्ति का हमारा पालित मंतव्य बिना समर किए प्रथम क्षण में किसी अनाथ अबला की माँग का सिंदूर बनकर धूलि-धूसरित हो जाएगा, यह तो हम विचारकर भी विचार नहीं पाए। चीन जिन शतघ्नियों की शक्ति के चमत्कारी प्रभाव के बखान में एक युग से धरती-आकाश को मिला-मिलाकर दुहरा हुआ जा रहा था, वे

पलक झपकते अतल-वितल-सुतल-तलातल के पार पाताल के तल में प्रविष्ट होकर एकाएक लुप्त हो गईं। अब क्या होगा? हमारा गर्व-गौरवविहीन लांछित-अंत के रूप में अब हमारा वरण करेगा।''

एक-एक, एक-एक से अपनी वेदना की चर्चा प्राणहीन शब्दों में कर रहा था, विचार रहा था, ''यदि सम्मान से जीना है तो उसका एकमात्र उपाय यही है कि हम भी पश्चिमी रम्यकवासियों की भाँति भरत के चरणों में आत्मसमर्पण कर दें।''

तभी चीन की ओर से एक सवार अपने अश्व को कुदाता हुआ वहाँ आ पहुँचा। उस निष्प्राण से समूह में प्राणप्रदायिनी संजीवनी जैसी शब्दावली में उद्घोष सा करते हुए बोलने लगा, ''ये अमित प्रभावशाली शतघ्नियाँ, जो तुम्हारी अनुभव-शून्यता के कारण नष्ट हो गईं, उन्हें देखकर मनोबलहीन होने की आवश्यकता नहीं है। पूर्व रम्यक निवासियो! तुम्हारा रक्षक-संरक्षक, पालक-पोषक तुम्हारी कठिन-से-कठिन अवस्था में भी तुम्हारा सफल उद्धारक चीन और उसका भद्राश्व वर्ष अभी धरती पर जीवित है, जाग्रत् है। उसके पास अपरिमित प्रलयंकारी अस्त्र-शस्त्रों के भंडार हैं। ये राघव उससे स्वप्न में भी पार नहीं पा सकते। चिंता मत करो, अपने-अपने आवासों में जाकर हमारे भावी आदेश की प्रतीक्षा करो।''

पुरवा की भाँति गरजने वाला मेघ जैसे पछवाच्छादित आकाश में लुप्त हो जाता है, उसी प्रकार शीघ्रता से आनेवाला वह अश्वारोही क्षितिज पार करते-करते लुप्त हो गया। पराजय का दंश भावी के आशा-निराशा के झूलों में झूलते-झेलते गिरते-पड़ते पूर्वी रम्यकवासी अपने निर्जीव से पदों पर अपने शरीरों को शिलाओं के समान ढोते हुए लौट गए।

□

अनुच्छेद-६

पुरुमीढ़देव के कश्यप उपसिंधु के तट पर पहुँचने से पूर्व ही केतुमाल क्षेत्र में यूँ तो सामान्य मुठभेड़ों का क्रम आरंभ हो चुका था। स्कंधावार की स्थापना भी खेटक-खट्वांगों की छाया में हुई। दो-दो, चार-चार दिनों के अंतराल में किसी-न-किसी कषाल के द्वारा कहीं-न-कहीं आक्रमण होते ही रहे। उनका निराकरण भी होता रहा। अब श्रीभरत के ससैन्य प्रवेश के पश्चात् गत रात्रि को भीषण संहारक शस्त्रास्त्रों से सुसज्जित रम्यकवर्षीय एक सेना का प्रथम आक्रमण हुआ। इसे विधिवत् संग्राम का समारंभ मानना चाहिए।

अर्धरात्रि में दिशा-दिशा को दहलाने वाला आक्रमण रात्रि के रहते-रहते स्वयं ही दहलकर किस दिशा में लुप्त हो गया, यह कोई नहीं जान सका, किंतु आक्रमण हुआ

था—हाँ, हुआ था, निश्चितरूपेण हुआ था, क्षेत्र में दूर-दूर तक फैले वाहनों पर सजे शतघ्नी यंत्रों के खंड, किसी शांत श्मशान में बिखरी अस्थियों के रूप में उसके साक्षी जैसे अवश्य दृष्टिगोचर हो रहे थे।

इस दृश्य को देखकर राघवी सेना के सैनिकों का प्रहर्षित मुद्रा में झूमना स्वाभाविक था, किंतु पुरुमीढ़ देव के निर्निमेष नेत्र जिस प्रकार आकाश के कोण-कोण में भ्रमण सा करते हुए अधमुँदी स्थिति में धरती को पुनः पुनः ताकते हुए, स्थिर हो-होकर तुरंत ही गतिमान हो जाते थे, ये भविष्य का चिंतन गंभीरता से कर रहे थे। यह देखकर श्रीभरत भी कुछ विचारने के लिए निरंतर बाध्य होते जा रहे हैं, ऐसा अनुमान करते हुए, मारुति उनके निकट आ गए। वे कुछ आवश्यक चर्चा के लिए ही आए हैं, यह अनुभव करते हुए श्रीभरत बोले, "आंजनेय! कहो?"

आंजनेय धीरे से बोले, "देव! यदि आज्ञा दें तो ये सैनकेस आपसे कुछ निवेदन करना चाहते हैं।"

"हमारे प्रिय सैनकेस को भी यदि कुछ कहने से पूर्व आज्ञा की आवश्यकता है, तो है।"

श्रीभरत के आनंदित शब्दों से अभिभूत सैनकेस विनम्र शब्दों में कहने लगे—

"देव! विगत रात्रि को हुए आक्रमण की विफलता से हताशावस्था में पलायन करनेवाले, वे ही तो हैं, जिनके पूर्वज हमारे पूर्वजों की भाँति कभी-न-कभी भारत से निष्कासित किए गए थे। कुछ समय पहले तक तो आना-जाना भी रहा। परस्पर सुख-दुःख की चर्चाएँ भी बैठकर किया करते थे—

"हमारे किन पूर्वजों को, किन्होंने, किन कारणों से। भारतवर्ष में कब, कहाँ से निष्कासित किया, वे कौन से शास्त्र हैं, जिन्हें वेद-पुराण कहा जाता है, ऐसा उनमें क्या लिखा है कि जिनका हमारे पूर्वजों ने उल्लंघन किया कि उनके किन्हीं सिद्धांतों का पालन नहीं कर पाए? एक कहते हैं, 'निश्चित ही कोई जघन्य अपराध अथवा ऐसा कोई भीषण कुकृत्य उनके द्वारा हुआ कि जिसका दंड उन्हें देश निष्कासन के रूप में दिया गया। उन्हें भारतीयता के चिह्न शिखा-सूत्र धारण से भी वंचित कर दिया गया।' एक जन उनका प्रतिवाद करते हुए कहते हैं, 'चलो, मान लिया कि हमारे पूर्वजों से कोई निकृष्ट कोटि का पाप भी हुआ, तो भी, उनको निष्कासित करते समय वह शास्त्र तो दिया होता कि जिन्हें पढ़कर वे जान लेते कि हमारे इन-इन कृत्यों के कारण यह दंड दिया गया। हमसे ये-ये अपराध हुए, जो अक्षम्य माने जाते हैं अथवा ये-ये पाप हुए, जिन्हें इन-इन कारणों से प्रायश्चितविहीन माना गया है।' एक बोले, 'वे अधर्म-विधर्म-कुधर्म अथवा अपधर्म श्रेणी के दुष्कृत्य थे कि जिनसे किसी प्रकार का संबंध न होते हुए भी, उनकी संतति को वे दंड सदा-सर्वदा प्रलयपर्यंत भोगने के लिए धर्म-बहिष्कृत कर दिया गया।'

एक अन्य कह उठे, 'सुना है, भारत यहाँ से बहुत दूर है। तो बिना किसी साधन के कई-कई दुर्लंघ्य पर्वतों को, भयंकर जलचरों से भरे हुए नद-नदियों को पार करते हुए, इस जन-शून्य मरुस्थल के निकट बसना पड़ा।'

''अस्तु, अरे, कोई ऋषि-मुनि, विज्ञ-अभिज्ञ, विदुष-विदग्ध, मतिमान-मनीषी कभी तो कोई भूला-भटका इधर आ जाता कि भेज दिया जाता, जो बता जाता कि तुम्हारे पूर्वज इन-इन दोषों के दोषी थे। उनके ये-ये दोष थे और उनके निराकरण के ये-ये उपाय हैं। समाधान के लिए ये विधान हैं। उन्हें कोई कर पाते कि नहीं कर पाते, वह पृथक् विषय है, किंतु देश निष्कासन का दंड देनेवाले तो दोष मुक्त हो जाते। भारत के माथे पर यह कलंक तो न लगता कि ये केवल दंड देना जानते हैं, इन क्रूरों को क्षमादान का ज्ञान नहीं है कि अधिकार नहीं है अथवा इनका सीमातीत अभिमान ही भविष्य में अनेक ऐसे व्यवधानों की विश्वव्यापी सृष्टि की रचना करेगा कि सृष्टा भी अपने गंतव्य-मंतव्य से विस्मृत की स्थिति में आ जाएगा।

''हम पश्चिमी रम्यक-जन तो मन-वचन-कर्म से आपके प्रति समर्पित हैं। आकाश में स्थित भगवान् सूर्यदेव और समक्ष ही लहराते काश्यपेय सिंधु में निवास करनेवाले वरुणदेव हमारे शब्दों की प्रामाणिकता के साक्षी हैं। हमारे पूर्वजों के जाने-अनजाने किन कृत्यों के कारण जिस देश निष्कासन का दंड दिया गया, उन्हें तो हम नहीं जानते, किंतु अंतरात्मा से मान्य करते हैं कि उन्हें जिन ऋषि-महर्षि नरेशों के द्वारा यह दंड दिया गया, वह किन्हीं पूर्वग्रहों-दुराग्रहों से बाध्य होकर नहीं दिया गया। अब हमारा एक ही विनम्र निवेदन है कि हमारी भाँति ही उन्हें भी अपना संरक्षण प्रदान करें। हम यह भी जानते हैं कि उनके भाव अभी तक हमारी भाँति शुद्ध नहीं हैं। आप हमें अविनय क्षमा करें। जिन दूषित-कुत्सित भावों से भरे चित्त में शंका-आशंका पाले हुए बैठे हैं, उनसे उन्हें मुक्त करने का हमारी ओर से अभी तक कोई प्रभावशाली प्रयास रंचमात्र भी नहीं हुआ। अत: एक बार मात्र मानवतावश भेंट का अवसर दें। उनके शब्द कठोर भी हो सकते हैं, किंतु उन्हें अनसुना करते हुए उनके अंतर में झाँकें। वे तो प्राय: यही कहते रहते हैं कि—

''वे महर्षि वसिष्ठ, जिनके सम्मुख उनके पुत्रों की विश्वामित्र ने हत्या कर डाली। अपनी ओर से तो उन्हें निर्वंश ही कर डाला था, किंतु अब उनका एक पौत्र पराशर दिखता है, जो उस समय माता के गर्भ में रह जाने के कारण बच गया। इसी प्रकार आज के महर्षि विश्वामित्र, जो महाराजा सत्यव्रत को सदेह स्वर्ग भेजने के लिए यज्ञ करा रहे थे। असीमित प्रयत्न करने पर भी, जब वे एक भी देवता को प्रसन्न न कर पाए तो उन्होंने नवीन देवताओं और यहाँ तक कि नवीन स्वर्ग तक की रचना कर डाली, किंतु सभी व्यर्थ हो गया। महाराजा सत्यव्रत त्रिशंकु बनकर रह गए। दोनों ऋर्षि एक-दूसरे

को एक युग तक जो नीचा दिखाने के प्रयत्न में संलग्न रहे, अपनी वर्चस्व वृद्धि के लिए जिन्होंने सहायकों के रूप में हमारे पूर्वजों को उत्पन्न कर, उन्हें नए-नए नाम देकर समर क्षेत्र में उतारा। कलह का अंत होने पर, विजय प्राप्ति करानेवालों को पुरस्कार के रूप में देश निष्कासन दे डाला।

''उन्हें किस कोटि का ऋषि-महर्षि अथवा क्या मानें? आज दोनों राजा राम के दोनों ओर बैठकर, उनसे चरण वंदना करा रहे हैं। यह एक आश्चर्य, हाँ, एक अद्वितीय आश्चर्य ही कहना चाहिए कि मर्यादा पुरुषोत्तम कहलानेवालों को भी हमारी सुधि नहीं आई। जिन्होंने निशिचरविहीन धरती कर डालने की प्रतिज्ञा की, ये दोनों उनके निकट ही तो बैठे हैं। ये ही तो आज जाने-अनजाने हम जैसे नवीन राक्षसों की रचना कर रहे हैं। हमें शिखा-सूत्रों से वंचित किया, सो किया। उन वेदमंत्रों के पाठ के अयोग्य भी बना दिया, जिनको श्रुति कहा जाता है। श्रुति अर्थात् स्वयं परमेश्वर के श्रीमुख की वाणी, उन परमेश्वर की वाणी, जिन्हें सच्चिदानंद—'पावनं पावनानाम्' पवित्रों को भी पवित्र करनेवाले, जिनका नाम स्मरण पाप समूहों को भस्म करनेवाला कहा गया है, तो क्या अब वे अपवित्रों को पवित्र करने से मुख मोड़ लेते कि वे हमारी छाया पड़ने पर अपवित्र हो जाते, हमारी दाढ़ी-मूछों की काट-छाँट कराकर, क्या ये अपने अविभाजित अंगों जैसे भारत का अंग-भंग नहीं कर रहे हैं? यदि सांगोपांग रीति से विचार करें तो ऐसे वेशवालों को देखकर कौन उनसे भेंट करेगा, संवाद तो दूर की कौड़ी? विचारिए—

''सुधार का कहीं अवसर नहीं, तो ऐसी स्थिति में कोई स्वाभिमानी तटस्थ होकर तो नहीं बैठेगा। फिर तो संहार-संहार-संहार। आज तो विजय होगी, किंतु कल पराजय होनी भी असंभव नहीं है। क्या होगा देखिए—विभीषण लंका से आए। हमारे सुग्रीव महाराज ने उनसे संवाद किए बिना ही नहीं अपितु उनका मुख देखे बिना ही उन पर कौन से अभियोग सहसा नहीं लगा डाले। निर्णय भी दे डाला कि बंदी बना लेना चाहिए। यदि प्रभु ने कहीं उनका परामर्श मान लिया होता तो क्या होता? इन भरत को भी इसका ज्ञान है कि नहीं? यदि है तो वे क्या करेंगे, वे ही जानें। इन्होंने तो एक बार भी हमें भेंट तक का अवसर भी नहीं दिया। देते तो संभव है कि कोई-न-कोई ऐसा मार्ग निकल आता, जो सभी पक्षों के लिए कल्याणकारी सिद्ध होता।''

श्रीभरत को अपनी ओर देखते हुए देखकर हनुमंत बोले, ''देव! संवाद का अवसर कोई-न-कोई मार्ग निकाल ही लाता है। लंकेश्वर विभीषण का प्रसंग अपने सामने है ही। इसके अतिरिक्त प्रह्लाद-बलि और उनके पुत्र बाणासुर को भी कैसे भूला जा सकता है। दूसरी ओर वे भी हैं, जो अपने नायक की नीतियों को न्याययुक्त न मानकर, उनको समझाने के प्रयत्न में असफल होकर, हारा हुआ युद्ध करने के लिए युद्धभूमि में उतरे।

प्राण देकर अपनी यश गाथा को अमरता से अलंकृत करते हुए चले गए। मारीच-कुंभकर्ण-मेघनाद जैसे अनेक उदाहरण हैं। सच पूछो तो रावण भी इन्हीं में से एक था, किंतु उसके सामने अन्य कई ऐसी समस्याएँ थीं कि उनका निदान, उसका अवसान ही था।

''वह शूर्पणखा को निर्दोष नहीं मानता था और वह पूर्णत: निर्दोष थी भी नहीं। जो खर-दूषण को समाप्त कराने के पश्चात् रक्तरंजित अवस्था में भरी सभा में निर्लज्जा की भाँति आकर खड़ी हो गई। उसके प्रतिशोध के नाम पर यदि वह सक्रिय नहीं होता तो स्वयं निर्लज्ज-कायर न जाने क्या-क्या कहलाता। देवी का हरण करके लाया। वह जानता था कि 'जानकी का हरण तो हो सकेगा, किंतु वे वरण कदापि नहीं करेंगी, साथ ही वह यह भी जानता था कि मैं जनकनंदिनी को कहीं भी रख लूँ, किंतु जिस प्रकार अग्नि गोपनीय नहीं हो सकती, वे भी नहीं होंगी। वे कहाँ हैं, इस सत्य की किसी-न-किसी के द्वारा देर-सवेर श्रीराम को सूचना अवश्य मिलेगी। राम कैसे भी, कहीं से भी निश्चितरूपेण आएँगे। समुद्र उनके मार्ग की बाधा बनने में अक्षम सिद्ध होगा। मैं अपने एक-एक सुभट को उसका अंत जानते हुए भी, महासंग्राम की सफल नाटकीय रचना करते हुए अपने वीरोचित अंत का वरण करूँगा। प्राण देकर देव दुर्लभ कीर्ति की माँग का सिंदूर-कंठ का मंगलसूत्र बनकर इस मरणधर्मा संसार के वक्ष पर, अपनी धक्-धक् करती अंतविरहित चिह्नारी अंकित करते हुए, काल के कपाल को सोपान बनाकर लोक-लोक के सुशीर्ष पर अपनी यशस्वी ध्वजावली रत्नमंडित कनकदंडों पर स्थापित करूँगा। प्रतिहारी के वेश में ये दिग्पाल बाध्य होकर उसका संरक्षण करेंगे।''

''ये उसकी दंभोक्तियाँ कहकर, अनदेखी अनसुनी कहकर नकारी नहीं जा सकतीं। क्योंकि ये सत्य सिद्ध हुईं, किंतु अंतिम समर में जाते समय उसने जो अपनी महारानी मंदोदरी से कहा, वह तो कोई नहीं जानता। वह रथारूढ़ होते समय बोला, 'प्रिये! मैं जा रहा हूँ, लौटूँगा नहीं। विश्व कहेगा कि राम ने रावण का अंत कर दिया। सत्य होते हुए भी पूर्ण सत्य यह है कि मैंने अपने इस अंत का वरण स्वयं किया है। जिनको अंतर्दृष्टि प्राप्त है, वे यही कहेंगे कि रावण राम की पूरक शक्ति है। उन्होंने पृथ्वी निशिचरविहीन करने का जो प्रण किया, वह मैंने पूर्ण कराया। जो भूमि के भार बन गए थे, उन प्रचंड संग्रामजयी सुभटों के साथ-साथ जो लंका त्याग-त्यागकर, दूर जा बसे थे। उन्हें भी अपनी प्रतिष्ठा का व्यामोह त्यागकर, सादर आमंत्रित कर-करके, एक-एक का अंत मैंने कराया। किसी को पलायन करने का अवसर नहीं दिया, अन्यथा वे जहाँ जाते, वहीं जन-जन को आक्रांत करते, अराजकता की रचना रचते। ध्यान रखना-विभीषण कुशलता से लंक साम्राज्य का संचालन करेंगे, किंतु यह भी स्मरण रखना-विभीषण की सद्गुण विकृति (दयावश) के कारण यदि कोई कभी निकल गया तो वह अपना अंत तो कराएगा, किंतु

यशस्विता से वंचित रहकर ही जाएगा। 'रक्षकुल में देव-प्रकृति के जन भी हैं' यह मैंने कहलाया, किंतु वह कहलाएगा 'राक्षस, राक्षस ही होते हैं।'''

''अस्तु, यह सब तो लंकेश्वर विभीषण ने अभी एक दिन मूलक के अत्याचारों से खिन्न होकर बताया था। बालि संवाद-विहीनता के कारण पछताता हुआ चला गया। जैसे बालि ने न चाहते हुए सुग्रीव से संघर्ष किया और अपना अंत प्राप्त किया, वही स्थिति इन रम्यक-जनों की है। उन्हें अपनी मातृभूमि भारत की स्मृति है। चीन ने इन्हें सब प्रकार से दीन-हीन बनाकर दासानुदास बना लिया है। इनका सब प्रकार से लाभ उठाकर, सुविधा के नाम पर होंठ तरल करने के लिए ओस के दो बिंदु जैसा देता है। ये बाध्य होकर उदर पूर्ति के लिए लूटपाट करने जाते हैं। स्वर्ण-रजत मणि-रत्न भारी मात्रा में लाते हैं। वह उन्हें लेता है और साथ ही कहता जाता है, 'ये व्यर्थ की सामग्री कहाँ से उठा लाए। चलो, रंग-बिरंगे अच्छे लगेंगे' कहकर ले लेता है। कुछ दिनों के लिए अन्न-वस्त्र दे भी देता है। फिर वही भुखमरी, वही चाकरी, यह इन अशिक्षित रम्यक जनों की नियति बन गई है। अत: जैसे-कैसे भी इनके प्रमुखों को एक बार भेंट का अवसर यदि आप उचित मानें तो अवश्य दें।''

''सैनकेस महोदय! आपने मारुति के विचार सुने। वे मान्य ही नहीं, मनन करने योग्य हैं। अत: आप जिन्हें उचित मानें, उन्हें ले आएँ, हम उनका स्वागत करेंगे।''

□

अनुच्छेद-७

श्रीभरत कश्यप सिंधु तट से संध्या-वंदनादि के पश्चात् रुद्रालय से रुद्राभिषेक के पश्चात् निजी शिविर में आ गए। यह जानकर सैनकेस श्रीभरत को मर्यादानुसार प्रणाम करते हुए बोले, ''पूर्वी रम्यक क्षेत्र से कुछ जन आ चुके हैं। यदि आपकी अनुमति हो तो··· ?''

संकेत से श्रीभरत की अनुमति प्राप्त होने पर सैनकेस बोले, ''देव! हम इन जनों को समझा-बुझाकर यहाँ ले तो आए हैं, किंतु वे निशशस्त्र आने को तैयार नहीं हैं, साथ ही उनका यह भी कहना है कि आप उनसे एकांत में भेंट करेंगे। अब जैसा आप उचित मानें ?''

श्रीभरत को मुस्काते देखकर सेनापति नील आवेश में आते हुए बोले, ''यह तो घोर उद्दंडता है। वे भेंट करना चाहते हैं अथवा हमें भेंट करने के लिए बाध्य कर रहे हैं कि आदेश दे रहे हैं ?''

''कपिवर! यह उद्दंडता अथवा अन्य कुछ नहीं, केवल अविश्वास है। यह

अविश्वास भी उनका नहीं, इसमें भी हमारा ही दोष है। हम अभी तक इनके मन से अपना भय नहीं निकाल पाए। इन्हें आश्वस्त नहीं कर पाए हैं कि हम इनके शत्रु नहीं हैं। प्रियवर सैनकेस! ये जैसे भी आना चाहें, तुम इन्हें ले आओ। कपिवर नील भी उनकी शंका निवृत्ति के लिए यहाँ से जा रहे हैं।''

सैनकेस अपनी कटि में लटके हुए खड्ग की मूँठ को दृढता से थामे हुए चले गए। शीघ्र ही पाँच सशस्त्र पुरुषों के साथ सैनकेस राजोचित प्रणाम करते हुए आकर खड़े हो गए।

आगंतुक पाँचों पुरुष किसी प्रकार का कोई प्रणाम-अभिनमन आदि किए बिना श्रीभरत को बार-बार आपाद घूरते हुए उनके सम्मुख खड़े हो गए। उनके सिरों के उलझे हुए बाल किसी ग्राम्य पक्षी के से घोंसले क्या बर्रै-भीड़ के से छत्ते लग रहे थे। उनकी अस्त-व्यस्त लाल-लाल दाढ़ी-मूँछें अत्यंत भयावनी लग रही थीं। उनके वस्त्रों से मत्स्य-मांस की तीखी दुर्गंध आ रही थी। मदिरापान के कारण उनकी आँखें चढ़ी हुई थीं। उन्होंने हाथों में जो लंबे-लंबे शल्य थामे हुए थे, उनमें रक्त-मांस की काली-काली कीच जमी हुई थी, किंतु भरत इन सभी को अनदेखा करते हुए करबद्ध मुद्रा में बोले, ''आइए, हमारे अतिथि देवगणो! आसन ग्रहण करिए।''

श्रीभरत के शांत प्रसन्न-मुख शब्दों को सुनते ही वे त्वरित गति से भागते हुए कश्यप सिंधु में कूद गए। अन्य तो उन्हें एवं उनके विचित्र भाव को देखकर असमंजस में घिरे खड़े के खड़े रह गए, किंतु दैत्यराज बाणासुर के भेजे हुए दो व्यक्ति, जो उनके पीछे चले गए थे, उनमें से एक ने आकर बताया, ''वे सिंधु में स्नान कर रहे हैं। शरीरों को मल-मलकर धो रहे हैं। केशों को बार-बार सुलझाते हुए गोतों पर गोते लगाते चले जा रहे हैं। उन्होंने सिंधु तट की रज रगड़-रगड़कर अपने भल्ल स्वच्छ कर लिये हैं। गंडूष (कुल्ला) पर गंडूष दंतधावन करते हुए अपने मुखों से मदिरा की दुर्गंध दूर करने का प्रयत्न कर रहे हैं।''

श्रीभरत ने मुस्कराते हुए कहा, ''उनके लिए सुंदर राजकीय वस्त्र—कंकतिका (कंघा-कंघी), दर्पण आदि के अतिरिक्त कुछ दिव्य सुगंध लेकर तुरंत जाइए।''

सैनकेस के दो सचिव सिंधु तट पर जाकर, उन्हें वस्त्रादि धारण कराकर कुछ ही समय में सम्मान सहित ले आए। पूर्वी रम्यक क्षेत्र के वे पाँचों जन केतकी-चंपा-मालती आदि के इत्रों के लेपन से, सुगंधागार बने हुए अपने-अपने अस्त्र-शस्त्र स्कंधावार के द्वार पर त्यागकर श्रीभरत के चरणों में आकर लोट गए।

भरत का स्नेहालिंगन पाकर, राजपुरुषों के सम्मान से अभिभूत वे उनके सम्मुख आसनों पर बार-बार आग्रह करने पर संकोचपूर्वक सिर झुकाकर बैठ गए। उन्हें कुछ कहने के लिए शब्दों का अनुसंधान करते देखकर श्रीभरत ही बोले—

''कहिए, यह रामानुज भरत आपकी क्या सेवा करे?''

श्रीभरत के साधारण से प्रश्न का उत्तर खोजने में उन्हें कुछ समय तो लगा, किंतु तुरंत ही अपनी वाणी की तरलता को संयमित करते हुए बोले—

''देव! सर्वप्रथम तो हमें हमारी अभद्रता के लिए क्षमा करें कि हम बिना स्नानादि किए, उस अवस्था में आ गए, जिसमें हमें आपके सम्मुख कदापि नहीं आना चाहिए था। फिर यह जानकर कि हम स्नानार्थ जा रहे हैं, आपने हमारे लिए वे वस्त्राभूषण भिजवा दिए, जिनके लिए हम सर्वथा अयोग्य हैं। न जाने क्या-क्या अनर्गल विचार पाले, ऊहापोह भरे चित्त में आपके विषय में क्या-क्या निरर्थक कल्पना करते हुए यहाँ आ रहे थे। चलने से पूर्व इन सैनकेस से 'हम सशस्त्र आएँगे, भेंट एकांत में होगी' आदि न जाने क्या-क्या कह गए, किंतु आपने हमारे एक-एक शब्द का मान रखते हुए भेंट का अवसर जिस आत्मीय भाव से प्रदान किया, उसके प्रति कृतज्ञता ज्ञापित करने के लिए तो हमारे पास यदि कोई शब्द है तो केवल यही कि 'हमें क्षमा करें'। अब हमारा दूसरा निवेदन यही है कि आप अपने परिकर को यहाँ बुला लें, क्योंकि हमने उनके विषय में सुना तो बहुत कुछ है, किंतु इतने निकट आकर भी उनके दर्शनों से अभी वंचित हैं।''

श्रीभरत का संकेत पाकर बाह्य प्रकोष्ठक में बैठे हुए सभी राजपुरुष आ-आकर अपने-अपने निर्धारित आसनों पर बैठ गए। सभी का विधिवत् परिचय पाते हुए ज्यों ही उन्होंने मारुति का नाम सुना, वे तुरंत ही उनके चरणों में लोट गए। यह श्रद्धेय भाव देखकर पुरुमीढ़ बोले, ''आप इन पवनपुत्र से परिचित हैं क्या?''

''श्रीमान! हमें तो भद्राश्व वर्ष के कुछ व्यक्तियों ने बताया कि इस सेना के साथ वे हनुमान भी आ रहे हैं, जो आकाश में उड़ सकते हैं, अनेक अगाध-असीम सागरों-महासागरों को अजाखुर (बकरी के पाँव से बने हुए गड्ढे) के समान लाँघ जाते हैं। गगनचुंबी दावानल की लपटों से उसी प्रकार निकल आते हैं जैसे कोई प्रबुद्ध माँझी अपने दांड से वर्षा की उफनती हुई सरिताओं से अपनी नौका को सुरक्षित निकालकर तट की ओर ले आता है। यह भी सुना कि एक दिन तो ये तलातल को पार करते हुए पाताल में प्रवेश कर वहाँ भी प्रलय मचा आए। बड़े-बड़े शैलखंडों को ये हथेली पर रखकर योजनों दूर से पलक झपकते आ जाते हैं, चले जाते हैं। इनके सामने आ जाने पर कोई शत्रु प्राण भेंट किए बिना नहीं लौट सकता। अतः कहीं ये दिख जाएँ तो वहाँ से शीघ्रातिशीघ्र सिर पर पाँव रखकर, पलायन कर जाना चाहिए।''

''तो इस समय आप इन पवनकुमार को अपने सम्मुख देखकर पलायन क्यों नहीं कर रहे हैं?''

''हाँ, मिथिला के राजकुमार शीलनिधि! यदि हम भूल नहीं रहे हैं तो आपका यही नाम तो अभी बताया गया था। अरे बालक! हमसे परिहास करने का, उपहास उड़ाने

का ऐसा देवदुर्लभ अवसर तुम्हें फिर कहाँ मिलेगा? प्रियदर्शी कुमार! हम इतने मूर्ख तो नहीं हैं कि शत्रु-मित्र की पहचान न कर सकें। इस समय हम श्रीभरत देव के अतिथियों के रूप में यहाँ बैठे हैं। उनके अतिथियों की तो यमराज भी अवहेलना नहीं कर सकते। तो फिर ये तो श्रीरामानुयायियों के संकटमोचक हैं। अब शीघ्र ही इलावर्त-रम्यक और भद्राश्व आदि इनके विराट् संकटमोचक स्वरूप का दर्शन करेंगे।''

''यह सत्य है, अंजनीकुमार संकटमोचक हैं। ये युगों-युगों से संकटमोचक रहे हैं और युगों-युगों के लिए संकटमोचक सिद्ध होते रहेंगे। अस्तु, अब आप पूर्वी रम्यक जन हमें बताएँ कि आपके सामने कोई समस्या तो नहीं है। जीवन-यापन सम्मान से निर्भीक होकर कर रहे हैं न?''

''श्रीरामानुज भरतदेव! 'कोई समस्या तो नहीं है' यह कैसे अनजान की भाँति हमसे पूछ रहे हैं। आप क्या नहीं जानते, यहाँ तो समस्या-ही-समस्या हैं। बत्तीस दाँतों के मध्य जिह्वा क्या, माता के गर्भ में स्थित बालक भी यदि बन जाएँ तो भी हम काल के गाल में, अंत से पूर्व अंतक को समर्पित जैसे ही हैं। भद्राश्ववर्षीय चीनियों के दासानुदास बनकर, सर्वस्व देकर भी दयनीय गृहस्थों की भाँति जीवनयापन क्या कर रहे हैं, अपितु प्राणों को शिला के समान ढो रहे हैं।''

''ऐसा क्यों?''

''ऐसा क्यों, इसका कोई एक उत्तर हो तो हम बताएँ, यहाँ तो प्रश्न-ही-प्रश्न हैं। उत्तर भी हैं, किंतु हम उन्हें देने में निरुत्तर हैं।''

''उत्तर-ही-उत्तर हैं, परंतु हम निरुत्तर हैं, यह तो हमारे प्रश्न का उत्तर नहीं अपितु एक प्रहेलिका है। शब्दों का व्यूह है। आप स्पष्ट कहिए कि मूलतः समस्या क्या है?''

''मूलतः समस्या, तो आप हमें समय देकर यदि धैर्यपूर्वक सुनेंगे, तभी आप हमारी परिस्थिति से विधिवत् अवगत होंगे।''

''रम्यकेय बंधुओ! हम यहाँ की समस्या से पूर्णतः अपरिचित हैं—ऐसा तो नहीं है। इन समस्याओं के निदान क्या-क्या हो सकते हैं, वे भी हमारे मस्तिष्क में हैं। किस निदान में कौन प्रथम सहायक होगा और उसके पश्चात् किस-किस चरण में कौन किस कारण से कितने सहयोगी सिद्ध होंगे और कौन कितना विरोध, किस सीमा तक करेंगे, यह गणित हमारे ये प्रबुद्ध परिकरी लगा चुके हैं। फिर भी एक बार आपके द्वारा समस्त वृत्तांत सुन लेना उचित नहीं, समुचित होगा। आप भुक्तभोगी होने के कारण कुछ ऐसी बातें भी बता सकेंगे, जो हमारी दृष्टि में अब तक न आई हों। उस स्थिति में हो सकता है कि हमें अब तक विचारे हुए समाधान के मार्ग में कुछ संशोधन-परिवर्तन-परिवर्द्धन करना पड़े तो हम वह भी बिना किसी ननुनच के, उसे अपने अहम्-प्रतिष्ठा का विषय बनाए बिना करेंगे। उसी प्रकार करेंगे जैसे प्रभु श्रीरामचंद्र ने यह जानते हुए भी कि

दशकंधर कदापि भगवती मैथिली को नहीं लौटाएगा, फिर भी सेतु बंधन के पश्चात् भी, लंका में सकुशल पहुँच जाने पर भी किसी साधारण जन को नहीं अपितु कपि साम्राज्य के युवराज वीरवर अंगद को संधि का संदेश देकर भेजा। रावण ने सम्मानपूर्वक हमारे मंतव्य को स्वीकार न करके जिस प्रकार अपने अंत का परिवार-परिकर सहित वरण किया, वह आज इतिहास बन चुका है। अत: आप रम्यक जन जो कहना चाहते हैं, वह निस्संकोच निर्भीक होकर कहें।''

''देव! यहाँ कभी कहीं उड़ता-उड़ता जो सुना, वह कुछ अधिक मात्रा में केतुमाल-केकय-सिंधु-पंचनद-मूलस्थान आदि में राजा राम की मर्यादा, उनकी रीति-नीति आचार-विचार पक्ष-विपक्ष के प्रति व्यवहार के विषय में सुना। कई बार वह अतिशयोक्तिपूर्ण क्या अविश्वसनीय भी लगा, किंतु जब सुना कि राजा ने अपनी निष्कलंक रानी को ही किसी एकाध प्रजाजन के द्वारा आक्षेप लगाने पर अनजाने वनों में निर्वासित कर दिया तो एक भूकंप सा सारे शरीर में व्याप्त हो गया। जब उसी रानी ने किसी के प्रति कोई आक्रोश प्रकट किए बिना भरी सभा में अपने पावित्र्य का 'न भूतो न भविष्यति' ऐसा अद्भुत अलौकिक प्रमाण देते हुए धरती प्रवेश किया, तो उस रानी के प्रति जो भाव हृदय में प्रकट हुए, उन्हें तो प्रकट करने के लिए कोई शब्द ही नहीं है। उसी प्रकार राजा के विषय में भी सुना कि रानी के निर्वासन के पश्चात् वे न शैय्या पर सोए, न राजसी भोजन ग्रहण किया और न ही रानी पर आक्षेप लगानेवाले किसी प्रजाजन को किसी प्रकार से दंडित किया। ऐसी स्थिति में हम एक स्वप्न सा देखते आ रहे हैं कि हमारे पूर्वजों की भूमि के जो इस समय राजा हैं, हम यहाँ से कैसे भागकर, उनकी प्रजा बन जाएँ, किंतु हम हत्भागों के ऐसे भाग्य कहाँ? हमें तो यहाँ…'' कहते-कहते वे पाँचों जन बिलखने लगे।

श्रीभरत के साथ-साथ सभी जन उन्हें अपने-अपने प्रकार से सांत्वना देने लगे। कई-कई की आँखें अश्रु प्रवाहित करने लगीं। तभी द्वारपाल ने आकर सूचित किया कि दो रम्यक जन, जिनके अंग-अंग से रक्त बह रहा है, वे अर्धमूर्च्छित की सी स्थिति में बार-बार यही कह रहे हैं, ''अरे कोई भरतदेव से हमारी भेंट करा दो। यदि हमारे प्राण चले गए तो हमारे स्त्री-बालकों की दुर्दशा से उन्हें कोई परिचित नहीं करा पाएगा। वे भयंकर यातना न सह पाने के कारण, अनाथों की भाँति कीट-पतंग बनकर, स्वानों-शृगालों, गिद्धों-कागों का भोजन बनकर रह जाएँगे।''

द्वारपाल के शब्द सुनते ही श्रीभरत के साथ सभी जन उठकर शिविर से बाहर आ गए। उनकी अवस्था देखकर भरत के संकेत पर सुषेण ने दोनों के मुखों में किसी औषधि का रस डालकर, उन्हें चैतन्य किया। कुछ समय पश्चात् वे धीरे-धीरे स्वयं को स्वस्थ अनुभव करने लगे। पुरुमीढ़ द्वारा ''कहो'' सुनते ही वे बिलखने लगे—

''ये पाँचों जन गोपनीय स्थिति में यहाँ क्या आए कि हम पर विपत्तियों की शिला

क्या शैल-के-शैल टूट पड़े। हमारे आवास धू-धू करते हुए धधका दिए गए। एक-एक नारी पर कई-कई नरपिशाच टूट पड़े। छोटी-छोटी कन्याओं की व्यथाएँ प्रकट करने के लिए हमारे पास एक भी शब्द नहीं है। अंग-अंग पर कषाघातों से बालक प्राणों का परित्याग कर रहे हैं। बार-बार उनसे पूछा जा रहा है कि ''कहो—ये पाँचों जन यहाँ से कैसे निकले, किन्होंने निकाले, किसी ने उन्हें क्यों नहीं रोका, हमें उनके निकलने की सूचना तुरंत क्यों नहीं दी गई? देव! पूर्वी रम्यक क्षेत्र विध्वंसों की बाढ़ में धरती के मानचित्र से अस्त-लुप्त-विलुप्त होने की स्थिति में आ गया है। रक्षा कीजिए-रक्षा कीजिए।''

कहते-कहते वे पुनः मूर्च्छित हो गए। श्रीभरत को अपने आसन से उठकर, धनुष को उठाते देखकर पुरुमीढ़ बोले, ''देव! अभी आपके उठने का समय नहीं है। हमें आज्ञा दीजिए।''

श्रीभरत के मौन को उनकी स्वीकृति मानकर ज्यों ही पुरुमीढ़ उठे कि सभी मीढ़ कुमार शस्त्रास्त्र सज्जित होकर उनके दोनों ओर खड़े हो गए। कपिवर सुषेण के साथ उनकी चिकित्सक मंडली ने औषधियों से भरे हुए झोले अपने कंधों पर डाल लिये। कपि साम्राज्य के प्रधान सेनापति वानरेंद्र नील ने श्रीभरत का संकेत पाकर ज्यों ही शंखोद्घोष किया कि पूर्वाभिमुखी चतुरंगिणी उड़ चली। प्रस्थान के लिए श्रीभरत से औपचारिक अनुमति लेने के लिए ज्यों ही पुरुमीढ़ देव उनकी ओर मुड़े, रामानुज ने आगे बढ़कर उनके कंधे पर दिव्यास्त्रपूरित एक निषंग सज्जित कर, उन्हें कुछ आवश्यक निदेश देते हुए, उनका हाथ थामकर रथारूढ़ कर दिया। पूर्वी रम्यक वर्ष की ओर सेना के प्रस्थान करते ही श्रीभरत के संकेत से मारुति-अंगद विदेहकुमार शीलनिधि आदि को लेते हुए अपने शिविर में आ गए। कुछ ही समय में काशी नरेश महाराजा प्रतर्दन भी पश्चिमी रम्यक प्रमुखों के साथ शिविर में आकर बैठ गए।

□

अनुच्छेद-८

प्रातःकालिक कृत्यों से निवृत्त होकर श्रीभरत के शिविर में पारिवारिक वातावरण में एक गोष्ठी जुट गई। इस समय प्रमुख रूप से सभी के चित्त में एक ही उत्सुकता चिंता थी कि पुरुमीढ़ जो सेना लेकर गए हैं, उसकी क्या परिस्थिति है, क्या परिणाम है, किंतु किसी प्रकार का समाचार प्राप्त हुए बिना क्या कहा जाए? उस गहन मौन को भंग करते हुए धीरे से शीलनिधि बोले—

''पूज्यपाद पितृष्वेश (फूफा)! यदि आप अन्यथा न लें तो हम यह जानना चाहते

हैं कि प्राचीन भद्राश्व वर्ष में चीनी कहलानेवाले ये कौन हैं ? ये सब कहाँ से, यहाँ कब आकर बस गए, इनका हमारे भारतवर्ष ने क्या बिगाड़ा है, किस कारण ये हमसे घोर शत्रुओं जैसा व्यवहार करते चले आ रहे हैं, ये रम्यकवर्षीय जनों की सहायता भी करते हैं, किंतु उनकी समुन्नति के मार्ग के विघ्न भी बने हुए हैं, इस विचित्र विरोधाभास का क्या अर्थ है ? सुना तो यही जाता रहा है कि विश्व में कहीं भी कुछ भी घटित हो, किंतु उनमें कहीं-न-कहीं हमारे देश, हमारी संस्कृति, हमारे उत्थान क्या पतन से भी उनका दूर अथवा अनतिदूर (निकट) का संबंध अवश्यमेव रहता है। प्रत्येक के प्रत्येक कार्य में हस्तक्षेप करने की हमारी प्रकृति बन गई है अथवा हम ही प्रत्येक के नेत्रों की कंकड़ी यदि बन गए हैं तो उसका भी कोई-न-कोई कारण तो अवश्य रहा होगा। वह क्या है यदि उचित मानें तो इस विषय में हमारी जिज्ञासा का शमन करें।''

श्रीभरत आकाश की ओर देखते हुए बोले, ''वत्स! तुम्हारी जिज्ञासा निरर्थक नहीं है। यदि व्यापक परिप्रेक्ष्य में देखा जाए तो यह सत्य है कि केवल भारत ही नहीं, विश्व के प्राचीन इतिहास और वर्तमान में जो घटनाएँ घटित हुईं और हो रही हैं, उन सभी से हमारे संबंध निःसंशय अवश्यमेव है। उनके विषय में ऐसे प्रश्न 'विदेह कुल का कोई बालक ही कर सकता है' यह ललित लाडले! तुमने सिद्ध कर दिया। हमारे गुरुकुल प्रवास की अवधि में पूज्यपाद गुरुदेव महर्षि वसिष्ठदेव के द्वारा जो सुना-पढ़ा, पूज्य पितृदेव की सभा में समय-समय पर पधारनेवाले ऋर्षि-महर्षियों अथवा अन्यों से सुना, ज्येष्ठ बंधु श्रीराम राजेंद्रदेव का वनवासकाल में तो सुनाम-अनाम ऐसी कितनी ही विभूतियों से सत्संग हुआ, उनकी चर्चा उन्होंने विधिवत् कितनी बार की, उनके आधार पर उन्हें प्रणाम करते हुए कहने का प्रयत्न करें, उससे उत्तम यही है कि तुम्हारी ओर से श्रीमंत आंजनेय से निवेदन किया जाए कि वे तुम्हारी जिज्ञासा का विधिवत् शमन करें। ये तुम्हारे प्रश्नों से संबंधित विषयों के प्रामाणिक उत्तर देने में इतिहास के ज्ञाता ही नहीं अपितु उन प्रसंगों की कथाओं की पृष्ठभूमि में जो कारण हैं, उनकी कथाओं के भी प्रकांड पंडित हैं। हमारे सौभाग्य से वे इस समय हमारे मध्य उपस्थित हैं। अतः…''

श्रीभरत के कथन के उपरांत कुमार शीलनिधि को अपने चरणों में प्रणाम करते हुए देखकर, उसका मस्तक वात्सल्यभाव से स्पर्श करते हुए मारुति बोले—

''महापुरुषों का लक्षण यही तो है कि वे स्वयं समर्थ होते हुए भी अपने सामान्य से सेवक को गणाधीश के सुपद पर प्रतिष्ठित करने का कोई अवसर नहीं चूकते। स्वामी के आदेश का पालन करते हुए, भगवती सरस्वती की अहैतुकी कृपावश जितना कुछ स्मरण आता जाएगा, वह कहने का प्रयत्न करूँगा। यदि कहीं विस्मृति आती देखें तो कृपापूर्वक सुभद्रजन सँवार लें। निवेदन है कि…

"चीन के कुत्सित विचार-व्यवहार को देखते हुए कुमार ने कहा कि 'हमने इनका क्या बिगाड़ा है, जिसके कारण ये हमसे घोर शत्रुओं जैसा व्यवहार करते चले आ रहे हैं?' तो समझ लीजिए कि भारतवर्ष से शत्रुता करने की एक परंपरा जैसी बन गई है, जो युगों पुरानी है। चीन इसका संस्थापक तो नहीं, किंतु मनोयोगपूर्वक पालक अवश्यमेव है। सृष्टि के आरंभिक काल से इस परंपरा का श्रीगणेश श्रुतिकाल में श्रुति-प्रणाली के आधार पर क्षीरसागर में ही हुआ।"

"क्या, फिर कहिए?"

"हाँ, इसका भी एक इतिहास है, जिसकी ओर गंभीरता से हमारा ध्यान नहीं जाता। अपने ज्ञान के अभाव में 'यह एक पौराणिक कथा है' कहकर प्रगतिशील कहलाने वाले आधे-अधूरे तथाकथित बुद्धिजीवियों के भ्रमजाल के बंदी-अपठित जन उसकी अवहेलना करते हुए रह जाते हैं। यह अभिधा प्रधान नहीं, लक्षणा प्रधान एक कथानक है।

"कथा है कि श्रीमन्नारायण हरि योगनिद्रा के आश्रित होकर क्षीरसागर में विश्राम कर रहे हैं। उनके नाभिकमल से ब्रह्मदेव का आविर्भाव हुआ। तभी उनके कानों के मैल से दो असुर मधु-कैटभ प्रकट हो गए। नींद चाहे नारायण की हो अथवा साधारण जन की हो, उसका अवसरवादी जन लाभ उठाने से कभी नहीं चूकते। वे उन ब्रह्मदेव का भक्षण करने चले, जो क्षीरसागरवासी सृष्टि के स्वामी की सृष्टि रचना के लिए एक प्रकार से सृजित, आदि मौलिक संपदा थे। ब्रह्मदेव भयभीत होकर नारायण की पलकों पर स्थित योगनिद्रा का स्तवन करने लगे—

त्वं स्वाहा त्वं स्वधा त्वं हि वषट्कारा स्वरात्मिका।
सुधा त्वमक्षरे नित्ये त्रिधा मात्रात्मिका स्थिता॥

(आप ही स्वाहा-स्वधा और वषट्कार हो। स्वर भी आपके ही स्वरूप हैं। आप ही जीवनदायिनी सुधा हो। नित्य अक्षर प्रणव में अकार-उकार-मकार इन तीन मात्राओं के अतिरिक्त जो बिंदु रूपा नित्य अर्धमात्रा हैं, जिसका विशेष रूप से उच्चारण नहीं किया जा सकता, वह भी आप, केवल आप ही हैं।)

—योगनिद्रा भगवती श्रीहरि की पलकों का परित्याग करने पर बाध्य हो गईं। अत: वे उठे, तुरंत उठे; क्योंकि वे अब तक प्रत्यक्ष रूप में अभी तक कमलापति नहीं बन पाए थे।"

"मारुति! 'क्योंकि वे अभी तक कमलापति नहीं बन पाए थे' इसका क्या अर्थ? यदि देवी कमला इस समय होतीं तो क्या विघ्न उत्पन्न करतीं?"

"वे जगन्माता विघ्न तो कदापि उत्पन्न नहीं करतीं, किंतु सांसारिक देवियों की भाँति 'कहाँ जा रहे हो, क्या विशेष कार्य आ गया, कोई अन्य नहीं कर सकता क्या, कितने समय में लौटोगे, गरुड़ कहाँ हैं, वे निद्रा त्याग के पश्चात् तंद्राधीन तो नहीं हैं?

गदा-चक्र तो सँभाल लिये न, पाञ्चजन्य के उद्घोष से अपने आगमन की सूचना तो दे दी न, ताकि कोई··· ?''

''आंजनेय! आप धन्य हो। जगदीश्वर की ऐसी आलोचना एवं जगन्माता को सांसारिक नारियों के समकक्ष सिद्ध करने में कोई किंचित् मात्र न्यूनता भी नहीं रखी। आनंद क्या, अद्वितीय आनंद का, चित्त को चकित करनेवाली ये शब्दावली तो तब है, जबकि किसी परम सौभाग्यशालिनी देवी को उनके श्रीमुख से ये कपींद्र महाशय प्रत्यक्षत: कहने का सुअवसर अभी तक प्रदान नहीं कर पाए हैं। सख्यासक्ति के जीवित जाग्रत् उदाहरण आपके अतिरिक्त इस प्रकार अन्य कौन कह सकता है ? ऐसे कल्पना लोकचारी श्रीहरि के परम सखा श्रीमंत पवनकुमार! आपकी जय हो, जय हो।''

''काशिनरेश! यह हनुमान बुद्धिमान नहीं तो इतना मूढ़ भी नहीं है कि आपके 'जय हो, जय हो' के व्यंग्य का वास्तविक अर्थ समझने में चूक जाए। हमने देवी कमला और कमलापति के स्वभाव की समीक्षा भलीभाँति करने के पश्चात् ही ये शब्द बोले हैं।''

''यह समीक्षा कब-कहाँ कर आए? यह भी कृपापूर्वक तनिक बता दें तो···''

''धन्य हो नंदीग्राम के सिद्ध महर्षि महाराज! आप तो अफर और सफर दोनों प्रकार के शरों के संचालनाचार्य हैं। इन मारुति महाराज के वाग्बाणों की दिशा का कुछ तो परिचय दीजिए?''

श्रीभरत महाराजा प्रतर्दन के प्रश्न का उत्तर अपनी सौम्य मुस्कान के द्वारा देकर, पुन: मौन हो गए।

''अस्तु, हाँ तो आंजनेय! जहाँ से कहते-कहते ठहर गए थे, वहीं से शेष कथा कहनी आरंभ कीजिए।''

''कथा क्या संक्षेप में संयम-असंयम का संघर्ष है। वे अंकुर से समय पाकर विशाल विषवृक्ष बनते-बनते देवासुर संग्रामों की एक अटूट शृंखला बन गए। जो प्राप्त हैं, उन पदार्थों-विषयभोगों को अपर्याप्त मानकर, 'जो अन्यों को प्राप्त हैं, उन पर अधिकार कैसे किया जाए?' इनके मूल में ये ही दुर्भावनाएँ हैं। चारित्रिक दृष्टि से व्यक्ति का जब पतन होता है, वह समाज में निंदनीय बनने लगता है, तब वह उस निंदा को स्तुति के रूप में परिवर्तित करने के लिए अन्य व्यक्तियों को आकर्षित करता है। स्वमतावलंबी बनाकर, एक दल का निर्माण-गठन-एकत्रीकरण कुछ भी कहो, करता है। पतन की राह रपटीली होती है। मन चंचल होता ही है, यदि उस पर से यम-दम नियम-संयम का अंकुश हट जाए तो वह निरंकुश होकर इसी सृष्टि में जितने घृणित दृश्यों की रचना रच डाले, वे शनै:-शनै: गणितातीत हो जाते हैं। असंयमित मानस के लिए चौदह भुवनों की नारियाँ एवं सहस्राधिक कुबेरों की संपदा भी समय के साथ न्यूनातिन्यून हो ही जाती है।

असंतोष ऐसी भीषण ज्वाला है, जिसके धधकने पर ब्रह्मांड भी क्षार बनने में निमिषमात्र का विलंब नहीं लगाते।

''इसके प्रत्यक्ष उदाहरण वे असुर हैं, जिनकी घोर तपस्याओं के वर्णन में शब्द सागर अजाखुरों में विलीन होकर रह जाते हैं। हिरण्यकशिपु और दशानन की तपस्याओं पर दृष्टिपात कीजिए। एक, एक पैर पर खड़ा होकर 'ॐ नम: ब्रह्मदेवाय' का ऐसा अखंड जाप करता है कि उसके ब्रह्मांड क्षेत्र से ब्रह्मांड को भस्म करनेवाली लपटें निकलने लगती हैं। श्रवण शक्ति को कुंठित करनेवाली जन-जन की हाहाकार सुनकर, बाध्य होकर एक ऋणी के रूप में नतमस्तक ब्रह्मा प्रकट होते हैं। वह अमर होने का वरदान माँगता है। ब्रह्मदेव उसे सृष्टिक्रम के विपरीत कहकर टाल देते हैं, किंतु वह टलता कहाँ है। वह तो अपने कपट-कौटिल्य के रूप में शृंखलाबद्ध वरदान माँगता है कि 'न रात में मरूँ और न दिन में, न अस्त्र से मरूँ और न शस्त्र से, न मानव-दानव-यक्ष-किन्नर-पिशाच-सरि-सर्प-पशु-पक्षी से मरूँ, न धरती पर और न आकाश में मेरा अंत हो। इसी प्रकार न बाहर, न भीतर और अंत में तो माँग लेता है कि सृष्टि रचयिता आपके द्वारा निर्मित कोई भी मेरा अंत न कर सके। बिचारे ब्रह्माजी को बाध्य होकर, उसके प्रत्येक शब्द पर 'एवमस्तु-एवमस्तु' कहते हुए ब्रह्मलोक भागना, हाँ, भागना ही पड़ा। इसी प्रकार रावण ने तो अपने मस्तक काट-काटकर अग्नि में आहुति के रूप में ही डाल दिए। ब्रह्मदेव आए 'न मरूँ, न मरूँ' का वरदान माँगा। ब्रह्मदेव ने अपना वही पुराना तर्क 'सृष्टि क्रम के विपरीत' दोहरा दिया। उसने भी एक-एक का नाम लेकर कह दिया कि मानव और वानर को छोड़कर अन्य के द्वारा सदैव अवध्य रहूँ। उस बुद्धिहीन कुटिल ने मन में यही विचारा होगा कि 'जब देव-दानव मेरा कुछ अहित नहीं कर पाएँगे तो ये नौ-दस माह गर्भवास झेलने वाले, वृक्षों पर उछल-कूद मचानेवाले नर-वानर मेरा क्या कर लेंगे?' वेदों का विद्वान् कहलानेवाला यह नहीं जान पाया कि साधारण तृण को भी ब्रह्मास्त्र से अभिमंत्रित किया जा सकता है। उछल-कूद मचानेवालों के चरणों में यमदंड और नखों में वज्र भी प्रवेश कर सकते हैं।

अस्तु, उसके पश्चात् इन दोनों ने संसार पर जो-जो अत्याचार किए, उसका वर्णन कौन करे? निर्लज्जता से 'रावणो लोकरावण:' जो संसार को रुला दे, वह रावण। यह अधम उपाधि, नाम के रूप में अहंकारवश धारण कर ली, किंतु इनका क्या हुआ, यह तो आज इतिहास बन चुका है। ब्रह्मदेव अपने वरदानों की विफलता से गद्‌गद हैं।

''किंतु यहाँ एक दूसरा प्रश्न है, उन विगत संघर्षों के नायक-खलनायक हिरण्यकशिपु-रावण के अतिरिक्त हिरण्याक्ष-विप्रचित्ति-वृत्र-विरोचन-महिष-शुंभ और किन्हीं अर्थों में बलि भी रहे। अभी जिन रक्ष-गंधर्वों से निवृत्त होकर आ रहे हैं, वहाँ मूलक-शैलूष-खरमुख आदि तो थे, किंतु यहाँ कौन है?''

"यहाँ एक नहीं, अनेक हैं, सबके अहंकार हैं। एक-दूसरे को हेय सिद्ध करने की अनेकानेक ईर्ष्याओं से व्युत्पन्न सतत संघर्षरत हैं। बाह्य-संकट के समय सभी एक हो जाते हैं और उसके समाप्त होते ही तत्काल सभी परस्पर संघर्षरत हो जाते हैं। एक ही कुल-परिवार के परिजन समय-समय पर अरिजन बनते विलंब नहीं लगाते हैं।"

"किंतु इस कुल-परिवार का प्रमुख कभी तो कोई रहा होगा, वह कौन था?"

"अब इसका उत्तर महाराजा प्रतर्दन ही दें, यही उचित है।"

□

अनुच्छेद-९

मारुति के यह कहने पर सभी की दृष्टि स्वाभाविक रूप से अपनी ओर लगी हुई देखकर महाराजा प्रतर्दन गहन संकोच में घिर गए। उनके नेत्र जैसे उठने में असमर्थ हो गए हों, वे शक्ति क्षीणता की अवस्था में धीरे-धीरे उस आश्रयस्थली की खोज में धरती को देखने लगे, मानो उन्हें कोई ऐसा छिद्र दिख जाए कि जिसे द्वार बनाकर वे किसी पाताल के तलातल में प्रवेश कर अनंत निद्रा का वरण कर, संसार चक्र से मुक्त हो जाएँ।

"काशिराज! क्या मारुति ने ऐसा कुछ कह दिया, जो उन्हें नहीं कहना चाहिए था?"

"नहीं, वीरवर अंगद! नहीं, जो नहीं कहना चाहिए, ऐसा ये विबुधाग्रगण्य आंजनेय कह ही नहीं सकते। हम जानते हैं कि यही वह समय है, जब इस विषय की चर्चा हो ही जानी चाहिए, किंतु जानते हुए भी हम वह करें तो कैसे करें, यही कठिनाई है। यह इतने विरोधाभासों से भरी हुई है कि जिनका अंत नहीं है। वही यह अंतकारण्य जैसे दृश्य विश्व पटल पर निरंतर प्रस्तुत करती हुई चली आ रही है। कब तक करती रहेगी, परमेश्वर ही जाने?"

"यह तो सृष्टि चक्र है। सृष्टि के आरंभ से प्रलयपर्यंत अबाध गति से चलता आया है, चलता रहेगा, यह निश्चित है। इस समय जो हमें चुनौती दे रहे हैं, उनकी व्युत्पत्ति कैसे हुई, उनके जननी-जनक कौन हैं, उनके विषय में जानने की हमारी इच्छा है। भूपेश्वर! उसी पर कृपया प्रकाश डालें।"

"वत्स शीलनिधि! युग-युग से इतिहास के जो पोथे बँधे रखे थे, लगता है तुम उन्हें खुलवाने की प्रतिज्ञा करके ही मिथिला से चले हो। उनके एक-एक पृष्ठ का पाठ कराकर यदि तुम शांत हो जाओ तो हम अपना पुनर्जन्म ही मानेंगे। अस्तु—

"महर्षि कश्यप की पत्नी दनु, जो दक्ष प्रजापति की पुत्री थी, उसके गर्भ से वृषपर्वा का जन्म हुआ। समय आने पर वह दानवराज बना। दैत्याचार्य शुक्र उसी के राज्य में

निवास करते थे। उनकी पुत्री देवयानी दानवराज वृषपर्वा की पुत्री शर्मिष्ठा की सखी थी। एक दिन ये दोनों कन्या अपनी समवयस्का अन्य कन्याओं के साथ वन-विहार करने चली गईं। वन में अनेक प्रकार की क्रीड़ा करते-करते अपने वस्त्र सरिता के तट पर उतारकर, वे जल-विहार करने लगीं। जल से बाहर निकलने पर भूलवश अथवा बालसुलभ-चापल्यवश देवयानी ने शर्मिष्ठा के वस्त्र धारण कर लिये। इस पर दानवराज की कन्या ने देवयानी की भर्त्सना करते हुए, उसे 'दरिद्र ब्राह्मण की कन्या, अपने पिता की संपत्ति पर पलनेवाले भिक्षुक की संतान' आदि बहुत कुछ कहते हुए उससे अपने वस्त्र छीनकर, उसे विवस्त्र अवस्था में एक सूखे कुएँ में धक्का देकर राजभवन लौट आई। उस राजकन्या के भय से अन्य किसी कन्या ने भी देवयानी के विषय में कुछ नहीं कहा।

"दैवयोग से नहुष पुत्र महाराजा ययाति वन में आखेट करते हुए उधर आ निकले। अंधकूप से देवयानी का स्वर 'निकालो-निकालो' सुनकर ययाति उसे निकालकर, शरीर ढकने के लिए अपना उत्तरीय देकर, चले गए। देवयानी उसे लपेटे हुए अपने पिता के आश्रम में आ गई। उसे इस अवस्था में देखकर, वन-विहार की घटना सुनकर शुक्राचार्य को क्रोध आना स्वाभाविक था। वे किसी कुचले हुए नाग की भाँति फुंकार मारते हुए वृषपर्वा के राजभवन में पहुँच गए। उन्हें शाप देने के लिए कमंडलु को उठाते देखकर वृषपर्वा चरणों में लोट गया। निश्चय किया गया कि शर्मिष्ठा ने देवयानी का अपराध किया है। वही क्षमा अथवा दंड देने की उचित अधिकारिणी है।

"वृषपर्वा शर्मिष्ठा को लेकर शुक्राचार्य के साथ उनके आश्रम में आ गए। क्रोध में भरी हुई देवयानी अत्यंत मान-मनुहार के पश्चात् तब मानी, जब उसने शर्मिष्ठा से प्रतिज्ञा करा ली कि देवयानी, जहाँ भी विवाहिता होकर जाएगी, शर्मिष्ठा वहीं उसकी दासी बनकर जाएगी। इसके पश्चात् उसने अपने पिता शुक्राचार्य से कहा कि 'वह पति के रूप में ययाति का वरण कर चुकी है, क्योंकि ययाति ही उसे उस रूप में देख चुका है, जिस रूप में देखने का अधिकार केवल पति को ही होता है।' शुक्राचार्य ने ययाति के पास संदेश भेजा, किंतु वे क्षत्रिय होने के कारण ब्राह्मण कन्या से पाणिग्रहण करना स्वीकार नहीं कर सकते थे। शुक्राचार्य द्वारा बहुत समझाने-बुझाने पर उन्होंने विवाह की स्वीकृति दी। विवाह हुआ और पूर्व निश्चयानुसार शर्मिष्ठा उसके साथ दासी के रूप में प्रतिष्ठानपुर (प्रयाग के निकट झूँसी) आ गई। ययाति से देवयानी को दो पुत्र यदु एवं तुर्वसु उत्पन्न हुए।

"एक दिन शर्मिष्ठा ने एकांत में महाराजा ययाति से प्रार्थना की कि वह 'ऋतुकाल से निवृत्त हुई है, यह व्यर्थ न चला जाए। अत: उसे वीर्य दान करें'। शर्मिष्ठा के सौंदर्य से अभिभूत ययाति ने उसे गंधर्व विवाह की पद्धति से पत्नी के रूप में स्वीकार कर लिया। समय पाकर ययाति से उसे द्रुह्यु, अनु तथा पुरु इन तीन पुत्रों की प्राप्ति हुई। आँगन में

उन्हें खेलते देखकर देवयानी समझ गई कि शर्मिष्ठा एवं ययाति ने उससे की हुई प्रतिज्ञा भंग की। वह क्रोधित होकर अपने पिता शुक्राचार्य के पास पहुँची। उसे प्रसन्न करने के लिए शुक्राचार्य ने महाराजा ययाति को शाप दे डाला कि 'वे पौरुषहीन वृद्ध हो जाएँ'। यह सुनकर ययाति काँप उठे, क्योंकि उनका मन सांसारिक भोगों के भोगने की इच्छा अभी समाप्त नहीं कर पाया था। अत्यंत अनुनय-विनय के पश्चात् शुक्राचार्य ने कहा कि 'यदि कोई तुम्हें अपना यौवन प्रदान कर दे तो तुम पुनः सांसारिक भोगों को भोगने के योग्य हो सकोगे।'

''तब ययाति ने अपने ज्येष्ठ पुत्र यदु से उसकी युवावस्था की याचना की, किंतु उसने अस्वीकार कर दिया। ययाति ने उसको शाप दिया कि 'तुम और तुम्हारी संतान राज्याधिकार से वंचित रहेंगे।' इसके पश्चात् उन्होंने दूसरे पुत्र तुर्वसु से युवावस्था की याचना की, किंतु उसने भी अस्वीकार कर दिया। तब उसे म्लेच्छों का राजा होने का शाप दे डाला। इसी प्रकार शर्मिष्ठा के ज्येष्ठ पुत्र द्रुह्यु से यौवन माँगा, किंतु उसने भी स्वीकार नहीं किया। तब उसे भी 'भोज' (अन्यों की सेवा करनेवाला) कहलाने का शाप दे दिया। तब उसके अनुज अनु से भी यही याचना की। उसके भी अस्वीकार करने पर उसे जराग्रस्त होने एवं युवा होने के पश्चात् भी उसकी संतानों को असमय में ही कालकवलित होने एवं अग्निहोत्र के अनधिकारी रहने का शाप दे दिया। अंत में पुरु ने पिता की प्रसन्नता के लिए अपनी युवावस्था देकर राज्यासन की प्राप्ति की। एक दीर्घकाल के पश्चात् सांसारिक भोगों को भोगते हुए ययाति पुरु का राज्याभिषेक कर तपस्या के लिए वनों में चले गए।

''पिता के द्वारा शापित हुए तुर्वसु पश्चिम में चले गए। वहाँ उनकी संतान तुरुष्क (वर्तमान में तुर्क-पठान-खिलजी-तुगलक-मुगल आदि) के नाम से विख्यात हुई। इसी प्रकार द्रुह्यु, अनु आदि अग्निहोत्र से अपरिचित कोल-किरातों के साथ अरुणाचल को लाँघते हुए इधर आ गए। उनके वंशज ही रम्यक वर्ष एवं भद्राश्व वर्ष में आज बसे हुए हैं। उन अभिशप्तों के द्वारा ही यह अभिशापित क्षेत्र विश्व के लिए आपदा-विपदाओं का केंद्र बना हुआ है।

''यद्यपि कई स्थानों पर महाराजा ययाति का बहुत गुणगान किया गया है, किंतु क्या कहा जाए?

''इनकी एक कथा और भी है। उसे सुने बिना यह प्रसंग अपूर्ण ही रहेगा। एक समय महर्षि विश्वामित्र के शिष्य गालव ऋषि उनके पास आए। गुरु दक्षिणा चुकाने के लिए उन्हें आठ सौ श्यामकर्ण अश्वों की आवश्यकता थी, किंतु वे महाराजा ययाति के पास नहीं थे। 'मेरे द्वार से गालव ऋषि निराश होकर चले जाएँ', यह भी उन्हें स्वीकार नहीं था। उन्होंने एक मार्ग निकाला और उसके अनुसार अपनी कन्या माधवी उन्हें सौंप

दी और कहा 'कि एक सूचना के आधार पर मैं यह जानता हूँ कि अयोध्या नरेश हर्यश्व, काशिराज दिवोदास एवं उशिनर नरेशों के पास दो-दो सौ श्यामकर्ण अश्व हैं। वे इस कन्या माधवी द्वारा एक-एक संतान उत्पन्न कर प्रत्येक दो-दो सौ श्यामकर्ण अश्व उन्हें देते जाएँ। शेष अन्य दो सौ अश्वों के लिए वे भी माधवी से पुत्र उत्पन्न कर लें। इस प्रकार माधवी के गर्भ से अयोध्या नरेश ने वसुमना, उशिनर नरेश से शिवि और इसी प्रकार काशिराज दिवोदास के द्वारा माधवी के गर्भ से जिस पुत्र का जन्म हुआ, वह प्रतर्दन के रूप में आपके समक्ष उपस्थित है, कहते हुए महाराज प्रतर्दन मौन हो गए।

''महाराजा प्रतर्दन का मौन समस्त समुपस्थित परिकर का मौन बन गया। महाराज ययाति के चरित्र की समीक्षा के लिए समस्त सिद्धांत ऐसे लगने लगे कि मानो मनीषा के धनी के रूप में विख्यात कोई पथिक दो-चार डग धरते ही विस्मृति की मरुभूमि में इस प्रकार ठिठक जाता है कि कोई कहीं से आकर उसका मार्गदर्शन करे। किसी को न आता देखकर, थका-थका सा फिर बढ़ता है और लौटकर वहीं आ जाता है, जहाँ से चला था। 'मैं क्षत्रिय हूँ, ब्राह्मण कन्या से विवाह नहीं करूँगा,' किंतु उस कन्या के पिता जो स्वयं आचार्य हैं, निकाल लाए किसी शास्त्र में से कोई शस्त्र। 'नहीं करूँगा' ने परास्त होकर 'करूँगा' की दासता ग्रहण कर ली। लेकर बैठ गए सिंदूरदानी यज्ञदेव के समक्ष माँग भरने के लिए। देवयानी ने जान-बूझकर शर्मिष्ठा के वस्त्र धारण किए। वह राजकन्या है, निश्चित रूप से राजसी वस्त्र सभी के वस्त्रों से सुंदर होंगे। जिसने धारण किए, प्रथम दोष उसका, जिसने छीने, उस छीनने की स्थिति तब आई, जब उसने सहज में नहीं दिए होंगे। यहाँ तक बालकांड, किंतु देवयानी को विवस्त्र कर अंधकूप में डालना, सखियों को भयाक्रांत करना कि कोई भी इसकी चर्चा न करे, अन्यथा···। स्पष्टत: देवयानी को समाप्त करने की आसुरी इच्छा। महाराजा ययाति का दैवयोग से आना, मानवता की दृष्टि से उसे अंधकूप से निकालना-वस्त्र देकर लज्जा निवारण। देवयानी का धर्मभीरुता के कारण अथवा ययाति के राजसी वैभव के कारण चित्ताकर्षण हुआ। फलस्वरूप विवाह संपन्न हुआ। प्रतिशोध के लिए शर्मिष्ठा को दासी बनाकर ले जाना और साथ ही ययाति से प्रतिज्ञा कराना कि वे इस दानव कन्या को शैया पर स्थान नहीं देंगे, किंतु न पिता वृषपर्वा ने विचारा और न ही आचार्य शुक्र ने कि यह भरे-पूरे यौवन की स्वामिनी, राजसी वैभव में पली-बढ़ी, कब तक संयमित रह पाएगी और न ही दिन-रात सामने से नूपुर बजाती निकलनेवाली कब तक एक राजा को चित्त संयमित रखने के लिए बाध्य कर पाएगी। कामदेव तो विश्वजित हैं। जो घोर कंदराओं में सूखे पात चबानेवालों को चबा गया, वह इस सुंदरी को चबाए बिना क्या शांत रह पाएगा, जो कुछ हुआ, उस पर क्या टीका-टिप्पणी?

''शर्मिष्ठा और ययाति के संबंध जानकर क्रोधित देवयानी पिता के यहाँ आई। पिता

शुक्राचार्य ने ययाति को शाप दे डाला कि 'जाओ तुम वृद्धावस्था को प्राप्त हो जाओ'। हाथ-पैर जोड़ने पर शुक्राचार्य ने अपनी अलौकिक, हाँ अलौकिक ही कही जा सकती है, उस कृपा से शाप में संशोधन किया कि यदि कोई अपना यौवन दे दे तो सांसारिक भोग भोगने में समर्थ हो सकते हैं। प्रसन्नवदन कहें कि निकृष्टातिनिकृष्ट, अन्यों के स्थान पर अपने ही पुत्रों से यौवन माँगने पिता महाराज चल पड़े। चार ज्येष्ठ पुत्रों की अस्वीकृति पर कनिष्ठ पुत्र पुरु राज्य लोभ में फँस गया। पिता ययाति युवक बनकर चले सांसारिक भोगों के वासंती वन में विहार करने, किंतु यह क्या, दोनों पत्नियों ने उनका त्याग कर दिया। अरे, जिन माताओं के पुत्रों को घोर शाप दे डाले, वे ऐसे अधम को स्वीकार करतीं? अत: अक्षतयौवना घृताची अप्सरा सहचरी बन गई। सहस्त्र वर्ष की अवधि के मध्य घृताची से मन भर गया। किसी अन्य अप्सरा ने भी जब घास नहीं डाली तो वन में तपस्या करने चले गए। दौहित्रों का पुण्य लेकर स्वर्ग पहुँच गए। पुण्यों की समाप्ति पर अपने पिता नहुष की भाँति स्वर्ग से पतित होकर कहाँ गए, विधाता के अतिरिक्त अन्य कोई नहीं जानता कि कहाँ गए। हाँ, जाने से पूर्व विश्व को यवन-म्लेच्छ आदि के रूप में धरती के भार को विभूषण अवश्य दे गए। अब इसे क्या कहा जाए?''

ययाति के विरोधाभासों से भरे चरित्र का एक ही उत्तर है, ''हे परमेश्वर! हमें देवों के पाप से बचाइए।'' मारुति के इन शब्दों के पश्चात्, क्या कहने को, कौन से शब्द शेष बचे थे, जो कोई कुछ अन्य कहता? अन्यमनस्क भाव से सभी उठ गए।

□

अनुच्छेद-१०

प्रहर दिन चढ़े पूर्वी रम्यक-भद्राश्व से दो अश्वारोहियों को तीव्र गति से आते देखकर स्कंधावार की शिविरमाला में चैतन्य चेतना का सहसा संचार हो गया हो, इस प्रकार भट-सुभट से लेकर सामान्य सैनिक तक उठकर खुले आकाश के तले आकर खड़ा हो गया। अश्वारोही आ गए, यह सुनते ही श्रीभरत स्वयं शिविर-द्वार पर आ गए। समस्त परिकर के नेत्र प्रश्नवाचक मुद्रा में अपनी ओर लगे हुए देखकर, वे श्रीभरत को राजोचित प्रणाम करते हुए बोले—

''राजा पुरुमीढ़ के अधीन सैन्य समूह के पराक्रम से पूर्वी रम्यक अब सुरक्षित है। भद्राश्व वर्ष की सीमाएँ आग्नेयास्त्रों के द्वारा पूर्णत: अवरुद्ध की जा चुकी हैं। रम्यकवासी जिन आबाल-वृद्ध स्त्री-पुरुषों की हत्या हो चुकी थी, उनका अंत्य कर्म किया जा चुका। घायलों की चिकित्सा की जा रही है। अन्न-वस्त्रों के अभाव समाप्त हो चुके हैं। चारों ओर आपकी जय-जयकार हो रही है। जहाँ तक भद्राश्ववर्षीय चीनियों का प्रश्न है, वह सीमांत क्षेत्र के परे-परे, दो-दो, चार-चार की टुकड़ियों में इधर-उधर फिरते दिखते तो

हैं, उनमें सतर्कता का अभाव भी नहीं है, किंतु आँखों में भय की रेखाएँ भी स्पष्टत: दिख रही हैं। यह भी सुना गया है कि प्रशांत महासागर में जो चीनियों के अधीन द्वीपमालाएँ हैं, उनमें कुछ गतिविधियाँ बढ़ गई हैं। छोटी-बड़ी नौका-तरिकाओं के अतिरिक्त जलयानों के बृहद् बेड़ों के कारण प्रशांत की शांति निरंतर भंग होती जा रही है। इसके अतिरिक्त एक चिंतनीय समाचार अन्य भी है।''

''वह क्या है?''

श्रीभरत के उत्तर में एक अश्वारोही, जो दूसरे युवक की अपेक्षा कुछ प्रौढ़ था, वह बोला, ''यही कि चीन अपनी जनता को हमारे भारतवर्ष की ओर निरंतर पलायन के लिए बाध्य कर रहा है। यह हमारी अर्थव्यवस्था को प्रभावित करने का कुटिल षड्यंत्र है। ये शरणार्थी बनकर आनेवाले बाह्य आक्रमण के समय शस्त्रागार-अन्नागार आदि संवेदनशील स्थानों का परिचय देकर जय को पराजय में परिणित करने-कराने में सहज समर्थ हो जाते हैं। यदि इन पर अंकुश लगाया जाए तो ये आक्रांता जैसे हमें आततायी कहने में न चूककर, अपयश का पात्र बनाने पर उतर आते हैं।

''दूसरी ओर चीनियों की टुकड़ियाँ ब्रह्मपुत्र के तटीय क्षेत्र जयंतीदेवी की गिरिमाला-खस जातीय क्षेत्रों के अंतर्गत स्वर्णश्री (सिक्यांगा) सरिता को लाँघते हुए, हमारे अरुणाचल प्रदेश में प्रवेश करना चाहती हैं। वहाँ उसे प्रवेश नहीं मिल रहा है। वहाँ दो नवयुवक एक सेना लेकर, इस प्रकार संग्राम कर रहे हैं कि चीन उन पर विजय प्राप्त करने में सफल नहीं हो पा रहा है।''

''उन दोनों नवयुवकों के नाम सुने क्या?''

''हाँ, सुने तो हैं। संभवत: अंगद और चित्रकेतु हैं।''

''अंगद और चित्रकेतु, अरे, ये अंगद और चित्रकेतु कोई अन्य नहीं, हमारे, ये हमारे प्रिय अनुज लक्ष्मण के आत्मजन्मा, हमारे ही चिरंजीव हैं। तपस्विनी उर्मिला के समुज्ज्वल क्षीर की सुदीप्ति हैं। अरे, कौन कह सकता है कि भरत को भेजकर प्रभु राघवेंद्र अयोध्या में शांत बैठे हैं? इरावती (रावी) के तट पर उनके सुकुमार लव-कुश बैरी-वंशजों के लिए द्वार की अर्गला क्या, किसी गवाक्ष-वातायन तक की वज्र भित्ति बने बैठे हैं। तो उधर मेघाच्छादित असम क्षेत्र पर मेघनादजयी के जाये विजय वैजंती फहरा रहे हैं। इधर यह भरत काश्यपेय सिंधु तट पर पदत्राण धारण का मुहूर्त पंचांग में देख रहा है। नहीं, एक पल नहीं, विपल का भी विलंब असह्य। आंजनेय! अनंत विजयी शंखों को अधरामृत पान कराने का दैवदुर्लभ अवसर आ गया। वत्स अंगद! राघवों के दिग्विजयी सप्तसैंधव का सारथ्य ग्रहण करो। काशिराज प्रतर्दन देव एवं कुमार शीलनिधि हमारे पृष्ठ प्रदेश के संरक्षक के रूप में यहीं ठहरेंगे। प्रभु कृपा से इन कीट कृपागारों (रेशम के कीड़ों के कारण वैभव प्राप्त) को कीटों का भोज्य बनाकर हम तुरंत लौटते

हैं। अरे, ये चीनी घिर चुके हैं। हमें लौटने में विलंब नहीं होगा।''

कवच-कुंडल युगल तूणीर-सज्जित श्रीभरत ने रथारूढ़ होते ही ज्यों ही प्रत्यंचा की टंकार की, त्यों ही मद चुचुआते गजराजों की चिंघाड़ों के साथ-साथ उनके कंठ-घंट घनघना उठे। अपनी अयालों को झटकते हुए सैंधव अश्वों की झांझनें झनझना उठीं। स्यंदनों के चक्र घरघरा उठे। धनुषों से छूटे हुए दिव्यास्त्रों की भाँति रणरंगरंगीले पदाति सैनिक वातायु मृगों की चौकड़ी लजाते हुए चल पड़े। सेना के अग्र भाग में सप्तसैंधव सज्जित स्वर्णिम शिखर पर लहराते हुए सूर्यांकित भव्य ध्वजराज का रत्नजटित दंड थामे हुए पवमान नंदन हनुमान की गर्जना सुनते ही पुरुमीढ़ शिविर से निकल आए। सेनापति नील तो उछलकर श्रीभरत के चरणों में लोट गए। उन्हें उठाकर अपने हृदय से लगाते हुए हर्षातिरेक से विह्वल स्वरों में वे बोल उठे, ''कपींद्र! तुमने सुना हमारे अनुज लक्ष्मण के दोनों कुमार भारतवर्ष के पूर्वी प्रवेश द्वार की वज्रमयी अर्गला बने जूझ रहे हैं। चीनी शैल-शिलाओं पर मस्तक पटक-पटककर भी कपाट भंग नहीं करा पा रहे हैं।''

''देव! संभवत: आपको यह भी विदित हो गया होगा कि उनके पृष्ठ प्रदेश की रक्षा वे भार्गव परशुराम कर रहे हैं, जिन्होंने विश्रामरत परशु को पुन: स्कंधारूढ़ कर लिया है। लंकेश्वर विभीषण के सुपुत्र कुलभूषण के बृहद् जलयान सुमात्रा-जव-मलय की सिंधु कुक्षिकाओं को चीरते हुए चीनाधिकृत द्वीपों का दंभ दमन करते हुए उत्तर की ओर अग्रसर हो गए हैं।''

''अरे, यह तो विश्वयुद्ध क्या देवासुर संग्राम ही बन गया।''

''निश्चित्-निश्चित्। यवन-म्लेच्छ-खस-दरद-पारदों की सेनाएँ प्रशांत महासागर की कुक्षिकाओं को लाँघ-लाँघकर शतघ्नियाँ आदि सांघातिक शस्त्रास्त्र से सुसज्जित एक-एक द्वीप को दुर्ग बना-बनाकर महासमर में उतरने की प्रतीक्षा कर रही हैं। कई तो ताम्रपट्टन (ब्रह्मदेश-बर्मा-म्याँमार) के सघन वनों में डेरे डाल चुकी हैं।''

रम्यक-भद्राश्व की नैऋत्य दिशा (दक्षिण-पश्चिम) में पुरुमीढ़ द्वारा निर्मित स्कंधावार के शिविरों में दिवस के ढलते-ढलते श्रीभरत की चतुरंगिणी पहुँच गई।

□

अनुच्छेद-११

अभी भगवान् भुवनभास्कर सूर्यदेव अपनी चिरसंगिनी देवी प्राची की सघन कुंतल राशि के घेरों में घिरी हुई माँग अरुणाभ करने का उद्योग कर ही रहे थे कि दिशा-दिशा के मौन व्यूहों का ध्वंस करती हुई 'श्रीभरत की जय-जय-जय' की तुमुल ध्वनियों से आकाशमंडल गूँज उठा। पूर्वी रम्यक क्षेत्र के अतिरिक्त उसके आस-पास के किंपुरुष

(तिब्बत), हरि (तिब्बत की उत्तरी तलहटी), हिरण्यमय (साइबेरिया के दक्षिणी क्षेत्र मंगोलिया-कजाकिस्तान-किर्गिस्तान-तजाकिस्तान) आदि वर्षों के छोटे-बड़े अश्वारोही कषालों के साथ पदाति समूह भी शनैः-शनैः आने लगे। भारतीय नायकों के निर्देश पर सैनिक उन्हें आदरपूर्वक बिठाने लगे। कुछ ही समय में प्रात:कालिक संध्यावंदनादि से निवृत्त हुए श्रीभरत भी राजा पुरुमीढ़ एवं आंजनेय आदि वानर वीरों के साथ शिविर से निकलकर आ गए। जनसमूह के वंदन-नमन करबद्ध मुद्रा में स्वीकार करते हुए भरत रम्यक जनों द्वारा निर्मित एक मंच पर विराजमान हो गए।

राजा पुरुमीढ़ के कश्यप सिंधु क्षेत्र में पर्याप्त समय से प्रवास के कारण भारतीय एवं रम्यकीय दोनों वर्ग एक-दूसरे की भाषा-भावना से बहुत कुछ परिचित हो चले थे। यहाँ तक कि रम्यक जन, जो आरंभ में ढाई-तीन हाथ का अधोवस्त्र लपेटे रहते थे, वे अब कंदुकों (जुलाहों) से पाँच हाथ के परिधान बनवाकर, उन्हें भारतीयों की भाँति-ऋतुओं के अनुसार वे जिन वस्त्रों से शरीर को आच्छादित कर लिया करते थे, अब वे उन्हें कटिबंध-उष्णीष (पगड़ी) उत्तरीय के रूप में धारण करने लगे। महिलाएँ भी घाघरा-कंचुकी-ओढ़नी आदि कुलवधुओं की भाँति धारण करने लगीं। माँग में सिंदूर, माथे पर कुंकुम, हाथ-पैरों में भाँति-भाँति से मेहँदी का प्रयोग करना सीख गईं। सूर्य-चंद्रमा की किरणों, पक्षियों का कलरव, गायों के रंभाने से, दिनचर्या के समय अब विधिवत् निर्धारित होने लगे। उनके अनुसार बालक शालाओं में जाने लगे। प्रातः के अल्पाहार-मध्याह्न-रात्रि के भोजनों के समय निश्चित हो गए। भक्षाभक्षी की परिपाटियाँ सिमट गईं। पुराणों की कथाएँ नर-नारियों को आकर्षित करने लगीं। कर्तव्यों का बोध कराने लगीं। जो कुल परंपराएँ विस्मृति के गर्त में लुप्त हो गई थीं, वे शनैः-शनैः स्मरण आने लगीं। पर्वों-त्योहारों के उदय होने लगे। व्रत-उपवास देव पूजन की विधियों का अभ्युदय होने लगा, मानो अग्नि-कणों पर पड़ी हुई क्षार ने ही उड़कर यज्ञ-हवन की पावन जातवेद-विभावसु-वैश्वानर-सप्तार्चियों के गर्भवास का अंत कर, उन्हें शिशु से कुमार-पौगंड-किशोर-युवा से प्रौढ़ बना दिया।

दूसरी ओर ऊर्णांशुकों (ऊनी वस्त्र—स्वेटर-मफलर-कंबल आदि) का निर्यात कर अन्न का आयात केकय-पंचनद-मूलस्थान-सिंधु आदि से होना आरंभ हो गया। रांकव एवं लोमष ऊर्ण, जो बाल्यावस्था की भेड़ों से प्राप्त होता है, उस सुकोमल ऊर्ण से निर्मित वस्त्रों (पश्मीना) की भाँति उत्तम कोटि के धान्यों को निरख-परखकर पुरुमीढ़ देव ने विनिमय मूल्य निर्धारित कर दिया। उसी के आधार पर नितांत सौहार्द भाव से व्यापार-वाणिज्य का समारंभ हो गया। फिर तो शाखा में से शाखा-प्रशाखाएँ निकल-निकलकर मणि रत्न-स्वर्णालंकारों तक को अपनी सुरम्य छाया प्रदान करने लगीं। व्यापार-वाणिज्य का साम्राज्य विस्तृत होने लगा। आक्रमण-लूटमार संघर्षों पर विराम लगने लगे।

अन्न–धान्य की न्यूनता के कारण मांसाहारी बने रम्यकी शाकाहार की ओर आकर्षित होने लगे। जिन पशुओं के शरीरों से आवश्यकतानुसार मांस लेकर वे उसे अगले दिन के लिए कुछ औषधियाँ लगाकर, पट्टियों से कसकर छोड़ दिया करते थे, उनके क्रंदन अब उन्हें व्यथित करने लगे। पशुओं की आँखों में झाँकती हुई पीड़ा, पुरुषों की आँखों में छलकने लगीं। कषालों का कषालों में विलय होने लगा। छोटे–छोटे विद्यालय गुरुकुलों का रूप धारण करने लगे। मदिरा के दुर्गुणों से जन–सामान्य के परिचित हो जाने के कारण स्त्रियों के अपहरण पर अंकुश ही नहीं लगने लगा, अपितु वह निंदनीय भी माना जाने लगा। अपर्हताओं के लिए दंड निश्चित होने लगे। भट–सुभटों में से शास्ता–क्षेत्राधिपति मनोनीत होने लगे।

जिनके दूध–दही–घृत–नवनीत आदि से आबाल–वृद्ध स्त्री–पुरुषों का पालन–पोषण होता है, जिन्हें समस्त देव समाज की निवासस्थली मान्य करते हुए भारत में माता का सम्मान दिया जाता है। अब वह गाय भी प्रायः अवध्य श्रेणी में आ गई। संक्षेप में इसे सांस्कृतिक क्रांति ही कहा जा सकता है। एक युग से भारत से पृथक् भारतीयों में भारतीयों के संपर्क में आकर एकात्मभाव शनैः–शनैः अंकुरित होने लगा। वह्नि–धूम्र न्याय (आकाश में धुआँ देखकर अग्नि का ज्ञान होना) के अनुरूप जन–जन को भावी वटराज की शाखा–प्रशाखाएँ लहराती हुईं प्रत्यक्ष दृष्टिगोचर होने लगीं। पश्चिमी रम्यक के भाव पूर्वी रम्यक जनों से भेंट–संवादों का आदान–प्रदान और इससे भी अधिक चीनी नृशंसता से व्यथित होने के कारण एकता के विचार शीघ्रता से पनपने लगे। उन्हीं मानवीय भावों से अभिभूत हुए विभिन्न वर्षों के कई–कई कषाल उन भरतदेव के दर्शनों के लिए उमड़ पड़े, जिनकी गंधर्व–केकय प्रसंगों में यशस्वी गाथा वे सुन चुके थे। सुन चुके थे, उनके अग्रज श्रीराम राजेंद्र की त्याग–वैराग्य के साथ अलौकिक शौर्य की अद्‌भुत गाथाएँ भी। इस क्रम में अब तो एक और रोमांचक कड़ी भी जुड़ गई थी। वह थी उन आंजनेय हनुमान के पदार्पण की सूचना, जिनसे कोई भी असंभव–से–असंभव कार्य भी सहज भाव से संभव हुए बिना नहीं रह पाया था।

यद्यपि श्रीभरत इलावर्त क्षेत्र के साथ–साथ अन्य वर्षों की स्थिति–परिस्थिति से पर्याप्त रूप से परिचित होकर ही इधर बढ़े थे। यहाँ आने पर काश्यप सिंधु के तट पर स्थित स्कंधावार में वे पुरुमीढ़ देव और उनके पश्चात् पश्चिमी रम्यक निवासियों से संवाद के उपरांत, जो जन पूर्वी रम्यक क्षेत्रों से आए, उनसे मैत्रीपूर्ण वातावरण में वार्त्ता के पश्चात् तो यही लगने लगा था कि अब शेष क्या बचा? इस आधार पर व्यूह रचना का विचार किया जा रहा था, किंतु भद्राश्व वर्ष के समीप पूर्वी रम्यक में आने पर एक और रहस्य प्रकट हुआ कि—

चीन जिसे इस क्षेत्र में प्रबल पराक्रमी माना जाता है, वह भी अनेक कषालों का

एक समूह ही है, जिसमें प्रभुत्व-वर्चस्व की प्राप्ति के लिए प्रायः आए दिन परस्पर कोई-न-कोई छोटे-बड़े संघर्ष होते ही रहते हैं, क्योंकि उनमें से प्रत्येक ने मारक-संहारक विस्फोटक-सामग्री का संचय पर्याप्त मात्रा में किया हुआ था, जिसके बल पर प्रत्येक, प्रत्येक से स्वयं को प्रबल मानकर एक दंभ पाले बैठा था। किंतु इस समय श्रीभरत के अलौकिक जैसे पुरुषार्थ की गाथाओं ने उनमें भय का संचार कर दिया था। अपनी अजेयता के प्रति शंकित होने के कारण, उन्हें अपनी संचित सामग्री के नष्ट-विनष्ट हो जाने के विषय में चित्त में शंका होने लगी थी। इस कारण उन्होंने अपने कौषेय वस्त्रों के भंडार, स्वर्ण-रत्न आदि प्रशांत महासागर में फैले हुए अपने-अपने उन द्वीपों में गुप्त रूप से स्थानांतरित कर दिए, जो उनके अधीन थे। इस प्रकार किंकर्तव्यविमूढ़ हो जाने की स्थिति में भी आत्मरक्षा एवं वर्चस्व के अहमाधीन होकर वे समर क्षेत्र में प्रवेश करने के लिए कटिबद्ध होने लगे। तात्कालिक रूप से अपने भेदभाव भूलकर उन्होंने समग्र चीनी क्षेत्र में अपने हिताहित का विचार करते हुए, अपनी-अपनी शक्ति-सामर्थ्य के अनुसार, प्रबल प्रतिरोध के लिए जलदुर्ग-गिरिदुर्ग-मरुदुर्ग बना लिये हैं। किसी उत्तुंगशृंगपिंग (सुमेरु शिखर जैसा पीला) को अपना अधिपति बनाकर उसके अधीन समस्त कार्य करने स्वीकार कर लिये हैं। यह विदित होने पर अब श्रीभरत भी अपनी रण-रचना के विषय में पुनर्विचार करने लगे।

□

अनुच्छेद-१२

''गंधर्व गर्व गणित गुंडक गुरु श्रीभरत देव! (गंधर्वों के गर्व समूहों का चूर्ण करनेवालों में श्रेष्ठ) की जय-जय-जय।''

हर्षोत्फुल्ल मुद्रा में दूर से छलाँग लगाते हुए मारुति को निकट आते देखकर भरत भी झूमते हुए उसी प्रकार बोल उठे—

''कपि-कुलालंकार कल्हार हार सरिमन सुकुमार! आप तो कविता कामिनी को आदिकवि के अंतःपुर की शोभावृद्धि हेतु रमणी-मौलिमणि के रूप में भेंट कर आए थे। अब ये उत्कंठिता पुनः आपकी कंठहार बनने अभिसारिका की भाँति कहाँ से प्रकट हो गई?''

''श्रीरामानुज गुणगण विभूषण! आपकी पुनः जय-जय-जय। जो समाचार अभी प्राप्त हुए हैं, ऐसे जिनके भी सम्मुख आ जाएँ, वे अनायास यदि कवि न बन जाएँ तो उसे 'निर्जन मरु भू का पाषाण' नहीं तो वह किसी अन्य संज्ञा का अधिकारी कदापि नहीं हो सकता।''

''किंतु समाचार तो कहो।''

''समाचार यह है कि अपने चिरंजीव कुमार तक्षक और पुष्कल गंधर्वराज प्रत्यूष के समरधीर-गंभीर गंधर्वगणों के साथ काश्यपेय सिंधु से चल चुके हैं। कुछेक घटिका में यहाँ आए में आए जानिए।''

''किंतु ये किसके आदेश से आ रहे हैं?''

''आदेश तो देश-काल-परिस्थिति देती आई हैं।''

''समझ गए, मान गए, यह प्रश्न उनके लिए गौण है, जो गए थे महादेवी की सुधि लेने और धधका आए कंचनपुरी-अकिंचन कर आए ब्रह्मपाश को। स्वर्ण को सुगंधित करने के प्रयत्न में सुसफलता प्राप्त ये दूसरे भी, जो वासंती-बयार में रसाल-डाल की भाँति सानंद झूल रहे हैं; वे भी कौन से न्यून हैं। गए थे संधि का संदेश लेकर, लूट लाए त्रैलोक्यजयी कहलानेवाले के किरीट, दाँव पर लगाकर सुवंदनीया बंदनी को, डट गए भरी सभा में चरण रोपकर एक-एक भट-सुभट को चरणस्पर्श के लिए बाध्य कर-करके। अब आने दो, जो आ रहे हैं।''

घड़ी व्यतीत होते-होते रथ पर रथ आने लगे। उनसे उतर-उतरकर गंधर्वराज प्रत्यूष के साथ तक्षक-पुष्कल के अतिरिक्त विदेहकुमार शीलनिधि भी श्रीभरत-मारुति आदि के चरणों में प्रणाम करते हुए शिविर में संकेत से आदेश पाकर आसंदियों पर विराजमान हो गए।

''तुम सभी एक साथ यहाँ कैसे, क्या यहाँ कुछ निर्बलता··· ?''

श्रीभरत के प्रश्न को पूर्ण होने से प्रथम ही गंधर्वराज प्रत्यूष तुरंत आसन से उठकर करबद्ध मुद्रा में बोल उठे—

''नहीं-नहीं, देव! आप ऐसा न कहिए, अन्यथा न समझिए। आपके निषंग में तो अनंतकोटि ब्रह्मांडों के दंभ-दमन करनेवाले···विश्राम करते हैं, साथ में ये आंजनेय-कीश युवराज-पुरुमीढ़ महाराज आदि एक से बढ़कर एक-एक ऐसे प्रचंड पराक्रमी हैं, जिनकी तुलना किससे की जाए, उनका नामानुसंधान करने में बुद्धि, बुद्धिहीन बनी रह जाए।

''अस्तु, सत्य तो यह है कि हम आपके दर्शन के लिए लालायित होने पर भी इधर आने को स्वयं भी बहुत उचित नहीं मान रहे थे। इसी कारण, जो आप अभी-अभी प्रकट करने जा रहे थे, किंतु राजमाता देवी निनादिनी का आदेश क्या, उनकी इच्छा के संकेत की अवहेलना करने की शक्ति गंधर्व ही नहीं, केकय-सिंधु-मद्र-मूलस्थान-पंचनद तक में भी नहीं है। पूर्ण सत्य तो यह है कि इस समय दानवराज बाणासुर भी गुप्त रूप से उनका मंतव्य जानकर ही, अपने क्रियाकलाप को गति देने लगे हैं। इस समय हम उनके आदेशाधीन होकर ही यहाँ आए हैं।''

''हाँ, देवी निनादिनी का ऐसा ही व्यक्तित्व है। उनके ध्येयनिष्ठ कृतित्व का मूल्यांकन

करना विधाता के लिए भी सरल नहीं है। फिर भी वहाँ के क्रियाकलाप का··· ?''

तक्षक-पुष्कल का संकोच अनुभव करते हुए प्रत्यूष कहने लगे, ''प्रणम्य देव! गंधर्व साम्राज्य की भाँति केकय राज्य भी पूर्ण निर्भीकता से अपने प्रकल्पों को जिस प्रकार विस्तार दे रहा है, उन्हें निरंतर सफलता के आयाम पर आयाम प्रदान कर रहा है, उसके विषय में सारत: निवेदन है—

''वितस्ता के तट पर बंधुवर तक्षक के निर्माणों को देखकर महर्षि पतंजलि ने उसकी संज्ञा 'तक्षशिला' (कुमार तक्षक का सुदृढ-अजेय निर्माण) निश्चित कर डाली है। इसी नाम से वह पुरी समस्त निकटवर्ती क्षेत्रों में ही नहीं अपितु दूर-दूर तक प्रसिद्धि प्राप्त कर चुकी है। वहाँ एक विराट् गुरुकुल-विश्व की अनेकानेक विद्याओं का केंद्र विश्वविद्यालय ही कहा जाए तो अतिशयोक्ति नहीं होगी, वह विधिवत् स्थापित हो गया है। महर्षि पतंजलि-पाणिनि आदि अन्य ऋषि-महर्षियों के प्रयत्न से वह केवल सरस्वती विहार ही नहीं अपितु भगवती दुर्गा का दुर्ग एवं श्रीहरिप्रिया का क्षीरसागर भी बन गया है। कुछ वर्ष पूर्व जो विद्वान् इधर-उधर भटक रहे थे, असम्मानजनक भिक्षावृत्ति के कारण अपने अध्ययन को अभिशाप मानने लगे थे, आज वे सम्मान से आचार्यपीठ पर आसीन होकर, अपने गंभीर अध्ययन से व्युत्पन्न मनन-चिंतन को वरदानों के रूप में वितरित कर रहे हैं। विभिन्न वैदिक संहिताओं के साथ उपनिषदों-स्मृतियों-न्याय- मीमांसादि के अतिरिक्त शिक्षा-कल्प-व्याकरण-छंद-ज्योतिष-निरुक्त, आयुर्वेद-धनुर्वेद-गांधर्ववेद-अर्थशास्त्रादि विविध विषयों के शिक्षण के साथ-साथ उनके शिक्षक आचार्यों के लिए यहाँ सुविधायुक्त आवासों का प्रबंध भी किया गया है। समस्त वर्णों-उपवर्णों के अनेक देशीय विद्यार्थी यहाँ बिना भेदभाव के शिक्षा ग्रहण कर रहे हैं।''

''इतनी अल्प अवधि में यह चमत्कार कैसे संभव हुआ, आश्चर्य है।''

''राजा पुरुमीढ़ देव! आश्चर्यों की आश्चर्य देवी निनादिनी हैं। उनके चर-अनुचर दूर-दूर तक फैले हुए हैं। वे ऋषि-महर्षि समुदाय में समादृत हैं। उनके एक संकेत पर कई-कई ऋर्षि-महर्षि अपने कुशाग्रीयमति शिष्य-प्रशिष्य ही नहीं, दुर्लभ ग्रंथ तक भेंट कर डालते हैं। अपने चातुर्मास संपन्न करने के लिए वे वितस्ता-तट का चयन करने लगे हैं। बिना किसी औपचारिक निमंत्रण के परमात्मीय भाव से अतिथि बनकर कौन, कब आ जाए, कहना कठिन हो गया है। आप तो उधर से इधर अपनी विजय वैजयंती फहराते हुए, यहाँ आकर भी अभी संघर्षों के व्यूहों की इति करने में जूझ रहे हैं, किंतु देवी निनादिनी के चर-अनुचर महर्षि याज्ञवल्क्य-अत्रि-वाल्मीकि-विश्वामित्र-वसिष्ठाश्रम तक से आचार्य और विद्यार्थी तक्षशिला ला चुके हैं। अत्यंत शीघ्र महर्षि भारद्वाज, जो वैमानिक कला के आचार्य हैं, पुष्पक विमान जिनका निर्माण है, वे भी अपने शिष्य भेजने वाले थे, जो संभवत: अब तक आ चुके होंगे। जिनकी अभी तक अनेक को कल्पना

भी नहीं है अथवा धनुर्वेद में जिनका सांकेतिक उल्लेख मात्र है, उन आयुधों के निर्माण में सिद्ध महर्षि अगस्त्य के प्रशिक्षित शिष्य भी आनेवाले थे। इसके अतिरिक्त दूर-दूर दिशा-दिशा में बसे हुए विविध विद्याओं-कलाकौशल के निष्णात आचार्यगण भी अपना गंतव्य गंभीरता से तक्षशिला मान्य करने लगे हैं।

''खान-पान वैषम्य के कारण जिस चित्रगुप्तीय समाज (कायस्थ) को कहीं-कहीं शूद्र मान रखा है, उनके पंजीकर (नकल करनेवाले) शास्त्रों की प्रतिलिपि जिस प्रकार करते हैं, उन्हें देखकर तो ऐसा लगता है मानो किसी विमल सरोवर के सलिल पर प्रकृति ने अरविंद (लाल कमल), इंदीवर (नील कमल), शरद् पद्म (श्वेत कमल), पीताब्ज-कंदाब्ज (पीले-गुलाबी कमल) एक साथ विकसित कर दिए हों। रंग-रंग की मसियों (स्याही) से श्वेत पत्र पर अंकित उनके अक्षर ऐसे प्रतीत होते हैं, मानो किसी रत्न व्यवसायी जौहरी ने श्वेत पत्रकों का मणि-माणिक्यों से शृंगार ही कर दिया हो। उन पत्रकों को सुबद्ध (सजिल्द) करने के उपरांत विभिन्न आकारों के ग्रंथों की प्रतिलिपियाँ देश-देश के गुरुकुलों-विद्वानों के पठन-पाठन के लिए नित्य ही पत्राजीवियों (डाकियों) के द्वारा यत्र-तत्र भेजने का यहाँ सुचारु प्रबंध है।

''इसी प्रकार बंधुवर पुष्कल ने अपने नाम के (श्रेष्ठ) अर्थ के अनुसार ही भारतवर्ष के सीमांत क्षेत्र कुभा (दरिया-ए-काबुल) एवं अन्य कई सरिताओं के निकट पुष्कलावती नाम से एक सुंदर-सुदृढ प्राचीरों से घिरी हुई महानगरी की स्थापना कर डाली। इसके पश्चिमी द्वार के बाह्य क्षेत्र में भगवान् पशुपति शंकर के एक विशाल सुदर्शनीय रुद्रालय का निर्माण कराया है। यह शनैः-शनैः एक पावन तीर्थ का रूप धारण करता जा रहा है। श्रद्धालुगण सिद्ध-प्रसिद्ध ज्योतिर्लिंगों की भाँति दूर-दूर से सिंधु-वितस्ता-चंद्रभागादि के पावन जल सामूहिक शोभा यात्रा के रूप में ला-लाकर इनका अभिषेक करते हैं। सीमांत क्षेत्र के समीप होने के कारण यहाँ विभिन्न वस्तुओं के आयात-निर्यात पर्याप्त मात्रा में होते हैं। वाणिज्य-व्यापार केंद्र के रूप में यहाँ विकास उत्तरोत्तर गति से हो रहा है। समर क्षेत्र में उपयोगी अश्वों के साथ उष्ट्र-महिष आदि की विभिन्न जातियों के पशुओं तथा शुष्क फलों (मेवा) का क्रय-विक्रय विशाल स्तर पर हो रहा है। पूर्ण विकसित-सुसमृद्ध यह नगरी एक दीर्घकाल से विदेशी आक्रांताओं के आक्रमण की केंद्र बनी हुई है। उसके रक्षण के लिए ही नहीं अपितु भारतवर्ष के सुरक्षण के लिए भी यहाँ अनेक दुर्गों का निर्माण किया जा चुका है। यदि समस्त नहीं तो अनेकानेक दृष्टियों से सुबंधु पुष्कल भारत राष्ट्र के एक प्रेक्षावान द्वारपाल के दायित्व का निर्वहन अत्यंत कुशलता से कर रहे हैं।

''जहाँ तक गंधर्व साम्राज्य का प्रश्न है, वहाँ ललित कलाओं गायन-वादन-नर्तन-चित्रकलादि समुन्नति के शिखर पर हैं, किंतु उनमें पूर्व का सा प्रमाद नहीं है। डेढ़ प्रहर रात्रि से अधिक एक भी सांस्कृतिक कार्यक्रम कदापि नहीं चल सकता। निजी एवं

सार्वजनिक दोनों ही उत्सवों के लिए यह नियम मान्य है। इससे रात्रि जागरण के कारण नित्य-नियमित दिनचर्या में कोई विघ्न न आए, यह प्रावधान पूर्व की अव्यवस्थाओं पर विचारकर ही निश्चित किया गया है। इस नियम में अपवाद मात्र शिवरात्रि एवं युगलपक्षीय नवरात्र ही हैं। राजमाता की सतर्क दृष्टि की छत्रच्छाया में प्रत्येक प्रकार से सुशांत शांति का वातावरण है। दिशा-दिशा के कलावंतों के लिए यह एक तीर्थ ही बन गया है। अनेक परीक्षाओं में सफलता प्राप्त कलाकारों को यहाँ से प्रमाण-पत्र भी दिए जाते हैं, जिनका अन्य क्षेत्रों में सम्मान है।

''पूर्व के महासंहार में अस्त-व्यस्त हुई नारियों में से आज एक भी नारी अनाथ-अबला की श्रेणी में गणना करने योग्य नहीं रह गई है। हमारी राजमाता एवं दानवराज बाणासुर के तेजोमय सात्त्विक-अनुशासन में समस्त पश्चिमांचल सभी प्रकार से सुरक्षित-समृद्ध बंधुभाव से एक सूत्र में ग्रथित हैं। हमारी राजमाता देवी अंबिका अपनी सरल-संभावी दृष्टि के कारण अघोषित रूप से इस क्षेत्र की एकछत्र साम्राज्ञी बन गई हैं।

''तो देवी निनादिनी ने हमारी जानुस्पर्शित भुजा बनने के लिए ही तुम्हें यहाँ भेजा है। यह रामानुज उनके मंतव्य का यथार्थ समझ गया।'' कहते हुए श्रीभरत ने कहा, ''अनेक नद-नदियों, शैल-वनों को लाँघते हुए तुम आए हो, अतः शिविर में जाकर विश्राम करो।''

□

अनुच्छेद-१३

सायं भोजनादि के पश्चात् रण-परिषद् पुनः एकत्रित हो गई।

''अग्रिम रूप से आक्रमण करने की जिस चीन की चिर-परिचित नीति रही है, वह कई दिनों से शांत क्यों है, आपके इधर आने की उसे सूचना न हो, यह तो कदापि नहीं हो सकता, फिर यह विरोधाभास कैसा?''

''पुरुमीढ़ राजन्! प्रत्यंचा कसी होने पर भी शरासन पर किस शर को प्रथमासन प्रदान करने के लिए निकाला जाए और उसके पश्चात् किस-किस को, यह विचार करने में जो समय किसी सिद्ध सुभट को जिस प्रकार लगता है, यह विलंब उसी का परिचायक है।''

''तो देव! शत्रु का आक्रमण हो जाने के पश्चात् ही क्या हमारा नीति-निर्धारण का मुहूर्त निकलेगा?''

''नहीं, यदि रात्रि में कोई आक्रमण होता है तो उसके लिए तो हम सावधान हैं, कटिबद्ध हैं, किंतु यदि नहीं होता है तो भाषा के आदान-प्रदान की दृष्टि से पाँच-सात रम्यक जनों को लेकर कल प्रभातवेला में कुछ वानर योद्धाओं के साथ सेनापति नील

एवं कुमार पुष्कल उत्तरी हिरण्यमय क्षेत्र (साइबेरिया के दक्षिण में) के सागर में बिखरे हुए छोटे-से-छोटे द्वीपों के कोण-कोण को छानते हुए, उनसे यथायोग्य व्यवहार करते हुए, द्रुत गति से निरंतर दक्षिण की ओर बढ़ते चले आएँगे। उसी प्रकार युवराज अंगद एवं कुमार तक्षक पर्याप्त संख्या में रम्यक जनों को साथ लेकर पूर्वी भद्राश्व (हांगकांग-ताइवान) के प्रत्येक द्वीप एवं प्रशांत महासिंधु के तटीय प्रदेश को सूक्ष्म दृष्टि से छानते-खँगालते हुए उत्तर दिशा की ओर बढ़ते जाएँगे। इन दोनों दलों के मध्य में रहकर आंजनेय परिस्थिति के अनुसार सुरक्षण प्रदान करते हुए, धरती को चीनी जलयानों से रिक्त करते हुए, उन्हें अपने अधिकार में लेते हुए, अलात चक्र की भाँति भ्रमण करते रहें। गंधर्वराज प्रत्यूष धनाध्यक्ष श्रीमंत वैश्रवण (कुबेर) के यक्ष दलों एवं सहयोगी कषालों को लेकर भद्राश्ववर्ष के दक्षिण से चीन की हृदयस्थली केंद्र की ओर बढ़ेंगे। राजा पुरुमीढ़ पूर्वी सीमांत से संग्राम करते हुए इन्हीं की भाँति केंद्र की ओर बढ़ें। मध्य भद्राश्व जहाँ से चीन की समस्त गतिविधियों का संचालन हो रहा है, उन्होंने अपने घातक शस्त्रास्त्र पर्याप्त मात्रा में एकत्रित किए हुए हैं, वहाँ हम स्वयं आक्रमण करने जा रहे हैं। भार्गव श्रेष्ठ भगवान् परशुराम के संरक्षण में प्राप्त मार्गदर्शन के अधीन बंधुवर लक्ष्मण के दोनों कुमार अंगद एवं चित्रकेतु एक भी चीनी को भारत के सीमांत क्षेत्र अरुणाचल में भी पैर नहीं रखने देंगे, यह हमें पूर्ण विश्वास है।

''ऐसी स्थिति में अनेक चीनी संभ्रमित होकर जहाँ-तहाँ विक्षिप्तों की भाँति प्रलय मचाते हुए बढ़ेंगे, तभी महाप्रलय के दृश्य उनके सम्मुख प्रदर्शित करने के अवसर हमें अनायास प्राप्त होंगे। उस समय हमारा क्या कर्तव्य होगा, यह आप प्रबुद्ध जनों को बताना-समझाना जल-मंथन से मंथज (माखन निकालना) सूर्य को दीपदर्शन के तुल्य ही होगा। इससे पूर्व हमारा एक ही कर्तव्य—हमारे अभियान के उद्देश्य से इस विशाल क्षेत्र को परिचित कराना है। अत: हमारे दल जिस-जिस क्षेत्र में प्रवेश करें, वहाँ-वहाँ प्रथम क्षण में ही उद्घोष करते जाएँ—

''हम भलीभाँति जानते हैं कि आप सभी भारतीय हैं। समय-समय पर, अनेक कारणों से, आप भारतवर्ष से ही आकर यहाँ बसे हैं। एक युग के पश्चात् आज उन कारणों-परिस्थितियों के औचित्य-अनौचित्य पर विचार करने का समय नहीं है। जिन्हें अपनी सनातन मातृभूमि भारतवर्ष के प्रति तनिक भी श्रद्धा है, वे अपने-अपने गुप्त-प्रकट स्थानों से निष्कपट भाव से निकल-निकलकर आ जाएँ। यदि कहीं बाधा हो तो तुरंत सूचित करें। वे निरस्त की जाएँगी। हम आपको सस्नेह सम्मानसहित लेने आए हैं। हमारी फैली हुई भुजाओं में समाकर हृदय से लग जाएँ। आपको भरण-पोषण-पुनर्वास की सुविधा प्रदान करने के लिए हम वचनबद्ध हैं। जिन्हें इस भूमि से पृथक् होने में रुचि नहीं है, वे यहीं, भारत के प्रति शुभेच्छा रखते हुए, रहें। यदि किन्हीं में केवल भारत

दर्शन की कामना है, उनका भी स्वागत है। उन्हें ले जाने और यथासमय पश्चात् यहाँ सुरक्षित भेजने का भी हम वचन देते हैं। जिन्हें इनमें से एक भी प्रस्ताव स्वीकार नहीं है, वे यहाँ जैसे रहते आए हैं, वैसे ही रहें, किंतु जो भारत के प्रति दूषित भावों से ग्रसित होकर संघर्षोत्सुक हों, समर क्षेत्र में प्रवेश करने को लालायित हों, हमारे बाण उनकी अभ्यर्थना करने को समुत्सुक हैं, सन्नद्ध हैं, कटिबद्ध हैं। जो जिस पथ का पथिक बनना चाहे, उसके लिए उसी पथ को प्रशस्त करना हमारा धर्म है।''

प्रभातवेला में शंखोद्घोष करते हुए प्रत्येक दल अपने लिए निर्धारित पथ की ओर 'राजराजेंद्र रामचंद्र की जय, श्रीरामानुज भरत देव की जय-जय-जय' के साथ 'हर-हर महादेव' का गगनभेदी उद्घोष करते हुए विद्युत्गति से बढ़ चले।

□

अनुच्छेद-१४

'श्रीभरत इस प्रकार सैन्य रचना कर उसे सभी ओर से घेर लेंगे। उसकी रक्षक सिंधु की उत्ताल तरंगें, उसे ही तलातलगामी बनाने का कारण बन जाएँगी। उसके द्वीप ही उसके दीप बुझाने का सफल उद्योग करने लगेंगे। उसके गिरिदुर्ग उसके लिए ही दुर्गम सिद्ध होने लगेंगे। उसकी आँखों के संकेत पर उठने-बैठने, चलने-फिरनेवाले पूर्वी रम्यकी एवं कषाल उसी को आँखें दिखाते हुए, उसी के लिए काल-महाकाल की भूमिका का निर्वाह करने प्राण-प्रण से चलने लगेंगे। न वे अपने किसी सहायक की सहायता ले पाएँगे और न ही किसी की सहायता कर पाएँगे। वे अपने ही घर में एक निस्हाय बंदी बनकर रह जाएँगे।' यह तो चीन ने स्वप्न में भी नहीं विचारा था।

अपने प्रधान पुरुषों एवं उनके परिवारों को सुरक्षित करने के उद्‌देश्य से उसने पूर्व में फैले हुए प्रशांत महासागर के उपसमुद्रों-जलप्रकोष्ठों (खाड़ियों) की ओर बढ़ना, उचित माना। अभी उन्हें सागर तट के दर्शन क्या, अपितु उसकी उत्ताल तरंगों की गर्जना के स्वर भी सुनाई नहीं पड़े थे कि अग्रिम टुकड़ी पर पूर्व रम्यकी ही टूट पड़े। राजा पुरुमीढ़ के रोकते-रोकते ही, वे उनकी शृंगारित महिलाओं का अपहरण कर अपने क्षेत्रों में ले जाने लगे। राजा का घोर निषेध देखकर वे बिलखते हुए कहने लगे—

''राजन्! हम आपके मानवीय अनुशासन के विरुद्ध विद्रोहरत तो नहीं हैं, किंतु इन पिशाचिनियों को देखते ही, हमारे अंतर के आक्रोश की ज्वाला हमें शांत नहीं रहने दे रही है। आप तो समझ रहे हैं कि हम इनके शृंगार एवं सौंदर्य पर आकर्षित हो गए हैं, किंतु नहीं-नहीं। ये वे निकृष्ट-पिशाचिनी हैं, जो अपने लिए सुंदर-सुंदर सुकोमल आसनों की सज्जा करा-कराकर, उन पर मद्यपान करते हुए बैठ-बैठकर, अपने सामने

हमारी नारियों के सामूहिक शील भंग ही नहीं कराती रहीं, अपितु जिस प्रकार उन्हें एवं सुकोमल बालकों तक को इन्होंने कषाघातों से प्रताड़ित कराया है, हम उसका वर्णन नहीं कर सकते। उनके गगनभेदी क्रंदन को देवदुर्लभ संगीत मानकर, ठहाकों से ताल लगाई हैं। उनके डबडबाते नेत्रों, खुले हुए मुखों को अपनी छोटी-छोटी प्रखर क्षुरिकाओं का लक्ष्य बनाकर अट्टहास करते हुए बेध किए हैं, उन्हें हम विस्मृति के गर्त में कैसे विलीन करें, एक-एक दृश्य हमारे सामने नग्न नृत्य कर-करके हमारा उपहास कर रहा है। हमसे मर्मांतक परिहास कर रहा है। हम क्या करें?''

''कुछ नहीं करें, ईश्वर के प्रति मस्तक झुकाएँ। यही मान्य करें कि इन अत्याचारियों को निष्प्रभावी करने की योजना अब उसने बना ली है। जिन स्त्री-बालकों को इस समूह से आपने पृथक् किया है, वह उचित किया है। अब इन्हें सुरक्षित बंदी के रूप में स्थानबद्ध कर दें। आगे बढ़ें।'' राजा पुरुमीढ़ को लाँघकर समुद्र तट पर पहुँचने में असमर्थ, अपने स्त्री-बालकों को गँवाकर, दु:खी-परास्त चीनी सैनिक केंद्र की ओर पलायन कर गए।

दक्षिण की ओर जानेवाले सैनिक समूह गंधर्वराज प्रत्यूष से परास्त होकर त्रिविष्टप क्षेत्र को सुरक्षित मानकर दक्षिण-पश्चिम के पथ की ओर ज्यों ही बढ़ने चले, वे यक्ष दलों को व्यूहबद्ध देखकर केंद्र की ओर लौटने लगे, किंतु वहाँ भी गंधर्वों को सन्नद्ध देखकर, उन्होंने समर्पण करने में ही कल्याण माना। उन समर्पितों को हिमालय की एक दक्षिणी कंदरा में यक्षों के संरक्षण में छोड़कर गंधर्वराज प्रत्यूष मार्ग में आनेवाली सेनाओं को परास्त करते हुए केंद्र की ओर बढ़ने लगे।

अपने पूर्व एवं पश्चिम दिशा में बढ़नेवाले सैन्य दलों की निर्णायक पराजय देखकर उतुंगशृंगपिंग का हतोत्साहित होना स्वाभाविक था। स्थिति को येन-केन प्रकार से सँभालते हुए उसने श्रीभरत के विरुद्ध उतरना ही उचित माना। परास्त सैनिकों के मनोबल की वृद्धि के लिए उसने अपनी आग उगलती हुई विशाल शतघ्नियों को हरावल में रखकर उत्तर की ओर बढ़ना आरंभ कर दिया।

जो दल सेनापति नील और कुमार पुष्कल के सेनापतित्व में उत्तरी हिरण्यमय सागर के द्वीपों की ओर गया था, उनके सुभट विशाल जलपोतों से उतर-उतरकर द्वीपों के मध्यवर्ती क्षेत्रों की ओर बढ़ चले। श्रीराम और भरतदेव के जयघोषों को सुनकर वे समझ गए कि यह हम पर आक्रमण हो रहा है। इस अप्रत्याशित स्थिति ने उन्हें असमंजस में डाल दिया। इसका प्रतिरोध कैसे करें? तभी श्रीभरत की ओर से की गई उद्घोषणा सुनकर, उनमें साहस का कुछ संचार हुआ। विवेक लौटा। पाँच-सात जन श्वेत पताका लहराते हुए सैन्य गुल्मिनी के अग्रभाग में खड़े हुए सुभट के सम्मुख शीश झुकाकर खड़े हो गए। वह बोला, ''कहो, क्या कहना चाहते हो?''

''हम आपकी ओर से की गई उद्घोषणा सुनकर आए तो हैं, किंतु हम यह नहीं

जानते कि इस शांत द्वीप पर आप आक्रांता बनकर क्यों आए हैं?''

''यह द्वीप कब से शांत है?''

''सदैव से ही समझिए। कुछ श्रीमंत कषाल नायक कभी-कभी यहाँ आखेट खेलने आते हैं। तब हम हाँका लगाकर वनैले पशुओं को घेरकर लाते हैं।''

''शेष समय में…''

''हम तंदुक जाति से हैं। अब यहाँ ऊर्ण तो प्राप्त नहीं होता। हमारे माँगने पर भी नहीं मिलता। तब हम शौंडिक (मदिरा बनाकर बेचनेवाले) बन गए नहीं, बना दिए गए। हम ईख के रस एवं अन्य जो कुछ मिल जाता है, उनसे मदिरा निकालते हैं। उन्हीं श्रीमंतों के सेवक आते हैं और घटों-चर्मदोलिकाओं (मश्कों) में भर-भरकर मदिरा ले जाते हैं। जीवनयापन के लिए कुछ-न-कुछ दे जाते हैं। शेष की पूर्ति पशु-पक्षियों के आखेट करके, समुद्र में जाल डालकर भाँति-भाँति की मीनों को लाकर उदर पूर्ति कर लेते हैं। यहाँ कई छोटे-छोटे पर्वत हैं, रात्रि में उनकी गुहाओं में विश्राम कर लेते हैं।

''ठीक है, किंतु तुम यहाँ कब से हो?''

''अभी इसी दशक के मध्य में ही समझिए।''

''यहाँ से पूर्व कहाँ थे?''

''भद्राश्व के एक ग्राम में।''

''वहाँ क्या करते थे?''

''अभी तो हमने बताया था कि हम तंदुक (जुलाहे) जाति से हैं।''

''यहाँ क्यों आ गए?''

''अरे, हम यहाँ स्वयं कहाँ आए हैं, हमें तो लाया गया है।''

''तुम्हारे परिवार कहाँ हैं?''

''वे तो ग्राम में ही हैं।''

''उनकी क्या स्थिति है?''

''हम क्या जानें?''

''कभी किसी से पूछा क्या?''

''एक बार साहस किया तो मौन कर दिए गए। शेष उत्तर के रूप में पाँच-सात रूपाजीवी भेज दीं। मद्यपान करते हैं, उनसे आनंद लेते हैं और पड़े रहते हैं।''

''ऐसे कैसे पड़े रहते हो, क्या कभी परिवार की याद नहीं आती?''

''पहले आया करती थी, अब नहीं आती।''

''क्यों?''

''आप विदेशी हैं न, इसी कारण यहाँ की स्थिति से अपरिचित होने के कारण ही प्रश्न पर प्रश्न करते जा रहे हैं। अतः एक बार में ही सब सुन लीजिए। कोई पुरुष यदि

यहाँ कुछ समय के लिए किसी भी प्रकार से परिवार से पृथक् हो जाता है अथवा कर दिया जाता है, तो उस परिवार का स्वामी कोई अन्य पुरुष स्वत: हो जाता है। अत: याद करें तो किसे करें, अब हमारे परिवार किसके परिवार बन गए हैं, क्या जानें?''

''तो तुम्हें यहाँ जो लाए, वे केवल मद्यपान कराने, रूपाजीवियों के उपभोग के लिए ही लाए हैं—

''क्या बात करते हैं, ऐसी दया कोई करता है क्या? बैठे-बैठे तो यदि कोई वास्तविक पिता भी हो तो वह भी नहीं खिलाता।''

''तो फिर यहाँ तुम पर अन्य क्या दायित्व है?''

''यहाँ की कंदराओं में कुछ मूल्यवान संपदाएँ रखी हुई हैं। हमें उनकी सुरक्षा के लिए यहाँ नियुक्त किया हुआ है।''

''वह क्या संपदा है?''

''वह तो हम नहीं जानते।''

''तो ऐसे शस्त्रास्त्र विरहित रहकर, तुम कैसे सुरक्षा कर सकते हो?''

''हम यहाँ आपकी विशाल संख्या देखकर ही निश्शस्त्र अवस्था में आए हैं। यदि आप कुछ ही होते तो देखते हमारे चमत्कार, दाँतों में उँगली दबाते-होंठ काटते रह जाते। हमारे अचूक लक्ष्यबेध को देखकर।''

''तो हमारी ओर से निर्भय होकर, प्रमाण के रूप में कुछ लक्ष्य बेध करके तो दिखाइए। हमारा मनोरंजन हो जाएगा। तुम्हारा वास्तविक परिचय प्राप्त हो जाएगा।''

''यदि ऐसा है तो हमारे एक जन को यहाँ से जाने दीजिए। वह हमारी धनुषी एवं शराली (शरालय, निषंग) ले आए, फिर देखिए।''

''तो जिसे भेजना हो, भेजो।''

सुनते ही उनमें से एक छलाँगें लगाते हुए दौड़ चला। उसे जाने में ही विलंब लगा, आ तो गया पलक झपकते ही। आते ही बोला, ''बोलो, कहाँ लक्ष्यबेध करना है?''

अब तक सेनापति नील को जलयानों की सुरक्षा के लिए छोड़कर कुमार पुष्कल भी वहाँ आ गए। अपना परिचय न देने के लिए संकेत से कहते हुए, वे सैन्य मंडली के मध्य खड़े हो गए।

''बोलो, कहाँ लक्ष्यबेध करना है?'' यह प्रश्न पुन: सुनकर कुमार बोले, ''वह जो एक पहाड़ी के नीचे का एक वृक्ष दिख रहा है, उसके एक फल पर जो पक्षी बैठा है, उसका लक्ष्यबेध करके दिखाओ।''

कहने भर की देर थी कि उस पक्षी को बींधकर, वृक्ष पर उसी मुद्रा में स्थिर कर, बिंधे हुए फल गुच्छ को लाकर पुष्कल के पैरों पर डाल दिया। वे प्रशंसा के लिए कुछ शब्द कहने जा रहे थे कि वही आखेटी बोला, ''अरे, तुम तो लक्ष्यबेध बताना भी नहीं

जानते, लक्ष्यबेध क्या करोगे, अब देखो।'' कहते ही उसने एक विचित्र ध्वनि की। तुरंत ही एक भयंकर व्याघ्र एक कंदरा से निकलकर, उस पर झपटनेवाला था कि उस सैनिक के एक ही बाण ने उसे धरती सुँघा दी। वह हाथ-पैर पटके बिना ही पलक झपकते-झपकते शांत हो गया।

''यह तड़पे बिना तुरंत ही शांत कैसे हो गया?

''पुष्कल के प्रश्न के उत्तर में उस आखेटी तुंदिल ने कहा, ''जिस बाण का हमने संधान किया था, वह मणियल-फणियल (मणिधारी सर्प) के तीक्ष्ण विष में बुझा हुआ था। बाण के साथ वह विष उसके शरीर में प्रविष्ट हो गया और परिणामस्वरूप वहीं-का-वहीं वह ढेर हो गया, अन्यथा यह वह व्याघ्र था, जो घायल होने पर भी दो-चार की बलि लेकर ही शांत होता।''

''तो ऐसे मणियल-फणियल यहाँ होते हैं क्या?''

''होते हैं, किंतु प्रायः कंदराओं में रेंगते रहते हैं।''

''तो तुमने उनसे यह विष कैसे प्राप्त किया?''

''कैसे क्या, अभी प्राप्त करके दिखा देते हैं।'' कहते हुए उसने एक ऐसी फुंकार जैसी ध्वनि निकाली कि मानो वह कोई चुनौती दे रही हो। एक वितस्ता (बालिश्त) भर का बाण कंदरा की भित्ति से ज्यों ही टकराकर गिरा कि कई विचित्र दृश्य उन पर उभर आए, उन्हें देखते ही (सर्प के कान नहीं होते, वह केवल नेत्रों से ही देखता है, सुनता है) एक भयंकर भुजंग फुंकार मारते हुए निकल आया। कंदरा के द्वार पर कुंडली मारकर-फण फैलाकर इस प्रकार बैठ गया, मानो वह किसको दंश दे, यह विचार कर रहा हो। पुनः एक बाण लगते ही उसने एक हरे-भरे विशाल वृक्ष पर ज्यों ही फूँक मारी कि वह शुष्क ईंधन की भाँति धधकने लगा। उसके सुनील वमन से उठता हुआ धूम्र वातावरण को विषाक्त करने लगा। समुपस्थित सैनिकों को एक मूर्च्छा सी आने लगी। उसका दमन करने के लिए उसी सैनिक ने एक अन्य बाण आकाश को लक्ष्य करके ज्यों ही छोड़ा कि प्रत्येक पूर्व की भाँति चैतन्य हो गया।

उन चीनी सैनिकों को निकट बुलाकर कुमार पुष्कल बोले, ''इतने अमोघ शस्त्रास्त्रों के स्वामी होते हुए भी, बिना कोई संघर्ष किए, शांति का प्रतीक यह श्वेत वस्त्र फहराते हुए, कैसे आ गए?''

दुभाषिए ने बताया कि द्वीप में प्रवेश के प्रथम क्षण में ही आपकी ओर से हुई घोषणा में अपनी सनातन भूमि भारत के प्रति जो भावना वर्षों से हृदय के किसी कोण में बंदीवास कर रही थी, उसके स्वतंत्र होने के लक्षण देखकर, हम संघर्ष के लिए सक्षम होते हुए भी आत्मसमर्पण के लिए लालायित हो उठे, किंतु हमारे चित्त को एक शंका अभी भी विचलित कर रही है कि यदि हमारे आत्मार्पण की तनिक सी भनक भी उत्तुंगशृंगपिंग

को लग गई, वह हमारे शिरोच्छेद कराए बिना किसी भी स्थिति में नहीं मानेगा।'' उत्तर में कुमार पुष्कल मुस्काते हुए बोले, ''उत्तुंगशृंगपिंग तुम्हारे शिरच्छेद तब कराएगा न, जब उसके कंधों पर उसका शीश रहेगा।''

''क्या?''

''हाँ-क्या नहीं, निश्चित-निश्चित-निश्चित।''

''आप हमसे कपट तो नहीं कर रहे हैं, क्या वास्तव में आप में इतनी शक्ति-सामर्थ्य हैं?''

उत्तर में कुमार पुष्कल ने एक बाण ज्यों ही धरती में मारा कि मधुर-शीतल जल के फुहारे फूटने लगे। वे आखेटी-तंदुक जीवन में प्रथम बार ऐसा जल बार-बार पीकर नाच उठे। कुछ ही समय में चित्त को व्यवस्थित करते हुए वे बोले, ''दर्शनीय युवक! क्या तुम यहाँ इस छोटी सी सैन्य टुकड़ी के साथ अकेले ही आए हो?''

''नहीं, तट पर खड़े विशाल जलयान में श्रीमंत सेनापति नील बैठे हुए हैं। यह सुनते ही उनमें से कुछ जन तट पर स्थित सेनापति नील के जलयान की ओर दौड़ चले। उन्हें देखते ही वे बोल पड़े, ''हमने सुना था समुद्र में किन्हीं नल-नील नामक वानरों ने सेतु निर्माण किया था, क्या उन्हीं नल के सहयोगी नील आप ही हैं?''

उत्तर में एक साथ कई मुखों से निकल पड़ा, ''ये ही, ये ही सेनापति नील कपिपुंगव ये ही हैं।''

''तो इनके साथ अन्य कौन-कौन वानर वीर आए हैं अथवा ये अकेले ही आए हैं?''

''इनके साथ युवराज अंगद एवं पवनपुत्र हनुमान आदि कई कपि सुभट आए हैं। जो कई-कई क्षेत्रों में अनवरत युद्ध कर रहे हैं।''

''तो आपने स्वयं ठहरकर एक साधारण युवक को क्यों भेज दिया? कुछ अनहोनी हो जाती तो।''

''कोई अनहोनी कदापि नहीं हो सकती थी। वे समरकला के प्रकांड पंडित श्रीरामानुज भरत देव के पुत्र श्रीमंत पुष्कलदेव हैं। इनके निषंग अनेकानेक दिव्यास्त्रों से परिपूरित हैं।''

यह सुनते ही वे जैसे दौड़ते हुए आए थे, उससे भी तीव्र गति से दौड़ते हुए, सभी एक साथ कुमार पुष्कल के चरणों में 'क्षमा-क्षमा' कहते हुए लोट गए। कुमार पुष्कल ने उन्हें उठाकर हृदय से लगा लिया। तभी किसी ने एक ऊँची सी शिला पर उनके लिए पत्र-पुष्पों का आसन सा बिछा दिया। कई तुरंत जाकर वृक्ष-वृक्ष से पुष्प संग्रह करते हुए, वे उन पर बरसाने लगे। एक पुनः तुरंत जाकर सेनापति नील को ले आया। वे उन्हें घेरकर नृत्य सा करने लगे। संकेत से उन्हें अत्यंत निकट बैठाकर नील ने उनकी आँखों

में आँखें डालकर धीरे से पूछा, ''जिसके रक्षक बनकर आप इस विजन वन जैसे द्वीप में रह रहे हैं, वह कोई विशेष संपदा है क्या?''

''विशेष-अविशेष के विषय में तो हम क्या कहें? संपदा भी क्या है, यह भी नहीं जानते, किंतु है कुछ विशेष नहीं, अपितु अतिविशेष ही होनी चाहिए, क्योंकि उसे लेकर उत्तुंगशृंगपिंग का ज्येष्ठ पुत्र ही यहाँ आया था। फिर मास-दो मास के अंतराल में प्रायः आता ही रहता है। इस द्वीप के मध्य में एक पहाड़ी है। उसकी एक कंदरा, जिसका एक ही द्वार है, उसमें लौह अयस्क के कई-कई बृहद् संपुटकों (बक्सों) को जलयानों में लेकर आता है। जिन्हें कई-कई भारवाही अत्यंत कठिनता से उठाकर उस कंदरा में ले जाते हैं। उसके द्वार पर भारी शिला सरकाकर, निकलते समय भयंकर भुजंगों को छोड़कर, हमें अनेक प्रकार की सावधानी बरतने के साथ ही कठोर दंड भुगतने की चेतावनी देता हुआ वह चला जाता है।''

''यदि आप सभी जन उचित मानें तो कंदरा में जाकर देखें कि वहाँ क्या अतिविशेष संपदा है?''

''अरे सेनापति महाराज! आप कैसी बात कर रहे हैं? कंदरा के द्वार के निकट ही भुजंगों के वे दल टहल रहे हैं, जिनमें से एक को अभी आप देख चुके हैं।''

''अब हम उन्हें देख लेंगे। देख लेंगे नहीं अपितु यदि कोई घट आदि मिल जाए तो उन्हें उनमें भरकर तुम्हारे उत्तुंगशृंगपिंग को भेंट करने, ले भी चलेंगे।''

''वे तो मिल जाएँगे। पिंग का पुत्र इन भुजंगों को जिन छोटी-बड़ी सुदृढ मुख बँधी दोलिकाओं में झुलाता हुआ लाया था, वे अभी भी वहीं पड़ी हैं।''

''तो आप हमें उसी कंदरा के द्वार की दिशा में ले चलिए।''

''विचार लें, यह कृत्य सहज नहीं है।''

''अरे, आप जैसे प्रबुद्ध बंधु जब हमारे साथ हैं तो यह कृत्य सहज नहीं, अति सहज है।''

''आप हमारे शक्ति-सामर्थ्य को वास्तविकता से अधिक आँक रहे हैं। एक भुजंग को आप देख ही चुके हैं। वह कैसा था, वह भी जान चुके हैं। अब, जब उनके दल के दल फुंकार मारते हुए, कुंडलियों को आकाश में उछालते हुए बढ़ेंगे, तो उनका प्रतिकार नहीं किया जा सकेगा। हाँ, यदि आप पूर्व की भाँति गरुड़देव को आमंत्रित कर लें तो और बात है। क्षमा करें, हम आपका मनोबल क्षीण करने के लिए नहीं, आपकी सुरक्षा के लिए ही कह रहे हैं।''

''हम मानते हैं, जानते हैं। हमारे प्रति शुद्ध ममत्व भाव के अधीन होकर ही आप कह रहे हैं। दो-तीन सौ धनुषों की दूरी पर वह जो क्षुद्र सी कंदरा दिख रही है, हमें उसी में प्रवेश करना है न?''

"है तो वही, किंतु…"

"अब किंतु-परंतु आदि कुछ नहीं, हमारा लक्ष्य भयंकर भुजंगों से रक्षित लौह-अयस्क (फौलाद) के वे बृहद् संपुटक (बक्से, ट्रंक) हैं, जिनमें अति विशेष संपदा भरी हुई है, उन्हें लेकर चलना है। चलना है आपको लेकर, जिन्हें यहाँ अघोषित रूप से बंदीवास की पीड़ा झेलने के लिए बाधित किया हुआ है।"

"हम आपके प्रति प्रत्येक प्रकार से समर्पित हैं। हम आपको जो बार-बार कह रहे हैं, आप उसका वास्तविक अर्थ समझते हैं।"

"हम स्वीकार करते हैं। अब आशुतोष भगवान् शंकर का स्मरण कर, सभी शंका-आशंकाओं से निवृत्त होकर बढ़ते हैं।"

कुमार पुष्कल सेनापति नील से संकेत में विचार-विमर्श के पश्चात् मन में एक अतर्क्य निर्णय करते हुए गुहा की दिशा में चल पड़े। कुमार पुष्कल ने निषंग से एक बाण निकालकर गुहा द्वार को घेरने वाली एक रेखा सौ धनुष की दूरी पर खींचते हुए कहा कि अब वे ही ध्वनियाँ निरंतर निकालिए, जिन्हें सुनकर एक नहीं, एक-एक भुजंग निकलकर आ जाए।"

आखेटी तंदुकों ने निर्देश का पालन करते हुए ध्वनियाँ निकालनी आरंभ कर दीं। उन्हें सुनते ही एक-एक भुजंग एक-एक पर कूदते-उछलते हुए निकलने लगे, किंतु कुमार पुष्कल द्वारा खींची गई रेखा तक आकर वे ठहरे के ठहरे रह गए, क्योंकि वह रेखा उन भुजंगों को निकट आता देखकर धधकती हुई प्राचीर के रूप में दिखने लगी। कुमार पुष्कल ने तुरंत ही कर्णपर्यंत धनुष संधान करके दूसरा बाण उस भुजंग समूह को लक्ष्य बनाकर छोड़ा कि वे भयंकर फुंकारों से समस्त वातावरण को भयाक्रांत करनेवाले शनैः-शनैः घोर निद्रा के अंक में सुखद-शांत आनंद लेने लगे। कुमार पुष्कल ने दूसरे बाण से अग्नि चक्र को शांत कर दिया। निर्भीक होकर आखेटी तंदुकों ने नील के संकेत पर रज्जू-गुच्छकों की भाँति उन्हें चर्मदोलिकाओं में भरकर, उनके मुख सुदृढ बंधनों से बाँध दिए। उन्हें भार के समान एक ओर बाँधकर रख देने के पश्चात् उस कंदरा की रक्षा में दूर-पास फिरने वाले व्याघ्रों को दूर-दूर के वनों में खदेड़कर, उस गहन गुहा को सुगंधित-प्रकाशित करते हुए लौह-अयस्कों के विशाल संपुटकों को खींचना आरंभ कर दिया। उनके यंत्रों (ताले) को भंग करके ज्यों ही देखा, उनमें भरे हुए बहुमूल्य रत्नों को देखकर आँखें फैली की फैली रह गईं। अन्य कई संपुटकों में भरे हुए स्वर्ण के कलात्मक आभूषणों को देखकर कुमार पुष्कल बोल उठे, "ये तो केकय-मद्र-पंचनद प्रदेशों की देवियों के आभूषण हैं। ये तो यहाँ के कषालों द्वारा लूटकर लाए गए हैं।" उनमें कई तो कटी हुई कलाइयों में फँसे हुए कंगनों-मुद्रिका-हस्तांगुलियों के थे, जिनमें समय के साथ रक्त जम चुके थे। वे अमानुषिक नृशंसता का परिचय दे रहे थे। उन्हें साश्रु-रक्ताभ

नेत्रों से देखकर उसी प्रकार बंद कर भुजंग पिटकों के साथ जलयानों में चढ़ाकर बहुरंग (बेरिंग), आखेटिक (ओकोटास्क), ईशान (पूर्वोत्तर दिशा स्थित जापान) आदि सागरों में फैले हुए द्वीपों को देखता-भालता नील-पुष्कल दल चल पड़ा।

इसी प्रकार पश्चिमी प्रशांत महोदधि के अंतर्गत पीतसिंधु पूर्वी चीन सागर—दक्षिणी चीन सागर आदि अनेक उपसिंधुओं-सिंधु प्रकोष्ठकों-जल संधिकरों के मध्य स्थित भद्राश्व के अधीनस्थ द्वीपों की ओर किष्किंधा के प्रतापी युवराज अंगद एवं कुमार तक्षक के नेतृत्व में जो सेना गई थी, उसकी छोटी-बड़ी सैनिक टुकड़ियों के सैनिक जलयानों-नौकाओं-डोंगियों से उतर-उतरकर द्वीप-द्वीप में प्रवेश करने लगे। उन द्वीपों के प्रहरी-पौर-प्रतिहार-द्वारपाल के रूप में जो चीनी सैनिक खड़े हुए थे, उनमें जिन्होंने समर्पण न करते हुए संघर्ष का वरण किया, उनसे संघर्ष करते हुए वे द्वीप-द्वीप के विभिन्न भागों में पहुँच गए। देखा कि कहीं विशाल कंदुओं (भट्टियों) में लौह गला-गलाकर, साँचों में ढाल-ढालकर क्षुरिका-बाणों की अणियाँ, शल-भल्लकों के फलक, गदाओं के पिंड-दंड, कंदुकाकार गोले, जिनमें विस्फोटक सामग्री भरकर फेंकी जाती है, उनके आवरण (खोल) खड्ग-खट्वांगों की मूँठें, अर्गलाओं का निर्माण भारी मात्रा में हो रहा है। उन्हें पत्र-परशुओं (खराद) पर रगड़-रगड़कर षाणों पर चमकाया जा रहा है तो कहीं उन्हें तपा-तपाकर विभिन्न विषों में बुझा-बुझाकर घातक-अतिघातक बनाया जा रहा है। कहीं विस्फोटक चूर्ण के निर्माण में प्रयुक्त होनेवाली सामग्री के रूप में शंखिया-आक-धत्तूर-बच्छनाग-चक्रदंती (जमालघोटा)-तुत्थक (नीलाथोथा)-अहिफेन (अफीम) तो कहीं वृश्चिकों (बिच्छु)-विभिन्न सर्पों के फण-शतपदी (कानखजूरा)-गृहगोधी (छिपकली)-नकुल (नेवला)-गिद्धादि के शुष्क पंजर-सूर्यक्षार (शोरा)-वज्रक्षार (नौसादर)-गंधपाषाण (गंधक) लौह चूर्ण में मिलाए जा रहे थे।

'आपके विचार से इनका क्या किया जाए?' कुमार तक्षक के प्रश्न का उत्तर सहज भाव से देते हुए अंगद बोले, "जिन्होंने नेत्र खोलते ही घुटनों के बल रेंगते हुए, पैंजनी बजा-बजाकर आँगन में नर्तन करते हुए, ऋषि-मुनियों के सदुपदेशों से श्रृंगारित सद्ग्रंथों में निर्देशित देवी मांडवी जैसी सुदिव्या की समुज्ज्वल क्षीर धारा में सुस्नात संस्कार प्राप्त किए, जिनके शौर्य की गाथाएँ गंधर्वों के प्रबल पराक्रमी सुभटगण चारणों की भाँति गायन कर रहे हैं, वे कुमार तक्षक एक वानर से पूछ रहे हैं, 'इनका क्या किया जाए? धन्य हो। आपकी निरभिमानी प्रकृति का अभिनंदन है।'

"अग्रजवर! आप केवल एक वानर ही हैं, क्या यह सत्य है?"

"कुमार! सत्य ही है, किंतु अन्य जो कुछ है, वह प्रभु श्रीरामचंद्रदेव के श्रीचरणों का कृपाप्रसाद ही है, अन्यथा विचारो कि लंका की जिन प्राचीरों से टकराकर यमदंड कुंठित हो गया। देवराज इंद्र के गजराज ऐरावत के दाँत हिल गए। मुख से रक्त आने

लगा। उनका क्या मुष्टिकाओं एवं पदाघातों से वानर ध्वंस कर सकते थे?''

''उसी कृपाप्रसाद के बल से ही तो यह बालक भी प्रबल है।''

''साथ ही नवयुवक होते हुए भी बालसुलभ व्यवहार के कारण भी 'अब इनका क्या किया जाए' इस प्रश्न का सहज उत्तर मात्र इनका विनाश नहीं अपितु यहाँ कभी ऐसा कुछ किंचित् था, उसका विध्वंस भी, अन्यथा वह अमानवीय अराजकता का तांडव पुनः आरंभ होने में विलंब नहीं करेगा। देखो वत्स! युद्ध पहले भी हुए, त्रिपुरासुर और देवासुर संग्राम, जिन्हें विश्वयुद्ध ही कहा जा सकता है, वे भी हुए। इसी शृंखला में लंका समर भी हुआ। ब्रह्मपाश-नागपाश भी प्रकाश में आए और अकल्पित अपहरण भी हुए। क्रंदन करती हुई मायामयी देवी वैदेही की देह के रक्तरंजित अंग भी निशाचरी माया से बरसाए गए। प्रभु के खंडित मस्तक का प्रदर्शन भी किया गया, किंतु प्रभु की प्रभुता के विषय में अखंड विश्वास ने उन्हें जल पर खिंची हुई रेखा ही सिद्ध किया।''

''ये तो सत्य हैं, किंतु इस समय इसका समारंभ कैसे हो?''

''सर्वप्रथम अपनी घोषणा के उद्घोष से...''

घोषणा होते ही रासायनिक सामग्रियों के निर्माण में व्यस्त कई जन इस प्रकार उछलते हुए निकल आए मानो उनका बंदीवास ही समाप्त हो गया हो, किंतु दूसरी ओर तत्क्षण ही भयंकर विस्फोट आकाश को गुँजाने भी लगे। कुमार तक्षक का धनुष मंडलाकार हो गया। वर्षाकाल की प्रवाहमयी सरिता को लजाती हुई बाणावली बरसने लगी। संचित सामग्री सागर की लहरों में समाने लगी। उनके निर्माताओं के रुंड-मुंड धरती पर लोटने लगे। वीरवर अंगद के गदा प्रहारों से भंडारगृहों की भित्तियाँ-प्राचीरें रेत के घरौंदे बनकर रह गईं। अग्निबाणों ने उनका अंतिम संस्कार कर डाला। अन्य वानर-रम्यकी जनों की टोलियों ने द्वीप-द्वीप को खँगाल डाला। चीनांशुकों की गाँठें सैनिकों ने एकत्रित कर लीं। विशाल शैलों की समानता करनेवाले ढेरों को देखकर कई-कई कहने लगे कि ''इन चीनी राक्षसों की समृद्धि के प्रतीक इस वस्त्र भंडार का भोग अग्निदेव को लगा देना चाहिए और तुरंत लगा देना चाहिए।''

उनका खंडन करते हुए कुमार तक्षक बोले, ''नहीं-नहीं यह तो हमारे दीनता-ग्रसित तंदुकों के शिल्प और परिश्रम का अपमान होगा। जिन्होंने कषाघात सहते हुए, रात-दिन परिवार सहित भूखे-प्यासे रहते हुए इनका निर्माण किया है, इन्हें उन्हीं को सौंप देना चाहिए अथवा तंदुक समाज की समुन्नति के लिए, उन्हें पर्याप्त धन प्रदान कर, इस वस्त्र भंडार का वितरण अभावग्रस्त जनों में बिना यह विचारे कि उनमें कौन कहाँ का है, कर देना चाहिए। यह हमारा विचार है। इस विषय में निर्णय रण परिषद् ही करे, यही उचित होगा।''

कुमार तक्षक के विचार का समर्थन करते हुए अंगद के संकेत पर वस्त्र भंडार

जलयानों पर चढ़ा दिया गया। शिविर स्थान में पहुँचने पर वस्त्र भंडार को मारुति ने शिविरों में सावधानीपूर्वक रखवा दिया।

□

अनुच्छेद-१५

श्रीभरत का सप्तसैंधव स्यंदन सूर्यांकित पताका फहराता हुआ भद्राश्व वर्ष के केंद्र-बिंदु चीन की ओर दक्षिण दिशा में बढ़ चला। गिरिराज हिमालय को अपने पृष्ठ प्रदेश का प्रबल प्रहरी एवं संकटकाल में उससे संलग्न गहन गुहाओं को अपनी निरापद आश्रय स्थलियाँ बनाकर उत्तुंगशृंगपिंग यहाँ से कूट युद्ध का संचालन कर रहा था। उसने अपने तीनों ओर विस्फोटक अग्निचूर्ण की तुंदिल (मोटी) परत-पर-परत बिछवा दी थी। उसका पुत्र स्फुलिंगपिंग अंगरक्षक सुभटों के दल से घिरा हुआ स्वपक्षीय कषालों को व्यूहबद्ध करता हुआ निरंतर अलात चक्र की भाँति क्षेत्र-क्षेत्र में घूम रहा था। यह देखकर सेनापति नील श्रीभरत से बोले, ''यदि आप इस दुर्मद का दंभ इसी के अस्त्र से दमन करने की आज्ञा दें तो…''

''इसका अस्त्र क्या है?''

''इसके अस्त्र, जिन्हें यहाँ मणियल-फणियल कहा जाता है, वे विषधर महानाग हैं। इनके फणों पर मणियाँ जगमगा रही हैं। वे इस समय हमारे शिविर में चर्मदोलकों में बंदी बनकर फुंकार रहे हैं। यदि आप आज्ञा दें तो उन्हें… ?''

''वानरेंद्र नील! जो युद्ध से पृथक् हों, उनका प्रयोग, यह तो धर्म के विपरीत है।''

''ये महानाग युद्ध से पृथक् नहीं हैं। उन्हें विपक्षी के सारथि-अंगरक्षक के रूप में जानते हुए हम इन्हें बंदी बनाकर लाए हैं। ये जिनके हैं, उन्हें सौंपने में संकोच क्यों? यदि होता है तो बताएँ कि जो मारीच स्वर्ण-रत्न मणियों से शृंगार कर महारानी के नेत्रों को वह अपूर्व आनंद दे रहा था, जो अयोध्या के वैभव भी नहीं दे पाए। चल दीं राजभवनों से निकलकर प्रभु के पीछे-पीछे, मार्ग के वृक्षों की भाँति उन्हें अनदेखा करती हुईं। चलते समय एक बार भी जिन्होंने किसी राजकीय भवन की ओर पल भर मुड़कर भी नहीं देखा। उस कंचन मृग को अपनी सहधर्मिणी के आग्रह पर प्रभु भी लेने चल पड़े। उस मारीच ने प्रभु पर कहीं शृंग से या किसी अन्य अंग से प्रहार किया था क्या? किंतु प्रभु ने उसका वध कर डाला। रावण और मेघनाद के यज्ञ यज्ञपुरुष ने स्वयं भंग करा दिए। नंदीग्राम के तपस्वी महाराज ने तो उस पर बाण चला दिया, जिस दीन वानर ने अयोध्या का कोई अमंगल नहीं किया था।''

''अब तुमसे तर्क कौन करे, तुम प्रभु के वे परिकर हो, जिनसे न कोई कथा छिपी

और न कथा की कथा छिपी। आप जो कुछ विचार करके, करोगे, वह भविष्य में क्या कहा जाएगा, केवल इतना विचारकर…'' कहते हुए श्रीभरत मौन हो गए। सेनापति नील बोले, ''युवराज अंगद! आंजनेय! नीतिकारों ने जिन क्षणों के लिए 'मौनं स्वीकृति लक्षणं' कहा है।' इस समय वही क्षण उपस्थित है। विलंब क्यों?''

'जय श्रीराम' का दिग्दिगंत को प्रकंपित करनेवाला उद्घोष करते हुए तीनों कपि पुंगव उछलकर खड़े हो गए। एक शकटिका लेकर शिविर में पहुँच गए। देखा कि भयंकर फुंकारों से चर्मदोलिकाएँ फूल-फूलकर उसी प्रकार उठ-बैठ रही हैं, जिस प्रकार निद्राग्रस्त व्यक्ति के श्वासों से उदर वामन-विराट् का स्वाँग करता है।

शकटिका में चर्मदोलिकाएँ चढ़ाकर, उन्हें सुंदर-सुंदर चीनांशुकों से आच्छादित कर वे उसे समर क्षेत्र की ओर ले चले। मध्य क्षेत्र का एक ढलान देखकर उन्होंने शकटिका को ढकेल दिया। उसे अपनी ओर आते देखकर, ''यह क्या है, यह क्या है?'' कहते हुए स्फुलिंगपिंग कई कषाल प्रमुखों के साथ शकटिका की ओर बढ़ चला। वस्त्र हटाते ही, अपनी दोलिकाओं को देखते ही वह उछलते हुए विक्षिप्तों की भाँति बार-बार कहने लगा, ''अरे, आ गए-आ गए। हमारे ब्रह्मास्त्र-रौद्रास्त्र, क्या उनको भी परास्त करनेवाले आ गए।''

स्फुलिंगपिंग के शब्दों का अर्थ बिना समझे, बिना जाने कि इनमें क्या है, अनुभवहीन अत्युसाहितों ने दोलिकाओं के मुखों पर दृढता से कसे हुए पट्टकों को अपने प्रखर क्षुरों-क्षुरिकाओं से काट डाला। बस फिर क्या था, वे पवनभोजी भुजंग क्रोध में भरे हुए, श्वासों-निमेषों की आरोहण-अवरोहण गतियों को भंग करते हुए निकलने लगे। एक महानाग ने तुरंत उछलकर स्फुलिंगपिंग के कपाल-कपोलों पर इस प्रकार दंश पर दंश देने आरंभ कर दिए कि वह तो 'हाय' का 'हा' कहते-कहते ही किसी सरित तट के समूल वृक्ष की भाँति धरती पर निष्चेष्ट होकर गिर पड़ा। फिर तो प्रत्येक भुजंग अनेक को दंश देते हुए विचरने लगा। उनकी फुंकारों से शकटिका धूँ-धूँ करते हुए धधक उठी। अपनी दिशा में बढ़ते हुए नागों को देखकर श्रीभरत का एक बाण सरर-सरर अग्नि रेखा खींचते हुए उनके निषंग में आकर समा गया। शनैः-शनैः नाग समूह शव समूहों को लाँघते हुए गिरिराज हिमालय की शिलासंधियों को बाँबी बना-बनाकर प्रलय का दिग्दर्शन कराता हुआ अदृश्य हो गया। विषैली फुंकारों से विषाक्त हुए वातावरण को श्रीभरत और उत्तुंगशृंगपिंग दोनों ही अपने-अपने बाणों से प्रदूषण-विरहित करने लगे। दंशित व्यक्तियों के वमन की प्रगाढ़ कीच पर्जन्यास्त्रों से उत्पन्न सघन मेघ बरस-बरसकर सागर की ओर ले जाने लगे। विष के प्रभाव से अनेक मीन-मत्स्य-कमठ-कर्कटों के प्राणहीन पंजर जल पर तैरने लगे। श्रीभरत के संकेत पर युद्ध विराम सूचक शंख का उद्घोष कानों में पड़ते ही दोनों पक्षों के सैनिक अपने-अपने शिविर की ओर चल पड़े।

□

अनुच्छेद-१६

स्नान-भोजनादि से निवृत्त होकर रणपरिषद् भावी कार्यक्रम पर विचारार्थ शिविर में बैठी ही थी कि बाहर से अनेक ध्वनियाँ आने लगीं, ''हमें भारत जाना है, हमें भारत भेजिए-भेजिए-भेजिए।''

बार-बार सुनकर श्रीभरत शिविर से बाहर आ गए। रात्रि के प्रथम प्रहर का आरंभ देखकर सैनिकों ने दीपदंड प्रकाशित कर दिया। अनेक को करबद्ध और अनेक को ही धरती पर लोटते देखकर श्रीभरत उन्हें आश्वस्त करते हुए बोले, ''इलावर्त निवासी प्रिय बंधुओ! देवियो! आप शांत हो जाइए। आकाश में उदित होते हुए चंद्रदेव को साक्षी मानकर हम राघवानुज आपको विश्वास दिलाते हैं कि जो भी स्वेच्छा से भारत चलना चाहेंगे, उनमें से एक का भी त्याग किए बिना भारतीय सैनिक इस इलावर्त वर्ष की सीमा का परित्याग नहीं करेंगे।'' अभी श्रीभरत इतना ही कह पाए थे कि 'भारतभूमि की जय-मातृभूमि की जय-पितृभूमि की जय-पुण्यभूमि की जय-देवभूमि की जय-राजराज श्री रामराजेंद्र की जय-भरतदेव की जय-जय-जय' की हर्षोत्फुल्ल ध्वनियों से दिग्दिगंत गूँज उठा। अत्यंत कठिनाई से उन्हें शांत करते हुए श्रीभरत पुनः बोलने लगे—

''सुनिए, समय की न्यूनता है। कल यहाँ भयंकर, अत्यंत भयंकर संभवतः अंतिम युद्ध होगा। आज के युद्ध की स्थिति आप में से कुछ जन देख चुके हैं। सुन तो प्रत्येक चुके हैं। अतः आपको अर्द्धरात्रि से पूर्व यहाँ से प्रस्थान करना होगा। परिवहन के लिए अश्व-गर्दभाश्व (खच्चर)-हस्ति-महिष-वृषभ भी हैं। रथों की मात्रा न्यून है, फिर भी हैं। अतः जिनके पास शकट-शकटिका हैं अथवा किसी प्रकार उनका प्रबंध करने की क्षमता है, तो करें। उनके लिए जो कुछ अन्य चाहिए, वह तुरंत प्राप्त होगा। आप यहाँ से कश्यप सिंधु के तट पर पहुँचेंगे। आपके समान भारत जाने के लिए जो जन इच्छुक हैं, वे वहाँ काशी नरेश महाराजा प्रतर्दन की प्रबंध व्यवस्था में ठहरे हुए हैं। भोजनादि का पूर्ण प्रबंध है। आपका ही चीनांशुक भारी मात्रा में यहाँ से जा रहा है। प्रत्येक को आवश्यकतानुसार कल मध्याह्न पूर्व मिल जाएगा। केकय और गंधर्व प्रदेशों में सूचिक (दर्जी) प्राप्त होने में कोई कठिनाई नहीं है। गंधर्व नरेश प्रत्यूष आपको लेकर जाएँगे और वे ही जिस वस्तु की आपको आवश्यकता होगी, उसे उपलब्ध कराएँगे। बालकों-वृद्धों-रोगियों-नारियों को रथों और शकटिकाओं में प्रथम स्थान दें। जिन्हें यहाँ से कुछ ले जाना हो, समेट लें। कल मध्याह्न पूर्व जैसा कि अभी कहा; गंधर्वराज प्रत्यूष की छत्रच्छाया में आप भारत के लिए प्रस्थान करेंगे। महर्षि पाणिनि एवं पतंजलि आपका शुद्धि संस्कार कराएँगे। आप उनके प्रत्येक शब्द को ईश्वरीय वाणी के समान सम्मान देते हुए पालन करें।

"हम इधर से यथाशीघ्र चलेंगे, किंतु किसी भी व्यवस्था को त्रिशंकु की भाँति त्यागकर नहीं निकलेंगे। हम आपको अपने चित्त की वेदना किन शब्दों में प्रकट करें, वे तो नहीं खोज पा रहे हैं, किंतु प्रभु के श्रीचरणों के दर्शन किए बिना जो दिन बीत गए, वे तो बीत ही गए, परंतु इस समय तो एक-एक क्षण हम किस प्रकार बिता रहे हैं, वह हम ही जानते हैं। अब आप यहाँ से विदा हों। हमारी-आपकी भेंट भारतभूमि में ही होगी। भारतमाता की जय।"

'भारतमाता की जय-भारतमाता की जय' का उद्घोष करते हुए इलावर्त क्षेत्रीय जनों का समूह चल पड़ा। गंधर्व नरेश प्रत्यूष कुमार नीलनिधि के साथ श्रीभरत-मारुति-अंगदादि की चरण वंदना करते हुए कुमार तक्षक-पुष्कल से सहर्ष आलिंगनबद्ध होते हुए, रथ बढ़ाकर उस समूह के अग्र भाग में पहुँच गए।

□

अनुच्छेद-१७

मणियल-फणियल विषधर भुजंगों के कारण कई कषाल नेतृत्वविहीन हो गए। एक ज्वलंत प्रश्न उपस्थित हो गया कि अब वे किसका निर्देश पाकर, क्या करें? इस असमंजसग्रस्त स्थिति से उबरने के लिए वे उत्तुंगशृंगपिंग के पास गए। पर्याप्त प्रतीक्षा के उपरांत द्वारपाल ने आकर सूचना दी कि अभी वे अपने पुत्र स्फुलिंगपिंग के अंत्यकर्म में व्यस्त हैं। आप भी अपने कषाल प्रमुखों के संस्कार से मुक्त होकर मध्याह्न के पश्चात् आएँ, तभी भेंट होगी। भावी कार्यक्रम के लिए यदि आपके कोई सुझाव होंगे, तो वे भी पूर्ण मनोयोग से सुने जाएँगे।

मध्याह्न पश्चात् कषाल जन शनैः-शनैः एकत्रित होने लगे, किंतु उत्तुंगशृंगपिंग अपने भवन से नहीं निकला। निराश कषाल जनों के कुछ समूह श्रीभरत शिविर की ओर समर्पण करने चल पड़े। उन्हें शिविर तक नहीं जाना पड़ा, क्योंकि श्रीभरत भद्राश्व की सीमा के अंदर ही युद्धारंभ की प्रतीक्षा में अपने परिकर से घिरे हुए खड़े थे। भद्राश्व जन अपने शस्त्रास्त्र समर्पित कर शीश झुकाकर खड़े हो गए। उनके शस्त्रास्त्र शिविर शस्त्रागार में भिजवाकर श्रीभरत के आदेश से युवराज अंगद ने पूछा, "अब वे क्या कहना चाहते हैं, निस्संकोच कहें।"

उत्तर मिला, "हम अपने परिवारों के साथ सुरक्षित रूप से यहीं एक ही कषाल के रूप में रहना चाहते हैं। यदि आप अनुचित न मानें तो उस कषाल का नाम समर-मंगल श्रीभरत कषाल होगा। हम कौशीय कीटों को पालते हुए—ऊर्णायु मेषों से प्राप्त ऊर्ण से वस्त्र निर्माण करते हुए कृषि आदि से पूर्व की भाँति जीवनयापन करना चाहते हैं।"

सुनकर उनसे कहा गया, "वे अपने परिवारों को लेकर हिरण्यमयवर्ष (साइबेरिया

के दक्षिण वर्तमान मंगोलिया आदि) चले जाएँ। उन्हें तात्कालिक रूप से जो सुविधा चाहिए, वह प्रदान की जाएगी।'' वे निकल ही रहे थे कि उत्तुंगशृंगपिंग को उनके हिरण्यमय जाने का समाचार मिल गया। अपनी सेना की संख्या घट जाने के साथ ही अपने वर्चस्व पर प्रश्नचिह्न लग जाने के भय से वह काँप उठा। उसने तुरंत घोषणा करानी आरंभ कर दी—

''प्रिय भद्राश्ववर्षियो! जीवन में उत्थान-पतन के अनेक अवसर आते हैं, किंतु उसका यह अर्थ नहीं कि जिनके साथ जन्म से संबंध रहा है, उनका इस प्रकार एकाएक परित्याग करके, युगों-युगों के संगी-साथियों से मुँह फेरकर अपरिचितों की भाँति निकल जाएँ। कुटिल-कपटी भारतीयों के जाल में फँसकर तुम आत्महत्या करने जा रहे हो। लंकापति रावण और वानरराज बालि की हत्या इनके राम ने परिवार में फूट डलवाकर ही तो की। इसी प्रकार गंधर्वराज शैलूष की पत्नी को अपने पक्ष में करके केकय प्रदेश को अपने क्रूर पंजों में जकड़ लिया। अरे, तुम चिंता मत करो। तुम्हारे शस्त्रास्त्र ही तो इन्होंने रक्षक-संरक्षक के स्वाँग रचकर लिये हैं। प्राण तो नहीं लिये। देखो इस संग्राम में हँसते-हँसते हमने अपने एकमात्र पुत्र की बलि दी है। फिर भी अपने देश, अपने गौरव की रक्षा के लिए, जैसे कुछ हुआ ही न हो, इस प्रकार खड़े हुए हैं। जो शस्त्रास्त्र तुमसे बलात् लिये गए हैं, उनसे भी शक्तिशाली चमत्कारी आयुध हमारे पास हैं। एक क्षण का भी विलंब किए बिना उन्हें ग्रहण करो और अपने स्वाभिमान की अस्तित्व की रक्षा करते हुए इन भारतीयों के मस्तक पर पैर रखते हुए विजयश्री का वरण करो।''

पिंग की कुटिल घोषणा का यथार्थ जाननेवाले तो हिरण्यमय की ओर निकल गए, किंतु अस्तित्व रक्षण के नाम पर कुछ जन उन्हें धकियाते हुए चीन की ओर चल पड़े। पिंग ने अपने शौर्य को प्रकट करने के लिए पहाड़ियों के शिखरों पर शृंखलाबद्ध खड़ी हुई शतघ्नियों में दीपदंडिकाओं के स्पर्श कराने आरंभ कर दिए। दिग्मंडल का मौन भंग होने लगा।

अग्निपिंड उछल-उछलकर राघवी सेना पर गिरने लगे। श्रीभरत के पर्जन्यास्त्र उन्हें आकाश में ही शीतल करते हुए शतघ्नियों की नलिकाओं में भी प्रविष्ट होकर, उन्हें व्यर्थ करने लगे। चीनी और भारतीय सेनाओं का तुमुल आरंभ हो गया। भारी मात्रा में अपने सैनिकों का संहार होते देखकर, हतोत्साहित भयाक्रांत कषालजन उत्तुंगशृंगपिंग से युद्ध विराम कर, समर्पण का आग्रह करने लगे। वे अपने जनों के शब्दों की अवहेलना प्रमादपूर्वक करते हुए, ''देखते हैं, देखते हैं, विचारते हैं, विचारते हैं'' कहते हुए वह राजभवन की ओर देखने लगा। तभी सैनिकों ने देखा कि राजभवन की ओर से अनेक संपुटकों से लदाफँदा-अभेद्य आवरणमंडित एक विशाल रथ उसकी ओर चला आ रहा है। वह उस पर सवार होने के लिए द्रुत गति से बढ़ा जा रहा है। वे समझ गए कि यह

हमें हमारी दशा पर छोड़कर कायरों की भाँति पलायन करने जा रहा है। चीनी सैनिकों के हृदय से उसके प्रति सम्मान के साथ-साथ उनका धैर्य भी डोल गया। उत्तुंगश्रृंगपिंग को रथ पर चढ़ते हुए देखकर उन्होंने उसे खींच लिया।

वह कुछ कहता कि उसे अनेक अपशब्दों से संबोधित करते हुए एक कषाल प्रमुख ने उसका शीश उतार दिया। श्वेत पताका फहरा दी गई। भारतीय सैनिक जो जहाँ थे, वे वहीं भावी दृश्य दर्शन के लिए खड़े के खड़े रह गए। अनेक अग्निदंडिका पिंग भवन को दिशा-दिशा से धधकाने लगीं। पिंग के रथ में ही उसके मस्तक को रखकर प्रमुख कषाल जन श्रीभरत की ओर चल पड़े। वे भी अपने सप्तसैंधव स्यंदन से उतरकर खड़े हो गए। कषाल जन पिंग का मस्तक उठाकर श्रीभरत के चरणों में डालने जा रहे थे कि उसका निषेध करते हुए वे बोले, ''नहीं-नहीं, शव किसी का भी हो, उसका अपमान नहीं होना चाहिए। पूर्ण राजकीय सम्मान के साथ पिंग का अंत्यसंस्कार करने के पश्चात् प्रमुख जन अपने समुदाय के विचार लेकर हमारे शिविर में आकर प्रातः भेंट करें।'' राघवी सेना राघवानुज के साथ जयघोष करती हुई अपने शिविर की ओर अग्रसर हो गई।

□

अनुच्छेद-१८

प्रमुख शिविर के पट भंग कराते हुए राजा पुरुमीढ़ सहित आंजनेय हनुमान-किष्किंधा युवराज अंगद-सेनापति नील आदि को साग्रह आसनों पर आसीन करते हुए श्रीभरत प्रमुख आसन पर आसीन हो गए। राजकुमार तक्षक-पुष्कल उनके दोनों ओर खड़े हो गए। प्रातः से पूर्व जो कषाल-जन शिविर क्षेत्र में एकत्रित होने लगे थे, वे शनैः-शनैः आकर बैठने लगे। उनके पश्चात् आनेवाले जन भी उनके समीप स्थान ग्रहण करने लगे। श्रीभरत का संकेत पाकर एक कषाल प्रमुख उनके प्रति सादर सिर झुकाकर निवेदन करने लगा—

''श्रीमंत! उत्तुंगश्रृंगपिंग के धरती से विदा हो जाने पर भद्राश्ववर्ष के प्रमुख भाग पर बलात् शासन करनेवाले क्रूर चीनी शासन का अंत आपके प्रताप से हो रहा है। इसी के साथ विश्व के लिए एक सुखद-शांत युग का अभ्युदय होगा, हमें विश्वास है। इस समय आप हमारा मार्गदर्शन करें। हम उसका अनुसरण मन-वचन-कर्म से करेंगे। यह वचन देते हैं।'' कहते हुए वह कषाल प्रमुख बैठ गया।

श्रीभरत उस कषाल प्रमुख के शब्दों का समर्थन कषाल जनों में अनुभव करते हुए धीरे से बोलने लगे—

''भद्राश्व जनो! हम एक विजयी के रूप में आपसे कुछ कहने जा रहे हैं, यह भाव

सर्वप्रथम आप अपने हृदय से निकाल दें। आप अपने देश-प्रदेश के शासन का संचालन, अपने जनों के अनुमोदन से उसी प्रकार करेंगे, जैसे लंकेश्वर विभीषण लंका का एवं कपिपति सुग्रीव किष्किंधा का कर रहे हैं। उसके साक्षी रूप में युवराज अंगद आपके मध्य में उपस्थित हैं। राघव अपनी सीमा से बाहर राज्य विस्तार के लिए नहीं, धर्मोद्धार के लिए ही निकलते आए हैं। इतिहास इसका साक्षी है। केकय विध्वंस के समाचार से अवगत होने पर ही अयोध्यापति ने हमें ससैन्य यहाँ भेजा। अपने चंद्रवंशी साम्राज्य के पश्चिम क्षेत्रीय रक्षक राजा पुरुमीढ़ देव द्वारा राक्षसों एवं गंधर्वों के क्रूर कर्मों से अवगत होने के कारण श्रीमंत अजमीढ़ देव ने अपने अनुज के अधीन अपना सैन्य बल राघवी सैन्य बल से संयुक्त किया। हमारे पूज्य पिताश्री के परम मित्र काशीराज प्रतर्दनदेव हमसे वात्सल्य भाव के कारण, उसी प्रकार हमें सहकार देने आ गए जैसे किसी वनैले पशु से उसके गुरुजन संरक्षण प्रदान करते हैं। विदेह से हमारे संबंध किसी से छिपे हुए नहीं हैं। विदेह नरेश बंधुवर लक्ष्मीनिधि ने अपने युवराज कुमार वत्स नीलनिधि को उसी बंधु भाव के अनुसार भेजा, जिसका शास्त्रों में उल्लेख है—

उत्सवे संकटश्चैव प्रवेशे निर्गमे तथा।
राजद्वारे च श्मशाने यः तिष्ठति सः बांधवः॥

किष्किंधापति सुग्रीव तो प्रभु के पंचम बंधु हैं। वे इस समय कैसे मौन रह जाते, जबकि वे जान चुके थे कि विभिन्न संग्रामों से प्राणव्यामोही राक्षसगण अपने-अपने देश से पर्याप्त संपदा समेटकर, पलायन करते हुए सिंधु सागर के पश्चिम में एक सर्वतंत्र स्वतंत्र रक्ष-राष्ट्र बना रहे हैं, यहाँ तक कि कलावंत गंधर्वों को भी राक्षसों का पर्याय बना चुके हैं। युवराज अंगद के नेतृत्व में समरकला-कुशल वानर सुभटों का दल महनीय मनीषा के धनी रक्षराज जांबवंत ने सुदूर प्रतीची (पश्चिम) में ही सीधे भेज दिया।

''अस्तु, पृथ्वी को पातक—पंकविरहित करने का जो प्रभु का प्रण था, उसे पूर्ण करने के लिए राक्षसों का वध तो होना ही था, वह हुआ। उसके पूरक के रूप में राक्षसों के पर्याय बने हुए नृशंस गंधर्वों का भी अंत हुआ। देव वर्ग में जिन संगीताचार्य गंधर्वों की गणना सृष्टि के आरंभ से होती रही, वे राहू प्रभावित पातक काल का भंग करते हुए दिवसाधिप की सुदीप्त किरणों की भाँति दिशा-दिशा से प्रकट हो गए। आज वत्स प्रत्यूष गंधर्वराज है। देवी निनादिनी का वीणापाणि-हरिवल्लभा-सर्वमंगला स्वरूप मात्र गंधर्वराज को ही नहीं अपितु समस्त केतुमाल क्षेत्र को उनका सौहार्दमय सात्त्विक संरक्षण-मार्गदर्शन प्राप्त है। यहाँ आने पर जिस इतिहास से हमारी भेंट हुई, उसने हमें बता दिया कि यदि विशाल इलावर्त के सीमांत से सटे हुए उत्तर कुरु-हरि-हिरण्यमय-रम्यक-भद्राश्व क्षेत्रों का उद्धार किए बिना हमारा सैन्याभियान समाप्त हो गया तो केकय-मद्र-सिंधु-गंधर्व क्षेत्रों में जो हमारे सुभटों ने शीशों को हथेली पर रखकर पराक्रम-प्रदर्शन से विश्व के इतिहास

को स्वर्णिम पृष्ठ प्रदान किए हैं, वे धुँधले पड़ जाएँगे। रज पर खिंची हुई रेखा से जल पर खिंची हुई रेखा बनने में विलंब नहीं करेंगे। विभिन्न कषालों ने यहीं से निकल-निकलकर तो भारत के पश्चिमी क्षेत्रों में प्रलयंकारी दृश्यों की रचना की है। अत: इस अभियान के अग्रध्वज के रूप में राजा पुरुमीढ़ इधर पधारे। कश्यप सागर के तट पर ठहरकर उन्होंने पश्चिमी रम्यक जनों को जिस प्रकार साधा, यह वे ही जानते हैं। अब तो समस्त विश्व जान गया कि निस्स्वार्थ भाव से विश्व के कल्याण की कामना लेकर जो कार्य किया जाता है—वह मार्ग के समस्त विघ्न-बाधा दलों को धूलि-धूसरित करता हुआ सफलता के शिखर का ध्वजराज बने बिना नहीं रहता। रक्ष राष्ट्र एवं उसके मंतव्य, जो उसके जन्मजात विरोधी थे, उनके मन-मस्तिष्कों को घेरने वाले विचारों, उनके पालक-पोषक दलों की इति शुद्ध-सात्त्विक संकल्प के कारण हुई। उसके पश्चात् हम इस ओर बढ़े।

''जिन विघ्नों को निरस्त करते हुए आए थे, वे यहाँ पग-पग पर सदल-बल खड़े हुए मिले। उनका निराकरण, आपमें आगे-पीछे उत्पन्न हुए विवेक-विश्वास-साहस और अंत में समर्पण के कारण हुआ। कषालों के संगठित न होने के कारण चीन ने विश्व के समक्ष एक अद्भुत उदाहरण प्रस्तुत करते हुए सत्ता प्राप्त की। शोषकों का शोषण एवं लुटेरों को लूटकर सत्ता प्राप्त की। शिल्पियों से रात-दिन कठोर श्रम कराकर जिन अंशुकों का निर्माण कराया, उन्हें गाँठों में बँधवाकर, यथासंभव अधिकाधिक मूल्य पाने की लालसा के अधीन भंडारगृहों में रखवाकर, शिल्पियों को भूखा-प्यासा रखकर, उनके परिवारों को ऐसे दीन-दरिद्र साधनहीन-अनाथों की श्रेणी में खड़ा कर दिया कि वे अश्रुओं की कीच में घिसटते हुए, एक-एक श्वास को गिनते रहें अथवा आत्मघात कर शरीर के बंधन से मुक्ति प्राप्त करें। नृशंसता से प्राप्त धन के संरक्षण के लिए अपने विश्वस्त जनों का भक्षण करा-कराकर, भयंकर भुजंगों-व्याघ्रों को नियुक्त किया।

''अस्तु, जैसे-कैसे पंचांग के अनुसार त्रेता युग में कलियुग के अंगांग के दर्शन कराता हुआ, व्यतीत हुए कल की मानवता की अंतक जैसी एक असफल, किंतु प्राणप्रकंपक गाथा बनकर, इतिहास के तलगृह में पड़ा रह जाएगा। अपने हित के लिए एक नवीन युग का सूत्रपात यदि आप करना चाहें तो संकल्पित चित्त से खड़े हो जाएँ। हम तो अपने शिविरों का आज या कल विसर्जन करके चले जाएँगे। फिर आपके कर्म जानें और आपका भाग्य जाने।

''हमारे घटों-सुघटों ने तो आपको चीन के कारागृह से मुक्त कराकर, मुक्त गगन के तले लाकर खड़ा कर दिया है। हम आपको अपने किसी या किन्हीं नीति नियमों के व्यूहों में बंदी बनाने अथवा यहाँ से एक वराटिका-चीनांशुक का एक हस्त-प्रक्षालक खंड भी नहीं ले जाएँगे। यदि आप स्वेच्छा से कुछ देना चाहेंगे तो निर्धारित मूल्य प्रदान करके ही लेंगे। हमारे साथ जो वानरगण उपस्थित हैं, ये तो वे हैं, जो लंका से लौटते

समय लंका की धूलि से सने हुए अपने चरण सिंधु के जल में धोकर ही किष्किंधा गए थे। अब आपको अपने पर शासन स्वयं करना है।''

इन शब्दों के साथ श्रीभरत के मौन होने पर एक बार तो समग्र शिविर में ऐसा मौन छा गया, मानो यहाँ जीवित-जाग्रत् मनुष्य नहीं उनकी पाषाण प्रतिमा ही किसी ने एकत्रित कर दी हों। कुछ क्षणों के पश्चात् एक-एक की आँख में झाँकते हुए कई जन खड़े हो गए। वे अत्यंत विनम्र मुद्रा में कहने लगे—

''श्रीमंत रामानुजदेव! इलावर्त और उससे संलग्न समस्त वर्षों की व्यवस्था आपके और केवल आपके द्वारा ही व्यवस्थित हो सकेगी। इस समय यहाँ का एक भी प्रमुख व्यक्ति ऐसा नहीं है, जिससे आप परिचित न हों। आप व्यवस्थापक के रूप में जिस किसी का मनोनयन कर देंगे, उसका नाम प्रकाशन में आने से पूर्व, हम वचन देते हैं कि उसे ही हम निश्शंक भाव से अपना अधिपति मान्य कर लेंगे। यदि आपकी दृष्टि में ऐसा कोई जन नहीं आता है तो फिर आप अयोध्या-केकय अथवा गंधर्व साम्राज्य के ही किसी जन को हमारे अधिपति के रूप में मनोनीत करने के पश्चात् ही यहाँ से प्रस्थान करेंगे। इसे आप हमारा निवेदन अथवा समर्पित जनों की हठ भी मान्य करें तो भी हमें कोई आपत्ति नहीं है। फिर भी यदि आप चलना चाहेंगे तो आपका सप्तसैंधव हमारे शरीरों पर से ही···।''

श्रीभरत उन्हें तुरंत शांत करते हुए, अपने परिकर की ओर असमंजसग्रसित जैसी दृष्टि से देखते हुए बोले, ''मध्याह्न में हम पुनः मिलें, यही उचित होगा। इस मध्य इलावर्त से संयुक्त समस्त वर्ष, इसके अतिरिक्त पश्चिमी रम्यक भी जिसे कुछ समय से, कुछ जन भ्रमवश पृथक् जैसा मान रहे हैं, किंतु वह पृथक् कदापि मान्य नहीं किया जा सकता। उसे भी सम्मिलित कर, किसी भी निश्चय पर आएँ। फिर भी यदि नहीं आ सके तो किसी अन्य व्यवस्था पर विचार किया जाएगा, परंतु हमें विश्वास है कि आप किसी-न-किसी महानुभाव का चयन अवश्य कर लेंगे, किंतु यदि यह किसी प्रकार संभव नहीं हुआ तो भी अयोध्या के किसी व्यक्ति को यहाँ का आधिपत्य किसी भी स्थिति में नहीं सौंपा जा सकेगा। हम समझते हैं कि राजा पुरुमीढ़ देव का भी यही मत होगा।''

श्रीभरत के शब्दों का अनुमोदन करते हुए राजा पुरुमीढ़ भी तुरंत बोल पड़े, ''निश्चित-निश्चित, हस्तिनापुर से भी किसी को यह दायित्व नहीं सौंपा जा सकेगा। सामंजस्य स्थापित करने के लिए विभिन्न स्तरों पर भविष्य में आवागमन अवश्य रहेगा।''

इसी के साथ श्रीभरत के उठते ही समस्त जन सम्मानार्थ उठकर, श्रीभरत के निर्देशानुसार विचार-विमर्शार्थ वहीं के वहीं बैठ गए।

□

अनुच्छेद-१९

श्रीभरत के परिकर सहित उठने के उपरांत कषाल-जन एक बार उठकर, तुरंत ही शिविरांगन में बैठकर गंभीर विचार-विमर्श में लीन हो गए। परस्पर के गुण-दोष शक्ति-सामर्थ्य आदि की विवेचना के पश्चात् पश्चिमी रम्यक कषाल के प्रमुख सैनकेस को सभी ने एक मत से इलावर्त मंडल का अधिपति निश्चित किया, साथ ही सैनकेस को यह अधिकार भी दिया कि वे श्रीभरत से मिलकर जो नीति-नियम निर्धारित करेंगे, इलावर्तवर्ष के अंतर्गत समस्त वर्षों का शासन-संचालन उसी पद्धति से होगा। अब प्रतीक्षा थी तो केवल श्रीभरत की ही, कि जो विचार किए गए हैं, वे उनके मार्गदर्शन में व्यवहार में आ जाएँ।

कुछ ही समय में श्रीभरत भी अपने परिकर सहित आ गए। उनके सम्मान में खड़े होकर जय-जयकार करते कषाल जनों को संकेत से बिठाते हुए प्रमुख कषाल जनों के निर्णय से अवगत होते ही उन्होंने सैनकेस के मस्तक पर तिलक लगाते हुए, अपने कंठ से उतारकर रत्नमाला उनके कंठ में डाल दी। सैनकेस को अपने समीप बिठाकर श्रीभरत ने धीरे से पूछा, ''वे इस विविध भाषाभाषी रीति-नीतियों में ग्रस्त अपनी भारतीय संस्कृति को विस्मृत किए हुए अनेक भ्रमों में आबद्ध जनों से परिपूर्ण, अनेक वर्षों में विभाजित, प्राकृतिक दृष्टि से अनेक ऋतुओं-जलवायु वाले अनेक वर्षों की सीमाओं से संयुक्त इस विशाल इलावर्त का शासन-संचालन किस प्रकार से करेंगे? यदि इस विषय में आपने कोई विचार किए हों तो उन पर प्रकाश डालें। इस समय ये अनेक प्रश्न हम इसी कारण से कर रहे हैं, ताकि भविष्य में तात्कालिक रूप से विचारजन्य कोई कठिनाई न आए। व्यवहार में भी सहजता रहे।''

श्रीभरत के प्रश्नों का यथार्थ समझकर सैनकेस उन्हें प्रणाम करते हुए खड़े हो गए—

''श्रीमंत! आपने जो प्रश्न किए, उनके मूल में जो भावना निहित है, उसका अर्थ हम कषाल-जन पूर्णत: समझते हैं। इस प्रकार के प्रश्न समग्र कल्याण की कामना करनेवाला कोई परम हितैषी ही कर सकता है। वह देवपुरुष ही कर सकता है कि यदि कहीं-कोई ऐसी कठिनाई आ रही हो तो जिसके निराकरण में हम सहज समर्थ न हो रहे हैं तो वह प्रत्येक स्तर पर उसे निरस्त करने के लिए प्रस्तुत हो। आप प्रत्यक्ष रूप से यद्यपि कोई हस्तक्षेप कदापि नहीं करेंगे, किंतु यदि किसी लंका के लिए कोई मूलक उत्पन्न हो जाए तो विश्व के हित को सर्वोपरि मानकर शांत दर्शक भी नहीं बने रहेंगे। समस्या कितनी कठिन-से-कठिन क्यों न हो, उसके समाधान के लिए प्रत्येक प्रकार से आप सदैव प्रत्येक स्तर पर सन्नद्ध रहेंगे, यह हमें विश्वास है।

''इसके अतिरिक्त हम यह भी जानते हैं कि नंदीग्राम में एक क्षेत्र संन्यासी की

भूमिका में रहते हुए भी अयोध्या साम्राज्य के संचालन में एक अद्वितीय जाग्रत् के कर्तव्य का निर्वाह कैसे किया। पवनवेगगामी पवनपुत्र भी आपको अपना परिचय दिए बिना अयोध्या की सीमा से नहीं निकल पाए। शासन संचालन के सनातन सिद्धांत आपके जिह्वाग्र पर अठखेली करते हैं। वे उनसे उतरकर हमारा मार्गदर्शन करें, यही विनम्र निवेदन है।''

''हम आपका मंतव्य समझ गए। इस विषय में हमारा इतना कहना है कि हम यहाँ से शीघ्र ही प्रथम पश्चिमी रम्यक में कुछ समय ठहरेंगे। वहाँ से यदि कोई हमारे साथ चलना चाहेंगे तो उन्हें लेकर अविलंब गंधर्व प्रदेश में प्रवेश करेंगे, क्योंकि भारत जाने के इच्छुक श्रद्धालु-जन वहीं एकत्रित हैं। अत: हमारा परामर्श है कि श्रीमंत सैनकेस के साथ कुछ प्रबुद्ध कषाल-जन भी हमारे साथ चलें। इस युग की एक विभूति-हाँ, विभूति के अतिरिक्त उन्हें कोई अन्य संज्ञा दी ही नहीं जा सकती। वे देवी निनादिनी गंधर्व राजमाता होकर भी समस्त केतुमाल क्षेत्र में अपने आचार-विचार समदर्शी भावना के अनुसार जगदंबा के रूप में विख्यात हैं, पूज्य हैं। ये आपके क्षेत्र के बहुत निकट हैं। यदि आपको उनका संरक्षण प्राप्त हो जाए तो आपकी अनेक समस्या जन्म लेने से पूर्व ही समाप्त होने में विलंब नहीं करेंगी। अब आप हमें आज्ञा दें।''

श्रीभरत अब इस क्षेत्र से विदा हो रहे हैं, यह जानकर अनेक के नेत्र भर आए। विह्वलता के कारण वाणी जिह्वा पर आकर भी नि:शब्द हो गई, किंतु निरुपाय रहने की स्थिति में करबद्ध-नतमस्तक हुई, रह गई। श्रीभरत के सप्तसैंधवारूढ़ होते ही आंजनेय उछलकर सारथी के स्थान पर जा बैठे। कुमार तक्षक और पुष्कल अपने पिता के दोनों ओर खड़े हो गए। युवराज अंगद एवं सेनापति नील राजा पुरुमीढ़ के साथ दूसरे स्यंदन में चढ़ गए। सैनकेस कषाल-प्रमुखों को निर्देश देते हुए प्रभावी कषाल-जनों के साथ दो रथों में सवार होकर श्रीभरत के साथ चल पड़े।

श्रीभरत के आगमन की सूचना पाते ही महाराजा प्रतर्दनदेव ने उनके स्वागत खानपान की समस्त व्यवस्थाएँ कर डालीं। धनाध्यक्ष श्री कुबेरदेव का दिया हुआ धन श्रीभरत के संकेत पर प्रतर्दनदेव ने इलावर्त क्षेत्र के पुनर्वास के लिए सैनकेस को सौंप दिया। उन्होंने भी प्रत्येक वर्ष की स्थिति-परिस्थिति की समीक्षा करते हुए वह विभिन्न वर्षों के मनोनीत प्रमुखों में तुरंत विभाजित कर दिया। अगले दिन प्रात: ही कश्यप सागर एवं उसके तट पर स्थित रुद्रालय में भगवान् शंकर का सामूहिक पूजन करते हुए श्रीभरत सभी के साथ केतुमाल क्षेत्र की ओर चल पड़े। केतुमाल की सीमा पर एक बाण के द्वारा धनाध्यक्ष श्रीमंत वैश्रवण के प्रति कृतज्ञता प्रकट करने के साथ कैलासपति भूतभावन की अभ्यर्थना करते हुए श्रीभरत बढ़ चले।

□

अनुच्छेद-२०

गंधर्व राज्य की सीमा पर गंधर्वराज प्रत्यूष अपने अष्टामात्य मंडल सहित उपस्थित थे। वे भरतादिक पर पुष्प वर्षा करते हुए, वाद्यों पर मंगल ध्वनि गुँजाते हुए उन्हें सभागार की ओर लेकर चल पड़े। द्वार पर गंधर्व राज्य की महारानी जयप्रभा द्वारा नीरांजना के पश्चात् कलावंत गंधर्वगणों के सांस्कृतिक समारोह से अवकाश पाकर, श्रीभरत सैनकेस के साथ आए हुए इलावर्त जनों को लेकर सभागार में पुनः आ गए। समाचारों के आदान-प्रदान के पश्चात् श्रीभरत सैनकेस का हाथ देवी निनादिनी के हाथों में थमाते हुए बोले, ''अब इलावर्त क्षेत्र का शासन-संचालन कैसे हो, इनकी समस्याओं के समाधान के लिए जिस प्रकार से नीति-नियमों का निर्धारण हो, ऐसे संविधान का निर्माण आप ही करेंगी। आप इनको घोषित-अघोषित रूप में संरक्षण उसी प्रकार प्रदान करें, जैसे गंधर्व साम्राज्य के अधिपति इन बाल प्रत्यूष को आपकी छत्रच्छाया प्राप्त है।''

''श्रीमंत राघवानुजदेव! हम अपनी संपूर्ण शक्ति-सामर्थ्यानुसार आपके आदेश का पालन महर्षि पतंजलि एवं पाणिनि के मार्गदर्शन में करेंगी। हम जानती हैं कि आपको प्रभु राघवेंद्र का विरह असह्य होता जा रहा है। कल ही तक्षशिला विश्वविद्यालय के प्रांगण में इन भारत प्रवेशोत्सुक जनों के शुद्धि संस्कार के उपरांत आप प्रस्थान करें। इलावर्त से पधारे हुए महानुभाव कुछ दिनों तक हमारे अतिथि बनकर रहेंगे। इस मध्य नीति-नियम संविधान का निर्माण इन्हीं की भावना के अनुरूप विशाल इलावर्त क्षेत्र की समस्याओं पर विधिवत् दृष्टिपात करते हुए किया जाएगा। हम समझती हैं कि इलावर्त क्षेत्र के साथ वह विश्व के लिए भी मंगलमय सिद्ध होगा।''

आज तक्षशिला विश्वविद्यालय की शोभा देखते ही बन रही थी। चारों ओर पत्र-पुष्प गुंफित वंदनवारें वृक्षों से वृक्षों पर, स्तंभों से स्तंभों पर झूलती हुईं ऐसी प्रतीत हो रही थीं कि मानो लोक-लोक के वसंत-दल दल-बल सहित तक्षशिला के आँगन में उतर आए हों। उनके आगमन से प्रमुदित हुई प्रकृति सुंदरी अपनी सखियों सहित झूलों पर झूले डाल-डालकर, श्रावणी महोत्सवों को आयोजित करने का प्रण ठानकर ही पृथ्वी पर पधार गई हों। बहुरंगी पुष्पों की क्यारियों के घेरों में घिरी हुई मंजरी-मंडित हरित तुलसी की महिरुहियों (छोटी-छोटी पौध) को तो क्या कहा जाए? उन्हें देखकर तो यही लग रहा था कि स्वयं श्रीहरिवल्लभा महालक्ष्मी ही क्षीरसिंधु से निकलकर अपने अप्रतिम ऐश्वर्य के अक्षय भंडार का अनेक रूपों में वितरण करती हुईं, एक अन्य अन्नपूर्णा के समान वहाँ विराजमान हो गई हों।

जिनके पूर्वज किसी समय किसी कृत्य के कारण निष्कासित कर दिए गए थे,

उनकी संततियों के मन-मस्तिष्क में भारतीय संस्कृति के तीर्थों-पर्वोत्सवों की जो सुरम्य सुस्मृतियाँ सुप्तावस्था में अस्त-व्यस्त स्थिति में बिखरी पड़ी थीं, वे श्रीभरत के इलावर्त आगमन पर, उनके आचार-व्यवहार, दिनचर्या, वेशभूषा, खानपान, संबोधन, नमन-अभिनमन, वार्त्तादि में शब्दावली के प्रयोग को देखकर जाग्रत् होने लगीं। उनकी चित्ताकर्षक प्रवृत्ति-पद्धतियों से जो भावनाएँ हृदय में दबी-कुचली पड़ी थीं, वे शनैः-शनैः प्रकट होने लगीं। अंततोगत्वा वे शब्दाकार धारण कर 'हमें भारत जाना है' यह भावना, 'हमें भारत ले चलिए' प्रार्थना के रूप में उनकी जिह्वा पर डेरे डालकर बैठ गई। निष्कपट हृदय से प्रस्फुटित हुई कामना कभी व्यर्थ नहीं जाती। इस सनातन सिद्धांत के अनुरूप चलने वाले, चल पड़े। ले जानेवाले, ले चले। उसी पर आज सहमति-स्वीकृति की प्रदीप्त मुद्रा अंकित कराने, युगों से बिछुड़े हुए अपनों को विधिवत् अपनाने के लिए, अपनी भारतभूमि के प्रति समर्पित जनों को लेकर एक चैतन्य भारतीय के रूप में श्रीमंत भरत चल पड़े।

विश्वविद्यालय के महापौर पर उपस्थित गंधर्वराज प्रत्यूष श्रीभरत के साथ इलावर्त क्षेत्र के परिवार समूहों को आता देखकर, गंधर्व प्रमुखों सहित बढ़ चले। श्रीभरत के चरणों में प्रणाम करते हुए वे इलावर्तीय समूहों को मंडप में ले आए। गंधर्व नारियों के साथ महारानी जयप्रभा द्वारा निरांजना करते ही बटुक ब्रह्मचारियों के आरोहित-अवरोहित स्वरों में वैदिक मंत्रमाला वातावरण में एक अद्‌भुत सरस सात्त्विकता का संचार करने लगी।

मंडप में प्रवेश करते ही श्रीभरत ने देखा कि प्रजापति कश्यप के साथ महर्षि पतंजलि-पाणिनि-नाट्याचार्य भरत-ऋषिवर और्व आदि मर्यादानुसार आसन ग्रहण कर चुके हैं। वे उन्हें विधिवत् प्रणाम करने जा ही रहे थे कि प्रतिहारियों ने सूचित किया कि ऋषि मंडली के साथ वृद्ध वसिष्ठ चले आ रहे हैं। तुरंत ही सभी जन उठकर मुख्य द्वार की ओर शीघ्रता से चल पड़े। श्रीभरत तक्षक-पुष्कल सहित दौड़ते हुए उनके चरणों में प्रणिपात मुद्रा में लोट गए। समस्त समूह के प्रति आशीर्वादात्मक हाथ उठाते हुए महर्षि वसिष्ठ मंडप में प्रमुख आसन पर सभी को बैठने का संकेत करते हुए विराजमान हो गए। वे समस्त प्रसंग से अवगत होकर ही इधर पधारे थे। अतः कोई विशेष चर्चा न करते हुए देखकर देवी निनादिनी उन्हें प्रणाम करते हुए, यहाँ के प्रबंध के विषय में कुछ कहने जा रही थीं कि वे तुरंत पूछ बैठे, "देवी! यहाँ के समस्त आयोजन का आप ही संचालन कर रही हैं न?" निनादिनी के स्वीकृति-सूचक सिर हिलाते ही वे पुनः बोले, "तब कुछ नहीं कहना, आयोजन आरंभ कराइए।"

आस-पास के कई ग्राम-नगरों के नापितगण जो आमंत्रित होकर आ चुके थे, वे कुछ दूर जाकर बैठ गए। इलावर्तीय जन एक-एक कर उनके पास पहुँचने लगे।

नापित-गण उनके शीशों पर गोखुर-प्रमाण शिखा रखकर, शेष केश काट-काटकर गिराने लगे। श्मश्रुओं (दाढ़ी-मूँछें) को भारतीय-द्विजों के समान रूप देने लगे। वितस्ता के घाटों पर दूध-दधि के उत्सादनों से शरीर को स्वच्छ कर, स्नान के उपरांत गंधर्व नारियों द्वारा प्रदत्त चारों वस्त्र धारण कर इलावर्ती नारियाँ निर्धारित शिविरों में चली गईं। इसी प्रकार पुरुष भी उत्सादनपूर्वक स्नान के उपरांत कोपीन लंगर कसकर, सूर्यदेव को अर्घ्य प्रदान कर गंधर्वगणों द्वारा प्रदत्त पंचवार अधोवस्त्र एवं ढाईवार उत्तरीय धारण करके विशाल यज्ञमंडप की ओर पंक्तिबद्ध चलते हुए ऐसे प्रतीत हो रहे थे कि मानो उदित होते हुए अरुणदेव की पीतारुणि (भगवा) सेना के अनुशासित सैनिक ही अवैदिक परंपरा को परास्त करने के लिए संकल्पित चित्त से बढ़े जा रहे हों।

देवी निनादिनी के मधुर संकेत पर इलावर्तीय नारियाँ अपने-अपने पुरुषों की दक्षिण दिशा में स्थान ग्रहण करने लगीं। आचार्यगण उनके ग्रंथिबंधन के साथ कलाइयों पर मौलि बंधन भी करने लगे। भक्षाभक्ष दोष की समाप्ति के लिए पंचगव्य पान कराने के पश्चात्, यज्ञोपवीत का महत्त्व बताते हुए, उन्हें धारण करा-कराकर मस्तकों को चंदन चर्चित करते हुए मध्य में कुंकुम बिंदु अंकित करने लगे। वे अपने आज के वेश को देखकर फूले नहीं समा रहे थे। उन्हें लगने लगा कि मानो वे इस धरती पर उत्पन्न न होकर देवलोक से ही आए हैं। 'इलावर्त के अंतर्गत रम्यक-भद्राश्व आदि वर्षों में उनके जीवन के जो समय व्यतीत हुए, वे उनके किन्हीं जन्मों के पाप ही थे। उन्हें लगा कि आज उनके पुन: किसी जन्म के पुण्यों का उदय हो गया है।' उन्हें जिन-जिन ऋषियों ने यज्ञ सूत्र प्रदान किए, उनके गोत्र ही उनके गोत्र निर्धारित हो गए। इसी प्रकार उनकी पत्नियों को गोत्र अन्य ऋषियों ने प्रदान किए, ताकि वे सगोत्र पातक के दोष से सदैव के लिए विमुक्त हो जाएँ। यज्ञ के पश्चात् सहभोज में उन्हें अपने साथ बिठाकर उनके मन के भ्रम और चित्त की ग्लानि भी सुभद्र जनों ने समाप्त कर दी।

जिन द्विविद-मयंद-अवीक्षित-ऋक्षराज के पुत्रों को गंधर्व-केकय साम्राज्यों के सुरक्षण-संरक्षण के लिए छोड़कर श्रीभरत इलावर्त क्षेत्र की ओर गए थे, वे भी तक्षशिला आ गए। पंचदिवसीय आयोजन के समापन पर विदाई की वेला आ गई। वानर सुभटों के नेत्र भर आए। श्रीभरत द्वारा कपिराज सुग्रीव-ऋक्षराज जांबवंत-वयोवृद्ध केशरीदेव आदि वरिष्ठ कपिजनों के प्रति प्रणाम-नमन-अभिनमन संदेशों के साथ प्रशंसा एवं अँकवार प्राप्त करते हुए वानरगण जलयानों में सवार होने जा ही रहे थे कि तभी देवी निनादिनी गंधर्वराज प्रत्यूष को लेकर उनके समक्ष मार्ग रोककर खड़ी हो गईं। उनके पीछे भारवाही गंधर्वों की पंक्तियाँ लग गईं। उनके लाए हुए भंडारों से अनेक वस्तुएँ रत्न-मणियाँ निकाल-निकालकर प्रत्यूष देवी निनादिनी को देने लगे। देवी निनादिनी 'ना-ना' करते हुए कपि सुभटों को मातृभाव से डपटते हुए, तिलक लगा-लगाकर

आग्रहपूर्वक प्रत्येक को भेंटें देने लगीं। कपि सुभट श्रीभरत एवं देवी निनादिनी के प्रति बार-बार मस्तक झुकाते हुए, कुमार तक्षक-पुष्कल एवं गंधर्वराज बाल प्रत्यूष को दुलारते हुए, शेष परिकर से सानंद विदा लेते हुए, विशाल यानों-जलयानों में सवार होकर किष्किंधा की ओर चल पड़े।

कपि सुभटों के विदा होते ही राजा पुरुमीढ़ देव विदा माँगने आ गए। श्रीभरत उन्हें ''अभी नहीं, अभी नहीं, आप हमारे साथ ही चलेंगे'' कहने लगे, किंतु पुरुमीढ़ देव से उनकी व्यस्तताएँ सुनकर बोले, ''अब क्या कहें, मन तो आपको विदा करना नहीं चाहता, परंतु निर्वाह तो सभी कार्यों का करना पड़ेगा।'' देवी निनादिनी ने उन्हें भी तिलक लगाकर, साथ ही वयोवृद्ध नीतिमंत महाराजा अजमीढ़ के लिए भी अनेक उपहार भेंट करते हुए मस्तक झुका दिया। सभी से विदा माँगते हुए चंद्रवंशी सेना के साथ बढ़ते हुए राजा पुरुमीढ़ को हृदय से लगाते हुए श्रीभरत ने उनकी बाँह थामकर रथासीन कर दिया। जब तक चंद्रांकित पताका दिखती रही, श्रीभरत उनके सम्मान में खड़े रहे।

तत्पश्चात् सभी जन मंडप में आकर ऋषि मंडल के समीप उनका निर्देश पाकर बैठ गए। श्रीभरत को विनम्र भाव से अपनी ओर देखते हुए देखकर महर्षि वृद्ध वसिष्ठ बोले—

''वत्स भरत! तुम्हारी माता देवी केकय राजनंदिनी भारतीय इतिहास की वे अद्वितीया निष्कलंक महियसी महिलारत्न हैं, जिन्होंने कलंक का वरण करके देवभूमि भारतवर्ष को रक्षकलंकहीन कराकर इस त्रेता युग को अनेक प्रकार से सत्युग उपहार में दे डाला है।

''अस्तु, महाराजा मनु के इस कुल को नित्य कीर्तनीय बनानेवाले किस-किस राजर्षि के सुकृत्यों की कितनी भी चर्चा करें, वह पर्याप्त नहीं होगी। ध्यानावस्था में जिस क्षण उनका ध्यान आ जाता है, वे उसमें इस प्रकार प्रवेश कर जाते हैं कि ध्यानापराध नहीं अपितु परमेश्वरीय वरदान ही प्रतीत होने लगते हैं। पृथ्वी को पृथ्वी का रूप प्रदान करनेवाले महाराजा पृथु-पृथ्वी को घेरनेवाली अनंत, किंतु अनाम जलराशि को सागरों-महासागरों की संज्ञा समीक्षापूर्वक निश्चित करनेवाले महाराजा सगर-पवित्रों को पवित्र करनेवाली चौरासी लक्ष योनियों की भेदभावरहिता समुद्धारिका-जगन्नियंता की वात्सल्यमयी छवि, भगवती गंगा को पृथ्वी पर सुलभ करानेवाले महात्मा भगीरथ-देवासुर संग्राम में विजय प्राप्ति के लिए लालायित देवों द्वारा स्वयं देवराज को ही जिनका वाहन बना दिया, वे महाराजा पुरंजय काकुत्स्थ-यज्ञाश्वहर्ता देवराज इंद्र की भुजा को व्रणों का उपहार देकर अपने पिता के यज्ञ का निर्विघ्नरूपेण समापन करानेवाले महाराजा रघु-विश्वकल्याण को अपना प्रथम कर्तव्य मानकर, अपने ही पूज्य पूर्वज शनिदेव को

बलपूर्वक रोहिणी-लंघन से विरत करनेवाले-प्रणनिर्वहन हेतु प्राणोत्सर्गकर्ता शंबरारि महाराजा दशरथ और उनके पश्चात् त्रैलोक्यजयी कीर्ति के बलात् भूषण बने। त्रैलोक्य को रुदन का अभिशाप जैसा वरदान देनेवालों में अग्रणी दशवदन रावण को वदनविहीन बनाकर समरशैया प्रदान करनेवाले राजेंद्र रामचंद्र के प्रिय अनुज तुम, जिसने ब्रह्मांड के छोर-बिंदु तक जाकर महासंहार के साथ सुधार के कल्पनातीत दृश्य इन चर्मचक्षुओं के समक्ष इस प्रकार प्रस्तुत कर दिए कि जिनके वर्णन में शब्दकोश याचक बनकर रह गए। धराखंडों पर विश्वास के अखंड साम्राज्य को संस्थापित करनेवाले, हमारे यजमान कुल की वासंती वल्लरिका के सौंदर्यातीत पुष्पराज भरत! तुम्हारी यश-कीर्ति सूर्यवंश की सदैव अभिवृद्धि करती रहे। समग्र रघुकुल के प्रति हमारा आशीर्वाद।''

कहते हुए महर्षि वसिष्ठ को आसन से उठता देखकर श्रीभरत दोनों कुमारों सहित उन्हें प्रणाम करते रह गए। आशीर्वादात्मक दक्षिण हस्त उनके मस्तक पर रखते हुए, देवी निनादिनी एवं गंधर्वराज प्रत्यूष के साथ समस्त समुपस्थित जनों को प्रसन्न वदन निहारते हुए महर्षि चल पड़े। वे कुछ दूर जाते हुए दिखे, किंतु तुरंत ही अंतर्धान होकर किस दिशा में चले गए, कोई नहीं जान सका। उनके साथ ही महर्षि पतंजलि एवं पाणिनि के अतिरिक्त सभी ऋषि-महर्षि-आचार्य शनैः-शनैः विदा हो गए।

कुछ क्षण ठहरकर अपने समीप बैठे हुए महाराजा प्रतर्दन के प्रति सम्मान व्यक्त करते हुए श्रीभरत बोले—

''यह आपके पुरुषार्थ का ही प्रताप है, जिसे इस विजय के रूप में जन-जन अनुभव कर रहा है। हमारा निवेदन है कि यदि आप उचित मानें तो विदेहराज कुमार नीलनिधि एवं अपने दोनों पौत्रों तक्षक-पुष्कल के साथ, भारत-भारतीयता के प्रति समर्पित इलावर्तीय परिवारों को लेकर आप शनैः-शनैः प्रस्थान करें। इरावती के तट पर महीयसी देवी वैदेही के कुक्षि-रत्न प्रिय वत्स लव-कुश आपकी प्रतीक्षा कर रहे हैं। हम भी यथाशीघ्र आ रहे हैं।

□

अनुच्छेद-२१

केकय राजवंश के अंतिम पुरुष महाराजा युधाजित के प्राण विसर्जन के साथ ही केकय राजवंश की इति हो गई। उनकी अंतिम इच्छा के अधीन, साथ ही ऐसी परिस्थिति में दौहित्र को ही उत्तराधिकार प्राप्त होता है, इस शास्त्रीय प्रावधान के अनुसार श्रीभरत निर्विवाद रूपेण केकयाधिपति बन गए। लौकिक दृष्टि से आधिपत्य पाकर भी वे उसे हृदय से स्वीकार नहीं कर सके। तो भी उनके पुत्रों-तक्षक एवं पुष्कल ने केकय अमात्यमंडल

का निर्विवाद समर्थन प्राप्त करके केकय राज्य का कायाकल्प कर डाला। पुष्कलावती तथा तक्षशिला की समृद्धि इसके प्रत्यक्ष प्रमाण थे। श्रीभरत के निष्कलुष एवं विनम्र चरित्र का ही यह प्रभाव था कि अमात्यगण उनकी अनुपस्थिति में भी, उनके प्रति पूर्णतः समर्पित भाव से राज्य की समुन्नति के प्रति प्राण-प्रण से जुटे। प्रजाएँ यह जानकर भी नहीं जान सकीं कि उनके शासक परिवर्तित हो गए। महाराजा प्रतर्दनदेव के साथ इलावर्तीय जनों के प्रस्थान के उपरांत श्रीभरत महर्षि पतंजलि-पाणिनि एवं देवी निनादिनी के साथ इलावर्त क्षेत्र से आए हुए कषाल-प्रमुखों को लेकर बैठ गए। इलावर्तीय संविधान की प्रारंभिक रूपरेखा निश्चित करने के पश्चात्, तक्षशिला विद्यापीठ एवं पुष्कलावती की व्यवस्था से तात्कालिक रूप में विश्वस्त होकर, सभी संबंधित जनों से सस्नेह विदा माँगते हुए पुष्पवर्षण एवं जय-जयकारों के गगनगुंजित स्वरों के मध्य वे अपने सप्तसैंधव स्यंदन पर विराजमान हो गए। उनका मधुर संकेत पाकर पवनपुत्र पवन गति से रथ को तापी तीर पर ले आए। अंगरक्षकों पर स्यंदन-सुरक्षा का दायित्व सौंपकर वे आंजनेय के साथ त्रिकूटा घाटी में भगवती वैष्णवी के द्वार पर पहुँच गए। उन्हें समस्त घटनाक्रम से अवगत कराकर, उनका शुभाशीष प्राप्त कर शीघ्र ही तापी तीर पर पुनः आ गए।

जांबूनद (स्वर्ण) की भाँति रूप-रंग वाले स्त्री-पुरुषों के रूप-रंग के अनुसार नगर का नाम जंबू होना ही चाहिए था, अतः हुआ। माँ वैष्णवी के वे भक्त सुन चुके थे कि दशकंधर जेता राजराजेश्वर श्रीमंत रामचंद्र के ज्येष्ठ अनुज श्रीभरतदेव, जो पश्चिमोत्तर भारतवर्ष पर बार-बार आक्रमण कर समस्त व्यवस्थाओं को अस्त-व्यस्त करते रहे हैं, उन यवन-म्लेच्छों के दंभ-दमन करते हुए, उन पर निर्णायक विजय प्राप्त करने के पश्चात् केतुमाल क्षेत्र के पार इलावर्त के अंतर्गत हरि-हिरण्य-रम्यक-भद्राश्व आदि वर्षों पर धर्मध्वज फहराते हुए इधर आ रहे हैं। उनके साथ लंक दहनकर्ता-द्रोणाचल को हथेली पर धारण करनेवाले पवनकुमार भी हैं। उन विश्व प्रसिद्ध अद्वितीय-अलौकिक विभूतियों के दर्शन की आकांक्षा ने उन श्रद्धालुओं को विक्षिप्त सा बना दिया।

'श्रीभरत का स्यंदन कहाँ है, कहाँ तक आ गया' यह स्थिति जानने के लिए उनके तीव्रगामी अश्वारोही योजनों तक जा-जाकर लौट-लौटकर निरंतर सूचना दे रहे थे। अंत में प्रतीक्षा का अंत हुआ, जब उन्हें समाचार मिला कि श्रीभरत की अंगरक्षिका सैन्य टुकड़ी चंद्रभागा (चिनाब) पार कर तापी तीर से उद्यमपुर होती हुई इधर ही बढ़ी आ रही है। सूर्यांकित ध्वज की प्रदीप्ति से मेघमंडली में अरुणाभ रेखा समीप से समीप होती आ रही है, यह अनुभव करते हुए ऊँचे-ऊँचे वृक्षों पर चढ़ी हुई युवा मंडली "आ गए, आ गए" का प्रहर्षित स्वरों में उद्‌घोष सा करती हुई धमाधम कूदकर शंख-मृदंगों को मुखरित करने लगी।

स्यंदन की गति धीरे-धीरे मंद होती हुई किसी मदमत्त गजराज से कपिला गाय

जैसी हो गई। पुष्पवर्षा के मध्य जंबू की सौभाग्यवती नारियाँ मंगल कलश धारण किए, मांगलिक गीतों की स्वर लहरियों से वातावरण में नवल प्राणों का संचार करती हुईं, आरतियाँ उतारने लगीं। नगर के जानपद-प्रमुखपौर अपने क्षेत्रों की खानों में उत्पन्न होनेवाली श्रीभरत और उनके अग्रज राजेंद्र रामचंद्र के वर्ण जैसी नीलमणियाँ थालों में भर-भरकर उन्हें समर्पित करने लगे। स्यंदन-अलिंद (रथ का भीतरी भाग) के साथ सारथि आसन पर भी उन असंख्य मणियों के तुंदिल (मोटे-मोटे) बिछावन से बिछ गए। उनकी सुदीप्तियों से दीपित स्यंदन उस समय ऐसा प्रतीत होने लगा मानो सूर्यदेव की प्रभातकालीन रश्मियों से प्रभासित किसी विमल सरोवर के एक छोर पर उत्पल (नीलकमल) और दूसरे पर अरविंद (लाल कमल) श्रीभरत और मारुति के रूप में एक साथ विकसित हो गए हों।

जंबूवासियों के निवेदन पर श्रीभरत इस समय नगर में न जाने की स्थिति के कारणों पर प्रकाश डालते हुए, उनके प्रति बार-बार स्नेह-सम्मान व्यक्त करते हुए इरावती (रावी नदी) की ओर द्रुत गति से बढ़ चले।

लव-कुश के चर-अनुचर तो श्रीभरत की प्रतीक्षा में लगे हुए थे ही। महाराजा प्रतर्दन के साथ इलावर्तीय जनों के आ जाने पर तो उनकी प्रतीक्षा विषयक मन:स्थिति में एक ज्वार सा आ गया। अगले दिन अपराह्न के समय श्रीभरत के स्यंदन को आता देखकर उन्होंने तुरंत लव-कुश को सूचित किया। लव-कुश शीघ्रगामी अश्वों पर आरूढ़ होकर उनकी अभ्यर्थना करने बढ़ चले। ज्यों ही उन्हें श्रीभरत दिखे, वे अश्वों से कूदकर उत्साह के अतिरेक में कूदते हुए उनकी ओर चल पड़े। मारुति के रथ को रोकते-रोकते वे उसमें उछलकर श्रीभरत के चरणों में लोट गए। उन्हें बलपूर्वक उठाकर श्रीभरत ने हृदय से लगा लिया। आंजनेय को सूत-पीठ से उठकर स्यंदन अलिंद में आते देखकर, वे तुरंत पलटकर उनके चरणों में झुकने जा ही रहे थे कि आंजनेय ने शीघ्रता से झुककर उन्हें अपनी भुजाओं में भर लिया। श्रीभरत ने कुमारों के कंठ में अपनी जानुस्पर्शित भुजाएँ डालकर स्यंदन की प्रधान पीठ पर उन्हें अपने दोनों ओर बिठा लिया। कुशल-मंगल के आदान-प्रदान के मध्य कुमार लव धीरे से बोले, ''पितृव्य देव! इस बालक की बात को अन्यथा न लें तो हमें इलावर्त महासंग्राम में न ले जाकर आपने हम पर अन्याय किया है।''

लव के उपालंभ का सहसा कोई उत्तर न देकर, श्रीभरत कुछ ठहरकर बोले, ''वत्स! इस भरत ने ही नहीं, तुम पर तो न जाने कितनों ने अन्याय किए हैं। किस-किस का उत्तर माँगोगे, कौन-कौन उत्तर देने में समर्थ सिद्ध होंगे? उत्तर देने में शब्द सागर गोखुर प्रमाण गर्त बने रह जाएँगे।'' कहते-कहते श्रीभरत के नेत्र बह चले। कुमार कुश उनके नेत्र पोंछते-पोंछते कुछ कहना चाहकर भी, वाणी के विह्वल हो जाने के कारण सहसा कुछ न कहकर धीरे से बोले, ''पूज्यपाद! आप भैया लव के एक सामान्य से प्रश्न को

इस प्रकार चित्त पर ले जाएँगे तो मैं ऐसा प्रश्न इसे कदापि न करने देता।''

''वत्स कुश! तुम ज्येष्ठ माने जाते हो, इस कारण लाडले लव को तो मौन कर देते, किंतु इससे भी दारुण प्रश्न जो अपने अंतर में घोंटे बैठे हैं, वे कितने हैं, यह तुम तो संभवतः उतने नहीं जानते, किंतु मैं तो जानता हूँ। उनमें से यदि किसी ने एक भी प्रश्न किसी दिन कर दिया तो, मुझ जैसे क्या, अपितु कितने ही ऋषि-मुनि भी अपराधियों की श्रेणी में खड़े रह जाएँगे। स्वयं मर्यादा पुरुषोत्तम की मर्यादा भी, जिस गर्त में वह देवी समा गई, वैसा गर्त खोजती रह जाएगी। प्रलयपर्यंत, वह अनंतनेत्री विराट् को भी अनेत्री की संज्ञा देती रह जाएगी।''

श्रीभरत के मर्मभेदी शब्दों के द्वार-हीन अर्थ-व्यूहों को अनदेखा करते हुए वाणी के वरद पुत्र प्राचेतस महर्षि वाल्मीकि के दोनों शिष्य एक साथ बोल पड़े, ''पितृत्वश्री! जो जल बह चुका, उसकी यदि समीक्षा ही करनी है, तो यह देखना पर्याप्त होगा कि उसने सागर के अंक में स्वयं को विलीन करने से पूर्व मरु के कितने क्षेत्र को मालव में परिवर्तित किया। कहना नहीं होगा कि इस प्रसंग में उसे लोकातीत सफलता मिली है। उसके पश्चात् आपके नेतृत्व में जो मिली है, उसने तो स्वर्ण में सुगंध का चमत्कारी संचार ही कर दिया है। अब सुधार का यह क्रम वामन से त्रिविक्रम निरंतर किस-किस प्रकार से होता जाए, उस पर अयोध्या में चलकर विचारपूर्वक विस्तार देना ही हमारा भावी कार्य है। विश्व को समस्त अराजकताओं से मुक्त-शांति प्रदान करने के लिए यही हमारा एकमात्र मंतव्य है। उनका गंतव्य मार्ग तो अयोध्या की राज्य परिषद् में निश्चित होगा।''

श्रीभरत के संकेत पर मारुति स्यंदन को इरावती तीर पर ले आए। प्रसन्नवदन श्रीभरत को अपने मध्य पाकर मंगलोत्सवों के आयोजन मुखर हो उठे। सहसा श्रीभरत की दृष्टि ज्यों ही तट पर बसे एक नगर के पंक्तिबद्ध भवनों पर गई, वे प्रसन्न मुद्रा में चकित से होते हुए बोले, ''प्रिय आत्मजो! हम इधर से ही तो होते हुए केकय गए थे। उस समय तो इस धरती पर हरियाली के अतिरिक्त अन्य कुछ नहीं था। आज ये सब जो हम देख रहे हैं, वे तुमने इस अनजानी-अनदेखी धरती के गर्भ से कैसे प्रकट करा दिए?''

श्रीभरत को आश्चर्यचकित देखकर लव-कुश एक साथ बोल उठे, ''यह धरती हमारी अनजानी-अनदेखी नहीं है। यहाँ हम प्रवास कर चुके हैं।'' ''यहाँ तुम प्रवास कर चुके हो, कब-कैसे?'' ''हाँ-हाँ, आप जानते ही हैं कि संन्यासीगण आषाढ़ शुक्ला एकादशी से कार्तिक शुक्ला एकादशी तक वर्षाकाल में, जिसे लोकभाषा में 'देवशयनकाल' कहा जाता है, उस समय अपने आश्रमों से सद्धर्म के प्रचार-प्रसारार्थ निकलकर प्रायः चातुर्मास किया करते हैं। इसी क्रम में गुरुदेव महर्षि वाल्मीकि एक बार यहाँ आए। वात्सल्यवश हमें भी साथ लाए। इरावती के दोनों तटों के निवासी ही नहीं अपितु आस-पास के अनेक ग्रामों के निवासी भी गुरुदेव के प्रवचन श्रवण करने

प्राय: आया करते थे। इतना ही नहीं, कई बार तो उनके ज्ञान–विज्ञान से आकर्षित चित्त वितस्ता–चंद्रभागा–शतद्रु तट के ही नहीं अपितु मूलस्थान–मद्र–केकय–गांधार के निवासी भी यहाँ गाते–बजाते शोभायात्रा सजाकर पधारते थे। कई–कई पक्ष–मासों तक यहाँ शिविर स्थापित कर सत्संग का आनंद लिया करते थे। तब गुरुदेव ने एक दिन व्यासपीठ से उठते हुए कहा, ''प्राकृतिक दृष्टि से कैसा रमणीय क्षेत्र है। वातावरण भी समशीतोष्ण है, यदि यहाँ किसी बृहद् ग्राम अथवा नगर की रचना हो जाए तो···।''

''गुरुदेव का हमारे लिए यह प्रत्यक्ष आदेश न होकर भी उनके अंतर का आशय तो था ही, जिसे उन्होंने क्या विचारकर हमारे समक्ष व्यक्त किया। हम विचारते रह गए। समय व्यतीत होता रहा। गुरुदेव के साथ राजसूय में अयोध्या गए। पितृव्यश्री ज्येष्ठ सौमित्रि के साथ, जो नहीं होना चाहिए था, वह हुआ। माँ को आप अयोध्या लाए। वे वनदेवी की शृंखला से मुक्त होकर अपनी जननी के अंक में अनंत विश्राम करने चली गईं। भाग्य की कैसी विडंबना कि माँ थीं तो पिता को खोज रहे थे। पिताश्री के दर्शन हुए तो माँ अदृश्य हो गईं। अयोध्या के परिजन अपरिचितों से स्वजनों की श्रेणी में आने लगे। ज्येष्ठ पितामही (कौसल्या) की वात्सल्य परिपूरित छवि जो हमारे नेत्रों की विभूषण बनती जा रही थी, वे क्षणप्रभा की क्षणिका बनकर, हृदय में समाकर भी, हृदय से लगाए बिना चली गईं। वे तो भुलाए से नहीं भुलाई जा सकतीं। शेष तो दोनों पितामहियों की मंजुल स्मृतियाँ, तीनों पितृव्या (चाची) कि मातृस्वस्री (मौसी) कहें, उनके दुलारों ने माँ की सुस्मृतियाँ··· ?''

''अस्तु, पितृव्यश्री! आपके सैन्याभियान के प्रारंभ होने के कुछ ही समय पश्चात् अपने अनुज के प्रति स्नेहातुर अयोध्याधिपति पितृश्री ने एक सैन्य टुकड़ी के साथ हम बंधुओं को इधर भेज दिया। हमारे आने का समाचार सुनकर आपने एक संदेशवाहक के द्वारा कहला दिया कि किसी दिशा से कोई अमित्र इधर आना चाहे, तो उसे उसके निदान के लिए हम इरावती के तट पर ही ठहरें। आपकी आज्ञा का उल्लंघन करने का विचार तो हम स्वप्न में भी नहीं कर सकते, किंतु आपके आदेश से हम पिंजरे में बंदी बने पक्षियों की भाँति फड़फड़ाते रह गए। विचारते रह गए कि हमारे मन–मस्तिष्क पर भार बनी इस अयाचित निष्क्रियता का अंत कैसे हो। हम उन गुरुदेव के शिष्य–पालित पुत्र जैसे जिनकी लेखनी को कभी विश्राम लेते क्या नहीं देखा, अपितु उनकी लेखनी ने कितनी ही लेखनियों को केवल गति ही नहीं अपितु ऐसे पंख प्रदान कर डाले कि उन्होंने शतकोटि वाल्मीकि रामायण अंतर्गत श्रीराम से संबंधित एक–एक पात्र को खोज–खोज कर उसका विशद् वर्णन अपनी लेखनी भगवती के प्रसाद रूप में प्रदान कर न केवल साहित्य अपितु भारतीय इतिहास को भी सूर्य–मंडली की प्रदीप्तियाँ अनायास प्रदान कर डालीं। उन महामहिम के बटुक यहाँ अपराह्न तक शिविरों में पड़े सोते रहेंगे क्या?

नहीं, और तुरंत ही ध्यान आईं वे वनदेवी, जिनके हम पुत्र हैं। वे हमारे रहते हुए भी, रोकते-रोकते हुए भी जंगल से स्वयं लकड़ियाँ काटकर लातीं, अनाज बीनतीं-धोतीं-सुखातीं-पीसतीं, हमें खिलाकर खातीं। उन्होंने आश्रम के भंडार का भोजन न स्वयं कभी किया और न ही हमें करने दिया। गंगा से दोनों समय स्नान करके अपने पीने के लिए जल भरकर घट अपने कंधे पर रखकर लातीं। कोई कभी टोकता तो तुरंत उत्तर देतीं कि मुनि बालाओं, मुनि कुमारों को श्रमिक बनाकर कहाँ जाऊँगी?

''बिना श्रमित हुए मुनि पत्नियों के मध्य शास्त्र-चर्चा करतीं, मुनि बालाओं को शब्द ज्ञान करातीं, पाकशाला में जाकर उनसे अनेक पकवान बनवातीं, किंतु उनके अत्यंत आग्रह पर भी तनिक सा कोई पदार्थ उन्होंने अपनी जिह्वा पर कभी नहीं रखा, किंतु उन पदार्थों के स्वाद की चर्चा करती हुईं, उन बालाओं की प्रसन्नता से प्रसन्न होकर उन्हें सीना-पिरोना-बुनना-परिधान बनाना, न जाने क्या-क्या अहर्निश सिखातीं, जिनकी मुखमुद्रा पर उदासी-हताशा-ग्लानि-क्रोधादि के चिह्न कभी नहीं देखे, यद्यपि सबके कारण थे। आज तो हम उन्हें युक्तियुक्त रूप से जान रहे हैं, परंतु…।

''अंत में अयोध्या आए तो आप सभी की दिनचर्या-विनम्र भाव-प्रजारंजन, जो कुछ, जितना भी देखा, त्याग और अनुराग समन्वित ऐसा रूप देखा कि जिसकी कल्पना नहीं की जा सकती। जिनके पिताश्री सम्राट् होकर भी केवल फलाहार कर भूमिशयन करते हुए भी कभी राजकार्य से विमुख नहीं हुए। हम उनके पुत्र होकर निष्क्रियों की भाँति; नहीं-नहीं कदापि नहीं बैठेंगे, किंतु क्या करें?

''देव! आपसे प्रभु की अहैतुकि कृपा के विषय में क्या कहें? एक दिन हम सदैव की भाँति ब्रह्ममुहूर्त में उठकर इरावती में स्नान करने जा रहे थे कि जिस तड़ाग से चातुर्मास की अवधि में कमल पुष्प लाकर, हम गुरुदेव वाल्मीकि को नित्य पूजन के निमित्त दिया करते थे, वहाँ देखा कि उसका जल एक विशाल मृगराज एवं एक गैया साथ-साथ पी रहे हैं। इससे भी अधिक आश्चर्य तब हुआ, जब हमने देखा कि एक भुजंग को पाग के समान लपेटे हुए एक मयूर नृत्य कर रहा है और वह कलगी पर दूसरी कलगी के समान फण फैलाए अपनी मणि के प्रकाश में झूम रहा है। मयूरी उसकी परिक्रमा कर रही है। यह स्वप्न है कि सत्य है, यह विचार कर ही रहे थे कि हमें अपने गुरुदेव के शब्द, जो उन्होंने वर्षों पूर्व कहे थे कि 'यह भूमि दिव्य है' कानों में गूँज उठे। नेत्रों में उनकी आशीर्वादात्मक छवि छलकने लगी। निष्क्रियता विदा हो गई। निर्माण कार्य का श्रीगणेश उसी सरोवर को केंद्रबिंदु बनाकर आरंभ हो गया। आस-पास के ग्रामों से शिल्पियों के समूह आ गए। प्रत्येक ऋतु में सुखप्रद भवनों—विस्तृत पथों-उपवनों-अतिथिगृहों-वीथिका-सरणियों-त्रोलिका-प्रतोलिकाओं-चतुष्पद-शृंगाटकों-पण्यविथिका-यज्ञशाला-पाठशाला आदि के निर्माणों पर निर्माण होने लगे। वे आपके समक्ष हैं।

''एक दिन वृद्ध वसिष्ठ महर्षि इधर आ निकले। उन्होंने दोनों नगरों का नाम लवपुरी (लाहौर) एवं कुशस्थली (कसूर, ये दोनों ही नगर तक्षशिला एवं पुष्कलावती सहित हमारी दुर्भागी फूट के कारण इस समय पाकिस्तान में हैं) रखकर, नगर प्रवेशोत्सव का आयोजन करा दिया। दूर-दूर से, नर-नारी, न जाने कहाँ-कहाँ से, किसके आमंत्रण पर आ गए। चारों वर्णों के जन अभेद भाव से निवास करने लगे। श्रेष्ठी वर्ग आ गया। जीवनोपयोगी वस्तुओं से पण्यवीथिका सज गईं। सिद्ध सरोवर का नाम अमृतसर एवं उसके चारों ओर बसे नगर का नाम भी अमृतसर हो गया।''

श्रीभरत ने न जाने क्या विचारते हुए श्रीहनुमंतलाल को एक संकेत सा किया। अलकाधिपति धनाधिप कुबेर पुत्रों मणिग्रीव एवं नलकूबर की दी हुई समस्त दिव्य औषधियाँ, जो इलावर्त आदि में निदान के उपरांत पर्याप्त मात्रा में शेष रह गई थीं, वे उसी सरोवर में विसर्जित कर दीं। कुछ ही समय में सरोवर के शांत जल में इंद्रधनुषी तरंगें उठने लगीं। विचित्र प्रकार की गंधों से वातावरण बौरा सा उठा। लगभग दो घड़ी तक सरोवर का जल रंग परिवर्तित करते हुए, अद्‌भुत दृश्यों के प्रदर्शन से चित्त को चकित करता हुआ अपने मूल रूप में आ गया। 'इसका जल आचमन के योग्य है कि नहीं' इस ऊहापोह से निवृत्त होने के लिए नीलकंठ भगवान् शंकर की प्रतिमूर्ति पवनपुत्र ने ही आगे बढ़कर आचमन किया। आचमन करते ही 'श्रीराम राजेंद्र की जय-जय-जय' का उद्‌घोष करते हुए वे अंजली भर-भरकर जल पीने लगे। फिर तो श्रीभरत को भी जलपान करते देखकर, एक-एक जन उस सरोवर का जल अंजलियाँ भर-भरकर पीते हुए उसके स्वाद की चर्चा क्या, एक नवीन स्फूर्ति का अनुभव करने लगा। लगा कि वह केवल नाम का ही नहीं, गुणों का भी सागर-अमृतसर ही है।

लव-कुश को प्रशंसात्मक दृष्टि से निहारते हुए श्रीभरत बोले, ''पुत्रो! हम मान गए, जान गए कि तुम उसी सूर्यवंश की संतति हो, निश्चितरूपेण हो, जिसके आदिपुरुष बिना किसी के जगाए, जागकर, समय का बोध कराकर सृष्टि कार्यों का विधिवत् समारंभ कराते हैं। उनका संचालन कराते हुए प्रतीची भवन में प्रवेश कर, निश्चित समय पर प्राची का महाद्वार धीरे-धीरे उषा सुंदरी की रंजिनी रंजित तन्वंगी अंगुलिकाओं जैसी रश्मि-मालिकाओं से दिशा-दिशा के तमिस्राक्रांत कपाट भंग कराकर अपनी नित्य-नियमित दिनचर्या से विश्व को कब से प्रेरणा देते चले आ रहे हैं, समय चक्र को निर्विघ्न गतिमान करते हुए प्रकृति को कामिनी-अनुगामिनी बनाकर अपनी विवस्वान-गभस्तिमान-हिरण्यगर्भ आदि संज्ञा-उपाधियों के अनुरूप सृष्टा के सृष्टा पद को कब से संरक्षण प्रदान करते चले आ रहे हैं, कोई नहीं जानता। तभी तो अक्षय ज्ञान के भंडार वेद भी क्षय-ग्रसितों की भाँति नेति-नेति कहकर मौन साध लेते हैं। अरे! तुम उनके अंश हो, जिन्होंने कर्ता होकर भी कृत्यों की चर्चा कभी नहीं की। तुमने इस विशाल भूखंड

का शृंगार करके स्वयं को विश्व के समक्ष वस्तुत: धरानंदिनी-नंदन सिद्ध कर दिया। तुम्हारी यश-कीर्ति की नित्य-नवीन वृद्धि हो। इन नगरों की व्यवस्था तुम सुयोग्य हाथों में सौंपकर निश्चिंत हो, यह हमने भलीप्रकार अनुभव कर लिया है। भविष्य की अन्य व्यवस्था प्रभु के अधीन है। अब हमें यहाँ एक-एक क्षण युगों के समान प्रतीत हो रहा है। तुम्हें अभी यहाँ यदि···।''

''नहीं-नहीं, पूज्यपाद! नहीं। क्षण क्या, क्षणार्द्ध भी नहीं।''

''तो कल प्रात: इरावती भगवती को प्रणाम कर, कैसे चलना है, उसकी व्यवस्था करो।''

लव-कुश, तक्षक-पुष्कल चारों राजकुमारों ने आंजनेय हनुमंत के निर्देशन में प्रयाण की रूपरेखा निश्चित की। अंगरक्षक सैन्य टुकड़ी से संरक्षित काशिराज महाराजा प्रतर्दन के पीछे सैनकेस के नेतृत्व में इलावर्तीय जनों के शकट-शकटिका-रथ-अश्व-उष्ट्र आदि चलेंगे। उनके पीछे विदेहराज के राजकुमार शीलनिधि के साथ चारों राजकुमार और अंत में श्रीभरत का सप्तसैंधव स्यंदन रहेगा। सैन्य समूह दलों में विभाजित होकर मध्य-मध्य में रहेंगे। कुछ तीव्र अश्वारोही निरंतर आगे-पीछे आते-जाते रहेंगे। इलावर्तीय जनों के मध्य चिकित्सक सूपक-पाचकों (भोजन बनानेवाले) के साथ सुआरों एवं स्कंधभार-पनभरों के दल रहेंगे। वे मार्ग में जन-जन की क्षुधा-पिपासा की पूर्ति करते हुए चलेंगे। कुछ सेवक बिछावन-प्रतिसीरा-तिरस्कर्णी (कनातें-छोलदारियाँ, शामियानें आदि) लेकर चलेंगे, ताकि कहीं विश्रामादि की व्यवस्था करनी आवश्यक हो तो वह सहज में हो जाए।

निश्चित किए गए कार्य के अनुसार प्रभात की प्रथम किरण के साथ इरावती में स्नान कर, सूर्यदेव को अर्घ्य देकर, श्रीगणपति का पूजन, भगवान् शंकर के अभिषेक एवं अल्पाहार के पश्चात्, सुआरों द्वारा पाथेय (मार्ग के लिए भोजन) ले-लेकर समस्त दल पूर्व की ओर बढ़ चला। मध्याह्न पूर्व विपाशा (व्यास) के पवित्र जल का आचमन करते हुए कर्पूरस्थल कपूरथला से त्रिगर्त प्रदेश में भगवान् शंकर से विजित जलंधर दैत्य की राजधानी जालंधर, जो देवी वृंदा (तुलसी) की रमण स्थली रही, वहाँ भगवती विश्वमुखी का पूजन करते हुए शतद्रुमवाहिनी शतद्रु पार करते हुए महर्षि मार्कंडेय की तपस्थली-उन्हीं के नामवाली सरिता के तट पर अपने सुस्वादु आम्रों के कारण अंबालय कहलाने वाली नगरी से लोकपावनी सरस्वती के तट पर स्थित महाराजा कुरु के नगर कुरुक्षेत्र की धरती पर आ गए, जिसे समतल करने के लिए बहुत समय पूर्व महाराज कुरु ने स्वर्णिम हल लेकर स्वयं जोता था, जिसके विषय में प्रसिद्ध है कि उस हल को स्कंधों पर धारण करने के लिए भगवान् शंकर ने अपना नंदी एवं पितृपति धर्मराज ने अपना महिष भेंट कर दिया था।

रात्रि में विश्राम कर प्रात: सरस्वती में स्नान के पश्चात् स्थाणीश्वर (थानेश्वर)

महादेव का अभिषेक करते हुए मारुति की साधनास्थली कपिस्थल (कैथल) से श्रीभरत समस्त सैन्य दल सहित यमुना तट पर अवस्थित इंद्रप्रस्थ आ गए। महर्षि अंगिरा के पुत्र बृहस्पति को यहीं निगमबोध हुआ और वे देवगुरु पद पर प्रतिष्ठित किए गए। यहीं दानवराज भंड को परास्त करने के पश्चात्, पराशक्ति की उपासना से प्राप्त शक्ति-सामर्थ्य से समर्थ होकर इंद्र ने सौ यज्ञों का सफल आयोजन कर शतक्रतु की उपाधि से विभूषित होकर-देवराज पद प्राप्त किया। इस सृष्टि की आदि नगरियों में अयोध्या के पश्चात् द्वितीय नगरी इंद्रप्रस्थ ही इतिहासानुसार मानी गई है। कलिंदनंदिनी यमुना की नील धारा के तट पर सूर्यवंश के परमाराध्य भगवान् शंकर का विशाल देवालय निर्माण कराकर, क्षेत्राधिपति महाराजा अजमीढ़ के सान्निध्य में श्रीभरत ने एक नीलमणि वसिष्ठाश्रम को भेंट करने के लिए रखकर, जंबू से भेंट में प्राप्त समस्त नीलमणियों को उसके विशाल शिखर पर जड़वाकर, उस देवालय को नीलछत्र महादेव की संज्ञा प्रदान की। हरनंदी (हिंडन) के तट पर विश्रवाश्रम (बिसरख ग्राम) स्थित परशुरामेश्वर महादेव के दर्शन करते हुए, निकट ही राघवानुज शत्रुघ्न कुमार की पराक्रम भूमि लवणासुर की वधस्थली लवणी (लोनी) से वे गोमती के तीर पर लक्ष्मणपुरी से होते हुए अयोध्या की ओर चल पड़े।

उनके आगमन का समाचार पाकर श्रीराम राजेंद्र ने उनके स्वागतार्थ अयोध्यापुरी को नव वधू की भाँति सज्जित करा दिया। लक्ष्मण एवं शत्रुघ्न कई योजन बढ़कर श्रीभरत का अभिवंदन करते हुए उन्हें पुरी की ओर ले चले।

□

अनुच्छेद-२२

आदि मनु की इतिहास प्रसिद्ध सरयू तट की श्रृंगार स्वरूपा यशस्वी राघवों की राजधानी अयोध्यापुरी के निरभ्र आकाश पर; जिसकी मंगलमयी मधुर ध्वनि इस समय न गूँज रही हो, ऐसा एक भी वाद्य नहीं था। जिन सप्तचक्र चूड़ामणि श्रीमद्राम-राजेंद्र की अभ्यर्थना में खड़ा होना जीवमात्र का परम सौभाग्य माना जाता है, आज वे ही पुरी के प्रधान पौर पर अष्टामात्य मंडल सहित अपने प्रिय अनुज भरत के स्वागतार्थ समुपस्थित थे। इस संदर्भ में कल्पना की जा सकती है कि अयोध्या के सामान्य नर-नारियों की क्या स्थिति होगी। अयोध्या के महाद्वार की ओर आनेवाले पथों पर क्षितिजपर्यंत रंग-बिरंगी पाग-ही-पाग दृष्टिगोचर हो रही थीं। सुगंधित जलों की फुहारों के मध्य बरसती हुई पुष्पों की मेघमाला उमड़-घुमड़कर बरसने से क्षण भर का विराम नहीं ले पा रही थीं। आरक्षियों (पुलिस) द्वारा जन-समूह अनुशासित नहीं हो पा रहा था। प्रत्येक की इच्छा

थी कि वे आते हुए सप्तसैंधव स्यंदन में संस्थित श्रीभरत के साथ उनके पराक्रमी पुत्रों तक्षक-पुष्कल के दर्शन सम्मुख से सर्वप्रथम करें। अब तो उनके साथ श्रीराम राजेंद्र के दोनों पुत्र वे लव-कुश भी हैं, जो पुरी के पथ-पथ पर घूम-घूमकर प्रजाजनों की कोई भी समस्या ज्ञात होने पर उसके तुरंत समाधान के लिए ख्याति प्राप्त कर चुके थे।

ठहरते-ठहरते बढ़ते-बढ़ते अंततोगत्वा स्यंदन प्रमुख पौर के समीप आ ही गया। तक्षक-पुष्कल शीघ्रतापूर्वक उछलते हुए ज्येष्ठ पितृदेव के चरणों में लोट गए। श्रीराम ने उन्हें उठाकर हृदय से लगा लिया। लक्ष्मण-शत्रुघ्न के साथ भरत को उतरते देखकर-उन्हें वहीं ठहरने का संकेत करते हुए श्रीराम राजेंद्र स्यंदन की ओर बढ़ चले। मारुति ने उनका हाथ थामकर रथ में चढ़ा दिया। प्रणाम के लिए झुकते हुए श्रीभरत को हृदय से लगाकर वे इस प्रकार खड़े के खड़े रह गए, मानो वे समाधिस्थ हो गए हों। श्रीभरत प्रभु के साथ एकासन पर विनम्रतावश बैठना नहीं चाहते थे, किंतु श्रीराम ने आग्रहपूर्वक उन्हें अपने साथ बिठा लिया। लक्ष्मण-शत्रुघ्न के हाथों से चँवर लेकर लव-कुश उन पर डुलाने लगे।

शोभायात्रा का आरंभ कराने के लिए सर्वाभरणभूषित प्रधान गजराज पर सूर्यांकित ध्वजराज को लेकर मारुति खड़े हो गए। सारथि के स्थान पर शत्रुघ्न जा बैठे। श्रीराम ने लक्ष्मण को भी अपने साथ बिठाना चाहा, किंतु वे द्वादश-द्वादशात्म (सूर्य) सज्जित राजकीय छत्र लेकर राजकीय पीठ के पीछे खड़े हो गए। राजकीय गजराज के पीछे काशीनरेश महाराजा प्रतर्दनदेव को घेरकर अष्टामात्य मंडल की रथिकाएँ चल पड़ीं। मारुति का संकेत से मृदुल निर्देश पाते ही कुमार तक्षक-पुष्कल को घेरकर अंगद-चित्रकेतु (लक्ष्मण पुत्र) एवं अरिघ्न-सुबाहु (शत्रुघ्न पुत्र) अपने अश्वों को नचाते हुए बढ़ चले। विटंकों-वलभियों (बरामदों-छतों) से बरसते हुए पुष्पों ने अयोध्या के राजपथ पर बिछौने से बिछा दिए। चारणों के विरुदावलि गायन, कलावंतों के कला प्रदर्शनों के कारण ठहर-ठहरकर मंथर गति से बढ़ती हुई शोभायात्रा कई घड़ियों में राजद्वार पर आ गई।

रानी उर्मिला एवं श्रुतिकीर्ति के साथ आठों पुत्र वधुओं से घिरी हुईं, संकोचवश नमितमुखी राजरानी मांडवी को आरती का थाल लिये शनैः-शनैः बढ़ती हुई देखकर काशिनरेश प्रतर्दन का हाथ थामकर मर्यादापुरुषोत्तम श्रीराम राजसभा की ओर बढ़ गए। शीघ्रता से द्वाराचार की प्रथा का पालन करती हुई मांडवी आरती का थाल उर्मिला को थमाते हुए घूम गईं। उस समय उनके नेत्र ऐसे लग रहे थे, मानो अश्रुओं की बाढ़ नेत्रांतों को लाँघकर कपोलों के आँगन में प्रवेश करने को आतुर है और वे उन्हें अनुशासित करने का प्रयत्न कर रहे हों। किंकर्तव्यविमूढ़ों की भाँति तक्षक-पुष्कल को धीरे-धीरे निश्रेणियाँ चढ़ते देखकर रानी श्रुतिकीर्ति दो पग बढ़ाकर उनकी बाँहें थामकर ले आईं। वे आरती करती हुई उर्मिला के चरणों में झुक गए। दोनों रानियाँ दोनों कुमारों की बाँह थामकर ले चलीं। कुछ आगे बढ़ने पर अमात्यों एवं प्रमुख जनों की सहचरियों के छिटक

जाने पर उर्मिला एवं श्रुतिकीर्ति मांडवी के गले लग गईं। मांडवी ने जिन अश्रुओं को प्रयत्नपूर्वक रोक रखा था, वे बह चले। हिचकियों की बाढ़ आ गई। महर्षि वसिष्ठ की पुत्रवधू दिवंगत शक्ति की सहधर्मिणी अदृश्यंती उनके अश्रु अपने आँचल से पोंछते हुए, अपनी विह्वलता पर अंकुश सा लगाते हुए बोलीं, ''देवी मांडवी! धैर्य धारण करो। तुमने तो कितने अपवादों को झेला है। नंदीग्राम में नित्यप्रति जाकर कैसे लौटीं, क्या हम भूल सकती हैं। यह मंगलमय अवसर...।''

''गुरुमाते! कैसे धैर्य धारण करूँ? आप सोच रही हैं कि मैं इस अवसर का महत्त्व नहीं समझ रही हूँ, किंतु आज द्वाराचार के समय जिनका अधिकार था, यदि वे उपस्थित होतीं तो नीराजन की वर्तिकाओं की दीप्ति कुछ और ही प्रकार से अपनी प्रदीप्ति का परिचय देतीं। वे तो मिथिला की धरती की पुत्री थीं, हम तो केवल मिथिला की पुत्री हैं। हमें इन राजभवनों में अपनी पीछे लानेवालीं, हमें पीछे छोड़कर चली गईं। अपनी इस नियति के लिए किसको क्या कहें? वे अयोध्या आईं, क्या आईं, दो दिनों में चौदह वर्ष के लिए वन में तपस्या करने चली गईं। अशोक वाटिका में घोर निशाचरियों के मध्य पंचाग्नि क्या अमिताग्नियों का सेवन कर, अग्नि परीक्षा देकर चली आईं। फिर दो दिन भी तो राजराजेश्वर के साथ प्रधान पीठ पर न बैठ पाईं कि वे यशस्विनी रघुवंश की कल्पलता के बीज लेकर अवधिविहीन वनों की तपस्विनी बनने चली गईं। पूर्णाहुति देने आईं, पूर्णाहुति का श्रीफल बनकर चली गईं। पल भर ठिठककर भी नहीं बताया कि 'मेरा अनुगमन कर अयोध्या में प्रवेश करनेवाली मेरी अनुजाओ! मेरे गमन करने के पश्चात् प्राणविहीन पंजरियों का निर्वहन इस प्रकार करना' जन्म-जन्म की वत्सलता-मधुरता-मुखरता की प्रतिमूर्ति, न जाने किस जन्म का वैर साधती हुईं पाषाण प्रतिमा की भाँति मौन साधे चली गईं। 'किसी दिन जाकर यदि कुछ पूछेंगी भी तो क्या पूछेंगी' उन प्रश्नों से भी विरहित करके चली गईं।''

''संसार की समस्त रीति-नीतियों की सुपरिचिता सुमतिमती संसार में प्रवेश करो। देखो, ये दोनों कुमार, जो तुम्हारा आशीर्वाद पाने के लिए तुम्हारे पीछे-पीछे चले आए, वे किस प्रकार बौराए से दिशा-दिशा को निर्निमेष दृष्टि से देख रहे हैं। अलात्-चक्रों से कुशल नटों की भाँति तुम्हारी तपस्याओं के फलस्वरूप निकलकर आए, इन्हें आशीर्वाद दो। इनसे इनके जीवन के प्रथम महासंग्राम की गौरवमयी ऐतिहासिक कथा को सुनकर, भावी पीढ़ियों के लिए उनके पठन-पाठन का मार्ग प्रशस्त करो।''

देवी अदृश्यंती का संकेत पाते ही तक्षक-पुष्कल अपनी माता के चरणों में गिर गए। उन्हें उठाकर हृदय से लगाते हुए मांडवी सभी से करबद्ध मुद्रा में विदा माँगती हुईं, शिथिल चरणों से अपने कक्ष में चली गईं।

कुलपुरोहित महर्षि पराशर वासिष्ठि के निकट अपने पूज्य पिताश्री महाराजा दशरथ

के परम मित्र काशीनरेश वयोवृद्ध महाराजा प्रतर्दनदेव को राजपीठ के दक्षिण आसनासीन कर, समस्त सभा के वंदन-अभिनंदन का यथोचित् आदान-प्रदान करते हुए अयोध्यापति श्रीराम राजेंद्र राजपीठ पर विराजमान हो गए। समीप खड़े हुए तीनों अनुजों के संकोच को आत्मीय भाव से भंग कर उन्हें बिठाते हुए बोले, ''हम समझ रहे हैं कि आज यह सभा भवन और विशाल प्रांगण क्यों सिमटकर छोटे हुए जा रहे हैं। बंधु भरत के अधीन सैन्याभियान ने केकय-गंधर्व प्रदेशों की अव्यवस्था समाप्त कर, जिस प्रकार सीमोल्लंघन कर कीर्ति अर्जित की, उसके प्रमाण इलावर्तीय कषालों के प्रमुख हमारे मध्य में उपस्थित हैं। पूर्व में जिन्हें किन्हीं कारणों से हमारे किन्हीं मान्य जनों ने देश-पृथक् प्रवासी बना दिया या उन कारणों की इतिश्री कर उनकी संतति प्रचुर मात्रा में पधारी हैं। केकय में यद्यपि वैदिक पद्धति से महर्षि पतंजलि एवं पाणिनि ने शुद्धि यज्ञ में इन्हें पंचगव्य पान करा दिया है, किंतु अयोध्या में तो कुछ महाजन वे भी होते हैं, जो विश्वास के क्षेत्र में विधाता से भी अधिक नेपथ्य में उपस्थित दृश्यों को अनदेखा करते हुए प्रत्यक्ष को ही प्रमाण मानते हैं।''

अपने शब्दों के कारण कुछ नमित नेत्रों को अनदेखा करते हुए वे पुनः बोले, ''ये अपने इलावर्तीय जन, जो किसी अमावस्या की घोर तमिस्रा के तृतीय चरण में बिछुड़ गए थे, वे आज पूर्णिमा के प्रथम चरण में ही आ गए हैं। विभावरी के विभासित प्रांगण में कुमुदबंधु चंद्रमा के सुधावर्षण से तृप्त आकाश में आगामी अरुणिमा के उदय का कुछ और ही महत्त्व होता है। वही मंगलमय अवसर आज भारतवर्ष को प्राप्त हो रहा है। श्यामा गैया के समुज्ज्वल क्षीर में मिली हुई शर्करा का आनंद अब जन-जन को प्राप्त होगा। 'कृण्वन्तो विश्व मार्यम्' का हमारा आदि संकल्प आज विष्णुपद-विरुद-विभूषित निरभ्र आकाश के क्षितिज व्यूहों के आर-पार निर्द्वंद्व भाव से गूँजेगा। जन्मना कोई पतित नहीं होता और प्रत्येक पतित को पुनीत होने का मार्ग उसके कृत्य ही प्रशस्त करते हैं। यह शाश्वत सिद्धांत है। इसे कोई नकार नहीं सकता। पुनः शुद्धि संस्कार, जिसकी तिथि महर्षि पराशर घोषित करेंगे, शेष व्यवस्था भी वे ही निश्चित करें, यही उत्तम होगा।''

''वाणी के वरद पुत्र वाल्मीकि जैसे महर्षि, जिन्हें 'स च सर्वगुणोपेत: कौसल्यानंद वर्धन:' और 'रामो विग्रहवान् धर्म:' कह चुके हैं, यह उनकी महानता ही है कि वे शेष व्यवस्था का दायित्व हमें सौंप रहे हैं। वे इलावर्तीय जनों के शुद्धि संस्कार अयोध्यावासियों के समक्ष कराने की कहकर भी स्पष्टत: नहीं कहकर, अपनी वह पीड़ा नहीं कह रहे हैं, जिन्हें इन अयोध्यावासियों ने लंका में अग्नि परीक्षा देकर आईं महारानी पर दोषारोपण किया। वनों से आईं रानी को वनों में वनरानी बनने भेज दिया। अंत में वे धरती की पुत्री धरती के गर्भ में प्रवेश कर गईं। अस्तु, भरत इसे अन्यथा न लें। जो शुद्धि संस्कार हो चुका, उसकी पुनरावृत्ति ही अयोध्या नरेश अयोध्या की प्रकृति को देखते हुए अयोध्या

में करा रहे हैं।

"अब इन इलावर्तीय जनों के समक्ष भारतवर्ष का मानचित्र फैला दिया जाए। इन्हें यहाँ के शैल-सरित-सरोवर-तीर्थ-नगरादि क्षेत्र-उपक्षेत्रों का परिचय विस्तार से दिया जाए। जो जहाँ सर्वप्रथम जाना चाहें, समूहों में विभाजित होकर, जाएँ। उनके साथ वे भी जाएँ, जो यहाँ केवल भ्रमण की दृष्टि से आए हैं। इन्हें एक-एक राजकुमार लेकर जाए, ताकि इनके मन में कोई हीन भावना न आ पाए। यात्रा के मध्य यदि किसी या किन्हीं को कोई स्थान रुचिकर प्रतीत हो, वे वहाँ बसना चाहें तो उन्हें साधन संपन्न कर वहाँ बसा दिया जाए। जीवनयापन के लिए जो भी जो कार्य करना चाहें, स्वतंत्रतापूर्वक करें, किंतु राष्ट्र पर भार न बनें। यहाँ की वैदिक संस्कृति 'कृण्वन्तो विश्व मार्यम्' पर आधारित है, जिसमें सभी को आत्मसात करने की, श्रेष्ठ भावना भरने की, शुद्ध-सात्त्विक सम्मान देने की, विश्व भर में सृष्टि के आरंभ से ही प्रख्यात् रही है। वह अपने संस्कारों के अनुरूप उन्हें अंगिकार करेगी, संरक्षण देगी, इसमें हमें कोई शंका अथवा चिंता नहीं है। काशीनरेश प्रतर्दनदेव एवं विदेहकुमार शीलनिधि के साथ जो जन जाना चाहें, जाएँ। उन्हें कुमार तक्षक लेकर जाएँगे।

"पूर्वोत्तर की ओर भगवान् परशुराम को समस्त समाचारों से अवगत कराते हुए कुमार पुष्कल अंग-बंग भूमि से अरुणाचल जाएँ। यदि ब्रह्मपुत्र पर कहीं अवरोध अनुभव करें तो उसका निराकरण करके ही लौटें।

"श्रीमंत शत्रुघ्न के दोनों कुमार सुबाहु एवं अरिघ्न विंध्याचल के पार गोदावरी-कृष्णा-तुंगभद्रा से द्रविड़ भूमि होते हुए किष्किंधा जाएँ और दूसरे कुमार कावेरी-कन्याकुमारी-शुचींद्रम्-रामेश्वरम् होते हुए लंका जाएँ। श्रीमंत लक्ष्मण के सुपुत्र कुमार अंगद उत्कल और चित्रकेतु पुष्कर-सौराष्ट्र-अगस्त्याश्रम-पंचवटी-शूर्पारक क्षेत्र से गोमांतक तक जाएँ। कुमार लव मध्य भारत से त्रिलिंग प्रदेश (तेलंगाना) तिरुपति-कालहस्तीश्वर तक जाएँ। कुमार कुश अधिकांश समय अयोध्या में रहेंगे। मध्य में कुछ समय हस्तिनापुर-इंद्रप्रस्थ-कुरुक्षेत्र आदि हो आया करें। हमारे अष्टामात्य मंडल के किन्हीं महानुभावों को, जिन्हें राजपरिषद् उचित मानेगी, उन्हें केकय-गंधर्व-केतुमाल आदि भेजती रहे। समाचारों से अवगत होती रहे। गंधर्वराज प्रत्यूष के गंधर्व वीर इलावर्त-रम्यक-हरि-हिरण्य-भद्राश्व आते-जाते रहें। यदि कोई अप्रिय स्थिति, जो आनी तो नहीं चाहिए, फिर भी यदि कोई आती दिखे तो उसके प्रतिकार के लिए तुरंत सूचित करें। हमने यह व्यवस्था समस्त स्थिति-परिस्थिति की समीक्षा करते हुए विचारी है। इसमें कोई परिवर्तन-परिवर्धन-संशोधन करना हो तो राजपरिषद् करे, राजाधिराज करें।"

सभी की प्रशंसात्मक दृष्टियों के केंद्र बने महर्षि पराशर की अभ्यर्थना करते हुए काशीनरेश बोले, "वत्स रामभद्र! रघुकुल और विशेषतः यह तुम्हारा सौभाग्य ही है

कि तुम्हें महर्षि वसिष्ठ और उनके पश्चात् वासिष्ठि पराशर जैसी देवदुर्लभ विभूतियाँ कुलपुरोहित के रूप में प्राप्त हुई हैं। ये समग्र देव समाज के वरदानों की साकार प्रतिमूर्ति ही हैं। अब अपने संबोधन में वह मुहूर्त ही बताना है कि यह तथाकथित शुद्धि संस्कार कब संपन्न होना चाहिए?''

''हाँ-हाँ कब संपन्न होना चाहिए?'' एक साथ कई मुखों से प्रश्न उभरते देखकर महर्षि पराशर बोले—

''जैसे खर-शूकर-श्वान आदि के द्वारा प्रमादवश अपवित्र की गई अथवा उन्मादित यवन-म्लेच्छों द्वारा खंडित की गईं देव प्रतिमा की शुद्धि अथवा पुनर्स्थापना का कोई मुहूर्त नहीं होता। मलमास-मलिनमास-देवशयन-श्राद्ध-कोई योग-वार-नक्षत्र-काल बाधक नहीं होता, इसी प्रकार की स्थिति यहाँ है। पुण्यतोया सरयू के जल में समस्त तीर्थों का आह्वान करके पूजन-हवन सामग्री में किसी भी द्रव्य के अभाव की पूर्ति किसी भी मंगल द्रव्य-हरिद्रा-मधु-सुगंधित पुष्प-बिल्व-ऐला-लवंग-आमलक-तुलसी मंजरी-श्रीफल आदि से कर लेनी चाहिए। यदि इनमें से भी कोई प्राप्त न हो तो मानसिक कल्पना से उसकी पूर्ति की जाती है। यह तो आपद् धर्म है, किंतु यहाँ यशस्वी राघवों की वैभवमयी अयोध्या में क्या अभाव, बिछुड़े हुए सहोदर को हृदय लगाने का क्या मुहूर्त? कल भगवान् भुवन भास्कर की प्रथम रश्मि के प्राकट्य से पूर्व राजराजेश्वर को यजमानासन पर आसीन हो जाना चाहिए। अब राजराजेश्वर को कुछ कहना हो तो कहें।''

कुलपुरोहित के एक-एक शब्द की समीक्षा करते हुए श्रीराम राजेंद्र बोले, ''वंदनीय विदुषाग्रगण्य! यह हमारा सौभाग्य है कि कुलपुरोहित के रूप में अयोध्या के राजकुल को धर्मशास्त्र के अतिरिक्त राजनीति के एक ऐसे प्रकांड पंडित मिले हैं, जो अनेक अर्थों में अद्वितीय हैं। राष्ट्र को प्रबल संगठन के ग्रंथिहीन सूत्र में गुंफित करनेवाले हैं। इलावर्तीय जनों को देश में भ्रमण कराने के लिए क्षेत्रश: जिन-जिन कुमारों का आपने मनोनयन किया है, उनके विषय में आपने अपने राजकुल के एक-एक बालक के अंतर का अपनी मनीषाधीन दिव्य दृष्टि से पूर्ण अध्ययन कर लिया है। हमें हमारे उत्तराधिकारियों के प्रति आश्वस्त कर दिया है। हम निश्चिंत होकर अपने महाप्रयाण का कार्यक्रम अब कभी भी निश्चित कर सकते हैं। आपने वत्सलतावश अपने शब्दों में संशोधन का अधिकार प्रदान कर हमें धर्मसंकट से मुक्त कर दिया है। अत: मेरा इस अवसर पर मात्र इतना ही कहना है कि कल शुद्धि यज्ञ के यजमानासन पर भैया भरत के दक्षिणांग को वरद वरवर्णिनी साध्वी मांडवी अलंकृत करेंगी। मंगलमय वातावरण में शुद्धि यज्ञ संपन्न होगा। पूर्णाहुति के पश्चात् यज्ञ भगवान् का प्रसाद ग्रहण करके अपने-अपने समूह के साथ अपनी-अपनी निर्धारित दिशा में राजकुमार प्रस्थान करेंगे।''

निश्चित कार्यक्रम के अनुसार शुद्धि यज्ञ संपन्न हुआ। राजपरिषद् द्वारा निर्धारित

रघुकुमार अपनी-अपनी दिशा में इलावर्तीय जनों के साथ इच्छित स्थानों की ओर राजाधिराज रामचंद्र की जय-जयकार करते हुए चल पड़े। अयोध्या के द्वार-द्वार से मांगलिक वाद्यवृंदों की सुरम्य ध्वनियों के मध्य, केसरिया ध्वज फहराते हुए वे जनसमूह उस समय ऐसे प्रतीत हो रहे थे, मानो रामराज्य के मध्याह्नकालिक द्वादशात्म सूर्यदेव की रश्मियाँ लोक-लोक को आलोकित करने के लिए भारतवर्ष की धरती पर गतिमान हो गई हों।

□□□